中学物理奥赛辅导

奥林匹克物理
一题一议

江四喜　编著

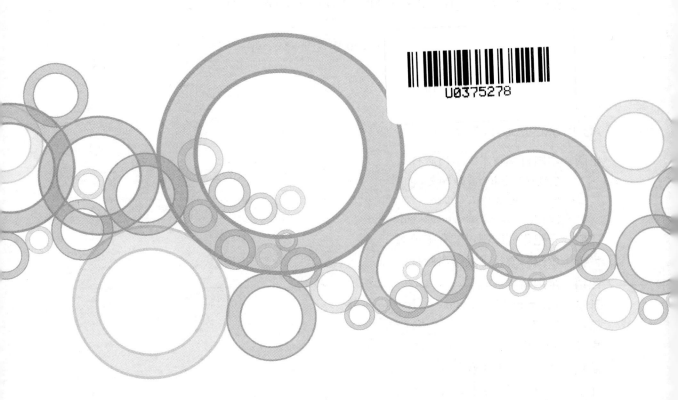

中国科学技术大学出版社

内 容 简 介

本书作者通过微信公众号与广大读者互动,每周选一道经典题目,围绕这道题目,精讲知识,讲透方法。希望能"用题说竞赛",即通过对竞赛试题的分析、解答引出竞赛所需的知识、方法,以提高一般竞赛生学习竞赛的"性价比"。本书内容涉及中学物理竞赛理论方面的全部内容,包括力学、热学、电磁学、光学与近代物理。通过阅读本书,读者不仅可以全面巩固物理竞赛所需的知识,还能掌握竞赛的解题技巧。

本书适合中学物理教师以及参加各类物理竞赛的中学生阅读。

图书在版编目(CIP)数据

奥林匹克物理一题一议/江四喜编著. —合肥:中国科学技术大学出版社,2020.12(2021.12重印)

(中学物理奥赛辅导)
ISBN 978-7-312-05102-9

Ⅰ. 奥… Ⅱ. 江… Ⅲ. 中学物理课—题解 Ⅳ. G634.75

中国版本图书馆 CIP 数据核字(2020)第 233529 号

奥林匹克物理一题一议
AOLINPIKE WULI YI TI YI YI

出版	中国科学技术大学出版社 安徽省合肥市金寨路 96 号,230026 http://press.ustc.edu.cn https://zgkxjsdxcbs.tmall.com
印刷	合肥华苑印刷包装有限公司
发行	中国科学技术大学出版社
经销	全国新华书店
开本	787 mm×1092 mm 1/16
印张	33.75
字数	800 千
版次	2020 年 12 月第 1 版
印次	2021 年 12 月第 2 次印刷
印数	5001—9000 册
定价	88.00 元

前　　言

2016年10月初,我与致力于中学学科竞赛培训的北京汇智起航教育有限公司的刘博、于杰两位老总就中学学科竞赛的状况与发展有过一次较为愉快的交流。在那次交流中,两位老总希望我能为其公司的公众号"汇智起航微课堂"写一点有关学科竞赛介绍的文章,或者与物理竞赛相关的内容,而我当时也正在思考中学物理竞赛教学的实施路径问题,希望能"用题说竞赛",即通过对竞赛试题的分析、解答,引出竞赛所需的知识、方法,以提高一般竞赛生学习竞赛的"性价比"。如果将这一思路落实,则必然有一系列的内容可供写作,也恰好可供公众号推送。于是,我欣然接受了两位老总的建议。很快,汇智起航的公众号上便以每周一题的方式推出了《奥林匹克物理一题一议》栏目,后来更名为《江四喜专栏·奥林匹克物理一题一议》。本书便脱胎于这一栏目。

我在多年的中学物理教学与竞赛辅导的过程中,对中学物理知识与习题之间的关联有过较多的思考。我们对自然科学知识的学习离不开解题,因为学会了知识并不等于能将其熟练地应用,而解题既是知识的应用过程也是知识的巩固过程。一些经典的习题直指学生某些方面的典型问题。这些问题,或是知识理解层面的,或是方法运用方面的,或是模型认知方面的,或是阅读水平不足,或是对数学知识运用能力欠缺,当然也可能是天赋使然。我们日常的习题教学多是在掌握知识的背景下强调知识的应用。然而,对很多参加竞赛的同学而言,知识宽泛而难以确定边界,模型背景繁杂而难以理解,方法众多而未必普适,能够解答问题而难以延伸与拓展。正因为如此,我希望通过对一系列经典试题的剖析、讲解、解答、延伸与拓展,指出学生在学习与运用知识的过程中的理解不足、思维缺陷、能力短板等问题,旨在帮助学生弥补在知识与能力方面的不足。基于这一目标,我以全国中学生物理竞赛的复赛内容为导向,认真地筛选、组织经典试题,用边分析边讲解、边解答边讲解的方式,在说明题目所涉及知识的应用的同时,也指出题目的模型特点、方法要点及拓展属性,全面剖析试题的内涵,以期学生在阅读时如同在聆听教师的全面讲解。

四年来,全国许多物理竞赛生和教练见证了我对这个栏目写作的坚持,每年除了春节停更一次,基本上做到了每星期一准时更新。当然,这首先得感谢这期间汇智起航公众号的后台操作,让文章及时上线。

我的写作也受到了全国众多教练的鼓励,他们在朋友圈中积极转发推荐本栏目的内容,有些教练还将每一期内容进行整理、汇编成册,印发给学生。我已经见过多个"奥林匹克物理一题一议"的汇编版本。这些都是我坚持写作的动力源泉。

事实上,在本栏目上线不久,中国科学技术大学出版社便向我表达了出版意向。如果从出版的角度考虑,我完全可以快马加鞭完成出版写作。但显然我并没有如此操作,我依旧不紧不慢地筛选题目、认真思考、仔细品味。其间,有一天完成一到两题的写作过程,也有数周完成一题的经历,还有一些题写着写着就放弃了。这一工作消耗了我大量的业余时间。而且,很多题的写作完成于出差途中。

到目前为止,笔者已经出版了多本中学物理竞赛辅导书,这些书的功能各不相同:

《物理竞赛教练笔记》以本人的竞赛培训经历为背景,全面介绍物理竞赛各环节的要求,它是教练教的指南、学生学的帮手,同时也是家长了解学科竞赛、帮助子女选择竞赛的依据。

《高中物理竞赛辅导教程(新大纲版)》是一本基础培训辅导与练习的参考书,全书涵盖了整个高中物理竞赛的内容,同时也考虑了各个层次的学生的练习需求。

《高中物理竞赛辅导教程(新大纲版)·解答与点评》与上一本书配套,是上一本习题的全面解答与评析,同时也附加了8套满足复赛需求的模拟训练题。

《物理竞赛解题方法漫谈》全面总结了中学物理竞赛所涉及的解题方法,能让学生系统了解竞赛解题过程中对方法的选择与应用。

《物理竞赛专题精编》将中学物理竞赛重点知识、模型、方法等分成96个专题,供物理竞赛生在复赛前冲刺应用,效果极佳。

在撰写《奥林匹克物理一题一议》栏目时,为了避免与上述图书同质化,我着力选择不同的习题来阐述相同的问题,即便选择了同样的习题,在功能表述上也不同。所以,本书的功能与上述图书的功能并不是重叠的,它既不是题典,也不是练习册,而是知识讲解、模型介绍、方法评述的"纸质课堂"。

现在,我们将《奥林匹克物理一题一议》栏目的内容汇编成本书出版,感谢中国科学技术大学出版社和卓越联盟校给予的帮助与支持。由于本书对超出中学常规课程要求的内容基本上都作了补充性的说明,因此本书也适合有志于参加"强基计划"考试的学生阅读。

至此,我出版的一系列物理竞赛用书已经构成了从培训实操介绍到知识讲解、再到学法指导,最后到冲刺练习的完整系列。

　　由于我的能力水平有限,书中肯定有许多不足之处,还望各位读者能及时指出,我诚致谢意!大家可以通过扫描下面左边的二维码添加我的微信。

　　另外,由于本书的写作时间跨度较大,写作过程中并没有考虑全书内容的系统性,而且仅仅 200 道习题也无法全面地描述物理竞赛的所有内容,在整理本书的过程中我已感觉到还有许多内容需要补充,故目前我尚未有在近期停更《奥林匹克物理一题一议》栏目的打算,大家也可以通过扫描下面右边的二维码给予关注。

江四喜
2020 年 8 月于武汉

目　　录

前言 ·· (i)

第 1 部分　力　　学

题 001　运动关联（绳船模型） ·· (3)
题 002　运动关联（线轴模型） ·· (6)
题 003　相对运动 ··· (8)
题 004　蜗牛是否相遇？ ·· (10)
题 005　曲线追及 ··· (13)
题 006　运动的独立作用原理与叠加原理 ·· (15)
题 007　抛体运动之轨迹 ··· (16)
题 008　抛体运动之射程 ··· (18)
题 009　抛体运动之障碍 ··· (21)
题 010　抛体运动之相遇 ··· (23)
题 011　旋轮线 ·· (26)
题 012　飞蛾的对数螺旋线运动 ··· (29)
题 013　最速降线问题 ·· (35)
题 014　圆周运动与转动 ··· (38)
题 015　转动参考系中的相对运动 ··· (42)
题 016　斜面物体平衡 ·· (44)
题 017　球堆的平衡 ··· (48)
题 018　空间力系的平衡 ··· (51)
题 019　摩擦角与自锁 ·· (56)
题 020　斜面体上物系的平衡 ·· (58)
题 021　多点摩擦下的平衡 ··· (63)
题 022　三角支架的平衡 ··· (66)
题 023　桁架平衡 ··· (68)
题 024　平行力 ·· (71)
题 025　平衡的稳定性 ·· (74)

题 026	圆锥面内牛顿定律的应用	(78)
题 027	曲面上牛顿运动定律的应用	(79)
题 028	多对象问题	(81)
题 029	多过程问题	(84)
题 030	圆锥摆	(87)
题 031	牛顿运动定律在自然坐标下的应用	(89)
题 032	牛顿运动定律在极坐标下的应用	(92)
题 033	连接体与极坐标系	(93)
题 034	平动非惯性系(1)	(95)
题 035	平动非惯性系(2)	(97)
题 036	动量定理与牛顿定律	(100)
题 037	被提起的绳	(101)
题 038	频闪下的碰撞	(106)
题 039	冲撞中的速度关联	(108)
题 040	含有杆件的碰撞问题	(109)
题 041	杆件的冲撞问题	(113)
题 042	曲面上滑落物体综合分析	(116)
题 043	坍塌的球堆	(119)
题 044	配速法在黏滞阻力 $f=-kv$ 作用背景下的应用	(121)
题 045	球在斜面上的滚动	(126)
题 046	圆柱在平板上的运动	(128)
题 047	物体在倾斜管中的运动	(131)
题 048	转动系下牛顿定律的应用	(133)
题 049	滚笼中小白鼠的运动	(136)
题 050	V 形桶内能量与角动量守恒的综合应用	(139)
题 051	转动定律与能量守恒的综合应用	(142)
题 052	能量约束问题研究	(146)
题 053	万有引力的计算	(149)
题 054	开普勒定律的基本应用	(152)
题 055	行星椭圆轨道性质研究	(154)
题 056	卫星的漂移运动	(159)
题 057	飞船的发射	(162)
题 058	直角坐标系与极坐标系下椭圆轨道的比较计算	(165)
题 059	抛物线轨道	(168)
题 060	双曲线轨道	(172)
题 061	潮汐现象研究	(175)
题 062	宇宙模型	(182)

题 063	天体运动中的二体问题	(186)
题 064	天体运动中的多体问题	(189)
题 065	有心力作用下有效势能的引入	(191)
题 066	用有效势能讨论有心力作用下的径向运动	(194)
题 067	松鼠的振动	(197)
题 068	单摆与变形摆	(199)
题 069	圆环的摆动（复摆）	(201)
题 070	用速度比较法研究摆动	(204)
题 071	轻杆连接的系统振动	(207)
题 072	多体的振动系统	(211)
题 073	转动系统的振动	(215)
题 074	在水中振动的管（非完整的谐振过程）	(218)
题 075	被提起的弹簧振子	(221)
题 076	二维振动	(223)
题 077	多对象与多过程的振动	(226)
题 078	转动非惯性系及振动	(229)
题 079	波的图像与波的周期性	(233)
题 080	波的反射与叠加	(234)
题 081	声波的多普勒效应	(236)
题 082	波的叠加与干涉	(238)

第 2 部分　热　学

题 083	气体实验定律的应用	(245)
题 084	力、热平衡问题	(247)
题 085	溢汞问题	(248)
题 086	虹吸现象	(250)
题 087	气体压强与分子运动	(251)
题 088	分子运动研究	(253)
题 089	表面张力的理解与应用	(257)
题 090	热传导	(259)
题 091	太阳辐射	(260)
题 092	热散失	(262)
题 093	蒸发过程的分子运动	(264)
题 094	高压锅	(266)
题 095	混合饱和蒸气	(268)
题 096	饱和水蒸气与汽化热	(270)

题097　热力学过程分析 ·· (272)
题098　热力学过程及热容量 ·· (273)
题099　循环过程 ·· (276)
题100　卡诺循环 ·· (277)
题101　热容变化的气体循环 ·· (279)
题102　工质为非气体的循环 ·· (281)
题103　反映做功与吸热过程的循环图 ··· (283)
题104　反映过程热容量的循环图 ·· (285)

第3部分　电　磁　学

题105　库仑力$\left(\propto \dfrac{1}{r^2}\right)$作用下的运动 ····································· (291)
题106　平均电场强度的计算 ·· (293)
题107　高斯定理的应用 ·· (296)
题108　不完全球面带电体电场强度的计算 ··· (297)
题109　环状带电体的电场分析 ··· (300)
题110　半球面体的电势（割补法） ·· (303)
题111　球瓣带电体的电场与电势 ·· (304)
题112　反证法在静电平衡中的应用 ··· (307)
题113　旋转椭球带电体的性质 ··· (308)
题114　电势能的计算 ·· (312)
题115　平面导体对电荷的镜像 ··· (315)
题116　导体球面对点电荷的镜像 ·· (317)
题117　体系电势能的计算 ··· (319)
题118　格林互易定理及应用 ·· (321)
题119　导体半球在匀强电场中的受力 ··· (323)
题120　带电小球在电容器中的平衡 ··· (326)
题121　带电球在电场中的谐振 ··· (329)
题122　带电粒子在电场力作用下的运动 ·· (331)
题123　带电板的平衡状态分析 ··· (336)
题124　电容器充电 ·· (341)
题125　基本电路结构 ·· (344)
题126　基本电路的分析与计算 ··· (346)
题127　电阻的鉴别 ·· (348)
题128　电阻的各向异性 ·· (351)
题129　含源电路的计算 ·· (352)
题130　电桥电路 ·· (354)

题 131	补偿电路	(356)
题 132	伏安特性曲线	(357)
题 133	非线性电路分析	(359)
题 134	复杂电路的简化	(362)
题 135	电流分布法	(364)
题 136	二端无穷网络	(366)
题 137	自相似电路	(373)
题 138	复杂电路的计算	(374)
题 139	电路问题中整体法与隔离法的应用	(376)
题 140	倍压电路的分析与计算	(378)
题 141	电流的磁场	(380)
题 142	V形电流的磁场	(382)
题 143	网络电流的磁力矩	(386)
题 144	磁力矩的平衡	(390)
题 145	磁聚焦	(392)
题 146	带电粒子在磁场中运动的轨迹分析	(396)
题 147	磁场背景下的摆	(400)
题 148	带电粒子在磁场中的螺旋运动	(402)
题 149	带电粒子在洛伦兹力和重力作用下的运动研究	(404)
题 150	带电粒子在双重正比于速率的力作用下的运动	(409)
题 151	柱坐标系与粒子在磁场中的漂移运动	(411)
题 152	地磁场	(413)
题 153	动生电动势的计算	(416)
题 154	感生电动势的计算	(418)
题 155	磁场变化区域中杆的电动势的计算	(420)
题 156	磁流体发电机	(422)
题 157	电磁炮	(425)
题 158	动车式感应电路	(429)
题 159	电容与电感在感应电路中的特性	(433)
题 160	自感现象的应用	(436)
题 161	暂态电路	(438)
题 162	互感的应用	(440)
题 163	交流发电机及交流电路	(442)
题 164	LC电路分析	(444)
题 165	交流电桥	(447)
题 166	交流电路的计算	(449)

第 4 部分　光学与近代物理

- 题 167　频闪下的转盘 ······ (455)
- 题 168　特殊光路的作图 ······ (456)
- 题 169　视场 ······ (458)
- 题 170　折射与全反射 ······ (459)
- 题 171　球面折射(不晕点) ······ (461)
- 题 172　非均匀介质的折射 ······ (463)
- 题 173　费马原理的应用 ······ (465)
- 题 174　折射规律在运动中的应用 ······ (468)
- 题 175　逐次成像法 ······ (471)
- 题 176　折射率的测量 ······ (474)
- 题 177　门镜 ······ (475)
- 题 178　望远镜 ······ (477)
- 题 179　显微镜 ······ (479)
- 题 180　轨迹类比法的应用 ······ (481)
- 题 181　薄膜干涉 ······ (484)
- 题 182　三光束干涉 ······ (486)
- 题 183　奇异干涉 ······ (488)
- 题 184　光的偏振 ······ (490)
- 题 185　光压 ······ (492)
- 题 186　逆康普顿效应 ······ (493)
- 题 187　汤姆孙原子模型 ······ (495)
- 题 188　巴耳末公式 ······ (498)
- 题 189　奇异原子 ······ (499)
- 题 190　原子核结构 ······ (501)
- 题 191　碳-14 测龄 ······ (503)
- 题 192　地球的年龄 ······ (504)
- 题 193　狭义相对论初步 ······ (506)
- 题 194　光信号的发射与接收 ······ (508)
- 题 195　真空中光的多普勒效应 ······ (511)
- 题 196　前灯效应 ······ (512)
- 题 197　双生子佯谬 ······ (515)
- 题 198　相对论效应下的动量与能量 ······ (519)
- 题 199　高速运动的发光原子 ······ (521)
- 题 200　相对论下牛顿定律的运用 ······ (524)

第 1 部分

力 学

题 001　运动关联(绳船模型)

如图1所示,在离水面高度为 h 的岸边上,有人用绳子通过滑轮拉船靠岸,收绳的速率恒为 v。

(1) 当船与岸边的距离为 s 时,求船运动的速度 u。
(2) 当船与岸边的距离为 s 时,求船运动的加速度 a。
(3) 若人在拉动船时的加速度为 a_0,则船速为 v 时船运动的加速度又为多少?

【解析】　本题的基础性很强,知识的容量很大,解答的方法也很多。在中学物理竞赛的学习过程中,本题是学生的必练题之一。但在中学阶段应尽量避开运用高等数学的方法,对本题的解答一般都会采用矢量分解的方法。而且,初次接触本题时,学生多是在记忆与模仿的基础上进行的。我们首先来看解答。

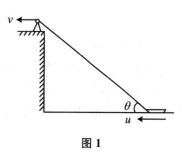

图1

(1) 船速 u 的求解。

方法1(速度分解)　由于小船沿水面方向做直线运动,因而小船对岸边的收绳点(图1中滑轮处)的运动可分解为两个分运动:一是指向收绳点的运动,其速度的大小即为收绳的速率 v;二是绕收绳点向下的转动。因此小船的速度 u 的分解如图2所示,图中 θ 为绳与水面的夹角。由图2可得

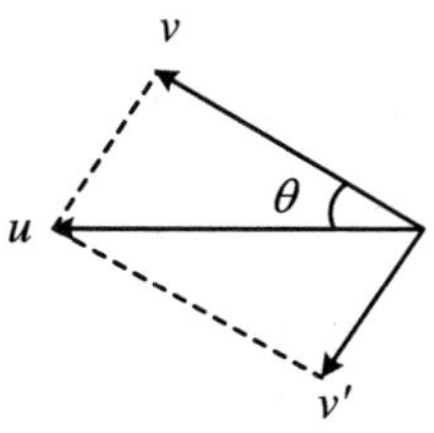

$$u = \frac{v}{\cos\theta} = \frac{\sqrt{h^2+s^2}}{s}v$$

图2

在此解答中,绳连接着船的端点指向收绳点的速度即通常所说的沿绳方向上的速度。由于我们所讨论的绳始终是张紧的,因此绳上各点沿绳的方向上的速度都是相等的,这是我们讨论通过绳子连接的物体间的速度关联最为重要的依据。当然,我们应该注意到,此时绳是没有跨过动滑轮的。

方法2(微元法)　设想小船经过一个微小的时间单元 $\Delta t \to 0$,小船向前移动的位移为 Δx,这段时间内绳子的收缩长度为 Δl,Δx 与 Δl 的关系如图3所示,有

$$\Delta l = \Delta x \cos\theta$$

由上式可得

$$\frac{\Delta l}{\Delta t} = \frac{\Delta x}{\Delta t}\cos\theta$$

即 $v = u\cos\theta$,所以

$$u = \frac{v}{\cos\theta} = \frac{\sqrt{h^2+s^2}}{s}v$$

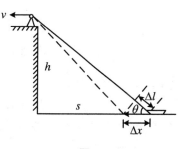

图3

在此解答中应注意到 $\Delta l = \Delta x \cos\theta$ 关系成立的条件是 $\Delta x \to 0$，此时绳长 $l \gg \Delta x$。

方法3（定义求导） 设此时的绳长为 l，则
$$l^2 = h^2 + s^2$$
两边同时对时间 t 求导，考虑到 h 是常量，有
$$2l\frac{\mathrm{d}l}{\mathrm{d}t} = 2s\frac{\mathrm{d}s}{\mathrm{d}t}$$
即 $lv = su$，所以
$$u = \frac{l}{s}v = \frac{\sqrt{h^2+s^2}}{s}v$$
结果与前面一致。

方法4（能量法） 设想人在绳子的上端用力 F 拉动小船以速度 v 向前运动，则绳子拉船的力也是 F，于是人拉船的功率是 $P_1 = Fv$，而绳拉船的功率是 $P_2 = Fu\cos\theta$，考虑到轻绳既不能储存能量，也不可能额外地向外输出能量，则 $P_1 = P_2$，即 $Fv = Fu\cos\theta$，得
$$u = \frac{v}{\cos\theta} = \frac{\sqrt{h^2+s^2}}{s}v$$

轻绳是中学物理中极为重要的物理模型：

① 绳上各处的张力相等。

② 绳不可能伸长，绳上各点沿绳方向上的速度相等（不绕过动点），但当绳存在转动时，绳上各点的速度并不相同，同时我们也不能根据"绳上各点沿绳方向上的速度相等"类推出"绳上各点沿绳方向上的加速度相等"的错误结论。

③ 绷紧的绳既不吸收也不输出能量，但在断裂或由松弛到绷紧的过程中要吸收一定的能量。

方法4是对绳子能量特征的应用。

（2）船的加速度 a 的求解。

方法1（加速度分解） 图2中的速度 v' 为小船绕收绳点转动的速度，因而 v' 所对应的向心加速度的大小为
$$a_n = \frac{v'^2}{\sqrt{h^2+s^2}} = \frac{v^2\tan^2\theta}{\sqrt{h^2+s^2}} = \frac{v^2h^2}{s^2\sqrt{h^2+s^2}}$$

a_n 的方向沿收绳方向，而在该方向上绳保持恒定的速率，绳子收缩的加速度为零，即 $\frac{\mathrm{d}^2 l}{\mathrm{d}t^2}=0$，故该方向上的加速度即为 a_n。

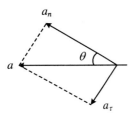

图4

与速度一样，由于小船在水面上做直线运动，因此小船的加速度亦在水平方向上。因而加速度的分解图像与速度分解图像类似，如图4所示，由此可得小船的加速度为
$$a = \frac{a_n}{\cos\theta} = \frac{v^2h^2}{s^2\sqrt{h^2+s^2}} \cdot \frac{\sqrt{h^2+s^2}}{s} = \frac{h^2v^2}{s^3}$$

此解法中极为重要的一点是人收绳的加速度为零,否则必须考虑收绳的加速度对船的加速度的影响。

方法 2(定义求导) 因为 $u = \dfrac{v}{\cos\theta}$,且 $\dfrac{\mathrm{d}v}{\mathrm{d}t} = 0$,所以

$$a = \frac{\mathrm{d}u}{\mathrm{d}t} = v\frac{\mathrm{d}}{\mathrm{d}t}\left(\frac{1}{\cos\theta}\right) = v\left(\frac{\sin\theta}{\cos^2\theta}\right)\frac{\mathrm{d}\theta}{\mathrm{d}t}$$

而 $\dfrac{\mathrm{d}\theta}{\mathrm{d}t}$ 是船绕收绳点转动的角速度,结合图 2,有

$$\frac{\mathrm{d}\theta}{\mathrm{d}t} = \frac{v'}{l} = \frac{v\tan\theta}{l}$$

联立上述两式,并将 $\sin\theta = \dfrac{h}{\sqrt{h^2+s^2}}$,$\cos\theta = \dfrac{s}{\sqrt{h^2+s^2}}$,$\tan\theta = \dfrac{h}{s}$ 代入,得

$$a = \frac{h^2 v^2}{s^3}$$

(3) 存在 a_0 时船的加速度 a'。

与(2)相比,只是多出一个绳收缩的加速度 a_0,即在沿绳的方向上船的加速度由 a_n 变为 $a_n + a_0$,则不论采用(2)中的方法 1 还是方法 2,均可以得到

$$a' = \frac{a_n + a_0}{\cos\theta} = \frac{h^2 v^2}{s^3} + \frac{\sqrt{h^2+s^2}}{s}a_0$$

或

$$a' = \frac{\mathrm{d}u}{\mathrm{d}t} = v\frac{\mathrm{d}}{\mathrm{d}t}\left(\frac{1}{\cos\theta}\right) + \frac{1}{\cos\theta}\frac{\mathrm{d}v}{\mathrm{d}t} = \frac{h^2 v^2}{s^3} + \frac{\sqrt{h^2+s^2}}{s}a_0$$

从上述解答不难看出,虽然处理问题的角度不同,但其结果不会有差异。必须明确的是,这类运动关联的习题在竞赛中并不大可能单独成题,往往只是试题模型的一部分。但若处理失误,必将导致全盘皆错。

由于学生最初接触此题往往是在开始学习高中内容不久,也许学生还不具备求导的能力,因而用矢量分解的方法是比较合理的。但问题也会随之而来。我们来看下面"类似"的问题。

假若用力 F 在绳子上端拉小船,则绳拉小船前进的力是什么样的呢?

由图 5 不难得到,绳对小船向前的拉力大小为 $F_1 = F\cos\theta$。它为什么不与前面的速度分解的方式类似,有 $F = F_1\cos\theta$ 呢?

出现这种思维的原因是对矢量的合成与分解的认识有偏差。矢量的合与分并不是一个简单的四边形法则所能全部概括的,合与分一定要根据具体情况和实际效果进行处理。对于拉力 F 而言,它的效果是向前拉船(F_1)与将船向

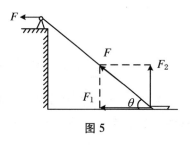

图 5

上提起(F_2),图 5 中 F_1、F_2 是 F 的两个分力,这是不言而喻的。拉绳的速度 v 不是绳的速度,也不是船的速度。由于绳的下端点是与船连在一起的,不难知道,它们的速度是水平向

前的,这个水平向前的速度 u 才是它们的合速度,而收绳的速度只是船速度(也是绳的下端点的速度)的一个分速度,所以才有图2的速度分解关系。

本题最为常见的错误便是将船速度作为收绳速度的分速度,将 v 在水平方向与竖直方向上进行分解,从而得到 $u = v\cos\theta$ 的错误结论。

一道基本题的基础性很多时候不仅仅体现在解题方法的基础性上,同时也体现在模型构造的基础性上。为了说明基本题型在模型方面的基础性,我们先来看看下面这道题:

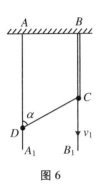

图 6

如图6所示,AA_1 和 BB_1 是两根光滑的细直杆,并固定于天花板上,绳的一端拴在 B 点,另一端拴在套于 AA_1 杆上的珠子 D 上,另有一珠子 C 穿过绳及杆 BB_1 以速度 v_1 匀速下落,而珠子 D 以一定速度沿杆上升。当图中角度为 α 时,珠子 D 上升的速度 v_2 为多大?

这道题显然也是一道有关运动关联的习题。由于运动的珠子 C 的出现,使得"沿绳的方向上的速度相等"这一条件不再适用于题中的绳子,因此,选择微元法来处理几乎成了解答此题的必由之路。其解答的难度被普遍认为要远高于前面"绳船模型"的难度。但我们若能将图6所示的模型与图1作一深刻比较,对其难度的认识也许会发生变化。

我们将图6所示的模型逆时针旋转90°,同时以珠子 C 为参照物,便得到图7所示的模型。而比较图7与图1所示的两模型,我们就不难发现它们本质上是同一道题。在这一模型中,我们很快便得到珠子 D 的运动速度为

$$v_D = \frac{v_1}{\cos\alpha}$$

再回到地面系中,有

$$v_2 = v_D - v_1 = \frac{1-\cos\alpha}{\cos\alpha}v_1$$

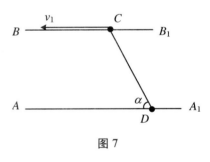

图 7

比较这一解答与处理绳船问题之间的差异,除了模型变化的处理过程,在处理流程上完全是一样的,无论是思维量还是计算量,两者都是相当的。更为重要的是,我们从模型变化的处理中看到,图7所示的模型在物理本质上与图1所示的"绳船模型"是一样的,这充分体现了图1所示模型的基础性。

题 002　运动关联(线轴模型)

如图1所示,线轴沿水平面做无滑动的滚动,并且线端 A 点的速度为 v,方向水平。以铰链固定于 B 点的木板靠在线轴上,线轴的内、外径分别为 r 和 R。试确定木板的角速度 ω 与角 α 的关系。

【解析】 运动物体间的关联除了绳子连接起来的物体间的关联,就是刚体间的接触关

联了。

刚体间的接触关联通常与转动直接相关,其接触有静接触与动接触,即相对静止的接触与相对滑动的接触。所有的接触点都是我们解答速度关联问题的切入点。这时我们要注意三种接触情形的关联方式:一是相对静止的接触点,关联两物体的是接触点处两物体的速度相同,这样我们可以此为依据得到速度关联方程;二是有相对接触面滑动的接触点,关联两物体的是接触处法向上两物体的速度相等,这同样为我们提供了一个速度关联方程;三是交叉型的接触点,这种情形相对而言要复杂一些,因为这些相互接触的物体的运动可以是独立的,速度是不相关的,但它们影响交叉点的速度,交叉点的速度求解方法最简单的是微元法,其次是控制物体使其一动一不动,再对交叉点相对于静止物体的速度进行合成。本题涉及其中的一、二两种情形。

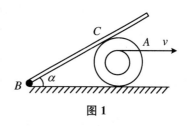

图 1

设木板与线轴相切于 C 点,则板上 C 点与线轴上 C 点有相同的法向速度 v_n,该速度正是 C 点关于 B 轴转动的线速度(见图 2),即

$$v_n = \omega \cdot BC = \omega R \cot \frac{\alpha}{2}$$

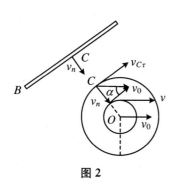

图 2

再来考虑线轴上 C 点的速度:它应是 C 点对轴心 O 转动的线速度 $v_{C\tau}$ 与轴心的平动速度 v_0 的矢量和,而 $v_{C\tau}$ 是沿 C 点切向的,则 C 点的法向速度 v_n 应是 v_0 在法向上的分量,即

$$v_n = v_0 \sin \alpha$$

又由于线轴为刚体,且在地面上做纯滚动,设滚动的角速度为 ω_0,则线轴上与地面的接触点处的速度为零,有

$$v_0 - \omega_0 R = 0$$

又 A 点的速度为

$$v = \omega_0 (R + r)$$

由此可得

$$\omega = \frac{(1 - \cos \alpha) v}{R + r}$$

对于线轴上 C 点处的法向速度 v_n,我们亦可先用图 3 求得 v_C,即

$$v_C = \omega_0 \cdot PC = 2 \omega_0 R \cos \frac{\alpha}{2}$$

接着有

$$v_n = v_C \sin \frac{\alpha}{2} = v_0 \sin \alpha$$

最后可得到同样的结果。

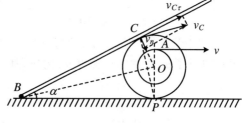

图 3

本题中的线轴有很多变形,甚至可以是任意的曲面物体,但其处理方式大同小异。我们

应该明白,速度关联的相关问题在多对象的运动背景中几乎都有涉及,难度虽不大,但由于隐蔽性强,也是极易出错的,平时应进行必要的训练。

题 003 相对运动

一个半径为 R 的半圆柱体沿水平方向向右做加速度为 a 的匀加速运动。在半圆柱体上搁置一根竖直杆,此杆只能沿竖直方向运动,如图 1 所示。当半圆柱体的速度为 v 时,杆与半圆柱体的接触点 P 和柱心的连线与竖直方向的夹角为 θ,求此时竖直杆运动的速度和加速度。

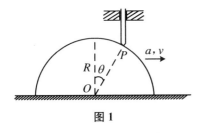

图 1

【解析】 几乎所有的竞赛辅导书都引用了本题,或用作练习,或用作例题,皆因其模型特点与考查的内容十分清晰,即运动关联与相对运动。

在速度关联方面,本题只要明确半圆柱体与杆在柱的法向上的速度相等,即可得到正确的结果;当然,亦可通过 $v_{绝对} = v_{牵连} + v_{相对}$,即 $v_{杆地} = v_{柱地} + v_{杆柱}$ 求得。这一问题具有基础性。

而对于杆的加速度,虽然也有 $a_{杆地} = a_{柱地} + a_{杆柱}$ 这么简洁的关系,但杆相对于半圆柱体的加速度 $a_{杆柱}$ 并不像 $v_{杆柱}$ 那么直接,而是包含切向与法向两个方向上的加速度,即 $a_{杆柱} = a_\tau + a_n$。这一问题的设置方式很好地强化了我们对相对运动的理解,一方面,针对我们在学习相对运动的理论知识时对此类分解方式讲解甚少的情况,它权作知识的补充;另一方面,它也提示我们,既然相对加速度可以由两部分构成,它同样也可由三部分构成,而且,不仅相对加速度如此,牵连加速度亦可如此,速度亦可如此。如此一来,今后我们在应对习题变化时,便有了足够的心理准备。本题的具体解答如下:

取半圆柱作为参考系,在此参考系中,P 点做圆周运动,即 $v_{杆柱}$ 的方向沿着圆周上 P 点的切线方向。

根据题意,$v_{杆地}$ 的方向只能是竖直向上,作出 $v_{杆柱}$、$v_{杆地}$、$v_{柱地}$ 三者的方向关系,如图 2 所示。由此可知

$$v_{杆地} = v_{柱地} \tan \theta = v \tan \theta$$

在半圆柱参考系中,P 点相对于圆柱运动的加速度由切向加速度 a_τ 和法向加速度 a_n 构成,其中

$$a_n = \frac{v_{杆}^2}{R} = \frac{v^2}{R \cos^2 \theta}$$

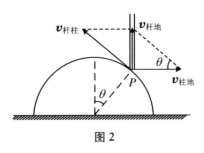

图 2

再考虑到杆只能在竖直方向上运动,则 $a_{杆地}$、$a_{柱地}$、a_τ、a_n 的方向如图 3 所示,而 $a_{杆地}$ 为 $a_{柱地}$、a_τ、a_n 的矢量和,即

$$a_{杆地} = a_{柱地} + a_\tau + a_n$$

则在过 P 点的法向上,有
$$a_{杆地}\cos\theta = a_{柱地}\sin\theta - a_n$$
得
$$a_{杆地} = a\tan\theta - \frac{v^2}{R\cos^3\theta}$$

对于 $a_{杆地}$ 的求解,很多人也习惯于通过对速度 v 进行求导,即
$$a_{杆地} = \frac{dv_{杆地}}{dt} = \frac{dv}{dt}\tan\theta + v\frac{d\tan\theta}{dt}$$
$$= a\tan\theta + v\frac{1}{\cos^2\theta}\frac{d\theta}{dt}$$

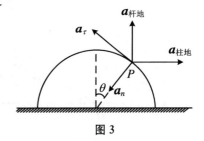

图 3

又 $\frac{d\theta}{dt} = -\frac{v_{杆柱}}{R} = -\frac{v}{R\cos\theta}$,所以同样有
$$a_{杆地} = a\tan\theta - \frac{v^2}{R\cos^3\theta}$$

的确,随着微积分的应用进入竞赛大纲的要求中,越来越多的竞赛生习惯于用微积分来求解此类问题,因为只要掌握了微积分的初步知识,解答此类问题时似乎并不需要作过多的思考,结论来得也很直接。但这种看似能直接得到结果的方法,很大可能是大家在分析相对运动的物理本质遇到障碍时的权宜之策。譬如,本题中杆对地的速度也可以通过求导得到,过程如下:

以 O 点为原点建立直坐标系 $O\text{-}xy$,则杆与柱的接触点 P 的坐标为
$$x_P = R\sin\theta, \quad y_P = R\cos\theta$$
则
$$v_{Px} = \frac{dx_P}{dt} = R\cos\theta\frac{d\theta}{dt}, \quad v_{Py} = \frac{dy_P}{dt} = -R\sin\theta\frac{d\theta}{dt}$$

考虑到 $v_{Px} = -v$,$v_{Py} = v_{杆地}$,所以有 $v_{杆地} = v\tan\theta$。

笔者在历年的竞赛辅导中,鲜见有学生使用此法求解,概因无论运用速度关联还是相对运动间的矢量关系,得到杆与柱间的速度关系都很直接,大家都运用得比较娴熟。而对加速度间的关系,同学们的认识就远没有对速度的认识那么清晰,甚至无法对 $a_{杆柱} = a_\tau + a_n$ 进行拆解。于是,运用求导法进行求解的思路也就自然而然地产生了。但求导显然掩盖了必要的物理过程的分析,为我们对复杂的物理情境分析埋下了障碍。

况且,对于许多没有系统学习与练习过微积分内容的同学而言,在运用微积分知识时,出错率依然是很高的。所以,笔者在辅导学生时,对于此类试题,非常强调对基本物理规律的应用,以凸现物理本质。

前面我们讨论的是本题所涉及的物理规律的运用,而本题的模型特点也是可圈可点的。

首先,模型的构建具有圆周运动的背景,这是竞赛中最为常见的模型之一,是大家必须重视的。其次,在日常的解题过程中,除了完成必要的解答,对习题所涉及的物理过程或模

型进行延伸与拓展,是一名主动学习者应具有的素养。同时,我们对众多的习题进行归类处理,融会贯通,也是提升解题能力的要求。

以本题的模型为基础,我们也可作多种变化。下面这道习题中的模型即是对上述模型的延伸。

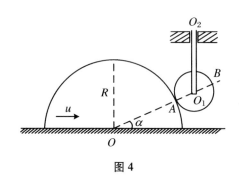

图 4

如图 4 所示,半径 $R=3r$ 的凸轮以速度 u 沿水平面向右匀速移动,其中 r 为顶杆滚轮的半径。杆 O_1O_2 沿铅直导轨滑动。假设滚轮与凸轮的接触点 A 无相对滑动,试求:$\alpha=30°$ 时滚轮上 B 点的速度和加速度的大小。

模型的衍变并不只是方法的重复应用。图 4 所示的模型在上一题模型的基础上,虽只增加了一个小滑轮,所求量仍然是速度与加速度,但就这一点变化,运动的关联与相对运动的特征又是一番新境地,其难度远超原模型。至少,很多人都无法挖掘出运动过程中的顶杆滚轮对地转过的角度 $\Delta\theta$ 与 A 点对 O 点转过的角度 $\Delta\alpha$ 之间的关联表达式

$$\Delta\alpha \cdot R = (\Delta\theta - \Delta\alpha)r$$

这一关联要体现的是顶杆滚轮转动的角速度与 O_1 点对 O 点转动的角速度之间的关联,这一关联式的寻找往往也会成为同学们解答此类习题的瓶颈。

即便如此,我们也不要奢望这种运动关联的试题单独成为竞赛试题,它充其量只是综合问题中的一个关联问题而已。但我们在学习时作此类延伸,肯定有助于应对新的情境模型。

题 004　蜗牛是否相遇?

四只蜗牛(视为质点)在一个非常大的平台上各自做匀速直线运动,其运动路径的方向是随机的(但是没有平行的,也就是说任何两只蜗牛都有可能相遇),但是没有任何两只以上的蜗牛的路径会相交于一点。如果四只蜗牛可能相遇的 $\dfrac{4\times 3}{2}=6$ 次中的 5 次已经发生,那么我们可以预言第 6 次相遇能否发生吗?

【解析】　对于运动物体相遇问题的研究,同学们是从小学数学中的运动问题开始的,研究情境从直线逐步上升到曲线,从单向运动上升到折返运动,从匀速运动上升到变速运动,问题设置的难度也在逐步提高。本题中的运动主体虽然做匀速直线运动,但由于运动对象的增加,难度自然就增加了许多。

四只蜗牛各自做匀速直线运动,我们很容易确定在平台上,在它们的轨迹不平行且无两只以上的蜗牛相交于同一点的前提下,它们的轨迹可能存在 6 个交点。每一个交点都可能是蜗牛两两相遇的点,但也有可能是彼此错开的。所以,不能确定轨迹的相交点就是两只蜗

牛的实际相遇点,即便其中 5 个点是实际的相遇点,似乎也无法直接确定第 6 个点就是实际的相遇点。

为了讨论问题的方便起见,我们先来考虑三只蜗牛彼此相遇的情况。

如图 1 所示,我们将三只蜗牛编号为 1、2、3,它们在平面上的轨迹分别为 l_1、l_2、l_3,运动方向如图 1 中的箭头所示。

由图可知,若三只蜗牛能相遇,则它们只能相遇于 A、B、C 三点。假设 1 号蜗牛与 2 号蜗牛相遇于 A 点时,3 号蜗牛还在 D 点,设 A、D 点的连线为 L,3 号蜗牛与 1 号蜗牛和 2 号蜗牛分别相遇于 B 点与 C 点。由于三只蜗牛都是匀速运动的,因此 2 号蜗牛通过 AC 这段距离的时间与 3 号蜗牛通过 DC 这段距离的时间相等。由此可以作如下推断:当 1 号蜗牛与 3 号蜗牛相遇于 B 点时,2 号蜗牛在 B' 点,由时间关系 $\dfrac{t_{AB'}}{t_{AC}} = \dfrac{t_{DB}}{t_{DC}}$ 和匀速运动的规律易推得 $\dfrac{AB'}{AC} = \dfrac{DB}{DC}$,此即 $BB' \parallel AD$。同样可推得:2 号蜗牛与 3 号蜗牛

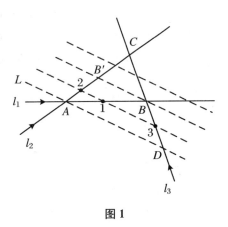

图 1

相遇于 C 点时,1 号蜗牛的位置与 C 点的连线应与直线 AD 平行。依此类推,可得出:三只蜗牛在运动过程中,它们任意时刻所在位置的连线都是与图 1 中的直线 L 平行的,图中的虚线与 l_1、l_2、l_3 的交点位置就是它们各个时刻的位置。也就是说,如果三只蜗牛能彼此相遇,则它们任意时刻必定在同一直线上,如图中的 1、2、3 点。由此我们可以迅速推断,多只蜗牛若能在平台上两两相遇,它们也必定是任意时刻都在同一直线上。据此,我们进一步讨论四只蜗牛相遇的问题。

将四只蜗牛编号为 1、2、3、4。假设它们的 6 次可能相遇中,只剩下 3 号蜗牛与 4 号蜗牛还没有相遇,那么,由于 1、2、3 三只蜗牛彼此相遇过,由前面的论述可知,这三只蜗牛必定在同一直线上;同理,由于 1、2、4 三只蜗牛彼此相遇过,它们也必然在同一条直线上。由此可以确定,这四只蜗牛必定在同一直线上,并且这条直线在垂直于自身的方向上是匀速平移的。

至此,我们惊奇地发现,在平台上看上去不在一条直线上运动的蜗牛,在以某个蜗牛为参照物的参考系中,却在同一直线上运动。于是,本题的问题又退化为同一直线上运动的物体的相遇问题。下面我们作进一步的讨论。

如果我们以这四只蜗牛所在的直线作参照物,那么这四只蜗牛只能在这条直线上运动。这样,我们很容易确定,当它们 6 次可能相遇中的 5 次已经发生后,剩下的一次能否相遇取决于我们开始记录蜗牛相遇时蜗牛最初的位置,即问题的初态。

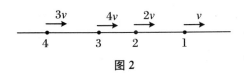

图 2

我们不妨设置图 2 所示的情况,1、2、3、4 四只蜗牛在同一直线上向同一方向运动,其速度大小分别为 v、$2v$、$4v$、$3v$。如果我们研究的最初位置如

图2所示,或者说蜗牛从图2所示的位置开始运动,我们不难发现最初的5次相遇是能够发生的,但3号与4号蜗牛没有相遇的机会;但如果在初态时将3号与4号的位置交换(这是可能的),那么它们必定会相遇6次,也就是说第6次相遇是可能发生的。

实际上,我们从相对运动的角度出发,还能更快地得到"这些蜗牛一定在同一直线上运动"的结论。

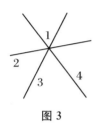

图3

我们同样假设编号为1、2、3、4的四只蜗牛中只剩下3号蜗牛与4号蜗牛还没有相遇。不妨以与另外三只蜗牛都相遇过的1号蜗牛为参照物(静止不动),则在该参考系中2、3、4号蜗牛的轨迹都一定过1号蜗牛的位置,其相遇情形可能如图3所示。但如若这样,由于2号蜗牛与3号蜗牛也相遇过,它们的相遇点也必定在1号蜗牛的位置处,则1、2、3三只蜗牛是同时相遇的,这显然与题设中"没有任何两只以上的蜗牛的路径会相交于一点"产生矛盾,故图3所示的情形不满足题设条件。

显然,要满足1、2、3号三只蜗牛不是同时相遇的,那么1、2、3号三只蜗牛必定在同一直线上以不同的相对速度运动。

同理,1、2、4号三只蜗牛也不是同时相遇的,故1、2、4号三只蜗牛也在同一直线上以不同的相对速度运动。

由于1、2、3号三只蜗牛在一条直线上,1、2、4号三只蜗牛也在一条直线上,显然这两条直线是同一条直线,故1、2、3、4号四只蜗牛在同一直线上。但由于它们相对于1号蜗牛的速度不相同,故在平台系看来,它们的轨迹是不平行的。进而同样可得到前述的结论,后续的论述就无须赘言。

若比较一下前面的两种论述方式,显然以1号蜗牛为参照物的论述更为简洁明了。

对于此类相遇问题,我们也可在时空坐标下进行相关的讨论。

设四只蜗牛运动的平面为平面 O-xy,在此基础上引入时间轴 t,建立三维坐标 O-xyt,则蜗牛在任一时刻 t 在平面上的位置可以通过三维坐标(时空坐标)进行描述。如三维坐标中的点 $A(x,y,t)$ 所描述的就是在时刻 t 蜗牛在 O-xy 平面上的位置 (x,y),如图4所示。

由于每只蜗牛的运动均为匀速直线运动,可知蜗牛的位移与时间的关系是线性的,故每只蜗牛的运动轨迹在 O-xyt 坐标内为一空间直线。

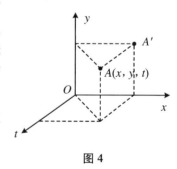

图4

设四只蜗牛的轨迹分别为直线 l_1、l_2、l_3、l_4,两条直线的交点说明两只蜗牛在同一时刻到达同一位置,即两只蜗牛相遇。我们不妨设最后一次待证的相遇为 l_3、l_4 的交点,则由 l_1、l_2、l_3 两两相交可知 l_1、l_2、l_3 一定在同一平面内(这一平面为一空间平面)。同理,由 l_2、l_3、l_4 两两相交也可确定 l_2、l_3、l_4 一定在同一平面内。根据蜗牛的运动轨迹不能平行,即 l_2、l_3 不平行,可确定 l_1、l_2、l_3 必定共面。加之 l_3、l_4 也不能平行,则 l_3、l_4 必定存在一个交点,即这两只蜗牛在同一时刻到达平面上的同一点,它们应该

"相遇"。

问题是我们还应该考虑实际情况,蜗牛的运动不可能是无边界的,作为研究的起点,其相遇点的时间坐标应该满足 $t>0$。所以,若 l_3、l_4 交点的时间坐标 $t>0$,则说明第 6 次相遇能够发生;若 l_3、l_4 交点的时间坐标 $t<0$,则说明在实际中这两只蜗牛不能相遇,亦即第 6 次相遇不能发生。

有了四只蜗牛的相遇情形的讨论,相信大家对于多只蜗牛的相遇问题也可进行更为深入的讨论。实际上,我想提示大家的是,质点运动过程中的相遇问题一直都是物理竞赛命题的热点问题,这类问题不仅涉及运动的过程分析,还涉及几何分析、数学组合知识的运用、周期性运动的分析与计算、极值与临界分析等,其综合程度非常之高,对学生的能力差异有较大的区分度。

题 005　曲线追及

狐狸以不变的速度 v_F 沿着直线 AB 奔跑,猎犬以不变的速率 v_D 追击,其运动方向始终对准狐狸。某时刻狐狸在 F 处,猎犬在 D 处,$FD \perp AB$,且 $FD=L$,如图 1 所示。试求:

(1) 此时猎犬运动加速度的大小;
(2) 猎犬追上狐狸的时间。

【解析】　在本题的背景下,定量研究猎犬追击狐狸的运动过程和轨迹特征,显然不是中学阶段能够完成的。但本题却抓住了这一过程中的两个运动特色量——加速度与时间,借助中学生现有的知识完成求解。我们来看解答。

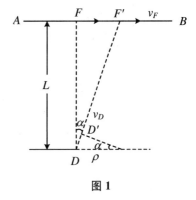

图 1

(1) 由题意知猎犬做匀速率曲线运动,猎犬在轨迹的切向上的加速度 $a_\tau = 0$,仅有法向加速度,即向心加速度 a_n。虽然加速度的大小与方向都在不断地变化,但在所求时刻之后的一段很短的时间 Δt 内,其加速度可以认为是不变的。设猎犬此时运动轨迹的曲率半径为 ρ,则其向心加速度为

$$a_n = \frac{v_D^2}{\rho}$$

显然,求加速度转化为求曲率半径了。此时便有同学发憷,因为在物理竞赛教学中,我常见,也是重点强调的,是通过加速度求曲线运动的曲率半径 $\left(\rho = \dfrac{v_D^2}{a_n}\right)$,鲜有先求曲率半径再求加速度的,于是会觉得无从下手。另有部分同学认为自己了解了一些高等数学的知识,知道曲率半径的计算公式为 $\rho = \left| \dfrac{(1+y'^2)^{3/2}}{y''} \right|$,但发现此处无论如何难以得到猎犬运动

的轨迹方程,于是公式应用失败,以致无法求解。相当部分的同学至此便放弃了问题的求解。其实,求曲线的曲率半径除了运用加速度与曲率半径的关系和曲线方程的曲率半径公式,还可以利用一个最为基本的定义法。

由图1可知,在 Δt 时间内,狐狸和猎犬分别到达了 F' 和 D' 处,猎犬运动方向转过的角度为

$$\alpha = \frac{DD'}{\rho} = \frac{v_D \Delta t}{\rho}$$

因为 Δt 很小,所以狐狸运动的距离为

$$v_F \Delta t = \alpha L = \frac{v_D \Delta t}{\rho} L$$

得 $\rho = \frac{v_D L}{v_F}$,所以

$$a_n = \frac{v_D^2}{\rho} = \frac{v_D v_F}{L}$$

这种在临场时忽视了最基本的求解方法的现象,就是我们生活中经常说到的"眼前黑"现象。产生这种现象的原因有知识的运用熟练程度问题,也有心理素质方面的问题。

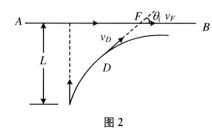

图2

(2) 设猎犬追上狐狸的时间为 t,某时刻猎犬与狐狸的位置关系如图2所示,从正交的两个方向(AB 与垂直于 AB 两个方向)上看,猎犬追上狐狸时,满足在 AB 方向上,有 $\sum (v_D \cos \theta_i) \Delta t_i = \sum v_F \Delta t_i$,得

$$v_D \sum \cos \theta_i \Delta t_i = v_F t \qquad ①$$

在垂直于 AB 方向上,有 $\sum (v_D \sin \theta_i) \Delta t_i = \sum \Delta L_i$,得

$$v_D \sum \sin \theta_i \Delta t_i = L \qquad ②$$

一般来说,有了正交两个方向的运动方程,应该能够求解结果,但非常遗憾,在解答过程中,我们无法消去上述两个方程中的整体项 $\sum \cos \theta_i \Delta t_i$ 与 $\sum \sin \theta_i \Delta t_i$。至此,解答无法进行下去,逼迫我们再寻求新的途径。

由于猎犬始终对着狐狸,在猎犬与狐狸的连线方向的接近速度为 $v_D - v_F \cos \theta_i$,经过 Δt_i 的时间,两者之间的接近距离满足

$$\Delta L_i = (v_D - v_F \cos \theta_i) \Delta t_i$$

对整个过程有 $\sum \Delta L_i = \sum (v_D - v_F \cos \theta_i) \Delta t_i$,即

$$L = v_D t - v_F \sum \cos \theta_i \Delta t_i \qquad ③$$

上式中也含有整体因子 $\sum \cos \theta_i$,结合①式,便能消除 $\sum \cos \theta_i \Delta t_i$,即可解得

$$t = \frac{v_D L}{v_D^2 - v_F^2}$$

从上述解答中我们可以看到，从正交的两个方向上列出运动关系式是没有任何问题的，也是常规的求解思路，结果却是无功而返。可见，仅运用常规的、习惯性的定式思维，未必能解决所有可求解的问题，而变换角度，改变思维方式，往往会柳暗花明。这种用常规思维方式无法解决而不得不另辟途径的思维是一种倒逼思维，在中学物理竞赛中较为常见。

题 006　运动的独立作用原理与叠加原理

一只蟑螂和两只甲壳虫在一个水平大桌面上爬行，每只甲壳虫的速度都能达到 $1\,\text{cm/s}$。开始时，这些虫子恰好位于一个等边三角形的三个顶点上。问蟑螂应具备什么样的速度才能在两只甲壳虫任意移动的情况下仍能保持三者分别位于一等边三角形的三个顶点上？

【解析】　阅读题目之后，我们一般都会尝试让两只甲壳虫随意运动，然后再试着协调蟑螂的运动，以保证蟑螂和两只甲壳虫始终在一个等边三角形的三个顶点上。但很快会发现，由于两只甲壳虫的运动之间无关联，我们很难找到确定蟑螂运动应满足的约束条件。或者说，影响蟑螂运动的因素有两个独立的变量。

对于存在两个或两个以上的独立变量的问题，中学阶段常用的方法是控制变量法——我们先让某些变量不发生变化，仅研究一个独立变量的情形，然后将所有只有一个独立变量的情形进行叠加，得到最终的结果，这种方法也称降维法。在本题中，我们可考虑通过控制甲壳虫的运动来协调蟑螂的运动。

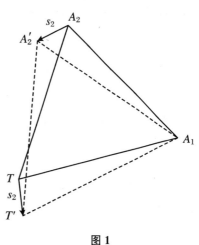

图 1

如图 1 所示，假设第一只甲壳虫 A_1 不动，在时间 Δt 内，第二只甲壳虫 A_2 爬行了 s_2，要保证蟑螂和两只甲壳虫在变化后的等边三角形的三个顶点上，为协调这一关系，由图 1 可知蟑螂在相同的时间内移动了

$$TT' = s_2 = v_2\Delta t$$

再假设第二只甲壳虫 A_2 不动，同样在时间 Δt 内，第一只甲壳虫 A_1 爬行了 s_1，则蟑螂在相同的时间内需要移动

$$T'T'' = s_1 = v_1\Delta t$$

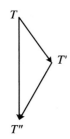

图 2

上述两只甲壳虫的运动是独立的，它们的位移是各自产生的，遵循矢量的独立作用原理。同时，矢量也满足叠加原理，我们完全可以想象两只甲壳虫的运动是同时进行的，而蟑螂是分别协调其关系的，即将两个独立的运动进行叠加，则由图 2 可得蟑螂要同时满足两只甲壳虫随意运动的位移协调关系为

$$\overrightarrow{TT''} = \overrightarrow{TT'} + \overrightarrow{T'T''}$$

同时，由图 2 所示的矢量关系可知

$$TT'' \leqslant TT' + T'T'' = (v_1 + v_2)\Delta t$$

则 $v_0 \leqslant v_1 + v_2 = 2v = 2 \text{ cm/s}$，即蟑螂必须具备可以达到 2 cm/s 的速度才能保证三者分别位于一等边三角形的三个顶点上。

本题的解答通过对矢量的独立作用原理与叠加原理的运用，突破了多变量干扰的障碍。在物理竞赛中，独立作用原理与叠加原理的应用非常普遍。而且，不仅矢量满足叠加原理，线性变量也同样满足叠加原理。用好这一规律，往往能化难为易，化繁为简，在纷杂的变量中找到清晰的解题路径。

题 007 抛体运动之轨迹

图 1 所示为给一草地浇水的玫瑰（喷嘴），它位于草坪的平面上，其顶为球形，且 $\alpha_0 = 45°$，在球形顶上有一些完全相同的喷水孔，通过这些孔，水以相同的速率 v_0 向不同的方向喷出。

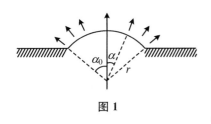

图 1

（1）若玫瑰上的小孔分布均匀，喷头形成的"水钟"的形状是怎样的？

（2）若这些孔均匀分布，则水将不能均匀地洒在草地上。为了使水均匀地洒在草地上，则玫瑰上单位面积内小孔的数目 n 与角 α 的关系如何？（计算中可不计喷嘴的大小。）

【解析】 做抛体运动的物体的运动轨迹为抛物线，求出轨迹的抛物线方程对竞赛生而言应该不成问题，但将抛物线的性质与物体的运动特征结合起来讨论问题未必是一件轻松的事情。

由于抛物线很好地融合了物理知识与数学应用，这一知识点在历来的测试中都是命题的热点内容。从物理学科方面看，由于要考查学生应用数学知识的能力，很容易选择抛体运动作为命题的背景材料；而从数学学科方面看，要体现数学知识的实际应用，抛体运动也是极佳的背景材料。所以，在过往的试题中，有关抛物线性质的讨论是全面而深刻的。

对于抛物线的性质，我们也不应仅仅局限于在直角坐标系中进行相关的讨论，在极坐标系与自然坐标系中同样也要做到熟练讨论，如在自然坐标系中讨论运动的切向与法向的特点及曲率半径。

当然，我们需要研究的也不仅仅是抛物线本身的性质，还需要讨论由抛物线衍生出的一些性质。譬如，命题人可能设置光源对运动的物体进行照射，由此讨论投影的性质。

同时，对抛体运动性质的研究也是研究类抛体运动的基础。换句话说，类抛体运动是由不同方向上的匀速直线运动与匀变速直线运动合成的一类运动的总称。它们虽有不同的初始条件，但有同样的研究方法，乃至相似的结论。抛体运动只是它们中的典型代表而已。

本题是有关抛物线的基础性质与衍生性质(包络线与洒水面积)研究的一道范例,具体解答如下:

(1) 由于喷出的水的分布在空中具有旋转对称性,我们只需要讨论过轴线的一个平面内的形状即可。

如图 2 所示,从每个小孔中喷出的水流的轨迹是一条抛物线,从不同角度射出的水流形成的抛物线形成包络线,平面内的包络线以中心轴旋转即呈现"水钟"的形状。下面我们先求包络线的方程。

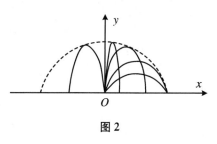

图 2

对于与 y 轴成 α 角喷出的水而言,有

$$x = v_0 \sin \alpha \, t \quad \text{①}$$

$$y = v_0 \cos \alpha \, t - \frac{1}{2} g t^2 \quad \text{②}$$

据此,易得喷出的水的射程为 $x = \dfrac{v_0^2 \sin 2\alpha}{g}$。显然,当 $\alpha = 45°$ 时,水的射程最远,这意味着 $y \geqslant 0$ 的范围内,包络线将连续涵盖所有的水流。

又由①②式可得每一束水流的抛物线方程为

$$y = x \cot \alpha - \frac{g}{2 v_0^2 \sin^2 \alpha} x^2$$

整理得

$$\frac{g x^2}{2 v_0^2} \cot^2 \alpha - x \cot \alpha + \left(y + \frac{g x^2}{2 v_0^2} \right) = 0$$

对于上式,$\cot \alpha$ 应该是有解的,此时对于 x、y 应满足

$$\Delta = x^2 - 4 \cdot \frac{g x^2}{2 v_0^2} \cdot \left(y + \frac{g x^2}{2 v_0^2} \right) \geqslant 0$$

即

$$y \leqslant \frac{v_0^2}{2g} - \frac{g}{2 v_0^2} x^2$$

此即表明水流到达不了 $y \geqslant \dfrac{v_0^2}{2g} - \dfrac{g}{2 v_0^2} x^2$ 的区域,即所要求的包络线方程为

$$y = \frac{v_0^2}{2g} - \frac{g}{2 v_0^2} x^2$$

故玫瑰喷出的水所形成的"水钟"形状为上述抛物线绕 y 轴旋转所形成的形状。

本问中一系列抛物线的包络线即是抛体运动的一个重要推论。这一性质可以广泛地用于抛体运动的临界问题与极值分析中。对于讨论抛物体所能达到的区域的相关问题,这一推论十分有用。

(2) 如图 3 所示,选取从与对称轴夹角为 α 至 $\alpha + \Delta \alpha$ 的微小环带上喷孔中喷出的水为

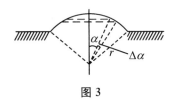

图 3

研究对象，我们应让从玫瑰上这一环带中喷出的水均匀地洒在内、外半径分别为 $R(\alpha)$ 和 $R(\alpha+\Delta\alpha)$ 的环带中，这里 $R(\alpha)$ 和 $R(\alpha+\Delta\alpha)$ 分别为 α 至 $\alpha+\Delta\alpha$ 的环带上喷孔中喷出的水的水平射程。

从与对称轴夹角为 α 的小孔处喷出的水滴，其水平射程为

$$R(\alpha) = \frac{v_0^2 \sin 2\alpha}{g}$$

与对称轴夹角为 $\alpha+\Delta\alpha$ 的小孔处喷出的水滴，其水平射程为

$$R(\alpha+\Delta\alpha) = \frac{v_0^2 \sin 2(\alpha+\Delta\alpha)}{g}$$

则环带宽度为

$$\Delta R = R(\alpha+\Delta\alpha) - R(\alpha) = \frac{v_0^2 \sin 2(\alpha+\Delta\alpha)}{g} - \frac{v_0^2 \sin 2\alpha}{g} = \frac{2v_0^2 \cos 2\alpha}{g} \cdot \Delta\alpha$$

上式中用到小量近似：$\cos\Delta\alpha \sim 1$，$\sin\Delta\alpha \sim \Delta\alpha$。

浇到半径为 R、宽度为 ΔR 的环带上的水是从 α 至 $\alpha+\Delta\alpha$ 的环带上小孔中喷出的，该环带的宽度为 $r\Delta\alpha$，其喷水量 Q 与环带上的小孔数成正比，即

$$Q = k_1 n(\alpha) \cdot 2\pi r \sin\alpha \cdot r\Delta\alpha = n(\alpha) \cdot 2k_1\pi r^2 \sin\alpha \cdot \Delta\alpha$$

式中 k_1 是比例常数。

要求洒水均匀，则浇到半径为 R、宽度为 ΔR 的环带上的水量应与环带的面积成正比，有

$$Q' = k_2 2\pi R \cdot \Delta R = \frac{2\pi k_2 v_0^4 \sin 4\alpha}{g^2} \cdot \Delta\alpha$$

式中 k_2 是比例常数。

由 $Q = Q'$ 得

$$n(\alpha) = \frac{k_2 v_0^4 \sin 4\alpha}{k_1 r^2 g^2 \sin\alpha} \propto \frac{\sin 4\alpha}{\sin\alpha}$$

比例常数 k_1、k_2 的大小取决于需要喷水的多少。

显然，问题(2)中洒水的环带宽度 ΔR 与 $\Delta\alpha$ 关系的计算涉及抛物线性质的运用，玫瑰上小孔的数目密度 n 的设计则考查了学生运用物理知识处理实际问题的能力，而在洒水量不确定的情况下对系数 k_1、k_2 的引入体现了学生具备的物理思想与处理问题的能力。

还必须说明，抛物线性质的应用是多方面的，不仅仅局限于轨迹上，各类问题的讨论实际上需要我们应景而生，灵活应对，这既是知识的应用更是能力的体现。

题 008　抛体运动之射程

如图 1 所示，在高为 h 的山顶上向平地放炮，若炮弹出口速度大小为 v_0，问：v_0 与水平

方向的夹角 α 为多大时,炮弹落点最远?

【解析】 射程问题是研究抛体运动时最为常见的问题,这一问题常常是在约定射程下求解最小抛射速度及对应的抛射角,或者是在一定的抛射速度下求相应的最大射程及对应的抛射角。大家比较熟悉的情况是抛射点与落地点在同一水平线上的情形,在这种情形下,当抛射角 $\alpha=45°$ 时一定的抛射速度有最大的射程,其求解过程是用数学知识求极值的典型应用,对竞赛生而言,应不存在难度。

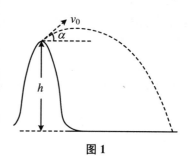

图 1

本题亦是在抛射速度一定的前提下求解射程的极值问题,但其变化在于抛射点与落地点并不在同一水平面上,但这并不影响处理问题的解答思路。我们不妨先看这一思路的解答过程。

方法 1 建立如图 2 所示的坐标系,由抛体运动的规律可知

$$x = v_0 t\cos\alpha \qquad ①$$

$$-h = v_0 \sin\alpha \cdot t - \frac{1}{2}gt^2 \qquad ②$$

在上述两式中消除参数 t,并整理得

$$\frac{g}{2v_0^2} \cdot \frac{1}{\cos^2\alpha}x^2 - \tan\alpha \cdot x - h = 0 \qquad ③$$

又

$$\frac{1}{\cos^2\alpha} = 1 + \tan^2\alpha \qquad ④$$

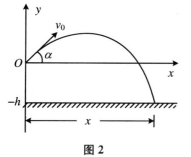

图 2

所以

$$gx^2\tan^2\alpha - 2v_0^2 x\tan\alpha + (gx^2 - 2v_0^2 h) = 0 \qquad ⑤$$

上式是一个关于 $\tan\alpha$ 的一元二次方程,显然该方程应有解,即需要有

$$\Delta = b^2 - 4ac = (2v_0^2 x)^2 - 4(gx^2)(gx^2 - 2v_0^2 h) \geqslant 0$$

解得

$$x \leqslant \frac{v_0\sqrt{v_0^2 + 2gh}}{g}$$

当 x 取最大值时,有

$$\tan\alpha = -\frac{b}{2a} = \frac{2v_0^2 x}{2gx^2} = \frac{v_0}{\sqrt{v_0^2 + 2gh}}$$

得

$$\alpha = \arctan\frac{v_0}{\sqrt{v_0^2 + 2gh}}$$

上述的解答过程看上去并不复杂,思路也比较流畅,阅读起来自然是很轻松的。但事实

并不是这样的,其假象在于我们在书写上述步骤时,看似轻松的过程实际上省略了大量的运算过程。解答中不论是由①②两式变化到③式,还是通过④式将③式变化到⑤式,其中都包含了大量的运算,稍有差池,便会令解答前功尽弃。当然,对于解答过程中数学知识的运用,不用多说,你在阅读中便能体会到其重要性,而且并不是一般水平的要求。

在直角坐标系中处理抛体运动应该是比较成熟的方法,但如前所述,问题在于可能会导致较大的运算量。如果我们考虑到矢量的独立性和合成特性,可以将上述解答中的运算作一定的简化。

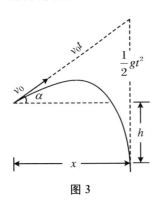

图 3

方法 2 炮弹的抛物运动可视为沿初速度 v_0 方向上的匀速运动与自由落体运动的合成。若设炮弹从抛出至着陆的时间为 t,则炮弹在上述两个方向上的位移分别为 $v_0 t$ 和 $\frac{1}{2}gt^2$。再设炮弹的射程为 x,则由图 3 可得

$$x^2 = (v_0 t)^2 - \left(\frac{1}{2}gt^2 - h\right)^2 = -\frac{g^2}{4}t^4 + (v_0^2 + gh)t^2 - h^2$$

$$= -\frac{g^2}{4}\left(t^2 - \frac{2v_0^2 + 2gh}{g^2}\right)^2 + \frac{v_0^2(v_0^2 + 2gh)}{g^2}$$

显然,当 $t^2 = \frac{2v_0^2 + 2gh}{g^2}$ 时,x^2 有极值,即 x 有极值,为

$$x_{\max} = \frac{v_0\sqrt{v_0^2 + 2gh}}{g}$$

又 $x_{\max} = v_0 t \cos\alpha$,且

$$-h = v_0\sin\alpha \cdot t - \frac{1}{2}gt^2$$

由此可得此时的抛射角为

$$\alpha = \arcsin\frac{v_0}{\sqrt{2v_0^2 + 2gh}} \quad 或 \quad \alpha = \arccos\frac{\sqrt{v_0^2 + 2gh}}{\sqrt{2v_0^2 + 2gh}}$$

不难证明,此解与 $\alpha = \arctan\frac{v_0}{\sqrt{v_0^2 + 2gh}}$ 归一。

这一解答由于充分运用了矢量的叠加原理及运动中的几何特征,其运算量较之方法 1 要小许多,但不可否认其运算难度依然是很大的。不过,我们应该能够体会到,方法的选择是简化过程的主要途径。

方法 3 由于抛射点离地面的高度为 h,且抛出时速度大小一定,则不论抛射角 α 为何值,炮弹着地时的速度 v 的大小一定相等,由机械能守恒定律有

$$\frac{1}{2}mv^2 = \frac{1}{2}mv_0^2 + mgh$$

得 $v = \sqrt{v_0^2 + 2gh}$。

我们考查初速度 v_0、末速度 v 和速度的改变量 gt 三者之间的关系,如图 4 所示。

我们注意到,这个矢量三角形的面积为
$$S = \frac{1}{2}(gt)(v_0\cos\alpha) = \frac{1}{2}g(v_0 t\cos\alpha)$$
结合物体的射程 $x = v_0 t\cos\alpha$。

显然,要求 $x_{\max}$,即要求 $S_{\max}$。结合三角形的有关性质:若三角形的两边的大小一定,则当这两个边垂直时其面积最大。亦即:当 v_0 与 v 垂直时有 $S_{\max}$,即有 $x_{\max}$。由几何知识易知,此时有
$$\tan\alpha = \frac{v_0}{v} = \frac{v_0}{\sqrt{v_0^2 + 2gh}}$$

即当 $\alpha = \arctan\dfrac{v_0}{\sqrt{v_0^2 + 2gh}}$ 时,炮弹的水平射程最大,将其代入位移的计算式同样可得到
$$x_{\max} = \frac{v_0\sqrt{v_0^2 + 2gh}}{g}$$

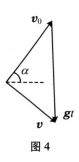

图 4

坦率地说,当笔者第一次看到方法 3 的解答中将求 $x_{\max}$ 转换为求 $v_0 t\cos\alpha$ 的极值,进而利用速度三角形来求解时,由衷地感叹解答者所用方法之巧妙,数学知识运用的能力之强大,由此带来的简洁运算超乎想象,整个运算都在中学生的心算能力范围内,整个过程展示出思维能力的魅力。

抛射体的极值问题是讨论抛射问题中诸如轨迹、障碍问题的基础,是研究类似问题的切入点,它能很好地考查学生对物理知识的理解程度与对相应的数学知识运用的熟练程度,因而这一问题也自然而然地成了竞赛中命题的热点。本题的三种解法只是这一领域解题方法的一个缩影,大家不妨多作甄别、比较,以求在更为广泛的问题中选择最优的解题途径。

题 009　抛体运动之障碍

火炮从掩蔽所向外发射炮弹,掩蔽所与水平成 α 角,炮位 O 与掩蔽所顶点 P 相距 l,如图 1 所示,炮弹发射的初速度为 v_0,试求炮弹的最远射程。

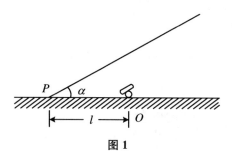

图 1

【解析】　虽然对抛体运动的轨迹研究是物理竞赛中涉及得较多的问题,但仅有对轨迹的研究还不足以满足竞赛所需要的区分度,所以命题人通常将抛体运动作为背景材料,而将问题向前延伸。一种较为常见的命题模式是在做抛体运动的物体的途径设置一些障碍,以考查答题者处理实际问题的能力。但归纳各类与障碍相关的试题,其问题的设置又大多要求抛射体在运动过程中避开或者命中障碍物,考查的基本上与物体的抛射速度、抛射角、射高、射程、运动区域、能量等物理量的边界、极值

及临界问题相关,因此,对条件与结果的不确定性讨论也是此类试题的一个共性特征。

本题设置的障碍是倾斜的掩体,炮弹在运动过程中要避开掩体。炮弹的运动轨迹的临界状态是与掩体相切,但这个相切条件并不一定是射程最远的极值条件。因为我们知道,若没有障碍,抛射速度确定,则抛射角为 $\frac{\pi}{4}$ 时射程最远。所以,我们必须比较弹道轨迹与掩体相切时抛射角是否大于 $\frac{\pi}{4}$。对于最远射程,我们需要通过比较后,再在上述两者间作出选择。解答如下:

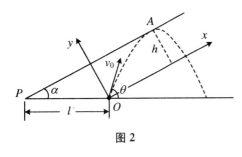

图 2

以 O 点为坐标系原点,取平行于掩蔽所的方向为 x 轴方向,垂直于掩蔽所的方向为 y 轴方向,如图 2 所示。在此坐标系中,炮弹运动在 y 轴方向的初速度和加速度分别为

$$v_{0y} = v_0 \sin(\theta - \alpha)$$
$$a_{0y} = -g\cos\alpha$$

若炮弹的运动轨道与掩蔽所相切,则相切点 A 的 y 坐标值为

$$y_A = h = l\sin\alpha = \frac{v_{0y}^2}{-2a_{0y}} = \frac{v_0^2\sin^2(\theta-\alpha)}{2g\cos\alpha}$$

得

$$v_0^2 \sin^2(\theta - \alpha) = gl\sin 2\alpha$$

对上式,可作以下讨论:

(1) 若 $v_0 < \sqrt{gl\sin 2\alpha}$,则 θ 无解,说明此时炮弹的轨道不可能与掩蔽所相切,故只要取 $\theta = \frac{\pi}{4}$,炮弹就可获最大射程

$$L_{\max} = \frac{v_0^2 \sin 2\theta}{g} = \frac{v_0^2}{g}$$

(2) 若 $v_0 \geqslant \sqrt{gl\sin 2\alpha}$,由 $v_0^2\sin^2(\theta-\alpha) = gl\sin 2\alpha$ 可知,炮弹的发射角为

$$\theta = \alpha + \arcsin\frac{\sqrt{gl\sin 2\alpha}}{v_0}$$

时其轨道与掩蔽所相切,所以:

(ⅰ) 若 $\theta \geqslant \frac{\pi}{4}$,即

$$\sqrt{gl\sin 2\alpha} \leqslant v_0 \leqslant \frac{\sqrt{gl\sin 2\alpha}}{\sin\left(\frac{\pi}{4} - \alpha\right)} = \sqrt{\frac{2gl\sin 2\alpha}{1 - \sin 2\alpha}}$$

则只要取 $\theta = \frac{\pi}{4}$,炮弹就可获最大射程 $L_{\max} = \frac{v_0^2}{g}$。

（ii）若 $\theta < \dfrac{\pi}{4}$，即 $v_0 > \sqrt{\dfrac{2gl\sin 2\alpha}{1-\sin 2\alpha}}$，则炮弹的发射角应取 $\theta = \alpha + \arcsin\dfrac{\sqrt{gl\sin 2\alpha}}{v_0}$，炮弹的最大射程由 $L_{\max} = v_0\sin\theta \cdot \dfrac{2v_{0y}}{g}$ 给出，即

$$L_{\max} = \dfrac{v_0^2}{g}\sin 2\left[\alpha + \arcsin\dfrac{\sqrt{gl\sin 2\alpha}}{v_0}\right]$$

从本题的解答中，我们应该明白，不论障碍是什么情形，在讨论极值问题时，我们都有必要先处理好无障碍时的情形，而且这种无障碍的情形本身都有可能发生变化，如改变目标（炮弹的落点）的高度，最远射程的抛射角就会发生变化，然后将此时的轨迹与障碍联系起来进行相关的讨论，从而确定极值状态。当然，我们应该明白，将障碍与运动轨迹联系起来讨论，对答题者的数学能力要求也是很高的。对于很多刚接触抛体运动的同学，解题障碍往往并不是物理思想，而是处理问题时遇到的数学问题。所以，我建议从事竞赛学习的同学超出常规学习进度，快速地学完高中的相关数学内容并达到熟练运用的程度。

此外，对抛体运动模型的讨论也不单针对在重力作用下的抛体运动，在电磁场中的类抛体运动，在光学中的光路行进时的抛物线轨迹，都存在类似的问题讨论，答题者要学会融会贯通。要明白，物理研究中，若发现物理量间有相同的规律，则必定有相同的研究方法乃至相似的结论。

题010 抛体运动之相遇

如图1所示，一飞机在离地面高度为 h 处，以速度 v_0 水平匀速飞行，并向地面目标投掷炸弹。

（1）为使炸弹击中地面上的目标，飞机应在与地面目标的水平距离 L 为多大时投掷炸弹？

（2）若在与地面目标的距离为 d 处有一门炮，在飞机投掷炸弹的同时发射一炮弹，为使炮弹能在空中击中飞机所投的炸弹，试求炮弹发射的最小初速度 $v_{\min}$ 及相应的发射角。

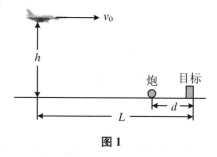

图1

【解析】 在常规教学中，有关追及与相遇的问题，我们一般只在直线运动中讨论，较难的情况也只是讨论运动交叉情境下的相遇问题。但在竞赛中，各种运动背景下的追及与相遇问题都有可能出现。如本题，就是两个抛物体的追及与相遇问题。显然，这类问题较之直线问题难度要大得多。

解答追及与相遇问题的切入点，自然是两运动物体的相遇所需要满足的时间与位置问题，由于试题所赋的初始条件与运动特征有别，讨论的问题也多与极值或临界问题相关，两

物体的运动条件与相遇条件的分析难度很大。我们来看本题的解答。

(1) 炸弹被投出后,以与飞机相同的运动速度 v_0 为初速度做平抛运动,故有

$$h = \frac{1}{2}gt^2 \qquad ①$$

$$L = v_0 t \qquad ②$$

联立①②式,即可求得炸弹投掷点与目标的水平距离 L 为

$$L = v_0 \sqrt{\frac{2h}{g}}$$

本问显然是一个基础性的问题,在一般的综合性试题中此类问题一般都只是后续问题的铺垫。

(2) 设炸弹投掷时 $t=0$,在 t 时刻炸弹的速度为

$$\boldsymbol{v}_1 = \boldsymbol{v}_0 + \boldsymbol{g}t \qquad ③$$

地面上的炮以初速度 v 发射的炮弹此刻的速度为

$$\boldsymbol{v}_2 = \boldsymbol{v} + \boldsymbol{g}t \qquad ④$$

取炸弹为运动参考系,在此参考系中炮弹的相对速度为

$$\boldsymbol{v}' = \boldsymbol{v}_2 - \boldsymbol{v}_1 = \boldsymbol{v} - \boldsymbol{v}_0 \qquad ⑤$$

显然,它们的相对加速度为零,且⑤式的矢量关系如图2所示。

设经过时间 t_1,炮弹在空中击中炸弹,则有

$$v' t_1 = \sqrt{(L-d)^2 + h^2} \qquad ⑥$$

由于炮弹击中炸弹的点要在空中,而炸弹在空中飞行的最长时间 $t = \sqrt{\frac{2h}{g}}$,故必有

$$t_1 \leqslant t = \sqrt{\frac{2h}{g}} \qquad ⑦$$

综合⑥⑦式,得

$$v' \geqslant \sqrt{(L-d)^2 + h^2} \sqrt{\frac{g}{2h}} \qquad ⑧$$

由⑧式可知,炮弹要在空中击中炸弹所需的最小相对速度为

$$v'_m = \sqrt{(L-d)^2 + h^2} \sqrt{\frac{g}{2h}}$$

为求得炮弹相对于地面的最小初速,我们利用图3显示的 v'、v_0、v 的变化关系,可作以下讨论:

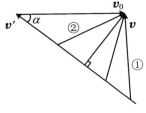

图3

(ⅰ) 若 $v_0 \cos\alpha < v'_m = \sqrt{(L-d)^2 + h^2}\sqrt{\frac{g}{2h}}$,其中 $\cos\alpha = \dfrac{L-d}{\sqrt{(L-d)^2+h^2}}$,$L = v_0\sqrt{\dfrac{2h}{g}}$,故此条件可表示为

$$v_0 < \frac{d^2 + h^2}{d}\sqrt{\frac{g}{2h}}$$

则由图 3 所示的矢量三角形中的①可知，要使 v 的值最小，则 v' 的值应尽可能小，故取 v'_m，于是有

$$v_{\min}^2 = v_m'^2 + v_0^2 - 2v_m'v_0\cos\alpha$$
$$= (L-d)^2\frac{g}{2h} + \frac{1}{2}gh + v_0^2 - 2v_0(L-d)\sqrt{\frac{g}{2h}}$$

将 $v_0 = L\sqrt{\dfrac{g}{2h}}$ 代入上式，可得此情况下炮弹的最小发射速度为

$$v_{\min} = \sqrt{\frac{g}{2h}(d^2 + h^2)}$$

再由图 2 所示的几何关系，可得与 $v_{\min}$ 相应的炮弹发射角 θ 满足

$$v_{\min}\sin\theta = v_m'\sin\alpha$$

得

$$\sin\theta = \frac{v_m'}{v_{\min}}\sin\alpha = \frac{h}{\sqrt{d^2 + h^2}}$$

或可表示为 $\tan\theta = \dfrac{h}{d}$，即 $\theta = \arctan\dfrac{h}{d}$。

（ⅱ）若 $v_0\cos\alpha \geqslant v_m'$，此情况的条件也可表示为

$$v_0 \geqslant \frac{d^2 + h^2}{d}\sqrt{\frac{g}{2h}}$$

此情况的速度矢量三角形如图 3 中的②所示。由图 3 可知，只需 $\boldsymbol{v}\perp\boldsymbol{v}'$，则 v 达最小值，注意此时 $v' > v_m'$。于是炮弹发射的最小初速度为

$$v_{\min} = v_0\sin\alpha = \frac{v_0 h}{\sqrt{(L-d)^2 + h^2}} = \frac{v_0 h}{\sqrt{\left(v_0\sqrt{\dfrac{2h}{g}} - d\right)^2 + h^2}}$$

与此最小初速度对应的发射角为

$$\theta = \frac{\pi}{2} - \alpha \quad \text{或} \quad \theta = \arctan\frac{v_0\sqrt{\dfrac{2h}{g}} - d}{h}$$

以上的讨论均是取 $d < L$ 的情况，即如图 2 所示的情况。若取 $d \geqslant L$，则速度矢量三角形如图 4 所示。由图示几何关系可知，要 v 最小，v' 应尽可能小，故 v' 取 v_m'，用余弦定理就可求得

$$v_{\min} = \sqrt{\frac{g}{2h}(d^2 + h^2)}$$

此值与情况（ⅰ）一样，与此相应的发射角也与情况（ⅰ）相同，即

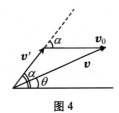

图 4

$\theta = \arctan \dfrac{h}{d}$。

当然，我们还可以讨论炮在目标右侧的情况，此时只需将上述讨论中的 d 用 $-d$ 代替。

目前，我们所研究的追及与相遇问题基本上都在同一直线或同一平面内进行。但我们可以想象得到，随着命题的深入，空间区域内的追及与相遇问题的情境也有可能出现在我们的试题中。一旦出现这种情况，难度自然也会进一步升级，为了应对这种变化，建议有兴趣的同学根据自身的认知水平命制关于空间背景下的追及与相遇问题的试题。这样，不仅能提升自己的认知水平，更能提升自己处理新情景与实际问题的能力。

题 011 旋轮线

一半径为 b 的圆轴上固定一半径为 B 的同心圆盘（$B > b$），现圆轴在水平轨道上以角速度 ω 做匀速无滑动滚动。相对于轨道即参考系 xOy，求：

（1）圆盘边缘上一质点 P 的运动方程（不妨设 $t = 0$ 时，P 点在 O 点的正下方，如图 1 所示）；

（2）P 点的速度和加速度；

（3）P 点的轨迹的曲率半径。

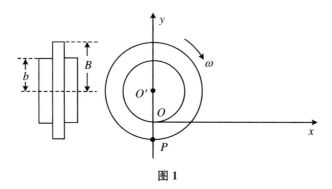

图 1

【解析】 首先，此题本质上是一相对运动问题，要求我们能在静系中建立起"绝对运动"、"相对运动"和"牵连运动"之间的定量关系；其次，我们应清楚地意识到，整个轮轴上的点的运动都可视为一个匀速直线运动（轴心 O' 的运动）和一个绕轴心 O' 的匀速圆周运动的合成。我们先看解答。

（1）如图 2 所示，取相对于 xOy 系平动的参考系 $x'O'y'$，O' 点在圆盘中心。

按坐标变换关系，有

$$\begin{cases} x_P = x_{O'} - B\sin\omega t \\ y_P = y_{O'} - B\cos\omega t \end{cases}$$

其中 $(x_{O'}, y_{O'})$ 为 t 时刻 O' 点相对于 xOy 系的坐标，即

$$x_{O'} = b\omega t, \quad y_{O'} = b$$

因此，P 点的运动方程为

$$\begin{cases} x_P = b\omega t - B\sin\omega t \\ y_P = b - B\cos\omega t \end{cases}$$

相对运动的位置坐标表示基本上都是位置与时间的关系，同时也是以时间为参数的轨迹方程。

质点在两个坐标系的位置关系的求得，本身就是矢量的合成结果。

(2) **方法 1**(运动的合成) O' 点相对于 xOy 系的运动有

$$v_{x1} = \omega b, \quad v_{y1} = 0$$
$$a_{x1} = 0, \quad a_{y1} = 0$$

P 点相对于 O' 点的运动有

$$v_{x2} = -\omega B\cos\omega t, \quad v_{y2} = \omega B\sin\omega t$$
$$a_{x2} = \omega^2 B\sin\omega t, \quad a_{y2} = \omega^2 B\cos\omega t$$

P 点相对于 xOy 系的运动，由图 2 有

$$v_x = v_{x1} + v_{x2} = \omega(b - B\cos\omega t), \quad v_y = v_{y1} + v_{y2} = \omega B\sin\omega t$$
$$a_x = a_{x1} + a_{x2} = \omega^2 B\sin\omega t, \quad a_y = a_{y1} + a_{y2} = \omega^2 B\cos\omega t$$

显然，这一方法也是坐标表示下的方法应用，同样也是矢量的合成结果。

方法 2(求导) 直接将 P 点的位置坐标对 t 求导，给出 P 点的速度 v，即有

$$\begin{cases} v_x = \dot{x}_P = \omega(b - B\cos\omega t) \\ v_y = \dot{y}_P = \omega B\sin\omega t \end{cases}$$

P 点的速度对 t 求导，给出 P 的加速度 a，即有

$$\begin{cases} a_x = \dot{v}_x = \omega^2 B\sin\omega t \\ a_y = \dot{v}_y = \omega^2 B\cos\omega t \end{cases}$$

利用位置坐标进行相关的求导，可得到速度与加速度。位置坐标的表示较简单、基本，这一方法肯定是首选之一。

(3) **方法 1** 由 $a_n = \dfrac{v^2}{\rho}$ 可得 $\rho = \dfrac{v^2}{a_n}$。下面先算出 v 和 a_n，有

$$v = \sqrt{v_x^2 + v_y^2} = \omega(b^2 + B^2 - 2bB\cos\omega t)^{1/2}$$
$$a = \sqrt{a_x^2 + a_y^2} = \omega^2 B$$

又，切向加速度为

$$a_\tau = \frac{\mathrm{d}v}{\mathrm{d}t} = \frac{1}{2v}\frac{\mathrm{d}}{\mathrm{d}t}v^2 = \frac{1}{2v}\frac{\mathrm{d}}{\mathrm{d}t}\left[\omega^2(b^2 + B^2 - 2bB\cos\omega t)\right]$$
$$= \frac{\omega^3 bB\sin\omega t}{v}$$

进而有
$$a_n = \sqrt{a^2 - a_\tau^2} = \frac{\omega^2 B}{v}(v^2 - \omega^2 b^2 \sin^2 \omega t)^{1/2}$$
$$= \frac{\omega^3 B}{v}(b^2 \cos^2 \omega t + B^2 - 2bB\cos \omega t)^{1/2}$$
$$= \frac{\omega^3 B}{v}(B - b\cos \omega t)$$

最后,用算出的 v 和 a_n 求得
$$\rho = \frac{v^2}{\frac{\omega^3 B}{v}(B - b\cos \omega t)} = \frac{(b^2 + B^2 - 2bB\cos \omega t)^{3/2}}{B(B - b\cos \omega t)}$$

或表示为
$$\rho = \frac{\left[1 + \left(\frac{b}{B}\right)^2 - 2\frac{b}{B}\cos \omega t\right]^{3/2}}{1 - \frac{b}{B}\cos \omega t} B$$

本解法是用物理方法求曲线的曲率半径的基本方法。在这一推导过程中,直角坐标下的 a_x、a_y 与自然坐标下的 a_τ、a_n 之间必须转换,而这一点又极易被答题者忽视,或者找不到转换的方向,进而找不到解题的方向。

方法 2 由于(1)中已求出了 P 点的轨迹方程,由曲率半径的公式 $\rho = \left|\frac{(1+y'^2)^{3/2}}{y''}\right|$,我们可求得 P 点的轨迹的曲率半径。
$$y' = \frac{dy}{dx} = \frac{dy/dt}{dx/dt} = \frac{\omega B\sin \omega t}{\omega(b - B\cos \omega t)} = \frac{B\sin \omega t}{b - B\cos \omega t}$$
$$y'' = \frac{d^2 y}{dx^2} = \frac{dy'/dt}{dx/dt} = \frac{B(b\cos \omega t - B)}{(b - B\cos \omega t)^3}$$

代入公式并考虑到 $b - B\cos \omega t < 0$,得
$$\rho = \frac{(b^2 + B^2 - 2bB\cos \omega t)^{3/2}}{B(B - b\cos \omega t)}$$

利用曲率半径的微分公式求曲率半径,看似简单,但对于没有系统学习过微积分的中学生而言,还是很容易出错的。而且,这一方法也伴随着较大的运算量,你只需对上述解法进行复盘便明白了。在中学物理竞赛中,一般情况下并不需要利用公式求解。

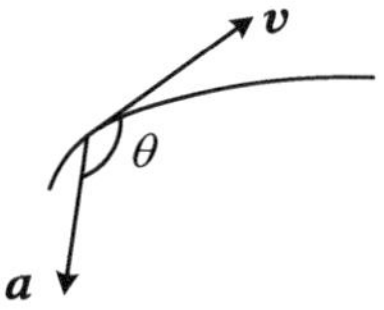

方法 3 由图 3 易知,物体运动的速度 v 与加速度 a 的方向不一致(成 θ 角)时,$|a \times v| = |av\sin \theta| = a_n v$,所以有
$$\rho = \frac{v^2}{a_n} = \frac{v^3}{|a \times v|}$$

图 3

又
$$|a \times v| = |(a_x \mathbf{i} + a_y \mathbf{j}) \times (v_x \mathbf{i} + v_y \mathbf{j})|$$

$$= |(\omega^2 B\sin\omega t \boldsymbol{i} + \omega^2 B\cos\omega t \boldsymbol{j}) \times [\omega(b - B\cos\omega t)\boldsymbol{i} + \omega B\sin\omega t \boldsymbol{j}]|$$
$$= \omega^3 B(B - b\cos\omega t)$$

所以

$$\rho = \frac{v^3}{|\boldsymbol{a} \times \boldsymbol{v}|} = \frac{(b^2 + B^2 - 2bB\cos\omega t)^{3/2}}{B(B - b\cos\omega t)}$$

这一方法显然是为对矢量运算较为熟练的同学提供的。

前面已经说过，P 点的运动就是一个匀速直线运动与一个圆周运动的合运动，这种运动在中学物理中经常遇到，只是 $O'P$ 的大小有小于、等于、大于 $O'O$ 的差别，对不同情况下的轨迹方程及速度、加速度、曲率半径等物理量的研究方法没有任何差别。但 $O'P$ 与 $O'O$ 的大小不一，影响到旋轮线的形状，学习者完全可以模拟出不同情况下的旋轮线。作为学习者，大家更应以此题为引导，对各种旋轮线相关物理量进行分析与计算。如果从更高的层面来要求竞赛学习者，大家还应对旋轮线作更高层面上的拓展。如本模型中，若轨道在轴的上沿，其相关物理量与轨迹又是什么样的？再如，若轮轴运动的轨道不是一条直线，而是一圆形轨道，情况又会如何？对于圆形轨道，轮轴在轨道内侧运动与在轨道外侧运动的情况有什么样的不同？对于各种运动，你能否找到对应的力学模型呢？等等，如此思考下去，你的思路是否变得开阔一些了？

题 012　飞蛾的对数螺旋线运动

三只飞蛾所在的位置形成一个正三角形，三角形的边长为 6 m。第一只飞蛾出发向第二只飞蛾飞去，同时，第二只向第三只飞去，第三只向第一只飞去，每只飞蛾飞行的速度都是 5 cm/s。在飞行的过程中，每只飞蛾都始终保持对准自己的目标。

(1) 经过多长时间飞蛾们会相遇？

(2) 相遇的时候它们各自飞行了多长的路程？

(3) 若将飞蛾视为质点，则在相遇前它们绕着最终的相遇点转了多少圈？

【解析】　这是一道十分经典的物理竞赛试题，模型特点是运动质点间的你追我赶，直至相遇。质点的数量以三个起步，但也可能更多，分布的特点是质点处于正多边形的顶角处，用对称的方式做相对运动。但不论多少质点参与运动，其处理方式大同小异，对问题的解答很容易做到触类旁通。

虽然本题看上去是一个单知识点的问题，但对本题的解答可从多角度切入，这一点我们将从后面的解答中体会到。但我首先要提醒大家的是，本题解答中的运动分析、小量分析、对称分析、微分处理都是物理竞赛中最为基本也最为常用的方法。正因为如此，本题也是一道综合程度极高的试题。当然，在解答过程中，我们也能体会得到数学知识的应用在物理解题中的重要性。

(1) **方法 1(微元法)**　据题意可知，三只飞蛾都在做等速率的曲线运动，而且任何时刻

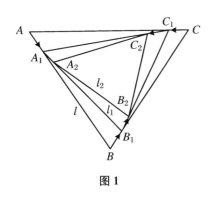

图 1

三只飞蛾的位置都在一个正三角形的三个顶点上，但这个正三角形的边长在不断地缩小，如图 1 所示。现把它们从开始运动到相遇的时间 t 等分成 n($n\to\infty$)个微小的时间间隔 Δt($\Delta t\to 0$)，在每一个时间间隔内，每只飞蛾的运动都可以近似地看作直线运动。于是，最初处于正三角形的顶点 A、B、C 处的三只飞蛾在第一个 Δt 初的速度和位置以及第一个 Δt 末三者的位置 A_1、B_1、C_1 如图 1 所示，这样可依次作出以后每经过 Δt 时间以三只飞蛾为顶点所组成的正三角形 $\triangle A_2 B_2 C_2$、$\triangle A_3 B_3 C_3$ 等。设这些三角形的边长分别为 $l_1, l_2, l_3, \cdots, l_n, \cdots$，显然，当 $l_n \to 0$ 时，便是三只飞蛾相遇了。如果找出了每间隔微小时间 Δt 后，正三角形边长的减小与飞蛾在此微小时间 Δt 内的路程 $v\Delta t$ 的关系，就可以求出直至 $l_n \to 0$ 时飞蛾飞过的全部路程。

结合上述分析，根据小量近似有

$$l_1 = l - AA_1 - BB_1\cos 60° = l - \frac{3}{2}v\Delta t$$

$$l_2 = l_1 - \frac{3}{2}v\Delta t = l - 2\cdot\frac{3}{2}v\Delta t$$

$$l_3 = l_2 - \frac{3}{2}v\Delta t = l - 3\cdot\frac{3}{2}v\Delta t$$

$$\cdots$$

$$l_n = l - n\cdot\frac{3}{2}v\Delta t$$

从而得

$$\frac{3}{2}vn\Delta t = l - l_n$$

在上式中，考虑到 $n\to\infty$，$\Delta t\to 0$，并且有 $n\Delta t = t$，$l_n\to 0$（三只飞蛾相遇），三只飞蛾彼此靠近时所需的时间为

$$t = n\Delta t = \frac{2l}{3v}$$

将 $l = 6$ m，$v = 5$ cm/s 代入上式可得 $t = 80$ s。

上述解答中将追及过程所用的时间 t 划分为 $\Delta t = \dfrac{t}{n} \to 0$ 的方式是典型的微元法的处理模式。这种处理方式的优点在于：任何连续变化的物理量在这个小量区域内都可被视为不变量，曲线视为直线、变速视为匀速、非匀强场视为匀强场、非均匀密度视为均匀密度，等等，即化变为恒。在此基础上求出每个小量过程中待求量的表达式，然后将所有的小量求和，在考虑 $n\to\infty$ 的极限情况下便得到所需的待求量。

严格地讲，上述过程就是一个微分与积分的过程，是在考虑到中学生对微积分运用受限

的情况下对微积分的一个初等处理模式。当然,这也是微积分的基础内容,虽然有的分析过程并不一定包含积分过程,但有了这一基本的分析过程,相信大家对微积分的理解会更容易一些。也希望大家能在竞赛中熟练运用这一处理方法。

事实上,在本题的解答中,我们也可以将两只飞蛾之间的距离进行小量划分,即 $\Delta l = \dfrac{l}{n} \to 0$,然后求出飞蛾运动每个小量过程所用的时间,再求和,同样很快捷地得到结果,只是这种小量处理的方式更接近后面的相对运动的应用。

方法 2（相对运动的应用） 三只飞蛾在运动过程中,彼此相互靠近,并且两者运动的速度关系保持不变,考察图 2 中 A、C 连线上两只飞蛾的运动情况,它们相互靠近的速度恒为

$$u = v + v_1 = v + v\cos 60° = \dfrac{3}{2}v$$

当它们相遇时,它们在连线方向上相对移动的距离为 l,则从开始运动到相遇所用的时间为

$$t = \dfrac{l}{u} = \dfrac{2l}{3v} = 80 \text{ s}$$

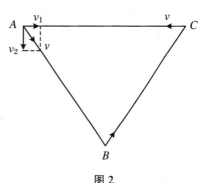

图 2

相对运动中两物体的接近速度和分离速度与相对速度并不是同一回事。接近速度与分离速度显然是指两物体在连线上的运动速度,这两个速度在追及问题中至关重要,特别是在曲线追及问题中,我们有必要考虑连线上的运动情况。

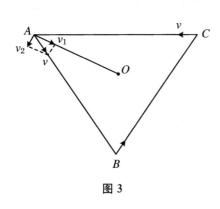

图 3

方法 3（旋转参考系） 由运动的对称性可知,三只飞蛾最终相遇于正三角形的中心 O。我们以其中的飞蛾 A 为研究对象。由图 3 可知,在任意时刻飞蛾 A 指向 O 点的运动速度大小恒为 $v_1 = v\cos 30° = \dfrac{\sqrt{3}}{2}v$。或者说以连线 OA 为参照物,则飞蛾沿 AO 方向运动,其运动速度大小为 $v_1 = \dfrac{\sqrt{3}}{2}v$。而最初 AO 的长度为 $\dfrac{\sqrt{3}}{3}l$,则从开始运动到相遇所用的时间为

$$t = \dfrac{\dfrac{\sqrt{3}}{3}l}{v_1} = \dfrac{2l}{3v} = 80 \text{ s}$$

在不同的参考系中描述物体的运动,其轨迹并不一定是相同的,但利用不同的参考系求解问题时,并不会因参考系不同而有不同的结论。合理地选择参考系,往往会使问题显得更为简单,求解也更为容易。例如,本题选择随同 OA 转动的参考系,飞蛾的运动一下子由一个未知情况的曲线运动退化为一个匀速直线运动,为求解问题带来了极大的方便。只是我们在日常学习中习惯于在平动参考系下研究运动问题,导致很多同学忽视了变化参考系的

应用。

(2) 由相遇时间和飞行速度可得,每只飞蛾所走过的路程为
$$s = vt = 4 \text{ m}$$
当然,如果你不小心用微元的方法求出每个时间微元的路程,再累加,则同样也会得到相同的结果,但你肯定不会那么绕圈子。

(3) **方法 1(微元法)** 由运动的对称性可知,三只飞蛾最终相遇于正三角形的中心 O。我们来考察飞蛾 A 向正三角形的中心 O 运动的情况。

由于飞蛾 A 运动的速度大小保持不变,且方向总与连线 AO 成 $30°$ 角,那么飞蛾 A 在向 O 点运动的过程中,在 AO 方向上的速度(即飞向 O 点的速度)大小恒为 $v_1 = v\cos 30° = \frac{\sqrt{3}}{2}v$,也就是说飞蛾 A 在该方向上的运动是匀速的;而在任何时候飞蛾 A 在垂直于 AO 方向上的速度大小恒为 $v_2 = v\sin 30° = \frac{1}{2}v$。

飞蛾 A 绕中心 O(相遇点)转过的圈数可通过飞蛾 A 绕中心 O 转过的角度求出。

由运动的对称性可知,飞蛾 A 向 O 点运动的时间等于飞蛾 A 以相同的方式从 O 点运动到飞蛾 A 的初始位置的时间,飞蛾 A 向 O 点运动过程中绕 O 点转过的角度也等于从 O 点运动到飞蛾 A 的初始位置绕 O 点转过的角度。下面我们来讨论飞蛾从 O 点到飞蛾 A 的初始位置绕 O 点转过的角度。

我们将飞蛾 A 从 O 点运动到飞蛾 A 的初始位置的时间 t 等分为 $n(n \to \infty)$ 个微小的时间间隔 $\Delta t(\Delta t \to 0)$,那么,在第 i 个 Δt 的时间段,飞蛾 A 与 O 点的距离为 $r_i = v_1(i\Delta t) = \frac{\sqrt{3}}{2}v(i\Delta t)$。

这一时间段飞蛾绕 O 点转动的角速度为
$$\omega_i = \frac{v_2}{r_i} = \frac{1}{\sqrt{3}i\Delta t}$$

这一时间段飞蛾绕 O 点转动的角度为
$$\theta_i = \omega_i \Delta t = \frac{1}{\sqrt{3}i}$$

在整个过程中,飞蛾绕 O 点转动的角度为
$$\theta = \sum_{i=1}^{\infty} \theta_i = \frac{\sqrt{3}}{3}\sum_{i=1}^{\infty} \frac{1}{i} \to \infty$$

此即表明飞蛾在运动过程中绕 O 点转过了无数圈。

本问所用的微元法与前述的微元法的操作程序完全一致,但在求和过程中为我们带来了数列的和 $\sum_{i=1}^{\infty} \frac{1}{i}$ 的计算,这一数列的和的计算过程如下:
$$\sum_{i=1}^{\infty} \frac{1}{i} = 1 + \frac{1}{2} + \frac{1}{3} + \frac{1}{4} + \cdots$$

$$= 1 + \frac{1}{2} + \left(\frac{1}{3} + \frac{1}{4}\right) + \left(\frac{1}{5} + \cdots + \frac{1}{8}\right) + \left(\frac{1}{9} + \cdots + \frac{1}{16}\right) + \left(\frac{1}{17} + \cdots + \frac{1}{32}\right) + \cdots$$

$$> \frac{1}{2} + \frac{1}{2} + \left(\frac{1}{4} + \frac{1}{4}\right) + \left(\frac{1}{8} + \cdots + \frac{1}{8}\right) + \left(\frac{1}{16} + \cdots + \frac{1}{16}\right) + \left(\frac{1}{32} + \cdots + \frac{1}{32}\right) + \cdots$$

$$= \frac{1}{2} + \frac{1}{2} + \frac{1}{2} + \frac{1}{2} + \frac{1}{2} + \frac{1}{2} + \cdots \to \infty$$

必须说明的是,微元法的求和过程往往会给我们带来一个数列求和运算,作为竞赛生,除了必须熟知诸如等差数列、等比数列、无穷递缩等比数列的求和公式,还必须记住一些与上述数列类似的数列求和公式,如

$$\sum_{i=1}^{n} i = 1 + 2 + 3 + \cdots + n = \frac{n(n+1)}{2}$$

$$\sum_{i=1}^{n} i^2 = 1^2 + 2^2 + 3^2 + \cdots + n^2 = \frac{1}{6} n(n+1)(2n+1)$$

$$\sum_{i=1}^{n} i^3 = 1^3 + 2^3 + 3^3 + \cdots + n^3 = \frac{1}{4} n^2 (n+1)^2$$

$$\sum_{i=1}^{\infty} \frac{1}{i} = 1 + \frac{1}{2} + \frac{1}{3} + \cdots \to \infty$$

$$\sum_{i=1}^{\infty} \frac{1}{i^2} = 1 + \frac{1}{2^2} + \frac{1}{3^2} + \cdots = \frac{\pi^2}{6}$$

$$\sum_{i=1}^{\infty} (-1)^{i-1} \frac{1}{i^2} = 1 - \frac{1}{2^2} + \frac{1}{3^2} - \cdots = \frac{\pi^2}{12}$$

等等。

方法 2(几何分形分析) 我们撇开具体的初始条件来考察如图 4 所示的位于一大一小两个三角形的三个顶点上的质点按照题目所述的方式进行运动的轨迹情况。我们不难发现,由于质点在任何位置的运动方向(轨迹的切线方向)与正三角形的一边重合,而与另一边成固定的 60°,故在△ABC 三个顶点上的质点与在△A'B'C'三个顶点上的质点的运动轨迹相似,或者说它们的轨迹形状具有相同的结构,即轨迹是同构的,而且这一形状与质点运动的速度大小无关。也就是说,质点从△ABC 三个顶点开始运动到其中心相遇而形成的轨迹图形,与质点从△A'B'C'三个顶点开始运动至其中心相遇而形成的轨迹图形是相似的。事实上,每个下一步总是与上一步相似。那么,我们将△ABC 连同运动质点在△ABC 中的轨迹图形按照一定的比例缩小至△A'B'C'的大小,则两图形应该是全等的,其轨迹图形应该是重合的。从这方面看,由于△A'B'C'取自△ABC,故飞蛾的轨迹是一幅自相似的图

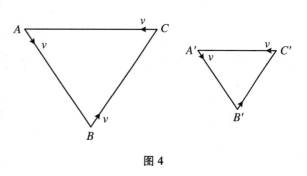

图 4

形,这当然也就是同构。这样,质点从 A 点按题目所述方式走到 $\triangle ABC$ 的中心与质点从 A' 点以相同的方式走到 $\triangle A'B'C'$ 的中心绕其相应的中心所转过的圈数是一样的,我们不妨设绕过的圈数为 n。

从另一方面看,质点从 $\triangle ABC$ 三个顶点开始运动,其三角形会越来越小,经过一段时间,$\triangle ABC$ 的大小一定会过渡到与 $\triangle A'B'C'$ 的大小一样,设这一过程中质点绕三角形的中心转过了 Δn 圈,而从 $\triangle A'B'C'$ 开始,质点又要转过 n 圈才能到达中心,这样就有

$$n + \Delta n = n$$

$\Delta n \neq 0$,如要上式成立,则只有 $n \to \infty$,亦即:质点转到三角形的中心时绕其中心转过了无穷多的圈数。

这一分析过程真的是非常奇妙。

但是,若没有对飞蛾运动轨迹产生的几何特征的深刻认识,则无法对飞蛾的轨迹作分段处理,看不出轨迹的同构特征或者说自相似特征,而要从这方面得到正确的结果,应该是不可能的。几何中的同构或者说自相似问题都是几何分形问题的基本内容,它们也是竞赛命题常用的背景模型,有兴趣的同学可以查找这方面的资料,以扩大自己的视野。

方法 3(微积分运用) 我们先研究飞蛾运动的轨迹问题。

因为三只飞蛾运动的轨迹呈几何对称,每一只飞蛾都在运动,而且运动的方向与其位置和中心之间的连线总保持 $\dfrac{\pi}{6}$ 的角,所以选择三角形的中心为原点,在极坐标中可将运行的轨迹作如下的讨论:

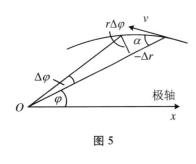

图 5

考虑一个物体以恒定的速度 v 绕一固定点运动,速度与位置矢量之间的夹角为一定值 $\alpha(0 < \alpha < 90°)$。假定位置矢量的初始值为 r_0,当其转过一个小角度 $\Delta\varphi$ 后,位置矢量变化的大小为 $-\Delta r$,如图 5 所示,因为 α 为定值,所以有 $\cot\alpha = \dfrac{-\Delta r}{r\Delta\varphi}$,整理后得

$$\dfrac{\Delta r}{r} = -\cot\alpha\,\Delta\varphi$$

上式的微分形式为

$$\dfrac{dr}{r} = -\cot\alpha\,d\varphi$$

这是典型的衰减方程,其解为 $r = r_0 e^{-\cot\alpha\,\varphi}$。这就是飞蛾在极坐标中移动路径的方程,即

$$r = r_0 e^{-\sqrt{3}\varphi}$$

这个方程就是所谓的对数螺旋方程,它表明半径 r 趋向于零时应有 $\varphi \to \infty$,即质点绕中心转过了无穷多圈。也就是说,一个类似于点的物体经过有限长的时间走过有限的距离后会到达中心,但理论上要转无穷多圈,这看似荒谬,却为正解。

上述对飞蛾运动特征的研究一方面展示了一题多解的魅力;另一方面也是在提示我们,从多角度看问题、从不同方面研究问题是综合能力的表现方式,这需要我们在日常学习的过

程中有意识地加强训练。

此外,本题所述的模型也需要作点说明:

本题的模型实际上是"飞蛾扑火"模型的一种变式。飞蛾等昆虫在夜间飞行时,依靠月光来判定方向。它在逃避天敌的追逐时,总是使月光从一个方向投射到它的眼里。这样,它在绕过障碍物以后,只要再转一个弯,月光仍将从原先的方向射来,它也就找到了方向,这是一种"天文导航"。飞蛾在看到灯光后,错误地认为这是"月光",于是便用这个假月光来辨别方向。月亮距离地球遥远得很,飞蛾只要保持与月亮的固定角度,就可以使自己朝一定的方向飞行。可是,灯光距离飞蛾很近,飞蛾按本能仍然使自己与光线保持固定的角度,于是便形成了本题所研究的运动轨迹,这样只能绕着灯光打转,不断地撞击光源,最终或被火苗烧死,或筋疲力尽而亡。

题013 最速降线问题

如图1所示,竖直平面上有一条光滑的四分之一圆弧轨道 AB,它的圆心 O 与 A 点等高,A 点到 B 点又有一条光滑的直线轨道,小球从 A 点自静止出发沿圆弧轨道 AB 到达 B 点所需的时间记为 t_1,沿直线轨道到达 B 点所需的时间记为 t_2,试比较 t_1 和 t_2 的大小。

若圆环轨道不足四分之一圆弧,但最低点的切线仍水平,且直线轨道仍连接圆弧两端,再讨论之。

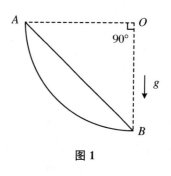

图1

【解析】 这是一个极为古老的问题,早在伽利略时代就已经提了出来,原始问题中的轨道并不受四分之一圆弧的限制,其问题更具有普遍性,它只是要求在高低不一的两点间建一条光滑轨道,让物体在重力作用下用最短的时间从上端滑到下端,我们将这条轨道称为最速降线。思维单一的人也许会认为这条线是连接上、下端点的直线,因为这样物体运动的路程是最短的,而忽略了运动过程中速度与加速度对时间的影响。

在关于最速降线的问题上,伽利略认为物体沿连接上、下端点的圆弧轨道比沿连接上、下端点的直线轨道下降得快。不仅如此,他还认为,A、B 点之间的最快速降线就是圆弧。虽然伽利略的这一结论早已被证明是错误的,但作为中学生,基于数学上的障碍,要给出确切的轨道仍然是无法实现的。事实上,即便让中学生比较圆弧轨道与直线轨道的降速,也不是一件容易的事情,而本题将这一问题摆在了我们面前。

下面我们看如何通过构建过渡模型,解决上述问题。

先给出一个引理:

引理 在球面的最高点与球面上任意一点之间建立一条光滑的直线轨道,让一个质点在重力作用下从球面的顶点沿轨道滑到球面上,则质点在任意轨道运动的时间是相等的。

引理的证明 如图2所示,从球 O 的最高点 A 向球面上引一条轨道 AB,图中 AB' 为球

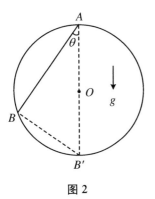

图 2

面在竖直方向上的直径。设球的半径为 R，由几何知识得
$$AB = AB'\cos\theta = 2R\cos\theta$$

当一质点在重力作用下沿 AB 滑下时，由牛顿第二定律可知其加速度为
$$a = g\cos\theta$$

则质点由 A 点滑到 B 点所用的时间 t 满足
$$AB = \frac{1}{2}at^2$$

即
$$2R\cos\theta = \frac{1}{2}g\cos\theta t^2$$

所以
$$t = 2\sqrt{\frac{R}{g}}$$

此式表明，质点下滑的时间与 θ 无关，亦即与 B 点的位置无关。引理得证。

现在，我们在引理的基础上延伸题图中的圆弧 $\overset{\frown}{AB}$ 至 C 点，作出图 3，AC 为过圆心 O 的水平直径。在图 3 中，轨道 AB 和 AB' 分别与引理中的轨道 AB 和 AB' 相对应，而物体沿这两条轨道的运动时间是相等的。那么，要比较沿圆弧轨道 $\overset{\frown}{AB}$ 运动的时间与沿直线轨道 AB 运动的时间长短，比较沿圆弧轨道 $\overset{\frown}{AB}$ 运动的时间与沿直线轨道 AB' 运动的时间长短即可。

在图 3 中，以 C 点为顶点作小角 $\Delta\theta$ 的两条射线，两条射线在圆弧 $\overset{\frown}{AB}$ 上截得一小段长为 $\Delta s = R(2\Delta\theta) = 2R\Delta\theta$ 的圆弧，在直线 AB' 上截得一小段长为 Δh 的线段。

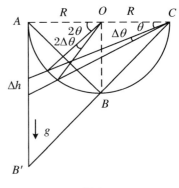

图 3

由图 3 可知，小球在小圆弧处的速度大小为
$$v_1 = \sqrt{2gR\sin 2\theta}$$

小球经过小段圆弧 Δs 的时间为
$$\Delta t_1 = \frac{\Delta s}{v_1} = \sqrt{\frac{2R}{g\sin 2\theta}}\Delta\theta$$

小球在 Δh 处的速度大小为 $v_2 = \sqrt{4gR\tan\theta}$。

当 $\Delta\theta$ 为小角时，易得
$$\Delta h = \frac{2R\Delta\theta}{\cos^2\theta}$$

小球经过 Δh 的时间为
$$\Delta t_2 = \frac{\Delta h}{v_2} = \sqrt{\frac{2R}{g\sin 2\theta}} \cdot \frac{\Delta\theta}{\cos\theta}$$

将 Δt_1 与 Δt_2 比较得

$$\frac{\Delta t_1}{\Delta t_2} = \cos\theta < 1$$

即恒有 $\Delta t_1 < \Delta t_2$。

显然,圆弧上的每个小的微元 Δs 都与直线 AB' 上的每个小的微元 Δh 相对应,将两物体沿两轨道运动的每一小的微元时间进行累加求和,可得到物体沿两条不同轨道运动的时间关系,即有 $t_1 < t_2$,亦即沿圆弧轨道运动的时间要短于沿直线轨道运动的时间。

上述过程虽然比较出了物体沿两条不同轨道运动的时间长短,但并不具备普适性,而我们对问题的研究总是逐步深入的,下面讨论的便是一个更接近普适性的情境。

圆环轨道不足四分之一圆弧,但最低点的切线仍水平,这是更具有普遍性的模型。作如图 4 所示的图形,图中 B' 点画在圆竖直直径的左侧,但下面的讨论与 B' 点究竟是在左侧还是在右侧无关。

同样设小球沿圆弧轨道 $\overset{\frown}{AB}$ 运动的时间为 t_3,沿直线轨道 AB 运动的时间为 t_4。参照图 4 所示的标注并结合前面的讨论内容,可知小球沿直线轨道 AB 运动的时间与沿竖直线 AB' 运动的时间相等,同为 t_4。于是,比较小球沿圆弧轨道 $\overset{\frown}{AB}$ 运动的时间与小球沿直线轨道 AB' 运动的时间长短。

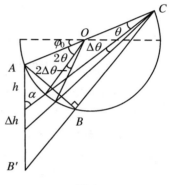

图 4

同样,在图 4 中 $\theta \to \theta + \Delta\theta$ 圆弧长度为 $\Delta s = 2R\Delta\theta$,其中 R 为圆的半径。根据图中的参量可求得圆弧段的速度为

$$v_{\text{弧}} = \sqrt{2Rg[\sin(2\theta + \varphi_0) - \sin\varphi_0]}$$

经此圆弧段所需的时间为

$$\Delta t_3 = 2R\frac{\Delta\theta}{v_{\text{弧}}} = \sqrt{\frac{R}{g\sin\theta\cos(\theta + \varphi_0)}} \cdot \Delta\theta$$

图中有关系 $\alpha + \theta + \varphi_0 = \frac{\pi}{2}$,由正弦定理得

$$\frac{h}{\sin\theta} = \frac{2R}{\sin\alpha} = \frac{2R}{\sin\left[\frac{\pi}{2} - (\theta + \varphi_0)\right]}$$

得

$$h = \frac{2R\sin\theta}{\cos(\theta + \varphi_0)}$$

$\theta \to \theta + \Delta\theta$ 圆弧段对应的直线段长度便为

$$\Delta h = 2R \cdot \frac{\sin(\theta + \Delta\theta)}{\cos(\theta + \Delta\theta + \varphi_0)} - 2R \cdot \frac{\sin\theta}{\cos(\theta + \varphi_0)}$$

$$= 2R \cdot \frac{\sin(\theta + \Delta\theta)\cos(\theta + \varphi_0) - \sin\theta\cos(\theta + \Delta\theta + \varphi_0)}{\cos(\theta + \Delta\theta + \varphi_0)\cos(\theta + \varphi_0)}$$

$$\approx \frac{2R\cos\varphi_0}{\cos^2(\theta+\varphi_0)} \cdot \Delta\theta$$

Δh 段的速度为

$$v_h = \sqrt{2gh} = 2\sqrt{\frac{Rg\sin\theta}{\cos(\theta+\varphi_0)}}$$

小球经 Δh 段的时间为

$$\Delta t_4 = \frac{\Delta h}{v_h} = \sqrt{\frac{R}{g\sin\theta\cos(\theta+\varphi_0)}} \cdot \frac{\cos\varphi_0}{\cos(\theta+\varphi_0)} \cdot \Delta\theta$$

将 Δt_3 与 Δt_4 作比较得

$$\frac{\Delta t_3}{\Delta t_4} = \frac{\cos(\theta+\varphi_0)}{\cos\varphi_0}$$

因为 $0 \leqslant \varphi_0 < \frac{\pi}{2}, \theta < \frac{\pi}{2} - \varphi_0$（$B$ 点在 A 点的下方），所以 $0 \leqslant \varphi_0 < \theta + \varphi_0 < \frac{\pi}{2}$，即 $\cos\varphi_0 > \cos(\theta+\varphi_0)$（$\theta > 0$），也即有 $\Delta t_3 < \Delta t_4$，然后各自累加得到 $t_3 < t_4$。

对这一普遍性特征的讨论证明了"小球沿圆弧轨道运动的时间较短"的伽利略观点的正确性，但这并不意味着其有关最速降线的观点也是正确的。实际上，历史上最速降线是在伽利略提出最速问题(1630 年)之后由伯努利在 1696 年才得到，这之间隔了近七十年。由此可见，很多问题的解决并不是一蹴而就的。

在此作一点说明，虽然 A、B 点之间的最速降线是某条圆弧的伽利略观点不正确，但值得讨论的是，连接 A、B 点的所有可能圆弧中究竟哪一条下降得最快？

题 014 圆周运动与转动

图 1 所示为用三根刚性细杆 AB、BC、CD 连成的平面连杆结构图。AB 杆和 CD 杆可分别绕过 A、D 处垂直于纸面的固定轴转动，A、D 两点位于同一水平线上。BC 杆的两端分别与 AB 杆和 CD 杆相连，可绕连接处转动（类似铰链）。当 AB 杆绕 A 轴以恒定的角速度 ω 转到图中所示的位置时，AB 杆处于竖直位置。BC 杆和 CD 杆都与水平方向成 $45°$ 角，已知 AB 杆的长度为 l，BC 杆和 CD 杆的长度由图给定。求此时 C 点加速度 a_C 的大小和方向（用与 CD 杆之间的夹角表示。）

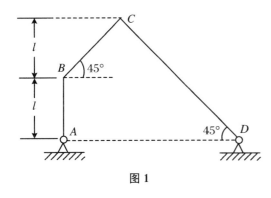

图1

【解析】 在物理竞赛中，有相当多的试题是以圆周运动或转动为背景的，其研究过程必然会涉及圆周运动或转动的规律分析与运用，而圆周运动或转动中的速度与加速度分析本身就是运动学中的难点内容。即便对一般的曲线运动,在自然坐标下,我们讨论切向与法向的运动量,实际上也是基于圆周运动的规律进行的。

本题中各杆件的运动就是由基本的转动构成的:AB 杆绕 A 点转,CD 杆绕 D 点转,BC 杆也可认为是相对于两端转动的。对于这类问题,我们必须能熟练地计算各点的速度与加速度以及相对速度与相对加速度。

由于 C 点绕 D 点做圆周运动,在自然坐标下,我们求得法向(沿 CD 杆方向)的加速度与切向(沿 CB 杆方向)对地的加速度,从而得到 C 点的加速度。下面请看解答。

因为 B 点绕 A 轴做圆周运动,其速度的大小为

$$v_B = \omega l \qquad ①$$

B 点的向心加速度大小为

$$a_B = \omega^2 l \qquad ②$$

因为 B 点匀速转动,B 点的切向加速度为零,所以 a_B 也是 B 点的加速度,其方向沿 BA 方向。因为 C 点绕 D 轴做圆周运动,其速度的大小用 v_C 表示,方向垂直于 CD 杆,在考察的时刻,由图 2 可知其方向沿 BC 杆方向。因为 BC 是刚性杆,所以 B 点和 C 点沿 BC 杆方向的速度必相等,故有

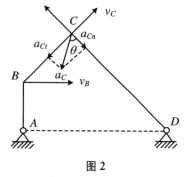

图 2

$$v_C = v_B \cos \frac{\pi}{4} = \frac{\sqrt{2}}{2} \omega l \qquad ③$$

此时 CD 杆绕 D 轴按顺时针方向转动,故 C 点的法向加速度为

$$a_{Cn} = \frac{v_C^2}{CD} \qquad ④$$

由图可知 $CD = 2\sqrt{2}\,l$,由③④式得

$$a_{Cn} = \frac{\sqrt{2}}{8} \omega^2 l \qquad ⑤$$

其方向沿 CD 杆方向。因 CD 为刚性杆,杆沿 CD 方向上的长度不会发生变化,故该加速度亦是 C 点的加速度在该方向上的分量。

下面来分析 C 点沿垂直于 CD 杆方向的加速度,即切向加速度 a_{Ct}。

因为 BC 是刚性杆,所以 C 点相对于 B 点的运动只能是绕 B 点的转动,C 点相对于 B 点的速度方向必垂直于 BC 杆。令 v_{CB} 表示其速度,根据速度合成公式有

$$\boldsymbol{v}_{CB} = \boldsymbol{v}_C - \boldsymbol{v}_B$$

由几何关系得

$$v_{CB} = \sqrt{v_B^2 - v_C^2} = \frac{\sqrt{2}}{2} v_B = \frac{\sqrt{2}}{2} \omega l$$

由于 C 点绕 B 点做圆周运动,C 点相对于 B 点的向心加速度为

$$a_{CB} = \frac{v_{CB}^2}{CB}$$

因为 $CB = \sqrt{2}l$,所以有

$$a_{CB} = \frac{\sqrt{2}}{4}\omega^2 l$$

方向垂直于 CD 杆。

由②式和图 2 可知 B 点的加速度沿 BC 杆的分量为

$$(a_B)_{BC} = a_B \cos\frac{\pi}{4} = \frac{\sqrt{2}}{2}\omega^2 l$$

方向沿 CB 杆方向。

所以 C 点相对于 A 点(或 D 点)的加速度沿垂直于 CD 杆方向的分量为

$$a_{C\tau} = a_{CB} + (a_B)_{BC} = \frac{3\sqrt{2}}{4}\omega^2 l$$

该加速度即是 C 点的加速度在该方向上的分量。于是 C 点的总加速度为 C 点绕 D 点做圆周运动的法向加速度 a_{Cn} 与切向加速度 $a_{C\tau}$ 的合加速度,即

$$a_C = \sqrt{a_{Cn}^2 + a_{C\tau}^2} = \frac{\sqrt{74}}{8}\omega^2 l$$

a_C 的方向与 CD 杆之间的夹角为

$$\theta = \arctan\frac{a_{C\tau}}{a_{Cn}} = \arctan 6 = 80.54°$$

必须给出提示的是,许多答题者在求 $a_{C\tau}$ 时忽略了 B 点加速度的存在,从而导致出错。

绳或杆所构成的连接体的关联问题是运动学中的基本问题,也是难点问题之一。本题中 C 点两个方向上的加速度的独立处理方式值得大家认真思考与效仿。事实上,这一方式适合所有矢量的分析。当然,本题中 $CD \perp CB$ 也为我们对两个方向上的加速度求和带来了方便。

任何杆系的运动都有一定的几何约束,利用其几何约束,我们也可直接从相关的定义出发,进行计算,从而得到结果。下面给出这一方法对本题的解答。

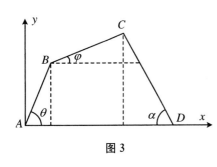

图 3

如图 3 所示,以固定点 A 为原点建立直角坐标系,设任意时刻 t 各杆的位形用图中的角量 θ、φ、α 描述,由题干可知

$$AB = l, \quad BC = \sqrt{2}l, \quad CD = 2\sqrt{2}l,$$
$$AD = 3l, \quad \frac{d\theta}{dt} = -\omega$$

则 C 点的坐标可写为

$$x_C = l\cos\theta + \sqrt{2}l\cos\varphi$$
$$y_C = l\sin\theta + \sqrt{2}l\sin\varphi$$

对 x_C、y_C 分别求一阶导与二阶导,可得

$$\frac{\mathrm{d}x_C}{\mathrm{d}t} = -l\left(\sin\theta\,\frac{\mathrm{d}\theta}{\mathrm{d}t} + \sqrt{2}\sin\varphi\,\frac{\mathrm{d}\varphi}{\mathrm{d}t}\right)$$

$$\frac{\mathrm{d}y_C}{\mathrm{d}t} = l\left(\cos\theta\,\frac{\mathrm{d}\theta}{\mathrm{d}t} + \sqrt{2}\cos\varphi\,\frac{\mathrm{d}\varphi}{\mathrm{d}t}\right)$$

$$\frac{\mathrm{d}^2 x_C}{\mathrm{d}t^2} = -l\left[\cos\theta\left(\frac{\mathrm{d}\theta}{\mathrm{d}t}\right)^2 + \sin\theta\,\frac{\mathrm{d}^2\theta}{\mathrm{d}t^2} + \sqrt{2}\cos\varphi\left(\frac{\mathrm{d}\varphi}{\mathrm{d}t}\right)^2 + \sqrt{2}\sin\varphi\,\frac{\mathrm{d}^2\varphi}{\mathrm{d}t^2}\right]$$

$$\frac{\mathrm{d}^2 y_C}{\mathrm{d}t^2} = -l\left[-\sin\theta\left(\frac{\mathrm{d}\theta}{\mathrm{d}t}\right)^2 + \cos\theta\,\frac{\mathrm{d}^2\theta}{\mathrm{d}t^2} - \sqrt{2}\sin\varphi\left(\frac{\mathrm{d}\varphi}{\mathrm{d}t}\right)^2 + \sqrt{2}\cos\varphi\,\frac{\mathrm{d}^2\varphi}{\mathrm{d}t^2}\right]$$

又，连杆在坐标系的两个轴向的几何约束关系为

$$AB\cos\theta + BC\cos\varphi + CD\cos\alpha = AD$$

$$AB\sin\theta + BC\sin\varphi = CD\sin\alpha$$

上述两式整理后有

$$2\sqrt{2}\cos\alpha = 3 - \cos\theta - \sqrt{2}\cos\varphi$$

$$2\sqrt{2}\sin\alpha = \sin\theta + \sqrt{2}\sin\varphi$$

上述两式平方后相加并化简，可得

$$\sqrt{2}\sin\theta\sin\varphi + \sqrt{2}\cos\theta\cos\varphi - 3\cos\theta - 3\sqrt{2}\cos\varphi + 2 = 0$$

对上式分别求一阶导与二阶导后，代入 $\theta = \frac{\pi}{2}, \varphi = \frac{\pi}{4}, \frac{\mathrm{d}\theta}{\mathrm{d}t} = -\omega$，得

$$\frac{\mathrm{d}\varphi}{\mathrm{d}t} = \frac{1}{2}\omega, \quad \frac{\mathrm{d}^2\varphi}{\mathrm{d}t^2} = \frac{3}{8}\omega^2$$

进而可得

$$a_{Cx} = \frac{\mathrm{d}^2 x_C}{\mathrm{d}t^2} = -\frac{5}{8}\omega^2 l, \quad a_{Cy} = \frac{\mathrm{d}^2 y_C}{\mathrm{d}t^2} = -\frac{7}{8}\omega^2 l$$

所以

$$a_C = \sqrt{a_{Cx}^2 + a_{Cy}^2} = \frac{\sqrt{74}}{8}\omega^2 l$$

由图 3 可知，a_C 与 x 轴的夹角 β（注意，在第Ⅲ象限）满足

$$\beta = \arctan\frac{a_{Cy}}{a_{Cx}} = \arctan 1.4 = 234.46°$$

故 a_C 与 CD 杆的夹角为 $80.54°$。

别的不说，大家通过阅读比较一下两种解法过程中计算量的大小，可以发现差异是很大的。所以，大家应该明白，我们对解题方法的选择与优化，很多时候其落脚点都在解答过程的计算量上。明白了这一点，也就明白了日常强化训练的目的。

另外，本题的基本运动是以圆周运动为背景的，这几乎是构建所有复杂运动模型的基本素材。研究基于圆周运动而衍生出的复杂运动是竞赛生必修的功课。同时，一般的转动杆系只涉及两个杆的运动情况，而本题涉及三个杆，由于对象的增加，其难度也随之增加，而且主要增加的是计算难度。

题 015 转动参考系中的相对运动

在杂技场里有两位自行车手,以同样大小的线速度 v 分别沿半径为 R_1 和 R_2 的圆圈行驶,两圆中心相距 $l(l<(R_1+R_2))$。其中一位车手沿顺时针方向骑,另一位车手沿逆时针方向骑。如图1所示,求当两位车手位于过圆心的直线上且分别在(1) A_1 和 A_2;(2) A_1 和 B_2;(3) B_1 和 B_2;(4) A_2 和 B_1 各点时,他们的相对速度(在与一辆车相连的参考系里)。

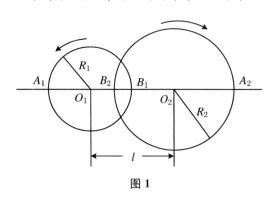

图1

【解析】 在讨论本题之前,我不妨向大家先提一个问题:

若 A、B 两个物体对地运动的速度方向始终是相反的,则它们之间的距离会如何变化?

一般情况下,你是否会建立图2所示的运动模型对上述问题进行解释?将模型一看,结论就一目了然,不用多说了。

不过,我也可以建立图3所示的运动模型:一个半径为 R 的圆盘绕着通过其圆心 O 且垂直于盘面的轴以角速度 ω 转动,甲、乙两人分别坐在一条直径的两端。此时,你(静止在地面上)会看到甲、乙两人的运动速度自始至终都是反向的,他们绝对速度的大小均为 ωR,相对速度的大小是 $2\omega R$。不过,虽然他们的相对速度大小不为零,你却看到他们之间的距离保持不变。这显然与图2所示的模型得到的结论不一样。

理解图2与图3所示两种模型之间的差别并不困难。出现图2所示的错误解答,主要源于我们头脑中存储的直线运动模型对思考的抑制作用。相信所有的同学在看到图3所示的模型时都会明白图2所示的运动模型是片面的。

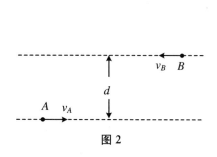

图2

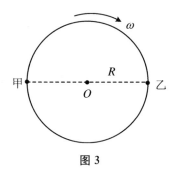

图3

我们再来看坐在圆盘上的甲、乙两人怎样判断他们之间的相对运动。由于他们在盘上四目相对,他们都会觉得彼此间的方位没有发生变化,也就是说他们之间的相对速度为零,这显然与前面的结论不一样。

我们或许会觉得很奇怪,为什么同一运动中的相对运动会出现不同的情况?造成这种不同现象的原因又是什么呢?

造成这一现象的原因应该是中学生所研究的参考系基本上都是平动参考系,即便是学习竞赛的同学,也几乎不讨论转动参考系中物体间的运动关系。而甲、乙两人觉得彼此都是静止的,原因是他们都以圆盘作为参考系,而圆盘是转动的,也就是说他们所选择的参考系是转动参考系。

为了讨论物体在平动系与转动系中不同的运动情况,我们不妨试着从平动参考系向转动参考系作一衍变。

设转动系 K 相对于平动系 S 的角速度为 $\boldsymbol{\omega}$,为了讨论问题的方便,我们不妨令转动系的原点相对于平动系是静止的,若运动物点在转动系 K 中对原点的位矢为 $\boldsymbol{r}$,速度为 $\boldsymbol{v}_K$,则该点在平动系中的速度 $\boldsymbol{v}_S$ 为

$$\boldsymbol{v}_S = \boldsymbol{v}_K + \boldsymbol{\omega} \times \boldsymbol{r}$$

这便是平动系和转动系的速度变换基本公式(此处即便考虑转动系原点对平动系的运动速度 $\boldsymbol{v}_{KO}$,也无非将上式变为 $\boldsymbol{v}_S = \boldsymbol{v}_{KO} + \boldsymbol{v}_K + \boldsymbol{\omega} \times \boldsymbol{r}$,并不影响后面相对速度的计算)。由此我们可以推出 A、B 两点在平动系与转动系中相对速度的差别。

设 A、B 两点在平动系 S 中的速度分别为 $\boldsymbol{v}_{SA}$、$\boldsymbol{v}_{SB}$,在转动系 K 中的速度分别为 $\boldsymbol{v}_{KA}$、$\boldsymbol{v}_{KB}$,则在 S 系中 B 点相对于 A 点的速度为

$$\boldsymbol{v}_{S相} = \boldsymbol{v}_{SB} - \boldsymbol{v}_{SA}$$

那么,转换到 K 系中,有

$$\boldsymbol{v}_{KA} = \boldsymbol{v}_{SA} - \boldsymbol{\omega} \times \boldsymbol{r}_{KA}, \quad \boldsymbol{v}_{KB} = \boldsymbol{v}_{SB} - \boldsymbol{\omega} \times \boldsymbol{r}_{KB}$$

则

$$\boldsymbol{v}_{KB} - \boldsymbol{v}_{KA} = \boldsymbol{v}_{SB} - \boldsymbol{v}_{SA} - \boldsymbol{\omega} \times (\boldsymbol{r}_{KB} - \boldsymbol{r}_{KA}) = \boldsymbol{v}_{S相} - \boldsymbol{\omega} \times \boldsymbol{r}_{KAB}$$

考虑到 $\boldsymbol{r}_{KAB} = \boldsymbol{r}_{SAB} = \boldsymbol{r}_{AB}$,上式可变为

$$\boldsymbol{v}_{K相} = \boldsymbol{v}_{S相} - \boldsymbol{\omega} \times \boldsymbol{r}_{AB} \quad 或 \quad \boldsymbol{v}_{S相} = \boldsymbol{v}_{K相} + \boldsymbol{\omega} \times \boldsymbol{r}_{AB}$$

由上述推演可知,运动物体间的相对速度在平动系和转动系中并不相等,而是多出了一项 $\boldsymbol{\omega} \times \boldsymbol{r}$,$\boldsymbol{r}$ 是相对位矢。这个式子是普遍成立的。

上述结论告诉我们,两个运动物体在平动系中的相对速度与在转动系中的相对速度并不相同,而是相差一个 $\boldsymbol{\omega} \times \boldsymbol{r}$ 项。据此,我们便不难解释前面所述的地面上的人与盘上的甲、乙两人所看到的不同的相对运动。

进一步地思考,也许我们还会提出如下问题:在平动系中我们得到的各点绝对速度 $v_绝$、相对速度 $v_相$ 和牵连速度 $v_牵$ 之间存在的关系 $v_绝 = v_相 + v_牵$,在转动参考系中是否还成立呢?同学们稍作思考或运算,便可确定这个关系式显然是成立的。

至此,我们便可解答原题了。

两车速 v 是相对于静止参考系的,是绝对速度。现在求两车的相对速度,选取与第一辆车相连的参考系,参考系的原点为圆心 O_1。在此参考系里,第一辆车是静止的,第二辆车的

速度为相对速度。相对于静止参照物，运动参考系上任意一点的速度为牵连速度。在本情况中，牵连运动是以角速度 ω 沿圆周运动，因而在 A_2 点第二辆车的牵连速度等于

$$v_{A_2 i} = \omega \cdot O_1 A_2 = \frac{v}{R_1}(l + R_2)$$

而在 B_2 点，有

$$v_{B_2 i} = \omega \cdot O_1 B_2 = \frac{v}{R_1}(l - R_2)$$

这两点的牵连速度垂直于直线 $A_1 A_2$，方向均向上，如图 4 所示。

各点的绝对速度 v_a、相对速度 v_o 和牵连速度 v_i 存在如下关系：$v_a = v_o + v_i$，即绝对速度等于相对速度与牵连速度的矢量和。

求第二辆车在 A_2 点时的相对速度。在这种情况下，绝对速度 $v_{A_2 a} = v$，方向向下，如图 5 所示；牵连速度 $v_{A_2 i} = \frac{v}{R_1}(l + R_2)$，方向向上。所以

$$v_{A_2 o} = v + \frac{v}{R_1}(l + R_2) = \frac{l + R_1 + R_2}{R_1} v$$

方向向上，这一结果与第一辆车此时位于何点也无关。

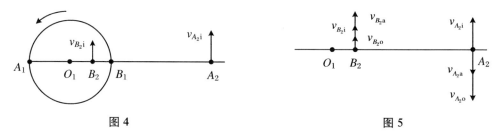

图 4　　　　　　　　　　　图 5

同理，确定第一辆车在与第二辆车相连的参考系中的速度，它在 A_1 点的相对速度方向向下，大小为

$$v_{A_1 o} = \frac{l + R_1 + R_2}{R_2} v$$

而在 B_1 点相对速度方向向上，大小为

$$v_{B_1 o} = \frac{R_1 + R_2 - l}{R_2} v$$

我们经常讨论物体在转动参考系中的动力学和能量问题，但较少定量地讨论物体在这类参考系中的运动问题。以此题为背景，同学们可作深入的思考与讨论，对此类问题做到有所了解。

题 016　斜面物体平衡

在水平桌面 M 上放置一块正方形薄木板 $abcd$，在木板的中心处放置一个质量为 m 的

小木块,如图1所示。先以木板的 ad 边为轴,将木板向上缓慢转动 θ 角,再接着以木板的 ab 边为轴,同样将木板向上缓慢转动 θ 角。在转动的过程中木块在木板上没有滑动,则转动后木块受到的摩擦力大小为多少?

【解析】 在中学物理教学中,有一种说法是"无斜面不成高考",意指每年高考物理试卷中必定有以斜面为背景的考题。的确,斜面上物体的平衡、变速运动等问题,涉及基本的受力分析与运动

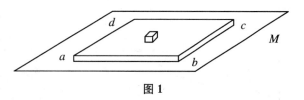

图1

分析,这一内容几乎贯穿了整个中学物理的教学。竞赛生往往对斜面上的问题研究得比较透彻,认为不会有大的难度。这种蔑视问题的心态也是学习过程中的一大障碍。本题以斜面为背景来讨论问题,但即便是竞赛生,处理起来也未必顺畅。

方法1(力的分解) 我们知道,当物体静止在斜面上时,将重力在垂直于斜面与沿斜面向下两个方向上进行分解,则物体受到的摩擦力等于重力沿斜面向下的分量。因此,只要我们能将重力分解到垂直于斜面与沿斜面两个方向上,就能轻易地求得摩擦力的大小。

木板第一次转动后,从 ab 这一侧看过去,木块的受力如图2所示。

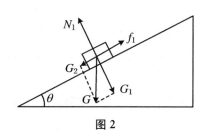

图2

将重力分解为 $G_1(=mg\cos\theta)$ 和 $G_2(=mg\sin\theta)$,在第二次转动时可以用 G_1 和 G_2 来替代 G 进行分解。

木板第二次是绕与 G_2 平行的边进行转动,这一转动效果与直接绕 G_2 所在的轴线转动一样。所以,第二次转动后,G_2 仍在木板所在的平面上,则它在垂直于木板方向的分量为零;G_1 不再垂直于木板平面,将 G_1 在垂直于板面与沿板面两个方向上进行分解,得到 G_1 在垂直于木板方向上的分力为 $G_1'=G_1\cos\theta=mg\cos^2\theta$,$G_1$ 在板面上的分力为 $G_1''=G_1\sin\theta=mg\cos\theta\sin\theta$,并且 G_1'' 的方向与 G_2 的方向是垂直的。所以,经过两次转动后,木块的重力沿斜面方向的大小为

$$G_2'=\sqrt{G_2^2+G_1''^2}=mg\sin\theta\sqrt{1+\cos^2\theta}$$

故木块最终所受的摩擦力大小为

$$f=G_2'=mg\sin\theta\sqrt{1+\cos^2\theta}$$

另:我们亦可从 $G_1'=mg\cos^2\theta$ 求得斜面的倾角 α 满足 $\cos\alpha=\cos^2\theta$,进而求得 $\sin\alpha=\sin\theta\sqrt{1+\cos^2\theta}$,同样可得

$$f=mg\sin\alpha=mg\sin\theta\sqrt{1+\cos^2\theta}$$

方法2(力矩平衡) 我们可以在三维坐标中研究木板转动过程中木块的受力情况。

如图3所示,由于木块最初在木板的中间位置,我们不妨设木块最初的坐标为 $B(a,a,0)$。

首先,木板绕 OC 向上转动 θ 角,则木块转至 B_1 处,其坐标为

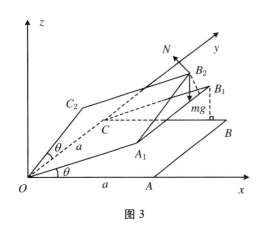

图 3

$B_1(a\cos\theta, a, a\sin\theta)$

然后,木板再绕 OA_1 向上转动 θ 角,则木块转至 B_2 处,其坐标为

$B_2(a\cos\theta - a\sin^2\theta, a\cos\theta, a\sin\theta\cos\theta)$

小球在 B_2 处受三个力的作用:重力(mg)、弹力(N)和摩擦力(f)。其中重力竖直向下,弹力垂直于平面 $OA_1B_2C_2$,摩擦力在平面 $OA_1B_2C_2$ 内与重力和弹力的合力构成平衡力,则有

$$f = \sqrt{(mg)^2 - N^2}$$

由于摩擦力在木板所在的平面内,当以 OA_1 为转轴讨论木块的平衡时有

$$mg\cos\theta \cdot y_{B_2} = Na$$

由 B_2 点的坐标知 $y_{B_2} = a\cos\theta$,从而得 $N = mg\cos^2\theta$,所以

$$f = \sqrt{(mg)^2 - N^2} = mg\sqrt{1 - \cos^4\theta} = mg\sin\theta\sqrt{1 + \cos^2\theta}$$

方法 3(二面角分析) 我们知道,静止在倾角为 α 的斜面上的物体所受到的静摩擦力为 $f = mg\sin\alpha$。在本问题中,如果我们求得了经过两次旋转的平面与最初的平面之间的夹角,亦即求得了木板最后的倾角,这样就可求得摩擦力。于是本问题就转化为求两个平面的二面角。

为了求得题中木板最终与水平面之间的夹角,我们用如下的方式来说明木板最终所在的平面与水平面之间的关系:

如图 4 所示,先作一正方形 $OABC$,设其边长为 1 个单位,得到一平面 $OABC$,将平面 $OABC$ 绕 OA 向上转动一 θ 角得到平面 $OADE$,将平面 $OABC$ 绕 OC 向下转动一 θ 角得到平面 $OCGF$(图中 AF、DG、EC 都垂直于平面 $OABC$)。显然,如果将平面 $OCGF$ 视为本题中最初木板所在的平面,则平面 $OADE$ 就是最终的斜面。因此,平面 $OADE$ 与平面 $OCGF$ 所构成的二面角等于本题中最终斜面的倾角 α。

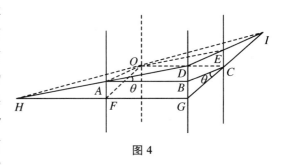

图 4

据图 4,延长 DE 与 GC 交于点 I,延长 DA 与 GF 交于点 H,则 IH 为平面 $OADE$ 与平面 $OFGC$ 的交线,因 O 点是这两个平面的交点,故 O 点一定在 IH 上。

由几何关系有

$$BD = BG = \tan\theta, \quad GH = DI = 2, \quad GI = DH = \frac{2}{\cos\theta}$$

如图 5 所示,过 D 点作平面 HGI 的垂线,垂足为 J;过 D 点作 HI 的垂线,垂足为 K。

∠DKJ 即为平面 OADE 与平面 OCGF 的夹角 α。

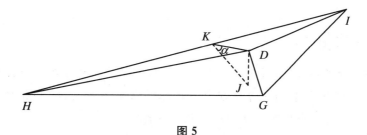

图 5

设 $DJ = h$,结合上、下两图研究四面体的体积,有 $V_{I\text{-}DGH} = V_{D\text{-}GIH}$,即

$$\frac{1}{3}S_{\triangle DGH} \cdot DI = \frac{1}{3}S_{\triangle GIH} \cdot h$$

又

$$S_{\triangle DGH} = \frac{1}{2}DG \cdot GH, \quad S_{\triangle GIH} = \frac{1}{2}GI \cdot GH$$

由上述各式可得 $h = 2\sin\theta$。

设 $DK = h'$,研究 Rt$\triangle HID$ 的面积,有

$$\frac{1}{2}DH \cdot DI = \frac{1}{2}HI \cdot h'$$

于是有

$$h' = \frac{2}{\sqrt{1+\cos^2\theta}}$$

则

$$\sin\alpha = \frac{h}{h'} = \sin\theta\sqrt{1+\cos^2\theta}$$

据上面的分析可知,小木块最终在斜面上的受力为

$$f = mg\sin\alpha = mg\sin\theta\sqrt{1+\cos^2\theta}$$

从前面的几种解法我们可以看出,学生若没有较好的立体几何与矢量运算的基础知识及运用能力,解题是很困难的。事实上,很多学生一接触高中物理内容,就开始与平面几何和立体几何纠结上了,物理模型与几何之间有着极强的关联度。比如,本题就可以用方法 1 中的物理手段来求解斜面最终的倾角。而方法 3 显示这一题更像是一道数学题,通过数学手段求出木板最终的倾角,便可得到木块在斜面上受到的摩擦力大小。

恕笔者直言,如果一个学生没有较好的空间想象与运用能力,要学好物理几乎是不可能的。空间想象力差的同学不宜选择参加物理竞赛,就像患色盲的同学不宜选择相关的化学专业作为自己的发展方向一样。

从另一个方面来讲,本题也间接地告诉我们,物理与数学在本质上是相通的,它们在理科学习过程中是相辅相成的。正常情况下,应该是"物理学好了,数学就差不了",或者是"数学学好了,物理就差不了"。

题017 球堆的平衡

有5个质量相等的匀质球,其中4个半径为a的球静止地放在半径为R的半球形碗内,它们的球心在同一水平面内;另一个半径为b的球放在4个球之上。设接触面都是光滑的,问:碗的半径R满足什么条件时下面的球将相互分离?

【解析】 对于常规教学而言,物体的受力分析一般只讨论一维或二维的情形,三维的情形在高考中几乎不涉及。但对竞赛生而言,三维(空间)情形下的受力分析及其动力学特征应该不成问题。

从二维过渡到三维,难度自然会增加。处理多维度的问题,我们首先想到的自然是降维,即将三维问题转化为二维甚至是一维问题进行处理,这一过程就是一个降低解题难度的过程。而且,空间降维的处理过程是一个立体几何知识的应用过程,这一点常常成为同学们处理问题时的易错点。

球的堆放模型是极为典型的空间问题,处理这类模型即是检验答题者对空间问题的认知能力状况。下面我们先讨论本题中5个球的位置关系。

俯视5个球,下面4个球的球心构成一正方形,上面球的球心在正方形的中心。其俯视平面图与空间图分别如图1、图2所示。

由几何关系易知

$$O_1O' = \sqrt{2}a, \quad O_5O' = \sqrt{(a+b)^2 - 2a^2}$$

$$\sin\alpha = \frac{\sqrt{2}a}{a+b}, \quad \cos\alpha = \frac{\sqrt{(a+b)^2 - 2a^2}}{a+b}$$

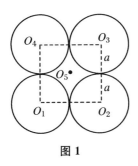

图1

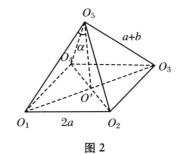

图2

小球置于碗中后,考虑到分离的临界状态,下面4个球的受力是平面力系。但球5的受力显然不在一个平面内,根据对称性,我们只需讨论O_5与下面任一球的关系即可。我们选择O_1、O_5进行讨论,其几何关系与受力特征如图3所示,图中O为碗的球心。显然,我们只需讨论这一平面内球的受力平衡即可,于是将空间力系问题转化成了平面力系问题进行处理。这一过程便是降维处理过程。

由图 3 中的几何关系，有
$$\sin\beta = \frac{O_1O'}{OO_1} = \frac{\sqrt{2}a}{R-a}$$
即有
$$\cot\beta = \frac{\sqrt{(R-a)^2 - 2a^2}}{\sqrt{2}a}$$

现设小球的质量为 m，上面小球与下面小球之间的正压力为 F，碗与球之间的压力为 N。对于上面小球在竖直方向平衡，受力如图 4 所示，有
$$4F\cos\alpha - mg = 0$$

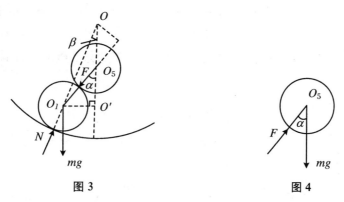

图 3　　　　　　　图 4

对于下面任意一球平衡，临界状态（下面 4 个球之间无作用力）有
$$mg\sin\beta - F\sin(\alpha - \beta) = 0 \quad (\text{垂直于 } OO_1 \text{ 方向上})$$
解得
$$\cot\beta = \frac{5\sqrt{(a+b)^2 - 2a^2}}{\sqrt{2}a}, \quad F = \frac{a+b}{4\sqrt{(a+b)^2 - 2a^2}}mg$$
利用 $\cot\beta$ 的值，有
$$\frac{\sqrt{(R-a)^2 - 2a^2}}{\sqrt{2}a} = \frac{5\sqrt{(a+b)^2 - 2a^2}}{\sqrt{2}a}$$
则
$$R = \sqrt{25b^2 + 50ab - 23a^2} + a$$

当 R 减小时，4 个球之间会有压力，能保持平衡；当 R 增大时，无法保持平衡。所以，当 $R > \sqrt{25b^2 + 50ab - 23a^2} + a$ 时，碗中下面的球将相互分离。

此外，要使 R 的解有意义，还必须满足
$$25b^2 + 50ab - 23a^2 \geqslant 0$$
即
$$b \geqslant \left(\frac{4\sqrt{3}}{5} - 1\right)a = 0.386a$$

显然,$b \geqslant 0.386a$ 是本题 R 有解的必备条件,如果答题时不能从根式的意义中捕捉到这一信息,则说明答题者缺乏必要的数学敏感性和训练。

对于一般的答题者而言,试题解答到这一步,大体会认为大功告成了。殊不知,问题还远没有结束。

我们从图 1 中可以看出,下面 4 个球在碗中静止时,4 个球所围的中心区域存在缝隙,从几何方面不难知晓,缝隙的最小间距为 $(2\sqrt{2} - 2)a = 0.828a$。这说明,当球 5 的直径 $2b < 0.828a$ 时,球 5 将直接从缝隙中落向碗底,则题设的模型不成立。所以,要让球 5 在 4 个球的上面保持平衡,球 5 的半径 b 满足的条件不应是 $b \geqslant 0.386a$,而是 $b > (\sqrt{2} - 1)a = 0.414a$。

看不到这一点,至少说明答题者在几何结构的认识上还不够敏感。

当然,我们还不能认为解题已经结束。下面我们来考虑另一种极端情形。

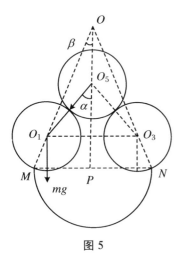

图 5

如图 5 所示,下面 4 个球最初的位置看上去是"搁"在碗的边缘上的。实际上,最初只要碗的半径满足

$$R \geqslant \frac{O_1 O_3}{2} = \sqrt{2}a$$

下面的 4 个球便能在碗里保持静止平衡。若在此情况下放上球 5,系统的平衡状况便需要重新进行讨论。

由图中的几何关系,有

$$\sin \beta = \frac{R - \sqrt{2}a}{a}, \quad \tan \beta = \frac{R - \sqrt{2}a}{\sqrt{a^2 - (R - \sqrt{2}a)^2}}$$

对于球 5 的平衡,依然有

$$4F\cos \alpha - mg = 0$$

下面 4 个球分离的临界状态仍然满足

$$mg\sin \beta - F\sin(\alpha - \beta) = 0 \quad (\text{垂直于 } OO_1 \text{ 方向上})$$

由上述两式可解得

$$\tan \beta = \frac{\sqrt{2}a}{5\sqrt{(a+b)^2 - 2a^2}}$$

利用 $\tan \beta$ 的值,有

$$\frac{\sqrt{2}a}{5\sqrt{(a+b)^2 - 2a^2}} = \frac{R - \sqrt{2}a}{\sqrt{a^2 - (R - \sqrt{2}a)^2}}$$

解得

$$R = \sqrt{2}a + \frac{\sqrt{2}a^2}{\sqrt{25b^2 + 50ab - 23a^2}}$$

结合前面的讨论,此处仍然要求 $b > 0.414a$。

所以,在 $b > 0.414a$ 的前提下,若 $\sqrt{2}a \leqslant R \leqslant \sqrt{2}a + \frac{\sqrt{2}a^2}{\sqrt{25b^2 + 50ab - 23a^2}}$,则放上球 5

时下面 4 个球将分离。

综上所述,在 $b>0.414a$ 的前提下,若 $R>\sqrt{25b^2+50ab-23a^2}+a$ 或 $\sqrt{2}a \leqslant R \leqslant \sqrt{2}a+\dfrac{\sqrt{2}a^2}{\sqrt{25b^2+50ab-23a^2}}$,则放上球 5 时下面 4 个球将分离。

同学们不妨回过头来看看我们一路的解答,若让你独立求解,你觉得你在哪几个节点上会遇到障碍呢?你会止步于何处呢?阅读本解答后,若让你重复解答一次,你能够一次性、正确地完成解答吗?试一试如何呢?

本题是第 20 届物理竞赛的决赛试题。以此题为背景,衍生出了很多种堆球的问题,希望同学们能触类旁通。

题 018 空间力系的平衡

如图 1 所示,一根长为 l 的杆靠在高为 d 的矮墙上,杆的质量为 m,杆与地面之间的摩擦因数足够大(可以保证杆在与地面的接触点 A 处不滑动),杆与矮墙之间的摩擦因数为 μ。已知 A 点与矮墙的距离为 a,且 $\sqrt{d^2+a^2}>\dfrac{l}{2}$。

(1) 杆与地面之间的夹角 θ 的最小值是多少?

(2) θ 最小时,墙对杆的支持力为多少?

【解析】 对于本题,我们意识到杆的受力是空间情形,必须进行降维处理。但首先遇到的问题并不是二维与三维的问题,而是摩擦力的方向判断问题。

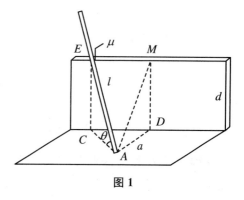

图 1

在临界状态下,为了判断静摩擦力的方向,我们可以假设让杆斜向下"动"起来,即杆沿墙边缘向左滑动,于是我们可以判断出杆受到的摩擦力方向应该是水平向右。但是我们以杆为参照物,不难看到墙沿杆向上运动,于是杆受到的摩擦力应该沿杆向上。而上述两个结论显然是相悖的,这说明上述的判断存在问题。那么,问题出在哪儿呢?

我们不妨令 A 点与墙边缘所在直线所构成的平面为 α,如图 2 所示。如果我们让杆"动"起来,由于 A 点不动,那么杆的运动必在平面 α 内。再考虑到墙是不动的,杆在 E 处相对于墙的运动方向即是杆与墙之间相对运动的方向,这一方向显然在平面 α 内且垂直于杆斜向下,由"摩擦力的方向与相对运动的方向相反"这一判断方式,可得到杆受到的摩擦力方向在平面 α 内且垂直于杆斜向上。所以,前述的沿墙和沿杆的两个摩擦力方向都是错误的,错误的原因是对杆与墙之间的相对运动认识不清。

下面我们给出本题的解答。

方法 1 设杆与墙之间的摩擦力为 f,墙对杆的支持力为 N,f 与 N 的合力(全反力)为 R,杆所受的重力及在 E 点的受力如图 2 所示。

f 在平面 α 上且与杆垂直,支持力 N 垂直于平面 α,在临界状态有 $f=\mu N$,由此可得

$$R = \sqrt{f^2+N^2} = \sqrt{1+\mu^2}\,N \qquad ①$$

又由杆的平衡易知,R 必在过杆的竖直平面内并垂直于杆,则在竖直面内重力 mg 与全反力 R 如图 3 所示,这显然是一平面力系的问题,由力矩的平衡条件可得

$$R \cdot \frac{d}{\sin\theta_{\min}} = mg \cdot \frac{l}{2}\cos\theta_{\min} \qquad ②$$

上述的分析过程便是一个将空间力系转化为平面力系的过程。

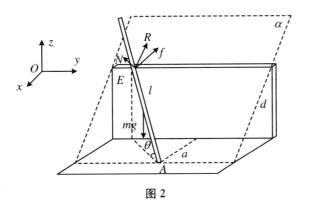

图 2

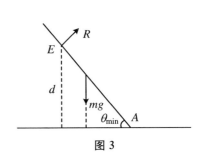

图 3

由①②两式可得

$$N = mg \cdot \frac{l}{4d\sqrt{1+\mu^2}}\sin 2\theta_{\min}$$

下面求 $\theta_{\min}$。

设摩擦力 f 与 R 之间的夹角为 φ,则 $\tan\varphi = \dfrac{1}{\mu}$。

又因为 f、R 均与杆垂直,所以 f 与 R 之间的夹角 φ 即为平面 α 与过杆的竖直面所成的二面角。

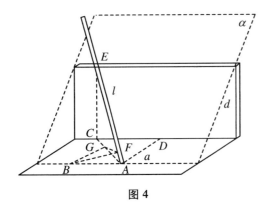

图 4

在平面 α 与水平面的交线上取一点 B,过 B 点作水平面与过杆的竖直平面的交线 AC 的垂线 BG,过 G 点再作 $GF\perp AE$,连接 BF,则 $\angle BFG=\varphi$,如图 4 所示,有

$$\tan\varphi = \frac{BG}{FG} = \frac{BG}{AG} \cdot \frac{AG}{FG} = \frac{\tan\angle BAG}{\sin\theta_{\min}}$$

得

$$\mu\tan\angle BAG = \sin\theta_{\min} \qquad ③$$

又

$$\tan\theta_{\min} = \frac{EC}{AC} = \frac{EC}{AD}\cdot\frac{AD}{AC} = \frac{d}{a}\cos\angle CAD = \frac{d}{a}\sin\angle BAG \qquad ④$$

由③④两式可解得

$$\tan\theta_{\min} = \sqrt{\frac{d^2 - \mu^2 a^2}{a^2(1+\mu^2)}}$$

则

$$N = mg\cdot\frac{l}{4d}\frac{1}{\sqrt{1+\mu^2}}\sin 2\theta_{\min}$$

$$= mg\cdot\frac{l}{2d}\frac{1}{\sqrt{1+\mu^2}}\frac{\tan\theta_{\min}}{1+\tan^2\theta_{\min}} = mg\cdot\frac{al\sqrt{d^2-\mu^2a^2}}{2d(d^2+a^2)}$$

对此,杆的长度还需要满足的条件为 $l\sin\theta_{\min}\geqslant d$,即 $l\sqrt{d^2-\mu^2a^2}\geqslant d\sqrt{d^2+a^2}$。摩擦因数需要满足的条件为 $d^2-a^2\mu^2>0$,即 $\mu<\dfrac{d}{a}$。

若 $\mu\geqslant\dfrac{d}{a}$,则杆在任意位置都能平衡。此时,$\sin\theta_{\min}=\dfrac{d}{l}$,则 $N=mg\cdot\dfrac{1}{2l}\sqrt{\dfrac{l^2-d^2}{1+\mu^2}}$。

综上所述:

① 当 $l\sqrt{d^2-\mu^2a^2}\geqslant d\sqrt{d^2+a^2}$ 且 $\mu<\dfrac{d}{a}$ 时,杆与地面之间的夹角 θ 的最小值是 $\theta_{\min}=\arctan\sqrt{\dfrac{d^2-\mu^2a^2}{a^2(1+\mu^2)}}$;当 $\mu\geqslant\dfrac{d}{a}$ 时,杆与地面之间的夹角 θ 的最小值是 $\theta_{\min}=\arcsin\dfrac{d}{l}$。

② θ 最小时,墙对杆的支持力为 $N = mg\cdot\dfrac{al\sqrt{d^2-\mu^2a^2}}{2d(d^2+a^2)}\left(\mu<\dfrac{d}{a}\right)$ 或 $N=mg\cdot\dfrac{1}{2l}\sqrt{\dfrac{l^2-d^2}{1+\mu^2}}\left(\mu\geqslant\dfrac{d}{a}\right)$。

初看上去,方法1选择的降维平面为杆所在的竖直面,其实在分析 R 时我们还选择了过 E 点且垂直于杆的平面,这同样是降维的思想在作指导。关于降维处理,通俗的说法便是将杆的受力向不同的平面进行投影,将空间力系转化为平面力系,将三维情形转化为二维情形,这个转化过程便是矢量的分解与合成的过程,这一过程同样少不了空间几何知识的应用。

从几何知识我们知道,当用一个二维图形来描述三维景象时,通常用的是三视图。但在具体的受力分析过程中,只要合理选择两个不平行的平面进行受力分析,且确保没有力与这两个平面同时平行,就能将第三个面上的受力也唯一确定。合理地选择平面,既需要积累解题经验,更需要发挥空间思维能力的作用。选择的平面是否最佳,往往会在解题的计算量上得以体现,下面的方法2便是在降维思想指导下的通常做法,但总体的计算量要比方法1大一些。但我仍然不能说方法1比方法2好,因为我们每个人的思维能力还有个性上的差别。对于在空间问题上极为敏感的同学,虽然方法2的计算量略大些,但他处理起来也许更熟练一些,出错的概率也会小一些。大家可以自行比较。

方法 2　首先处理图 1 中的几何关系,易知

$$\sin\angle MAD = \frac{d}{\sqrt{a^2+d^2}}, \quad \cos\angle MAD = \frac{a}{\sqrt{a^2+d^2}}, \quad \sin\angle CAD = \frac{\sqrt{d^2-a^2\tan^2\theta_{\min}}}{d}$$

$$\cos\angle CAD = \frac{a}{d}\tan\theta_{\min}, \quad \sin\angle EAM = \frac{EM}{AE} = \frac{\sqrt{d^2-a^2\tan^2\theta_{\min}}\cos\theta_{\min}}{d}$$

$$\cos\angle EAM = \frac{\sqrt{a^2+d^2}}{d}\sin\theta_{\min}$$

再据图 2,我们将杆的受力(可不考虑 A 点处的受力)在 O-xyz 坐标系中向 yOz 平面和 xOz 平面进行投影,其受力及相关参数如图 5 和图 6 所示。

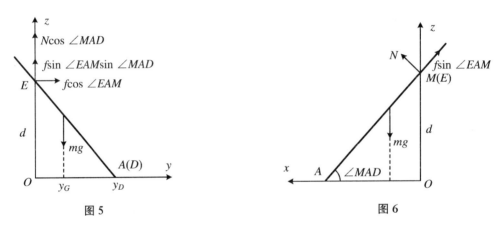

图 5　　　　　　　　　　　图 6

对于图 5,在该平面内,$y_D = \sqrt{d^2\cot^2\theta_{\min}-a^2}$,$y_D - y_G = \frac{l}{2}\frac{\sqrt{d^2\cos^2\theta_{\min}-a^2\sin^2\theta_{\min}}}{d}$,然后以 D 为轴,列出杆的平衡方程为

$$mg \cdot (y_D - y_G) - f\cos\angle EAM \cdot d - (N\cos\angle MAD + f\sin\angle EAM\sin\angle MAD) \cdot y_D = 0$$

对于图 6,在该平面内,$AM = \sqrt{a^2+d^2}$,$x_A - x_G = \frac{l}{2}\cos\theta_{\min}\cos\angle CAD$,然后以 A 为轴,列出杆的平衡方程为

$$N \cdot \sqrt{a^2+d^2} - mg \cdot (x_A - x_G) = 0$$

临界态下的摩擦方程为

$$f = \mu N$$

联立上述各式,可解得

$$\tan\theta_{\min} = \sqrt{\frac{d^2-\mu^2 a^2}{a^2(1+\mu^2)}}, \quad N = mg \cdot \frac{al}{2d(d^2+a^2)}\sqrt{d^2-\mu^2 a^2}$$

后面的解答便与方法 1 相同了,不再赘述。

降维处理自然给我们的解答降低了思维难度,但对于矢量运算能力很强的同学而言,这种降维又未必是必要的,"硬"解起来,同样清晰、漂亮。

方法 3　在图 1 中建立以 A 点为原点的坐标系,如图 7 所示。在该坐标系中,由几何关

系可知
$$r_{AE} = ai + \sqrt{d^2\cot^2\theta_{\min} - a^2}\,j + dk$$
设杆的重心为 O 点,则 $r_{AO} = \lambda r_{AE}$,式中
$$\lambda = \frac{AO}{AE} = \frac{l\sin\theta_{\min}}{2d}$$

设在 E 点杆所受到的弹力 N 与摩擦力 f 分别为
$$N = N_x i + N_y j + N_z k, \quad f = f_x i + f_y j + f_z k$$

考虑到 N 垂直于墙的棱,亦即垂直于 y 轴,所以有

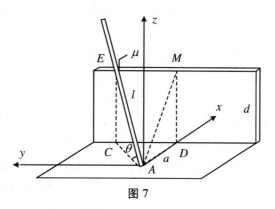

图 7

$$N_y = 0 \qquad ①$$

因为 $f \perp N, f \perp r_{AE}, N \perp r_{AE}$,所以
$$f \cdot N = 0, \quad f \cdot r_{AE} = 0, \quad N \cdot r_{AE} = 0$$

利用代入法,得
$$N_x f_x + N_z f_z = 0 \qquad ②$$
$$a f_x + \sqrt{d^2\cot^2\theta_{\min} - a^2}\,f_y + d f_z = 0 \qquad ③$$
$$a N_x + d N_z = 0 \qquad ④$$

杆对 A 点,由力矩的平衡 $M_A = 0$,有
$$r_{AE} \times (N + f) + r_{AO} \times (-mgk) = 0$$

利用代入法,得
$$[\sqrt{d^2\cot^2\theta_{\min} - a^2}(N_z + f_z - \lambda mg) - d f_y]i + [d(N_x + f_x) - a(N_z + f_z - \lambda mg)]j$$
$$+ [a f_y - \sqrt{d^2\cot^2\theta_{\min} - a^2}(N_x + f_x)]k = 0$$

即
$$\sqrt{d^2\cot^2\theta_{\min} - a^2}(N_z + f_z - \lambda mg) - d f_y = 0 \qquad ⑤$$
$$d(N_x + f_x) - a(N_z + f_z - \lambda mg) = 0 \qquad ⑥$$
$$a f_y - \sqrt{d^2\cot^2\theta_{\min} - a^2}(N_x + f_x) = 0 \qquad ⑦$$

再给出临界状态下的摩擦力与弹力的关系,有 $f = \mu N$,即
$$\sqrt{f_x^2 + f_y^2 + f_z^2} = \mu \sqrt{N_x^2 + N_z^2} \qquad ⑧$$

由②③④⑦⑧式可解得
$$\tan\theta_{\min} = \sqrt{\frac{d^2 - \mu^2 a^2}{a^2(1 + \mu^2)}}$$

进而可得
$$N = mg \cdot \frac{al\sqrt{d^2 - \mu^2 a^2}}{2d(d^2 + a^2)}$$

后面的解答只需重复方法 1 即可。

从方法3的解答来看,若没有极为出色的矢量运算和代数运算能力,要想在短时间内正确解答,也是相当困难的。

对高中生而言,凡涉及空间问题的试题,基本上都是有相当难度的试题,这也是竞赛生冲高的瓶颈之一。

作为练习,同学们可将此杆的受力向地面投影、向平面 AME 投影,处理时还可加入杆在 A 点的受力,以检验自己处理这方面问题的能力与速度。

另外,顺便介绍一下本题的来历。

笔者在辅导学生的过程中,关于空间力系的平衡,最初遇到下面这道题:

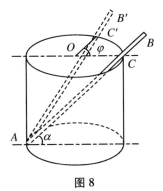

图 8

杆 AB 放在圆筒内,杆的 A 端用铰链固定在筒壁与筒底的交界处,杆的 C 点靠在筒的边缘上。A、C 两点位于通过圆筒轴的竖直平面内,如图 8 所示,杆与水平线所成的角度为 α。使杆沿筒的边缘移动到 C' 点,$\angle C'OC$ 为 φ。试问:摩擦因数最小为多少时杆在 C' 位置能保持平衡?

$$\left[参考答案:\mu = \frac{\tan\alpha \tan\dfrac{\varphi}{2}}{\sqrt{\tan^2\alpha + \cos^2\dfrac{\varphi}{2}}}\right]$$

在这道题的解答过程中,无论是摩擦力的方向判断,还是几何关系,对刚进行竞赛学习的学生都有一定的难度。为了降低难度,笔者与学生一起编制了上面的题目,这自然也是降维的思维在作引导。有了上面的试题的解答作为基础,在分析类似的问题时,难度便下降了许多。

必须提示一下,有了对杆靠在墙上的问题的解答,就有同学感觉自己会做筒内的杆的平衡问题,而忽略这方面的训练。要知道会做不等于能做对,即便能做对,也不能保证在规定的时间内完成。强化训练正是为了提高我们的正确率和速度而进行的有效工作。

题 019　摩擦角与自锁

我们家里的门锁大多是碰头式的,它的优点是将门轻轻一带,便能将门自动锁上,方便自如。不过,时间一久,可能会出现关门时碰头不能自动缩进的现象,这一现象称为碰头"自锁"。

碰头式门锁的结构大致如图 1 所示,由滑块 A 的出入可控制开门与锁门,其中 α 是滑块 A 的斜面与其底面的夹角。设对滑块 A 而言,它的斜面受力为 R_1,底面上受力为 R_2,如图 2 所示,图中 φ_1 和 φ_2 分别是 R_1 和 R_2 与相应的受力面的法线的夹角。已知滑块 A 与各接触面的最大静摩擦因数为 μ(假设它等于动摩擦因数),问:摩擦因数 μ 与角度 α 应满足什么关系时滑块不会出现自锁?

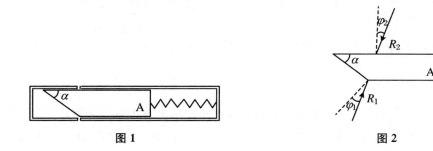

图1　　　　　　　　　　　图2

【解析】 在动力学问题中,自锁是较为常见的临界与极值问题。一般情况下,我们通过受力分析与计算,不论是在平衡系统中还是在变速运动的系统中,都能得到系统出现自锁的条件。我们通过下述的方法1来说明这种分析方法。

方法1 当滑块能自动缩进时,滑块的重力与弹簧的弹力相对于使锁头伸缩的力而言,均可忽略不计,用 N 表示弹力,用 f 表示摩擦力,其受力情况如图3所示,并建立图示的坐标系。

要使滑块不出现自锁现象,则在滑动时应有

$$\sum F_x = N_1\sin\alpha - f_2 - f_1\cos\alpha > 0$$

$$\sum F_y = N_1\cos\alpha + f_1\sin\alpha - N_2 = 0$$

又

$$f_1 = \mu N_1, \quad f_2 = \mu N_2$$

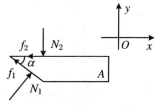

图3

由上述各式可解得

$$\tan\alpha > \frac{2\mu}{1-\mu^2}$$

在上式中令 $\mu = \tan\varphi$,整理即可得 $\alpha > 2\arctan\mu$,此即滑块不出现自锁的条件。

回过头来看上述解答,我们似乎忽略了题中给出的锁头两接触面的受力 R_1 和 R_2,由此反思命题人给出 R_1 和 R_2 的意义何在,试题的解答还可以从何处入手。

我们应清楚两接触面处的受力 R_1 和 R_2 均为弹力 N 与摩擦力 f 的合力,一般称为全反力。我们可以通过图4所示来说明全反力 R、弹力 N、摩擦力 f 三力之间的关系。

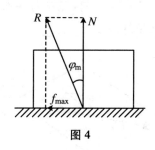

图4

当物体处于滑动的临界状态时,静摩擦力 f_s 达到最大值 $f_{\max}$,此时物体与接触面之间的正压力 N 与全反力 R 的夹角也最大,此角称为摩擦角,用 φ_m 表示。

由图4可知 $\tan\varphi_m = \dfrac{f_{\max}}{N}$。

又由 $f_{\max} = \mu_s N$ 得 $\mu_s = \dfrac{f_{\max}}{N}$。

所以,摩擦角的正切等于静摩擦因数,即 $\tan\varphi_m = \mu_s$。

可以想到:当物体所受外力(主动力)改变时,$f_{\max}$ 和支撑面的全反力 R 的方向也将改变。不过,如果作用于物体的主动力的合力 F 的作用线在摩擦角之内,则无论这个力多么大,总有一个全反力 R 能与之平衡,物体保持相对静止;如果主动力的合力 F 的作用线在摩擦角之外,则无论这个力多么小,物体也不可能保持平衡。这种与力大小无关而与摩擦角有关的平衡条件即为自锁条件。

我们利用上述的自锁条件,亦可解答本题。

方法 2 如果滑块能够自动缩进,则斜面与底面的摩擦力均为动摩擦力。由于斜面和底面与相应的接触面之间的摩擦因数均为 μ,故 R_1 和 R_2 与相应的接触面的法线之间的夹角(摩擦角)$\varphi_{1m} = \varphi_{2m} = \varphi_m$,并且 $\varphi_m = \arctan\mu$。

当滑块能自动缩进时,在不考虑弹簧的弹力和滑块的重力的前提下,由力的合成和平衡条件可知 R_1 和 R_2 的合力应向里,由几何关系易知此时有 $2\varphi \leqslant \alpha$;当滑块不能自动缩进,即出现自锁现象时有 $2\varphi > \alpha$。

所以,只有当 μ 与 α 满足 $\alpha > 2\arctan\mu$ 时,碰头锁才不会出现自锁现象。

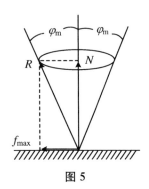

图 5

由于摩擦角包含对 $R = N + f_{max}$ 的利用,对物体的受力作了简化。在讨论静平衡问题时,这一方法不仅简化了力的分析,使得解答直观,也大幅地减少了解答过程中的运算量,优化了解答步骤,这一点通过前面两种解法的比较可得以验证。

另外,当全反力 R 的作用线在空间连续改变时,将扫出一空间锥面,称为摩擦锥,如图 5 所示。可以利用摩擦角(或摩擦锥)来表示物体相对静止的范围,即

$$\varphi \leqslant \varphi_m (f_s \leqslant f_{max})$$

它表明只要主动力落在此锥内,不管其大小如何,物体都会与接触面保持相对静止状态。

题 020 斜面体上物系的平衡

如图 1 所示,等重的两个木块由一根不可伸长的轻绳相连,放在倾角为 α 的斜面上,两木块与斜面的静摩擦因数分别为 μ_1 和 μ_2。已知 $\mu_1 > \mu_2$,$\tan\alpha = \sqrt{\mu_1\mu_2}$。问:绳子与斜面上的最大倾斜线之间的夹角 θ 应满足什么限制,它们才能在斜面上保持静止?

【解析】 前面的"题 016"通过斜面上放置的物体,让我们认识到有时候斜面本身的变化也可能成为解答问题的障碍。在常规教学中,对斜面上的问题,讨论的对象往往局限于一个物体的情形,且基本上都与临界状态的分析相关。在物理竞赛中,对斜面上的问题,讨论的对象往往不再局限于单个物体,而是涉及多个物体或一个系统;或者说不再是单

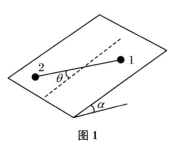

图 1

一的状态或单一的过程,而可能是多种可能的状态,或者是包含多个过程的运动;等等。从难度上看,这与常规教学中的问题已经远不是一个级别的问题。

本题是一道经典的静力学问题,很多辅导资料都以此题为例来阐述相关问题。遗憾的是,很多辅导资料上并没有全面地对此题作详尽的描述。

对于静平衡问题的处理,一般有两种途径:一是通过列出平衡方程进行严谨的求解、分析与讨论;二是通过平衡时的矢量图所体现的几何关系来分析相关问题。两种途径相比,后者更为直观,能够省略极为复杂的运算过程,减小因解方程而产生的失误,但对解题思维的要求也更高。下面给出本题的解答:

我们知道,若一个物体能够静止在斜面上,则其静摩擦因数应满足条件 $\mu \geqslant \tan \alpha$。

由 $\mu_1 > \mu_2$ 和 $\tan \alpha = \sqrt{\mu_1 \mu_2}$ 可知 $\mu_1 > \tan \alpha$,$\mu_2 < \tan \alpha$,木块 1 能单独在斜面上保持静止,而木块 2 不能。现在,两木块由细绳连接,当木块 1 在高处且绳子方位适当时,拉直的绳子有可能阻止木块 2 滑动,同时木块 1 又不被绳子拉动。

俯视斜面,设平衡时木块如图 2 所示放置,虚线 MN 为斜面上最大倾斜线的方向,角 θ 即为绳子与斜面上的最大倾斜线之间的夹角。图 2 所示为斜面上两木块平衡时的受力示意图。在 θ 足够大时(例如 $\theta = 90°$),由于 $\mu_2 < \tan \alpha$,m_2 显然不能静止,将会出现滑动。在 θ 很小时(例如 $\theta = 0°$),很容易判定 m_2 和 m_1 作为整体沿斜面 MN 方向无滑动,保持平衡。其判断过程如下:

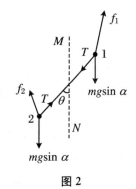

图 2

因为

$$\tan \alpha = \sqrt{\mu_1 \mu_2} < \frac{\mu_1 + \mu_2}{2}$$

所以

$$2mg\sin \alpha < \mu_1 mg\cos \alpha + \mu_2 mg\cos \alpha$$

即系统的下滑力小于系统受到的摩擦力,则系统能保持平衡。上述过程中考虑到了 $m_1 = m_2 = m$,$\mu_1 \neq \mu_2$。

这样,θ 从 $0°$ 到 $90°$,必有一个位置使系统处于静平衡的临界状态,这时某个木块受到的静摩擦力达到最大,或者两木块受到的静摩擦力同时达到最大。

我们先考虑木块 2,它在临界状态下受三个力作用:重力在 MN 方向的分力(下滑力)$mg\sin \alpha$、绳中张力 T 和摩擦力 $f_{2\max} = \mu_2 mg\cos \alpha$。因为 $\tan \alpha > \mu_2$,所以 $mg\sin \alpha > \mu_2 mg\cos \alpha$。

在系统保持平衡的前提下,上述三个力矢量必定构成一封闭的矢量三角形。在这三个力中,下滑力的大小与方向都不发生变化;摩擦力达到 $f_{2\max}$ 时,其大小恒定($\mu_2 mg\cos \alpha$),但方向可能发生变化。因此,这个矢量三角形是一个动态的矢量三角形。我们作图 3 所示的矢量图,使 $|\overrightarrow{OA}| = mg\sin \alpha$,方向与 MN 平行。再以 O 点为圆心,以 $\mu_2 mg\cos \alpha$ 为半径作圆,A 点必在圆外。从圆上任一点向 O 点作的力矢量都有可能是 m_2 受到的最大摩擦力矢量,如图 3 中的 $\overrightarrow{B_1O}$、$\overrightarrow{B_{12}O}$、$\overrightarrow{BO}$ 等,则图中 $\overrightarrow{AB_1}$、$\overrightarrow{AB}$ 等即是对应的绳的张力 T 矢量,且该矢量

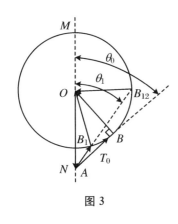

图3

方向与绳重合。显然,绳与 MN 的最大交角为图3中 θ_0 时, $BO \perp AB$,此时 $|\overrightarrow{BO}| = f_{2\max}$,绳子的张力 $|\overrightarrow{AB}|$ 为最大值,设为 T_0。由图3可知,T_0 亦是系统平衡时绳中张力的最大值。虽然从 A 点出发,在小于 θ_0 的方向画一直线与圆相交有两个交点,如图3中的 B_1 与 B_{12} 两点,较远的交点 B_{12} 对应的张力要大于 T_0,这个 T 对应的最大静摩擦力是木块2有缩短绳子或有往上坡运动的倾向才产生的,但这不符合事实。所以,T_0 是木块2保持静止的最大可能值。

对于 $BO \perp AB$ 的关系,我们可以直接将木块1视为一固定点,则木块滑动的临界条件必然是沿垂直于绳的方向滑动,此时一定有 $BO \perp AB$。

我们再考察木块1的受力与平衡情况。

为了方便,在图3中相对于 A 点作一个与圆 O 对称的圆 O',并在圆 O' 上作与 B_1、B 点对应的 B_1'、B' 点,如图4所示。

木块1也受三个力作用:重力沿 MN 方向的分力为 $mg\sin\alpha$(与木块2相同)、绳中张力(大小与木块2受到的张力相等,方向相反,在图4上对应于 $\overrightarrow{AB_1'}$、$\overrightarrow{AB'}$ 等)和摩擦力 f_1。如果木块平衡,则上述三个力矢量同样构成封闭的矢量三角形。

我们仍然用 $\overrightarrow{OA}$ 表示木块1的下滑力,则图中 $\overrightarrow{AB_1'}$、$\overrightarrow{AB'}$ 等即是对应的绳的张力 T' 矢量,且作用在绳中的张力为 T_0 的条件下,$\overrightarrow{B'O}$ 表示作用在木块1上所必须提供的摩擦力 f_1。

如果临界平衡时绳中的张力较 T_0 小,则 θ 也会小,B 点变为 B_1 点(圆 O 上)。相对于 A 对称的圆 O' 上必有对称的点 B_1'。从图4中可看出,为使质点1达平衡(三个力矢量构成封闭三角形 $\triangle OAB'$、$\triangle OAB_1'$ 等),木块所能提供的静摩擦力的最大值应等于或大于 $|\overrightarrow{B'O}|$。这由木块2处于临界平衡状态的最大 θ 角决定。

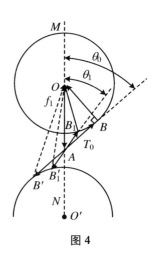

图4

下面我们来判定一下木块1平衡的可能性,为此需要比较力 $f_1 = |\overrightarrow{B'O}|$ 和 $f_{1\max}$ 的大小。

(1) 若所需摩擦力 $f_1 \leqslant f_{1\max}$,在绳子与 MN 方向的夹角为 θ_0 时,木块1可以保持平衡。这时,保持系统平衡的最大 θ 角是 θ_0。

(2) 若所需摩擦力 $f_1 > f_{1\max}$,即必须提供的 f_1 大于可能提供的最大静摩擦力,在绳子与 MN 方向的夹角为 θ_0 时,木块1不能保持平衡。我们需要继续寻找这个 θ_1 角,使得 $f_1(\theta_1) = f_{1\max}$,系统达平衡时,绳子与 MN 方向的夹角必须小于或等于这个 θ_1 角。

为求 $f_1(\theta_1)$,先需确定 T_0 与 θ_0。

由图3中的 $\triangle ABO$,得

$$T_0 = \sqrt{(OA)^2 - (BO)^2} = \sqrt{(mg\sin\alpha)^2 - (\mu_2 mg\cos\alpha)^2}$$

$$= mg\cos\alpha\sqrt{(\tan\alpha)^2 - \mu_2^2}$$
$$= mg\cos\alpha\sqrt{\mu_1\mu_2 - \mu_2^2}$$

又 $\sin\theta_0 = \dfrac{\mu_2 mg\cos\alpha}{mg\sin\alpha} = \sqrt{\dfrac{\mu_2}{\mu_1}}$，亦有 $\cos\theta_0 = \sqrt{1 - \dfrac{\mu_2}{\mu_1}}$。

为了在 θ_0 位置系统保持平衡，如图 4 所示，要求 $|\overrightarrow{B'O}| = f_1$ 达到的数值，可从 $\triangle OB'A$ 由余弦定理求得

$$f_1^2 = (mg\sin\alpha)^2 + T_0^2 - 2mg\sin\alpha T_0\cos(180° - \theta_0)$$

$$= (mg\sin\alpha)^2 + (mg\cos\alpha)^2(\mu_1\mu_2 - \mu_2^2) + 2mg\sin\alpha mg\cos\alpha\sqrt{\mu_1\mu_2 - \mu_2^2}\sqrt{1 - \dfrac{\mu_2}{\mu_1}}$$

$$= (mg\cos\alpha)^2\left[\mu_1\mu_2 + (\mu_1\mu_2 - \mu_2^2) + 2\sqrt{\mu_1\mu_2}\sqrt{(\mu_1\mu_2 - \mu_2^2)\left(1 - \dfrac{\mu_2}{\mu_1}\right)}\right]$$

$$= (mg\cos\alpha)^2(4\mu_1\mu_2 - 3\mu_2^2)$$

又由木块 1 的最大静摩擦力有

$$f_{1\max}^2 = \mu_1^2(mg\cos\alpha)^2$$

为确定 f_1 和 $f_{1\max}$ 的大小关系，暂设 $f_1 = f_{1\max}$，即

$$\mu_1^2 = 4\mu_1\mu_2 - 3\mu_2^2$$

整理得

$$(\mu_1 - \mu_2)(\mu_1 - 3\mu_2) = 0$$

因为题中已给出 $\mu_1 > \mu_2$ 的条件，所以有 $\mu_1 = 3\mu_2$。

① 若 $f_1 \leqslant f_{1\max}$，要求 $\mu_1 \geqslant 3\mu_2$。

此时，若要系统达平衡，绳的最大倾角 $\theta_{\min} = \theta_0$，则

$$\theta \leqslant \theta_0 = \arcsin\sqrt{\dfrac{\mu_2}{\mu_1}}$$

我们应该注意到，此时木块 1 的静摩擦力并未达到最大状态，而木块 2 已达到临界状态，有 $BO \perp AB$，即摩擦力的方向与绳垂直。

② 若 $f_1 > f_{1\max}$，要求 $\mu_1 < 3\mu_2$。

此时，在绳的倾角 $\theta = \theta_0$ 处，木块 1 已不能平衡，而只能在 $\theta < \theta_0$ 的某个 θ_1 角以下才能平衡。在临界状态下，$f_1(\theta_1) = f_{1\max}$，我们来求这个临界的 θ_1 角。

我们应该注意到，当取 $f_1(\theta_1) = f_{1\max}$ 时，整个系统也处于临界状态，可从木块 2 平衡的矢量图中看到其所受的静摩擦力亦达到最大值。利用木块 1、2 都达临界时的受力，即图 4 中两个三角形 $\triangle AB_1O$ 和 $\triangle AB_1'O$，由余弦定理有

$$(\mu_2 mg\cos\alpha)^2 = (mg\sin\alpha)^2 + T_1^2 - 2mg\sin\alpha T_1\cos\theta_1$$
$$(\mu_1 mg\cos\alpha)^2 = (mg\sin\alpha)^2 + T_1^2 + 2mg\sin\alpha T_1\cos\theta_1$$

两式相加、相减得

$$(\mu_1^2 - \mu_2^2)(mg\cos\alpha)^2 = 4mg\sin\alpha T_1\cos\theta_1$$

$$\frac{1}{2}(\mu_1^2+\mu_2^2)(mg\cos\alpha)^2=(mg\sin\alpha)^2+T_1^2$$

解答中代入 $\tan\alpha=\sqrt{\mu_1\mu_2}$，进而得到

$$T_1=\frac{\sqrt{2}}{2}mg\cos\alpha(\mu_1-\mu_2),\quad \cos\theta_1=\frac{\sqrt{2}}{4}\frac{\mu_1+\mu_2}{\sqrt{\mu_1\mu_2}}$$

这个结果说明：当 $\mu_2<\mu_1<3\mu_2$ 时，为使系统保持平衡，绳的倾斜角 θ 应满足

$$\theta\leqslant\theta_1=\arccos\left(\frac{\sqrt{2}}{4}\frac{\mu_1+\mu_2}{\sqrt{\mu_1\mu_2}}\right)$$

综上所述：为使系统在斜面上保持静止，绳子与斜面上的最大倾斜线之间的夹角 θ 应满足：

① 当 $\mu_1\geqslant 3\mu_2$ 时，$\theta\leqslant\arcsin\sqrt{\dfrac{\mu_2}{\mu_1}}$；

② 当 $\mu_2<\mu_1<3\mu_2$ 时，$\theta<\arccos\left(\dfrac{\sqrt{2}}{4}\dfrac{\mu_1+\mu_2}{\sqrt{\mu_1\mu_2}}\right)$。

此题在许多竞赛辅导书上都有论述，且多以力的矢量图来求解，但很多叙述并不严谨与全面，解答过程也过于简略，特别是在分类讨论上，对其条件的获取论述模糊，以致初学者阅读起来很困难。

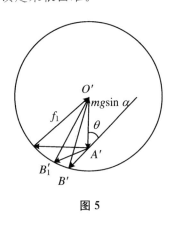

图 5

在本题中，系统的平衡即是两木块的平衡，其临界状态亦是两木块的临界状态。两木块的临界状态看似独立，实际上是相互协调、关联的，从矢量图方面看，两木块的平衡矢量关系都呈现出动态特征。而且，在一般情况下，我们作出了图 3 所示的关于木块 2 平衡分析的矢量图，也极易作出图 5 所示的关于木块 1 平衡分析的矢量图，即以 $O'A'=mg\sin\alpha$ 表示木块 1 的下滑力，以 $f_1=\mu_1 mg\cos\alpha>mg\sin\alpha$ 为半径，以 O' 点为圆心作圆，则封闭的矢量三角形 $\triangle O'A'B'$、$\triangle O'A'B_1'$ 等表示木块 1 的平衡状态。希望由此深入讨论系统的平衡条件。但由于图 3 与图 5 是独立的，分析起来也自然存在一些不便或者障碍。而在本题的解答中，图 4 巧妙地将两个动态的矢量三角形在考虑到下滑力相等的情况下进行重叠处理，以绳对两木块的张力相等且作用在同一直线上为纽带，将两木块的临界平衡条件联系起来，在同一背景下进行动态比较，从而得到系统在不同条件下的平衡分类情况，实在是简洁明了。所以，图 4 从另一方面告诉我们，当需要比较两个关联物体的受力时，可将两个物体的受力矢量图，利用其关联叠加到同一幅图中，这样既直观也不易出错，便于比较、分析、计算。

当然，也许有同学即便阅读了上述解答，依然还会有许多的纠结。譬如，在上述解答中，$\theta\leqslant\theta_0$ 的平衡态比较好理解，但在 $\theta\leqslant\theta_1$ 的平衡态下，很多同学就纠结于：当 $\theta=\theta_1$ 时，系统的平衡达到临界状态，难道两木块就一定都要达到临界状态吗？难道不能只是木块 1 处于临

界态而木块2不处于临界态吗？同学们这样的质疑当然是有意义的，并且，以此为切入点深入研究下去，会让你对利用矢量图进行动态分析有更深刻的领会，也能从中体会到动态图的美妙所在。

此外，本题还有一道孪生试题，即将模型中的轻绳换成轻杆，再来讨论各种情况下的平衡条件。同学们不妨练习一下。

题021　多点摩擦下的平衡

如图1所示，长为 l 的匀质细杆一端置于水平地面上，另一端搁置在半径为 r 的匀质圆柱上，三个接触处的摩擦因数均为 μ，证明：

(1) 如果 $r < \mu l \leqslant \dfrac{1+\mu^2}{1-\mu^2} r$，则平衡时杆与地面之间的最大倾角 $\alpha = 2\arctan\mu$；

(2) 如果 $\mu l > \dfrac{1+\mu^2}{1-\mu^2} r$，则平衡时杆与地面之间的最大倾角 α 由下面的方程确定：

$$l\cos\alpha\left(1 + \dfrac{1}{\mu}\tan\dfrac{\alpha}{2}\right)\tan\dfrac{\alpha}{2} = 2r$$

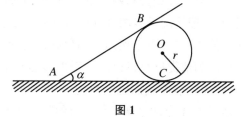

图 1

【解析】　本题涉及圆柱体与匀质杆两个物体的平衡，共有 A、B、C 三个摩擦点。

我们需要说明的是，在竞赛试题中，涉及多个物体与多个摩擦点的平衡问题是极为普通的。上一题就是一道两体与两摩擦点的平衡问题，在解答中我们通过对单个物体平衡的临界分析与对系统平衡的临界分析相结合，给出了系统的平衡条件。下面通过本题进一步阐述多体与多摩擦点的平衡问题的分析与讨论。

我们先讨论圆柱体的平衡条件及相应的受力状态。

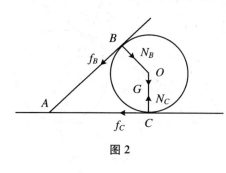

图 2

圆柱体共有 B、O、C 三个受力点，其受力如图2所示，共有5个力的作用且为平面力系，但这5个力为非共点力，其中柱的重力 G 和 B、C 两处的弹力 N_B、N_C 都过 O 点，而 B、C 两处的摩擦力 f_B、f_C 都过 A 点。对于圆柱 O 的平衡，有

$$\sum M_O = 0,\ \text{即}\ f_B = f_C \qquad ①$$

$$\sum M_A = 0,\ \text{即}\ N_B = N_C - G \qquad ②$$

上述两式分别选取了 O 和 A 为转轴，得到如此简洁的力的大小关系。这一转轴的选择技巧，在针对圆柱、球、筒、环等物体的摩擦平衡问题中很有实效。尤其是①式的得到，为计算提供了很大的便利，让人觉得神奇无比。

由②式可得到 $N_B < N_C$，结合 $f = \mu N$ 与①式易知，系统平衡被打破时，一定是 B 处的摩

擦力先于 C 处的摩擦力达到最大值,亦即 B 处一定先于 C 处开始滑动。所以,在随后的讨论中,我们可以不再考虑 C 处的平衡被破坏的情形。

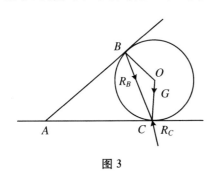

图 3

为了讨论的方便,我们引入约束反力 $\boldsymbol{R} = \boldsymbol{N} + \boldsymbol{f}$,同时引入摩擦角 $\varphi_m = \arctan\mu$。那么,上述圆柱体 O 只受到 $\boldsymbol{G}$、$\boldsymbol{R}_B$、$\boldsymbol{R}_C$ 三个力的作用。这三个力并不平行,则它们一定交于 C 点,如图 3 所示。在临界状态下,$\angle OBC = \varphi_m$,而在 C 处,由于摩擦力并未达到最大值,故 $\boldsymbol{R}_C$ 的指向在 $\angle OCB$ 内。

我们再来讨论匀质杆的平衡。

实际上,杆的受力亦有 5 个,亦为非共点力。在引入约束反力的前提下,杆的平衡可变为三力共点平衡。

与匀质杆相关的两个摩擦点 A、B 谁先达到临界状态是我们要讨论的问题。对于这类问题,一般情况下有两种处理方式:一是先假设两点同时达到临界状态,找出临界条件,再作动态分析;二是以某点达到临界状态为前提,讨论另一点的平衡条件,然后再以另一点的临界状态为前提进行讨论。由于很多辅导书上对此题的讨论都是以两点同时达到临界状态切入的,而且前面我们已经清楚了 B 点的临界状态,在此我们不妨以 B 点达到临界状态为前提来讨论 A 点的平衡条件,然后再从 A 点的临界状态来讨论 B 点的平衡条件,从而确定系统的平衡条件。

在 B 点,圆柱体对匀质杆的作用力与匀质杆对圆柱体的作用力是一对作用力与反作用力,当 B 点的摩擦力达到最大时,圆柱体对匀质杆的约束反力沿 CB 方向斜向上,其系统状态如图 4 所示,其中 D 点为匀质杆的重心,E 为杆所受三个力的交汇点,$\angle OBC = \varphi_m$,由几何关系易得

$$\alpha = 2\varphi_m = 2\arctan\mu$$

设此时 A 点有约束反力与竖直方向的夹角 φ',如图 4 所示,系统若能保持平衡,则要求满足如下两点:

(1) 在图 4 中,应有 $\varphi' \leqslant \varphi_m$,亦即 $\tan\varphi' \leqslant \tan\varphi_m$,即应有 $AF < FC$,所以

$$\frac{l}{2}\cos\alpha \leqslant \frac{r}{\tan\frac{\alpha}{2}} - \frac{l}{2}\cos\alpha$$

考虑到 $\tan\frac{\alpha}{2} = \mu$,则 $\tan\alpha = \frac{2\mu}{1-\mu^2}$,进而有 $\cos\alpha = \frac{1-\mu^2}{1+\mu^2}$,整理得

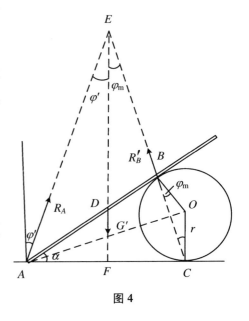

图 4

$$\mu l \leqslant \frac{1+\mu^2}{1-\mu^2} r$$

(2) 考虑到匀质杆搁置在圆柱体上，匀质杆长 l 必须满足

$$l > \frac{r}{\tan \frac{\alpha}{2}}$$

即 $r < \mu l$。

综上所述：当 $r < \mu l \leqslant \frac{1+\mu^2}{1-\mu^2} r$ 时，$\alpha = 2\arctan \mu$。

问题(1)得证。

当 $\mu l > \frac{1+\mu^2}{1-\mu^2} r$ 时，显然有 $\mu l > r$，满足匀质杆能搁置在圆柱体上的条件。由上述分析易知，此时 $\varphi' > \varphi_m$，则 A 点已开始滑动，此时的平衡条件应是 A 点达到临界状态而 B 点尚未达到临界状态，需在图 4 中将 φ' 更换为 φ_m，而 $\angle OBC < \varphi_m$，且由几何关系知 $\angle OBC = \angle CEF = \frac{\alpha}{2} < \varphi_m$，同样考虑到 E 点为三力的交汇点，在 $\triangle AEF$ 与 $\triangle CEF$ 中应有

$$EF = \frac{AF}{\tan \varphi_m} = \frac{CF}{\tan \frac{\alpha}{2}}$$

将

$$AF = \frac{l}{2} \cos \alpha, \quad CF = \frac{r}{\tan \frac{\alpha}{2}} - \frac{l}{2} \cos \alpha, \quad \tan \varphi_m = \mu$$

代入上式并整理，得

$$l \cos \alpha \left(1 + \frac{1}{\mu} \tan \frac{\alpha}{2}\right) \tan \frac{\alpha}{2} = 2r$$

即平衡时，杆与地面之间的最大倾角 α 由上面的方程确定。

问题(2)得证。

至此，我们应该已经明白，题目要求证明的实际上是匀质杆上的两摩擦点 A、B 谁先达到临界状态的问题。

从目前的竞赛试题来看，凡涉及多点摩擦的问题，几乎都与临界问题相关，且以同一物体上有两个摩擦点的情况居多。前面的"题 020"也是这种情形，我们给出的解答已充分显示了此类试题的处理方式，即先假设某个摩擦点达到了临界状态，再讨论另一摩擦点是否达到临界状态，根据达到与未达到临界状态两种情况进行分类讨论，从而得到完整的答案。

我们再次提示，对于圆柱、球、筒、环等物体的摩擦平衡问题，选择圆心或摩擦力的交汇点作为转轴列出力矩平衡的方程，往往会出现令人惊喜的结果。

题 022　三角支架的平衡

质量为 m、长为 l 的三根相同的匀质棒如图 1 所示靠在一起，三棒与地的接触点连线成一边长为 l 的正三角形。已知三棒与地之间的摩擦因数相等。

(1) 试求 OA 棒顶点所受作用力的大小与方向。

(2) 若在 OA 棒的中点固定一质量也为 m 的小球，再求 OA 棒顶端所受作用力的大小与方向。

(3) 要使体系保持静止，棒与地面之间的摩擦因数至少为多大？

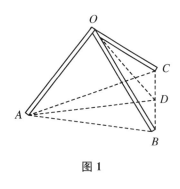

图 1

【解析】　本题是研究力学平衡问题的经典试题，几乎所有的物理竞赛辅导资料上都有引用，其解答涉及对多体问题、多点摩擦问题、模型空间特性的处理，也涉及假设、对称、反证、降维、临界与极值分析等多种思维方法的应用，是一道综合程度极高的难题。

由图 1 易知，由三根木棒支起的结构具有空间对称性。所以，在问题 (1) 中，我们选择其中任一根木棒作为研究对象均可，得到的结论自然也适合其他木棒。若以木棒 OA 为研究对象，由对称性易知其受力应在平面 OAD 内。因此，一个空间力系的问题就退化为一个平面力系的问题，这显然是降维处理。

对称方法的应用与降维的处理是解答一般空间问题最为常见的切入点。

(1) 三根棒的顶端相互靠在一起，由对称性及牛顿第三定律可知，任何一棒（如 OA 棒）的顶端受到其余两棒对它的作用力的合力 F 必沿水平方向，如图 2 所示。若 OA 棒在 A 点的受力有向上或向下的分量，则由牛顿第三定律可知 OB 棒和 OC 棒必受到向下的作用，这与三棒的对称性相违，因而 F 只能沿水平方向。

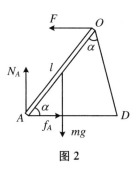

图 2

在图 1 中，D 是 BC 的中点，由几何关系有

$$AD = DO = \frac{\sqrt{3}}{2}l, \quad \cos\alpha = \frac{\sqrt{3}}{3}$$

如图 2 所示，OA 棒所受外力相对于 A 点力矩平衡，则

$$Fl\sin\alpha - mg\frac{l}{2}\cos\alpha = 0$$

可解得 $F = \dfrac{\sqrt{2}}{4}mg$。

上述解答中，对合力 F 的方向的判断就是假设判断的综合运用。

另外，从应试的角度提示一点：对于空间结构模型，即便你对问题涉及的物理性质非常清楚，在卷面上也必须给出模型结构的几何参量。

(2) 当 OA 棒的中点固定一质量也为 m 的小球后,三棒的受力情况都发生了改变,且三木棒不再对称。但 OB 与 OC 两棒仍关于平面 OAD 对称,其受力情况相同。此二棒顶端的受力可看成是除原受力 F 外,再分别受 T_B 和 T_C 的作用,且有 $T_B = T_C$。既然此二棒仍平衡,那么 T_B 和 T_C 必沿各自棒的方向,故这两力的合力沿 OD 方向,其反作用力 T 作用于 OA 棒的顶端,如图3所示。

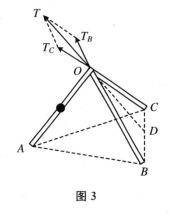

图 3

因为 OA 棒顶端的原受力 F 与其重力相对于 A 点的合力矩为零,所以 T 和小球的重力相对于 A 点的合力矩亦为零,则

$$Tl\sin\alpha - mg\frac{l}{2}\cos\alpha = 0$$

可解得 $T = \frac{\sqrt{2}}{4}mg$。

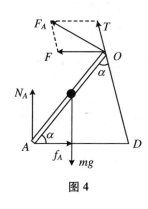

图 4

由图4所示的 F 和 T 的矢量关系,并考虑到上面得到的 $T = F$,即可求得 OA 棒顶端所受的作用力为

$$F_A = 2F\sin\alpha = 2\times\frac{\sqrt{2}}{4}mg\times\frac{\sqrt{6}}{3} = \frac{\sqrt{3}}{3}mg$$

上述关于 OA 棒的力矩平衡显然用到力的独立作用原理与力的叠加原理。

(3) 系统的平衡既要保证 OA 棒的平衡,又要保证 OB 棒与 OC 棒的平衡,而它们已不具备对称性,因此应分别讨论。

先以 OA 棒为研究对象,讨论其平衡。

OA 棒所受的竖直方向和水平方向的合外力均为零,依据图4所示的受力图,有

$$N_A = 2mg - T\sin(\pi - 2\alpha)$$
$$f_A = F + T\cos(\pi - 2\alpha)$$

结合 $T = F = \frac{\sqrt{2}}{4}mg$,可解得

$$N_A = \frac{5}{3}mg, \quad f_A = \frac{\sqrt{2}}{3}mg$$

因为 $f_A \leq \mu_A N_A$,所以 $\mu_A \geq \frac{\sqrt{2}}{5}$。

再以 OB 棒为研究对象,讨论 OB 棒与 OC 棒的平衡。

OB 棒的受力情况如图5所示。根据此棒竖直方向和水平方向合外力为零,有

$$N_B = mg + T_B\sin\alpha, \quad f_B = F + T_B\cos\alpha$$

由图3所示的矢量关系可得 T_B 与 T 的关系为

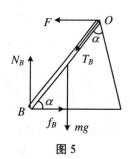

图 5

即
$$T = 2T_B\cos 30°$$

$$T_B = \frac{\sqrt{3}}{3}T = \frac{\sqrt{3}}{3}\times\frac{\sqrt{2}}{4}mg = \frac{\sqrt{6}}{12}mg$$

由此可得

$$N_B = mg + \frac{\sqrt{6}}{12}mg\times\frac{\sqrt{6}}{3} = \frac{7}{6}mg, \quad f_B = \frac{\sqrt{2}}{4}mg + \frac{\sqrt{6}}{12}mg\times\frac{\sqrt{3}}{3} = \frac{\sqrt{2}}{3}mg$$

再由 $f_B\leqslant\mu_B N_B$ 可得 $\mu_B\geqslant\frac{2\sqrt{2}}{7}$。

由于 OB 棒和 OC 棒的受力情况完全相同,故 OC 棒平衡所需的最小摩擦因数与 OB 棒相等。

比较 μ_A 与 μ_B 的大小,可得棒与地面之间的摩擦因数应满足 $\mu\geqslant\frac{2\sqrt{2}}{7}$。

在问题(3)的求解中,除了对空间问题的认识可能会出现错误,还容易遗漏对 OB 棒或 OC 棒平衡所需最小摩擦因数的讨论和求解,误以为小球固定在 OA 棒的中点,只要 OA 棒能保持平衡,体系就一定能平衡,从而得到只需满足 $\mu\geqslant\frac{\sqrt{2}}{5}$ 即可的错误结论。这也暴露了答题者在思维全面性方面的缺陷。

与此题相匹配的试题还有一道三球堆放的试题,其解答同样展示了对称判断与降维处理空间问题的方法应用,大家不妨从手边的资料中找来练习一下。

题 023 桁架平衡

如图 1 所示,屋架由同一竖直面内的多根无重杆铰接而成,各铰接点依次为 $1,2,\cdots,9$。其中,铰接点 8、2、5、7、9 位于同一水平直线上,且铰接点 9 可以无摩擦地水平滑动。各铰接点水平方向上的间距和竖直方向上的间距如图所示,铰接点 3 承受竖直向下的压力 $\frac{P}{2}$,铰接点 1 承受竖直向下的压力 P,求铰接点 3 和 4 之间杆的内力。

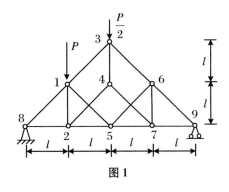

图 1

【解析】 中学力学中的桁架问题,不论是平面的还是空间结构的,基本上都以讨论平衡问题为主,所讨论的量基本上都以构成桁架的杆件的内力为主。对此类问题的解答,基本上是先从整体的角度求得桁架端点处的作用力,再将需要求解的杆件的内力转化为外力,即从杆件中间分隔杆件,以杆端的铰接点为研究对象,以平衡为依据,逐步向端点递推,直至得到结果。这一过程既有共点力的平衡规律的应用,也有力矩的平衡规律的应用。在方法的应用上,往往是整体法与隔离法交替应用。我们先用此思路来处理本题。

方法 1 由于点 9 可沿水平方向无摩擦滑动,故屋架在点 9 处所受外力只可能沿竖直方向,设为 N_9。由于屋架所受外力 N_9、$\dfrac{P}{2}$ 和 P 均沿竖直方向,故屋架在点 8 所受的外力也只能沿竖直方向,设为 N_8。

以整个屋架为对象,列各外力对支点 8 的力矩平衡方程,有

$$Pl + \dfrac{P}{2} \cdot 2l = N_9 \cdot 4l$$

所以 $N_9 = \dfrac{P}{2}$,方向为竖直向上。

又由整个屋架的受力平衡关系应有

$$N_8 + N_9 = P + \dfrac{P}{2}$$

所以 $N_8 = P$,方向为竖直向上。

假设将铰接点 5、6、7、9 这部分从整个屋架中隔离出来,则这部分受到杆 15、杆 47、杆 36 的作用力,这几个作用力均沿与杆 15 平行的方向,设其合力为 T,则这个合力 T 也必与杆 15 方向平行(这里涉及平行力的合成问题,我们将在下一题中讨论)。此外,这部分还受到杆 25 的作用,设其为 T_{25},显然 T_{25} 的方向应沿水平方向;这部分还受到支持力 N_9 的作用。这样就等效为这部分受 T、T_{25} 和 N_9 三个力的作用而平衡,表示此三力的矢量构成一个封闭三角形。由前述此三力的方向关系可以确定,这一三角形只能是如图 2 所示的三角形,由此三角形可见

$$T_{25} = N_9 = \dfrac{P}{2}$$

且杆 25 对点 5 的作用力方向为水平向左,可见杆 25 中的内力为张力。

又取铰接点 8 为研究对象,它受到支持力 N_8 和杆 82 对它的作用力 T_{82} 和杆 81 对它的作用力 T_{81},由于此三力平衡,故 N_8 与 T_{82} 的合力必沿杆 81 的方向,可见应有

$$T_{82} = N_8 = P$$

且 T_{82} 的方向为水平向右,即杆 82 的内力为张力。

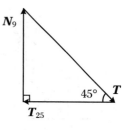

图 2

再取铰接点 2 为研究对象,由以上分析知其左右两水平杆对它的作用力均为拉力,力的大小分别为 P 和 $\dfrac{P}{2}$。另外,只有杆 24 能对点 2 提供水平方向的分力,为使点 2 在水平方向受力平衡,杆 24 作用于点 2 的力必沿由点 2 指向点 4 的方向,进而为使点 2 在竖直方向上受力平衡,杆 12 对点 2 的作用力必沿竖直向下的方向。

综合上述,点 2 的受力如图 3 所示。由图 3 可知

$$T_{24}\cos 45° + \frac{P}{2} = P$$

得 $T_{24} = \frac{\sqrt{2}}{2}P$，即杆 24 中的内力为张力，其大小为 $\frac{\sqrt{2}}{2}P$。

最后以点 4 为研究对象，它受到与之相连的三根杆的三个力的作用。此三力应互相平衡。现以 T_{42}、T_{47}、T_{43} 表示这三个力，由于 T_{42} 的方向是确定的（杆 42 的内力为张力，则 T_{42} 必沿由点 4 指向点 2 的方向），而 T_{47}、T_{43} 又只能沿对应杆的方向，则此三力只可能取如图 4 所示的方向。由点 4 在水平方向的受力平衡，应有

$$T_{42}\cos 45° = T_{47}\cos 45°$$

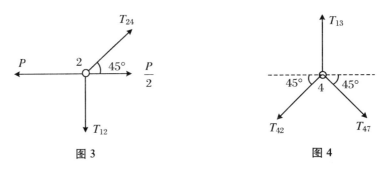

图 3　　　　　　　　　　图 4

所以 $T_{42} = T_{47}$；由点 4 在竖直方向的平衡，应有

$$T_{43} = T_{42}\sin 45° + T_{47}\sin 45° = 2T_{42}\sin 45° = P$$

即杆 43 中的内力为张力，大小为 P。

前面的解答呈现给我们的是求解这类问题的基本思路与程序。这类试题循着这一思路求解，大体都能得到圆满的结果。但显然，这种方法也为我们带来了较大的运算量，耗时不说，中途出错的概率也极大，一次性的正确率较低，往往令解答者无功而返。

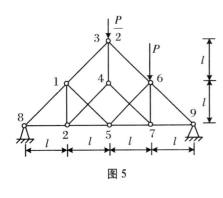

图 5

从笔者的解题经验看，这类试题的命题者在命题时也为解答者提供了其他解答途径的可能，他们往往会在桁架的对称结构上做一些文章，为解答者使用简洁的方法给予提示。如本题，我们便可利用桁架的对称结构与外力的对称破缺，作对称性分析，简化解答过程。

方法 2　我们不妨先考虑图 5 所示屋架的受力情形，这是与图 1 所示屋架的受力对称的情形。由对称性易知，在这种情况下，杆 43 内的张力 T_{43} 与图 1 所示的情况是一样的。

如果我们将图 5 与图 1 所示屋架的受力情况进行叠加，则屋架的受力情况变为图 6 所示的情形。根据力的叠加原理，此时杆 T_{43} 内的张力应为 $2T_{43}$。

考察图 6 所示的受力情形，由对称性易知，杆 15 与杆 65 中的力要么同时为拉力，要么

同时为推力，要么同时为零。而这两杆中的力不论是拉还是推，都无法保证杆 52 与杆 57 的水平，则这两杆中的作用力必定为零，故可从屋架中去掉杆 15 与杆 65，于是屋架的结构变为图 7。

对于图 7，先后以铰接点 8、铰接点 1 和铰接点 3 为对象，根据平衡条件易得杆 43 的张力为 $T'_{43} = 2P$，进而可得图 1 情形下 $T_{43} = P$。

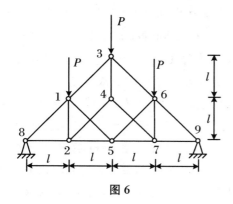

图 6

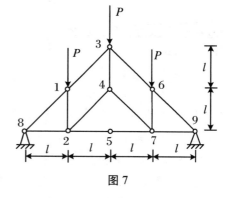

图 7

显然，方法 2 利用了结构的对称性和叠加原理，无论是分析过程还是运算过程都大为简化。

实际上，由图 6 可知，无论 3 处所加力是否为 P，均有图 7 所示的对称情况，因此有 $T_{67} = P$，$T_{47} = \sqrt{2}P$，$T_{42} = \sqrt{2}P$，$T_{43} = 2P$。这一结果与 3 处的作用力大小无关，所以原题中 3 处的作用力 $\dfrac{P}{2}$ 为可有可无的条件。

此外，桁架既有平面结构的也有空间结构的，解题时除了上面所涉及的方法，也可能运用到矢量的运算、虚功原理等内容。具体情况具体分析，读者可以搜集一些类似习题，进行必要的强化练习。

题 024 平行力

如图 1 所示，正方形轻质刚性水平桌面由四条完全相同的轻质细桌腿 1、2、3、4 支撑于桌角 A、B、C、D 处，桌腿竖直立在水平粗糙刚性地面上。已知桌腿受力后将产生弹性微小形变。现于桌面中心点 O 至角 A 的连线 OA 上某点 P 施加一竖直向下的力 F。令 $\dfrac{OP}{OA} = c$，求桌面对桌腿 1 的压力 F_1。

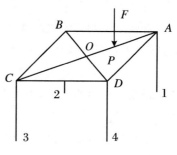

图 1

【解析】 很多同学都非常奇怪，在中学物理中讲到力的合成与分解时，为何总会在前面加上一个定语"共点力"呢？我们并没有在此之后看到什么非共点力之类的合成与分解呀！事实真的是这样的吗？我们不妨看看下面这个问题：

如图 2 所示，有一根不均匀的木柱 AB，木柱长 $L=5$ m。现将其 B 端搁置，抬起 A 端时用力为 $F_A=600$ N，再将其 A 端搁置，抬起 B 端时用力为 $F_B=400$ N，则木柱的总重为多少？其重心在何处？

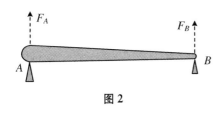

图 2

相信不会有人认为此题超出了我们处理的范围。而且，笔者完全有理由相信，同学们无须动笔都能给出"木柱总重为 $G=1000$ N，重心距 A 端 2 m"的结论。但要提醒大家的是，在此题中木柱的受力是共点力吗？解答过程中运用了力的合成与分解吗？

显然，上述模型中，F_A+F_B 与 G 构成平衡力，表明 F_A、F_B 的合力 G' 与木柱的重力 G 大小相等、方向相反且在一条直线上，这也是前面确定木柱总重的大小与重心的位置的依据。当然，我们也可以说木柱的重力 G 有两个分力 F_A'、F_B'，它们分别与 F_A、F_B 构成了平衡力。F_A、F_B 的合力 G' 以及 G 的两个分力 F_A'、F_B' 的大小、方向、位置都是确定的，上述操作便是我们对相关力进行的合成与分解，而 F_A、F_B、G 三力肯定是不共点的，而是彼此平行的，即我们进行的是平行力的合成与分解。更进一步地讲，上述结果我们在初中阶段都讲解过。所以，完全可以说，即便是在初中阶段，我们就已经开始接触非共点力中的平行力的合成与分解。

虽然一般状态下非共点力的合成与分解是极为复杂的问题，我们在处理时或许会遇到一些矢量运算方面的障碍，但在竞赛中平行力的合成与分解肯定属于要求掌握的范畴。

在共点力的合成与分解中，我们有了共点的前提，关注的则是力的大小与方向。从上面的例子不难得出，在平行力的合成与分解中，我们有了各力平行的前提，关注的则是力的大小与位置，而位置的确定依赖于力矩的大小。我们用如图 3 所示的例子来说明平行力 F_1、F_2 的合成情况。

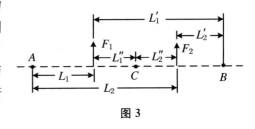

图 3

将两力合成到 A 点，则合力 $F=F_1+F_2$，力矩 $M_A=F_1L_1+F_2L_2$；

将两力合成到 B 点，则合力 $F=F_1+F_2$，力矩 $M_B=-F_1L_1'-F_2L_2'$；

将两力合成到 C 点，则合力 $F=F_1+F_2$，力矩 $M_A=-F_1L_1''+F_2L_2''$。

前面对不均匀木柱的重心是这样确定的：因为重力过重心（力矩为零），而木柱是平衡的，所以 F_A、F_B 对其重心的力矩亦应为零。

上述平行力的合成是对二力系而言的，若是三力系（并不要求在同一直线上），则可先求其中任意两个力的合力，再求与第三个力的合力，以此类推。而平行力的分解是合成的逆运算，在此不再举例。

上述平行力的合成与分解也就解释了上一题中关于杆 15、杆 47、杆 36 的平行力的合力方向问题。

有了上述关于平行力的讨论,我们便可回到原题的解答中。

设桌面对四条腿的作用力皆为压力,分别为 F_1、F_2、F_3、F_4。根据轻质刚性的桌面处于平衡状态,可推得
$$F_1 + F_2 + F_3 + F_4 = F \qquad ①$$
由于对称性,有
$$F_2 = F_4 \qquad ②$$
考察对桌面对角线 BD 的力矩,由力矩平衡的条件可得
$$F_3 + cF = F_1 \qquad ③$$
根据题意,$0 \leqslant c \leqslant 1$。$c = 0$ 对应于 F 的作用点在 O 点,$c = 1$ 对应于 F 的作用点在 A 点。

设桌腿的劲度系数为 k,在 F 的作用下,腿 1 的形变为 $\dfrac{F_1}{k}$,腿 2 和腿 4 的形变均为 $\dfrac{F_2}{k}$,腿 3 的形变为 $\dfrac{F_3}{k}$。依题意,桌面上四个角在同一平面上,因此满足 $\dfrac{1}{2}\left(\dfrac{F_1}{k} + \dfrac{F_3}{k}\right) = \dfrac{F_2}{k}$,即
$$F_1 + F_3 = 2F_2 \qquad ④$$
由①②③④式可得
$$F_1 = \frac{2c+1}{4}F, \quad F_3 = \frac{1-2c}{4}F$$
当 $c \geqslant \dfrac{1}{2}$ 时,$F_3 \leqslant 0$。$F_3 = 0$,表示腿 3 无形变;$F_3 < 0$,表示腿 3 受到桌面的作用力为拉力,这是不可能的。故应取 $F_3 = 0$。此时②③式仍成立。由③式可得
$$F_1 = cF$$
综合以上讨论可得
$$F_1 = \begin{cases} \dfrac{2c+1}{4}F, & 0 \leqslant c \leqslant \dfrac{1}{2} \\ cF, & \dfrac{1}{2} < c \leqslant 1 \end{cases}$$

对于本题的上述解答,除了平行力的有关问题,还有两点是值得说明的。一是对于桌腿受力后将产生弹性微小形变的理解。这是一个隐含条件,若不能从几何角度有效地挖掘出脚 1、3 的形变之和等于脚 2、4 的形变之和,就解答不下去。二是对于那些以追求答案为唯一目的的同学而言,本题设置的陷阱也是很深的。因为,当得到 $F_1 = \dfrac{2c+1}{4}F$ 的答案后,仅从这一答案的本身,我们几乎看不到不自洽的地方,一般都会认为大功告成。然而,从不要求求解的 $F_3 = \dfrac{1-2c}{4}F$,很容易看到 $c > \dfrac{1}{2}$ 时 $F_3 < 0$,进而可以确定结论的不自洽,才会有后面对答案的进一步完善。

当然,敏感的同学仅从 $F_1 = \dfrac{2c+1}{4}F$ 也能看到答案的不自洽。因为,当 $c = 1$ 时 $F_1 = \dfrac{3}{4}F$,而实际上此时 F 全部作用在脚 1 上,应有 $F_1 = F$。循着这一问题思考下去,也能找到

$F_1 = \dfrac{2c+1}{4}F$ 的不自洽之处。

在众多的物理竞赛资料中，编者们似乎都刻意回避了平行力的问题，即使在第26届全国中学生物理竞赛复赛中使用了本题，各资料也只增加了本题作为相关的练习，而没有对平行力作进一步深入的讨论，故笔者希望通过本题的讨论引起大家的注意。

题025　平衡的稳定性

正截面为正方形的长方体匀质木料放在水中，其中长边始终平行于水面。

(1) 求木料浮在水面上的条件，并给出木料横截面在水面下的面积条件；
(2) 若木料对称地浮在水面上，且只有一条长棱没入水中，试讨论平衡状态的稳定性。

【解析】　平衡的稳定性(稳定平衡、随遇平衡、不稳平衡)的讨论是竞赛中较为常见的问题之一，由于稳定性的判定涉及多板块乃至多学科知识的综合应用，故其相关内容能非常有效地考查学生能力。

从物理途径上讲，判断物体平衡态的稳定性，大体有三种。前提是在原有的平衡态下给物体一个微扰，使物体的位形偏离原有的状态，进而根据：

(1) 物体所受的合力是何种情况，即合力是促使物体回到原平衡状态还是促使物体进一步偏离原平衡状态，从而得到原平衡态的稳定性；

(2) 物体所受的合力矩是何种情况，即合力矩是促使物体回到原平衡状态还是促使物体进一步偏离原平衡状态，从而得到原平衡态的稳定性；

(3) 物体势能的变化来进行判断，当物体处于稳定平衡态时，其势能最小。

上述三种方法应该说是物理方法的切入点，而一旦进入判断过程，就往往涉及各种知识的综合应用，特别是与模型结构相关的几何知识的应用，加之我们设置问题的前提是微扰，因此微元法、小量的近似处理在这类试题的解答过程中应用得极为频繁。若选择势能作为判据，则涉及极值的计算，很多同学容易选择积分运算。而本题的解答是从力矩切入的，然后将平衡稳定性的判据转换为几何判据，其过程的综合难度非常高。

本题的题干在模型、条件的表述上应该是很清晰的，但我们从题干中并没有看到可供讨论的已知量，如木料的几何参数、密度等，而定量讨论时这些量又是必不可少的，对系统平衡态稳定性的讨论实际上就是要给出这些量之间的关系。所以，在解题之初，我们便应对这些量进行设置，然后再讨论它们之间的关系。

(1) 设木料和水的密度分别为 ρ 和 ρ_0。由浮力定律易知，木料能浮在水面上的条件显然是 $\rho < \rho_0$。

为了后面表述的方便，我们设匀质长方体木料的正截面正方形的边长为 $2a$，木料浸入水中部分的横截面的面积为 S，则木料浮于水面上平衡时有 $\rho \cdot 4a^2 = \rho_0 \cdot S$，得 $S = 4a^2 \dfrac{\rho}{\rho_0}$。

此外,若匀质木料浮于水面的横截面如图1所示,且 O 点为木料的重心,C 点为浮心(浮力的作用点),则 O 点与 C 点应在同一条铅垂线上。

本问实际上是为下一问作铺垫的,除了相关物理量的设置,问题(2)所需要的一些判据在这一问中尽可能地给予铺设,如面积和浮心等。

(2) 木料对称地浮在水面上且只有一条长棱浸没在水中的平衡状态如图2所示,此时一定满足下面的关系:

$$\rho < \frac{\rho_0}{2}, \quad S < 2a^2$$

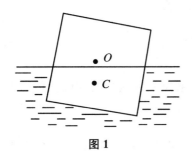

图1

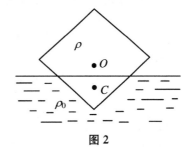

图2

将木料绕质心 O 在顺时针方向给一微扰(同时保证微扰后仍然只有一条长棱在水中),微扰后的浮心位置将会发生变化,若新的浮心 C 在原浮心的基础上向右偏转了,浮力将会产生一个绕 O 轴逆时针方向转动的回复力矩,使木料有回复到原平衡位置的趋势,则木料的平衡为稳定平衡;若新的浮心 C 在原浮心的基础上向左偏转了,浮力将会产生一个绕 O 轴顺时针方向转动的力矩,木料将会进一步偏离原平衡位置,则木料的平衡为不稳平衡;若新的浮心 C 在原浮心的基础上不左右偏转,木料将会在新的位置平衡,则木料的平衡为随遇平衡。

下面利用图3来讨论木料平衡的稳定性。图3所示的位置是木料相对于原来的平衡位置被微扰后的位形图,此时仍只有一条长棱浸没在水中。新的浮心 C 位于没入水中的三角形的重心(三边中线的交点)上。由几何关系可得

$$\tan\varphi = \frac{p}{q}, \quad \tan\varphi' = \frac{a - \dfrac{q}{3}}{a - \dfrac{p}{3}}$$

对于图2所示的最初的平衡位置,C、O 点在同一竖直线上,有 $p_0 = q_0$,$\varphi = \varphi'$。现假设木料在此基础上顺时针转过一小量,即有 $p < q$。此时,若浮心 C 向右偏移,即 $\varphi' < \varphi$,则系统为稳定平衡;若浮心 C 向左偏移,即 $\varphi' > \varphi$,则系统为不稳平衡;若浮心 C 不偏移,继续保持 C、O 点在同一竖直线上,即 $\varphi' = \varphi$,则系统为随遇平衡。用数学表述上述三种平衡状态:

对于稳定平衡($\varphi' < \varphi$),$\tan\varphi' < \tan\varphi$,即 $\left(a - \dfrac{p}{3}\right)p > \left(a - \dfrac{q}{3}\right)q$;

对于不稳平衡$(\varphi'>\varphi)$,$\tan \varphi'>\tan \varphi$,即$\left(a-\dfrac{p}{3}\right)p<\left(a-\dfrac{q}{3}\right)q$;

对于随遇平衡$(\varphi'=\varphi)$,$\tan \varphi'=\tan \varphi$,即$\left(a-\dfrac{p}{3}\right)p=\left(a-\dfrac{q}{3}\right)q$。

这样变换的意义在于,将平衡态的力学判据转换为几何判据,仅仅通过比较木料微扰后位形的几何参量φ'和φ所映射出的p、q的关系即可判断平衡稳定性。

我们从上述判据可以看到,稳定性的判断最后落脚到$\left(a-\dfrac{p}{3}\right)p$与$\left(a-\dfrac{q}{3}\right)q$的大小比较,而这两式具有相同的表述形式,为此我们不妨建立函数

$$y=\left(a-\dfrac{x}{3}\right)x, \quad x<2a$$

来比较两个量的大小。

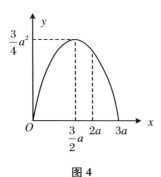

图 4

显然,y-x的函数关系为一条抛物线,其图像如图 4 所示,图像的对称轴为$x=\dfrac{3}{2}a$。

另外,前述的判别式中的p、q都是对平衡位置p_0、q_0($p_0=q_0$)的顺时针微扰,此时必有$p<q$,但由于浸没在水下的部分的面积应不变,即有

$$\dfrac{1}{2}p_0 q_0 = \dfrac{1}{2}pq$$

再考虑在微扰下有$p=p_0-\Delta p$,$q=q_0+\Delta q$及$p_0=q_0$,可得

$$\Delta q = \dfrac{q_0}{p_0-\Delta p}\Delta p > \Delta p$$

注意:上式是在保留二阶小量的前提下得到的。

下面利用函数$y=\left(a-\dfrac{x}{3}\right)x$在不同区域对木料的稳定性作讨论。

① 由图 4 所示的函数图像可以看出,$x=\dfrac{3}{2}a$处显然是一极值点,故令$p_0=q_0=\dfrac{3}{2}a$,在微扰后有$\Delta q>\Delta p$,即$\Delta x_q>\Delta x_p$的前提下,由$y=\left(a-\dfrac{x}{3}\right)x$在极值处两边具有的对称性易知$y_q<y_p$,即

$$\left(a-\dfrac{p}{3}\right)p>\left(a-\dfrac{q}{3}\right)q$$

此式与$\varphi'<\varphi$对应,则木料的平衡为稳定平衡。

满足此平衡对木料和水的密度有如下的要求:由木料浸没在水中的面积$S=\dfrac{1}{2}p_0 q_0=4a^2\dfrac{\rho}{\rho_0}$可得木料和水的密度$\rho$和$\rho_0$满足$\rho=\dfrac{9}{32}\rho_0$。

② 在$\dfrac{3}{2}a<x<2a$区域内,同样令$p_0=q_0\left(>\dfrac{3}{2}a\right)$,在微扰后有$\Delta q>\Delta p$的前提下,由

$y = \left(a - \dfrac{x}{3}\right)x$ 易知仍有 $y_q < y_p$，即木料的平衡为稳定平衡。

而满足此平衡时，由木料浸没在水中的面积可得到 $\rho > \dfrac{9}{32}\rho_0$。当然，木料的密度还必须满足 $\rho < \dfrac{1}{2}\rho_0$。

③ 在 $x < \dfrac{3}{2}a$ 区域内，同样令 $p_0 = q_0\left(<\dfrac{3}{2}a\right)$，在微扰后有 $\Delta q > \Delta p$ 的前提下，由 $y = \left(a - \dfrac{x}{3}\right)x$ 易知 $y_q > y_p$，即

$$\left(a - \dfrac{p}{3}\right)p < \left(a - \dfrac{q}{3}\right)q$$

此式与 $\varphi' > \varphi$ 对应，则木料的平衡为不稳平衡。

而满足此平衡时，由木料浸没在水中的面积可得到 $\rho < \dfrac{9}{32}\rho_0$。

综上所述：

① 当 $p_0 = q_0 \geqslant \dfrac{3}{2}a$ 或 $\dfrac{9}{32}\rho_0 \leqslant \rho < \dfrac{1}{2}\rho_0$ 时，系统的平衡为稳定平衡；

② 当 $p_0 = q_0 < \dfrac{3}{2}a$ 或 $\rho < \dfrac{9}{32}\rho_0$ 时，系统的平衡为不稳平衡。

上述讨论是在顺时针扰动木料的基础上得到的，如果逆时针转动木料，其讨论完全类似，并可得到一致的结论。

从问题(2)的解答中不难看出，我们首先从微扰后浸没在水中的部分的几何参量入手，自然地过渡到平衡稳定性的判断可以通过角参量 φ'、φ 的大小比较进行，进而比较 $\left(a - \dfrac{p}{3}\right)p$ 与 $\left(a - \dfrac{q}{3}\right)q$ 的大小。但这一过程涉及浮力定律的应用、三角形水体的重心的确定以及相应的数学知识的应用。

而对微扰后产生的小量 Δq、Δp 大小的比较，是在保留二阶小量 $\Delta q \cdot \Delta p$ 的基础上得到的。很多同学可能会疑惑，为什么在推导过程中不忽略二阶小量 $\Delta q \cdot \Delta p$ 呢？我们忽略它又会产生什么样的影响呢？事实上，当在此处忽略二阶小量 $\Delta q \cdot \Delta p$ 后，得到的结果是 $\Delta q = \dfrac{q_0}{p_0}\Delta p = \Delta p$，将这一结果代入后续的运算，不会影响到上述计算②与③的结果，但由①的计算得到的结果却是 $\varphi' = \varphi$，即物体的平衡是随遇平衡。

那么，为什么会出现 $\varphi' = \varphi$ 这样的错误结果呢？究其原因，通过小量变化来作动态分析时，我们应具备这样的警惕性，即当无法区别一阶小量的动态特征时，无法比较出由这种动态变化带来的后果，我们就必须将小量运算推至高阶，通过无删除小量的差异来比较其动态特征。本题在这一点上做了很好的示例。

实际上，将小量的运算推向高阶，多数情况也是在一阶小量得不到结果的后续运算。本题事先保留二阶小量，只能说我们在书写答案前已经作了类似的判断。而且，我们已经看

到,即便保留一阶小量,也不影响在 $p_0 = q_0 = \frac{3}{2}a$ 之外的情况下平衡稳定性的判断。

此外,解答过程中通过建立函数 $y = \left(a - \frac{x}{3}\right)x$ 来比较 $\left(a - \frac{p}{3}\right)p$、$\left(a - \frac{q}{3}\right)q$ 两个量的大小,也不是一般的能力要求,在物理竞赛中也不常见,学习者应对这一方法多加揣摩与必要的效仿。

同学们在竞赛试题中,肯定会遇到要将力学问题转换为几何模型的情况。这一情况在力学中极为常见,大家应注意归纳与总结。

题 026　圆锥面内牛顿定律的应用

要使摩托车手能够以角速度 ω 沿圆锥面的内壁做半径为 R 的圆周运动,如图 1 所示,求车胎橡胶与圆锥内表面之间的摩擦因数。圆锥体的顶角为 2α。

【解析】　初看此题,觉得不可思议:这是摩托车在倒扣的槽中运动,是悬空的,怎么可能不掉下去?还别说,看了后面的分析与解答就知道,它还真的掉不下去。

摩托车在竖直面内的受力分析如图 2 所示,图 2 中 mg 是摩托车(包括车手)受到的重力,F_N 为轨道对摩托车的弹力,F_f 为摩托车所受的摩擦力。

摩托车在竖直面内平衡,由平衡条件有
$$mg + F_N \sin\alpha = F_f \cos\alpha$$
摩托车在水平面内做圆周运动,根据牛顿第二定律有
$$F_N \cos\alpha + F_f \sin\alpha = m\omega^2 R$$

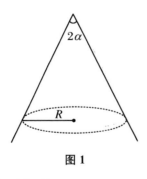

图 1

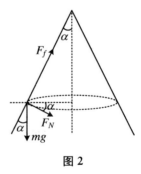

图 2

联立上述两式,得
$$F_f = m(g + \omega^2 R \tan\alpha)\cos\alpha$$
$$F_N = m(\omega^2 R - g\tan\alpha)\cos\alpha$$
由于静摩擦力 $F_f \leqslant \mu F_N$,代入得
$$\mu \geqslant \frac{g + \omega^2 R \tan\alpha}{\omega^2 R - g\tan\alpha}$$

显然,还应有 $\omega^2 R - g\tan\alpha > 0$,即摩托车运动的角速度应满足 $\omega > \sqrt{\dfrac{g}{R}\tan\alpha}$。

首先,我们可以看到,本题的模型具有空间特性,但力的分析是在平面内进行的;其次,将摩托车视为质点是非常粗糙的,作为竞赛生,我们还可以考虑摩托车的几何属性,再作进一步的讨论。

本题于竞赛生而言,并不是不可跨越的,甚至可以说它只是一道高考层面的难题。但需要同学们注意的是,本题的模型看上去不可思议,其实是有源可循的,而且是一系列的,这一系列的模型所涉及的试题应该是大家都非常熟悉且训练过的。下面看看如图3所示的模型渐变示意图,大家就会明白本题模型的源头了。而且,你还会发现,对这类模型的研究(受力分析、运动分析、规律运用)大同小异。你也许会发出一声感叹:哦,原来它们是同一道题啊!

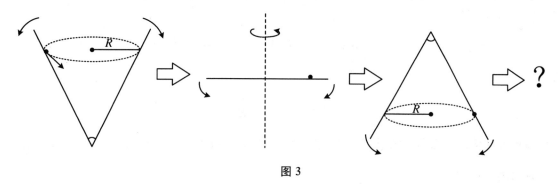

图 3

很多物理试题,如果撇开模型看上去的差别,它们所体现的问题、分析的方法、应用的规律实际上是一致的,即我们常说的同题异构。我们在日常的学习中,在完成大量的训练之后,应该有一个归纳整理的过程。在这个过程中,我们不难发现,很多试题间存在关联,一道题可能是另一道题的延伸、拓变,或者一道题只是另一道题的构件,甚至两道题只是条件与结果的互易。所谓触类旁通,即是你能窥视到不同试题间的关联。而到了这一层面,你必然会产生上述感叹,而这个感叹就是在归纳能力的提升过程中产生的。优秀的竞赛生必须具备这个能力。

当然,我们更需要的是,在完成对试题的解答后所作的更深层次的思考与拓展。以本题为例,若不将摩托车视为质点,则试题的情景和难度迅速地上升到另一个层面,大家不妨一试。

题 027 曲面上牛顿运动定律的应用

一个质量为 m 的小物体放在半径为 R 的半球顶上,设半球面光滑,初始时它们相对静止。求在下列情况中物体离开球面时它与半球底面的距离,如图1所示:

(1) 半球以 10 m/s 的速度匀速上升;

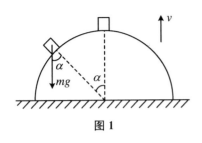

图 1

(2) 半球以 $a = \dfrac{g}{4}$ 的加速度匀加速向右运动。

【解析】 物体从球面上滑落的问题在竞赛中是典型而又基本的物理模型,它涉及机械能守恒定律、牛顿运动定律、圆周运动及物块脱离曲面时的临界条件分析,是中学物理竞赛培训过程中的必练试题。本题所选的模型其实只是基本模型的两种简单变式,难度一般。我们可以先看解答。

先讨论半球静止时的情况。

小物体滑至图 1 所示的角 α 位置时,设其速度为 v,小物体与球面之间的作用力为 N,则由机械能守恒有

$$\dfrac{1}{2}mv^2 = mgR(1 - \cos\alpha)$$

由牛顿运动定律有

$$mg\cos\alpha - N = \dfrac{mv^2}{R}$$

小物体离开球面时的临界状态为 $N = 0$,即有 $\cos\alpha = \dfrac{2}{3}$。或者说,小物体滑至 $\alpha = \arccos\dfrac{2}{3}$ 的位置时离开球面。

(1) 当半球以 10 m/s 的速度匀速上升时,以半球为参考系,其情形与前面讨论的情况一致,所以小物体滑至 $\alpha = \arccos\dfrac{2}{3}$ 的位置时离开球面。

(2) 在以半球为参照物的参考系中,小物块还受到向左的惯性力的作用,此时系统等效于在 $g' = \sqrt{a^2 + g^2} = \dfrac{\sqrt{17}}{4}g$ 的力场中运动,球面的"顶"在图 2 中的 A 处,θ 满足

$$\tan\theta = \dfrac{a}{g} = \dfrac{1}{4}$$

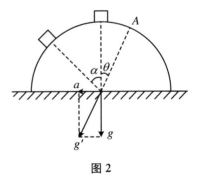

图 2

显然,物体只能向左下滑,当滑至角 α 位置时,由机械能守恒有

$$\dfrac{1}{2}mv^2 = mg'R[\cos\theta - \cos(\alpha + \theta)]$$

由牛顿运动定律有

$$mg'\cos(\alpha + \theta) - N = \dfrac{mv^2}{R}$$

同样,小物体离开球面时的临界状态为 $N = 0$,由此可解得 $\cos\alpha = 0.711$ 或 $\cos\alpha = 0.587$(舍去,这对应于 A 点的右侧点)。

本题的解答从球面静止的基本情况出发,再引申至题述的两种情况,仅此我们就可以确定它们是同一系列的问题。事实上,从基本变化的角度出发,我们还可以考虑将半球置于变速运动的升降机内,从而又产生"新"的模型,其解答思路不会有什么大的变化。而且,从上述解答中,我们不难体会到,解答此类试题的要点如下:

① 物块下滑过程中的机械能守恒;
② 物块与曲面分离的临界条件是弹力 $N=0$;
③ 临界条件下,物块做圆周运动的向心力由重力的法向分力提供;
④ 在球做变速运动时,可利用等效场进行简化处理;当然,也可在非惯性系下引入惯性力进行处理。

但是,因为试题的命制总在不断向前推进,所以,上述要点对这类问题并非百发百中。譬如,将球面换作其他曲面,物块沿曲面下滑,分离时就会涉及曲面曲率半径的求解,而且分离状态也会变得扑朔迷离。

题 028 多对象问题

如图1所示,在光滑水平面上放着一块质量为 M_3 的板,板上叠放着一个斜面体和一个物体,斜面体和物体的质量分别为 M_2 和 M_1,斜面体斜面的倾角为 θ。已知 M_1 和 M_2 之间的动摩擦因数为 μ_1,M_2 和 M_3 之间的动摩擦因数为 μ_2,现用一个水平恒力 F 作用在 M_3 上,问:F 为多大时三个物体可保持相对静止?

【解析】 在研究问题时,我们都知道,对象越多,关联的信息量越多,问题也就越复杂。物理常规教学中,研究的对象一般都限制在两个以内,这就为试题的难度设置了一个天花板,而这个天花板对于有能力学习竞赛内容的同学而言实在是太低了。

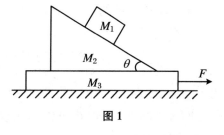

图 1

多对象问题一般都包含了大量的信息条件,答题者在分析过程中难免顾此失彼而前功尽弃。这类试题能很好地考查学生思维能力的清晰状态及全面性,在近年的物理竞赛中占有很大的比例。

本题看上去并不是结构特别复杂的动力学问题,对象也只有三个,但随着讨论的深入,各种隐含在运动规律及模型结构中的约束条件纷纷浮现,使人应接不暇。在解答过程中,答题者在运动分析、临界分析、数学知识的储备等方面稍有不足或失误,解答均会以失败告终。我们来看一下本题的解答。

当三个物体间无相对滑动时,可将三个物体视作整体,设此时系统的加速度为 a,则有
$$F = (M_1 + M_2 + M_3)a$$
显然,要求作用力 F,即要求整体运动的加速度。

1. 先讨论 M_1、M_2 之间不滑动,要保证 M_2 和 M_3 之间也无滑动的条件。

注意到此时 M_1、M_2 的加速度由 M_2、M_3 之间的摩擦力提供,则易得系统最大的加速度为 $a_1 = \mu_2 g$,即 $F \leqslant \mu_2(M_1 + M_2 + M_3)g$。

2. 再讨论 M_2、M_3 之间不滑动,要保证 M_1 和 M_2 之间也无滑动的条件。

此时系统存在两种极端情况,即 M_1 刚好不下滑和 M_1 刚好不上滑两种情况。下面先求出这两种情况所对应的加速度值。

以 M_3 为参照物,M_1 相对于 M_2 不滑动,则 M_1 的受力满足

$$N - M_1 g\cos\theta - M_1 a\sin\theta = 0 \qquad ①$$

$$M_1 g\sin\theta - M_1 a\cos\theta - f = 0 \qquad ②$$

若 M_1 刚好不下滑,则

$$f = f_1 = \mu_1 N \qquad ③$$

若 M_1 刚好不上滑,则

$$f = f_2 = -\mu_1 N \qquad ④$$

整理上述各式可得

$$a_2 = \frac{\sin\theta - \mu_1\cos\theta}{\cos\theta + \mu_1\sin\theta} g \qquad ⑤$$

$$a_3 = \frac{\sin\theta + \mu_1\cos\theta}{\cos\theta - \mu_1\sin\theta} g \qquad ⑥$$

对于⑤式,应有 $\sin\theta - \mu_1\cos\theta > 0$,亦即 $\mu_1 < \tan\theta$。这同时也说明,当 $\mu_1 \geqslant \tan\theta$ 时,$a_2 \leqslant 0$,即不论系统的向右加速度为何值,M_1 都不可能沿斜面向下滑。

对于⑥式,应有 $\cos\theta - \mu_1\sin\theta > 0$,亦即 $\mu_1 < \cot\theta$。这同时也说明,当 $\mu_1 \geqslant \cot\theta$ 时,$a_3 \leqslant 0$,即不论系统的向右加速度为何值,M_1 都不可能沿斜面向上滑。

现在比较一下 a_2、a_3 的大小。

$$a_2 - a_3 = \frac{\sin\theta - \mu_1\cos\theta}{\cos\theta + \mu_1\sin\theta} g - \frac{\sin\theta + \mu_1\cos\theta}{\cos\theta - \mu_1\sin\theta} g = \frac{2\mu_1}{\mu_1^2\sin^2\theta - \cos^2\theta} g$$

当 $\mu_1 > \cot\theta$ 时,$a_2 > a_3$;当 $\mu_1 < \cot\theta$ 时,$a_2 < a_3$。

同时考虑 $\mu_1 < \tan\theta$ 和 $\mu_1 < \cot\theta$ 的条件,并注意到当 $\theta < 45°$ 时有 $\tan\theta < \cot\theta$,而当 $\theta > 45°$ 时有 $\tan\theta > \cot\theta$。

(1) 当 $\theta < 45°$ 时,有 $\tan\theta < \cot\theta$,则:

① $\mu_1 < \tan\theta$ 时,M_1 既可下滑也可上滑,因为 $a_2 < a_3$,所以加速度 a 满足 $a_2 \leqslant a \leqslant a_3$;

② $\tan\theta \leqslant \mu_1 < \cot\theta$ 时,M_1 不会下滑,但可上滑,加速度 a 满足 $a \leqslant a_3$;

③ $\mu_1 \geqslant \cot\theta$ 时,M_1 在 M_2 上不会滑动,加速度不受限,出现自锁。

(2) 当 $\theta \geqslant 45°$ 时,有 $\tan\theta \geqslant \cot\theta$,则:

① $\mu_1 < \cot\theta$ 时,M_1 既可下滑也可上滑,因为 $a_2 \leqslant a_3$,所以加速度 a 满足 $a_2 \leqslant a \leqslant a_3$;

② $\cot\theta \leqslant \mu_1 < \tan\theta$ 时,M_1 不会上滑,但可下滑,仍有 $a_2 < a_3$,加速度 a 满足 $a \geqslant a_2$;

③ $\mu_1 \geqslant \tan\theta$ 时,M_1 在 M_2 上不会滑动,加速度不受限,出现自锁。

3. 根据上述的讨论,对 a_1、a_2、a_3 的大小进行比较,并确定在三物体保持相对静止的前

提下，F 需要满足的条件。

(1) $\theta < 45°$ 时的情况。

① 若 $\mu_1 < \tan\theta$，则：

（ⅰ）当 $a_1 < a_2$ 时，a 无解，表明在这种情形下三个物体不可能保持相对静止。

（ⅱ）当 $a_2 \leqslant a_1 \leqslant a_3$ 时，$a_2 \leqslant a \leqslant a_1$，即 $\dfrac{\sin\theta - \mu_1\cos\theta}{\cos\theta + \mu_1\sin\theta}g \leqslant a \leqslant \mu_2 g$，对应的拉力 F 应满足

$$(M_1 + M_2 + M_3)\frac{\sin\theta - \mu_1\cos\theta}{\cos\theta + \mu_1\sin\theta}g \leqslant F \leqslant \mu_2(M_1 + M_2 + M_3)g$$

（ⅲ）当 $a_1 > a_3$ 时，$a_2 \leqslant a \leqslant a_3$，即 $\dfrac{\sin\theta - \mu_1\cos\theta}{\cos\theta + \mu_1\sin\theta}g \leqslant a \leqslant \dfrac{\sin\theta + \mu_1\cos\theta}{\cos\theta - \mu_1\sin\theta}g$，对应的拉力 F 应满足

$$(M_1 + M_2 + M_3)\frac{\sin\theta - \mu_1\cos\theta}{\cos\theta + \mu_1\sin\theta}g \leqslant F \leqslant (M_1 + M_2 + M_3)\frac{\sin\theta + \mu_1\cos\theta}{\cos\theta - \mu_1\sin\theta}g$$

② 若 $\tan\theta \leqslant \mu_1 < \cot\theta$，则：

（ⅰ）当 $a_1 \leqslant a_3$ 时，$a \leqslant a_1$，即 $a \leqslant \mu_2 g$，对应的拉力 F 应满足

$$F \leqslant \mu_2(M_1 + M_2 + M_3)g$$

（ⅱ）当 $a_1 > a_3$ 时，$a \leqslant a_3$，即 $a \leqslant \dfrac{\sin\theta + \mu_1\cos\theta}{\cos\theta - \mu_1\sin\theta}g$，对应的拉力 F 应满足

$$F \leqslant (M_1 + M_2 + M_3)\frac{\sin\theta + \mu_1\cos\theta}{\cos\theta - \mu_1\sin\theta}g$$

③ 当 $\mu_1 \geqslant \cot\theta$ 时，$a \leqslant a_1$，即 $a \leqslant \mu_2 g$，对应的拉力 F 应满足

$$F \leqslant \mu_2(M_1 + M_2 + M_3)g$$

(2) $\theta \geqslant 45°$ 时的情况。

① 若 $\mu_1 < \cot\theta$，则：

（ⅰ）当 $a_1 < a_2$ 时，a 无解，表明在这种情形下三个物体不可能保持相对静止。

（ⅱ）当 $a_2 \leqslant a_1 \leqslant a_3$ 时，$a_2 \leqslant a \leqslant a_1$，即 $\dfrac{\sin\theta - \mu_1\cos\theta}{\cos\theta + \mu_1\sin\theta}g \leqslant a \leqslant \mu_2 g$，对应的拉力 F 应满足

$$(M_1 + M_2 + M_3)\frac{\sin\theta - \mu_1\cos\theta}{\cos\theta + \mu_1\sin\theta}g \leqslant F \leqslant \mu_2(M_1 + M_2 + M_3)g$$

（ⅲ）当 $a_1 > a_3$ 时，取 $a_2 \leqslant a \leqslant a_3$，即 $\dfrac{\sin\theta - \mu_1\cos\theta}{\cos\theta + \mu_1\sin\theta}g \leqslant a \leqslant \dfrac{\sin\theta + \mu_1\cos\theta}{\cos\theta - \mu_1\sin\theta}g$，对应的拉力 F 应满足

$$(M_1 + M_2 + M_3)\frac{\sin\theta - \mu_1\cos\theta}{\cos\theta + \mu_1\sin\theta}g \leqslant F \leqslant (M_1 + M_2 + M_3)\frac{\sin\theta + \mu_1\cos\theta}{\cos\theta - \mu_1\sin\theta}g$$

② 若 $\tan\theta \leqslant \mu_1 < \cot\theta$，则：

（ⅰ）当 $a_1 \leqslant a_2$ 时，a 无解，表明在这种情形下三个物体不可能保持相对静止。

（ⅱ）当 $a_1 > a_2$ 时，$a_2 \leqslant a \leqslant a_1$，即 $\dfrac{\sin\theta - \mu_1\cos\theta}{\cos\theta + \mu_1\sin\theta}g \leqslant a \leqslant \mu_2 g$，对应的拉力 F 应满足

$$(M_1 + M_2 + M_3)\dfrac{\sin\theta - \mu_1\cos\theta}{\cos\theta + \mu_1\sin\theta}g \leqslant F \leqslant \mu_2(M_1 + M_2 + M_3)g$$

③ 当 $\mu_1 \geqslant \cot\theta$ 时，$a \leqslant a_1$，即 $a \leqslant \mu_2 g$，对应的拉力 F 应满足

$$F \leqslant \mu_2(M_1 + M_2 + M_3)g$$

如果读者是一位正在专注竞赛学习的学生，笔者建议，当你阅读完上述内容后，不妨停下来，找个安静之处，将上述的解答重新演算一遍，检验一下自己能否全面地将上述情况呈现出来，然后再看一下自己存在哪方面的障碍。

在解答本题的过程中，由于涉及的情况很多，我们依据程序法的解题要点，逐步处理，以免思路混乱，也便于阅读者理解、接受。这也是程序法在复杂问题中所体现出的巨大优势。

涉及多对象的试题有很多种类型，讨论的问题也各不相同。面对复杂问题时要保持头脑清醒，依据程序法一点一点地进行处理，从而最大限度地提高正确率与速度。

当然，本题亦可归类于连接体问题，只是不涉及加速度的关联计算而已。

毫不夸张地说，本题是考查学生思维的最佳试题之一，也应该是物理竞赛教学过程中必读、必讲、必练、必考的试题。

题 029　多过程问题

在一竖直、固定的圆筒底部连接一根足够长的轻弹簧，弹簧上方连接一个圆活塞，活塞与筒壁之间有摩擦，其最大静摩擦力与滑动摩擦力同为活塞所受重力的 α 倍。开始时弹簧处于自由长度状态，活塞静止，如图 1 所示。随即观察到活塞降落，降落高度可达 L。

（1）以活塞初始位置 A 为参考点，确定活塞最终可能停留的区域。

（2）若观察到活塞的全部运动由两次下降和一次上升运动构成，试确定活塞最终可能停留的区域。

（设题中活塞带孔，上下气体可自由穿越。）

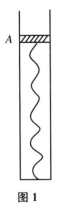

图 1

【解析】　中学阶段涉及的物理规律并不太多，理解与掌握这些规律并不是学习的难点，真正的难点在于运用这些规律来处理物理问题。

在日常的教学中，为了突出规律的理解与运用，老师多选择那些对象与过程都比较单一且适合运用规律的例题进行讲解。由于单一对象与过程所涉及的信息量较少，这类应用对竞赛学习的同学而言，难度不大。若将此类题作为测试题，便难以达到区分他们的目的。所以，物理竞赛试题往往是多过程与多对象的，而伴随着多过程与多对象的便是大信息量、大运算量与复杂的运算过程，进而大幅增加了试题的难度，从而达到甄别不同水平的学生的目的。

解答多过程类的试题，必须谨记程序法解题的要义，严格做到"跟着过程走"，一个过程

接着一个过程地分析、计算、讨论，仔细地归纳。

本题就是一道较为典型的多过程试题，而且试题的呈现方式也极具代表性，即问题(1)给出了一个单过程问题，给了答题者一个问题的切入口，也保证了答题者的基本得分，而接下来的问题则需要答题者能熟练地处理一个复杂的多过程问题，以达到甄别的目的。下面给出本题的解答。

开始时观察到活塞下降，必有 $1>\alpha>0$，则活塞的最后停留处必在初始位置的下方。

(1) 设活塞的质量为 m，弹簧的劲度系数为 k，需考虑活塞所受的摩擦力向上和向下两种情况时的受力平衡。

如图 2 所示，设活塞初始位置在 A 处，最低可达 C 处。

活塞向下运动时，在 A 下方 l_1 的 B 处所受合力为零。

活塞向上运动时，在 A 下方 l_2 的 D 处所受合力为零。

必有 $l_1 < l_2$。

如果活塞在 B 和 D 之间的速度为零，它便会永远停止。

下面确定活塞停留的区域。

在 B、D 两处，由力的平衡有

$$kl_1 = mg - \alpha mg = (1-\alpha)mg \quad ①$$
$$kl_2 = mg + \alpha mg = (1+\alpha)mg \quad ②$$

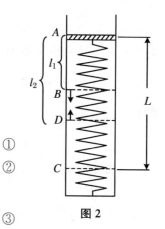

图 2

由能量关系有

$$mgL = \alpha mgL + \frac{1}{2}kL^2, \quad 即 (1-\alpha)mg = \frac{1}{2}kL \quad ③$$

比较①③式得

$$l_1 = \frac{1}{2}L$$

由①②式得

$$l_2 = \frac{1+\alpha}{1-\alpha}l_1 = \frac{1+\alpha}{2(1-\alpha)}L$$

l_2 需要满足 $l_2 \leq L$，这要求 $\alpha \leq \frac{1}{3}$。

所以，活塞最终可能停留的区域为：

① 当 $\alpha < \frac{1}{3}$ 时 ($\alpha > 0$)，在 A 下方 $\frac{1}{2}L \sim \frac{1+\alpha}{2(1-\alpha)}L$；

② 当 $\alpha \geq \frac{1}{3}$ 时 ($\alpha < 1$)，在 A 下方 $\frac{1}{2}L \sim L$。

(2) 若观察到活塞的全部运动由两次下降和一次上升运动构成，则对活塞最终可能停留的区域讨论如下：

① 为使活塞有第一次上升运动，要求 $l_2 < L$，故要求 $\alpha < \frac{1}{3}$。

如图 3 所示，设活塞可由位置 C 上升 Δl 至位置 E，在此过程中功能关系为

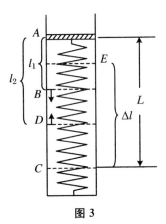

图3

$$\frac{1}{2}kL^2 - \alpha mg\Delta l = \frac{1}{2}k(L-\Delta l)^2 + mg\Delta l$$

解得

$$\Delta l = \frac{1-3\alpha}{1-\alpha}L$$

② 为使活塞还有第二次下降运动,要求 $L-\Delta l < l_1$,即要求

$$L - \frac{1-3\alpha}{1-\alpha}L < \frac{1}{2}L$$

解得 $\alpha < \frac{1}{5}$。

如图4所示,设活塞由位置 E 下降 $\Delta l'$ 至位置 H 最终停下来,在此过程中功能关系为

$$mg\Delta l' + \frac{1}{2}k(L-\Delta l)^2 - \alpha mg\Delta l' = \frac{1}{2}k(L-\Delta l+\Delta l')^2$$

解得

$$\Delta l' = \frac{1-5\alpha}{1-\alpha}L$$

③ 为使活塞没有第二次上升运动,要求

$$l_1 \leqslant L - \Delta l + \Delta l' \leqslant l_2$$

将 Δl、$\Delta l'$、l_2 的关于 L 的表达式代入,可解得

$$\frac{1}{5} \geqslant \alpha \geqslant \frac{1}{7}$$

综合①②③几种情况,当 $\frac{1}{5} > \alpha \geqslant \frac{1}{7}$ 时活塞有两次向下运动和一次向上运动。最终可停留在 A 下方

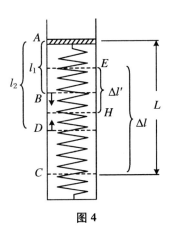

图4

$$l = L - \Delta l + \Delta l' = \frac{1-3\alpha}{1-\alpha}L$$

对应于 $\frac{1}{5} \geqslant \alpha \geqslant \frac{1}{7}$,有 $\frac{1}{2}L < l \leqslant \frac{2}{3}L$。

本题虽涉及多个过程,但对象还是单一的,所以其难度并不能说很大。程序法解题的要求也是十分清晰的,希望大家能通过本题来体会、揣摩这类试题的解答要领。

另外,多过程的试题还有一个重要的特点,就是整个过程由诸多子过程组成。如果只分析单个子过程,大家都不会觉得太难,而将这些子过程串在一起的时候,往往不是这个环节出错,便是那个环节失误。大家在总结时,又明显地感觉到自己是能够将这道题整体解出的,至于考试出错,常常将其归结于"粗心"。其实,这是一种有害的思维方式,因为这种"粗心"的实质是你在某个方面的能力存在缺陷,若不寻找弥补这个缺陷的方法,你就会永远地"粗心"下去。

题 030 圆锥摆

在静止的车厢内有一幅角为 $\theta(0°<\theta<90°)$ 的圆锥摆,当摆球处于图1所示的最左位置时车厢开始以加速度 a 向右做水平匀加速运动。试问:摆球相对于车厢是否有可能恰好从此时刻开始以 $\theta'(0°<\theta'<90°)$ 为幅角做圆锥摆运动?

【解析】 圆锥摆是动力学中基本的物理模型之一。对圆锥摆的性质,如摆的角速度与周期、摆的动力学条件、圆锥摆的起摆条件等的研究,即便是高考生也应全面掌握,竞赛生就更不用说了。竞赛生更应该关注的是在圆锥摆的基础上衍变出的各种复杂的摆动模型,如各类等效摆、双线摆等。

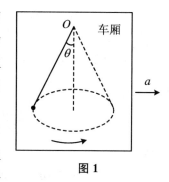

图 1

本题设置的是一个普通的圆锥摆突变为等效摆(等效重力加速度为 $g'=\sqrt{g^2+a^2}$)的研究。一定意义上,题目中"当摆球处于图1所示的最左位置时车厢开始以加速度 a 向右做水平匀加速运动"(后形成稳定的圆锥摆运动)的条件似乎是多余的。因为,若不是在该处出现加速度 a,则仍然以 O 点为悬点的圆锥摆的轨迹无法与原轨道相切,即速度无法从原轨道上平滑地过渡到新的轨道上,就不能形成稳定的圆锥摆运动。对于这一条件,竞赛生应该能作出相应的判断。下面来看本题的解答。

设摆线长为 l,很易求得在车厢加速前摆球的速度大小为

$$v=\sqrt{\frac{gl}{\cos\theta}}\sin\theta$$

车厢加速后,在车厢系中引入"类重力加速度" g',大小为

$$g'=\sqrt{g^2+a^2}$$

对 g' 与 g 的夹角 φ 有

$$\cos\varphi=\frac{g}{\sqrt{g^2+a^2}}, \quad \sin\varphi=\frac{a}{\sqrt{g^2+a^2}}$$

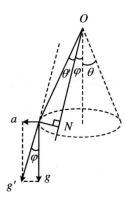

图 2

若摆球恰好从车厢开始向右加速时相对于车厢继续做圆锥摆运动,则加速的起始时刻必定是摆运动至最左端的时刻,否则摆球将无法平滑地过渡到新的圆锥摆中。设新圆锥摆的幅角为 θ',则:

① 当 $\theta>\varphi$ 时, $\theta'=\theta-\varphi$;

② 当 $\theta<\varphi$ 时, $\theta'=\varphi-\theta$。

我们在图2中只画出了上述两种状态中 $\theta>\varphi$ 的情况,图中 ON 为新圆锥摆的转轴。对新的圆锥摆,同样要求

$$v = \sqrt{\frac{g'l}{\cos\theta'}}\sin\theta'$$

联立上述关于速率 v 的表达式,可得

$$\frac{g'\sin^2\theta'}{\cos\theta'} = \frac{g\sin^2\theta}{\cos\theta}$$

且

$$\cos\theta' = \cos(\theta - \varphi) = \cos(\varphi - \theta)$$
$$= \cos\theta\cos\varphi + \sin\theta\sin\varphi = \frac{g}{\sqrt{g^2 + a^2}}\cos\theta + \frac{a}{\sqrt{g^2 + a^2}}\sin\theta$$

$$\sin^2\theta' = [\sin(\theta - \varphi)]^2 = [\sin(\varphi - \theta)]^2 = \frac{1}{g^2 + a^2}(g\sin\theta - a\cos\theta)^2$$

联立上述三式有

$$\frac{g\sin^2\theta}{\cos\theta} = \frac{g'\sin^2\theta'}{\cos\theta'} = \frac{(g\sin\theta - a\cos\theta)^2}{g\cos\theta + a\sin\theta}$$

或展开为

$$g^2\cos\theta\sin^2\theta + ga\sin^3\theta = g^2\sin^2\theta\cos\theta - 2ga\sin\theta\cos^2\theta + a^2\cos^3\theta$$

即可解得

$$a = g(2 + \tan^2\theta)\tan\theta$$

此时

$$\tan\varphi = \frac{a}{g} = (2 + \tan^2\theta)\tan\theta > \tan\theta$$

必有 $\varphi > \theta$。

据此可得结论:仅当 a 满足 $a = g(2 + \tan^2\theta)\tan\theta$ 时,摆球可做幅角为

$$\theta' = \varphi - \theta = \arctan[(2 + \tan^2\theta)\tan\theta] - \theta$$

的圆锥摆运动,这表明图 2 中的 $\theta > \varphi$ 情况不可取,实际情况是 $\theta < \varphi$,如图 3 所示,ON 为新圆锥摆的转轴。

圆锥摆是运动定律在圆周运动背景下的典型应用,大家应该是很熟悉的。一定意义上说,本题的难度并不表现在物理思维上,而是表现在相关的运算上,但我们千万不要因此藐视运算在物理中的重要性。很多时候,在解答物理问题时表现出"会做而做不对"的窘态,大多是因为答题者的运算能力不达标。大家应该慎重对待这一现象。

等效摆的模型除了本题所给的情形,还有很多种类型,如碗中的小球的运动,V 形桶内物体的运动,其研究方法大同小异。

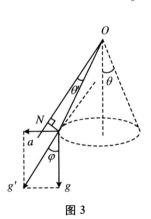

图 3

题 031　牛顿运动定律在自然坐标下的应用

质量为 m 的小环套在光滑的钢丝上，自静止开始滑下，钢丝的曲线方程为 $y = \dfrac{1}{4a}x^2$，y 轴铅垂向上，如图 1 所示。设小环的初位置在 $x = 2a$ 处，求小环滑到钢丝底点时的速率与所受的约束力。

【解析】 对于物体运动的描述，我们一般是在三种坐标系下进行的，即直角坐标系、自然坐标系、极坐标系。对运动的描述我们会自然而然地将其延伸至动力学问题。对于直线运动，我们理所当然地选择直角坐标系进行描述；对于曲线运动，若知道某个具体位置的运动与受力特性，一般会选择自然坐标系；对在有心力作用下的运动，我们多选择极坐标系进行相应的研究。但坐标系的选择并不是绝对的。事实上，命题人往往以直角坐标系为背景，或在其下给出条件，或在其下收获结果，促使答题者对物体的运动特征在直角坐标系与自然坐标系、极坐标系之间进行转换。

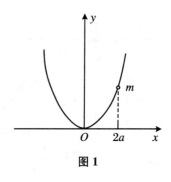

图 1

本题即是直角坐标系与自然坐标系之间转换的示例。

所谓自然坐标系，即是沿物体的运动轨迹建立的坐标系。在自然坐标系中，我们所讨论的问题基本上都是在沿运动轨迹的切向（τ）与法向（n）进行的。牛顿第二定律 $\boldsymbol{F} = m\boldsymbol{a}$ 在自然坐标系中常分解为切向分量和法向分量：

$$F_\tau = ma_\tau = m\dfrac{\mathrm{d}v}{\mathrm{d}t}$$

$$F_n = ma_n = m\dfrac{v^2}{\rho}$$

其中 ρ 是质点 m 在该时刻运动轨迹的曲率半径。形象地说，曲线在某点的曲率半径是与该点曲线弯曲程度最接近的圆（称为密切圆）的半径。对圆形曲线，曲率半径就是圆的半径。

对于曲线运动轨迹不同点的曲率半径的求解，抛物线是一个比较特别的情况。对于给定的抛物线轨迹 $y = y(x)$，我们可以构建一个沿 x 方向的初速度为 v_0、y 方向的加速度为 g 的抛体（或类抛体）运动，再利用上述的 $a_n = \dfrac{v^2}{\rho}$ 求曲线上任一点的曲率半径 ρ。

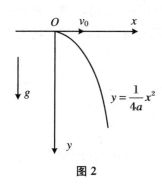

图 2

以本题的轨迹为例，为了方便，我们将原坐标系画成如图 2 所示的形式。设有一物体从原点开始做初速度为 v_0 的平抛运动，由平抛运动的规律有

$$x = v_0 t, \quad y = \frac{1}{2}gt^2$$

可得平抛运动的轨迹方程为

$$y = \frac{g}{2v_0^2}x^2$$

若该轨迹方向与 $y = \frac{1}{4a}x^2$ 重合,则运动轨迹各处的曲率半径即为 $y = \frac{1}{4a}x^2$ 对应点的曲率半径,此时只需满足 $\frac{g}{2v_0^2} = \frac{1}{4a}$ 即可,亦即 $v_0 = \sqrt{2ga}$。

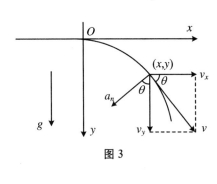

图 3

对于物体处于轨迹上任意点 (x,y) 处时,如图 3 所示,有

$$v_x = v_0 = \sqrt{2ga}, \quad v_y = gt = \sqrt{2gy}$$

$$v = \sqrt{v_x^2 + v_y^2} = \sqrt{2g(a+y)}$$

$$\cos\theta = \frac{v_x}{v} = \sqrt{\frac{a}{a+y}}, \quad a_n = g\cos\theta = \sqrt{\frac{a}{a+y}}g$$

再由 $a_n = \frac{v^2}{\rho}$ 易得

$$\rho = \frac{v^2}{a_n} = \frac{2}{\sqrt{a}}(a+y)^{3/2} = \frac{2}{\sqrt{a}}\left(a + \frac{1}{4a}x^2\right)^{3/2}$$

显然,在原点 $(0,0)$ 处,有 $\rho = 2a$。

当然,从微分学的角度看,平面曲线 $y = y(x)$ 的曲率半径可由计算式 $\rho = \frac{(1+y'^2)^{3/2}}{|y''|}$ 求得,其中 y'、y'' 分别是 $y(x)$ 的一阶导数、二阶导数,即 $y' = \frac{dy}{dx}, y'' = \frac{d^2y}{dx^2}$,同样可以得到前面所述的结论。

涉及抛体运动曲率半径的计算问题,在竞赛试题中属于高频考点。

我们再来看本题所需讨论的问题。

小环 m 沿钢丝下滑的过程中,钢丝约束小环在曲线 $y = \frac{1}{4a}x^2$ 上运动,光滑的钢丝对小环的约束力沿法向。那么,在这一过程中,对小环做功的力是重力(约束力沿法向不做功),重力是保守力,因而小环的机械能是守恒的。设小环到达原点处的速度为 v,将势能的零点取在坐标原点 O 处,由机械能守恒定律有

$$mgy_0 = \frac{1}{2}mv^2$$

将 $y_0 = \frac{1}{4a}x^2 = \frac{1}{4a}(2a)^2 = a$ 代入,得 $mga = \frac{1}{2}mv^2$,所以 $v = \sqrt{2ga}$。

滑到底点时,小环的受力如图 4 所示。N 为小环所受的约束力,沿法向,即沿铅垂向上方向。

为应用牛顿第二定律求 N，需先算出抛物线在底点处的曲率半径 ρ，有

$$\rho = \frac{(1+y'^2)^{3/2}}{|y''|}\bigg|_{x=0} = \frac{\left[1+\left(\dfrac{x}{2a}\right)^2\right]^{3/2}}{\left|\dfrac{1}{2a}\right|}\bigg|_{x=0} = 2a$$

由此，用牛顿第二定律的法向分量，有

$$N - mg = m\frac{v^2}{\rho} = m\frac{2ga}{2a} = mg$$

得 $N = 2mg$。

从前面的论述与解答过程看，我们只是借用本题的模型，阐述了在自然坐标系下对轨迹曲率半径的求解，对自然坐标系下法向的动力学特征进行了一定的研究，但并没有涉及切向的动力学特征的研究。其实，命题人也很容易基于自然坐标系设置一些切向问题供我们研究，如物体沿轨迹的切向做速率均匀变化的运动等。所以，在此我们想说明的是，对于曲线运动，从切向与法向入手研究问题是一种较为普遍的方法，对此方法的运用，我们必须要有足够的能力储备，包括坐标系间的转换能力。

图 4

当然，在本题中，我们也可以不通过计算曲率半径而求约束力 N。见下述解答。

当小环滑到底点时，它只受向上的约束力 N 与向下的重力，如图 4 所示，因此这时小环在 x 方向（切向）的加速度为零，只有 y 方向上的法向加速度。根据牛顿第二定律，可得

$$N - mg = ma_y$$

对轨道方程两边求时间的二阶导数，可得

$$\frac{\mathrm{d}^2 y}{\mathrm{d}t^2} = \frac{1}{2a}\left(\frac{\mathrm{d}x}{\mathrm{d}t}\right)^2 + \frac{1}{2a}x\frac{\mathrm{d}^2 x}{\mathrm{d}t^2}$$

由于小环在底点处，有

$$a_x = \frac{\mathrm{d}^2 x}{\mathrm{d}t^2} = 0, \quad v = \frac{\mathrm{d}x}{\mathrm{d}t} = \sqrt{2ga}$$

所以

$$a_y = \frac{\mathrm{d}^2 y}{\mathrm{d}t^2} = \frac{1}{2a}\left(\frac{\mathrm{d}x}{\mathrm{d}t}\right)^2 = g$$

进而可得

$$N = mg + ma_y = 2mg$$

瞧，后一种解答更为简单，只是它不太"像"中学物理。但对于参加物理竞赛的学生，这种方法也是必须掌握的。

其实，在对问题的讲解过程中，所选择的方法是否最简洁并不是关键，而要着重方法的阐述与归纳。

题 032　牛顿运动定律在极坐标下的应用

水平台面上有一内壁光滑的细长管道,可绕台面上的小孔 O 在台面上旋转。有一劲度系数为 k 的弹性轻绳,下端固定在 O 孔正下方某处,上端位于 O 孔时弹性绳恰好处于自由长度状态。让绳的上端连接质量为 m 的小球后放入管道,绳与小孔之间无摩擦,通过外力使管道以恒定的角速度 ω 旋转。在台面上设定极轴方向如图 1 所示,$t=0$ 时小球位于 $\theta=0$,$r=r_0$ 处,径向速度为 v_{r_0}。

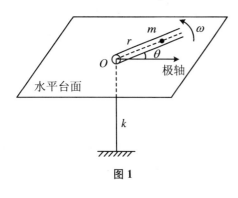

图 1

(1) 试问:ω、v_{r_0} 取何值时,小球相对于台面的运动轨道恰好是方程为 $r=r_0\mathrm{e}^{\theta/2}$ 的对数螺线?

(2) 当 ω、v_{r_0} 取(1)问所求值时,试求管壁对小球的水平作用力 N 和小球运动过程中的切向加速度大小分别随小球位置参量 $r(r>r_0)$ 的变化关系。

【解析】　我们讨论曲线运动的动力学特征时,常选择自然坐标系对运动过程中的某些特殊点在切向与法向上进行研究。而当物体在涉及有心力作用的背景下做曲线运动时,我们又常常选择在极坐标系下研究物体的动力学特征。此时,我们多以有心力的力心为原点建立极坐标,在径向($\boldsymbol{e}_r$)与横向($\boldsymbol{e}_\theta$)上来讨论物体运动的动力学特征。

在运用极坐标来分析物体运动的速度时,其径向速度 $\left(v_r=\dfrac{\mathrm{d}r}{\mathrm{d}t}\right)$ 与横向速度 $\left(v_\theta=r\dfrac{\mathrm{d}\theta}{\mathrm{d}t}\right)$ 是很好理解的。不过,有很多同学据此来推导径向与横向的加速度,得到

$$a_r=\frac{\mathrm{d}v_r}{\mathrm{d}t}=\frac{\mathrm{d}^2 r}{\mathrm{d}t^2},\quad a_\theta=\frac{\mathrm{d}v_\theta}{\mathrm{d}t}=\frac{\mathrm{d}}{\mathrm{d}t}\left(r\frac{\mathrm{d}\theta}{\mathrm{d}t}\right)=r\frac{\mathrm{d}^2\theta}{\mathrm{d}t^2}+\frac{\mathrm{d}r}{\mathrm{d}t}\frac{\mathrm{d}\theta}{\mathrm{d}t}$$

这个结果显然是错误的,它与极坐标下的加速度 $\left(a_r=\dfrac{\mathrm{d}^2 r}{\mathrm{d}t^2}-r\left(\dfrac{\mathrm{d}\theta}{\mathrm{d}t}\right)^2,a_\theta=r\dfrac{\mathrm{d}^2\theta}{\mathrm{d}t^2}+2\dfrac{\mathrm{d}r}{\mathrm{d}t}\dfrac{\mathrm{d}\theta}{\mathrm{d}t}\right)$ 的差异是明显的。但很多同学对此深感迷惑,不明所以,其根源是对"径向与横向的单位矢量都是变量"理解不到位。对此有疑问的同学应认真阅读各资料上相关推导,仔细揣摩,真正理解加速度表达式中各部分的物理意义,如 $\dfrac{\mathrm{d}^2 r}{\mathrm{d}t^2}$ 仅表示物体在运动过程中其径向速度大小随时间的变化率。

下面来看本题的解答。

已知小球的轨道方程为 $r=r_0\mathrm{e}^{\theta/2}$。

由于管道匀速转动,故运动方程为 $\theta=\omega t$,进而得到 $r=r_0\mathrm{e}^{\omega t/2}$。

由速度的定义得

$$v_r = \frac{\mathrm{d}r}{\mathrm{d}t} = \frac{1}{2}\omega r, \quad v_\theta = r\frac{\mathrm{d}\theta}{\mathrm{d}t} = \omega r$$

进而可得加速度

$$a_r = \frac{\mathrm{d}^2 r}{\mathrm{d}t^2} - r\left(\frac{\mathrm{d}\theta}{\mathrm{d}t}\right)^2 = -\frac{3}{4}\omega^2 r, \quad a_\theta = r\frac{\mathrm{d}^2\theta}{\mathrm{d}t^2} + 2\frac{\mathrm{d}r}{\mathrm{d}t}\frac{\mathrm{d}\theta}{\mathrm{d}t} = \omega^2 r$$

(1) 在小球运动的径向上，由 $F = -kr$ 有

$$F_r = ma_r = -\frac{3}{4}m\omega^2 r$$

代入 a_r，整理得

$$\omega = \sqrt{\frac{4k}{3m}}$$

再由 $v_r = \frac{1}{2}\omega r$ 有

$$v_0 = \frac{1}{2}\omega r_0 = \sqrt{\frac{k}{3m}}r_0$$

(2) 在小球运动的横向上，由 $N = ma_\theta = m\omega^2 r$ 得 $N = \frac{4}{3}kr$。

又由 $v = \sqrt{v_r^2 + v_\theta^2} = \frac{\sqrt{5}}{2}\omega r$ 得切向加速度

$$a_\tau = \frac{\mathrm{d}v}{\mathrm{d}t} = \frac{\mathrm{d}v}{\mathrm{d}r}\frac{\mathrm{d}r}{\mathrm{d}t}$$

即得

$$a_\tau = \frac{\sqrt{5}}{4}\omega^2 r = \frac{\sqrt{5}}{3}\frac{k}{m}r$$

在此处，我们求得的 a_τ 显然是自然坐标系下的运动参量，这里实现了极坐标系与自然坐标系中相关量间的转换。

本题的解答并不难，但基于本题的模型，问题的设置同样也有很大的延伸空间，如要求"小球运动过程中的法向加速度大小随小球位置参量 $r(r > r_0)$ 的变化关系"，其难度就要大许多。

牛顿运动定律不论在哪种坐标系下运用，无非是力矢量配合加速度矢量进行分解，然后在不同方向上运用牛顿第二定律，这一应用过程的难度基本上体现在加速度的求解上。大家对不同坐标系下加速度的求解多加练习，在考试中便更有可能突破命题人在这方面设置的障碍。

题 033 连接体与极坐标系

一根绳子跨过相距 $2l$ 的、等高的小滑轮 O_1、O_2，绳子两端各系一个质量均为 m 的物体

A、B,绳上位于两轴中间连接一质量为 M 的物体C,如图1所示。系统由静止开始释放,C 将竖直向下运动,忽略绳的质量及轴处的摩擦。

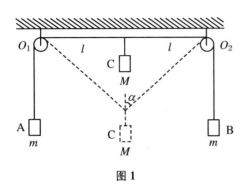

图 1

（1）当连接C的绳与竖直方向的夹角 $\alpha = 60°$ 时,C的速度达到最大值,求 $\dfrac{M}{m}$ 和C的最大速度。

（2）若 $\dfrac{M}{m} = 1$,试求当 $\alpha = 60°$ 时物体C的加速度。

【解析】 多对象的连接体问题一直都是竞赛中的难点问题,一方面由于它包含了多个对象,条件更容易被掩盖,增加了挖掘隐含条件的难度;另一方面由于其物理模型复杂,寻找物体间的速度与加速度的关联是棘手的问题,这也往往成为解答此类试题的瓶颈。

用轻绳通过各类定滑轮与动滑轮所组成的滑轮组将不同的物体连接起来的模型,在物理练习中是比较常见的一类模型。在这类题目中,如果连接物体的绳子没有摆动,往往从固定的绳长入手,结合模型的几何特征,寻找各物体间的位移约束,进而得到各物体间的速度关联与加速度关联。这类题目对于学习竞赛的学生而言,其难度一般都不会太大。但问题往往比我们想象的要复杂。以本题为例,很多人初次接触时,极易误认为当物体C的速度达到最大值时其加速度为零,即各物体的加速度均为零,进而得出 $\dfrac{M}{m} = 1$ 的错误结论。

的确,当物体C的速度达到最大值时,其加速度为零,但这不等于物体A、B的加速度亦为零,需要通过寻找它们的加速度关联来确定其加速度的大小,进而给出正确的解答。具体解答如下:

先确定当物体C的位置在角 α 时其速度 V 的表达式。

当物体C下落高度 H 时,由机械能守恒定律得

$$MgH - 2mgh = \frac{1}{2}MV^2 + 2 \times \frac{1}{2}mv^2$$

其中

$$H = \frac{l}{\tan \alpha}, \quad h = \frac{l}{\sin \alpha} - l, \quad v = V\cos \alpha$$

解得

$$V = \sqrt{\frac{M\cos \alpha + 2m(\sin \alpha - 1)}{(M + 2m\cos^2 \alpha)\sin \alpha} 2gl} \qquad ①$$

（1）当物体C的速度 V 达到最大值时,作用在物体C上的合力为零,即

$$2T\cos \alpha = Mg \qquad ②$$

对物体A(或B)有

$$T - mg = ma \qquad ③$$

其中 a 是物体 A 沿绳方向的加速度,即 $a = \dfrac{d^2 r}{dt^2}$。

而作用在物体 C 上的合力为零,其加速度亦为零,且在任意方向上的加速度都为零。因此,在以 O_1 为原点的极坐标下,有

$$a_r = \frac{d^2 r}{dt^2} - r\left(\frac{d\theta}{dt}\right)^2 = 0, \quad 即\ a = \frac{d^2 r}{dt^2} = r\left(\frac{d\theta}{dt}\right)^2 = \frac{1}{r}\left(r\frac{d\theta}{dt}\right)^2$$

而 $r\dfrac{d\theta}{dt} = V\sin\alpha$,解得

$$a = \frac{V^2}{l}\sin^3\alpha \qquad ④$$

联立①②③④式并将 $\alpha = 60°$ 代入,可得关于 $\dfrac{M}{m}$ 满足的方程为

$$4\left(\frac{M}{m}\right)^2 - 5\left(\frac{M}{m}\right) + (10 - 6\sqrt{3}) = 0$$

解得 $\dfrac{M}{m} = 1.324$,进而可得 $V_m = 0.706\sqrt{gl}$。

(2) 先在①式中代入 $M = m$,则有

$$V = \sqrt{\frac{\cos\alpha + 2(\sin\alpha - 1)}{(1 + 2\cos^2\alpha)\sin\alpha}2gl} \qquad ⑤$$

对物体 C,在竖直方向上有

$$2T\cos\alpha - Mg = Ma_C \qquad ⑥$$

在其运动的径向有

$$Mg\cos\alpha - T - T\cos 2\alpha = M\left[a - r\left(\frac{d\theta}{dt}\right)^2\right] = M\left(a - \frac{V^2}{l}\sin^3\alpha\right) \qquad ⑦$$

对物体 A 有

$$T - mg = ma \qquad ⑧$$

联立⑤⑥⑦⑧式,可得

$$a_C = \left(\frac{2}{\sqrt{3}} - 1\right)g \approx 0.155g$$

上述解答过程中,先在极坐标下求解 M 的加速度,然后通过其分量得到 m 的加速度。事实上,我们亦可通过前面的"题 001"中给出的方法求解 m 的加速度。在竞赛学习的过程中,同一问题的处理方法往往都不是唯一的,大家在练习的过程中,应尽可能多角度地思考问题。对同一问题的解答,你的方法越多,往往就意味着你的能力越强。

题 034　平动非惯性系(1)

如图 1 所示,与水平方向成 α 角的两光滑斜面构成轻架,架上有两小球,架可沿水平面

无摩擦地滑动。从静止释放质量为 m_1 的小球，问：在什么条件下，质量为 m_2 的小球将沿架子"滚"向高处？

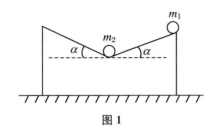

图 1

【解析】 "轻"模型在中学物理中是常见的，如轻绳、轻杆、轻弹簧就是常规教学中三个典型的理想化物理模型。

虽然我们知道题目对"轻"的描述即是指对象的质量不计，但未必知道轻小物体在受力的背景下对系统各物体的运动所起到的协调功能。如很多同学分析轻小物块的受力作用时，依据牛顿第二定律 $a = \dfrac{F}{m}$，再考虑到 $m \to 0$，得 $a \to \infty$。这一结论对一个运动过程意味着什么呢？$a \to \infty$ 实质上表明物体时时趋于平衡，或者说轻小物体所受合力只能是零，并以此作为协调模型结构的依据。

本题以轻架为依托，模型的构造巧妙。初次接触此题的人大多不太在意或不大理解轻架（质量视为零）的特性，以为它仅仅是一个可以移动的支架，以它为参照物时得到的是一个惯性系，或无从下手，或由此得到所谓的"正确"结果。即便意识到这是一非惯性系，但在它的加速度大小与方向上举棋不定，从而对两球的惯性力的引入不到位。下面我们先在非惯性系下来求解此题。

方法 1 先设 m_2 较大时不会沿左侧面上滚。因为系统水平方向的动量守恒，m_1 下滚时在水平方向向左做加速运动，则 m_2 必须同时向右做加速运动，轻架的左侧面需要为 m_2 提供支持力 N_2。如果轻架不随 m_2 水平向右加速运动，左侧面将与 m_2 分离，便无法提供相应的支持力 N_2，无法维持 m_2 水平向右的加速运动，从而破坏系统水平方向的动量守恒性。这是不允许的，表明 m_2 较大时轻架必定会随其一起做水平向右的加速运动，即有 $a_{架//} = a_{2//}$。

$a_{架//} \neq 0$，但由于轻架的质量可略，仍要求

$$N_1 \sin \alpha = N_2 \sin \alpha, \quad \text{即 } N_1 = N_2$$

当 m_2 稍小时，即使 m_2 能沿左侧面上滚，系统水平方向的动量守恒仍要求左侧面与 m_2 接触，则必定有 $a_{架//} \geqslant a_{2//}$。

考虑到惯性力，又需在轻架参考系讨论两球相对轻架侧面的运动，则必须在动力学方程中增加平移性惯性力。受力如图 2 所示。

设 m_2 可沿左侧面上滚，m_1 沿右侧面法向无加速度，即

$$N_1 + m_1 a_{架//} \sin \alpha = m_1 g \cos \alpha$$

m_2 沿右侧面法向的加速度应大于零，即

$$N_2 \sin\left(\dfrac{\pi}{2} - 2\alpha\right) + m_2 a_{架//} \sin \alpha > m_2 g \cos \alpha$$

联立上述两式并考虑到 $N_1 = N_2$，得

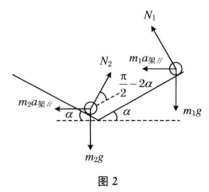

图 2

$$m_2 < m_1\cos 2\alpha$$

这就是球 2 能沿左侧面上滚的条件。显然,这一结论成立的前提是 $\alpha < 45°$。

上述方法 1 的解答显示,在平动非惯性系中引入惯性力后,所有的力学分析、解答与在惯性系中一致。显然这既保证了牛顿定律的适用,也充分利用了我们对惯性系研究所积累的经验与方法,从而降低了解题的难度。

在常规教学中一般不处理非惯性系中的问题,这实际上也大幅降低了高考的难度。在竞赛中,由于惯性力的引入,非惯性系的动力学问题已不再成为难点。但与此同时,也为部分学生的思维带来了负面的影响,他们不再对涉及非惯性系的系统作深入的分析与研究,甚至产生不选择非惯性系便无法求解的错误认识。为此,我们对本题再给出惯性系下的解答。

方法 2 如果球 2 很轻,那么它将沿架子升高。下面来求它的极限质量 m_2',在此情况下,m_2 尚未升高,但已经不再压在右边的斜面上。同时,架子很轻,两球对架子压力的水平分力应该相等,否则架子将获得无限大的加速度。由图 3 有

$$N_1\sin\alpha = N_2\sin\alpha, \quad 即\ N_1 = N_2$$

此外,因为 m_2 还要升高,所以两球在右斜面法向上的加速度分量应该相等(在此方向上它们没有相对位移)。从图 3 可知,支持力 N_2 的方向与右斜面之间所成的角等于 $\dfrac{\pi}{2} - 2\alpha$,因此后一条件可写成

$$\frac{m_1 g\cos\alpha - N_1}{m_1} = \frac{m_2' g\cos\alpha - N_1\cos 2\alpha}{m_2'}$$

由此得到 $m_2' = m_1\cos 2\alpha$。于是,m_2 要向上"滚"必须满足条件

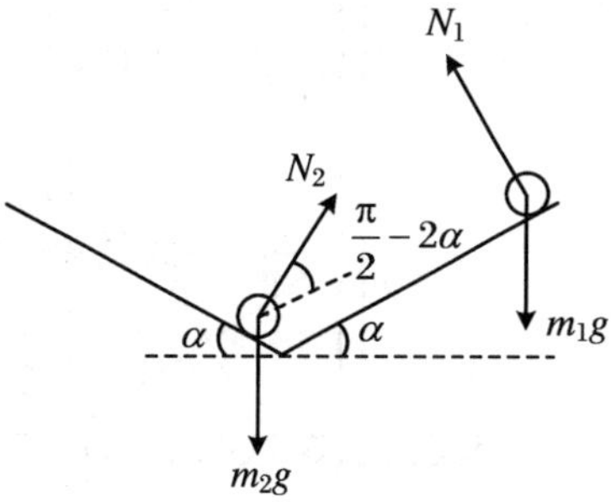

$$m_2 < m_1\cos 2\alpha$$

这一结论成立的前提是 $\alpha < 45°$。

图 3

显然,上述两种解法的结论是归一的,甚至还可以说方法 2 比方法 1 更简洁。可见,解题方法的简洁与否在很大程度上反映了答题者对问题认识的深刻程度。认识越深刻,选择的方法必然越佳,解答也自然更为简洁。

此外,对于本题,我们还作一点说明:作为"轻"物体,其运动的变化(不论是平动还是转动)不需要力的作用,即其运动是可以任意改变的,但时时保证了模型在运动中的协调性,这种协调性在本模型中的表现便是轻架总与两球相接触。

题 035 平动非惯性系(2)

如图 1 所示的桌角处,在两块无限大的用力夹紧的竖直挡板间,叠放了无限多块相同的劈状物,劈状物的质量为 m,斜面的倾角为 θ。现同时将两块挡板撤去,试求撤去板的瞬间

体系对桌面的压力 N_0。设体系处处无摩擦。

【解析】 在平动非惯性系中处理问题,对竞赛生而言,应该是很基本的内容。但在什么样的情况下选择与应用非惯性系体现了答题者分析问题的能力。在上一题中我们对一道"轻架"作背景的非惯性系的习题作了评析,在此我们再选一道"无限多"物块作背景的试题,进一步阐述惯性系的选择与应用。

如图 2 所示,我们选取底端的 A、B、C 三木块来进行讨论,桌面对 A 的作用力为 N,C 对 B 的作用力为 N',A、B 之间的作用力为 N'',并建立图示的坐标系。

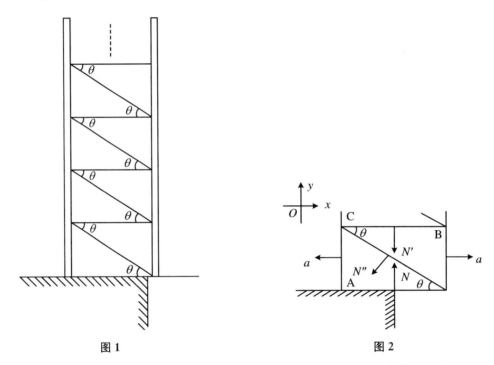

图 1   图 2

所有的接触都是光滑的,则在释放挡板的瞬间,A 物块与 B 物块在其间的相互作用力的作用下,在水平方向上以相同大小的加速度分别向左与向右加速,其加速度的大小为

$$a = \frac{N''\sin\theta}{m}$$

下面求 B 物块在竖直方向上的加速度。

以 A 为参照物,B 在 A 上沿斜面下滑,而在 x 方向上,B 相对于 A 的加速度为 $a_{(BA)x} = 2a$,所以 B 相对于 A 在竖直方向的加速度为 $a_{(BA)y} = 2a\tan\theta$。又因为 A 在竖直方向上没有加速度,所以 B 对地在竖直方向上的加速度就是

$$a_{By} = a_{(BA)y} = 2a\tan\theta$$

对 A、B 所构成的质点系在竖直方向上运用牛顿第二定律,有

$$N - 2mg - N' = ma_{By} = ma_{(BA)y} = -2ma\tan\theta \qquad ①$$

对 A 物块,$F_{Ay} = 0$,即

$$N - mg - N''\cos\theta = 0$$

整理有

$$N = m\left(g + \frac{a}{\tan\theta}\right) \qquad ②$$

由①②两式消除 N，得

$$N' = m\left(2a\tan\theta + \frac{a}{\tan\theta} - g\right)$$

B 与 C 在 x 方向上没有相互作用，加之系统的物块为无限多，那么 C 与 A 的唯一区别是 C 物块下面的"桌面"是 B 物块，而 B 与桌面比无非多出了一个向下的加速度 $a_{By} = 2a\tan\theta$。

如果研究 C 以上的物块的受力情况，我们取"桌面"B 为参考系，这显然是一个非惯性系。在竖直方向上，所有的物块都会受到一个向上的惯性力 $2ma\tan\theta$，将其与物块的重力一起等效为 $mg' = m(g - 2a\tan\theta)$，即 $g' = g - 2a\tan\theta$。那么，一切分析与计算过程将与上述过程相同，比较 N、N' 有

$$\frac{N}{N'} = \frac{g}{g'} = \frac{g}{g - 2a\tan\theta}$$

将 N、N' 代入，有

$$\frac{m(g + a/\tan\theta)}{m(2a\tan\theta + a/\tan\theta - g)} = \frac{g}{g - 2a\tan\theta}$$

解得

$$a = \frac{1 - \sin\theta}{\cos\theta}g \quad （负根已舍）$$

在本题的解答过程中，寻找 N、N' 的关系对答题者的能力要求是极高的，即 $\dfrac{N}{N'} = \dfrac{g}{g'}$ 是许多学生处理本题时的障碍所在。

事实上，在选择 B 物块为参照物后，C 及以上的物块是在等效重力场 g' 的环境中受力运动的。此时，设 C 在水平方向上的加速度为 a'，由于 C 以上的物块同样为无限多，作对 A 同样的分析，肯定会有

$$N' = m\left(g' + \frac{a'}{\tan\theta}\right)$$

若令 $a = kg$，则必有 $a' = kg'$，于是有 $\dfrac{N}{N'} = \dfrac{g}{g'}$。

这一判断过程不仅体现了答题者对物理规律的运用能力，更体现了答题者在物理思维方面的敏锐特性，如果仅从 g 与 g' 的等效场便能得到 $\dfrac{N}{N'} = \dfrac{g}{g'}$ 的关系，则此人一定具有很强的物理思维。

当然，对于本题，完成了上述解答并不代表你真正地完成了解答，你还可以对问题与模型作进一步的思考，比如：我们能否得到任意作用面处的作用力？我们能否将原题中"同时撤去两块挡板"改为"只撤去一块挡板"？这种思考与运算不管能否得到结果，都是有意义的

活动,我们都将从中获得一些启示。

题 036 动量定理与牛顿定律

图1是某粮食销售点的自动称米机的示意图。它的工作过程是这样的:提前在磅秤上输入要称量的质量数及单价,然后开启阀门K,米就自动落到磅秤上。当磅秤示数等于购买者所需质量数时,称米机将自动关闭阀门K,同时显示顾客应付费的金额,从而实现了快捷的销售。

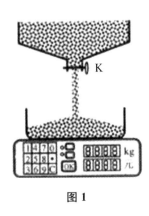

图1

在对这个自动称米机进行可行性论证时,买者认为,在关闭阀门K时,米落到容器中会有向下冲击的力,因而实际得到的米少了,买方吃了亏;而卖者认为,当磅秤示数达到预定米的质量数时,即使自动装置立刻关闭了阀门K,也还有少量的米在空中,这些米将是多给买者的,卖方吃了亏。为此双方发生了争执。请你通过计算判定实际情况是怎样的。

【解析】 我们将下落的米视为流体,称米机称出的米的数量应为秤上的米的重力与流体和米堆的作用力的大小之和。如果流动的米与秤上的米的作用力大于尚在空中的米的重力,则米的数量不足;如果作用力小于尚在空中的米的重力,则米的数量大于预定的量。对此必须作定量的计算。

取与米堆上的米发生作用的微小部分为研究对象,运用动量定理,求出这一部分对米堆的作用力,将其与空中的米的重力进行比较,即可对题中的问题进行判断。

设米流的流量为 m_0 kg/s,它是恒定的,自动装置能即刻在出口处切断米流,米流在出口处速度很小,可视为零。设切断米流后,盛米容器中静止的那部分米的质量为 m_1 kg,空中还在下落的米质量为 m_2 kg,则落到已静止的米堆 (m_1) 上的一部分米的质量为 Δm kg。取 Δm 为研究对象,这部分米很少,在 Δt 时间内 $\Delta m = m_0 \Delta t$。设其落到米堆上之前的速度为 v,经 Δt 时间静止,受力如图2所示,F 为米堆给 Δm 的作用力,由动量定理得

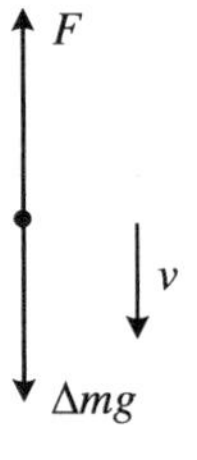

$$(F - \Delta m g)\Delta t = \Delta m v$$

即

$$F = m_0 v + m_0 \Delta t g$$

设米从出口处落到米表面所用的时间为 t,由 $m_2 = m_0 t$,$v = gt$(阻力不计)可得

$$m_0 v = m_2 g$$

即

$$F = m_2 g + \Delta m g$$

图2

根据牛顿第三定律，Δm 给米堆的作用力 $F' = F$，所以称米机受到的压力为
$$N = m_1 g + F' = m_1 g + m_2 g + \Delta m g$$
则称米机的读数应为
$$M = m_1 + m_2 + \Delta m$$
可见，称米机的读数包含静止在袋中的部分 m_1，也包含尚在空中的米流 m_2，还包含刚落至米堆上的一小部分 Δm，即自动称米机是准确的，不存在谁划算与不划算的问题。

不论在常规学习还是竞赛学习中，类似于本题的模型非常普遍，流动的物质可能是液体、风沙，也可能是微观粒子乃至光子流，它们的共同特点是对接触面通过不断的冲击产生作用力，这种作用也称为连续作用。

处理连续作用问题的方法基本上与本题一样，选取在力的作用下流动发生变化的微元部分为研究对象是解题的关键所在，然后运用动量定理，便可得到冲击力或者相关的问题。这类题虽然难度不大，但在力、热、电、光近代物理等领域都有典型模型，所以大家都必须熟练掌握这类问题的解答方法。

题 037　被提起的绳

长为 l、质量为 m 的匀质细绳团放在地上，以竖直向上的恒力拉绳子的一端，当绳的另一端刚好离开地面时，其速度为 v，求拉力 F。

【解析】　轻绳是中学物理中极为重要的理想模型，它在物理系统中往往起着重要的连接作用。轻绳一出现，基本上都包含连接体问题。在处理这类问题时，我们一般利用轻绳的力、能量及运动属性，引出与之相连的物体的相关属性。通常轻绳本身并不作为我们研究问题的主体。但重绳不同，其本身往往就是我们研究的主体。本题就是各类重绳问题的典型代表。

首先，让我们来看一下在日常教学中常见的一种错误解答。

由于拉力是恒力，从开始到绳的另一端刚好离开地面，由功能原理知拉力所做的功等于绳的重力势能和动能的增量，即
$$Fl = mg\frac{l}{2} + \frac{1}{2}mv^2$$
得
$$v = \sqrt{\frac{(2F - mg)l}{m}}$$

这一解答看上去是整体法的完美应用，但忽略了在拉动过程中的一处细节，即原本静止的绳在突然向上运动的过程中，对竖直绳的下端存在一个"冲击"过程，这一过程中有机械能损失，即上述功能原理的运用是错误的。

在 2016 年以前的竞赛大纲中，要求所有的竞赛试题均能在不使用微积分的前提下解答

出来,这给命题人在对普物问题进行初等化处理时设置了很高的门槛。这要求命题人将普物问题引入中学物理竞赛中时,必须事先找到能不用微积分的解答方式,而且往往并不止一种解答方式。当然,这同样要求答题者能在不使用微积分的前提下对试题求解。某种意义上讲,这一过程对命题人与答题者都是一种智力挑战的过程。

明确前面所述的错误解答的原因后,我们就清楚本题应该是一道普物内容的试题,但作为竞赛试题,我们如何能在不使用微积分的前提下求解呢?我们可以先欣赏方法1。

方法1 动量定理、叠加原理、匀变速直线运动规律的应用。

先证明两个引理。

引理1 一根线密度为 ρ 的柔软细绳堆放在光滑的桌面上。现拉其一端,使其以速度 v 匀速伸长,则拉力大小为 $F_1 = \rho v^2$。

引理1的证明 设有质量为 Δm 的绳子在 $\Delta t \to 0$ 的时间内,其速度由 0 变为 v,Δm 的绳子受到的作用力为 F',由动量定理有

$$F'\Delta t = \Delta m v$$

得

$$F' = \frac{\Delta m}{\Delta t} v = \rho v^2$$

由于伸直的一段做匀速运动,故 $F_1 = F' = \rho v^2$。

引理2 一根线密度为 ρ 的柔软细绳堆放在光滑的桌面上。现拉其一端,使之从静止开始做匀加速运动,加速度为 a,则经过时间 t,所需水平外力 $F_2 = 3\rho L a$(L 为运动细绳的长度)。

引理2的证明 经过时间 t,$L = \frac{1}{2}at^2$,速度为 $v = at$,其质量为 $m = \rho L = \frac{1}{2}\rho a t^2$。

此时,若再拉动 Δm 的绳子,使其速度由 0 变为 v,由动量定理有

$$F_2 \Delta t = \rho(L + v\Delta t)(v + \Delta v) - \rho L v$$

得

$$F_2 = \rho L a + \rho v^2$$

又 $v^2 = 2aL$,所以

$$F_2 = 3\rho L a$$

回到本题中的问题,由于拉力恒定,从地面开始拉起 L 时,绳的一端的受力为 $F - \rho L g$。综合前面的两个引理,可知:绳子与力 F 对应的运动为匀速运动,其速度的大小为 $v_0 = \sqrt{\frac{F}{\rho}}$;绳子与力 $-\rho L g$ 对应的运动为匀变速运动,其加速度的大小为 $a = -\frac{1}{3}g$。

上述两力既满足独立作用的条件也满足叠加性质,所以将上述两力作用的效果进行叠加可得到:绳子做初速度为 $\sqrt{\frac{F}{\rho}}$、加速度为 $-\frac{1}{3}g$ 的匀减速运动。当绳子离开桌面时有

$$v^2 - v_0^2 = 2al$$

即

$$v^2 - \left(\sqrt{\frac{F}{\rho}}\right)^2 = 2\left(-\frac{1}{3}g\right)l$$

解得

$$F = \frac{2}{3}\rho lg + \rho v^2 = \left(\frac{2}{3}lg + v^2\right)\frac{m}{l} = \frac{2}{3}mg + m\frac{v^2}{l}$$

我们对水平面上拉动重绳的问题进行了充分的研究，并有了相关知识的积累，在此情况下运用矢量的叠加原理找到了"不使用微积分"的解答路径。很多人在初次遇到这个解答路径时，有一种"好神奇"的感觉。笔者在讲过本解答后，也曾多次被问到"你是怎样想到这种解答方法的"。这种方法当然不是笔者想出来的。我们都是物理的学习者，而在我们周围有许多终身从事基础物理研究的工作者，他们在不断地为我们提供众多如此神奇的处理问题的方法。我们应感谢他们。

本题作为一道普物试题，在允许使用微积分的条件下，我们也能得到多种解法，而且在新大纲背景下这些解法也是我们竞赛学习者必须掌握的方法。

方法 2 质心运动定律的应用。

如图 1 所示，当绳子被提起的长度为 x 时，绳子整体的受力为重力 mg、拉力 F 及地面的支持力 $N = \rho(l-x)g = mg - \rho xg$，$\rho$ 为绳子的线密度。设绳子质心的加速度为 a_C，则由牛顿运动定律易知

$$F + N - mg = ma_C$$

整理得

$$F - \rho xg = ma_C \quad \text{①}$$

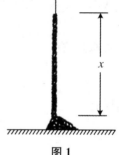

图 1

在竖直向上、原点在水平面的 x 轴上，考虑绳子整体的质心位置 x_C 与 x 的关系，有

$$x_C = \frac{\rho x \cdot \frac{1}{2}x}{m} = \frac{\rho}{2m}x^2$$

即有

$$v_C = \frac{dx_C}{dt} = \frac{\rho x}{m} \cdot \frac{dx}{dt} \quad \text{②}$$

所以

$$a_C = \frac{dv_C}{dt} = \frac{dv_C}{dx} \cdot \frac{dx}{dt} = \frac{mv_C}{\rho x} \cdot \frac{dv_C}{dx} \quad \text{③}$$

联立①③两式可得

$$m^2 v_C dv_C = \rho(F - \rho xg)x dx \quad \text{④}$$

考虑到绳从开始提起到脱离地面，其质心速度从 0 变到 v，对上式进行积分，有

$$\int_0^v m^2 v_C dv_C = \int_0^l \rho(F - \rho xg)x dx$$

即

$$\frac{1}{2}m^2v^2 = \frac{1}{2}\rho Fl^2 - \frac{1}{3}\rho^2 gl^3 \quad ⑤$$

最后解得

$$F = \frac{2}{3}mg + m\frac{v^2}{l}$$

在本解答中,易错点是将质心的速度误为绳子上端的速度,即 $v_C = \frac{\mathrm{d}x}{\mathrm{d}t}$,进而出错。

方法 3 质心运动定律的应用。

考虑到提起绳子的过程中,做变速运动的是绳子被拉起来的、长为 x 的部分,则由牛顿第二定律有

$$F - \rho xg = \frac{\mathrm{d}(mv)}{\mathrm{d}t} \quad ①$$

式中 mv 为被拉起来的、长为 x 的部分的动量,且 $m = \rho x$。

而

$$\frac{\mathrm{d}(mv)}{\mathrm{d}t} = \frac{\mathrm{d}(mv)}{\mathrm{d}x} \cdot \frac{\mathrm{d}x}{\mathrm{d}t} = v \cdot \frac{\mathrm{d}(mv)}{\mathrm{d}x}$$

将其代入①式,并整理可得

$$(mv)\mathrm{d}(mv) = \rho(F - \rho xg)x\mathrm{d}x$$

对其积分,有

$$\int_0^{mv}(mv)\mathrm{d}(mv) = \int_0^l \rho(F - \rho xg)x\mathrm{d}x$$

同样有

$$F = \frac{2}{3}mg + m\frac{v^2}{l}$$

方法 2 与方法 3 在本质上应该是一样的,但一开始选取的积分变量便有差别,这一点应注意体会。

方法 4 质心动能定理的应用。

对绳子而言,合外力对质心所做的功等于绳子质心动能的增量,即为质心动能定理,有

$$W_{合外} = \Delta E_{kC}$$

由方法 2 知 $x_C = \frac{\rho}{2m}x^2$,$\mathrm{d}x_C = \frac{\rho x}{m}\mathrm{d}x$,所以

$$(F - \rho xg)\mathrm{d}x_C = \mathrm{d}\left(\frac{1}{2}mv_C^2\right)$$

即

$$m^2 v_C \mathrm{d}v_C = \rho(F - \rho xg)x\mathrm{d}x$$

显然,由方法 2 有

$$F = \frac{2}{3}mg + m\frac{v^2}{l}$$

质心动能定理的核心在于运用时,外力做功和动能都是对质心而言的,否则即为错。

方法 5 变质量系统的密舍尔斯基方程的应用。

将绳子提起的过程,对提起的绳子而言,属于典型的变质量体系问题。对这类问题可直接运用密舍尔斯基方程。

设已被提起的绳的质量与速度分别为 m 和 v,则由密舍尔斯基方程 $m\dfrac{\mathrm{d}v}{\mathrm{d}t} = (u-v)\dfrac{\mathrm{d}m}{\mathrm{d}t} + F$(式中 $u=0$ 为绳被提起前的速度)易得

$$F - \rho x g = \rho x \dfrac{\mathrm{d}v}{\mathrm{d}t} + v\dfrac{\mathrm{d}\rho x}{\mathrm{d}t}$$

整理得

$$\rho v x \dfrac{\mathrm{d}v}{\mathrm{d}x} = F - \rho x g - \rho v^2$$

令 $y = (\rho x)^2 v^2$,则

$$\dfrac{\mathrm{d}y}{\mathrm{d}x} = 2\rho^2 x v^2 + \rho^2 x^2 \cdot 2v\dfrac{\mathrm{d}v}{\mathrm{d}x} = 2\rho^2 x v^2 + 2\rho x(F - \rho x g - \rho v^2)$$
$$= (2Fx - 2\rho g x^2)\rho$$

所以

$$\int_0^{(\rho l)^2 v^2} \mathrm{d}y = \int_0^l (2Fx - 2\rho g x^2)\rho \mathrm{d}x$$

同样有

$$F = \dfrac{2}{3}mg + m\dfrac{v^2}{l}$$

瞧,在允许使用微积分的情况下,一下子又派生出多种解法,其中方法 5 所用到的密舍尔斯基方程是决赛要求的,其他几种方法所涉及的知识内容都属于复赛所要求掌握的内容。

大家或许还注意到了一点,各种涉及积分应用的解法中,都没有选择绳子上端的速度 v 为积分变量,这是什么原因呢?关于这一点,我们可以从方法 1 中找到答案。于绳子上端而言,其初速度并不为零,而是 $\sqrt{\dfrac{F}{\rho}}$,这个初速度我们并不能凭空给出,也无法从定性分析的角度得出。因此,选用 v 作为积分变量,无疑存在障碍。但选择 mv 或 $(\rho x)^2 v^2$ 为积分变量,其初态都可确定为零,避开了初速度障碍。

从竞赛学习的角度看,在上述各种解法中,应该说方法 1 对我们能力的要求是非常高的,也只有在全面研究了重绳运动的情况下才能给出如此神奇的解答,所以它值得我们欣赏。

本题各解答在知识与方法的应用上涉及动量定理、独立作用原理、叠加原理、匀变速运动、质心运动定律、质心动能定理、变质量问题、微元法及微积分的基本应用,由此可见此题的综合程度之高。

题 038　频闪下的碰撞

A、B 两滑块在一光滑水平直轨道上发生对心碰撞,用频闪照相法,依次在 $t_0=0$, $t_1=\Delta t$, $t_2=2\Delta t$, $t_3=3\Delta t$ 时刻闪光四次,摄得如图 1 所示照片。照片中形状较小的四个是滑块 A 的像,形状较大的两个是滑块 B 的像。已知在这四次闪光的瞬间,A、B 均在 0～80 刻度范围内,试根据照片中的坐标判断出两滑块发生碰撞的位置及时间,并说明判断的依据。

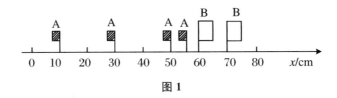

图 1

【解析】　虽然一张照片留下的是一个静态情景,或者说是一个短暂的瞬间,但通过这个短暂的瞬间,我们却能窥视到一些生活、情感乃至科技方面的信息。不知读者是否知道图 2 所示的这张照片。这是当年报道铁人王进喜时随通讯配的一张工作照。正是依据这张照片并结合通讯内容,国外研判出我国大庆油田的位置、规模、产量等众多信息,进而研判出我国需要什么规格的采油设备及其数量。由此可见,一张照片所储藏的信息量往往超出我们的想象。

图 2

拍摄照片也是物理研究中经常使用的手段。中学阶段比较熟悉的是用频闪照相的方法来研究自由落体运动或抛体运动,研究中通过相片可以直接读取物体运动的时间与位移。但在这个研究过程中,对象与过程都是单一的,只是基本的应用。本题即是在这一方法上的延伸,对象与过程都有增加,这就需要我们运用所学知识挖掘出隐藏在照片中的更多信息,从而对运动过程作出正确的研判。我们先阅读解答。

由照片看出,四次闪光只拍到两个 B 的像,而拍照时 A、B 两物体都在拍照区域内,这说明 B 的像必有重叠。单根据重叠的情况,对于 A、B 两物体的运动共可作出如下三种假设,下面分别讨论,并作出物理上的判断。

(1) 假设碰撞前 B 向左做匀速直线运动,碰撞后 B 弹回的两个像跟碰撞前的两个像重叠,即各次闪光时 B 像左侧面的位置坐标的刻度依次为 $x_{B0}=70$, $x_{B1}=60$, $x_{B2}=60$, $x_{B3}=70$。由于碰撞前后 B 在两次闪光时刻间隔内运动的路程均为 10(以横轴刻度为单位,下同),故碰撞前后 B 的运动速率均为 $10/\Delta t$,而碰撞前后 B 都是做匀速直线运动,据此可推断出 B 与 A 碰撞的位置只能在 $x=55$ 处,碰撞时刻是 $t=1.5\Delta t$。由于 $t=1.5\Delta t$ 时刻不闪光,而照片上 $x=55$ 处有 A 的像,这说明碰撞前或碰撞后 A 静止在 $x=55$ 处,因而照片上 A 的像必将在 $x=55$ 处发生叠影(在 t_0、t_1 或在 t_1、t_3 拍出),但实际上 A 有四个像,并无叠影,因此这一假设不成立。

(2) 假设碰撞前 B 静止于 $x=60$ 处,前三次像叠影,其坐标为 $x_{B0}=x_{B1}=x_{B2}=60$,碰撞后 B 向右运动,$x_{B3}=70$。

据此假设可推断碰撞位置在 $x=60$ 处,碰撞前有三次闪光,A 像右侧面坐标依次为 $x_{A0}=10,x_{A1}=30,x_{A2}=50$,A 的速率为 $20/\Delta t$,由此可推断碰撞发生在 $t=2.5\Delta t$ 时刻,碰撞后 B 的速率为 $10/\left(\dfrac{\Delta t}{2}\right)=20/\Delta t$,A 的速率为 $5/\left(\dfrac{\Delta t}{2}\right)=10/\Delta t$,方向向左。设 A、B 的质量分别为 m_A、m_B,根据动量守恒,有

$$m_A \times (20/\Delta t) = m_A \times (-10/\Delta t) + m_B \times (20/\Delta t)$$

解得 $m_B = \dfrac{3}{2} m_A$。

再根据能量关系判断这一假设是否能成立。碰撞前两滑块的总动能为

$$E_k = \dfrac{1}{2} m_A (20/\Delta t)^2 = 200 m_A /(\Delta t)^2$$

碰撞后两滑块的总动能为

$$E'_k = \dfrac{1}{2} m_A (-10/\Delta t)^2 + \dfrac{1}{2} m_B (20/\Delta t)^2 = 350 m_A /(\Delta t)^2$$

显然,$E'_k > E_k$,即碰撞后总动能增加了,这是不可能的,因而这一假设也不成立。

(3) 假设碰撞前 B 向左做匀速直线运动,碰撞后 B 静止,后三次像叠影,即 $x_{B0}=70$,$x_{B1}=x_{B2}=x_{B3}=60$。据此可推断出碰撞位置在 $x=60$ 处,且碰撞是在第二次闪光前发生的。碰撞后 A 做匀速直线运动,它的三个像应是碰撞后的,且应是等距离的,只能是 $x_{A1}=50, x_{A2}=30, x_{A3}=10$,其速率为 $20/\Delta t$。碰撞后 A 从 60 到 50 所用时间为 $\Delta t/2$,因而可推断:第一次闪光时 $x_{A0}=55$,向右运动,在 $t=0.5\Delta t$ 时刻与 B 在 $x=60$ 处相碰,由照片可以看出,碰撞前 B 的速率为 $10/\left(\dfrac{\Delta t}{2}\right)=20/\Delta t$,A 的速率为 $5/\left(\dfrac{\Delta t}{2}\right)=10/\Delta t$,方向向右。由动量守恒得

$$m_A \times (10/\Delta t) + m_B \times (-20/\Delta t) = m_A \times (-20/\Delta t)$$

解得 $m_B = \dfrac{3}{2} m_A$。

碰撞前两滑块的总动能为

$$E_k = \dfrac{1}{2} m_A (10/\Delta t)^2 + \dfrac{1}{2} m_B (-20/\Delta t)^2 = 350 m_A /(\Delta t)^2$$

碰撞后两滑块的总动能为

$$E'_k = \dfrac{1}{2} m_A (20/\Delta t)^2 = 200 m_A /(\Delta t)^2$$

此时,$E'_k < E_k$,即碰撞中有能量损耗,这是可能的,因而这一假设成立。

本题的照片中有两个对象,其运动过程也不是单一的,特别是在四次闪光照相中,B 只留下了两张照片,这就需要答题者对 B 的相片重叠情况进行猜测、分析,而这些可能性还必须与相应的规律进行匹配,才能最终确定是否成立。如果只猜出一种可能造成这种情况的运动过程,就将其作为问题的解,而不分析其可能性如何,是达不到解此题的要求的。如果猜出正确的运动过程并分析说明其合理性,以此作为问题的解,虽然是可取的,但不能保证答案的唯一性,也就不能保证完全做出了此题的解答。

另外,本题尚只对图片中物体的位置进行分析,有时我们还得通过对图片进行相关的处理才能提取有用的信息。

一名棋手对棋盘上棋子的布局与走向看得越远,他就越优秀。同样,一位物理研究者对图片中所呈现的物理特征看得越多、越清晰,他的能力就越强。

题 039　冲撞中的速度关联

如图 1 所示,四个质量均为 m 的质点用同样长度且不可伸长的轻绳连接成菱形 $ABCD$,静止在光滑的水平桌面上。若突然给质点 A 一个历时极短的沿 CA 方向的冲击,当冲击结束的时刻,质点 A 的速度为 v,其他质点也获得一定的速度,$\angle BAD = 2\alpha \left(\alpha < \dfrac{\pi}{4} \right)$。求此质点系统受冲击后所具有的总动量和总能量。

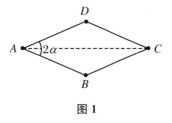

图 1

【解析】　由轻绳或轻杆连接而成的系统是物理竞赛中常见的模型。其命题特点是系统或受到外部的冲击,或去冲撞外界,然后再要求我们根据相关条件来讨论这一过程中的动量与能量特征。本题选取的是一个由轻绳连接而成的对称系统。

对于由绳连接而成的系统,由系统约束所给的两个要点是解答者必须注意到的,一是系统内的冲击作用过程一定只能发生在沿绳的方向上,在垂直于绳的方向上是没有作用的;二是任何绳两端的物体的运动速度在沿绳的方向上是相同的,这一速度关联在所有的此类问题中都会用到,是极为重要的辅助方程。本题的解答如下:

由系统的对称性,只需讨论 ADC 或 ABC 任一侧的情形即可,我们选择 ABC 一侧的情况进行讨论。如图 2 所示,设在 A 受到冲击的过程中,绳 AB 提供的冲量为 I_1,绳 BC 提供的冲量为 I_2,冲击后各质点的速度如图 2 中所标示。

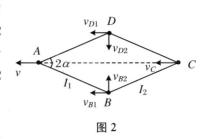

图 2

由对称性可知

$$v_{B1} = v_{D1} \qquad ①$$

$$v_{B2} = v_{D2} \qquad ②$$

根据 A、B 两质点和 B、C 两质点沿绳方向速度相等，有

$$v\cos\alpha = v_{B1}\cos\alpha + v_{B2}\sin\alpha \qquad ③$$

$$v_C\cos\alpha = v_{B1}\cos\alpha - v_{B2}\sin\alpha \qquad ④$$

对 B 质点与 C 质点，有

$$mv_{B1} = I_1\cos\alpha - I_2\cos\alpha \qquad ⑤$$

$$mv_{B2} = I_1\sin\alpha + I_2\sin\alpha \qquad ⑥$$

$$mv_C = 2I_2\cos\alpha \qquad ⑦$$

由③④⑤⑥⑦式得

$$v_{B1} = \frac{v}{1+2\sin^2\alpha}, \quad v_{B2} = \frac{v\sin 2\alpha}{1+2\sin^2\alpha}, \quad v_C = \frac{v\cos 2\alpha}{1+2\sin^2\alpha}$$

考虑到质点 B、D 在垂直于 CA 方向上的动量和为零，则此系统的总动量为

$$p = mv + 2mv_{B1} + mv_C = \frac{4mv}{1+2\sin^2\alpha}$$

方向为沿 CA 方向。

此系统的总动能为

$$E = E_A + E_B + E_C + E_D$$
$$= \frac{1}{2}m(v^2 + 2v_{B1}^2 + 2v_{B2}^2 + v_C^2) = \frac{2mv^2}{1+2\sin^2\alpha}$$

在本题中，由于质点 B、D 受到冲击后的速度方向并不能明确知道，因此在解答中通过假设分速度再进一步求解。但对其分速度的设置并无特别约定，如 B 的速度除了解答过程中的设置方式，亦可沿 AB 及垂直于 AB 方向设置，或者沿 BC 及垂直于 BC 方向设置，具体过程取决于题目的需要及答题者的偏好。

此外，此类系统如受到其他物体的冲击作用，通常情况下满足动量守恒，但并不满足动能守恒，因为绳子作用下的冲击往往都类似于完全非弹性碰撞过程，存在动能损失。

题 040　含有杆件的碰撞问题

如图 1 所示，一根质量可以忽略的细杆，长为 $2l$，两端和中心处分别固连着质量为 m 的小球 B、D 和 C，开始时静止在光滑的水平桌面上。桌面上另有一质量为 M 的小球 A，以一给定速度 v_0 沿垂直于杆 DB 的方向与右端小球 B 作弹性碰撞。求刚碰后小球 A、B、C、D 的速度，并详细讨论以后可能发生的运动情况。

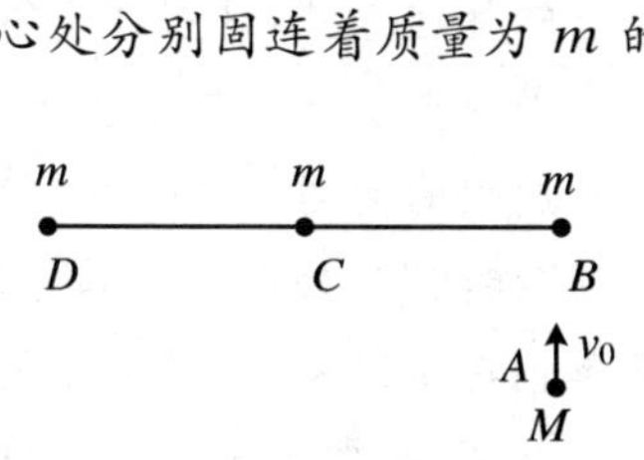

图 1

【解析】　本题是第 23 届全国中学生物理竞赛复赛试题。由杆连接的冲撞系统与由绳连接的冲撞系统有很大的不

同。对于由绳连接的冲撞系统，处理问题的切入点基本上是动量守恒及由绳连接的物体间的速度关联，不会涉及角动量与能量的守恒问题。而由杆连接的系统发生冲撞时，不仅涉及动量守恒与速度关联，还可能涉及角动量与能量的守恒问题，因而其难度与计算量一般都要高一个级别。下面我们先求出刚碰撞后小球 A、B、C、D 的速度。

设刚碰撞后，小球 A、B、C、D 的速度分别为 v_A、v_B、v_C、v_D，考虑到碰撞发生在垂直于杆的方向上，设各小球的速度方向都与 v_0 的方向相同。因为小球 C 位于由 B、C、D 三球组成的系统的质心处，所以小球 C 的速度也就是这个系统的质心的速度。因碰撞前后四小球所组成的质点组的动量守恒，故有

$$Mv_0 = Mv_A + 3mv_C$$

以碰撞点为轴，碰撞前后质点组的角动量守恒，则有

$$0 = mlv_C + 2mlv_D$$

这里角动量的参考点设在与 B 球重合的空间固定点，且规定顺时针方向的角动量为正。弹性碰撞前后质点组的动能相等，则有

$$\frac{1}{2}Mv_0^2 = \frac{1}{2}Mv_A^2 + \frac{1}{2}mv_B^2 + \frac{1}{2}mv_C^2 + \frac{1}{2}mv_D^2$$

因为杆是刚性杆，小球 B 和 D 相对于小球 C 的速度大小必相等，方向应相反，所以有

$$v_B - v_C = v_C - v_D$$

解上述各式，可得

$$v_C = 0 \text{（显然是碰撞前的状态，舍去）} \quad \text{或} \quad v_C = \frac{4M}{5M + 6m}v_0$$

进而可得刚碰撞后 A、B、D 三球的速度分别为

$$v_A = \frac{5M - 6m}{5M + 6m}v_0, \quad v_B = \frac{10M}{5M + 6m}v_0, \quad v_D = -\frac{2M}{5M + 6m}v_0$$

上述解答过程应该是处理此类问题的标准过程，它包含动量守恒定律、角动量守恒定律、能量守恒定律及速度关联的基本应用，亦即上述包含未知量的四个方程。在考虑实际碰撞可能发生的情况下，舍去 $v_C = 0$ 这一不符合碰撞后情形的解，这是本模型的一个隐含条件。实际上，每一种模型都可能存在这种隐性问题，而且不同的模型延伸出的个性化的问题也会有所不同，解题时应注意挖掘。

在解答过程中选择哪个点为角动量的参考点，或者说选择杆件质心的动量为系统的总动量的处理方法，这些都是解题经验的体现。

题目要求我们在求出上述速度后，再详细讨论以后可能发生的运动情况。这显然是一个开放性的问题，意在考查答题者的思维是否具有全面性。而面对此类问题，我们会疑惑：何谓"详细"？如何才能满足命题人提出的这一要求呢？这会导致答题者担忧与纠结，过于简单怕有所遗漏，过于复杂又担心耗时太多。

其实，命题人也未必能准确地给出"详细"的含义，答题者需要完成的是：在自己的能力范围内，在时间允许的前提下，尽可能地讨论可能出现的不同运动。下面我们来看一下当年的命题人提供的碰撞后对各小球运动的讨论。

首先，碰撞后，由于 B、C、D 三小球所组成的系统不受外力作用，其质心的速度不变，故小球 C 将以速度 $v_C = \dfrac{4M}{5M+6m}v_0$ 沿 v_0 方向做匀速运动。且 B、D 两小球将绕小球 C 做匀角速度转动，角速度的大小为

$$\omega = \frac{v_B - v_C}{l} = \frac{6M}{5M+6m}\frac{v_0}{l}$$

方向为逆时针方向。

其次，碰撞后小球 A 以速度 $v_A = \dfrac{5M-6m}{5M+6m}v_0$ 做匀速运动。但其速度的大小和方向与 M、m 的大小有关，下面就 M、m 取值不同而导致运动情形的不同进行讨论：

(1) $v_A = 0$，即碰撞后小球 A 停住，由 v_A 可知发生这种运动的条件是 $5M - 6m = 0$，即 $\dfrac{M}{m} = \dfrac{6}{5}$。

(2) $v_A < 0$，即碰撞后小球 A 沿反方向运动，发生这种运动的条件是 $5M - 6m < 0$，即 $\dfrac{M}{m} < \dfrac{6}{5}$。

(3) $v_A > 0$ 但 $v_A < v_C$，即碰撞后小球 A 的速度小于小球 C 的速度，由 v_A 和 v_C 可知发生这种运动的条件是 $5M - 6m > 0$ 和 $4M > 5M - 6m$，即 $\dfrac{6}{5} < \dfrac{M}{m} < 6$。

(4) $v_A > v_C$，即碰撞后小球 A 的速度大于小球 C 的速度，发生这种运动的条件是 $M > 6m$。

(5) $v_A = v_C$，即碰撞后小球 A 和小球 C 的速度相同，发生这种运动的条件是 $M = 6m$。

阅读完命题人提供的上述讨论模式，我们也许真的不能确定在考场内能否给出关于 v_A 的这 5 种情形的讨论，实际上它们中的有些情形是可以合并的。但这在我看来并不是最重要的，最为重要的应该是在上述的第 5 种情形下的后续讨论。

在 $v_A = v_C$ 的情形下，由于小球 B、D 绕小球 C 做圆周运动，当细杆转过 $180°$ 时，小球 D 将从小球 A 的后面与小球 A 相遇而发生第二次碰撞，碰撞后小球 A 继续沿 v_0 方向运动。这两次碰撞的时间间隔是

$$t = \frac{\pi}{\omega} = \frac{5M+6m}{6M} \cdot \frac{\pi l}{v_0}$$

从第一次碰撞到第二次碰撞，小球 C 走过的路程为

$$d = v_C t = \frac{2\pi l}{3}$$

下面求第二次碰撞后小球 A、B、C、D 的速度。

刚要发生第二次碰撞时，细杆已转过 $180°$，这时小球 B 的速度为 v_D，小球 D 的速度为 v_B。设第二次刚碰撞后小球 A、B、C、D 的速度分别为 v'_A、v'_B、v'_C 和 v'_D，它们的方向同样都与 v_0 的方向相同。在第二次碰撞过程中，质点组的动量守恒、角动量守恒和能量守恒，于是有

$$Mv_0 = Mv'_A + 3mv'_C$$
$$0 = mlv'_C + 2mlv'_B$$
$$\frac{1}{2}Mv_0^2 = \frac{1}{2}Mv'^2_A + \frac{1}{2}mv'^2_B + \frac{1}{2}mv'^2_C + \frac{1}{2}mv'^2_D$$

由杆的刚性条件有

$$v'_D - v'_C = v'_C - v'_B$$

上面关于角动量的参考点设在刚要发生第二次碰撞时与球 D 重合的空间点。

将上述方程与第一次碰撞满足的方程进行对比,可以看到它们除小球 B 和 D 互换之外是完全相同的。因此它们也有两个解:

$$v'_C = 0 \quad 或 \quad v'_C = \frac{4M}{5M+6m}v_0$$

显然,此时应保留 $v'_C = 0$。于是可得到

$$v'_A = v_0, \quad v'_B = 0, \quad v'_D = 0$$

上述结果表明:第二次碰撞后,小球 A 以速度 v_0 做匀速直线运动,即恢复到第一次碰撞前的运动状态,但已位于杆的前方,细杆和小球 B、C、D 则处于静止状态,即恢复到第一次碰撞前的运动状态,但都向前移动了一段距离 $d = \frac{2\pi l}{3}$,而且小球 D 和 B 互换了位置。

至此,我们应该明白,在前面关于 v_A 的讨论中,不能忽略 $v_A = v_C$ 及后续运动状态的讨论,这才是命题人设置"详细"表述的意图。

在物理竞赛中,设置开放性问题的试题并不是太多,通过本题我们应该明白,对于开放性问题一定要给出核心的回答,否则便是不详细。

以杆件连接小球所构成的系统在竞赛试题中经常出现,下面我们再来看一下第 32 届全国中学生物理竞赛复赛的一道试题:

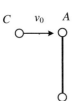

图 2

如图 2 所示,在光滑的水平桌面上有一长为 L 的轻杆,轻杆两端分别固定一质量均为 M 的小球 A 和 B。开始时细杆静止,有一质量为 m 的小球 C 以垂直于杆的速度 v_0 运动,与球 A 碰撞。将小球和细杆视为一个系统。

(1) 求碰撞后系统的动能(用已知条件和球 C 碰撞后的速度表示)。

(2) 若碰撞后系统的动能恰好达到极小值,求此时球 C 的速度和系统的动能。

阅读完本题,我们立马会感觉到本题的表述与第 23 届的试题表述几乎雷同,其系统的结构不仅相似,而且更为简单,除了没有强调弹性碰撞,所遵循的规律应该是一致的。我们在非弹性碰撞的前提下,不难给出如下的解答:

在碰撞过程中,连接小球 A、B 的杆并不提供沿杆方向的作用力,所以碰撞后球 B 的速度 v_B 应该为零,故设碰撞后小球 A、C 的速度分别为 v_A、v_C,由系统的动量守恒有

$$mv_0 = Mv_A + mv_C$$

得

$$v_A = \frac{m(v_0 - v_C)}{M}$$

(1) 碰撞后系统的动能为

$$E_k = \frac{1}{2}Mv_A^2 + \frac{1}{2}mv_C^2 = \frac{1}{2}\frac{m(m+M)}{M}\left(v_C - \frac{m}{m+M}v_0\right)^2 + \frac{1}{2}\frac{m^2}{m+M}v_0^2$$

(2) 若碰撞后系统的动能恰好达到极小值,则由(1)知此时

$$v_C = \frac{m}{m+M}v_0, \quad E_{k\min} = \frac{1}{2}\frac{m^2}{m+M}v_0^2$$

对于上述解答,你是否觉得非常简洁、完备?

然而,上述解答却不能得分。当年命题人给出的参考解答默认小球 C 与 A 的碰撞是斜碰。读到这里,你是不是有立即回头重新阅读前面题目的冲动,想从中找到关于小球 C 与 A 斜碰的描述?本题中有正碰的图示,头脑中储存有第 23 届试题的碰撞背景,我们没有理由不相信它是正碰啊?事实上,第 32 届物理竞赛复赛中,几乎所有的参赛者都将小球 C 与 A 的碰撞处理为正碰。然而,参赛者与教练无法改变命题人给出的解答。

我们有理由相信,第 23 届物理竞赛的参赛者中,一定有人将小球 A、B 的碰撞处理为斜碰,他们同样会被判解答有误。对于这类失误者,我们只能说:他的运气真的不好!

出现这种情况,我们当然也不能怀疑命题教授的水平,这种文字描述性的歧义应该是命题经验不足而引起的。对于这种命题失误,参赛者唯有坦然面对。

题 041 杆件的冲撞问题

如图 1 所示,两根刚性轻杆 AB 和 BC 在 B 端牢固连接在一起,AB 延长线与 BC 的夹角 α 为锐角,杆 BC 长为 l,杆 AB 长为 $l\cos\alpha$。在杆的 A、B 和 C 三点各固连一质量为 m 的小球,构成一刚性系统。整个系统放在光滑的水平桌面上,桌面上有一固定的光滑竖直挡板。杆 AB 延长线与挡板垂直。现使该系统以大小为 v_0、方向沿 AB 的速度向挡板平动。在某时刻,小球 C 与挡板碰撞,碰撞结束时球 C 在垂直于挡板方向的分速度为零,且球 C 与挡板不粘连。若使球 C 碰撞后,球 B 先于球 A 与挡板相碰,求夹角 α 应满足的条件。

【解析】 本题的系统由刚性轻杆与小球连接而成。在竞赛试题中,一旦这类模型出现,往往意味着冲撞过程随之而来。

轻杆模型与用轻绳连接起来的系统相比,除了冲击会引起系统的动量发生变化,两端的物体在沿杆的方向上的速度相同,在其他方面有一定的差异。

首先是力,由于杆的扭曲效应,当杆连接的物体并不在杆的两端时,若有横向作用,轻杆对两端的物体的作用力并不是沿杆的,而是存在一个横向分量,但绳不能提供横向的作用力;其次

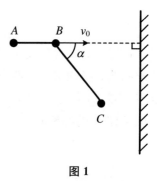

图 1

是角动量,对于由杆连接的系统,如果没有铰接点,系统的形状并不发生变化,但存在转动的可能,外界对系统的冲击除了影响系统的动量变化,对角动量也有影响,并可以定量描述。一个比较明显的特征是,对于碰撞点,在碰撞前后系统的角动量守恒,这是研究此类问题的一个非常重要的依据与切入点。当然,亦可通过设置冲量来讨论角动量的变化。本题应该是这方面的一道代表性的试题。

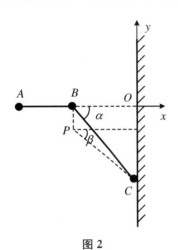

图 2

如图 2 所示,建立直角坐标系 Oxy,x 轴与挡板垂直,y 轴与挡板重合。碰撞前体系质心的速度为 v_0,方向沿 x 轴正方向,以 P 表示系统的质心,以 v_{Px} 和 v_{Py} 表示碰撞后质心的速度分量,J 表示墙作用于小球 C 的冲量大小。根据质心运动定理有

$$-J = 3mv_{Px} - 3mv_0 \qquad ①$$

解得

$$v_{Px} = \frac{3mv_0 - J}{3m} \qquad ②$$

且有

$$v_{Py} = 0 \qquad ③$$

可在质心参考系中考察系统对质心的角动量。在球 C 与挡板碰撞的过程中,质心的坐标为

$$x_P = -l\cos\alpha, \quad y_P = -\frac{1}{3}l\sin\alpha \qquad ④$$

球 C 碰挡板前,三小球相对于质心静止,对质心的角动量为零。球 C 碰挡板后,质心相对于质心参考系仍是静止的,三小球相对于质心参考系的运动是绕质心的转动,若转动角速度为 ω,则三小球对质心 P 的角动量为

$$L = m\omega l_{AP}^2 + m\omega l_{BP}^2 + m\omega l_{CP}^2 \qquad ⑤$$

式中 l_{AP}、l_{BP} 和 l_{CP} 分别是 A、B 和 C 三球到质心 P 的距离,由图 2 可知

$$l_{AP}^2 = l^2\cos^2\alpha + \frac{1}{9}l^2\sin^2\alpha, \quad l_{BP}^2 = \frac{1}{9}l^2\sin^2\alpha, \quad l_{CP}^2 = l^2\cos^2\alpha + \frac{4}{9}l^2\sin^2\alpha \qquad ⑥$$

由⑤⑥中各式得

$$L = \frac{2}{3}m\omega l^2(1 + 2\cos^2\alpha) \qquad ⑦$$

在碰撞的过程中,质心有加速度,质心参考系是非惯性参考系,在质心参考系中考察动力学问题时必须引入惯性力。但作用于质点系的惯性力的合力通过质心,对质心的力矩等于零,不影响质点系对质心的角动量,故在质心参考系中,相对质心角动量的变化仍取决于作用于球 C 的冲量 J 的冲量矩,即有

$$L = J\frac{2}{3}l\sin\alpha \qquad ⑧$$

由⑦⑧式得

$$\omega = \frac{J\sin\alpha}{ml(1+2\cos^2\alpha)} \qquad ⑨$$

球 C 相对于质心参考系的速度分量分别为(参考图2)

$$v_{CPx} = -\omega l_{CP}\sin\beta = -\omega(l\sin\alpha - |y_P|), \quad v_{CPy} = -\omega l_{CP}\cos\beta = -\omega l\cos\alpha \qquad ⑩$$

球 C 相对于固定参考系速度的 x 分量为

$$v_{Cx} = v_{CPx} + v_{Px} \qquad ⑪$$

由②④⑨⑪式得

$$v_{Cx} = -\frac{J}{m(1+2\cos^2\alpha)} + v_0 \qquad ⑫$$

根据题意有 $v_{Cx}=0$，所以

$$J = mv_0(1+2\cos^2\alpha) \qquad ⑬$$

解得

$$\omega = \frac{v_0\sin\alpha}{l}$$

若球 A 先于球 B 与挡板发生碰撞，则在球 C 与挡板碰撞后，整个系统至少应绕质心转过 $\pi/2$ 角，即杆 AB 至少转到沿 y 方向，如图3所示。系统绕质心转过 $\pi/2$ 所需时间为

$$t = \frac{\pi/2}{\omega} \qquad ⑭$$

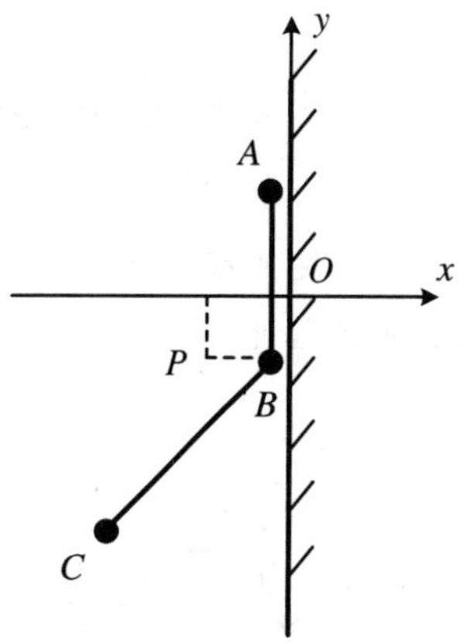

在此时间内质心沿 x 方向向右移动的距离为

$$\Delta x = v_{Px}t \qquad ⑮$$

若

$$|y_P| + \Delta x > |x_P| \qquad ⑯$$

则球 B 先于球 A 与挡板碰撞。

联立相关各式，即可得

$$\alpha > \arctan\frac{3}{1+\pi}, \quad 即\ \alpha > 36°$$

图 3

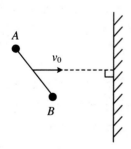

图 4

本题是2012年第29届全国中学生物理竞赛的一道复赛试题。在此之前，一般的物理竞赛资料上都给出了图4所示的冲击模型，本题可以说是这一模型的延伸，但当年仍有不少同学在此题上跌倒，以至于当年能否正确解答此题成为竞赛生成败的分水岭。

我们前面给出的解答也是基于当年命题人给出的解答进行相关论述的，但本题的解答过程实质上有较大的优化空间：

在图2所示的坐标系中，设碰撞后的瞬间，球 A、B 在 x 方向的速度为 $v_{Ax} = v_{Bx} = v_x$，此时质心的速度为

$$v_O = \frac{2mv_x}{3m} = \frac{2}{3}v_x$$

随后,系统的运动可视为质心以上述速度的平动加上系统绕质心的转动,其转动的角速度为

$$\omega = \frac{v_x - v_O}{BP} = \frac{v_x}{l\sin\alpha}$$

若球 A 先于球 B 与挡板发生碰撞,则系统绕质心至少转过了 $\frac{\pi}{2}$,这一时间为

$$t = \frac{\pi/2}{\omega} = \frac{\pi l\sin\alpha}{2v_x}$$

要使球 B 先于球 A 与挡板发生碰撞,则质心在上述时间内运动的距离应满足

$$v_O t > l\cos\alpha - \frac{1}{3}l\sin\alpha$$

代入相关数据,即可得

$$\alpha > \arctan\frac{3}{1+\pi}, \quad \text{即 } \alpha > 36°$$

比较一下就会发现,这种解答要简洁得多。

纵观历年的竞赛试题,其内容往往包含了我们平时训练习题的精髓,是对我们所熟悉的模型进行延伸或拓展。如果在平时的学习过程中,我们对习题的解答并不满足于会解,而是注意将模型进行衍变,那么我们对问题的理解会上升到一个更高的层面。

题 042　曲面上滑落物体综合分析

一半圆柱体放在光滑的水平面上,其质量为 M、半径为 R,如图 1 所示。现有一质量为 m 的小球沿此半圆柱体的表面下滑,初始位置与半圆柱体圆心 O 的连线和铅垂线成 α 角。假设系统开始是静止的。

(1) 求小球沿柱面下滑时对地的轨迹。

(2) 求小球离开圆柱前绕圆心 O 的角速度。

(3) 计算小球与半圆柱体分离时小球与半圆柱体圆心 O 的连线和铅垂线的角度 θ 所满足的方程,并计算 $M = m$,$\alpha = 0$ 时的 θ 值。

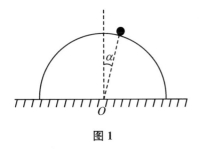

图 1

【解析】　相信所有的竞赛生在学习的过程中都遇到过物块(或小球)从光滑的柱面(或球面)滑下的问题,这可以说是中学物理中经典的模型与问题之一。"题 027"便是这类问题的基本形式。

物体从曲面上滑落类问题基本上都与系统的能量守恒、某个方向上的动量守恒、分离时的临界条件及牛顿定律的运用相关,而牛顿运动的背景就是相对的圆周运动。在解答的过程中,相对速度的计算往往会成为学生解答正确与否的分水岭。

当然,一般的情况是 $\alpha = 0$、半圆柱固定的情形。这里选择 α 存在,圆柱与地面接触光

滑,更具有代表性,但讨论起来也就相对复杂一些。

(1) 如图 2 所示,建立平行于柱面的直角坐标系 xoy,其 x 轴过半圆柱的圆心 O,y 轴过 M 与 m 所构成的系统的质心,则 m 与柱心 O 的初始坐标 x_0 与 X_0 满足

$$x_0 - X_0 = R\sin\alpha, \quad mx_0 + MX_0 = 0$$

即

$$x_0 = \frac{M}{M+m}R\sin\alpha, \quad X_0 = -\frac{m}{M+m}R\sin\alpha$$

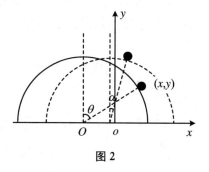

图 2

设当小球的位置与圆心的连线和铅垂线成 θ 角时,小球的坐标为 (x,y),由于系统质心的 x 坐标不变,同上理由可得

$$x = \frac{M}{M+m}R\sin\theta \quad 且 \quad y = R\cos\theta \qquad (*)$$

消除上述两式中的参数 θ 可得

$$\frac{x^2}{\left(\frac{M}{M+m}R\right)^2} + \frac{y^2}{R^2} = 1$$

显然,小球的运动轨迹为椭圆。

看到这个结果,很多同学会感到意外,因为这一方程居然与 α 无关,且与小球从圆柱顶部下滑的方程一致,但小球显然不可能到达圆柱的顶部。那么,严格地讲,我们在此处还需要给出 x、y 的取值范围,即 $x \geq \frac{M}{M+m}R\sin\alpha$,$y \leq R\cos\alpha$,直到小球从圆柱面上飞出。

(2) 对前面的 $(*)$ 式求导,可得

$$\dot{x} = \frac{M}{M+m}R\cos\theta\dot{\theta}, \quad \dot{y} = -R\sin\theta\dot{\theta}$$

又因为 $X = -\frac{m}{M+m}R\sin\theta$,可得

$$\dot{X} = -\frac{m}{M+m}R\cos\theta\dot{\theta}$$

以 m 和 M 所组成的系统为对象,由于系统在水平方向上未受外力,故在水平方向上系统的动量守恒,则有

$$M\dot{X} + m\dot{x} = 0 \qquad ①$$

根据机械能守恒,有

$$\frac{1}{2}M\dot{X}^2 + \frac{1}{2}m(\dot{x}^2 + \dot{y}^2) + mgR\cos\theta = mgR\cos\alpha \qquad ②$$

将 $\dot{x}$、$\dot{y}$、$\dot{X}$ 代入上述两式,可得小球绕 O 转动的角速度为

$$\omega = \dot{\theta} = \sqrt{\frac{2g}{R}\frac{\cos\alpha - \cos\theta}{1 - \frac{m}{m+M}\cos^2\theta}} \qquad ③$$

这个角速度显然是小球相对于圆柱体做圆周运动的角速度。

(3) 对小球进行受力分析,如图 3 所示。当小球脱离圆柱时,应有 $F_N = 0$。我们以圆柱为参考系,这显然是惯性系,此时有

$$mg\cos\theta = m\omega^2 R$$

代入 ω 后整理得

$$\frac{m}{m+M}\cos^3\theta - 3\cos\theta + 2\cos\alpha = 0$$

上式即为小球与半圆柱体分离时 θ 所满足的方程。

若考虑到 $M = m, \alpha = 0$,则上式变为

$$\cos^3\theta - 6\cos\theta + 4 = 0$$

解得

$$\theta = \arccos(\sqrt{3}-1) = 43°$$

此时,小球与半圆柱体恰好分离。

在此,我们有必要说明一下关于 M 与 m 的速度处理方法。在前述的解答中,M 与 m 的速度是通过 $\dot{X}, \dot{x}, \dot{y}$ 来描述的,并通过 ω 来描述彼此间的相对运动。实际上,也有很多的答题者习惯于直接通过 M 的速度 v_x 与 m 相对于 M 的速度 $R\omega$ 来描述两者的速度,这时 m 的速度由牵连速度 v_x 与相对速度 $R\omega$ 合成,如图 4 所示。于是,由动量守恒与机械能守恒得到与①②两式对应的下面两式:

图 4

$$Mv_x + m(v_x - R\omega\cos\theta) = 0 \qquad ①^*$$

$$\frac{1}{2}Mv_x^2 + \frac{1}{2}m[(v_x - \omega R\cos\theta)^2 + (R\omega\sin\theta)^2] + mgR\cos\theta = mgR\cos\alpha \qquad ②^*$$

由①*②*两式,我们同样可以得到前面的③式。

对于上述速度的两种处理方式,我们无法说明谁优谁劣,只能说,在保证解答速度的前提下,选用哪种方法应取决于自己的习惯。

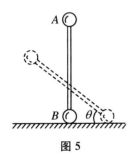

图 5

从上述的解答中,我们可以清楚地看到机械能守恒定律、动量守恒定律、牛顿运动定律、相对运动等规律在这一模型与过程中的应用。另一方面,我们必须清醒地注意到,以此模型为基础特征的变形还有很多,如:将圆柱固定;或者继续讨论小球滑出圆柱体后的运动,从而增加过程;或者将小球放大到不可忽略,从而增加对象的参数,或者在球与圆柱体之间设置摩擦等干扰因素,让模型复杂化,等等。甚至,我们还可以改变模型结构,但并不改变对相关规律的考查。如图 5 所示的模型,用轻杆连接的两个重球从竖直位置开始无摩擦地滑倒,系统在最初阶段的运动模型与前面的滑落模型实质上是完全一致的,它们在运动的最初阶段本质上是同一道题。

此外,在上述解答中列出 m 与 M 分离时的动力学方程时,很多人纠结于这个问题:既

然 M 一直做变速运动,那么选择 M 作为参照物时为何不引入惯性力?究其根本,没有注意到分离的临界状态是 m 与 M 之间的弹力 $F_N = 0$,此时 M 的加速度为 0,故参考系为惯性系,无惯性力。

题 043　坍塌的球堆

三个半径同为 R、质量相同的匀质光滑小球放在光滑的水平桌面上,用一根不可伸长的均匀橡皮筋把它们约束起来。再如图 1 所示地将一个半径也为 R、质量是上述各小球质量 3 倍的匀质光滑小球放在上述三个小球中间正上方,由于受橡皮筋约束,下面三个小球并未分离。试求:

(1) 放置上面的小球后橡皮筋张力增量 ΔT;

(2) 将橡皮筋剪断后上面的小球碰到桌面时的速度 u。

【解析】　本题中,球堆的坍塌过程也就是上面的球沿下面的球的滑落过程。在这一过程中,系统所遵循的规律仍然是机械能守恒定律、动量守恒定律、牛顿运动定律、圆周运动的规律等,涉及相对运动的分析、临界状态的分析等。所以,如从考查的知识内容方面看,本题与上一题的原理基本上是一样的。但本题在模型结构及问题的设置上,又明显地高出一个档次。

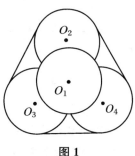

图 1

从模型结构方面看,球堆显然具有空间属性,而对空间问题的定量研究对于中学生来说是难点,加之命题者在问题的设置上首先给出的便是一个空间的受力平衡问题,这既是竞赛生学习的一个门槛问题,也是区分不同层面的学生的一个分水岭。其次,本题研究的是一个多对象与多过程的问题,而不论是多对象还是多过程,即便不考虑由此带来的大运算量,它们也都同样是区分不同层面学生的分水岭。再次,前面说到本题涉及多规律的应用,表现出来的是物理综合问题的显著特征,这又是对学生运用知识能力进行区分的一个分水岭。仅从上述几点来看,本题的难度也就可见一斑。

下面我们来看解答。

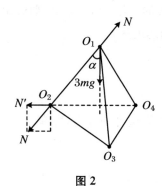

图 2

为了表述方便,我们称上面的小球为球 1,球心为 O_1;下面 3 个小球分别为球 2、球 3、球 4,球心对应为 O_2、O_3、O_4。

(1) 连接 O_1、O_2、O_3、O_4,如图 2 所示,则各球心之间的距离均为 $2R$。对图中 O_1 与 $O_i(i=2,3,4)$ 的连线与竖直方向的夹角 α,由几何条件易得

$$\cos\alpha = \frac{\sqrt{6}}{3}, \quad \sin\alpha = \frac{\sqrt{3}}{3}$$

设球 1 对下面每个小球的压力为 N,则球 2、球 3、球 4 对球 1 反作用力的合力为 $3mg$(球 1 的质量设为 $3m$),即有

$$3mg = 3N\cos\alpha$$

由此可得

$$N = \frac{\sqrt{6}}{2}mg$$

球 2、球 3、球 4 各自所受力 N 的水平分力为

$$N' = N\sin\alpha = \frac{\sqrt{2}}{2}mg$$

如图 3 所示，橡皮筋张力 T 的增量 ΔT 应正好用来平衡 N'，则

$$2\Delta T\cos 30° = N'$$

得

$$\Delta T = \frac{\sqrt{6}}{6}mg$$

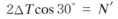

在系统处于静平衡时，所有小球的受力都具有空间属性，但从上面的解答可以看到，我们利用了系统的对称性，将力投影到具有对称特征的平面（或 7 个方向）上，从而将空间力系转换为平面力系（或一维情形）。这一处理方法是处理

具有对称特征的空间系统的基本思路与方法，是降维思维在处理空间问题方面的具体应用。

(2) 橡皮筋剪断后，球 1 开始向下运动，球 2、球 3、球 4 在球 1 的压力作用下做水平运动。球 1 运动一段时间后，会与球 2、球 3、球 4 分离，分离的条件是相互间作用力 $N = 0$。球 1 与下面 3 个小球分离后，将在重力作用下做匀加速直线运动。根据系统的对称性，可知球 2、球 3、球 4 的运动速率相同，速度方向沿 $\triangle O_2O_3O_4$ 中心 O 到各顶点 O_i（$i = 2,3,4$）连线的延长方向。如图 4 所示，设 O_1 的向下速度为 v_1，O_2 沿 OO_2 方向的速度为 v_2，直角三角形 O_1O_2O 中的 $\angle O_1O_2O$ 用 θ 代表，θ 角的初始值 θ_0 应满足 $\sin\theta_0 = \frac{\sqrt{6}}{3}$，

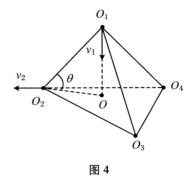

图 4

而后 θ 角减小。假设 θ 角小到某值时，球 1 与其余 3 个小球之间的正压力 N 为零，则彼此将分离。此时随 O_2 一起运动的参考系为惯性系，O_1 相对于 O_2 的速度为

$$v = v_1\cos\theta + v_2\sin\theta$$

因球 1 与球 2 尚未分离，故仍有

$$v_1\sin\theta = v_2\cos\theta$$

$N = 0$ 的条件为：球 1 相对于球 2 运动的向心力恰好为球 1 所受重力的分力，即有

$$3m\frac{(v_1\cos\theta + v_2\sin\theta)^2}{2R} = 3mg\sin\theta$$

与上式联立，可解得

$$v_1^2 = 2Rg\sin\theta\cos^2\theta, \quad v_2^2 = 2Rg\sin^3\theta$$

此时球 1 下降高度为 $2R(\sin\theta_0 - \sin\theta)$，根据机械能守恒，有

$$\frac{1}{2}(3m)v_1^2 + 3 \times \left(\frac{1}{2}mv_2^2\right) = (3m)g2R(\sin\theta_0 - \sin\theta)$$

将 v_1^2、v_2^2 的表述式代入，可解得

$$\sin\theta = \frac{2\sqrt{6}}{9}$$

代入 v_1^2 表述式后，可得

$$v_1^2 = \frac{76\sqrt{6}}{243}Rg$$

球 1 与下面 3 个小球分离后，即做自由落体运动。球 1 与桌面相遇时的速度 u 与初速度 v_1 之间的关系为 $u^2 = v_1^2 + 2gh$，其中 h 为下落高度，应有 $h = 2R\sin\theta$。

最后可算得球 1 碰到桌面时的速度为

$$u = \frac{\sqrt{876\sqrt{6}}}{27} \times \sqrt{Rg}$$

从问题(2)的解答中，我们看到的仍然是能量守恒、动量守恒(对称分析)、牛顿运动定律等相关规律的应用。但在球 1 与下面 3 个小球分离后的自由落体下落的高度很容易被答题者在不经意中处理为 $R + 2R\sin\theta$，从而留下遗憾。

如果对物体从曲面上滑落类的试题进行比较性分析，我们可以看到不同层面的试题虽然在解题时运用的规律相同，但由于结构的衍变、过程的延伸、对象的增减都会改变试题的难度。总体上说，随着过程、对象、几何维度的增加，试题的考查功能在向上推进，更能对不同层面的学生进行区分。

本题在空间结构的分析方面与三角支架的平衡构成了一对孪生题，都是学生处理空间问题的门槛题。

题 044　配速法在黏滞阻力 $f = -kv$ 作用背景下的应用

如图 1 所示，质量为 m 的小球从 A 点以水平速度 v_0 射出，在重力和空气阻力的作用下，经一段时间后到达 B 点，速度为 v_0'，其方向与水平方向成 θ 角。设小球在空气中运动时，所受空气阻力为 $f = -kv$，其中 k 为常量，v 为小球运动速度。试求：

(1) 小球落地时的速度 v_0'；
(2) A、B 间水平距离 s。

【解析】　黏滞阻力 $f = -kv$ 不论是在常规高考中还是在竞赛中，都是时常出现在试卷中需要定量计算的力。由于该力的方向始终与物体运动的速度方向相反，无论物体是做直线运动还是做曲线运动，该力都只改变物体运动的速度大小，而不会影响到速度方向的变

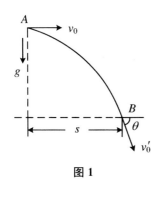

图1

化。那么,在自然坐标中,该力的作用只发生在切向上,在该方向上运用牛顿第二定律,有 $-kv = ma$,即

$$-kv = m\frac{dv}{dt} \qquad ①$$

由此,我们有如下的两个推论:

推论1 将①式变形为

$$-kvdt = mdv$$

结合 $ds = vdt$,有 $-kds = mdv$,积分得

$$-ks = m(v - v_0)$$

即

$$s = -\frac{m}{k}\Delta v$$

或者

$$s = -\frac{m}{k}\Delta v = -\frac{\Delta(mv)}{k} = -\frac{\Delta p}{k}$$

式中 s 为物体做直线运动时位移的大小或做曲线运动时的路程,Δp 为物体动量大小的增量。

推论2 将①式变形为 $\frac{dv}{v} = -\frac{k}{m}t$,积分得

$$v = v_0 e^{-\gamma t}$$

式中 $\gamma = \frac{k}{m}$。

上述关于 s 与 v 的两个计算推论在竞赛中都可能会涉及,特别是关于 s 的计算,即便是在常规的高考教学中,其应用也是很普遍的;而关于 v 的推论在不要求运用微积分的前提下不会被用到,但目前竞赛对简单的微积分有了要求,因此它出现在试题中的可能性便存在了。

但本题讨论的并不是物体只在 $f = -kv$ 作用下的运动情景,除该力外物体还受到一个恒力 F(重力 mg)的作用,且 f 与 F 不在一条直线上,物体所做的运动是曲线运动,这一运动显然是复杂的。对于此类物体在 $f = -kv$ 和恒力 F 作用下运动的模型,我们一般作如下处理:

如图2所示,假设以初速度 v_0 运动的物体A除了受到与速度相关的阻力 $f = -kv$,还受恒力 F 的作用。注意,此处的 v_0 未必垂直于 F。为了简化问题,我们不妨将 v_0 分解为 $v_1 + v_2$,让 v_1 的方向与 F 的方向一致,且令 $kv_1 = F$。然后,我们将力 F、v_1 以及与 v_1 对应的阻力 $-kv_1$ 作为一个系统绑定在一起,作为一个独立的系统。根据矢量的独立作用原理,该系统将以速度 v_1 做匀速运动,其运动将不会受到其他运动的影响,同时也不会影响到其他的运动。此外,物体还有一个速度 v_2,它一定受到一个与之对应的阻力 $-kv$,我们亦可将 $-kv$ 和 v_2 绑定,作为一独立的系统进行考察,只是 v_2 将在 $-kv$ 的作用下逐渐减小,物体在该方向上

做减速直线运动。

这样一来,我们便将原来的一个复杂的曲线运动系统分解为两个独立的直线运动系统,而这两个直线运动系统都是我们熟悉的直线运动系统,然后依据矢量的叠加原理对它们进行叠加,便可得到原来的复杂系统的运动情况,如图 2 所示。

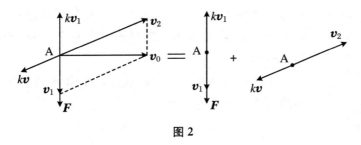

图 2

从上面的分析我们可以看到,为系统配置一个速度 v_1,使其产生的阻力与系统所受到的恒力达到平衡是关键的一点,这种方法是处理这类问题的一个较为通用的方法,通常称为配速法。

(1) 根据上面的分析,我们可把 v_0 分解成 v^* 和 v_1,并使其满足 $kv^* = mg$,如图 3 所示,图中 $\alpha = \arctan \dfrac{mg}{kv_0}$,由此可算得

$$v_1 = \dfrac{v_0}{\cos \alpha}, \quad v^* = v_0 \tan \alpha$$

根据运动的独立性,竖直方向的 v^* 产生的阻力 f^* 恰与重力 mg 相消,所以小球在竖直方向上做匀速直线运动。另一分量 v_1 由于只受到与其相反方向的 f_1 的作用,故做变减速直线运动。考虑到竖直方向的速度恒为 v^*,与水平方向成 α 角的运动速度大小要发生变化,因此可将末速度 v_0' 也分解成 v^* 和与水平方向成 α 角的 v_2,如图 4 所示。利用正弦定理,得

$$\dfrac{v_0'}{\sin\left(\dfrac{\pi}{2} - \alpha\right)} = \dfrac{v_2}{\sin\left(\dfrac{\pi}{2} - \theta\right)} = \dfrac{v^*}{\sin(\alpha + \theta)}$$

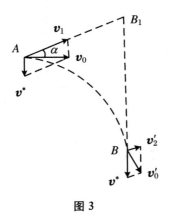

图 3

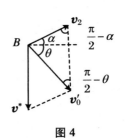

图 4

由此解得

$$v_0' = \frac{v_0 \sin \alpha}{\sin(\alpha + \theta)}, \quad v_2 = \frac{v_0 \cos \theta \tan \alpha}{\sin(\alpha + \theta)}$$

式中 $\alpha = \arctan \dfrac{mg}{kv_0}$。

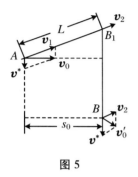

图 5

（2）由于系统的两个运动是独立的,小球的位移也是在竖直方向与 v_2 方向上发生的,小球从 $A \to B$ 的运动过程可看作①沿 v_2 方向从 $A \to B_1$ 的运动和②沿竖直方向从 $B_1 \to B$ 的运动的合成,如图 5 所示。

小球在 $A \to B_1$ 方向上的速度大小由 v_1 减至 v_2,且通过图示中的路程 L。由上述的推论 1 易得

$$L = \frac{m(v_1 - v_2)}{k}$$

将 $v_1 = \dfrac{v_0}{\cos \alpha}$, $v_2 = \dfrac{v_0 \cos \theta \tan \alpha}{\sin(\alpha + \theta)}$ 代入,可算得

$$L = \frac{mv_0}{k \cos \alpha} \left[1 - \frac{\cos \theta \sin \alpha}{\sin(\alpha + \theta)} \right]$$

结合图 5 所示,最后求得

$$s = L \cos \alpha = \frac{mv_0 \cos \alpha \sin \theta}{k \sin(\alpha + \theta)}, \quad \alpha = \arctan \frac{mg}{kv_0}$$

在中学物理竞赛中,对于力与速度相关联的问题,如在恒力场中与运动相关的问题大体与本题类似,处理方法主要是通过配速的方式让一分速度产生的黏滞力与恒力抵消,则实际运动为此匀速运动与另一运动的合成。

当然,对于习惯于运用微积分求解的同学而言,也容易通过如图 6 所示的坐标系进行相应的求解。解答如下:

在 x 方向上有

$$-kv_x = m \frac{dv_x}{dt}$$

整理得

$$dv_x = -\frac{k}{m} v_x dt$$

考虑到 $v_x dt = dx$,有

$$dv_x = -\frac{k}{m} dx$$

积分得

$$v_0' \cos \theta - v_0 = \frac{k}{m} s \qquad ②$$

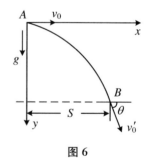

图 6

在 y 方向上有

$$mg - kv_y = m \frac{dv_y}{dt}$$

整理得

$$dv_y = gdt - \frac{k}{m}v_y dt$$

考虑到 $v_y dt = dy$，有

$$dv_y = gdt - \frac{k}{m}dy$$

积分得

$$v_0'\sin\theta = gt - \frac{k}{m}y_B \qquad ③$$

上述解答过程中通过正交的 x、y 方向的运动特征得到的②、③两式中存在 v_0'、s、t、y_B 四个未知数，显然并不能由此得到我们所需的答案。由此可见，常规的思路与正确的计算并不一定能为我们带来期望的结果。

那么，运用微积分的思路是否无法对该问题求解呢？当然也不是。

我们将上述的 $-kv_x = m\dfrac{dv_x}{dt}$ 变形为 $\dfrac{dv_x}{v_x} = -\dfrac{k}{m}dt$，再积分可得

$$\ln\frac{v_0'\cos\theta}{v_0} = -\frac{k}{m}t \qquad ④$$

我们按上述推论2的方式，将上述的 $mg - kv_y = m\dfrac{dv_y}{dt}$ 变形为 $\dfrac{dv_y}{g - \dfrac{k}{m}v_y} = dt$，再积分可得

$$\ln\left(1 - \frac{kv_0'}{mg}\sin\theta\right) = -\frac{k}{m}t \qquad ⑤$$

联立④⑤两式可得

$$v_0' = \frac{mgv_0}{kv_0\sin\theta + mg\cos\theta}$$

引入 $\tan\alpha = \dfrac{mg}{kv_0}$，化归后得

$$v_0' = \frac{v_0\sin\alpha}{\sin(\alpha + \theta)}$$

将 v_0' 代入②式，便可得

$$s = \frac{mv_0\cos\alpha\sin\theta}{k\sin(\alpha + \theta)}$$

比较上述配速法与运用微积分法两种解答思路，我们可以看到，前一种解法凸显了思维的力量，而后一种解答体现了知识的力量。在中学物理竞赛中，后一种解答对多数同学存在知识上的障碍。虽然目前在竞赛中对微积分有基本要求，但我们并不能确定上述两种方法谁优谁劣，只是前一种方法更显"中学"与"竞赛"的特征。

力与速度相关联的问题是中学物理竞赛中的一个值得关注的问题，在本书中会有多道题涉及这类问题，大家不妨将它们集中起来阅读、比较，也许会更有启发。

题 045　球在斜面上的滚动

半径为 R、质量为 m 的匀质球静止于倾角为 φ 的斜面上，$t=0$ 时开始纯滚下来，试求在滚到斜面底部前的 t 时刻球上与斜面接触的点 M 的加速度 a_M。再问：球与斜面之间的摩擦因数 μ 应为多大？

【解析】 对于质点或做平动的物体，我们通常用位移 x、速度 v、加速度 a 来描述其运动属性，用牛顿第二定律（$F=ma$）来阐述其动力学关系。对于涉及转动的刚体，除用上述量进行相应的描述外，还用角量对其转动属性加以描述，即角位移 φ、角速度 ω、角加速度 β，而对转动中的动力学关系则用转动定律（$M=I\beta$）来阐述。

在竞赛中，涉及转动定律应用的问题多包含杆件或球、柱、环、盘之类在运动过程中具有"圆"特点的模型，这类模型要求我们既能熟练地运用牛顿定律，也能恰当地运用转动定律；而且，由于解答时涉及的过程或物理量较多，对很多同学来说，有很大的难度。所以，这类题既不失基础性也有相应的难度。本题即是这方面的经典模型。

在常规教学领域，我们有"无斜面不成高考"的说法，而在竞赛中虽不至于此，但斜面同样也是高频模型。本题是匀质球在斜面上滚动的问题，涉及质心运动定律与转动定律的应用。具体解答如下：

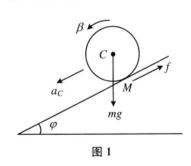

图 1

如图 1 所示，设匀质球滚动时质心的加速度为 a_C，转动的角加速度为 β，球受重力 mg、弹力 N（图中未画出）、摩擦力 f 的作用。为求球上与斜面接触的点 M 的加速度 a_M，我们先求出滚动过程中的基本量 a_C 与 β。

对匀质球的质心运用牛顿第二定律，有

$$mg\sin\varphi - f = ma_C$$

匀质球的转轴垂直于纸面过质心 C。匀质球受到的重力、弹力以及因质心 C 做变速运动而引入的惯性力都通过转轴，其力矩均为零，故由转动定律有

$$fR = I_C\beta$$

式中 $I_C = \dfrac{2}{5}mR^2$，为球绕过质心的轴转动的转动惯量。

对于 a_C 与 β 的关系，以斜面上与球接触的点 M 为参考点，易得

$$a_C = \beta R$$

联立上述各式，解得

$$a_C = \frac{5}{7}g\sin\varphi, \quad \beta = \frac{5g\sin\varphi}{7R}$$

下面来求 t 时刻球上与斜面接触的点 M 的加速度 a_M。

显然,t 时刻球转动的角速度为
$$\omega = \beta t$$
由于球上与斜面接触的点 M 相对于质心 C 在做变速圆周运动,故可将 M 点相对于质心 C 的加速度记为 a'_M,则有
$$\boldsymbol{a}_M = \boldsymbol{a}'_M + \boldsymbol{a}_C$$
以质心 C 为参考点,分析 M 点相对于质心 C 的加速度:法向加速度 a'_{nM} 的大小为 $\omega^2 R$,方向为垂直于斜面向上;切向加速度 a'_{tM} 的大小为 βR,方向为平行于斜面向上。又,质心加速度 a_C 的大小为 βR,方向为平行于斜面向下,则
$$\boldsymbol{a}_M = \boldsymbol{a}'_{nM}$$
所以
$$a_M = \omega^2 R = \frac{25g^2 \sin^2 \varphi}{49R} t^2$$
方向为垂直于斜面向上。

联立上述各式,还可解得
$$f = \frac{2}{7} mg \sin \varphi$$
纯滚动要求 f 为静摩擦力,因为压力 $N = mg\cos\varphi$,所以
$$f \leqslant \mu mg \cos \varphi$$
得 μ 的可能范围为 $\mu \geqslant \frac{2}{7} \tan \varphi$。

从上述解答过程中我们可以体会到,涉及转动定律运用的问题与涉及牛顿运动定律运用的问题其实并无不同,解答程序也是从物体的受力分析开始,然后依据相应的规律列出方程,最后求解。相对特别的一点就是需要分析出质心运动的加速度与转动的角加速度之间的关系。在本题中,由于这两者的关系比较明显,我们就直接给出了这一关系。实际上,我们也能从质心运动的速度与球转动的角速度之间的关系出发,通过求导得到质心运动的加速度与转动的角加速度之间的关系。在复杂的模型中,寻找质心运动的加速度与转动的角加速度之间的关系往往成为解题的瓶颈,大家应注意练习。

在此还有必要提示一下,在分析过程中我们提到了惯性力,这是很多同学极易疏忽的一点。希望读者能认真思考此处"惯性力"的来历。

此题中的 M 点实际上有三重身份:
(1) 球上与斜面接触的点,即题述的点;
(2) 斜面上与球接触的点;
(3) 球转动的瞬心点。

这三点在图上重叠为一点,别的不说,这三个点的加速度就明显不同。而在解题的过程中,由于这三点是重叠的,稍有疏忽,就容易混淆这三点的差异。譬如,有人将本题中 a_M 视为球滚动时瞬心的加速度,这是不正确的。瞬心作为空间上的一点,并非是球上的固定点,观察瞬心与 C 的位置关系,不难确定 $a_{瞬心} = a_C$。再譬如,球上 M 点的加速度为上述的 a_M,

而斜面上的 M 点的加速度为 0,它们相对于质心的加速度也不相同,等等。

其实,一切平动物块的动力学问题都可以在将物块改变为可转动的模型后成为与转动相关的动力学问题。如本题模型中的匀质球就是由滑块衍变而来的,我们还可以将固定的斜面衍变为与水平面接触光滑的三角劈,匀质球下滚时三角劈会退行,这同样要引入惯性力,而惯性力同样会有力矩效应,等等。

最后,我们还要再次强调,这类试题的设计似乎总离不开质心平动的速度、加速度与转动体的角速度、角加速度之间的关联分析、临界分析,而对此类问题分析的切入点大体是接触处的速度是否相等(或者说接触点的相对速度是否为零),进而给出所需的运动量间的关联。这一关联在解题过程中既是联系平动与转动的纽带也是分析计算的瓶颈。

题046 圆柱在平板上的运动

质量为 M 的足够长的薄木板静止置于地平面,木板与地面之间的动摩擦因数为 μ。将一个质量也为 M、半径为 R 并以角速度 ω_0 绕中心轴转动的匀质圆柱平放在木板上(设此时 $t=0$),圆柱与木板之间的动摩擦因数为 5μ,如图 1 所示。求 $t=0$ 以后木板相对于地面的运动速度 $v(t)$。

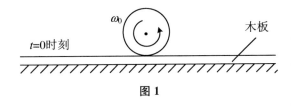

图 1

【解析】 多体与多对象类的问题无论在哪种类型的测试中出现,都不属于简单问题。况且,本题应用的规律除了大家熟悉的牛顿定律,还包括转动定律、运动的临界分析、过程的分类讨论等。

"抓住对象的手,跟着过程走"是解决多对象、多过程问题的基本原则,尤其是对物体的运动过程更是如此。这里所说的"对象的手",是指研究对象在这一过程中所适用的物理规律。在解题时,我们利用规律对每一个过程进行相应的分析与计算,然后利用联系不同过程的纽带——速度(或角速度),将它们串联起来。一般的问题都会在这一处理程序中得到解决。

在本题中,研究对象显然有圆柱与长木板。过程对圆柱而言,应有又滚又滑和纯滚动的不同过程;而对木板,存在加速运动与减速运动的不同过程。解题时必须通过分析与计算确定不同过程的转折点(临界点)。

将角速度为 ω_0 的圆柱平放在木板上后,在开始一段时间内,圆柱相对于木板的运动是又滚又滑。在这段时间内,分析木板所受圆柱和地面的滑动摩擦力可求得木板运动的速度与时间的关系。圆柱相对于木板的运动在又滚又滑一段时间之后会变成纯滚动。根据纯滚动的条件可求出发生纯滚动的开始时间以及这时圆柱与木板之间的静摩擦力,并根据这时木板受圆柱和地面的摩擦力求出木板运动的速度与时间的关系;从这个关系式中可以看出木板的速度随时间减小,从而可求得某时刻后木板会静止,而圆柱在静止木板上做纯滚动运动。

开始一段时间圆柱在木板上显然有滑动和滚动,且木板在地面上也有滑动,圆柱和木板所受的摩擦力如图 2 所示。

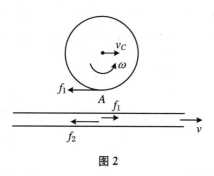

图 2

图 2 中所标的 v、v_C 及 ω 的方向均为正方向(v 和 v_C 分别是木板和圆柱的质心相对于地面的速度)。对木板应用牛顿第二定律,有

$$Ma = f_1 - f_2 = 3\mu Mg$$

解得木板运动的加速度为

$$a = 3\mu g$$

又 $v(0) = 0$,所以

$$v = 3\mu g t$$

再对圆柱应用质心运动定律和转动定律,有

$$Ma_C = -f_1, \quad \frac{1}{2}MR^2\beta = -f_1 R$$

解得圆柱质心的加速度和角加速度分别为

$$a_C = -5\mu g, \quad \beta = -\frac{10\mu g}{R}$$

又 $v_C(0) = 0$ 和 $\omega(0) = \omega_0$,所以

$$v_C = -5\mu g t, \quad \omega = -\frac{10\mu g}{R}t + \omega_0$$

圆柱与木板的接触点 A 相对于木板的速度为

$$v'_A = v_C + \omega R - v \quad (\text{取向右为 } v'_A \text{ 的正方向})$$

整理得

$$v'_A = \omega_0 R - 18\mu g t$$

当 $t_1 = \dfrac{\omega_0 R}{18\mu g}$ 时,$v'_A = 0$。

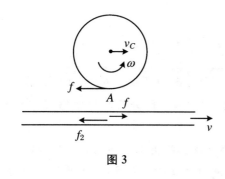

图 3

在 t_1 时刻之后,若没有具体的计算,我们无法从定性的角度确定圆柱在木板上的运动是滑动还是纯滚动,为此需要假设上述两种中的某种情形成立,然后通过计算来判断假设成立与否。

假设圆柱在木板上做纯滚动,圆柱和木板所受的摩擦力如图 3 所示。

木板与地面之间的滑动摩擦力仍为 $f_2 = \mu(2M)g$,圆柱做纯滚动时与木板之间的静摩擦力 f 需满足条件

$$|f| < 5\mu Mg$$

若下面计算所得结果满足此条件,则所设的纯滚动便成立。

同样应用动力学规律（对木板应用牛顿第二定律，对圆柱应用质心运动定律和转动定律），有

$$Ma = f - f_2 = f - 2\mu Mg, \quad Ma_C = -f, \quad \frac{1}{2}MR^2\beta = -fR$$

圆柱做纯滚动时 $v'_A = 0$，因而有

$$v_C + R\omega - v = 0$$

联立上述四式，可解得

$$a = -\frac{3}{2}\mu g, \quad \beta = -\frac{\mu g}{R}, \quad f = \frac{1}{2}\mu Mg$$

此处 f 满足 $|f| < 5\mu Mg$，因而所设的纯滚动成立。

又 $v(t_1) = 3\mu g t_1 = \frac{1}{6}\omega_0 R$，所以

$$v = -\frac{3}{2}\mu g(t - t_1) + v(t_1) = -\frac{3}{2}\mu g t + \frac{1}{4}\omega_0 R$$

此处的假设与实际情况相符，从而避免了重复计算。换句话说，若答题时假设 t_1 时刻之后圆柱在木板上的运动是又滑又滚，得到的结果必然与实际情况冲突，我们又必须回头计算本假设的情形，浪费时间则是必然的。所以，我们有时候说，学习物理需要有一定的直觉，这里的直觉大体是指基于平时学习的积累，能够正确地预测物理过程中可能出现的结果，指引我们快速地达到目的。

而且，本题所描述的过程并未结束，因为木板最终会停下来。

当 $t_2 = \frac{\omega_0 R}{6\mu g}(=3t_1)$ 时，$v = 0$。

显然在 t_2 时刻之后，木板仍静止，圆柱在木板上做匀（角）速纯滚动（在足够长的时间后，圆柱脱离薄木板，但这不影响薄木板的静止），即 $t > t_2$ 时，$v = 0$。

综合上述所得结果，有

$$v = \begin{cases} 3\mu g t, & 0 \leqslant t \leqslant t_1 \\ -\frac{3}{2}\mu g t + \frac{1}{4}\omega_0 R, & t_1 \leqslant t \leqslant t_2 \\ 0, & t \geqslant t_2 \end{cases}$$

其中 $t_1 = \frac{\omega_0 R}{18\mu g}$，$t_2 = 3t_1$。

上述解答是一步一步地走过来的，最终也能轻松地得到正确的结果。对于多对象、多过程的问题，大家要保持冷静，明确研究对象，有条理地理清脉络，注意分析临界状态，最终必然会得到正确的结果。

本题还为我们的练习预留了一定的空间。题目只要求我们给出木板运动的速度 $v(t)$，显然还可以在此基础上设置更多需要讨论的物理量，如位移 $x(t)$ 等；而且，对于圆柱的运动量，我们也有丰富的讨论空间，如 $v_C(t)$、$\omega(t)$ 等。大家在练习时，对此发散一下，更能增长自己的能力。

题 047　物体在倾斜管中的运动

一根半径为 r 的圆柱形光滑长管倾斜，与水平面成角 α，如图 1 所示。从 A 点沿着管的内表面向上掷出一个小物体，物体的初速度方向与直线 AB 成角 φ。要使物体开始向上运动而不脱离管面，物体的最小初速度 v_0 应为多少？

【解析】 在中学物理中对运动物体与支持面分离问题的讨论十分广泛。但在常规教学中，这类问题讨论的模型几乎都是物体或小球在圆柱外面或圆筒内面运动时的脱离情形，且充其量也只在竖直面内讨论曲面固定的情形。但在竞赛范围内，这类问题有很大的拓展空间。一是曲面可能是其他的二次曲面；二是曲面并不固定；三是物体或小球的运动并不一定在竖直面内，有一定的空间属性。

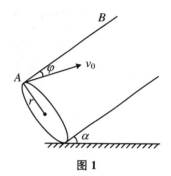

图 1

本题讨论的即是具有空间运动属性的问题。

可以想象，若本题中 $\alpha=0$，抛出小物体后，要使小物体不脱离管面，则小物体在沿管的轴线方向上做速度为 $v_0\cos\varphi$ 的匀速运动，而在垂直于轴线的竖直面内做初速度为 $v_0\sin\varphi$ 的变速圆周运动，这两个运动显然是独立的，彼此不干扰，但最终合成的是一个螺旋线运动。在这个螺旋线运动中，物体是否脱离管面取决于竖直面内的圆周运动，而与沿轴线上的匀速运动无关。自然，对于竞赛生而言，对此类脱离问题的讨论应该是轻而易举的。

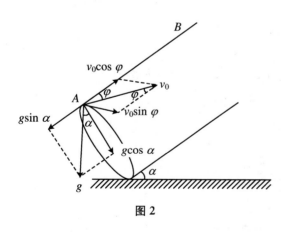

图 2

实际上，物体在管内表面上的任何复杂运动都可以看作是两个独立分运动的合运动：沿管轴的运动和在垂直于管轴平面上的圆周运动。物体脱离管面仅在垂直于管轴平面上的圆周运动中出现，即物体不再做圆周运动，我们需要研究的便是此运动。

那么，当 $\alpha\neq 0$ 时，我们只需将物体运动的初速度 v_0 与重力加速度 g 分解到管的轴线上与垂直于轴线的平面内即可，如图 2 所示，这样，依据矢量的独立性原理，我们将物体在轴线方向上的速度 $v_0\cos\varphi$ 与该方向上的受力 $mg\sin\alpha$ 绑在一起进行研究，不难得到物体在该方向上将做匀减速运动，此运动与物体是否脱离管面无关，本题中我们可以不讨论。

而在垂直于轴线的平面内，物体具有初速度 $v_0\sin\varphi$，它受到恒力 $mg'=mg\cos\alpha$、管面

的弹力 N 的作用，我们将该平面内的运动与受力绑在一起进行相关的研究，在物体不脱离管面的前提下，物体所做的运动显然是圆周运动，而物体与管面脱离与否正取决于该平面内的运动与受力。

物体做圆周运动，如图 3 所示。在垂直于管轴的平面内，物体受到管壁的正向支持力 N 和重力的分力 $mg' = mg\cos\alpha$ 的作用。列出物体做圆周运动的条件：

$$mg'\cos\beta + N = m\frac{v^2}{r}$$

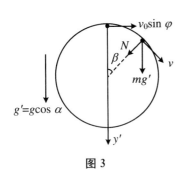

图 3

式中 β 是该时刻物体所在圆上那点对应的半径与在垂直于管轴平面内的"竖直线" y' 所成的角。要使物体不脱离管面，应该满足条件：

$$N = m\frac{v^2}{r} - mg'\cos\beta \geqslant 0$$

由此可得 $v^2 \geqslant g'r\cos\beta$

对该平面内绑定的系统运用机械能守恒定律可得到物体做圆周运动在该时刻的速度 v 与初速度 v_0 的关系：无论角 β 为何值，都应满足

$$\frac{1}{2}mv^2 + mg'r\cos\beta = \frac{1}{2}m(v_0\sin\varphi)^2 + mg'r$$

由此得

$$v^2 = (v_0\sin\varphi)^2 + 2g'r - 2g'r\cos\beta$$

则物体不脱离管面时应满足

$$(v_0\sin\varphi)^2 + 2g'r - 2g'r\cos\beta \geqslant g'r\cos\beta$$

即

$$v_0^2 \geqslant \frac{3g'r\cos\beta}{\sin^2\varphi} - \frac{2g'r}{\sin^2\varphi}$$

既然在 β 为任何值的情况下都应得到满足，且有 $\cos\beta|_{\max} = 1$，那么最终有

$$v_0^2 \geqslant \frac{g'r}{\sin^2\varphi} = \frac{gr\cos\alpha}{\sin^2\varphi}$$

亦即

$$v_0 \geqslant \sqrt{\frac{gr\cos\alpha}{\sin^2\varphi}}$$

回头再来看看上述的解答对我们的启示：

(1) 一般情况下，我们对矢量的分解是在两个或三个方向上进行的，而本题是在一个方向(轴向)与一个平面(垂直于管轴)上进行的。这一处理过程实际上是将对一个三维运动的研究转换为对一个一维运动和一个二维运动的研究，达到了降维的目的。如果答题者没有一定的处理空间问题的能力，可能连这种降维都无法进行下去。

(2) 实际上，我们并没有研究轴向的一维运动，而是关注影响物体脱离管面的圆周运

动,这种攻其一点,不及其余的解题策略在满足独立作用原理与叠加原理的物理问题中经常被用到。

(3) 在垂直于轴线的平面内运用机械能守恒定律的方法也许会引起质疑,毕竟能量是标量,不存在与矢量类似的分解,系统的机械能应该具有整体性。那么,在本题中,能量是否能分轴向与垂直于轴向进行讨论呢?质疑的原因应该是不清楚矢量的独立性与牛顿力学的适用特性。对于上述绑定的两个系统而言,在一定意义上,它们都是孤立的,彼此不相干扰,在每个系统内牛顿力学所涉及的规律都是适用的。最终的结果是两者的叠加。

当然,在学习过程中,我们并不认为这种质疑是多余的,而是深入讨论问题的前提。

(4) 对于竞赛练习题,答题者如果仅满足于结果的求得,那么在一定程度上浪费了习题的资源。实际上,我们也可以设计出轴向运动的问题以及轴向运动与垂直于轴向运动的关联问题。有兴趣的同学可以作这方面的尝试。

题 048 转动系下牛顿定律的应用

一根光滑的细杆被弯成如图 1 所示的形状,并被固定在竖直平面(xOy)内,形状的曲线方程为 $y = \dfrac{1}{2a}x^2$(a 为正常数)。杆上套有一质量为 m 的小环。

(1) 若小环从杆上 $x = 2a$ 处由静止释放,求其运动到 $x = a$ 处时对杆的作用力。

(2) 若杆绕 y 轴以恒定角速度 ω_0 转动,则 ω_0 为多大时,环在杆上任何位置均能相对于杆静止?

(3) 若杆绕 y 轴转动的角速度 ω 取(2)中值的 $\dfrac{\sqrt{2}}{2}$ 倍,即 $\omega = \dfrac{\sqrt{2}}{2}\omega_0$,则小环从杆上 $x = 2a$ 处由相对于杆静止释放,当小环运动到 $x = a$ 处时对杆的作用力为多大?

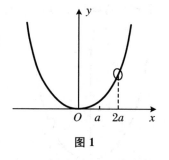

图 1

【解析】 初看此题,你可能会发觉本题的模型与"题 031"类似,甚至可以说是同一模型,但"题 031"中,我们在轨道静止的背景下,谈论的是轨道属性与牛顿运动定律在自然坐标与直角坐标下的转换与应用问题。本题不仅将"题 031"讨论的轨道属性与牛顿定律应用的问题进一步向前延伸,而且还涉及转动参考系下科里奥利力的计算等,其难度与"题 031"不在同一层面上。

竞赛题在涉及动力学问题时,如果物体的运动是直线运动,往往是牛顿运动定理、能量与动量及角动量问题的综合应用。如果物体做曲线运动,自然也会涉及上述规律的应用,但还有可能涉及轨道曲率半径的计算,这是中学生能力的一个薄弱点。这一问题在多个习题中都有相应的论述,本题虽然也同样涉及这一问题,但我们不再作过多的表述。

(1) 对于沿轨道做曲线运动的物体，要求其所受到的作用力，必须先求出物体运动的速度与轨道的曲率半径。

先求小环运动至 $x = a$ 时的速度。

由弯杆形状方程 $y = \dfrac{1}{2a}x^2$ 可得，小环在 $x = 2a$ 和 $x = a$ 时的 y 值分别为

$$y(2a) = 2a, \quad y(a) = \dfrac{1}{2}a$$

小环从 $x = 2a$ 处由静止释放，当到达 $x = a$ 处时的速度设为 v，则由机械能守恒定律有

$$\dfrac{1}{2}mv^2 = mg(y(2a) - y(a))$$

得 $v = \sqrt{3ga}$。

以下求 $x = a$ 处杆的曲率半径。

把杆的形状曲线与平抛运动的抛物线轨迹作类比。即从 O 点以初速度 v_0（沿 x 方向）抛出一物体，将此物的重力加速度 g 的方向取为沿 y 方向，则此物的运动方程为

$$x = v_0 t, \quad y = \dfrac{1}{2}gt^2$$

从上式中消去 t，可得

$$y = \dfrac{g}{2v_0^2}x^2$$

将上式与弯杆形状方程 $y = \dfrac{1}{2a}x^2$ 作类比，可得 $a = \dfrac{v_0^2}{g}$。

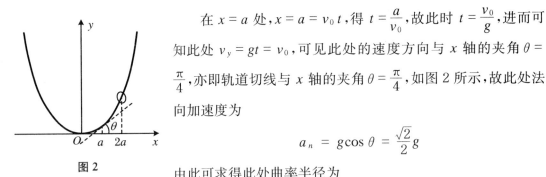

图 2

在 $x = a$ 处，$x = a = v_0 t$，得 $t = \dfrac{a}{v_0}$，故此时 $t = \dfrac{v_0}{g}$，进而可知此处 $v_y = gt = v_0$，可见此处的速度方向与 x 轴的夹角 $\theta = \dfrac{\pi}{4}$，亦即轨道切线与 x 轴的夹角 $\theta = \dfrac{\pi}{4}$，如图 2 所示，故此处法向加速度为

$$a_n = g\cos\theta = \dfrac{\sqrt{2}}{2}g$$

由此可求得此处曲率半径为

$$\rho(a) = \dfrac{v^2}{a_n} = \dfrac{v_x^2 + v_y^2}{a_n} = 2\sqrt{2}a$$

当然，我们可以根据下式直接得到曲率半径：

$$\rho(a) = \dfrac{(1 + y'^2)^{3/2}}{|y''|}\bigg|_{x=a} = \dfrac{\left[1 + \left(\dfrac{x}{a}\right)^2\right]^{3/2}}{\left|\dfrac{1}{a}\right|}\bigg|_{x=a>0} = 2\sqrt{2}a$$

最后求环对杆的作用力。

当小环运动到 $x = a$ 处时，由图 3 所示的小环受力情况可得其法向运动方程为

$$N - mg\cos\theta = m\frac{v^2}{\rho}$$

于是可得

$$N = mg\cos\theta + m\frac{v^2}{\rho} = \frac{5}{4}\sqrt{2}mg$$

根据牛顿第三定律,环对杆的作用力大小 $N' = N$,方向与图 3 中 N 的方向相反。

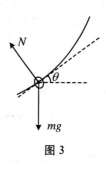

图 3

(2) 在随杆一起旋转的转动参考系中,相对于杆不动的环受力情况如图 4 所示,其中 f_i 是惯性离心力。小环在该参考系中点 (x,y) 处静止时,在杆的切线方向有

$$mg\sin\theta = f_i\cos\theta = m\omega^2 x\cos\theta$$

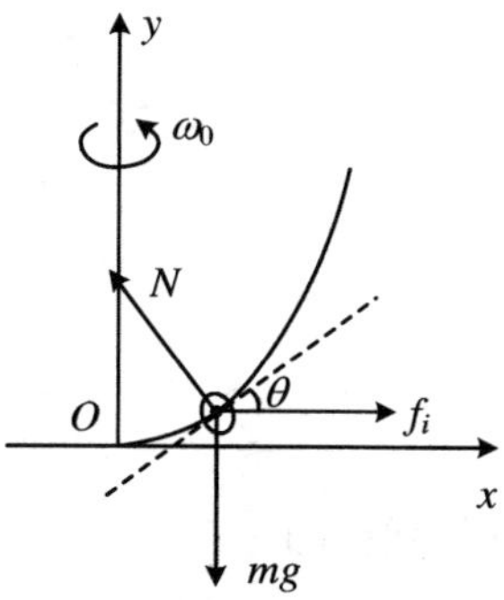

因为轨道切线的斜率为 $\tan\theta = \dfrac{\mathrm{d}y}{\mathrm{d}x} = \dfrac{x}{a}$,所以有

$$\omega_0 = \sqrt{\frac{g}{a}}$$

此式即表明,弯杆只需以 $\omega_0 = \sqrt{\dfrac{g}{a}}$ 的角速度绕 y 轴转动,则小环在杆上任何位置均可相对于杆静止。

前面的(1)、(2)两问讨论的问题比较基本,考查的是答题者对相关问题的基本处理与计算能力,对竞赛生并不能产生大的区分度。

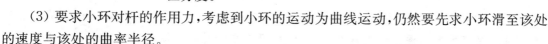

图 4

(3) 要求小环对杆的作用力,考虑到小环的运动为曲线运动,仍然要先求小环滑至该处的速度与该处的曲率半径。

在随杆转动的参考系中,小环从 $x = 2a$ 处滑至 $x = a$ 处的过程中,重力所做的功为

$$W_1 = mg[y(2a) - y(a)] = \frac{3}{2}mga$$

此外,这一过程中惯性离心力 $f_i = m\omega^2 x$ 所做的功可与线性弹性力 $f = kx$ 类比,于是可得其功为

$$W_2 = \frac{1}{2}m\omega^2[a^2 - (2a)^2] = -\frac{3}{2}m\omega^2 a^2$$

或直接引入离心势能 $E_{pi} = -\dfrac{1}{2}m\omega^2 x^2$,亦可得上述结果。

如图 5 所示,在 $x = a$ 处,小环受重力 mg、惯性离心力 $f_i = m\omega^2 x$ 和支持力 N_1,我们注意到小环在该转动参考系中具有沿杆方向的速度 v',故还受到科里奥利力的作用,其大小为 $f_C = 2mv'\omega\cos\theta$,方向为 $v'\times\boldsymbol{\omega}$ 的方向,即垂直于纸面向里(在图 5 中未标出)。为了平衡该力,杆对环必然还有一个垂直于纸面向

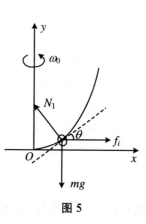

图 5

外的弹力 N_2。所以,在这个转动参考系中,科里奥利力与对应的弹力 N_2 均与小环的运动方向垂直,这两个力对小环均不做功。

设小环滑至 $x = a$ 处的速度为 v',由动能定理可得

$$\frac{1}{2}mv'^2 = W_1 + W_2 = \frac{3}{2}mga - \frac{3}{2}m\omega^2 a^2$$

即 $v'^2 = \frac{3}{2}ga$。

根据上述分析,杆对小环的支持力 N 应有两个方向的分力,即

$$N = N_1 + N_2$$

其中 N_1 在纸面内,其值由小环在纸面内的法向运动方程确定,即

$$N_1 - mg\cos\theta - m\omega^2 a\sin\theta = m\frac{v'^2}{\rho}$$

代入 $\omega = \frac{\sqrt{2}}{2}\omega_0 = \sqrt{\frac{g}{2a}}$,$\theta = \frac{\pi}{4}$,解得

$$N_1 = \frac{9}{8}\sqrt{2}mg$$

N_2 与科里奥利力等值反向,即方向垂直于纸面向外,其值为

$$N_2 = 2mv'\omega\cos\theta = \frac{\sqrt{6}}{2}mg$$

由 N_1、N_2 可得杆对环的支持力,此值也是小环对杆的作用力 N' 的值,即

$$N' = N = \sqrt{N_1^2 + N_2^2} = \frac{\sqrt{258}}{8}mg = 2.01mg$$

比较"题031"与本题,两题的差异主要体现在问题(3)上,看似问题只是作了简单的延伸,但带来的变化却是深刻的。从知识点上看,没有在转动的非惯性系中讨论动力学问题经历的同学可能对科里奥利力的出现感到莫名其妙,这就需要相关同学对这一知识点补充学习,同时科里奥利力的方向与做功与否的分析也是容易出错的点。

本题因问题(3)的出现而难度骤增。这进一步说明,在同一背景下,命题人可通过设置不同的问题来设置不同的难度。对于此类问题,学习者应该能对已知背景模型的习题进行相应的延伸处理,这样得到的不仅仅是新的习题,更重要的是扩大了自己的视野,提升了处理问题的能力。

另外,在竞赛大纲中,科里奥利力虽明确说明属于决赛知识点,但在过往的复赛中,也曾出现过对科里奥利力考查的试题。实际上,竞赛生在对竞赛知识内容学习的过程中,没有必要过于严格地区分复赛与决赛知识点间的差异,况且这两者间的差异并不是很大。

题049 滚笼中小白鼠的运动

一只小白鼠在鼠笼中爬行,为了研究问题的方便,我们将鼠笼等效为图1所示质量为

m、半径为 a 的圆环，圆环处于竖直平面内，且可绕光滑的中心轴 C 作定轴转动，小白鼠的质量为 $\frac{m}{2}$。初始时，小白鼠静止在鼠笼（圆环）的最低点。之后小白鼠相对于鼠笼以不变的速率 v 沿鼠笼爬行，求：

(1) 鼠笼转动的初始角速度；
(2) θ 角满足的运动学方程；
(3) 鼠笼给小白鼠的作用力与 θ 之间的关系。

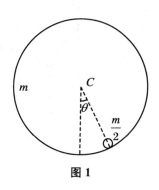

图 1

【解析】 如果我们认真研读《全国中学生物理竞赛内容提要（理论）》，不难发现，中学物理常规教学中根本不涉及的内容并不少，角动量及相关的内容便是其中之一。这些超出中学物理常规教学的内容基本上都是根据国际中学生物理奥林匹克竞赛的内容要求，将我国属于大学普通物理的教学内容放到中学物理竞赛中而形成的。早先，全国中学生物理竞赛委员会约定所有的竞赛试题都需要在不运用微积分的前提下可解，而近年要求竞赛生能运用微积分进行解题，这实际上在一定程度上已经去掉了中学物理竞赛与大学普通物理之间的界限，这也是许多人认为学习物理竞赛就是学习大学物理的原因所在。

本题是基于角动量守恒定律和角动量定理的应用而命制的一道习题，由于其正常的解答途径不可避免地涉及微积分的应用，说它是一道纯粹的普通物理题一点也不为过。同样，以现行的竞赛大纲为标准，不论是知识内容还是涉及的数学工具应用，它也是一道不折不扣的竞赛习题。我们来看下面的解答：

(1) 设 $t=0$ 时，鼠笼的角速度为 Ω_0，小白鼠相对于地的速度为 v'_0，小白鼠绕 C 转动的角速度为 ω_0，则

$$v'_0 = v - a\Omega_0$$

初始时，系统所受的重力过转轴 C，对 C 轴系统的外力矩为零，小白鼠的角动量守恒，于是有

$$\frac{m}{2}av'_0 - ma^2\Omega_0 = 0 \quad 且 \quad \omega_0 = \frac{v'_0}{a}$$

解得

$$\Omega_0 = \frac{v}{3a}, \quad v'_0 = \frac{2v}{3}, \quad \omega_0 = \frac{2v}{3a}$$

(2) 如图 2 所示，小白鼠在 θ 角位置处时，有速度

$$v' = v - a\Omega, \quad v' = a\omega$$

角动量

$$L = \frac{m}{2}av' - ma^2\Omega = \frac{m}{2}a^2\omega - ma^2\Omega$$

外力矩

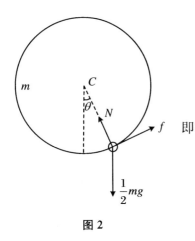

图 2

$$M = -\frac{1}{2}mga\sin\theta$$

由转动定律 $M = \dfrac{dL}{dt}$,有

$$\frac{d}{dt}\left(\frac{m}{2}a^2\omega - ma^2\Omega\right) = -\frac{1}{2}mga\sin\theta$$

即

$$\frac{m}{2}a^2\frac{d\omega}{dt} - ma^2\frac{d\Omega}{dt} = -\frac{1}{2}mga\sin\theta$$

考虑到 $a\omega = v - a\Omega$,对其求导即得

$$\frac{d\omega}{dt} = -\frac{d\Omega}{dt}$$

记 $\beta = \dfrac{d\omega}{dt}$,则有

$$\frac{m}{2}a^2\beta + ma^2\beta = -\frac{1}{2}mga\sin\theta$$

整理得

$$\beta = -\frac{g}{3a}\sin\theta$$

此即 θ 满足的运动学方程。

对于上述(1)、(2)两问的解答,我们亦可用 $M = \dfrac{\Delta L}{\Delta t}$ 替代 $M = \dfrac{dL}{dt}$,于是避免了求导运算,这便是我们所说的将微分过程进行初等化处理,这在早年的竞赛中是常见的。但这种处理也有一定的局限性,虽然理论上所有的求导或积分过程都可以通过小量运算及小量求和进行,但若将复杂函数的求导或积分运算退化为小量运算,其运算难度可能让你无法接受。下面问题(3)的解答亦能部分地说明问题。

(3) 设鼠笼对小白鼠的摩擦力为 f(切向),弹力为 N(法向)。对小白鼠运用牛顿定律,由图2知在法向与切向上分别有

$$N - \frac{1}{2}mg\cos\theta = \frac{m}{2}a\omega^2 \qquad ①$$

$$f - \frac{1}{2}mg\sin\theta = \frac{m}{2}a\beta \qquad ②$$

将 $\beta = -\dfrac{g}{3a}\sin\theta$ 代入②式,得

$$f = \frac{1}{3}mg\sin\theta$$

又因为 $\dfrac{d\omega}{dt} = -\dfrac{g}{3a}\sin\theta$,即 $\dfrac{d\omega}{d\theta}\dfrac{d\theta}{dt} = -\dfrac{g}{3a}\sin\theta$,所以有

$$\omega d\omega = -\frac{g}{3a}\sin\theta d\theta$$

积分有

$$\int_{\frac{2v}{3a}}^{\omega} \omega \mathrm{d}\omega = -\frac{g}{3a}\int_0^{\theta} \sin\theta \mathrm{d}\theta$$

得

$$\omega^2 = \frac{2g}{3a}(\cos\theta - 1) + \frac{4v^2}{9a^2}$$

代入②式后得

$$N = \frac{1}{6}mg(5\cos\theta - 2) + \frac{2mv^2}{9a}$$

若要将上述解答中的积分过程退化为小量求和,至少答题者应记住 $x\Delta x = \frac{1}{2}\Delta x^2$ 和 $\Delta\cos x = -\sin x\Delta x$ 两个小量运算公式,即便如此,在解答过程中使用时也显得比较生硬,若是更复杂的函数,其小量运算可能就根本无从记起与推导,而直接运用积分与微分则可以避免这些,这也是很多竞赛生更愿意选择学习微积分的原因所在。

我们在此处给出本题,旨在提示同学们,在目前的竞赛大纲的背景下,竞赛学习到一定的时期,学习普通物理及应用微积分解题应是顺理成章的事情。但我们还必须提示同学们,一定不要将竞赛学习理解为普通物理学习,也并不是要求同学们全面而系统地学习高等数学的内容,而是要认真地学习竞赛大纲,有选择性地学习普通物理与高等数学,适可而止。

对于本题,理论上讲,我们通过 $\omega = \frac{\mathrm{d}\theta}{\mathrm{d}t}$ 还可得到 θ 与时间 t 之间的关系,问题可以继续向后延伸,但由此带来的运算量又会大得不得了。若命题人给出了积分运算公式,则整个过程凸现数学而淡化了物理,这似乎不是物理竞赛的初衷。大家不妨试解一下。

以转动的环、笼、筒、柱、盘、球为背景的试题多数都与牛顿运动定律、转动定律、角动量、能量等知识点关联,这些都是物理竞赛的核心知识点,大家应多注意这方面知识的学习与解题的训练。

题050 V 形桶内能量与角动量守恒的综合应用

有一内壁光滑的旋转圆锥面,方程为 $x^2 + y^2 - 9z^2 = 0$,内壁上有一质量为 m 的小球在一水平面内做半径为 $3a$ 的无摩擦的圆周运动,如图1所示。突然小球受到一个沿母线方向的冲量,使其得到沿母线方向的速度分量 $v = \sqrt{ga}$,试证明:小球在此后的运动中将被限制在两个水平面间运动。

【解析】 题述模型为小球在一个 V 形槽内的运动,小球不论是在某个水平面内做圆周运动还是做其他形式的运动,其运动过程中有两个守恒量:一是系统无能量损耗,其机械能守恒。二是小球在运动过程中只受到重力(mg)与支持力(N)的作用,而重力平行于 z 轴,

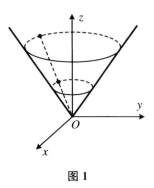

图 1

在 z 轴方向上力矩为零;支持力则始终通过 z 轴,在 z 轴方向上力矩亦为零,故小球对 z 轴的角动量守恒。我们给出如下的解答:

(1) 为了讨论问题的方便,我们先确定小球的初态参量。

在初始位置有
$$x^2 + y^2 = 9z_0^2$$

又由几何关系有
$$x^2 + y^2 = (3a)^2$$

所以 $z_0 = a$。

由于小球在水平面内做圆周运动,故一定是匀速的。设其速度大小为 u,运动轨道的半径为 ρ_0,我们可以将小的圆轨道方程改写为 $x^2 + y^2 = \rho^2$,所以 $\rho^2 = 9z^2$,于是有 $\rho_0 = 3a$。

对小球进行受力分析,并应用牛顿定律易得
$$N\cos\alpha = mg, \quad N\sin\alpha = m\frac{u^2}{\rho}$$

得
$$\tan\alpha = \frac{u^2}{\rho g}$$

由几何条件知 $\tan\alpha = \frac{\mathrm{d}z}{\mathrm{d}\rho}$,又由 $\rho^2 = 9z^2$ 得 $2\rho\mathrm{d}\rho = 18z\mathrm{d}z$,则
$$\tan\alpha = \frac{\mathrm{d}z}{\mathrm{d}\rho} = \frac{2\rho}{18z} = \frac{2\rho_0}{18z_0} = \frac{1}{3}$$

所以
$$u^2 = \rho g \tan\alpha = ga$$

即小球最初运动的速度为 $u = \sqrt{ga}$。

(2) 由前面的分析可知,小球在运动中受到的重力和支持力对 z 轴力矩为零,而小球受到的沿母线方向的冲量相对于 z 轴的冲量矩亦为零,故冲击前后小球相对于 z 轴的角动量守恒,大小为
$$L_z = m \cdot 3a \cdot u = 3ma\sqrt{ga}$$

(3) 系统受到冲击后机械能守恒,则
$$E = \frac{1}{2}m(v^2 + u^2) + mgz_0 = 2mga$$

(4) 研究小球受到冲击后的运动。

为了讨论问题的方便,我们选择柱坐标描述小球的运动。设小球在以后的状态中的速度为
$$v = \left(\frac{\mathrm{d}\rho}{\mathrm{d}t}, \rho\frac{\mathrm{d}\varphi}{\mathrm{d}t}, \frac{\mathrm{d}z}{\mathrm{d}t}\right)$$

在 z 轴方向上的角动量守恒,有

$$m \cdot 3a \cdot \sqrt{ga} = m\rho^2 \frac{d\varphi}{dt}$$

由机械能守恒有

$$2mga = \frac{1}{2}m\left[\left(\frac{d\rho}{dt}\right)^2 + \rho^2\left(\frac{d\varphi}{dt}\right)^2 + \left(\frac{dz}{dt}\right)^2\right] + mgz$$

对于小球在冲击后的运动,又存在:

① 沿母线方向的速度分量为

$$v'^2 = \left(\frac{d\rho}{dt}\right)^2 + \left(\frac{dz}{dt}\right)^2$$

② 对于 $\rho^2\left(\frac{d\varphi}{dt}\right)^2$ 项,利用角动量守恒式,有

$$\rho^2\left(\frac{d\varphi}{dt}\right)^2 = \frac{1}{\rho^2}\left[\rho^2\left(\frac{d\varphi}{dt}\right)\right]^2 = \frac{9a^2 \cdot ga}{9z^2}$$

所以

$$2mga = \frac{1}{2}mv'^2 + \frac{1}{2}m \cdot \frac{9a^2 \cdot ga}{9z^2} + mgz$$

$v'=0$ 正好是小球达到最低或最高位置时的情境,小球将在其间运动。

令 $v'=0$,上式整理可得

$$2z^3 - 4az^2 + a^3 = 0$$

利用 CASIO fx-991CN 计算器,可解得 $z_1 = 1.855a$,$z_2 = 0.597a$,$z_3 = -0.452a$(舍去)。

所以,$z_1 = 1.855a$,$z_2 = 0.597a$,以后小球将在这两个平面内运动。

对于上述解答,有这样的几点需要我们注意:

(1) 上述分步求解问题的处理方式是典型的程序法应用。这一方法在涉及多过程的分析、多模型的处理、多物理量的计算、多规律的应用的试题中,能让我们循着解答问题的思路一步一步地向前走,避免因疏漏而出现失误,或者因信息量过多而出现解答混乱。这在应试中是非常有效的实用方法。

(2) 题目给出的是三维直角坐标下的曲面方程,然而在处理小球的运动速度时,采用的却是柱面坐标系,这提示我们在处理实际问题时,应能在直角坐标系、柱坐标系及球坐标系之间熟练转换,就像处理平面问题时能在直角坐标系、极坐标系及自然坐标系之间进行熟练转换一样。但这并不代表在直角坐标系下本题无法求解,或者其解答更为烦琐。事实上,我们只要注意到小球运动至最低点或最高点时有 $v_z = \frac{dz}{dt} = 0$,小球的速度 v 在水平面内且与母线垂直,由角动量守恒有 $m \cdot 3a \cdot \sqrt{ga} = m\rho v$,再考虑到 $\tan\alpha = \frac{z}{\rho} = \frac{1}{3}$ 及能量守恒,同样可以得到 $2z^3 - 4az^2 + a^3 = 0$,其运算并不更复杂一些。至于你选择哪一种解答过程,恐怕就与个人的经验与习惯相关了。

(3) 本题是一道典型的能量守恒与角动量守恒综合运用试题,其模型结构极具代表特征。当然,为了达到熟练运用的程度,我们还可能设计出形式多样的旋转曲面,或者不同大小与方向的冲击。如将旋转曲面设计成如下形式:

① 旋转半球面:
$$x^2 + y^2 = 5az - z^2$$

② 旋转椭圆面:
$$\frac{x^2 + y^2}{(2a)^2} + \frac{(z-4a)^2}{(4a)^2} = 1$$

③ 旋转抛物面:
$$\frac{z^2}{a^2} - \frac{x^2 + y^2}{2a^2} = 1$$

与此同时,为了达到便于计算的目的,可根据需要将沿子午线方向的冲击速度改为 $v = \sqrt{nga}$,n 因情况而设定;当然,我们也可以将冲击改为沿垂直于母线的方向进行。至此,我们可能意识到,完成了本题的解答与思考,我们解决的就不再单纯是一道题的问题,而是一类模型、一类方法、一类计算的综合问题。

题 051 转动定律与能量守恒的综合应用

新型号汽车在出厂前都要通过破坏性试验。在某次汽车试验中,一个汽车轮子的三根辐条被撞掉了其中一根,轮子的横截面如图1所示。该轮子可视为由内、外半径分别为 $R_1 = \frac{4}{5}R_0$、R_0 的轮盘和两根辐条组成(假设轮盘可视为匀质环形圆盘,辐条可视为匀质细杆),每根辐条的质量为 m,轮盘的质量为 $M = 8m$。轮子从图示位置由静止开始释放,释放时轮子上两辐条所张角的平分线恰好水平,此后该轮子在水平地面上做纯滚动。试求:

(1) 刚释放时轮子的角加速度;

(2) 释放后辐条 OB 首次转到竖直位置时,轮子的角加速度、地面对轮子的摩擦力和支持力。

【解析】 本题是2019年全国中学生物理竞赛决赛试题。

刚体的转动定律与质点的牛顿定律的表述与应用在一定程度上具有相通之处,但转动定律的应用涉及转轴的确定与绕转轴的转动惯量的计算,其难度较之牛顿定律要大许多。而且,受平时只将转动定律用于圆或球对称的物体及杆状物体的影响,学生对非对称的、多物体的对象的应用较为生疏,以至这类问题成为

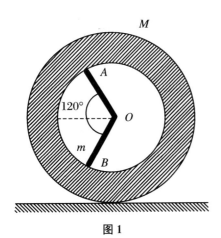

图 1

学习中的难题。本题即是体现这方面问题的代表试题。

考虑到轮子绕与地的接触点且垂直于轮面转动,其转动惯量需要通过轮子绕过质心的平行轴求得,故我们需要先求出轮子对质心且与轮面垂直的轴的转动惯量。

首先,轮盘对通过 O 且与轮面垂直的轴的转动惯量为

$$J_{O1} = \int_r^R \sigma \cdot 2\pi r \mathrm{d}r \cdot r^2 = \frac{1}{2}\sigma\pi(R_0^4 - R_1^4) = \frac{1}{2}M(R_0^2 + R_1^2)$$

两根辐条对 O 轴的转动惯量为

$$J_{O2} = \frac{1}{3}mR_1^2 \times 2$$

轮子对 O 轴的总转动惯量为

$$J_O = J_{O1} + J_{O2} = \frac{1}{6}(3M + 4m)R_1^2 + \frac{1}{2}MR_0^2$$

$$= \frac{524}{75}mR_0^2$$

以轮子中心 O 为坐标原点,建立如图 2 所示的坐标系,则轮子质心 C 的位置为

$$x_C = \frac{(M + 3m) \cdot 0 + (-m) \cdot \left(-\frac{R_1}{2}\right)}{M + 2m} = \frac{m}{2(M + 2m)}R_1 = \frac{R_0}{25}$$

亦可令 $M' = M + 2m = 10m$,则

$$x_C = \frac{(M' + m) \cdot 0 + (-m) \cdot \left(-\frac{R_1}{2}\right)}{M'} = \frac{m}{2M'}R_1 = \frac{R_0}{25}$$

利用平行轴定理,可求得轮子对质心 C 且与轮面垂直的轴的转动惯量为

$$J_C = J_O - M'x_C^2 = \frac{2614}{375}mR_0^2$$

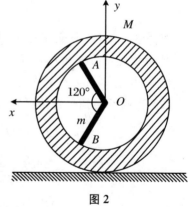

图 2

(1) 我们首先讨论轮子转动的一般情况。轮子在滚动时,轮子与地面的接触点便是轮子转动的瞬心。辐条 OB 从初始位置转到竖直位置的过程中,任一位置对轮子在地面做纯滚动的瞬时轴 P 的转动惯量为

$$J_P = J_C + M'x_{CP}^2 = J_C + M'\left[R_0^2 + x_C^2 - 2R_0 x_C \cos\left(\frac{\pi}{2} - \theta\right)\right]$$

$$= J_C + M'(R_0^2 + x_C^2 - 2R_0 x_C \sin\theta)$$

其中 θ 为质心从起始位置到当前位置所转过的角度,具体如图 3 所示。

值得一说的是,很多答题者固执地认为 $J_P = J_O + M'R_0^2$,这显然是对平行轴定理理解不到位且受平时圆对称模型误导的结果。

当轮子从开始滚动 θ 角时,根据机械能守恒定律有

$$\frac{1}{2}J_P\omega^2 = M'g \cdot x_C \sin\theta$$

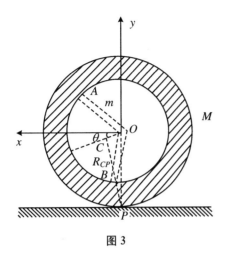

图 3

然后将相对于瞬时轴 P 点的转动惯量代入上述的转动方程,再对方程两边求导数,并考虑到 $\omega = \dfrac{d\theta}{dt}$,有

$$\frac{1}{2}\omega^2(-M'2R_0 x_C \cos\theta \cdot \omega) + J_P \omega \alpha = M'g \cdot x_C \cos\theta \cdot \omega$$

可得角加速度为

$$\alpha = \frac{M' x_C \cos\theta (g + \omega^2 R_0)}{J_P} \qquad ①$$

其中 $\omega^2 = \dfrac{M'g \cdot x_C \sin\theta}{J_P}$,由能量方程得出。

刚释放轮子时,$\theta = 0°$,则轮子对瞬时轴 P 的转动惯量为

$$J_P = J_C + M' R_{CP}^2 = \frac{2614}{375}mR_0^2 + 10m(R_0^2 + x_C^2) = \frac{1274}{75}mR_0^2$$

$$\omega = 0$$

代入①式得

$$\alpha = \frac{M'g \cdot x_C}{J_P} = \frac{15g}{637R_0}$$

对于这一结果,很多人觉得没必要用这么复杂的过程。因为,既然质心 x_C 与轮子绕瞬时轴 P 转动的转动惯量 J_P 已经得到,直接应用转动定律便有 $M'g \cdot x_C = J_P \alpha$。同样会得到上述结果,但计算量要少好多。对于这一解答是否存在问题,我们暂且按下不表,回头再说。

(2) 当辐条转到竖直位置时,$\theta = 30°$,代入上述表达式得

$$J_P = J_C + M'(R_0^2 + x_C^2 - 2R_0 x_C \sin\theta) = \frac{1244}{75}mR_0^2$$

$$\omega^2 = \frac{2M'g \cdot x_C \sin\theta}{J_P} = \frac{15g}{622R_0}$$

$$\alpha = \frac{M' x_C \cos\theta (g + \omega^2 R_0)}{J_P} = \frac{9555\sqrt{3}g}{773768 R_0}$$

对于这一结果,很多人就感到意外了,因为它与用转动定律求得的结果不一样。

当 $\theta = 30°$ 时运用转动定律,有

$$M'g \cdot x_C \cos\theta = J_P \alpha$$

得到的结果是 $\alpha = \dfrac{M'g x_C \cos\theta}{J_P} = \dfrac{15\sqrt{3}g}{1244 R_0}$,与上述结果明显不一样,问题出在哪里呢?

转动定律 $M = J\alpha$ 应用的前提是固定轴,而对于在上述应用中选择的过 P 点的轴,实际上有三种不同的理解,如图 4 所示:

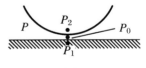

图 4

① P_0：接触处地面与轮子的交点，亦是瞬心，它随着轮子的滚动向前运动。若以它为参照物，轮子并不是绕它转动的，故它不是固定轴。

② P_1：接触处位于地面上的点，它是不动的。若以它为参照物，轮子滚动向前，故它也不是固定轴，只是一个瞬时轴，这时转动定律是需要修正的。

③ P_2：接触处位于轮子上的点。若以过该点的轴为参照物，显然轮子始终绕该轴转动，故该轴为固定轴。

但我们应该注意到，当选择 P_2 为转轴时，应考虑到 P_2 是否有加速度，如果有加速度，则必须引入惯性力，否则其解答会失误。因此，我们必须确定 P_2 的加速度。

P_2 绕轮子中心 O 以角速度 ω 转动，则 P_2 相对于 O 点的向心加速度为
$$a_n = \omega^2 R_0, \quad \text{方向向上}$$
轮子绕 P_2 转动的角加速度为 α，则 P_2 相对于轮心运动的切向加速度为
$$a_\tau = \alpha R_0, \quad \text{方向向右}$$
而轮心 O 的加速度为
$$a_O = \alpha R_0, \quad \text{方向向左}$$
所以，P_2 的加速度为
$$a_{P2} = a_n = \omega^2 R_0, \quad \text{方向向上}$$
则在质心 C 处加上方向向下的惯性力 $M'a_{P2} = M'\omega^2 R_0$ 后，由转动定律有
$$M'g \cdot x_C \cos\theta + M'\omega^2 R_0 \cdot x_C \cos\theta = J_P \alpha$$
于是可得到正确的结果。

回头再看问题(1)中关于转动定律的应用，并没有纠结轴的加速度问题，但同样得到了正确的结果，其原因是刚释放轮子时 P_2 点的加速度为零，答题者不论及这一点而得到正确的结果，我们认为这只是一种巧合而已，它已经暴露了答题者在思维上的漏洞与缺陷。

对于此处转动定律的应用，当年的命题人给出了应用于瞬时轴 P 的转动定律，即
$$\frac{\mathrm{d}\boldsymbol{L}}{\mathrm{d}t} = \boldsymbol{M}_P + \boldsymbol{r}_{PC} \times (-M\boldsymbol{a}_P)$$
有了前面的说明，我们就不难理解式中 $\boldsymbol{r}_{PC} \times (-M\boldsymbol{a}_P)$ 这一项。

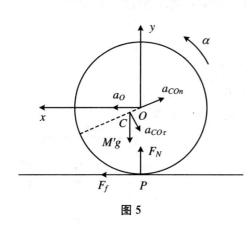

图 5

下面来求解摩擦力和支持力。

根据题意，轮子中心相对于地面的加速度和质心相对于轮子中心的加速度分别为
$$a_O = \alpha R_0, \quad a_{CO\tau} = \alpha x_C, \quad a_{COn} = \omega^2 x_C$$
质心相对于地面参考系的加速度具体见图 5：
$$a_{Cx} = a_O - a_{CO\tau}\sin\theta - a_{COn}\cos\theta$$
$$a_{Cy} = a_{COn}\sin\theta - a_{CO\tau}\cos\theta$$
根据质心运动定律有
$$M'a_{Cx} = F_f, \quad M'a_{Cy} = F_N - M'g$$

联立以上各式可解得

$$F_f = \frac{89907\sqrt{3}}{773768}mg, \quad F_N = \frac{7735679}{773768}mg$$

这里,我们对 F_f、F_N 的求解应用了质心运动定律。同样,我们也可以从转动的角度切入,得到相同的结论,大家不妨一试。

本题看上去只是转动知识的应用,但不论是知识的综合程度还是能力的综合要求都较高,加之运算量又较大,因此对竞赛生有很大的区分度。

另外,对能量关系求导得到动力学关系,这一方式在质点动力学中也是很常见的,大家应认真体验这一方法的奇妙之处。

题 052　能量约束问题研究

一静止物块爆炸成质量相等的1、2、3三物块,设爆炸中释放的总动能为一定值 Q,但每一物块所具有的动能 T_1、T_2、T_3 有多种可能值,可用高为 Q 的等边三角形内的一点 P 对三条边所作的垂线的长来表示 T_1、T_2、T_3,如图1所示,但不是三角形内每一点所对应的一组动能值都是物理上允许的。

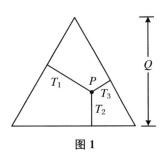

图 1

（1）试求出物理上许可点的范围边界。

（2）若一电子偶素在静止时衰变成能量总和为 Q 的三个 γ 光子,同样求出物理上许可点的范围边界。

【解析】中学阶段对物体的爆炸(分离)、碰撞、聚合过程能否发生的研究无非是讨论这一过程是否满足能量、动量与角动量的约束,但研究的方式与路径却未必一样。本题便是通过构造一个能量三角形来研究某种特定的爆炸是否可能发生的情境。显然,本题并不涉及角动量守恒与否的问题,主要从能量与动量的角度考虑问题。

设爆炸后1、2、3三物块的动能分别为 T_1、T_2、T_3,动量分别为 $\boldsymbol{p}_1$、$\boldsymbol{p}_2$、$\boldsymbol{p}_3$。

依题意,爆炸后三物块的总动能为 Q,有

$$T_1 + T_2 + T_3 = Q$$

由体系动量守恒,得

$$\boldsymbol{p}_1 + \boldsymbol{p}_2 + \boldsymbol{p}_3 = \boldsymbol{0}$$

显然,我们需要将动量的矢量关系转换为大小约束并与动能建立起联系。

动量的矢量关系如图2所示,由图可得

$$p_1^2 = p_2^2 + p_3^2 - 2p_2 p_3 \cos\theta_{23}$$

即

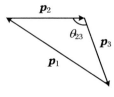

图 2

$$\cos\theta_{23} = \frac{p_2^2 + p_3^2 - p_1^2}{2p_2 p_3}$$

因为 $|\cos\theta_{23}| \leqslant 1$,所以

$$\left(\frac{p_2^2 + p_3^2 - p_1^2}{2p_2 p_3}\right)^2 \leqslant 1$$

把物体的动量与动能的关系 $T = \dfrac{p^2}{2m}$ 代入上式,得

$$\frac{(T_2 + T_3 - T_1)^2}{4T_2 T_3} \leqslant 1$$

即

$$(T_2 + T_3 - T_1)^2 \leqslant 4T_2 T_3$$

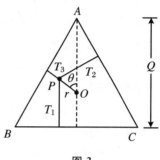

图 3

为了方便讨论题目所要求的许可范围并考虑到对称性,我们选取三角形的垂心 O 为极点,OA 为极轴建立极坐标。在此三角形内任取一点 P,其位置用极坐标 (r, θ) 表示,考虑到 $OA = \dfrac{2}{3}Q$,由图 3 可得

$$T_1 = \frac{Q}{3} + r\cos\theta$$

$$T_2 = \frac{Q}{3} + r\cos(120° - \theta) = \frac{Q}{3} - r\cos(60° + \theta)$$

$$T_3 = \frac{Q}{3} - r\cos(60° - \theta)$$

由此易知,图 1 所示的正三角形内的任一点均满足 $T_1 + T_2 + T_3 = Q$,那么,正三角形若能满足 $\boldsymbol{p}_1 + \boldsymbol{p}_2 + \boldsymbol{p}_3 = \boldsymbol{0}$,亦即满足 $(T_2 + T_3 - T_1)^2 \leqslant 4T_2 T_3$ 的点就是物理上的许可点,故将 T_1、T_2、T_3 三式代入,稍作整理有

$$\left(\frac{Q}{3} - 2r\cos\theta\right)^2 \leqslant \frac{4}{9}Q^2 - \frac{4}{3}Qr\cos\theta + 4r^2\cos^2\theta - 3r^2$$

解得 $r \leqslant \dfrac{Q}{3}$。

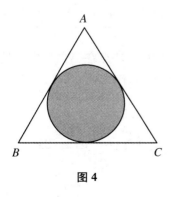

图 4

于是可得正三角形内物理上许可点的范围边界为内切圆的圆周,允许区域为此圆内的区域,即图 4 所示的阴影区域。

对于本题,我希望大家进一步思考的是:如果我们将上述研究的结论翻译成物理语言,其内容是什么呢?这样的研究对我们理解题述的爆炸会产生什么样的影响呢?

对于题述爆炸后三物体的动能 T_1、T_2、T_3 的可能值,习惯于用代数方式表述物理过程的同学大体会选择某种含有不等式的函数加以描述,其运算量及表述的直观性肯定不会很强,而有了图 4,不用说,大家都能一眼看到爆炸发生后三物体动

能可能值的情况及相互间的约束。

为中学物理竞赛命题的大学教授都有自己独特的研究领域与研究方法,他们对自己所研究的领域或使用的方法是非常熟悉的,如若他们将这些熟悉的内容进行初等化处理,让其变身为中学物理的竞赛试题,那么,对中学生而言,这些问题的思维难度必定是很高的,对学生的能力要求自然也就很高了,这也是竞赛的魅力与真谛所在。我认为本题即是在这一背景下产生的经典试题。

另外,对于本题解答过程中极坐标的建立我们也作如下的解读:

物理直觉告诉我们,物理上许可点的范围边界(包络线)应该是某种曲线,于是选择坐标进行描述也就顺理成章。由对称性可知,这个范围的中心必定是图 3 中的 O 点,至于命题人提供的极坐标描述方式,要么物理直觉让人明白这条包络线是以 O 为中心的圆,要么事先作了研究,在各种坐标中筛选出极坐标为最简单的解答方式,这就是经验的效应了。

当然,我们选择中学生比较熟悉的直角坐标,问题也同样有解,只是运算量要大一些而已,我们看下面的解答:

选择以垂心 O 为坐标原点建立如图 5 所示的直角坐标系,则 $\triangle ABC$ 三条边的方程分别是

$$AB: y = \sqrt{3}x + \frac{2}{3}Q$$

$$BC: y = -\frac{Q}{3}$$

$$AC: y = -\sqrt{3}x + \frac{2}{3}Q$$

在此三角形内任取一点 $P(x, y)$,则 P 点到三角形各边的距离分别是

$$T_1 = y + \frac{Q}{3}$$

$$T_2 = \frac{\left|\sqrt{3}x - y + \frac{2}{3}Q\right|}{2} = \frac{\sqrt{3}x - y + \frac{2}{3}Q}{2}$$

$$T_3 = \frac{\left|-\sqrt{3}x - y + \frac{2}{3}Q\right|}{2} = \frac{-\sqrt{3}x - y + \frac{2}{3}Q}{2}$$

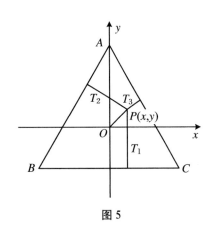

图 5

上面直接去掉绝对值符号,是基于 P 点在三角形内且处于 AB 与 AC 两条直线下方。将其代入 $(T_2 + T_3 - T_1)^2 \leqslant 4T_2T_3$,有

$$\left[\frac{\left|\sqrt{3}x - y + \frac{2}{3}Q\right|}{2} + \frac{\left|-\sqrt{3}x - y + \frac{2}{3}Q\right|}{2} - \left(y + \frac{Q}{3}\right)\right]^2 \leqslant \left(\frac{2}{3}Q - y\right)^2 - 3x^2$$

整理后得 $x^2 + y^2 \leqslant \left(\frac{Q}{3}\right)^2$。

这一结果显然与前述结果一致,但运算量显然要大于前面的运算量。所以,答题者在具体的解答过程中选用什么样的方法处理问题,既有物理直觉的因素,也有经验的因素,这也是我们一直要求学生平时多作训练的原因。

(2) 有了对问题(1)的讨论,本问也就轻车熟路了。

对于电子偶素衰变成三个 γ 光子的情况,约束这一过程的物理量仍然是能量与动量守恒。所以,问题(1)中有关能量与动量的关系式均成立,只是光子的速度为 c,其能量与动量的关系必须在相对论的背景下讨论。由于光子没有静质量,即没有静能,故其动能 T 就是光子的能量 E,因此有

$$T = E = cp$$

将其代入 $\left(\dfrac{p_2^2 + p_3^2 - p_1^2}{2p_2 p_3}\right)^2 \leqslant 1$ 得

$$\left|\dfrac{T_2^2 + T_3^2 - T_1^2}{2T_2 T_3}\right| \leqslant 1$$

即

$$T_2^2 + T_3^2 - T_1^2 \leqslant 2T_2 T_3 \quad \text{或} \quad T_1^2 - (T_2^2 + T_3^2) \leqslant 2T_2 T_3$$

进而有

$$T_1 \leqslant T_2 + T_3 \quad \text{或} \quad T_2 \leqslant T_1 + T_3 \quad \text{或} \quad T_3 \leqslant T_1 + T_2$$

将 $T_1 \leqslant T_2 + T_3$ 变形为

$$2T_1 \leqslant T_1 + T_2 + T_3 = Q$$

得 $T_1 \leqslant \dfrac{Q}{2}$。

同样可得 $T_2 \leqslant \dfrac{Q}{2}, T_3 \leqslant \dfrac{Q}{2}$。

上述三式即是物理上许可点应满足的条件,在正三角形内物理上许可点的范围为连接各边中点的三角形内部及三条边,如图 6 所示的阴影区域。

相对于对物体爆炸的讨论,我们对电子偶素的讨论似乎更轻松,这一方面是因为我们有对物体爆炸的讨论作为基础,另一方面是因为能量与动量间的简洁关系简化了运算。

本题构建的模型有助于我们理解用图像描述物理过程的发生。

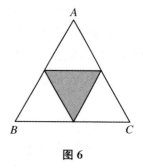

图 6

题 053 万有引力的计算

计算下述几种情形下物体间的引力大小:

(1) 质量为 M、半径为 r 的匀质球壳对其内部质点 m 的作用力;

(2) 如图 1 所示，半径为 r 的铅球内有一半径为 $\dfrac{r}{2}$ 的球形空腔，其表面与球面相切，铅球的质量为 M。一质量为 m 的小球在铅球和空腔的中心连线上，距离铅球中心 L 处；

(3) 如图 2 所示，密度为 ρ、半径为 r 的匀质球 O 内有一个球形空腔，空腔球心在 O' 点，半径为 r'，$OO'=a$，在空腔内某点放置一质量为 m 的小球。

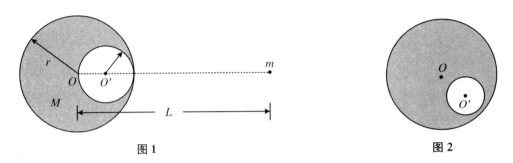

图 1　　　　　　　　　　　图 2

【解析】　物体间的万有引力满足与距离的平方成反比，但两物体间的距离该如何计算？是两物体的几何中心间的距离吗？是两物体质心间的距离吗？其实，平方反比定律的计算公式 $\left(F\propto\dfrac{1}{r^2}\right)$ 仅适用于质点与质点、匀质球体与匀质球体、质点与匀质球体等这类满足球对称性的物体间的相互作用的计算，其定律中的距离即是这些满足球对称性的物体的几何中心间的距离，也是它们质心间的距离。而对于非均匀的、不满足球对称性的物体间的万有引力，一般先通过微分处理，再通过积分进行计算。但这一点无论是常规教学还是在竞赛范围内均没有给出严格的证明，甚至连基本的说明都没有，只是命题人设置了满足这些条件的模型，让大家跟着示例向前走。

(1) 利用球壳对质点作用的对称性，可计算出作用的合力。

如图 3 所示，在球壳内取一点 P，以 P 为顶点作两个对顶的、顶角很小的锥体，锥体与球面相交得到球面上的两个面元 Δs_1 和 Δs_2。因球壳的质量分布均匀，故两个锥面的质量与面积成正比，即 $\Delta m = k\Delta s$，式中 k 为面质量密度。因此，面积为 Δs_1 的一块球壳作用在处于 P 点、质量为 m 的质点上的引力为

$$F_1 = G\dfrac{m\Delta m_1}{r_1^2} = G\dfrac{mk\Delta s_1}{r_1^2}$$

面积为 Δs_2 的另一块球壳的引力为

$$F_2 = G\dfrac{m\Delta m_2}{r_2^2} = G\dfrac{mk\Delta s_2}{r_2^2}$$

引进锥体顶部的立体角 $\Delta\Omega$，显然有

$$\dfrac{\Delta s_1 \cos\alpha}{r_1^2} = \Delta\Omega = \dfrac{\Delta s_2 \cos\alpha}{r_2^2}$$

即有

$$\dfrac{\Delta s_1}{\Delta s_2} = \dfrac{r_2^2}{r_1^2}$$

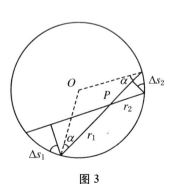

图 3

由以上各式,可以得出 $F_1 = F_2$,即两锥面作用在质点 m 上的力大小相等、方向相反,合力为零。

同理,其他各个相对的面元 Δs_3 和 Δs_4、Δs_5 和 Δs_6 …… 的合力均为零。由此可以得出:球壳作用在质点 m 上的力为零。

需要说明的是,图2所示为平面示意图,但要明白其表达的为空间含义:首先,球内任意一点 P 在球面上的任意一组对称微元面都在过球心所在的大圆面上;其次,每一组微元面对顶的立体角相等。当然,关于立体角的概念与计算也是超出中学常规教学范畴的内容,但却是竞赛生必须掌握的内容。

(2) 图1所示的情境因铅球内部有一空腔,系统已经不再满足球对称的条件,不能把它等效成位于球心的质点,同时也不能先求铅球的质心再通过质心与质点 m 之间的距离来求它们之间的万有引力。但系统还是满足以铅球与球形空腔的中心的连线为轴的轴对称条件的,而小球 m 也恰好在这条轴线上,于是我们可以考虑用割补法来计算两物体间的引力。

我们设想在铅球的空腔内填充一个密度与铅球相同的小铅球 ΔM,然后在关于小球 m 对称的另一侧位置放另一个相同的小铅球 ΔM,这样加入的两个小铅球对小球 m 的引力可以抵消,就这样将空腔铅球变成实心铅球。这样处理的结果是:不论大铅球还是填充进入空腔中的铅球对小球 m 的引力都是满足球对称性的,那么计算结果是等效的,即带空腔的铅球对 m 的引力等效于实心铅球与另一侧 ΔM 对 m 的引力之和。

设空腔铅球对小球 m 的引力为 F,实心铅球与填充球 ΔM 对小球 m 的引力分别为 F_1、F_2,则

$$F = F_1 - F_2 \qquad ①$$

经计算可知 $\Delta M = \dfrac{1}{7} M$,所以有

$$F_1 = G \frac{m(M + \Delta M)}{L^2} = \frac{8GmM}{7L^2} \qquad ②$$

$$F_2 = G \frac{m \Delta M}{\left(L - \dfrac{r}{2}\right)^2} = \frac{GmM}{7\left(L - \dfrac{r}{2}\right)^2} \qquad ③$$

将②③式代入①式,解得空腔铅球对小球 m 的引力为

$$F = F_1 - F_2 = GmM \left[\frac{8}{7L^2} - \frac{1}{7\left(L - \dfrac{r}{2}\right)^2} \right]$$

大家不妨先求质心,再利用质心与质点之间的距离来求引力,结果为 $\dfrac{7GmM}{8\left(L + \dfrac{r}{14}\right)^2}$,这与上述结论不一致。

在中学阶段,对平方反比定律的定量计算,除了要求具备球对称性,其作用结果的独特性也是我们应该熟知的。

(3) 设在空腔内有一点 A,O、O'、A 三点的位置矢量关系如图4所示。

与问题(2)的填充法类似,将球形空腔 O' 填充满密度为 ρ 的物质。对于球 O,可将 A 以外的部分视为若干个匀质球壳,由问题(1)知这些球壳对 A 的作用力均为零,则球 O 对小球 m 的作用力仅为半径为 OA 的匀质球对其的引力,即

$$F(r) = -G\frac{\rho \cdot \frac{4}{3}\pi r^3 m}{r^3}r = -\frac{4}{3}\pi G\rho m r$$

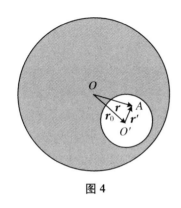

图 4

同理,有

$$F(r') = -\frac{4}{3}\pi G\rho m r'$$

则小球 m 在 A 点受到原系统的作用力为

$$F_A = F(r) - F(r') = -\frac{4}{3}\pi G\rho m(r - r')$$

由图 4 可知 r、r_0、r' 三者之间满足

$$r - r' = r_0$$

所以

$$F_A = -\frac{4}{3}\pi G\rho m r_0$$

上式表明,小球在空腔内 A 点的受力与 A 点的具体位置无关,再考虑到 r_0 的大小为 a,方向沿 OO',可知小球在空腔内任意一点的受力都为 $\frac{4}{3}\pi G\rho m a$,方向由 O' 指向 O。

同样要说明的是,图 4 虽然是平面示意图,但其空间属性也是大家必须清楚的。

非匀质球对称下的万有引力普遍地存在于竞赛命题中,每一种情境都有一种对应的结论,这些结论都可能作为引理用于其他系统的计算中,如本题中问题(1)的结论便成为了问题(3)的引理。所以,我们在平时的学习与训练中,应熟悉各种非匀质球对称情境下引力的计算,以备不时之需。

万有引力作用表现出的性质还有许多,我们在这里不可能一一列举,但读者有必要尽可能地进行归类总结、分析,将重要的结论储存于脑海之中,在必要时进行提取。

题 054 开普勒定律的基本应用

宇宙飞船在距火星表面 H 高处做匀速圆周运动,火星的半径为 R。假设飞船在极短时间内向外侧点火喷气,获得一径向速度,其大小为原来速度的 α 倍,如图 1 所示。因为 α 很小,所以飞船不会与火星表面相碰,飞船喷气的质量忽略不计。

(1) 求飞船新轨道的近火星点高度 h_1 和远火星点高度 h_2。
(2) 设飞船原来飞行速度的大小为 v_0,试计算新轨道运行周期 T。

【解析】 基于第谷对太阳系中行星运动的观测,开普勒发现了如下的事实(称为开普勒

三大定律）：

第一定律（轨道定律）：各个行星分别在大小不同的椭圆轨道上围绕太阳运动，太阳的位置是椭圆的一个焦点。

第二定律（面积定律）：对于每个行星来说，太阳至行星的连线在每一个单位时间内扫过的面积（称为面积速度）相等。

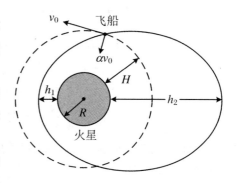

第三定律（周期定律）：行星椭圆轨道的半长轴的三次方与公转周期的平方的比值对于各个行星来说是相同的。

随后，人们很快证明了这三大定律不仅仅适用于太阳系中的行星运动，卫星绕行星、行星绕恒星的运动均满足上述的运动规律，只是对中心天体与运行天体作一调整即可。所以，开普勒三大定律是我们研究卫星、行星运动的基本定律。

在竞赛中，以开普勒三大定律为基础，结合牛顿运动定律、动量守恒定律、角动量守恒定律、机械能守恒定律的命题多不可数，而讨论的问题基本上都围绕天体运行的轨道参数、运行的周期与时间、发射与回收的可能与否、如何实现变轨等。

本题讨论的问题是这方面试题的基本内容，它以卫星（宇宙飞船）绕行星（火星）运行为背景，涉及圆轨道运动、变轨、椭圆轨道的相关参数及周期的计算。

（1）设火星与飞船的质量分别为 M 和 m，飞船做椭圆运动时近火星点与远火星点的速度大小分别为 v_1、v_2，与火星中心的距离分别为 r_1、r_2（$r_1 = h_1 + R$，$r_2 = h_2 + R$）。

飞船绕火星做圆周运动时，轨道的半径为 $r_0 = R + H$，其运行的面积速度为 $\frac{1}{2} r_0 v_0$，且有

$$G \frac{Mm}{r_0^2} = m \frac{v_0^2}{r_0}, \quad 即\ GM = r_0 v_0^2$$

因飞船沿径向作短暂的喷气，由角动量守恒定律可知这一过程并不改变飞船绕火星运行的角动量，即喷气前后飞船运行的轨道虽然发生了变化，但其绕火星运行的角动量不变，亦即运行的面积速度不发生变化，则

$$\frac{1}{2} r_0 v_0 = \frac{1}{2} r_1 v_1 = \frac{1}{2} r_2 v_2, \quad 即\ r_0 v_0 = r_1 v_1 = r_2 v_2$$

将上式乘飞船的质量 m，我们发现飞船运行的面积速度相等便变身为角动量守恒的表述。事实上，开普勒第二定律本质上就是行星在万有引力（有心力）作用下的角动量守恒的表述，只是由于历史的原因，我们仍将其称为开普勒定律。

又，飞船喷气后的速度为

$$v^2 = v_0^2 + (\alpha v_0)^2$$

变轨后机械能守恒，则

$$\frac{1}{2}mv^2 - G\frac{Mm}{r_0} = \frac{1}{2}mv_1^2 - G\frac{Mm}{r_1} = \frac{1}{2}mv_2^2 - G\frac{Mm}{r_2}$$

由上述四式可得到关于 $r(r_1、r_2)$ 的二次方程式为

$$(1-\alpha^2)r^2 - 2r_0 r + r_0^2 = 0$$

上式有两解，小者为 r_1，大者为 r_2，所以

$$r_1 = \frac{r_0}{1+\alpha} = \frac{R+H}{1+\alpha}, \quad r_2 = \frac{r_0}{1-\alpha} = \frac{R+H}{1-\alpha}$$

故飞船新轨道的近火星点与远火星点的高度分别是

$$h_1 = r_1 - R = \frac{H - \alpha R}{1+\alpha}, \quad h_2 = r_2 - R = \frac{H + \alpha R}{1-\alpha}$$

（2）由前面的飞船轨道参数 r_1、r_2 可知其椭圆轨道的半长轴为

$$a = \frac{1}{2}(r_1 + r_2) = \frac{r_0}{1-\alpha^2}$$

又，飞船沿半径为 r_0 的圆轨道（半长轴等于半径的椭圆）运行时，其周期为

$$T_0 = \frac{2\pi r_0}{v_0}$$

由开普勒第三定律知

$$\frac{T_0^2}{r_0^3} = \frac{T^2}{a^3}$$

故

$$T = \left(\frac{a}{r_0}\right)^{3/2} T_0 = \frac{2\pi r_0}{v_0}\left(\frac{1}{1-\alpha^2}\right)^{3/2}$$

由本题的解答可以看到，要讨论天体的运动，我们大体上只能围绕行星运动的轨迹与运行时间设置问题，而这不可避免地涉及轨道的参数。为此，我们必须将天体运动的轨道属性研究清楚。这种轨道除圆与椭圆外，还应包括抛物线与双曲线，而且对于这些参数，我们要能在直角坐标系、极坐标系及自然坐标系下轻松地进行转换，以期应对命题人在这方面设置的障碍。

题 055　行星椭圆轨道性质研究

宇宙中一质量为 m 的行星绕一质量为 $M(M \gg m)$ 的恒星运动，其轨迹为椭圆，如图 1 所示，在直角坐标系下椭圆的方程为

$$\frac{x^2}{a^2} + \frac{y^2}{b^2} = 1$$

其中，a、b 分别为椭圆的半长轴与半短轴，椭圆的焦距 $c = \sqrt{a^2 - b^2}$。

在以左焦点 F_1 为原点、以图 1 中 x 轴为极轴的平面极坐标系中，质点的椭圆轨迹方程为

$$r = \frac{p}{1 - e\cos\theta}$$

其中偏心率 $e = \dfrac{c}{a} < 1$,半正焦弦长 $p = \dfrac{b^2}{a}$。

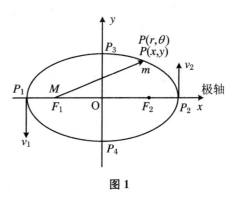

图 1

(1) 请给出 m 与 M 所构成的系统的总机械能 E 与 m 绕 M 运动的角动量 L。

(2) 求出行星在椭圆各拱点处的速度大小。

(3) 运用物理规律求出椭圆拱点处的曲率半径。

(4) 若从行星运动至拱点 P_2 时开始计时,求其运动至椭圆轨道上某一点 $P(x_0, y_0)$ 所用的时间 t。

【解析】 万有引力是中学阶段所接触的最为重要的有心力,即力与距离的平方成反比的作用力。虽然从万有引力定律、机械能守恒定律、角动量守恒定律出发,我们能够导出关于行星运动的开普勒三大定律,但基于对历史的尊重与推导过程所涉及的工具,我们一般仍然以开普勒定律作为研究天体运动的出发点。

开普勒第一定律明确指出各大行星在一个以太阳为焦点的椭圆轨道上独立地做周期运动,这是一个略显定性的描述。实际上,行星绕恒星运动的很多物理量都与运动轨道的参数有关。在各类与天体运动有关的试题中,围绕椭圆参数及性质展开的问题十分常见,本题中的各问题便与此相关。

(1) 行星绕恒星运动的过程中,机械能与角动量均守恒,所以行星在 P_1、P_2 两点时的能量与角动量相等,则

$$E = \frac{1}{2}mv_1^2 - G\frac{Mm}{a-c} = \frac{1}{2}mv_2^2 - G\frac{Mm}{a+c}$$
$$L = mv_1(a-c) = mv_2(a+c)$$

式中 v_1、v_2 分别为行星在 P_1、P_2 两点时的速度大小。

由上述两式可解得

$$v_1 = \sqrt{\frac{a+c}{a-c}}\sqrt{\frac{GM}{a}}, \quad v_2 = \sqrt{\frac{a-c}{a+c}}\sqrt{\frac{GM}{a}}$$

从而得到

$$E = -G\frac{Mm}{2a}, \quad L = mb\sqrt{\frac{GM}{a}}$$

(2) 上面的解答已经得到了拱点 P_1、P_2 处的速度 v_1、v_2,下面求拱点 P_3 处的速度大小。

显然有

$$L = mb\sqrt{\frac{GM}{a}} = |m\boldsymbol{v}_3 \times \boldsymbol{r}_3| = mv_3 b$$

得 $v_3 = \sqrt{\dfrac{GM}{a}}$。

由对称性可知拱点 P_4 处的速度大小与拱点 P_3 处的速度大小相等。

(3) 对于椭圆的 4 个拱点的曲率半径,显然有

$$\rho_1 = \rho_2, \quad \rho_3 = \rho_4$$

由牛顿定律可知在 P_1 点处有

$$G\frac{Mm}{(a-c)^2} = m\frac{v_1^2}{\rho_1}$$

代入 $v_1 = \sqrt{\dfrac{a+c}{a-c}}\sqrt{\dfrac{GM}{a}}$ 且考虑 $c = \sqrt{a^2-b^2}$,得

$$\rho_1 = \rho_2 = \frac{b^2}{a}$$

由牛顿定律可知在 P_3 点处有

$$G\frac{Mm}{a^2}\sin\theta_3 = m\frac{v_3^2}{\rho_1}$$

式中 θ_3 为 F_1P_3 与 x 轴的夹角。代入 $\sin\theta_3 = \dfrac{b}{a}$,$v_3 = \sqrt{\dfrac{GM}{a}}$,得

$$\rho_3 = \rho_4 = \frac{a^2}{b}$$

关于椭圆拱点处的曲率半径,不论是从数学角度还是从物理角度,我们都能得到上述结论。从物理角度讲,既然给出了椭圆的轨迹方程,那么从平面振动的角度亦能求出拱点处的曲率半径。而本题是在万有引力的背景下提出该问题,我们便选择了上述求解的方法。

(4) 要求行星从 P_2 运动至任意点 P 的时间 t_0,我们自然会联想到开普勒第二定律指明的方向:行星与恒星的连线在相同的时间内扫过的面积相等,亦即面积速度 $\dfrac{\mathrm{d}S}{\mathrm{d}t}$ 为一定值。那么,我们只要求得了行星与恒星的连线从 F_1P_2 扫至 F_1P 的面积 ΔS,便可由 $\dfrac{\Delta S}{t_0} = \dfrac{\mathrm{d}S}{\mathrm{d}t} = \dfrac{S}{T}$ 求出时间 t_0,式中 $S = \pi ab$ 为椭圆的面积,T 为行星运动的周期。于是,本题的问题求解便转换为求连线扫过的面积 ΔS 与行星运动的面积速度 $\dfrac{\mathrm{d}S}{\mathrm{d}t}$ 或周期 T。

(ⅰ) 我们先求行星运动的面积速度 $\dfrac{\mathrm{d}S}{\mathrm{d}t}$ 或周期 T。

行星运动的面积速度为定值,由行星在 P_2 点的速度可知行星运动的面积速度为

$$\frac{\mathrm{d}S}{\mathrm{d}t} = \frac{1}{2}(a+c)v_2 = \frac{1}{2}b\sqrt{\frac{GM}{a}}$$

进而可得其周期为

$$T = \frac{S}{\mathrm{d}S/\mathrm{d}t} = 2\pi\sqrt{\frac{a^3}{GM}}$$

(ⅱ) 下面再求连线扫过的面积 ΔS。

如图 2 所示,行星从 P_2 点运动至 P 点,其与恒星连线扫过的面积为图中阴影部分的面积,直接求这一面积对中学生显然是困难的。为了求这一面积,我们过 P 点作 y 轴的平行

线,交 x 轴于 P' 点,则阴影部分的面积为 $\triangle F_1P'P$ 的面积与半椭圆弓形 $P'P_2P$ 的面积之和。由于 P 点的坐标 (x_0,y_0) 已给定,故

$$S_{\triangle F_1P'P} = \frac{1}{2}(c+x_0)y_0$$

直接求半椭圆弓形 $P'P_2P$ 的面积也是困难的。为了求这一面积,我们以 P_1P_2 为直径作圆 O,且延长 $P'P$ 交 $\odot O$ 于 P'',对于同一 x 坐标的两点 M、M''(M 在椭圆上,M'' 在圆上),有

$$y = b\sqrt{1-\frac{x^2}{a^2}},\quad y'' = a\sqrt{1-\frac{x^2}{a^2}}$$

所以

$$\frac{y}{y''} = \frac{b}{a}(常量)$$

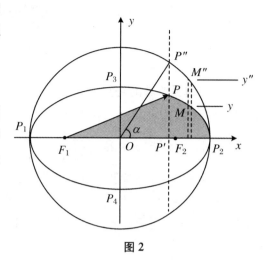

图 2

进而

$$\frac{y\Delta x}{y''\Delta x} = \frac{b}{a}$$

亦即

$$\frac{\Delta S_{椭圆}}{\Delta S_{圆}} = \frac{b}{a}$$

对上式求和可得

$$\frac{S_{半椭圆弓形}}{S_{半圆弓形}} = \frac{b}{a}$$

此式表明,我们可以通过求解半圆弓形 $P'P_2P''$ 的面积来求半椭圆弓形 $P'P_2P$ 的面积。

由图 2 可知

$$S_{半圆弓形} = \frac{1}{2}\alpha a^2 - \frac{1}{2}x_0 y_0''$$

式中 $\alpha = \arccos\frac{x_0}{a}$,$y_0'' = a\sqrt{1-\frac{x_0^2}{a^2}} = \frac{a}{b}y_0$,所以

$$S_{半圆弓形} = \frac{1}{2}a^2\arccos\frac{x_0}{a} - \frac{a}{2b}x_0 y_0$$

从而有

$$S_{半椭圆弓形} = \frac{b}{a}S_{半圆弓形} = \frac{1}{2}ab\arccos\frac{x_0}{a} - \frac{1}{2}x_0 y_0$$

则行星与恒星的连线扫过的面积为

$$\Delta S = S_{\triangle F_1P'P} + S_{半椭圆弓形} = \frac{1}{2}(c+x_0)y_0 + \frac{1}{2}ab\arccos\frac{x_0}{a} - \frac{1}{2}x_0 y_0$$

$$= \frac{1}{2}cy_0 + \frac{1}{2}ab\arccos\frac{x_0}{a}$$

最后,再由 $\dfrac{\Delta S}{t_0} = \dfrac{\mathrm{d}S}{\mathrm{d}t} = \dfrac{S}{T} = \dfrac{1}{2} b \sqrt{\dfrac{GM}{a}}$ 可得

$$t_0 = \left(\dfrac{c}{b} y_0 + a \arccos \dfrac{x_0}{a}\right) \sqrt{\dfrac{a}{GM}}$$

注意到题目要求的是"运动至椭圆轨道上某一点 $P(x_0, y_0)$ 所用的时间 t",考虑到运动的周期性,有

$$t = nT + t_0 = n \cdot 2\pi \sqrt{\dfrac{a^3}{GM}} + \left(\dfrac{c}{b} y_0 + a \arccos \dfrac{x_0}{a}\right)\sqrt{\dfrac{a}{GM}} \quad (n = 0, 1, 2, 3, \cdots)$$

在日常教学中,我们也许会将开普勒三大定律的内容熟记于心,但有多少同学思考过运用开普勒第二定律来求解行星在某一阶段运动的时间呢?即便是竞赛生,在日常学习过程中,具体计算过这类运动时间的也不是很多。因为要计算行星运动的时间,就必须计算行星与恒星连线扫过的面积,而对中学生而言,在椭圆运动的背景下计算这一面积,从上面的计算可以看出,不论是思维难度还是计算量都是巨大的。

上述解答中,对我们造成障碍的显然是椭圆弓形面积的求解。其实,在竞赛中不回避运算的前提下,若命题人给出积分公式

$$\int \sqrt{a^2 - x^2}\,\mathrm{d}x = \dfrac{1}{2}\left(x\sqrt{a^2 - x^2} + a^2 \arcsin \dfrac{x}{a}\right) + C, \ |x| \leqslant a$$

我们同样可以通过积分运算得到半椭圆弓形的面积。

另外,题目中也给出了椭圆的极坐标方程,从思维上讲,从极坐标方程出发,也许我们更容易得到行星与恒星连线扫过的面积

$$\Delta S = \int r^2 \mathrm{d}\theta = \dfrac{1}{2} p^2 \int \dfrac{\mathrm{d}\theta}{(1 - e\cos\theta)^2}$$

但在一般的高等数学的积分表中,我们并不能查到积分 $\int \dfrac{\mathrm{d}\theta}{(1 - e\cos\theta)^2}$ 的结果。对此积分运算,我们在此给出两种计算路径,大家体会一下这一积分的计算过程。

(1) 命题人直接给出两个用于递推 $\int \dfrac{\mathrm{d}\theta}{(1 - e\cos\theta)^2}$ 的积分式:

$$\int \dfrac{\mathrm{d}x}{(a + b\cos x)^k} = \dfrac{1}{(k-1)(a^2 - b^2)}\left[-\dfrac{b\sin x}{(a + b\cos x)^{k-1}}\right.$$
$$\left. + (3k - 3)a \int \dfrac{\mathrm{d}x}{(a + b\cos x)^{k-1}} - (k - 2)\int \dfrac{\mathrm{d}x}{(a + b\cos x)^{k-2}}\right]$$

$$\int \dfrac{\mathrm{d}x}{a + b\cos x} = \dfrac{2}{\sqrt{a^2 - b^2}} \arctan\left(\dfrac{\sqrt{a^2 - b^2}}{a + b} \tan \dfrac{x}{2}\right)$$

于是可得

$$\int_0^\theta \dfrac{\mathrm{d}\theta}{(1 - e\cos\theta)^2} = \dfrac{1}{1 - e^2}\left[\dfrac{e\sin\theta}{1 - e\cos\theta} + \dfrac{2}{\sqrt{1 - e^2}} \arctan\left(\sqrt{\dfrac{1 + e}{1 - e}} \tan \dfrac{\theta}{2}\right)\right]$$

(2) 我们对 $\int \dfrac{\mathrm{d}\theta}{(1 - e\cos\theta)^2}$ 可进行如下的演变:

令 $x = \arctan\dfrac{\theta}{2}$，则

$$d\theta = \dfrac{2}{1+x^2}dx, \quad \cos\theta = \dfrac{1-x^2}{1+x^2}$$

进而推得

$$\int \dfrac{d\theta}{(1-e\cos\theta)^2} = 2\left(1-\dfrac{b}{a}\right)\int \dfrac{dx}{(ax^2+b)^2} + \dfrac{2}{a}\int \dfrac{dx}{ax^2+b}$$

式中 $a = 1+e, b = 1-e > 0$。

那么，在命题人给出了积分式

$$\int \dfrac{dx}{ax^2+b} = \dfrac{1}{\sqrt{ab}}\arctan\sqrt{\dfrac{a}{b}}x + C, \quad b > 0$$

$$\int \dfrac{dx}{(ax^2+b)^2} = \dfrac{1}{2b}\dfrac{x}{ax^2+b} - \dfrac{1}{2b}\int \dfrac{dx}{ax^2+b} + C_0, \quad b > 0$$

之后，我们通过此途径也可求出相应的结果。

从理论上讲，上述两种路径都是行得通的，只是对于尚未系统学习微积分的中学生而言，要在考场上完成上述推导，成功的概率可能不高。况且，这种过程又显得过于"数学"了。

总体来说，因为物体在平方反比定律作用下的运动轨迹为椭圆，而这一内容又是竞赛中的高频考点，所以有关椭圆性质的研究是所有竞赛生都必须认真对待的问题，本题也只是这方面内容的一个侧面，大家平时应注意这方面的归纳与整理。

题 056 卫星的漂移运动

假定各国在发射卫星时都遵从以下规定：卫星进入轨道后不可离开本国领土和领海对应的领空，即卫星与地心连线和地球表面的交点必须落在本国的领土或领海上。

为下面讨论需要，给出同步卫星的轨道半径值 $R_0 = 4.21\times 10^4$ km。

(1) 一个领空范围占据北纬 $20°\sim 50°$ 的国家是否可能发射一颗不用动力飞行的卫星？一个领空范围占据北纬 $15°$ 至南纬 $10°$ 的国家呢？

(2) 再讨论一个具体问题。某国发射一颗周期 $T_0 = 1$ d 的不用动力飞行的卫星，卫星轨道平面即为赤道平面。容易理解，如果卫星取一椭圆轨道，那么它相对于地心的角速度就不是定值，与地面上的参考点之间会发生相对运动。假设这个国家仅拥有 $\theta = 2°$ 经度范围的赤道领空，发射者就必须将卫星轨道的偏心率限制在一个很小的范围内，以保证卫星不离开本国领空。设椭圆的半长轴为 A，半短轴为 B，则椭圆焦点与椭圆中心的距离为

$$C = \sqrt{A^2 - B^2}$$

椭圆偏心率便定义为

$$e = \dfrac{C}{A}$$

试确定偏心率 e 的最大可取值。

（半长轴为 A、半短轴为 B 的椭圆的面积为 πAB。）

【解析】 我们明确地知道，卫星绕行星、行星绕恒星的运动在需要定量讨论的情况下，基本上都是以椭圆轨道的情形呈现在我们面前的。因此，有关椭圆的性质及相应的计算在这一领域的讨论是极为广泛的。但我们永远无法预测命题人会呈现什么样的问题。在日常的训练中，我们能够做的便是尽可能地讨论行星在椭圆运动过程中具有典型特征的性质。在上一题中，我们进行的便是这类讨论，本题则是一个具体问题的讨论。

(1) 作为不用动力飞行的卫星，其轨道平面必过地球中心，如果卫星轨道不与赤道重合，则卫星必定经历南、北半球的运动，那么，要让无动力飞行的卫星总落在本国的领土或领海上，唯有的可能性是该国家的领空跨越赤道。当然，这还只是基本条件，但已经足以确定领空范围占据北纬 $20°\sim 50°$ 的国家不可能发射不用动力飞行却不离开本国领空的卫星，因为该国的领空不过赤道，卫星必然会离开本国领空。而另外一个领空占据北纬 $15°$ 至南纬 $10°$ 的国家至少可发射同步卫星，定点在该国领空的赤道区域上。

(2) 作为同步轨道的空间资源是十分有限的。一方面，我们不能在赤道上空无限制地发射同步卫星；另一方面，我们无法保证所发射的同步卫星一定在做圆轨道运动，它相对于圆轨道会在一定的区域内发生相应的"漂移"，技术上对这类"漂移"有一定的限制，通常修正这类"漂移"是通过卫星自带的动力系统完成的。而本问就是基于这类"漂移"来讨论这类运动。

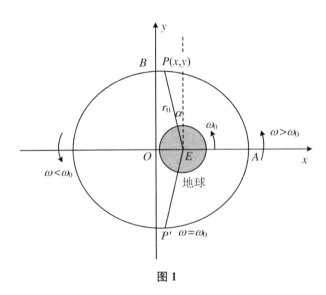

图 1

依题意，若这个国家仅拥有 $\theta = 2°$ 经度范围的赤道领空，而卫星又不能离开这个领空，则依据对称性，卫星相对于地面只能在这个 $2°$ 的经度范围内做往复运动。由于地面绕地心转动的角速度，即地球自转角速度 ω_0 为一定值，且 $\dfrac{2\pi}{\omega_0} = T_0 = 1\text{ d}$，故卫星相对于地心转动的角速度 ω 也只能在 $\omega_0 \pm \Delta\omega$ 的小幅范围内变动。为此，我们过地球中心与卫星运行的轨道平面(赤道平面)作出如图1所示的卫星轨道与地球位置关系的示意图,图中 E 为地心,将地球自转方向和卫星运转方向设为逆时针。我们通过示意图及地球与卫星的运动规律寻找 $\omega > \omega_0$ 与 $\omega < \omega_0$ 的区域。

由开普勒第二定律知,卫星绕地心运动的面积速度为

$$V_S = \frac{1}{2} r^2 \omega$$

卫星运转一周,r 在 $r_{\min} = A - C$ 与 $r_{\max} = A + C$ 之间往返变化一周,ω 将在其最小值和最大值之间往返变化一个周期。既然卫星沿轨道运动的周期与地球自转的周期相等,那么卫星在 P、P' 两点的右侧运动时 $\omega > \omega_0$,而在 P、P' 两点的左侧运动时 $\omega < \omega_0$,在其间的两个转折点 P、P' 处必定有 $\omega = \omega_0$。我们将这两处卫星与 E 的距离记为 r_0,有

$$V_S = \frac{1}{2} r_0^2 \omega_0$$

卫星沿轨道运行的周期也为 T_0,有

$$\frac{\pi AB}{V_S} = T_0 = \frac{2\pi}{\omega_0}$$

得 $r_0 = \sqrt{AB}$。

在 P、P' 右侧 $\omega > \omega_0$,卫星相对于地球表面朝东飞行,设累积的偏转角度为 $\theta_{东}$;在 P、P' 右侧 $\omega < \omega_0$,卫星相对于地球表面朝西飞行,设累积的偏转角度为 $\theta_{西}$。由轨道运动的周期性,必有 $\theta_{东} = \theta_{西}$,这意味着卫星因椭圆运动,在经度上有 $\theta_{东} = \theta_{西}$ 范围的往返。对于题文所述的要求,$\theta_{东} = \theta_{西} \leqslant \theta_0 = 2°$。

我们知道,圆轨道的同步卫星(偏心率 $e = 0$)不会产生累积的偏转角度,所以上述累积的偏转角 $\theta_{东}$、$\theta_{西}$ 都是由椭圆的偏心率 $e > 0$ 造成的,且 e 越大累积偏转角越大,故 $\theta_{东} = \theta_{西} = \theta_0 = 2°$ 时,偏心率 e 取最大值。

我们选取 $\theta_{东} = \theta_0$ 来讨论卫星在该国上空单向漂移的情况。

这一过程是指卫星在 P' 点时恰好在该国领空赤道区域的东侧边界,卫星转到 P 点时恰好处在该国赤道领空区域的西侧边界,这一累积漂移角度为 θ_0。而后卫星又将相对于地球表面移到赤道领空东侧边界,如此往返偏移。

设卫星从 P' 点到 P 点,卫星相对于 E 的矢径扫过的面积记为 S,则所经时间为 $t = \frac{S}{V_S} = \frac{2S}{AB\omega_0}$。这段时间内地球转过的角度为 $2\pi \frac{t}{T_0}$,则由图示可知

$$\theta_{东} = \pi + 2\alpha - 2\pi \frac{t}{T_0}$$

角 α 已在图中标出,考虑到该卫星的轨道接近于圆形轨道,α 应趋近于 0,是小角度。

图中的 $P(x, y)$ 满足几何关系 $(C - x)^2 + y^2 = r_0^2 = AB$,其中 $C = eA$,而 $B = \sqrt{1 - e^2} A$,因 $C \ll A$,故 $e = \frac{C}{A} \ll 1$,近似有 $B = \left(1 - \frac{e^2}{2}\right) A$,于是有

$$(eA - x)^2 + y^2 = \left(1 - \frac{e^2}{2}\right)A^2$$

又

$$\frac{x^2}{A^2} + \frac{y^2}{B^2} = 1$$

联立上述两式，消去 y^2，同时考虑到实际情况下 x 亦为小量，可解得 $x = \frac{1}{4}eA$。

又由图可知 $\alpha \approx \frac{C-x}{B} \approx \frac{3}{4}e$。

由图亦知 S 为半个椭圆面积与两个近似梯形的面积之差，则

$$S = \frac{1}{2}\pi AB - 2 \times \left[\frac{1}{2}B(x+C)\right] = \left(\frac{1}{2}\pi - \frac{5}{4}e\right)AB$$

所以

$$t = \frac{2S}{AB\omega_0} = \left(\frac{1}{2} - \frac{5e}{4\pi}\right)T_0$$

将上述计算得到的 α 和 t 代入 $\theta_东$ 的表达式，得

$$\theta_东 = \pi + 2\alpha - 2\pi\frac{t}{T_0} = 4e$$

最大的 e 对应 $\theta_东 = \theta_0 = 2° = 0.0349 \text{ rad}$，即

$$e = \frac{\theta_西}{4} = 8.7 \times 10^{-3}$$

我们从上述的解答过程不难体会到，整个解答除了必要的运动分析与小量处理，计算所用到的物理规律只有开普勒第二定律。将开普勒第二定律与椭圆的性质结合得如此紧密，足见命题人对相关问题研究的透彻程度。自然，以此作为考题，对答题者的能力要求之高也是非同一般的。

物理与数学是紧密相连的，不同板块的物理内容对数学的要求有一定的针对性。在天体运动这一板块，对二次曲线特别是椭圆的性质运用的要求极高。加之天体运动在竞赛中是不折不扣的高频考点，竞赛生在这一内容的学习上必须投入必要的时间与精力，以保证运用的熟练。

题 057　飞船的发射

从地球表面向火星发射火星探测器。设地球和火星都在同一平面上绕太阳做圆周运动，火星轨道半径 R_m 为地球轨道半径 R_0 的 1.500 倍。简单而又节省能量的发射过程可分为两步进行：第一步，在地球表面用火箭对探测器进行加速，使之获得足够的动能，从而脱离地球引力作用成为一个沿地球轨道运行的人造行星。第二步，在适当时刻点燃与探测器连在一起的火箭发动机，在短时间内对探测器沿原方向加速，使其速度数值增加到适当值，从

而使得探测器沿着一个与地球轨道和火星轨道分别在长轴两端相切的半个椭圆轨道正好射到火星上,如图1所示。

(1) 为使探测器成为沿地球轨道运行的人造行星,必须加速探测器,应使之在地面附近获得多大的速度(相对于地球)?

(2) 探测器脱离地球并沿地球公转轨道稳定运行后,在某年3月1日零时测得探测器与火星之间的角距离为60°,如图2所示。问:应在何年何月何日点燃探测器上的火箭发动机方能使探测器恰好落在火星表面?(时间计算仅需精确到日。)已知地球半径为 $R_e = 6.4 \times 10^6$ m,重力加速度可取 $g = 9.8$ m/s^2。

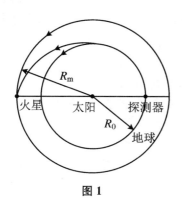

图1

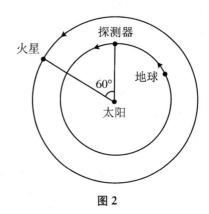

图2

【解析】 对卫星的发射与回收问题的讨论,在中学物理竞赛中有一系列的模型,如在高处的高速平抛、无动力飞行的导弹、第一宇宙速度、圆轨道卫星、椭圆轨道卫星、低轨向高轨的变轨过程、第二宇宙速度、卫星在体系中的运行、第三宇宙速度、弹弓效应、抛物线或双曲线轨道的行星等,所有这些还存在相应的逆过程,而且在每个过程中都还可能产生一些附加的过程或几何约束,并且从理论上讲,这类试题对物理规律运用在综合层面上并不是太复杂,基本上都是开普勒三大定律、能量守恒定律、角动量守恒定律及牛顿定律的应用,研究的问题大多数也是时间与轨道的匹配问题,其轨道参量的计算与方程的求解为这类试题带来了较大的运算量,这一点几乎成为了此类试题的主要障碍。本题为第15届全国中学生物理竞赛的一道复赛试题,即是这方面问题的代表。

(1) 设地球的质量为 M_e,探测器及其附加装置的总质量为 m,则探测器在地球表面的动能 E_k 和引力势能 E_p 分别为

$$E_k = \frac{1}{2}mv^2, \quad E_p = -G\frac{M_e m}{R_e}$$

当探测器脱离地球引力作用成为沿地球轨道运动的人造行星时,在探测器与地球所构成的系统内,可以认为探测器的引力势能 $E_p' = 0$;加之探测器尚在轨道上,它相对于地球的速度为零,因而 $E_k' = 0$。由机械能守恒有

$$\frac{1}{2}mv^2 - G\frac{M_e m}{R_e} = 0$$

得
$$v = \sqrt{\frac{2M_e m}{R_e}} = \sqrt{2gR_e}$$

代入数值得 $v = 1.12 \times 10^4$ m/s。

这个求得的速度显然是第二宇宙速度。对竞赛生而言,这样的考题无疑是十分简单的,有送分的意思。但这类问题的过程或结论往往是后续问题的条件或铺垫。本题中探测器进入地球轨道运行即是后续问题的条件。

需要说明的是,在探测器与地球所构成的系统中 $E_k + E_p = 0$,但探测器摆脱地球的束缚后,在探测器与太阳所构成的系统中 $E'_k + E'_p \neq 0$,很多同学纠结于此,这是因为对机械能的相对性理解不透彻。在探测器与地球所构成的系统中,当探测器离开地球时,由于相对速度 $v = 0$,自然有 $E_k = 0$,加之它们之间的引力 $G\frac{M_e m}{r^2} \to 0$,自然也就认为它们之间的距离 $r \to \infty$,其相互作用的势能 $E_p = 0$,故 $E_k + E_p = 0$。当探测器离开地球时,虽然探测器与地球之间的距离远小于探测器与太阳之间的距离,但太阳的质量 M_s 巨大,彼此间的引力 $G\frac{M_s m}{r'^2} \neq 0$,因而势能 $E'_p \neq 0$,同时有 $E'_k + E'_p \neq 0$。

(2) 为使探测器落到火星上,必须选择适当的时机点燃探测器上的火箭发动机,使得探测器沿椭圆轨道到达与火星轨道的相切点时,火星也恰好运行到这一点。为此,必须首先确定点燃火箭发动机时探测器与火星的相对位置。

已知探测器在地球公转轨道上的运行周期 T_d 与地球的公转周期相同,则
$$T_d = T_e = 365 \text{ d}$$

根据开普勒第三定律,火星的公转周期为
$$T_m = 365\sqrt{1.5^3} \text{ d} = 671 \text{ d}$$

而当探测器按题述的方式从地球运行至火星轨道时,其椭圆轨道上的半长轴为
$$\frac{R_0 + 1.5R_0}{2} = 1.25R_0$$

所以探测器在椭圆轨道上的运行周期 T'_d 为
$$T'_d = 365\sqrt{1.25^3} \text{ d} = 510 \text{ d}$$

因此探测器从点燃火箭发动机至到达火星,需时间 $T'_d/2 = 255$ d。

探测器在点燃火箭发动机前绕太阳转动的角速度与地球绕太阳运行的角速度同为
$$\omega_d = \omega_e = \frac{360°}{365 \text{ d}} = 0.986°/\text{d}$$

而火星绕太阳转动的角速度为
$$\omega_m = \frac{360°}{671 \text{ d}} = 0.537°/\text{d}$$

由于探测器运行至火星需时间 255 d,火星在此期间运行的角距离为
$$\omega_m T'_d/2 = 0.537°/\text{d} \times 255 \text{ d} = 137°$$

即探测器在椭圆轨道近日点发射时,火星应在其远日点之前137°。亦即点燃火箭发动机时,探测器与火星的角距离应为180° − 137° = 43°,如图3所示。

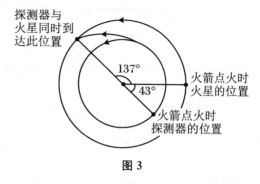

图3

已知某年3月1日零时探测器与火星的角距离为60°(火星在前,探测器在后)。为使其角距离成为43°,必须等待二者在各自轨道中运行至某个合适的时机。

设二者到达合适的位置,探测器又经历的天数为 t,则

$$60° − 43° = \omega_\mathrm{d} t − \omega_\mathrm{m} t$$

即

$$t = \frac{60° − 43°}{\omega_\mathrm{d} − \omega_\mathrm{m}} = 37.86\ \mathrm{d} \approx 38\ \mathrm{d}$$

故点燃火箭发动机的时间应为当年的3月1日之后38 d,即同年的4月7日。

上面解题步骤的书写过程虽然十分简单,各表达式的演变几乎都是稍有心算能力便能处理的问题,但隐含在过程中的计算量却是十分巨大的。为了应对这种计算量,我也要求学生在日常的训练中将计算器的按钮按出节奏感来。实际上,正因为解答过程中的计算量巨大,命题人考虑到计算可能会带来很大的偏差,当年的参考解答也给出了点燃火箭发动机的时间为当年的3月1日之后(38±2) d。这类结果有一定弹性的答案在物理竞赛中并不多见。

天体间的运动基本上都是绕行的,比较它们之间的运动时,基本上都是选择角位移进行的。事实上,在有相对转动的背景中,选择角量来描述彼此间的运动及位置关系应该是比较基本的做法,只是在常规教学内容中这种比较用得不多,以至于很多同学对此不太在意,在具体的考试中常常因此失手。在竞赛中在与角动量相关的模型中,这一特点非常常见,望大家注意练习。

题058 直角坐标系与极坐标系下椭圆轨道的比较计算

如图1所示,哈雷彗星绕太阳 S 沿椭圆轨道逆时针方向运动,其周期 T 为76.1 a。1986年它过近日点 P_0 时,与太阳 S 的距离 $r_0 = 0.590$ AU(AU是天文单位,它等于地球与太阳的平均距离)。经过一段时间,彗星到达轨道上的 P 点,SP 与 SP_0 的夹角 $\theta_P = 72.0°$。已知:1 AU = 1.50×10^{11} m,引力常量 $G = 6.67 \times 10^{-11}$ m³/(kg·s²),太阳的质量 $m_\mathrm{s} = 1.99 \times 10^{30}$ kg。试求 P 点到太阳 S 的距离 r_P 及彗星过 P 点时速度的大小及方向(用速度方向与 SP_0 的夹角表示)。

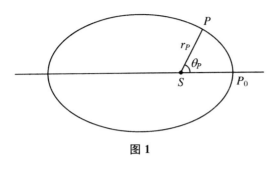

图 1

【解析】 我们知道,行星绕恒星运动的轨迹一般是椭圆,而中学阶段定量描述椭圆的方式有两种,即直角坐标 $\left(\dfrac{x^2}{a^2}+\dfrac{y^2}{b^2}=1\right)$ 与极坐标 $\left(r=\dfrac{p}{1+e\cos\theta}\right)$,但不论是在什么坐标下,描述椭圆的轨道参数是相同的,即半长轴 a、半短轴 b、焦距 c 及偏心率 e 是相同的。对轨道的性质的研究也是围绕这些参数展开的。

对于本题,我们提供直角坐标背景与极坐标背景的两种解答。

方法 1(取直角坐标系) 如图 2 所示,取直角坐标系 Oxy,原点 O 位于椭圆的中心,则哈雷彗星的椭圆轨道方程为

$$\dfrac{x^2}{a^2}+\dfrac{y^2}{b^2}=1 \quad ①$$

式中 a、b 分别为椭圆的半长轴和半短轴,太阳 S 位于椭圆的一个焦点处。

以 T_e 表示地球绕太阳运动的周期,则 $T_e = 1.00\,\text{a}$;以 a_e 表示地球到太阳的距离(认为地球绕太阳做圆周运动),则 $a_e = 1.00\,\text{AU}$。根据开普勒第三定律,有

$$\dfrac{a^3}{a_e^3}=\dfrac{T^2}{T_e^2} \quad ②$$

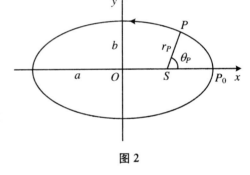

图 2

设 c 为椭圆中心到焦点的距离,由几何关系得

$$c = a - r_0 \quad ③$$
$$b = \sqrt{a^2-c^2} \quad ④$$

由图 2 可知 P 点的坐标为

$$x = c + r_P\cos\theta_P \quad ⑤$$
$$y = r_P\sin\theta_P \quad ⑥$$

把⑤⑥式代入①式,化简得

$$(a^2\sin^2\theta_P + b^2\cos^2\theta_P)r_P^2 + (2b^2 c\cos\theta_P)r_P + b^2 c^2 - a^2 b^2 = 0 \quad ⑦$$

根据求根公式可得

$$r_P = \dfrac{b^2(a - c\cos\theta_P)}{a^2\sin^2\theta_P + b^2\cos^2\theta_P} \quad ⑧$$

联立②③④⑧式并代入有关数据,得

$$r_P = 0.896\,\text{AU} \quad ⑨$$

可以证明,彗星绕太阳做椭圆运动的机械能为

$$E = -\frac{Gmm_s}{2a} \qquad ⑩$$

式中 m 为彗星的质量。

以 v_P 表示彗星在 P 点时的速度大小，根据机械能守恒定律，有

$$\frac{1}{2}mv_P^2 + \left(-\frac{Gmm_s}{r_P}\right) = -\frac{Gmm_s}{2a} \qquad ⑪$$

得

$$v_P = \sqrt{Gm_s}\sqrt{\frac{2}{r_P} - \frac{1}{a}} \qquad ⑫$$

代入有关数据得 $v_P = 4.39 \times 10^4$ m/s。

设 P 点的速度方向与 SP_0 的夹角为 φ（见图 3），根据开普勒第二定律，有

$$r_P v_P \sin(\varphi - \theta_P) = 2\sigma \qquad ⑬$$

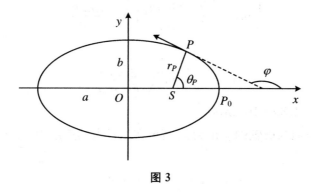

图 3

其中 σ 为面积速度，并有

$$\sigma = \frac{\pi ab}{T} \qquad ⑭$$

联立⑨⑬⑭式并代入有关数据，可得 $\varphi = 127°$。

方法 2（取极坐标系） 取这样的极坐标系：极点位于太阳 S 所在的椭圆的焦点处，由 S 引向近日点的射线为极轴，极角为 θ，取逆时针为正向，用 r、θ 表示彗星的椭圆轨道方程为

$$r = \frac{p}{1 + e\cos\theta} \qquad ①$$

其中，e 为椭圆的偏心率，p 是过焦点的半正焦弦长。若椭圆的半长轴为 a，根据解析几何可知

$$p = a(1 - e^2) \qquad ②$$

将②式代入①式可得

$$r = \frac{a(1 - e^2)}{1 + e\cos\theta} \qquad ③$$

以 T_e 表示地球绕太阳运动的周期，则 $T_e = 1.00$ a；以 a_e 表示地球到太阳的距离（认为地球绕太阳做圆周运动），则 $a_e = 1.00$ AU。根据开普勒第三定律，有

$$\frac{a^3}{a_e^3} = \frac{T^2}{T_e^2} \qquad ④$$

在近日点 $\theta = 0$，由③式可得

$$e = 1 - \frac{r_0}{a} \qquad ⑤$$

将 θ_P、a、e 的数据代入③式得

$$r_P = 0.896 \text{ AU} \qquad ⑥$$

可以证明，彗星绕太阳做椭圆运动的机械能为

$$E = -\frac{Gmm_s}{2a} \qquad ⑦$$

式中 m 为彗星的质量。

以 v_P 表示彗星在 P 点时的速度大小，根据机械能守恒定律，有

$$\frac{1}{2}mv_P^2 + \left(-\frac{Gmm_s}{r_P}\right) = -\frac{Gmm_s}{2a} \qquad ⑧$$

得

$$v_P = \sqrt{Gm_s}\sqrt{\frac{2}{r_P} - \frac{1}{a}} \qquad ⑨$$

代入有关数据得 $v_P = 4.39 \times 10^4$ m/s。

设 P 点的速度方向与极轴的夹角为 φ，彗星在近日点的速度为 v_0，再根据角动量守恒定律，有

$$r_P v_P \sin(\varphi - \theta_P) = r_0 v_0 \qquad ⑩$$

根据⑧式，同理可得

$$v_0 = \sqrt{Gm_s}\sqrt{\frac{2}{r_0} - \frac{1}{a}} \qquad ⑪$$

联立⑥⑩⑪式并代入有关数据，得 $\varphi = 127°$。

比较上述两种解法，可看到它们所依据的物理原理完全是一样的，结果自然也是一样的。但直觉也能告诉我们，两种方法的计算量有很大的差别。本题是第 28 届全国中学生物理竞赛复赛试题，可以想象，在考场上，在规律运用同样流畅的前提下，第二种方法节省的时间是绝对不可小视的。但问题是，在没有解答过程比较的情况下，我们又怎么能预判哪种方法更简洁呢？如果你不具备在头脑中"路演"解答过程的思维与能力，那么，你选择哪种方法一定意义上就靠你的运气了。

题 059　抛物线轨道

一彗星进入太阳系后做抛物线运动。彗星抛物线轨道在地球绕太阳公转的轨道平面内。设地球绕太阳做圆轨道运动，圆轨道的半径为 R。若测得彗星近日点距离为地球轨道

半径 R 的 $\dfrac{1}{n}\left(0<\dfrac{1}{n}<1\right)$，求彗星在地球轨道范围内停留的时间 t（可以地球公转周期年为单位），并给出彗星在地球轨道范围内能停留的最长时间。

$$\left[\text{参考积分公式:}\int\dfrac{\mathrm{d}x}{(1+\cos x)^2}=\dfrac{1}{3}\dfrac{\sin x(2+\cos x)}{(1+\cos x)^2}+C\right]$$

【解析】 基于有限时间内行星绕太阳运动的观测数据而得到的开普勒定律认为，行星绕太阳运动的轨道应该是椭圆，这有一定的局限性。后续的理论可以证明，行星绕恒星运动的轨道还有可能是抛物线或双曲线，只是这两种曲线轨道没有周期性，在有限的时间内不易被确定，况且开普勒也只是针对太阳系内的行星所作的总结。所以，开普勒并没有给出行星运动的轨道存在抛物线与双曲线的可能性。

区别行星运行的三种轨道最为简单的方式便是通过它们的能量 E 的大小来进行判断。在取无穷远处的势能为零势能点的前提下：

当 $E<0$ 时，行星的轨道为椭圆；

当 $E=0$ 时，行星的轨道为抛物线；

当 $E>0$ 时，行星的轨道为双曲线。

这一点可以作为确定行星运行轨道的判据。

我们知道，若行星绕恒星运动的轨道不是椭圆，开普勒第一定律与第三定律自然就不再有存在的意义。但只要是有心力作用，其角动量守恒便成立，亦即开普勒第二定律（面积定律）成立。同时，由于恒星是引力中心，不论是抛物线还是双曲线，恒星都在其焦点上，这便为我们计算行星运动的时间提供了途径。本题即是这方面的一个范例。

本题设定彗星绕太阳做抛物线运动，则太阳在抛物线的焦点上，同时该抛物线轨道平面也是地球绕太阳做圆轨道公转运动的平面。通过抛物线轨道曲线的极坐标（太阳位置取为极点）表示，以及在太阳有心引力场作用下彗星的面积速度 σ 为常数，题设彗星近日点距离是地球圆轨道半径 R 的 $\dfrac{1}{n}$ 等条件，即可求得彗星在地球轨道范围内停留的时间，再通过求极值的方法可求得能停留时间的最大值。

取如图 1 所示的极坐标系，极点在太阳 S 上，极轴指向彗星轨道的近日点。由此，可设彗星的轨道方程为

$$r=\dfrac{p}{1+\cos\theta}\quad\text{（极坐标下的抛物线方程）}$$

当 $\theta=0$ 时 $r_{\min}=\dfrac{1}{n}R$，则

$$p=2r_{\min}=\dfrac{2}{n}R$$

将上式代入轨道方程，得

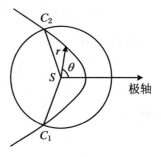

图 1

$$r = \frac{\frac{2}{n}R}{1+\cos\theta}$$

取无穷远处为势能的零点,则彗星的总能量为零,即

$$\frac{1}{2}mv^2 - \frac{GmM_s}{r} = 0$$

其中 m、v 分别为彗星的质量、速率。由上式解得

$$v = \sqrt{\frac{2GM_s}{r}} \quad (\text{事实上就是 } r \text{ 处的逃逸速度})$$

当 $r = r_{\min}$ 时,速度垂直于位矢,由此可知彗星的面积速度(彗星的位矢在单位时间内扫过的面积,由于彗星是在有心引力场中运动,故其值是一个常数)为

$$\sigma = \frac{1}{2}r_{\min}v(r_{\min}) = \frac{1}{2}r_{\min}\sqrt{\frac{2GM_s}{r_{\min}}} = \sqrt{\frac{GM_s r_{\min}}{2}} = \sqrt{\frac{GM_s R}{2n}}$$

设 C_1、C_2 两点(彗星轨道与地球轨道的两交点)的矢径和此两点间抛物线所围面积为 A,则所求 $t = \frac{A}{\sigma}$。

下面来计算 A,设 C_2 点的极角坐标为 θ_0,由微积分可知

$$A = 2\int_0^{\theta_0} \frac{1}{2}r^2 d\theta$$

将 r 的极坐标表达式代入上式,得

$$A = \left(\frac{2}{n}R\right)^2 \int_0^{\theta_0} \frac{d\theta}{(1+\cos\theta)^2}$$

利用积分公式

$$\int \frac{d\theta}{(1+\cos\theta)^2} = \frac{1}{3}\frac{\sin\theta(2+\cos\theta)}{(1+\cos\theta)^2} + C$$

可得

$$A = \left(\frac{2}{n}R\right)^2 \frac{1}{3}\frac{\sin\theta_0(2+\cos\theta_0)}{(1+\cos\theta_0)^2}$$
$$= \frac{1}{3}\sin\theta_0(2+\cos\theta_0)\left(\frac{2}{n}R\frac{1}{1+\cos\theta_0}\right)^2 = \frac{1}{3}\sin\theta_0(2+\cos\theta_0)R^2 \quad \text{①}$$

在 C_2 点有

$$R = \frac{\frac{2}{n}R}{1+\cos\theta_0}$$

解得

$$\cos\theta_0 = \frac{2-n}{n}$$

$$\sin\theta_0 = \sqrt{1-\cos^2\theta_0} = \frac{2}{n}\sqrt{n-1}$$

代入①式得

$$A = \frac{2}{3} \frac{(n+2)\sqrt{n-1}}{n^2} R^2$$

所以

$$t = \frac{A}{\sigma} = \frac{2\sqrt{2}}{3} \frac{n+2}{n} \sqrt{\frac{n-1}{n}} \frac{R^{3/2}}{\sqrt{GM_s}}$$

依据题意,上式显然还不是我们要求的最终结果,应以地球公转周期 T_e 为单位将 t 表达出来。下面求 T_e。

地球绕太阳运动,则

$$G \frac{M_s M}{R^2} = M \left(\frac{2\pi}{T_e}\right)^2 R$$

解得

$$T_e = 2\pi \frac{R^{3/2}}{\sqrt{GM_s}}$$

所以,当以 T_e 为单位时,有

$$t = \frac{\sqrt{2}}{3\pi} \frac{n+2}{n} \sqrt{\frac{n-1}{n}} T_e \quad \text{或} \quad \frac{t}{T_e} = \frac{\sqrt{2}}{3\pi} \frac{n+2}{n} \sqrt{\frac{n-1}{n}}$$

在关于天体运动的试题中,求解运行时间几乎是命题的中心目标,而利用面积速度来求解这类运动的时间又几乎是必由之路,大家在日常的训练中必须熟悉这类问题的计算。

从理论上讲,虽然可以通过运动轨迹的长度与运行速率来求解运行的时间,但在这类运动中,不论是轨迹长度还是运行速率都无法用初等方法求解,更何况通过这二者来求时间。

下面求彗星在地球轨道范围内能停留的最长时间。

为求 t 的最大值 t_{max},令

$$f(n) = \frac{n+2}{n} \sqrt{\frac{n-1}{n}} (n > 1)$$

则问题转化为求 $f(n)$ 的极值点。由 $\frac{df}{dn} = 0$,有

$$\frac{1}{f} \frac{df}{dn} = \frac{d\ln f}{dn} = 0$$

得

$$\frac{1}{n+2} + \frac{1}{2} \frac{1}{n-1} - \frac{3}{2} \frac{1}{n} = 0$$

解此方程,得唯一的极值点为 $n = 2$。

因为 $f(2) = \sqrt{2}$,且 $f(1) = 0, f(\infty) = 1$,所以 $f(2) = \sqrt{2}$ 是最大值。故

$$t_{max} = T_e \frac{\sqrt{2}}{3\pi} f(2) = \frac{2}{3\pi} T_e$$

考虑到 $T_e = 365 \text{ d}$,则 $t_{max} \approx 77 \text{ d}$。

对于 $f(n)$ 的极大值,我们亦可通过如下的初等方法求得:

$$f(n) = \frac{n+2}{n}\sqrt{\frac{n-1}{n}} = \sqrt{\frac{(n+2)^2(n-1)}{n^3}} = \sqrt{\frac{1}{4}\left(1+\frac{2}{n}\right)\left(1+\frac{2}{n}\right)\left(4-\frac{4}{n}\right)}$$

由于 $\left(1+\frac{2}{n}\right)+\left(1+\frac{2}{n}\right)+\left(4-\frac{4}{n}\right)=6$(常数),故当 $1+\frac{2}{n}=4-\frac{4}{n}$,即 $n=2$ 时,$f(n)$ 有极大值 $f(2)=\sqrt{2}$。

很多竞赛生学习到一定的程度后,喜欢通过微积分来处理一些极值问题,认为这样处理比较直接,也十分简捷。而实际上,由于中学生对微积分运用的熟练程度不够,在运用过程中往往会出现一些难以预料的障碍,从而频繁出错。比较上述两种求解 $f(n)$ 的极值的方法,且不说由 $\frac{\mathrm{d}f}{\mathrm{d}n}=0$ 导出 $\frac{\mathrm{d}\ln f}{\mathrm{d}n}=0$ 的技巧很难被中学生掌握,其运算量也未必比后一种方法小。所以,竞赛生没必要过于迷信微积分在极值问题方面的作用。

题060　双曲线轨道

在太阳系中航行的飞行器经过木星时经常利用木星的引力加速。假设有一飞行器背离太阳飞行,如果不利用木星的引力加速,当它抵达木星轨道时其速度刚好为零。试问:利用木星可以使飞行器最多获得多大速度?以此速度飞行器能否离开太阳系?并给出飞行器在这种情况下飞经木星时的轨道参数。

计算中采取以下设定:

① 相对于木星绕太阳运转的周期,飞行器与木星相互作用的时间很短;

② 木星绕太阳运行的轨道可看作圆形,半径为 R;

③ 木星可看作一个质量均匀的球体,半径为 R_0,质量为 M;

④ 万有引力常数取 G,太阳的质量为 M_S。

【解析】　天体运动中对行星的研究基本上是两大类问题:一是星体运行的时间问题;二是轨道参数的确定。本题所要研究的便是轨道参数问题。

行星运行的轨道无非是椭圆(包括圆与直线段)、抛物线和双曲线,其轨道参数则是指在极坐标或直角坐标背景下描述轨道所需的半长轴、半短轴、焦距、偏心率、偏转角等量。轨道参数的确定也为恒星与行星连线扫过的面积的计算提供了依据。所以,从这方面看,时间的计算与轨道参数的计算本质上是相关的。

下面我们依次讨论相关问题。

(1) 木星的运行速度和木星轨道处太阳的第二宇宙速度计算:

设木星绕太阳做匀速圆周运动的速度大小为 v_0,木星轨道处太阳的第二宇宙速度大小为 v_2,则由万有引力定律及向心力公式有

$$G\frac{M_S M}{R^2} = M\frac{v_0^2}{R}$$

解得
$$v_0 = \sqrt{\frac{GM_S}{R}}$$

取飞行器的质量为 m,若飞行器从木星轨道处飞往太阳系外,则有
$$\frac{1}{2}mv_2^2 - G\frac{M_S m}{R} = 0$$

解得
$$v_2 = \sqrt{\frac{2GM_S}{R}} = \sqrt{2}\,v_0$$

(2) 飞行器在木星系中的轨道参数计算:

飞行器进入木星引力范围后,其受到的力主要是木星吸引力。从时间上看,相对于木星绕太阳飞行的周期,飞行器飞越木星的过程只是一个瞬间。所以,在太阳系看来,这只是飞行器在木星轨道处与木星发生"碰撞"的一个短暂过程。因此,要研究飞行器飞越木星的具体情况,必须以木星为参考系讨论其运动。

依题意,飞行器到达木星范围时,其在太阳系中的速度已为零,所以飞行器是以初速度 v_0 进入木星引力范围的。飞行器刚进入木星引力范围即有动能,其总能量大于零,因此它不会绕木星一直运行,而应该做双曲线轨道运行,木星中心为其轨道的焦点。

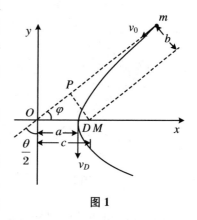

图 1

为讨论飞行器的轨道,我们建立如图 1 所示的坐标系,取飞行器的双曲线轨道实半轴长为 a,虚半轴长为 b,半焦距为 c,且它们满足 $a^2 + b^2 = c^2$。当飞行器离木星很远时速度为 v_0,其速度所在直线接近于双曲线的渐近线,到木星中心即双曲线焦点的距离为 b(通常所说的瞄准距离)。我们设 M、b、v_0 为已知量来计算此双曲线的形状。

由图 1 可知,飞行器轨道的近木星点与木星中心的距离为 $c - a$。设飞行器飞到此点时的速度大小为 v_D,根据面积速度守恒(或者说角动量守恒),有
$$(c - a)v_D = v_0 b$$

而根据机械能守恒,有
$$\frac{1}{2}mv_D^2 - G\frac{Mm}{c-a} = \frac{1}{2}mv_0^2$$

联立上述两式并结合 $a^2 + b^2 = c^2$,且注意到 a、b、c 均为正值,可得
$$a = \frac{GM}{v_0^2}, \quad c = \sqrt{\frac{G^2 M^2}{v_0^4} + b^2}$$

因为飞行器进入木星范围时的速度 v_0 恒定,所以 $a = \dfrac{GM}{v_0^2}$ 亦为定值,故对飞行器的轨道来说,瞄准距离 b 为可变因素,它决定了轨道最终的特性。b 越小,c 和 $c - a$ 越小,而 $c - a$

为飞行器与木星中心的最近距离,此距离受木星半径 R_0 限制,因此当 $c-a=R_0$ 时,b、c、$c-a$ 取最小值。此时有

$$b = \sqrt{R_0^2 + \frac{2GMR_0}{v_0^2}}, \quad c = R_0 + \frac{GM}{v_0^2}$$

(3) 飞行器进出木星系偏转角的讨论:

在木星系中看来,飞行器进来时和出去时的速度大小并没有变化,但速度方向发生了变化,这种变化如图 2 所示,可由双曲线两条渐近线的夹角 θ 描述。根据双曲线的性质,有

$$\theta = \pi - 2\varphi = \pi - 2\arctan\frac{b}{a}$$

(4) 飞行器飞出木星系后的速度计算:

当飞行器飞出木星系回到太阳系中时,其速度 v 应为木星的速度 v_0 和飞行器离开木星系时的速度 v_0 的叠加,它们之间的夹角为 2φ,如图 3 所示。

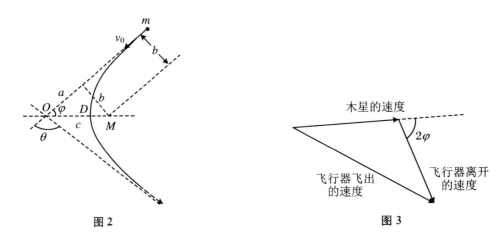

图 2　　　　　　　　图 3

由图 3 可知,要使 v 最大,必须使 φ 最小,根据 $\varphi = \arctan\frac{b}{a}$,即是 b 最小。由前面(2)中的分析知,当 $c-a=R_0$ 时,v 取最大值,且

$$v_{\max} = 2v_0\cos\varphi = 2v_0 \cdot \frac{a}{c}$$

代入相关数据,整理可得

$$v_{\max} = \frac{2v_0}{1+\dfrac{R_0 M_S}{RM}}$$

再考虑到 $M_S \approx 1000M$,$R \approx 10000R_0$,必定有 $v_{\max} > \sqrt{2}v_0$,显然该飞行器借此弹弓效应可以离开太阳系。

上述解答分步骤(1)~(4)依次讨论了飞行器在无动力的情况下飞越木星的过程,全景式地讨论了飞行器进入木星轨道与飞出木星轨道的情境。一个一个的问题逐步推进,一步一步的讨论清晰明了,这也是程序法的优点所在。

在得到相应的轨道后,再给出轨道方程就没有什么难度了,但还是建议大家尝试在坐标系中讨论相关的问题,提高自己处理问题的熟练程度与能力,以应对命题人的变化。

由此我们也可以想象到,尚在太阳系中飞行的飞行器如果其能量不足以摆脱太阳对它的束缚,那么,当它以上述形式经过某个行星时,会从行星提取少许能量,这个能量虽不足以影响到行星的运行,但可以极大地提高飞行器的速度或者说能量,从而促其飞离太阳系。我们从上述飞行器的轨道可以看到,其形状呈弹弓状,故将这一效应称为"弹弓效应"。

我们所熟知的第三宇宙速度是将飞行器从地球上直接发射到太阳系外的速度,发射时所需的能量是巨大的。有了本题的理论作基础,科学家们自然会想到利用弹弓效应来发射宇宙飞行器,以节省能量,但带来的问题是如何选择适当的发射时间来发射探测器以达到最佳效果,而这又可能产生新的竞赛试题。

题061 潮汐现象研究

本题欲讨论地球海洋潮汐的某些数值特征。为使问题简化,作如下假设:
(1) 地球和月球组成一个封闭系统;
(2) 月球到地球的距离为一常量;
(3) 地球完全由海洋覆盖;
(4) 地球绕其轴自转的动力学影响被略去;
(5) 地球提供的万有引力等于地球的质量全部集中于地球中心时提供的万有引力。

参考数据:

地球的质量	$M = 5.89 \times 10^{24}$ kg
月球的质量	$M_m = 7.3 \times 10^{22}$ kg
地球、月球中心的间距	$L = 3.84 \times 10^8$ m
万有引力常量	$G = 6.67 \times 10^{-11}$ m^3/(kg·s^2)
地球的半径	$R = 6.378 \times 10^6$ m

太阳的质量大约是月球的质量的 2.7×10^7 倍,而太阳到地球的距离平方大约是月球到地球的距离平方的 1.5×10^5 倍。

试讨论如下的有关问题:
(1) 月球和地球以相同的角速度 ω 围绕系统质心 C 做圆周运动,试求地球中心到 C 的距离 l 的数值,并确定 ω 的数值。

现在取这样一个参考系,此参考系与地球、月球中心一起同步绕系统质心 C 旋转。在这一参考系中,地球的液体表面形状保持不变。

此参考系内与转轴垂直且过质心 C 的平面 P 中,地球液体表面上质点的位置可用极坐标 (r, φ) 表述,如图1所示,其中 r 是地球液体表面上质点到地球中心的距离。

在以后的讨论中,地球液体表面在平面 P 内的形状将表述为

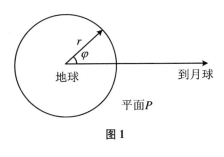

图 1

$$r(\varphi) = R + h(\varphi)$$

式中 R 为地球的半径。

(2) 如大家所知,海洋的潮汐基本上源自月球的引力作用,而在较小一些的程度上也源自太阳的引力作用。试求月球在地球上任意位置对单位质量的海水产生的潮汐力,并说明月球产生的引潮力与太阳产生的引潮力之间的关系。

(3) 在平面 P 中,考虑地球液体表面上质量为 m 的一个质点,在所取参考系中,此质点受到惯性离心力和月球、地球引力的作用。试求与这三个力相对应的总势能表达式。

提示: ① 相应于坐标原点的任何一种球对称径向力 $F(r)$ 是对一个球对称势能 $U(r)$ 求导数的负值,即

$$F(r) = -\frac{dU(r)}{dr}$$

② 解答本小问时,可利用近似展开式

$$\frac{1}{\sqrt{1+\alpha^2-2\alpha\cos\theta}} \approx 1 + \alpha\cos\theta + \frac{1}{2}\alpha^2(3\cos^2\theta - 1) \quad (|\alpha| \ll 1)$$

解答过程中可随时作近似处理,但必须合理。

(4) 用已给出的 M, M_m, … 诸量求潮面高度 $h(\varphi)$ 的近似表达式。试问:最高涨潮位和最低落潮位之间的高度差为多少米?

(5) 一个仅由自身引力保持在一起的小天体,如果它非常靠近大质量天体,则被这个大天体引起的潮汐力分裂,求一个直径为 1 km、密度为 $\rho = 2\times 10^3 \text{ kg/m}^3$ 的小天体围绕地球做圆周运动而不被拉散的圆周极限半径。

【解析】 地球上海水的周期性涨落称为潮汐,潮汐主要是由月球对海水的万有引力造成的,太阳的引力也有一定的作用,但要较月球弱。我们知道,潮汐现象的特点是每昼夜有两次高潮,这对应着下面的事实:在任何时刻,围绕地球的海面总体上有两个突起的部分,大体来说,它们分别出现在地表离月球最近和最远的地方。对于这种现象,我们也许会产生这样的一些疑问:

其一,如果潮汐是由月球的引力造成的,在离月球最近的地方海水隆起是可以理解的,那么为什么离月球最远的地方海水也隆起呢?

其二,如果潮汐是万有引力导致的现象,那么太阳和月球相比,谁对海水的引力大,谁就是潮汐的主要原因。我们根据万有引力定律容易算出,太阳对海水的引力大约比月球对海水的引力大 180 倍。为什么又说月球对潮汐起主要作用呢?

其三,引潮力作用在液体上导致潮汐现象产生,如果星体是固体,又会出现什么情况呢?

……

有关潮汐问题的研究实际上是多方面的。在过往的物理竞赛试题中,有关潮汐问题的研究也是多方面的,我们不可能穷其所有的问题,因为命题人总能找到新的视角、新的思路。

但总体来说,处理问题的思路离不开受力与能量两方面。本题所涉及的问题的处理大致也是沿这一方向上的思路。

(1) 系统质心 C 与地球中心的间距 l 满足
$$Ml = M_m(L - l)$$
解得
$$l = \frac{M_m}{M + M_m}L$$

将有关数据代入,可算得 $L = 4.63 \times 10^6$ m。此值小于地球的半径 R,因此系统质心 C 位于地球内部。

地球绕 C 做圆周运动所需向心力由月球的万有引力提供,即有
$$M\omega^2 l = \frac{GMM_m}{L^2}$$
由此解得
$$\omega = \sqrt{\frac{GM_m}{L^2 l}} = \sqrt{\frac{G(M + M_m)}{L^3}}$$

将有关数据代入,可算得 $\omega = 2.67 \times 10^{-6}$ rad/s(对应的旋转周期为 $\frac{2\pi}{\omega} = 27.2$ d)。

上述解答显然告诉我们,本问只是引力规律的基本应用。竞赛试题中出现的此类问题基本上都是后续问题的基础。当然,处理好此类问题也体现了我们对基本物理概念的理解与应用能力。

(2) 地球-月球系统绕其质心转动。对连接于地心的转动参考系,分析地球表面上任一点 P 处的水珠 m 的运动规律。

对于地面上任意一点 P 处的水珠 m,其受力为月球的万有引力 $\left(\frac{GM_m m}{[(r - x)/\cos \alpha]^2}\right)$ 和惯性力 $\left(\frac{GM_m m}{r^2}\right)$,正常情况下地球对它的万有引力与它所受到的浮力抵消,则在 x 方向的合力为(见图 2)
$$F_x = \frac{GM_m m}{\left(\frac{r - x}{\cos \alpha}\right)^2}\cos \alpha - \frac{GM_m m}{r^2} = \frac{GM_m m}{(r - x)^2}\cos^3 \alpha - \frac{GM_m m}{r^2}$$

因为 α 很小,所以取 $\cos \alpha \sim 1$,则
$$F_x \approx \frac{GM_m m}{(r - x)^2} - \frac{GM_m m}{r^2} \approx \frac{2GM_m m}{r^3}x$$

故单位质量物质位于 P 处 x 方向的潮汐力为
$$f_x = \frac{2GM_m}{r^3}x = \frac{2GM_m}{r^3}R\cos \theta$$

同理,可得单位质量物质位于 P 处 y 方向的潮汐力为

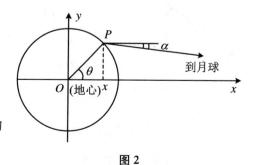

图 2

$$f_y = -\frac{GM_m}{\left(\frac{r-x}{\cos\alpha}\right)^2}\sin\alpha = -\frac{GM_m}{r^3}R\sin\theta$$

上述 f_y 的推导中用到了 $\cos\alpha \sim 1, \sin\alpha \sim \alpha \sim \frac{R\sin\theta}{r}$ 等小量关系。

从上述单位质量物质位于 P 处在 x、y 方向的潮汐力的表达式,我们很容易看到当 $\theta = 0°$ 或 $\theta = 180°$ 时,即地球上距月球最近处和最远处,月球的引潮力大小相等、方向相反——分别指向月球和背离月球;当 $\theta = 90°$ 或 $\theta = 270°$ 时,月球的引潮力大小相等、方向相同——都指向地心。这就解释了为什么地球海水靠近月球的一端和远离月球的一端都是突起的,并且同一地点一天中有两次涨潮。

我们很快便能说明月球是引起潮汐的主要原因。从上面对月球引潮力的推导我们可以得到,月球和太阳的引潮力之比为

$$k = \frac{f_{月}}{f_{阳}} = \frac{M_{月}(r_{阳地})^3}{M_{阳}(r_{月地})^3}$$

将前面所给的数据代入,可解得 $k = 2.18$,可见月球是引起潮汐的主要原因。

本问非常详细地讨论了引潮力的成因及相关计算,明白了为什么地球与月球连线上的海水是双向凸起的,明确了潮汐主要是由月球引起的。讨论中涉及的知识内容是多方面的,特别要注意这时对惯性力 $\left(\frac{GM_m m}{r^2}\right)$ 的理解,对连接于地心的转动参考系,因为月球对地球的引力使其产生的加速度为 $\frac{GM_m}{r^2}$,所以这是一个非惯性系,故质点 m 有惯性力 $\frac{GM_m m}{r^2}$。

当然,对本问中的小量运算的理解也有很大的难度,希望读者除了在阅读过程中注意理解,还可以从其他的角度进行相应的推导。

(3) 由 $F(r) = -\frac{\mathrm{d}U(r)}{\mathrm{d}r}$ 知,万有引力所对应的势能为

$$U(r) = -\int_r^\infty F(r)\mathrm{d}r = -G\frac{Mm}{r}$$

地球液体表面上质量为 m 的质点所具有的势能包括如下三项:

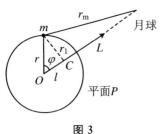

图 3

① 在前述选定的参考系内,平面 P 内的所有质点都在绕质心 C 转动,则质点 m 在转动参考系中的离心势能为 $-\frac{1}{2}m\omega^2 r_1^2$,其中 r_1 为质点到系统质心 C 的距离。此项势能对应的力是惯性离心力 $m\omega^2 r_1$,方向是由质心 C 指向质点 m,如图 3 所示。

② 地球的万有引力势能为 $-G\frac{mM}{r}$。

③ 月球的万有引力势能为 $-G\frac{mM_m}{r_m}$,其中 r_m 为质点到月球中心的距离。

综上所述,质点 m 的总势能为

$$U(r,\varphi) = -\frac{1}{2}m\omega^2 r_1^2 - G\frac{mM}{r} - G\frac{mM_m}{r_m}$$

在平面 P 中质点 m 的极坐标 (r,φ) 如图 3 所示，图中各种量有如下关系：

$$r_1^2 = r^2 + l^2 - 2rl\cos\varphi$$

$$r_m = \sqrt{r^2 + L^2 - 2rL\cos\varphi} = L\sqrt{1 + \left(\frac{r}{L}\right)^2 - 2\frac{r}{L}\cos\varphi}$$

由于 $\frac{r}{L} \ll 1$，可利用题文所给近似展开式，得

$$\frac{1}{r_m} = \frac{1}{L}\frac{1}{\sqrt{1 + \left(\frac{r}{L}\right)^2 - 2\frac{r}{L}\cos\varphi}} = \frac{1}{L}\left[1 + \frac{r}{L}\cos\varphi + \frac{1}{2}\left(\frac{r}{L}\right)^2(3\cos^2\varphi - 1)\right]$$

将它代入 $U(r,\varphi)$ 表达式，可得

$$\frac{U(r,\varphi)}{m} = -\frac{1}{2}\omega^2 r^2 + \omega^2 rl\cos\varphi - \frac{1}{2}\omega^2 l^2 - \frac{GM}{r} - \frac{GM_m}{L}$$
$$- G\frac{M_m r}{L^2}\cos\varphi - \frac{1}{2}G\frac{M_m r^2}{L^3}(3\cos^2\varphi - 1)$$

因为 $\omega = \sqrt{\frac{GM_m}{L^2 l}}$，所以

$$\omega^2 rl\cos\varphi - G\frac{M_m r}{L^2}\cos\varphi = 0$$

于是有

$$\frac{U(r,\varphi)}{m} = -\frac{1}{2}\omega^2 r^2 - \frac{GM}{r} - \frac{1}{2}G\frac{M_m r^2}{L^3}(3\cos^2\varphi - 1) - \left(\frac{1}{2}\omega^2 l^2 + \frac{GM_m}{L}\right)$$

因 ω、l、L 均为常量，故可引入新的势能函数：

$$\frac{U_0}{m} = -\left(\frac{1}{2}\omega^2 l^2 + \frac{GM_m}{L}\right)$$

则质点 m 的总势能的表达式为

$$U(r,\varphi) = -\frac{1}{2}m\omega^2 r^2 - G\frac{mM}{r} - \frac{1}{2}G\frac{mM_m}{L}\frac{r^2}{L^2}(3\cos^2\varphi - 1) + U_0$$

若考虑到 $r = R + h$，再作如下近似计算：

$$\frac{1}{r} = \frac{1}{R+h} \approx \frac{1}{R}\left(1 - \frac{h}{R}\right), \quad r^2 = (R+h)^2 \approx R^2 + 2Rh$$

质点 m 的总势能 $U(h,\varphi)$ 便有

$$\frac{U(h,\varphi)}{m} = -\frac{1}{2}\omega^2(R^2 + 2Rh) - \frac{GM}{R}\left(1 - \frac{h}{R}\right) - \frac{1}{2}G\frac{M_m(R^2 + 2Rh)}{L^3}(3\cos^2\varphi - 1) + \frac{U_0}{m}$$
$$= -\frac{1}{2}\omega^2 R^2 - \frac{GM}{R} - \omega^2 Rh + \frac{GM}{R^2}h - \frac{1}{2}G\frac{M_m R^2}{L^3}(3\cos^2\varphi - 1)$$
$$- G\frac{M_m R}{L^3}h(3\cos^2\varphi - 1) + \frac{U_0}{m}$$

利用 $\omega = \sqrt{\dfrac{G(M+M_m)}{L^3}}$，可得

$$\frac{U(h,\varphi)}{m} = -\frac{G(M+M_m)}{L^3}Rh + \frac{GM}{R^2}h - \frac{1}{2}G\frac{M_m R^2}{L^3}(3\cos^2\varphi - 1)$$

$$- G\frac{M_m R}{L^3}h(3\cos^2\varphi - 1) + \frac{U_0}{m}$$

考虑到

$$\frac{GM_m R}{L^3} : \frac{GM}{R^2} = \frac{M_m R^3}{ML^3} \approx 10^{-7}, \quad \frac{G(M+M_m)R}{L^3} : \frac{GM}{R^2} \approx \frac{M_m R^3}{ML^3} \approx 10^{-7}$$

所以 $\dfrac{U(h,\varphi)}{m}$ 表达式中第一项 $\left(-\dfrac{G(M+M_m)}{L^3}Rh\right)$ 和第四项 $\left(-\dfrac{1}{2}G\dfrac{M_m R}{L^3}h(3\cos^2\varphi-1)\right)$ 相对第二项 $\left(\dfrac{GM}{R^2}h\right)$ 均可略，于是质点 m 的总势能便可表示为

$$U(h,\varphi) = G\frac{mM}{R^2}h - \frac{1}{2}G\frac{mM_m R^2}{L^3}(3\cos^2\varphi - 1) + U_0$$

题目设置的问题并没有要求我们给出 $U(r,\varphi)$ 还是 $U(h,\varphi)$，也就是说这两种表达式都是正确的。但考虑到后续关于潮位之间的高度差 Δh 的讨论，显然给出 $U(h,\varphi)$ 的表达式会为后来的计算带来方便。至于上述推导过程中的小量运算，相信读者在阅读过程中便能有所体会。

在推导过程中，大家也许注意到了，在(2)问中质点 m 所受到的惯性力为 $\dfrac{GM_m m}{r^2}$，而本问中质点 m 所受到的惯性力为 $m\omega^2 r_1$。这是因为选择的参考系不同。如果你没有注意到这一点，那就必须回头再看一下，并认真体会。

关于小量运算，大家在日常解题中需要积累相应的经验，还要注意培养这方面的直觉。

(4) 地球液体表面为等势面，在液体表面上 $\dfrac{U(h,\varphi)}{m}$ 为常量，亦即 $\dfrac{GM}{R^2}h - \dfrac{1}{2}G\dfrac{M_m R^2}{L^3}(3\cos^2\varphi - 1)$ 是常量，则有 $h(\varphi)$ 的下述相对表达式：

$$\frac{GM}{R^2}h(\varphi) = \frac{1}{2}G\frac{M_m R^2}{L^3}(3\cos^2\varphi - 1) + C$$

由此可以看出：

① 当 $3\cos^2\varphi - 1$ 的最大值为 2，即当 $\varphi = 0$ 或 $\varphi = \pi$ 时，h 取得最大值 $h_{\max}$，即为最高涨潮位。

② 当 $3\cos^2\varphi - 1$ 取得最小值 -1，即当 $\varphi = \dfrac{\pi}{2}$ 或 $\varphi = \dfrac{3}{2}\pi$ 时，h 取得最小值 $h_{\min}$，即为最低落潮位。

最高涨潮位和最低落潮位之间的高度差为

$$\Delta h = h_{\max} - h_{\min} = \frac{3}{2}\frac{M_m R^4}{ML^3}$$

将有关数据代入,可算得最高涨潮位和最低落潮位之间的高度差为 0.54 m。

有了前述几问的推导,本问的解答也就顺理成章了。但对于液体而言,其表面为等势面是大家必须理解的内容。

(5) 作用于海洋表面液体的引潮力通过潮汐现象展示在我们面前,其特征是非常明显的。那么,这种引潮力作用于固体星球上产生的效果又会是怎样的呢?本问即是这方面的一个探究。

把随地球中心平动的参考系视为惯性系,小天体围绕地球中心做圆周运动。设圆周运动的半径为 l 时,刚好小天体的各处质元不被地球引力拉散,因此 l 就是所求的极限半径。

如图 4 所示,O、C 分别是地球和小天体的中心,考虑 OC 连线上离 C 点 x 处一质元,质量为 Δm。

根据刚好不被拉散的条件,地球对质元向左的引力与小天体对质元向右的引力的合力应提供质元围绕 O 做圆周运动所需的向心力,则

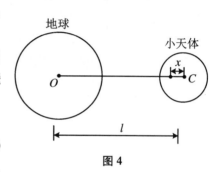

图 4

$$\Delta m(l-x)\omega^2 = G\frac{M\Delta m}{(l-x)^2} - G\frac{\frac{4}{3}\pi x^3 \rho \Delta m}{x^2} \quad ①$$

写出小天体对质元的作用力时用到了关于万有引力的"高斯定理",或者说用到了匀质球壳对球壳内的质点的作用力为零的推论。

ω 也是小天体绕 O 点做圆周运动的角速度,设小天体的质量为 m,则

$$ml\omega^2 = \frac{GMm}{l^2}, \quad 即 \quad \omega^2 = \frac{GM}{l^3} \quad ②$$

将②式代入①式,得

$$l\left(1-\frac{x}{l}\right)\frac{GM}{l^3} = \frac{GM}{l^2}\left(1-\frac{x}{l}\right)^{-2} - \frac{4}{3}\pi\rho Gx$$

因为 $x \ll l$,$\left(1-\dfrac{x}{l}\right)^{-3} \approx 1+\dfrac{3x}{l}$,所以

$$\frac{M}{l^2} = \frac{M}{l^2} + \frac{3M}{l^3}x - \frac{4}{3}\pi\rho x$$

解得

$$l = \sqrt[3]{\frac{9M}{4\pi\rho}} = 1.29 \times 10^4 \text{ km}$$

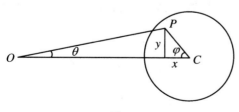

图 5

当 x 取负值时,上述 l 同样适用,说明在小天体上 OC 连线的外侧的质元也刚好不被拉散。

再考虑不在 OC 及其延长线上的质元,如图 5 中 P 点处的质元 Δm,设在平行于 OC 的方向不受小天体互相挤压的力。在这个方向上牛顿运动第二定律的分量方程为

$$\Delta m\omega^2 \sqrt{(l-x)^2+y^2}\cos\theta = G\frac{M\Delta m}{(l-x)^2+y^2}\cos\theta - \frac{\frac{4}{3}\pi G\rho(\sqrt{x^2+y^2})^3\cos\varphi}{x^2+y^2}\Delta m$$

其中

$$\cos\theta = \frac{l-x}{\sqrt{(l-x)^2+y^2}}, \quad \cos\varphi = \frac{x}{\sqrt{x^2+y^2}}$$

将 $\omega^2 = \frac{GM}{l^3}$ 代入,可得

$$\frac{GM}{l^3}(l-x) = \frac{GM(l-x)}{[(l-x)^2+y^2]^{3/2}} - \frac{4}{3}\pi\rho Gx$$

$$\frac{M}{l^2} - \frac{M}{l^3}x = \frac{M}{l^2}\left(1-\frac{x}{l}\right)\left[\left(1-\frac{x}{l}\right)^2+\frac{y^2}{l^2}\right]^{-3/2} - \frac{4}{3}\pi\rho x$$

略去二级及二级以上小量,即

$$\left(1-\frac{x}{l}\right)\left[\left(1-\frac{x}{l}\right)^2+\frac{y^2}{l^2}\right]^{-3/2} = \left(1-\frac{x}{l}\right)\left(1-\frac{2x}{l}+\frac{x^2+y^2}{l^2}\right)^{-3/2}$$

$$\approx \left(1-\frac{x}{l}\right)\left(1+\frac{3x}{l}\right) \approx 1+\frac{2x}{l}$$

所以

$$\frac{M}{l^2} - \frac{M}{l^3}x = \frac{M}{l^2}\left(1+\frac{2x}{l}\right) - \frac{4}{3}\pi\rho x$$

得

$$l = \sqrt[3]{\frac{9M}{4\pi\rho}}$$

得到与前面相同的结论,说明不在 OC 及其延长线上的小天体质元在平行于 OC 的方向无除万有引力以外的力。

比较质元的质量乘加速度在垂直于 OC 方向的分量与地球、小天体对它的万有引力的合力在这方向的分量可见,OC 两边的质元除受到万有引力外还受到小天体周围质元给予的垂直于 OC 而背向 OC 线的力。换句话说,P 点处的质元对周围质元有朝 OC 方向挤压的力,存在这个方向的力,小天体就不会散开。

通过上述(1)~(5)的讨论,我们基本上对引潮力的问题作了一个较为全面的讨论。但我们可以肯定的是,命题若以引潮力作为考查的切入点,一定还能找到许多的问题,而受力特征、能量特征、小量处理的方法都有我们难以绕过的障碍。所以,希望大家对本题所涉及的问题多加研究,收集整理与此相关的内容、习题,进行阅读、求解,以加深对这一问题的理解。

题 062 宇宙模型

根据现代大爆炸宇宙学说,整个宇宙是膨胀的。在某个特定的时刻 t,宇宙中相距为 r

的两点的相对退行速度为 $v = Hr$。这就是著名的哈勃定律,其中哈勃常数 H 仅为时间 t 的函数,在一段不太长的时间内,H 可视为恒量。

目前宇宙的哈勃常数 $H_0 = 68 \text{ km/(s} \cdot \text{Mpc)}$,参数 1 Mpc(百万秒差距) $= 3.26 \times 10^6$ ly。

(1) 假设宇宙从最初到现在以均匀速度膨胀,试估计宇宙的年龄。答案请以 10 亿年为单位。

(2) 但是,由于物体的万有引力,宇宙的膨胀在时间上是不均匀的,弗里德曼宇宙模型为一个膨胀中密度均匀的球体,在时间 t 时其密度是 $\rho(t)$。考虑在时间 t 时,在半径为 $r(t)$ 的球体表面有一测试物体的质量为 m,测试物体的总能量为 mU。

① 根据牛顿力学,找到在时间 t 时膨胀速度 $v(t)$ 和半径 $r(t)$ 之间的关系,万有引力常数为 G。

② 最近的卫星数据显示,U 可以忽略不计,在这种情况下宇宙的膨胀可用规律 $\dfrac{r(t)}{r_0} = \left(\dfrac{t}{t_0}\right)^n$ 描述,其中 r_0 和 t_0 分别为 $r(t)$ 和 t 的现值,求 n 和 t_0。答案请用以 G 和宇宙密度 ρ_0 的现值表达。

③ 试用哈勃常数的现值表达宇宙目前的年龄。从牛顿力学的角度,试以此估计宇宙的年龄。答案以 10 亿年为单位。

(3) 宇宙的膨胀会因引力作用而不断减速,根据不同的宇宙平均密度,宇宙可能是开放的(无限膨胀下去),也可能是闭合的(会在某一时刻开始收缩)。

① 试求出在这两种情况下宇宙平均密度的分界点 ρ_c(用 H 与基本物理常量表示)。

② 设目前宇宙的平均密度 $\rho' > \rho_c$,试计算宇宙从大爆炸到开始收缩的时间(用含 H_0、ρ' 及基本物理常量的式子表示)。

【解析】 在竞赛大纲中,将以观察为研究基础的宇观内容归于近代物理内容中,但考虑到在这一领域的研究工具离不开万有引力的应用,在日常教学与竞赛学习过程中都将其归入万有引力定律的学习内容中。

宇宙的大爆炸理论是已经被普遍接受的宇宙学说,宇宙膨胀的规律遵循哈勃定律,天体之间的相互作用遵循万有引力定律,将这两个定律结合起来命制有关宇宙结构方面的试题,在竞赛中比较常见。这里既有知识的应用,也有物理方法的运用,更有宇宙结构与变化特征方面的探讨。竞赛生应全面地了解与宇宙学相关的内容,以保证自己在面对这方面的试题时不感到生疏。

(1) 根据大爆炸理论,宇宙是从一奇点演化而成的。由题意,假设宇宙以均匀速度膨胀,从大爆炸开始经过时间 T,星体间的距离 r 等于两者的相对速度 v 与时间 T 的乘积,即

$$r = vT$$

根据哈勃定律,得到宇宙的年龄为

$$T = \frac{r}{v} = \frac{1}{H_0} = 14.4 \,(10 \text{亿年})$$

解答本问,必须了解大爆炸理论,即"宇宙是从一奇点爆炸后开始膨胀的",这样才能理解星体间的距离 r 是宇宙形成后从最初膨胀至今而形成的,于是便有了上述宇宙年龄的计算。这一点也是高中物理的常规内容。

(2) 问题(1)中认为宇宙是均匀膨胀的,这显然是最为简单的结构假设,因为只要考虑到星体间的相互作用,便清楚这种膨胀不应该是均匀的。我们对问题的研究总是由简至繁、由浅入深的,这种变化体现在我们的讨论中,即在简单的基础之上,引入各种观测到的规律与参数,从而在简单的模型基础上进行修缮。显然弗里德曼宇宙模型较均匀膨胀模型要复杂一些。

① 考虑半径为 r 的球壳,测试物体受到球内物质吸引的引力势能为 $E_p = -\dfrac{GMm}{r}$,M 是球内物质的质量。测试物体运动的动能为 $\dfrac{1}{2}mv(t)^2$。根据能量转化与守恒定律,有

$$\frac{1}{2}mv(t)^2 - \frac{GMm}{r} = mU = 常量$$

此即为膨胀速度 $v(t)$ 和半径 $r(t)$ 之间的关系。

由于在题干中交代了膨胀球体在时间 t 时的密度是 $\rho(t)$,容易诱导答题者利用 $M = \dfrac{4}{3}\pi r^3 \rho(t)$ 将上式衍变为 $\dfrac{1}{2}mv(t)^2 - \dfrac{4}{3}\pi Gm\rho(t)r^2 = mU = 常量$。从理论上讲,这是可行的,因为从题文的表述上看密度 $\rho(t)$ 可作为已知量处理,但由于 $\rho(t)$ 也是 $r(t)$ 的函数,这个关系并没有显现在答题者 $v(t)$ 与 $r(t)$ 的关系上,也可能因此失分。

② 由卫星数据 $\dfrac{r(t)}{r_0} = \left(\dfrac{t}{t_0}\right)^n$ 得

$$\frac{dr}{dt} = \frac{nr}{t}, \quad 即 \ v(t) = \frac{nr}{t}$$

同时有 $M = \dfrac{4}{3}\pi \rho r^3$,则

$$\frac{n^2 r^2}{t^2} - \frac{8}{3}\pi \rho G r^2 = U$$

用现值表示为

$$\frac{n^2 r^2}{t^2} - \frac{8\pi \rho_0 G r_0^3}{3r} = U$$

由于 $r \propto t^n$,U 可以忽略(取 $U=0$),且上式应与时间无关,故要求 $n = \dfrac{2}{3}$,于是有

$$t_0 = \sqrt{\frac{1}{6\pi \rho_0 G}}$$

根据题文的表述,果断地取 $U=0$,而且确定这一特征与时间无关,进而得到 $n = \dfrac{2}{3}$ 的结论。这需要答题者具备敏锐的物理直觉与处理实际问题的能力,这也是优秀中学生应具备的素质。

③ 考虑到 $v(t) = \dfrac{nr}{t} = H_0 r$,得

$$t = \dfrac{2}{3}T = 9.6(10 亿年)$$

(3) 本问所讨论的模型可以说是问题(2)的模型的延伸,但讨论问题的方向并不相同。

① 在空间中取一质点 A 作宇宙中心,以 A 为参考系,则对于与 A 相距 r 处的质元 Δm,其总机械能为

$$E = -\dfrac{GM\Delta m}{r} + \dfrac{1}{2}\Delta m H^2 r^2$$

其中 $M = \dfrac{4}{3}\pi r^3 \rho$。

由题意,$\rho = \rho_c$ 时 $E = 0$,则

$$-\dfrac{4G\pi r^3 \rho_c}{3r} + \dfrac{1}{2}H^2 r^2 = 0$$

得 $\rho_c = \dfrac{3H^2}{8\pi G}$。

② 由于 $\rho' > \rho_c$,故质元 Δm 在从 A 发出到达 r 处后,总机械能为

$$E = -\dfrac{GM'\Delta m}{r} + \dfrac{1}{2}\Delta m H_0^2 r^2 < 0$$

从而又会回到 A,式中 M' 为以 A 为中心、r 为半径的球所包含的质量。为了利用开普勒第三定律,我们认为直线是一个极端的椭圆,且此椭圆半长轴长 a 满足

$$-\dfrac{GM'\Delta m}{2a} = -\dfrac{GM'\Delta m}{r} + \dfrac{1}{2}\Delta m H_0^2 r^2$$

而 $M' = \dfrac{4}{3}\pi r^3 \rho'$,$r$ 是现在(密度为 ρ' 的时刻)Δm 到 A 的距离,且上式考虑了宇宙在膨胀过程中彼此不会超越,故

$$a = \dfrac{4\pi G \rho'}{8\pi G \rho' - 3H_0^2} r$$

由开普勒第三定律 $\dfrac{T^2}{a^3} = \dfrac{4\pi^2}{GM'}$($T$ 为此 Δm 运行一周的时间)得

$$T = \dfrac{8\sqrt{3}\pi^2 G \rho'}{(8\pi G \rho' - 3H_0^2)^{3/2}}$$

又题中所求为 $\dfrac{T}{2}$,所以

$$t = \dfrac{T}{2} = \dfrac{4\sqrt{3}\pi^2 G \rho'}{(8\pi G \rho' - 3H_0^2)^{3/2}}$$

从上述对宇宙模型的研究中我们可以明显地看到,在引入了对宇宙模型的假设及相关参数后,研究的工具基本上就是引力场中的能量关系、万有引力定律及开普勒定律的基本应用。这样,命题人就将一个现代科技前沿的问题经过一些必要的处理衍变为中学生能够处理的初等问题,这体现了命题人的匠心。当然,能正确地解答问题则体现了答题者的能力。

有必要提醒大家注意,星系虽是近代物理的内容,但在中学阶段的讨论中基本上仍然局限在经典物理的范畴。

题063 天体运动中的二体问题

开普勒基于行星围绕太阳运行的大量观察数据而总结出的开普勒定律是我们研究天体运动的基础。但在物理学的知识结构中,开普勒定律是可以通过随后发现的一系列更为普适的定律进行推导的,即开普勒定律是处于定理位置上的"定律"。而且,当中心天体的质量并非远大于运动天体的质量时,我们还必须对开普勒定律的表述作适当的修正。

(1) 在太阳系内,由于太阳的质量远大于行星的质量,我们按理想情况考虑,行星绕太阳做椭圆运行时太阳是不动的,求此时的开普勒第三定律。太阳与行星的质量分别记为 M 与 m。

(2) 由于行星对太阳有影响,若考虑太阳的运动,必须对(1)中的结果进行修正,求该定律在修正后的结果。

(3) 在宇宙中的某处,有两颗恒星(双星)的质量分别为 m_1、m_2,距离为 d。它们在彼此间的引力作用下绕着静止的质心做圆周运动。在超新星爆炸中,质量为 m_1 的恒星损失质量 Δm。设爆炸为瞬间的、球对称的,对残余体无任何作用力,对另一颗恒星亦无直接作用。试问:Δm 取何值时余下双星系统仍被约束而不远离?

【解析】 (1) 正如题干所言,开普勒的三大定律都可以由牛顿力学的基本定律导出,本问即是在认同椭圆轨道的基础上的一个推导示范。

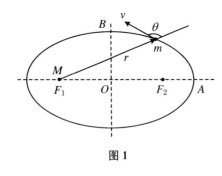

图1

如图1所示,设行星绕太阳运动的椭圆轨道的半长轴与半短轴分别为 A、B,行星运行的角动量为 L,显然,在短轴的拱点处,$L = mvr\sin\theta = mv_B B$,则由系统的能量关系有

$$\frac{1}{2}m\left(\frac{L}{mB}\right)^2 - \frac{GmM}{A} = -\frac{GmM}{2A}$$

得

$$L = \sqrt{\frac{Gm^2 M}{A}} B$$

又行星与太阳连线的面积速度为

$$\overline{V} = \frac{1}{2}vr\sin\theta = \frac{L}{2m}$$

所以

$$T = \frac{\pi AB}{\overline{V}} = \frac{\pi AB}{\dfrac{L}{2m}} = \frac{2\pi\sqrt{A^3}}{\sqrt{GM}}$$

从而有
$$\frac{T^2}{A^3} = \frac{(2\pi)^2}{GM}$$

此即理想状况下的开普勒第三定律。

在开普勒时期，人们并没有能量与角动量的概念及守恒的认识，开普勒从总结第二定律到总结第三定律，历时 8 年。我们可以想象，从浩繁的观测数据中得出此结论的过程，是需要非凡的智力与大量的工作投入的。现在，在更高层面的理论面前，这一结论对我们而言，又似乎是理所当然的，并不那么"高深"，这是人类认识发展的必然。但我们并不能因此而忽视开普勒工作的伟大，依然要心存敬畏。

(2) 如果我们只考虑两个星体之间的相互作用，那么这两个星体就构成了一个封闭系统，这也就是常说的双星系统。

在双星系统中，一颗星对另一颗星的摄动现象显然是存在的。而一个双星系统的动力学问题显然是具有二体特征的问题。在二体系统中，若以质心为参照物，牛顿力学中的相关规律自然适用，但我们更希望以其中的一个物体为参照物来研究另一物体相对于该物体的运动，而这个参考系为非惯性系。如果在此参考系中仍希望牛顿定律成立，那么：可以通过引入惯性力来达到目的；或者引入约化质量(也称折合质量)，即一个物体相对于另一个物体运动时，将其中一个视为不动，将运动物体的质量用约化质量 $\mu = \dfrac{m_1 m_2}{m_1 + m_2}$ 来代替，则其模型可化为一个等价的单体问题，这样不仅牛顿定律适用，动能、角动量的特征也同样适用。

在研究行星绕太阳运动的情况中，不考虑其他行星的影响，只考虑所研究的行星对太阳的摄动，行星与太阳便构成了一个双星系统。我们以太阳为参照物来研究行星绕太阳的运动。

方法 1(引入惯性力)　在质心惯性系中，太阳的加速度为 $a = \dfrac{F}{M} = \dfrac{Gm}{r^2}$，则以太阳为参照物，行星受到的惯性力为 $\dfrac{Gm^2}{r^2}$，方向指向太阳，为有心力。所以，在太阳参考系中，行星的受力为
$$F = \frac{GMm}{r^2} + \frac{Gm^2}{r^2} = \frac{G(M+m)m}{r^2}$$

这显然等效于质量为 $M + m$ 的中心天体对行星 m 的万有引力。于是，如同问题(1)中的推导过程，将太阳的质量更换为 $M + m$，我们很快会得到
$$\frac{T^2}{A^3} = \frac{4\pi^2}{G(M+m)}$$

这便是考虑到行星对太阳作用，即考虑了太阳的运动而对开普勒第三定律的修正。此处 A 为太阳参考系中行星轨迹的半长轴，它与绕质心运动轨迹的半长轴是不相等的。

方法 2(引入约化质量)　在双星问题中，引入约化质量 $\mu = \dfrac{mM}{m+M}$ 后，由于行星与太阳相互间的引力 $\left(F = G\dfrac{mM}{r^2}\right)$ 不变，当用约化质量替代行星的质量后，同样要修改中心天体的质量，即 $G\dfrac{mM}{r^2} = G\dfrac{\mu M'}{r^2}$，则由此可推得太阳(中心天体)的质量为 $M' = M + m$。

进一步，我们来看两体间的势能 $E_p = -G\dfrac{\mu M'}{r^2}$，代入 μ 与 M' 后，依然有 $E_p = -G\dfrac{mM}{r}$。可见，引力势能的表达式在引入约化质量后并不发生变化。于是，仿照问题（1）的解答过程，能量关系为

$$\dfrac{1}{2}\mu\left(\dfrac{L/\mu}{A+C}\right)^2 - \dfrac{GmM}{A+C} = \dfrac{1}{2}\mu\left(\dfrac{L/\mu}{A-C}\right)^2 - \dfrac{GmM}{A-C}$$

则有

$$L = \sqrt{\dfrac{GmM\mu}{A}}B$$

所以有

$$T = \dfrac{\pi AB}{\dfrac{L}{2\mu}} = \dfrac{2\mu\pi\sqrt{A^3}}{\sqrt{GmM\mu}} = \dfrac{2\pi\sqrt{A^3}}{\sqrt{G(M+m)}}$$

从而有

$$\dfrac{T^2}{A^3} = \dfrac{4\pi^2}{G(M+m)}$$

此时 A 为太阳参考系中行星轨迹的半长轴。

上述两种推导方式不仅适用于行星与太阳这种粗糙的二体（双星）问题，也适用于其他双星问题。也就是说，对所有的双星问题，我们都可以通过引入惯性力或约化质量，将其模型简化为单体对象进行研究。

（3）我们采用引入约化质量 $\mu = \dfrac{m_1 m_2}{m_1 + m_2}$ 的方法来求解此题。

以 m_1 为参照物，依题意可知，在超新星爆炸前，m_2 绕 m_1 做匀速圆周运动，设其相对速度为 v，则

$$\dfrac{GMm}{d^2} = \mu\dfrac{v^2}{d}$$

得

$$v = \sqrt{\dfrac{G(M+m)}{d}}$$

超新星爆炸后，以 $m_1 - \Delta m$ 为参照物，m_2 相对于 $m_1 - \Delta m$ 的速度仍为 $v = \sqrt{\dfrac{G(M+m)}{d}}$，新双星系统的总机械能为

$$E = \dfrac{1}{2}\mu v^2 - \dfrac{G(m_1 - \Delta m)m_2}{d}$$

代入 μ 和 v 的表达式后化简，得

$$E = \dfrac{Gm_2(m_1 - \Delta m)(2\Delta m - m_1 - m_2)}{2(m_1 + m_2 - \Delta m)d}$$

又 $\Delta m < m_1$，且系统被约束的条件为 $E<0$，所以

$$2\Delta m - m_1 - m_2 < 0, \quad 即 \Delta m < \frac{m_1 + m_2}{2}$$

如有可能,大家不妨在质心系内求解一下本问题,自然可以体会到引入约化质量带来的简洁感受。事实上,对几乎所有的二体问题,引入约化质量后,其解答过程都会有所简化。

对于学习者而言,一种新的解题方法的出现,一方面可能为我们带来许多新的解题体验,简化一些相关习题的解答过程;另一方面也会带来我们为了熟练运用该方法而产生的针对训练,也就必然会消耗一定量的学习时间。对于学习时间紧张的同学而言,这是一种难言的负担。在时间的消耗上,它具有双刃剑的特征,这需要大家根据自身的情况加以选择与训练。

题 064 天体运动中的多体问题

在宇宙空间中,有四个质量分别为 m_1、m_2、m_3、m_4 的天体,它们构成了一个孤立的四星系统。某时刻($t=0$)四个天体的速度恰好同时为零,而其位置也恰处于一个正四面体的四个顶点上,该正四面体的边长为 a,a 远大于天体的线度。此后,四个天体仅受万有引力的作用而开始运动,如图1所示。

(1) 试证明:这四个天体在运动过程中总处于一正四面体的四个顶点上。

(2) 试求出这四个天体从开始运动到相碰的时间。

【解析】 在宇宙的各个星系中,到处都有一些由多个星球构成的"孤岛",其特点是:"岛"内星体的引力作用很强,而由于距离的关系,与其他周边的星体的引力作用相对很弱。上一题所讨论的双星问题即是这类"孤岛"最为简洁的形式。

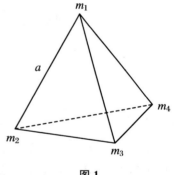

图 1

读过科幻小说《三体》的同学对宇宙中的三体星系会有一个比较简单的了解。物理学家们对宇宙中的三体星的研究已经有 300 多年了。对于任意初态的三体星,即便借助现代的大型计算工具,也没有得到一般情况下三体运动的稳定解。也就是说,通常情况下,三体星系统不会像双星系统那样稳定,而是非周期性的,呈混沌状态,但会有代表其稳定状态的特定解,目前人类只得到了少数几种特定情形的解。

三体星系统都是如此,由更多星体构成的系统必然更是如此。但它们同样会有一些特定条件下的特定解,显示系统呈现出相应的稳定状态。本题所描述的四星系统即是此类问题中的代表,其解答模式也基本上代表了中学阶段能够处理的方式。

(1) 设 O 为质点组的质心,且 m_i 相对于 O 的位矢用 r_i 表示,则

$$m_1 r_1 + m_2 r_2 + m_3 r_3 + m_4 r_4 = 0$$

m_1 所受的力为

$$\begin{aligned}\boldsymbol{F}_1 &= \frac{Gm_1m_1}{a^3}(\boldsymbol{r}_1-\boldsymbol{r}_1)+\frac{Gm_2m_1}{a^3}(\boldsymbol{r}_2-\boldsymbol{r}_1)+\frac{Gm_3m_1}{a^3}(\boldsymbol{r}_3-\boldsymbol{r}_1)+\frac{Gm_4m_1}{a^3}(\boldsymbol{r}_4-\boldsymbol{r}_1)\\&= \frac{Gm_1}{a^3}(m_1\boldsymbol{r}_1+m_2\boldsymbol{r}_2+m_3\boldsymbol{r}_3+m_4\boldsymbol{r}_4)-\frac{Gm_1\boldsymbol{r}_1}{a^3}(m_1+m_2+m_3+m_4)\\&= -\frac{Gm_1(m_1+m_2+m_3+m_4)}{a^3}\boldsymbol{r}_1\end{aligned}$$

记 $M = m_1 + m_2 + m_3 + m_4$，则

$$\boldsymbol{F}_1 = -\frac{GMm_1}{a^3}\boldsymbol{r}_1$$

即初始时,有

$$\boldsymbol{a}_1 = -\frac{GM}{a^3}\boldsymbol{r}_1$$

同理,有

$$\boldsymbol{a}_2 = -\frac{GM}{a^3}\boldsymbol{r}_2, \quad \boldsymbol{a}_3 = -\frac{GM}{a^3}\boldsymbol{r}_3, \quad \boldsymbol{a}_4 = -\frac{GM}{a^3}\boldsymbol{r}_4$$

即初始时,m_1、m_2、m_3、m_4 都会向 O 运动,且 $a_1:a_2:a_3:a_4 = r_1:r_2:r_3:r_4$。

可以想象,m_1、m_2、m_3、m_4 会按此比例沿直线汇聚于 O,下面用归纳法证明。

设 $t = t_0$ 时,四个质点在一正四面体的四个顶点处,且边长为 $d(t)$,四个质点的速度满足 $\boldsymbol{v}_i = k\boldsymbol{r}_i(k<0)$,则对于 $\Delta t \to 0$,由上面的推导可知 $\boldsymbol{a}_i = -\frac{GM}{d^3}\boldsymbol{r}_i$ 可视为不变,所以有

$$\boldsymbol{v}'_i = \boldsymbol{v}_i + \Delta \boldsymbol{v}_i = \left(k - \frac{GM}{d^3}\Delta t\right)\boldsymbol{r}_i$$

而

$$\boldsymbol{r}'_i = \boldsymbol{r}_i + \boldsymbol{v}_i\Delta t + \frac{1}{2}\boldsymbol{a}'_i(\Delta t)^2 = \left[1 + k\Delta t - \frac{GM}{d^3}(\Delta t)^2\right]\boldsymbol{r}_i$$

即在 $t = t_0 + \Delta t$ 时,$\boldsymbol{r}'_1$、$\boldsymbol{r}'_2$、$\boldsymbol{r}'_3$、$\boldsymbol{r}'_4$ 的比例关系不变且方向也不变,则四个质点依然在正四面体四个顶点上,依然满足 $\boldsymbol{v}'_i = k'\boldsymbol{r}'_i$ 关系。

再结合初始状态,得证。

从前面的解答我们首先应该清楚,对这类系统的研究的参考点一般都选择为系统的质心。其次应注意在讨论受力时 $\frac{Gm_1m_1}{a^3}(\boldsymbol{r}_1-\boldsymbol{r}_1)$ 的引入,它本身是一个零项,但引入它对后续问题的简化和共性特征的显示极为重要。阅读时我们就能充分地体会到这一点,应注意掌握这一方法。至于后面的论证过程,自然是答题者能力的体现。

(2) 由(1)知 $\frac{d(t)}{r_i(t)} = $ 常数,设常数为 k_i,则 $x(t) = k_1 r_1(t)$,所以

$$\boldsymbol{F}_1(t) = -\frac{GMm_1}{[k_1 r_1(t)]^3}\boldsymbol{r}_1(t)$$

是一个以 O 为中心的平方反比作用力。而 m_1 的轨迹直线可视为退化的特殊椭圆,且椭圆

半长轴为 $\frac{r_1}{2}$,由开普勒定律有

$$\frac{T^2}{\left(\frac{r_1}{2}\right)^3} = \frac{4\pi^2}{GM_0}$$

式中 T 为 m_1 运动一周的时间,$M_0 = \frac{M}{k_1^3}$,可解得

$$T^2 = \frac{\pi^2(k_1 r_1)^3}{2GM} = \frac{\pi^2 a^3}{2GM}$$

注意到 $k_1 r_1 = a$,故所求时间为

$$t = \frac{T}{2} = \frac{\pi a^{3/2}}{2\sqrt{2G(m_1 + m_2 + m_3 + m_4)}}$$

根据此式的结构可知,四个质点均在此时碰于 O 点。

关于未知天体的研究,我们设置的问题基本上都是对轨道特征的描述与对运动时间的求解。对轨迹特征的描述需要综合运动学与动力学的知识进行相关的判断。而对运动时间的求解,其处理方向如下:将某个星体的受力特征向 $F \propto \frac{1}{r^2}$ 的特征上过渡,然后运用开普勒定律求解相应的时间;将某个星体的受力特征向 $F \propto r$ 的特征上过渡,然后运用振动规律求解相应的时间。明确方向后的具体操作则取决于答题者综合运用的能力。

题 065 有心力作用下有效势能的引入

在光滑水平面上运动的小球 P,其质量为 m,系于绳的一端,绳子穿过桌面上的小孔到桌下,如图 1 所示。

(1) 用手拉绳使之向下做匀速运动,绳速为 u,求手的作用力 T。

(2) 现在绳的下端垂直挂上质量为 m 的物体 Q,让小球 P 在桌面上离 O 点 a 处沿垂直于 OP 的方向以速度 $\sqrt{\frac{9}{2}ag}$ 射出。试证明:此小球在以后的运动中到 O 点的距离必在 a 与 $3a$ 之间。

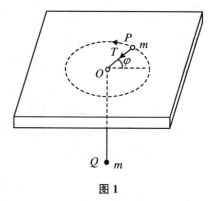

图 1

【解析】 在物理学中,物体只受有心力(包括引力与斥力)作用的平面运动特征是我们经常研究的问题之一,万有引力便是典型的有心力。在有心力作用下运动的物体最为显著的特点是运动过程中物体对力心保持角动量守恒。

考虑到存在力心的特征,物体在有心力作用下的动力学问题通常是在极坐标下进行研

究的,可能涉及牛顿定律与角动量守恒定律的综合应用。但在中学物理竞赛中,更为常见的是命题人根据需要考查的问题,设计出与位矢 r 有关、具有保守力特征的有心力 $F=F(r)$。这样,还可能通过运动的能量特征进行相关的研究。

物体在有心力作用下的径向运动也是经常涉及的问题,特别是在讨论物体的径向运动时,若物体的能量是位矢 r 的函数,则我们通过引入有效势能来研究物体在径向的运动特征,这样显得更为简洁。大家可通过阅读本题来理解有效势能的含义,体会引入有效势能在讨论物体径向运动方面所具有的功能。

本题采用极坐标系 (r,φ),其极点为力心 O,φ 自某一固定方向(极轴的方向)起,如图1所示。要定量描述物体的作用力,显然需要给出某个已知状态,而题目并没有交代这一条件,则需要我们设置。我们不妨设初时($t=0$)小球的坐标为 (r_0,φ_0),$\left.\dfrac{\mathrm{d}\varphi}{\mathrm{d}t}\right|_{t=0}=\dot\varphi_0$,角动量为 L_0。

(1) 手拉绳的作用力 T 即是绳子的张力,在径向由小球 P 的质心运动定理有

$$T = -m(\ddot r - r\dot\varphi^2)$$

小球 P 对力心 O 满足角动量守恒,则

$$rm(r\dot\varphi) = L_0, \quad 即 \quad mr^2\dot\varphi = L_0$$

可得

$$T = -m\left(\ddot r - \dfrac{L_0^2}{m^2 r^3}\right)$$

又因为 $r = r_0 - ut$,所以 $\dot r = \dfrac{\mathrm{d}r}{\mathrm{d}t} = -u$,$\ddot r = 0$,进而得手的作用力为

$$T = \dfrac{L_0^2}{mr^3} \propto \dfrac{1}{r^3}$$

本问显然是极坐标下牛顿定律的运用,而其结果可能是我们始料不及的,因为拉力 T 居然与速度 u 无关,只与位矢 r 有关。进一步思考,这一结论其实也很好理解,因为 $\ddot r = 0$,这就直接导致 T 与 u 无关。

另外,在有心力作用下运用牛顿定律时,大家应注意物体在切向上的受力为零,该方向上的加速度为零,但切向速度并非不变化。

(2) 本问显然是讨论物体在径向上的运动特征,我们先看两种不同的解答方法。

方法1 当在绳的下端挂上质量为 m 的物体 Q 时,系统的动力学方程如下:

以 P 为研究对象,有

$$T = -m(\ddot r - r\dot\varphi^2), \quad mr^2\dot\varphi = L_0$$

此处 $L_0 = ma\sqrt{\dfrac{9}{2}ag}$。

以 Q 为研究对象,取向下为正的 z 轴,有

$$m\ddot z = mg - T$$

因为绳子不可伸长,所以 $r + z = $ 常数,且对 t 求两次导数,得
$$\ddot{r} + \ddot{z} = 0$$

联立上述方程,消去 T 和 $\ddot{z}$,可得
$$2\ddot{r} - r\dot{\varphi}^2 = -g$$

将 $r^2\dot{\varphi} = \dfrac{L_0}{m}$ 和 $\ddot{r} = \dfrac{\mathrm{d}\dot{r}}{\mathrm{d}r}\dot{r}$ 代入上式,得
$$2\dot{r}\mathrm{d}\dot{r} = \left(\dfrac{L_0^2}{m^2 r^3} - g\right)\mathrm{d}r$$

当 $t = 0$ 时,$r_0 = a$,$\dot{r}_0 = 0$,可得
$$\dot{r}^2 = -\dfrac{L_0^2}{2m^2 r^2} - gr + \dfrac{L_0^2}{2m^2 a^2} + ga$$

考虑到小球 P 在远心点与近心点都应有 $\dot{r} = 0$,同时将 $L_0 = ma\sqrt{\dfrac{9}{2}ag}$ 代入上式,得
$$4r^3 - 13ar^2 + 9a^3 = 0$$

显然 $r = a$ 是上述方程的一个根,通过因式分解可得
$$(r - a)(r - 3a)(4r + 3a) = 0$$

解得
$$r = a, \quad r = 3a, \quad r = -\dfrac{3}{4}a(无意义,舍去)$$

于是有 $r_{\min} = a$,$r_{\max} = 3a$,从而证明了小球 P 在 $r = a$ 和 $r = 3a$ 之间运动。

方法 2 我们不妨先写出系统在运动过程中总的机械能。取桌面为零势能面,绳长为 l_0,Q 的运动速度与 P 在径向的运动速度相等,则系统的能量满足
$$\dfrac{1}{2}m[\dot{r}^2 + (r\dot{\varphi})^2] + \left[\dfrac{1}{2}m\dot{r}^2 - mg(l_0 - r)\right] = \dfrac{L_0^2}{2mr_0^2} - mg(l_0 - r_0)$$

整理得
$$\dfrac{1}{2}(2m)\dot{r}^2 + \dfrac{L_0^2}{2mr^2} + mgr = \dfrac{L_0^2}{2mr_0^2} + mgr_0 \qquad ①$$

式中的 $\dot{r}$ 是小球在径向的运动速度,$\dfrac{1}{2}(2m)\dot{r}^2$ 等效为一个质量为 $2m$ 的小球在径向运动的动能,而 $\dfrac{L_0^2}{2mr^2} + mgr$ 是小球在运动中与径向位置相关的能量。为了说明问题,我们引入有效势能 $U_{\mathrm{eff}}(r) = \dfrac{L_0^2}{2mr^2} + mgr$,那么①式可理解为一个质量为 $2m$ 的物体在径向上做一维运动时动能与势能相互转化的过程。于是,我们将平面二维运动的径向运动问题转换成了一维运动的能量转化问题,使原问题得以简化。

考虑到物体在远心点与近心点均有 $\dot{r} = 0$,同时 $L_0 = ma\sqrt{\dfrac{9}{2}ag}$,由①式可得
$$4r^3 - 13ar^2 + 9a^3 = 0$$

结果与方法1相同。

上述两种方法的繁易程度我就不说了。大家在阅读方法2时,应注意:物体在有心力作用下运动时,由于角动量守恒,其动能项中的 $\frac{1}{2}m(r\dot{\varphi})^2$ 可转化为 $\frac{L_0^2}{2mr^2}$,这是一个只与位置相关的能量。如果物体其他方面的势能 U 也只与位置相关,即 $U=U(r)$,我们便可引入有效势能 $U_{\text{eff}}(r) = \frac{L_0^2}{2mr^2} + U(r)$,使系统的能量由 $\frac{1}{2}(2m)\dot{r}^2$ 与 $U_{\text{eff}}(r)$ 两项构成。显然,物体做径向运动时在远心点与近心点均有 $\dot{r}=0$,于是便可通过 $U_{\text{eff}}(r)$ 确定物体做径向运动的区间。

当然,引入有效势能的作用并非仅仅如此,大家在日常的学习中应注意总结。

题 066　用有效势能讨论有心力作用下的径向运动

假定一质量为 m 的刚性质点在两个光滑的刚性墙壁之间在引力势能 $U(r) = -\frac{c}{r^3}$ ($c>0$)作用下做二维平面运动,其中两墙壁之间的夹角为 α,如图1所示。如果初始时刻质点在 x 轴上距离原点 R 处,速度为 $\boldsymbol{v}_0 = (v_{0x}, v_{0y})$,$v_{0x}<0$,$v_{0y}\neq 0$,则:

(1) 质点既能到达原点又能趋于无限远的条件是什么?

(2) 不能到达原点但能趋于无限远,它与原点的最近距离满足什么关系式?

(3) 能到达原点但不能趋于无限远,它与原点的最远距离满足什么关系式?

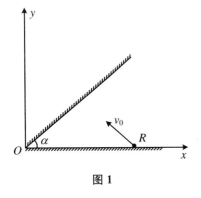

图 1

【解析】　因为质点具有引力势能,所以所受到的引力(有心力)为保守力,加之势能是 r 的函数,故力心是 O 点,我们在此背景下讨论质点的径向运动区域问题,可考虑引入有效势能。

由于质点是刚性的,墙壁也是光滑刚性的,故质点与墙壁间的碰撞是完全弹性碰撞,满足能量守恒与动量守恒。在墙壁的切向,由于墙壁是光滑的,因此在碰撞前后质点在沿墙壁切向上的速度并不发生变化;在墙壁的法向,可根据正弹性碰撞条件,且墙壁的质量视为无穷,易得质点与刚性墙壁碰撞前后速度的法向分量大小相等、方向相反,再考虑到墙壁是过 O 点的平面,故质点与墙壁的碰撞不改变质点相对于 O 点的角动量的大小。

考虑质点与墙壁碰撞及它在以 O 为力心的有心势场中运动,结合前面对碰撞特点的分析,质点在运动过程中具有能量守恒与角动量大小不变的特点。考虑到我们需要研究近地点在径向上的运动,故采用如图2所示的极坐标系 (r,θ) 描述其运动,并引入有效势能分析求解本题。

依题意,质点 m 的角动量(相对于 O 点的)大小为
$$L = rmv_\theta$$
式中 $v_\theta = r\dot\theta$ 为横向速度。

质点 m 在势能为 $U = -\dfrac{c}{r^3}$ 的有心力作用下运动时,其角动量 L 是守恒的。而当它与墙壁发生弹性碰撞时,由于 v_θ 只变方向而大小不变,因此角动量的大小不变,即 L 不变。

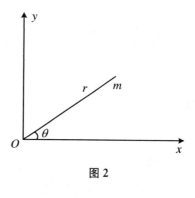

图 2

综上所述,整个运动过程中的能量为
$$E = \frac{1}{2}mv^2 - \frac{c}{r^3} = \frac{1}{2}m(v_r^2 + v_\theta^2) - \frac{c}{r^3} = C\,(\text{常数})$$
式中径向速度 $v_r = \dot r$,横向速度 $v_\theta = r\dot\theta$。

再考虑到初态位置 $(R,0)$、初态速度 (v_{0x},v_{0y}) 及 $L = rmv_\theta = Rmv_{0y}$,可得
$$E = \frac{1}{2}m\dot r^2 + \frac{L^2}{2mr^2} - \frac{c}{r^3} = \frac{1}{2}mv_{0x}^2 + \frac{L^2}{2mR^2} - \frac{c}{R^3}$$

上式显示,这个质点的径向运动等同于一质量为 m 的质点在势能为 $\dfrac{L^2}{2mr^2} - \dfrac{c}{r^3}$ 的保守力作用下的一维运动 $r(t)$。在此一维运动中,其动能 $\left(\dfrac{1}{2}m\dot r^2\right)$ 与势能 $\left(\dfrac{L^2}{2mr^2} - \dfrac{c}{r^3}\right)$ 相互转化,我们将此势能记为有效势能 U_{eff},即
$$U_{\text{eff}}(r) = \frac{L^2}{2mr^2} - \frac{c}{r^3}$$

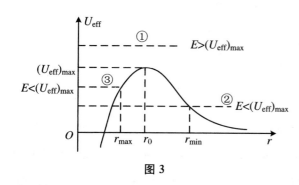

图 3

为了讨论运动过程中的势能变化特征,我们先作出该有效势能的变化曲线,如图 3 所示。

由图 3 可知,当 $r = r_0$ 时,U_{eff} 取最大值。显然,当系统的总能量 $E \geqslant (U_{\text{eff}})_{\max}$ 时,质点可到达距 O 任意远的位置,当系统的总能量 $E < (U_{\text{eff}})_{\max}$ 时,质点的运动区域将受限。$(U_{\text{eff}})_{\max}$ 和 r_0 的值可用如下方式求得:
$$\left.\frac{dU_{\text{eff}}}{dr}\right|_{r=r_0} = 0$$

即
$$-\frac{L^2}{mr_0^3} + 3\frac{c}{r_0^4} = 0$$

所以

$$r_0 = \frac{3cm}{L^2}$$

代入 L，可解得

$$r_0 = \frac{3c}{m(Rv_{0y})^2}$$

相应地，有

$$(U_{\text{eff}})_{\max} = \frac{L^2}{2mr_0^2} - \frac{c}{r_0^3} = \frac{m^3(Rv_{0y})^6}{54c^2}$$

利用上述 r_0、$(U_{\text{eff}})_{\max}$ 的值，结合势能曲线，可得：

（1）质点既能到达原点又能趋于无限远的条件是总能量必须大于 $(U_{\text{eff}})_{\max}$，如图 3 中的①所示，即

$$E = \frac{1}{2}mv_0^2 - \frac{c}{R^3} \geqslant (U_{\text{eff}})_{\max}$$

由于初始时 $\dot{r} = v_{0x} < 0$，因而质点先到达原点后趋于无限远。上述条件即是

$$\frac{1}{2}m(v_{0x}^2 + v_{0y}^2) - \frac{c}{R^3} \geqslant \frac{m^3(Rv_{0y})^6}{54c^2}$$

（2）不能到达原点但能趋于无限远的条件如图 3 中的②所示，即

$$R > r_0 \quad \text{且} \quad 0 < E < (U_{\text{eff}})_{\max}$$

当满足上面条件时，质点到原点的最近距离 $r_{\min}$ 将满足

$$U_{\text{eff}}(r_{\min}) = E$$

即 $r_{\min}(>r_0)$ 满足的关系为

$$\frac{m(Rv_{0y})^2}{2r_{\min}^2} - \frac{c}{r_{\min}^3} = \frac{1}{2}m(v_{0x}^2 + v_{0y}^2) - \frac{c}{R^3}$$

（3）能到达原点但不能趋于无限远的条件如图 3 中的③所示，即

$$R < r_0 \quad \text{且} \quad E < (U_{\text{eff}})_{\max}$$

当满足上面条件时，质点到原点的最远距离 $r_{\max}$ 将满足

$$U_{\text{eff}}(r_{\max}) = E$$

即 $r_{\max}(<r_0)$ 满足的关系为

$$\frac{m(Rv_{0y})^2}{2r_{\max}^2} - \frac{c}{r_{\max}^3} = \frac{1}{2}m(v_{0x}^2 + v_{0y}^2) - \frac{c}{R^3}$$

在由有心力构成的保守力场的系统中研究质点的径向运动时，利用有心力作用下的角动量守恒，剥离出动能中的 $\frac{1}{2}mv_\theta^2 = \frac{L^2}{2mr^2}$ 项，然后引入有效势能 $U_{\text{eff}} = \frac{L_0^2}{2mr^2} + U(r)$，可将烦琐的二维运动简化为一维运动 $r(t)$。对有效势能的性质及应用的研究，本题的整个解答过程便是一个典型的示范过程。在一定意义上讲，本题可以理解为专门针对有效势能的应用而编制的一道试题，题中设置的两个碰撞墙壁实质上是多余的，它们对径向运动的研究并不造成影响。

本题还值得一说的是对势能曲线的分析、研究。通常情形下，有效势能是由几个独立的

势能项构成的,我们可以单独作出各项的曲线,然后再进行叠加。势能曲线上的极值点是系统的平衡点,是否为稳定平衡可由极大值或极小值确定。但应该注意到,极值点并非一定是最值点,这一点还需要与运动区域的边值点作比较。由于系统的能量在动能与势能间相互转化,当动能为零(速度为零)时,质点一定处于距力心最远或最近的位置,势能处于最大值状态,而这一值不可能大于系统的总能量,再通过势能与动能的转化来判断其运动的区域。

题 067　松鼠的振动

三根长度均为 $l = 2.00$ m、质量均匀的直杆构成一正三角形框架 ABC。C 点悬挂在一光滑水平转轴上,整个框架可绕转轴转动。杆 AB 是一导轨,一电动玩具松鼠可在导轨上运动,如图 1 所示。现观察到松鼠正在导轨上运动,而框架却静止不动,试论证松鼠的运动是一种什么样的运动。

【解析】 正三角形框架 ABC 与电动玩具松鼠构成了一个非对称的系统,但框架却是静平衡的,这就需要对框架与松鼠间的作用力作出合理的假设与判断。由于框架与松鼠的运动状态不一样,因此应选择隔离法对二者分别进行研究。

(1) 先以刚性框架为研究对象。

当框架处于静止状态时,作用于框架的各个力对转轴 C 的力矩之和在任何时刻都应等于零。在框架上建立如图 2 所示的坐标系,设在某一时刻,松鼠到杆 AB 的中点 O 的距离为 x,松鼠

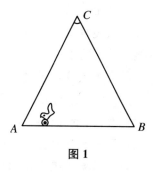

图 1

在竖直方向对导轨的作用力等于松鼠受到的重力 mg,m 为松鼠的质量。此作用力对转轴 C 的力矩的大小为 mgx,促使框架沿顺时针方向转动。为使框架平衡,松鼠必须对杆 AB 另施一作用力 F。显然,该力只能由框架与松鼠间的摩擦提供,方向沿水平方向,且 F 对转轴 C 的力矩应与竖直方向的重力产生的力矩大小相等、方向相反。即当表示松鼠位置的坐标 x 为正时 F 沿 x 轴的正方向,当 x 为负时 F 沿 x 轴的负方向,如图 2 所示,并满足平衡条件

$$mgx = Fl\sin 60° = \frac{\sqrt{3}Fl}{2}$$

式中 l 为杆的长度,所以

$$F = \frac{2mgx}{\sqrt{3}l} \propto x$$

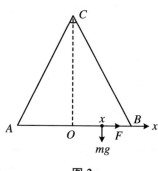

图 2

即松鼠在水平方向上作用于杆 AB 的力要因松鼠所在的位置不同而进行调整,以保证 $F = \frac{2mgx}{\sqrt{3}l}$ 得到满足。

(2) 再以松鼠为研究对象。

松鼠在运动过程中,沿竖直方向受到的合力为零,在水平

方向受到杆 AB 的作用力为 F'，根据牛顿第三定律，此力为 F 的反作用力，即
$$F' = -\frac{2mgx}{\sqrt{3}\,l} \propto x$$

可见，松鼠在水平方向的运动应是以 O 点为平衡位置的简谐振动，其振动的周期为
$$T = 2\pi\sqrt{\frac{m}{k}}$$

式中 $k = \dfrac{2mg}{\sqrt{3}\,l}$，代入数据得 $T = 2.64$ s。

当松鼠运动到杆 AB 的两端时，它应反向运动，按简谐振动规律，速度必须为零，所以松鼠做简谐振动的振幅应小于或等于 $\dfrac{l}{2} = 1.00$ m。（振幅等于 1.00 m 与把松鼠视作质点相对应。）

由以上论证可知：松鼠在导轨 AB 上的运动是以 AB 的中点 O 为平衡位置、振幅不大于 1.00 m、周期为 2.64 s 的简谐振动。

对于上述结果，有同学提出质疑：框架与松鼠间的压力是确定的，材料也是确定的，因而摩擦因数是确定的，为何它们之间会产生 $F \propto x$ 的摩擦力而不是 $F = \mu N$ 的恒定摩擦力呢？这显然是没有明白松鼠在框架上的运动不是滑动而是滚动，它们之间的摩擦力为静摩擦力，这自然与 μ 无关。至于如何形成 $F \propto x$，则根据 $F = ma$，工程师们只要设计出控制松鼠在框架上按 $a \propto x$ 滚动的程序即可。

另外，本题的设问方式具有一定的开放性，它只要你"试论证松鼠的运动是一种什么样的运动"，并没有给出明确的定量要求，如若你只根据 $F \propto x$ 而给出松鼠的运动是一简谐振动，那么，答案离要求还相差许多，即便你给出了振动的周期而不给出振动的振幅限制，同样也没有达到要求。

很多时候大家会觉得自己的回答是正确的，但被扣除了许多的分值。究其原因，有二：答案看上去不错，但实际上是无效的；回答得不到位。如果不将振动形式、振动周期和振幅回答出来，可以说答案是不到位的，扣分也就是必然的了。

本题涉及物体做简谐运动的判断，这是竞赛中的高频考点，不仅在力学板块经常出现，在热学、电学、光学板块也常见，只是多数时候为小幅振动。若以物体的位移为运动参量，则物体只要满足下列四个条件之一，即可判断为在做简谐振动：

(1) 物体在振动过程中受到回复力（合外力）$F = -kx$ 的作用。
(2) 物体的运动方程可表示为 $x = A\cos(\omega t + \varphi)$。
(3) 物体运动的加速度满足 $a = -\omega^2 x$。
(4) 物体运动时的能量满足 $\dfrac{1}{2}mv^2 + \dfrac{1}{2}kx^2 = $ 常量，且 $v = \dfrac{dx}{dt}$。

必须指出的是，以上四条从根本上是一致的，彼此是可以互推的。虽然判断一个力学系统是否做简谐振动，关键是正确的受力分析，但在处理具体问题时，若看到以上四种形式的方程之一，便应敏捷地意识到物体做简谐振动。

题 068 单摆与变形摆

光滑的细杆组成夹角为 α 的人字形架,一根长度为 l 的轻线套在架子上,绳两端共系一个重球,如图1所示,架竖直放置,试求重球在人字架平面内做小振动的周期。

【解析】 弹簧振子与单摆是两个基本的简谐振动模型,对前者的研究几乎涵盖了对所有直线型简谐振动的研究,且不论是小幅振动还是大幅振动;对后者的研究则几乎涵盖了对所有在重力作用下的小幅振动的研究。

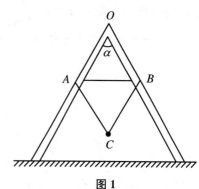

图1

对单摆振动,既可以用摆动质点偏离平衡位置的位移 x 来描述,也可以用摆线偏离平衡位置的角位移量(角度)θ 来描述。

我们亦可用一套与角位移量 θ 相关的判据来判断质点是否做简谐振动。质点在运动中若满足下列四个条件之一,即可判断为在做简谐振动:

(1) 物体在振动过程中受到回复力矩(合外力矩) $M = -k\theta$ 的作用。

(2) 物体运动的角位移量方程可表示为 $\theta = \theta_m \cos(\omega t + \varphi)$。

(3) 物体运动的角加速度满足 $\beta = -\omega^2 \theta$,其中 $\omega = \sqrt{\dfrac{k}{I}}$,$I$ 为物体绕悬点转动的转动惯量。

(4) 物体运动的能量满足 $\dfrac{1}{2} I\omega^2 + \dfrac{1}{2} k\theta^2 =$ 常量,且 $\omega = \dfrac{d\theta}{dt}$,其振动周期为 $T = 2\pi \sqrt{\dfrac{I}{k}}$。

在小幅振动的背景下,不仅上述判据间可以互推,而且它们与用位移量 x 描述的振动判据间亦可互推。作为示例,我们不妨用角位移量来证明一下单摆的小幅振动即为简谐振动。

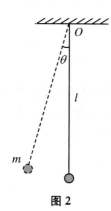

图2

如图2所示,质量为 m、摆长为 l 的单摆受到能量为 E 的微扰后,摆球将绕 O 点转动。由于摆动过程中摆长不变,故可将单摆视为刚体,它绕 O 转动的转动惯量为 $I = ml^2$。设某时刻摆球绕 O 转动的角速度为 ω,显然有 $\omega = \dfrac{d\theta}{dt}$,其振动的总能量为

$$\dfrac{1}{2} I\omega^2 + mgl(1 - \cos\theta) = E$$

考虑到 θ 为小角,有 $\cos\theta = 1 - \dfrac{\theta^2}{2}$,于是上式可整理为

$$\dfrac{1}{2} I\omega^2 + \dfrac{1}{2} mgl\theta^2 = E$$

类比可知,其运动为简谐振动,且振动周期为

$$T = 2\pi\sqrt{\frac{I}{k}} = 2\pi\sqrt{\frac{ml^2}{mgl}} = 2\pi\sqrt{\frac{l}{g}}$$

对竞赛生而言，物体(质点)在重力作用下的单摆模型实在过于简单。通常情况下，命题人往往会通过增加模型的识别难度来增加解答的难度。对于此类问题，我们只要论证了质点在小幅振动下的轨迹为圆弧，且质点在重力(也可以是合成后的"等效重力")作用下振动，即可将其视为等效摆。此时圆弧的半径为等效摆长 l'，重力在摆动平面内的分量即为等效重力 mg'，摆的周期为 $T = 2\pi\sqrt{\dfrac{l'}{g'}}$。

本题的模型即是典型的等效摆模型。

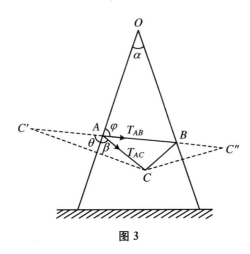

图 3

如图 3 所示，由于绳中张力处处相同，故 $T_{AC} = T_{AB}$，由于绳为轻绳，且杆件光滑，以 A 点为研究对象，必有 T_{AC} 与 T_{AB} 的合力垂直于杆，则 T_{AC} 和 T_{AB} 与杆间的夹角相等，即图中的 $\varphi = \beta$。

作 C 点关于 OA 的对称点 C'，连接 AC'，则图 3 中必有 $\theta = \varphi = \beta$，即 C'、A、B 三点共线。

同理，C''、A、B 三点共线。

由此可知，C'、A、B、C'' 四点始终在同一直线上，且 $C'C''$ 的长度为定值，即绳长 l。

依次连接 OC、OC'、OC''，则由对称关系可知 $\triangle OC'C''$ 为一个顶角 $\angle C'OC'' = 2\alpha$、腰 $OC' = OC'' = OC$ 的三角形，由于 $C'C'' = l$ 为定值，故 $OC = OC' = \dfrac{l}{2\sin\alpha}$ 也为定值。

由此可知，C 点在竖直面内绕 O 点做半径为 $\dfrac{l}{2\sin\alpha}$ 的圆弧运动，此运动与单摆类似，且等效摆的摆长为 $l' = \dfrac{l}{2\sin\alpha}$。

因此，重球的振动周期为

$$T = 2\pi\sqrt{\frac{l'}{g}} = 2\pi\sqrt{\frac{l}{2g\sin\alpha}}$$

上述解答中，通过论证 C 点的运动是在重力作用下的一个小幅的圆周运动，进而确定它是一等效摆。这是处理等效摆问题的基本思路，各类质点做小幅摆动的模型结构可能有很大的差异，但处理思路不会有大的差异。另外，能够处理复杂几何模型及应用模型中的力学条件，在很大程度上彰显了答题者的能力。如同本题，论述重球所做的运动为圆弧运动，这一步对很多人就难以跨越。

题 069 圆环的摆动（复摆）

图 1 所示是三个复摆,其中图 1(a)是半径为 R 的匀质细圆环,悬挂在 O 点并可绕过此点且垂直于纸面的轴线摆动,图 1(b)和图 1(c)是在相同的圆环中关于 OC 轴对称截取的一部分,分别悬挂在 O' 点和 O'' 点,可各绕过 O' 点和 O'' 点且垂直于纸面的轴线摆动。如悬线的质量不计,摆角都不大,比较它们的摆动周期。

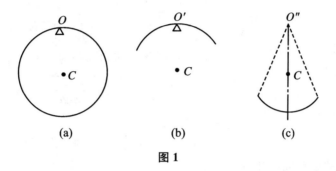

图 1

【解析】 如果在重力作用下绕水平轴在竖直面内做小角度摆动的不是小球（视为质点）而是刚体,则称之为复摆或物理摆。这时刚体的振动亦是简谐运动。我们对此先给出论证。

图 2 所示是一个任意形状的刚体,其质心为 C,现以悬点 O 为转轴做小幅摆动。若刚体的质量为 m,质心 C 与转轴 O 的距离（复摆的摆长）为 l_C,其对转轴的转动惯量为 I。现对平衡态下的刚体输入一个能量为 E 的小幅微扰,设当摆角为 θ 时,摆的角速度为 ω,显然有 $\omega = \dfrac{\mathrm{d}\theta}{\mathrm{d}t}$,由机械能守恒定律可得

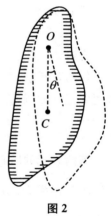

$$\frac{1}{2}I\omega^2 + mgl_C(1-\cos\theta) = E$$

考虑到 θ 为小角,有 $\cos\theta = 1 - \dfrac{\theta^2}{2}$,上式可整理为

$$\frac{1}{2}I\omega^2 + \frac{1}{2}k\theta^2 = E \quad (k = mgl_C)$$

图 2

据此,可确定复摆的摆动为简谐振动,且其周期为

$$T = 2\pi\sqrt{\frac{I}{k}} = 2\pi\sqrt{\frac{I}{mgl_C}}$$

于本题而言,要比较三种摆的周期,实际上是要比较三种不同情况下的 $\dfrac{I}{ml_C}$ 的值。考虑到摆都是由匀质环构成的,不同的是三个环的大小对圆心所张的角度不同。我们可考虑以

此为切入点,确定 $\dfrac{I}{ml_C}$ 与环的大小对圆心所张的角度 2θ 的关系,进而比较其大小。

方法 1 以图 1(b)所示的情况为例来进行讨论。

如图 2 所示,设系统的质心为 C',$C'O' = l_C$,系统绕 C、C'、O' 三点转动的转动惯量分别为 I_C、$I_{C'}$、I,因环上各点到 C 点的距离均为 R,故有

$$I_C = mR^2$$

又由平行轴定理可得

$$I_C = I_{C'} + m(R - l_C)^2, \quad I = I_{C'} + ml_C^2$$

联立上述三式可得

$$\frac{I}{ml_C} = 2R$$

从而求得圆环的摆动周期为

$$T = 2\pi\sqrt{\frac{I}{mgl_C}} = 2\pi\sqrt{\frac{2R}{g}}$$

与 θ 无关。

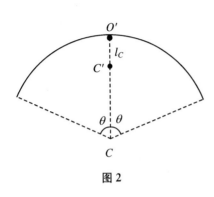

图 2

图 1(a)对应 $\theta = \pi$ 的情形,而图 1(c)对应 $-\theta$ 的情形,所以三种情况的摆动周期相等。

上述解答中,我们并没有具体求解匀质环绕 O' 点在竖直面内转动的转动惯量 I,而是巧妙地利用圆环绕 C、C'、O' 三点转动的转动惯量之间的关系得到了 $\dfrac{I}{ml_C}$ 的值。这让我们避开了求解 l_C 的麻烦,过程看似有点"投机",实际上则体现了答题者对相关规律的透彻理解与灵活应用。

方法 2 同样以图 1(b)所示的情况为例来进行讨论。

如图 3 所示,设圆环的质量为 m,在圆弧上以 $O'C$ 为对称轴且对圆心 C 的张角为 θ 处取两质元 Δm,则这一对质元绕转轴 O' 的转动惯量为

$$\Delta I = 2\Delta m \left(2R\sin\frac{\theta}{2}\right)^2 = 8\Delta mR^2\sin^2\frac{\theta}{2}$$

若两质元的质心到 O' 点的距离为 Δl_C,则

$$2\Delta m\Delta l_C = 2\Delta mR(1 - \cos\theta) = 4\Delta mR\cdot\sin^2\frac{\theta}{2}$$

进而有

$$\frac{\Delta I}{2\Delta m\Delta l_C} = \frac{8\Delta mR^2\sin^2\dfrac{\theta}{2}}{4\Delta mR\sin^2\dfrac{\theta}{2}} = 2R$$

与 θ 无关。

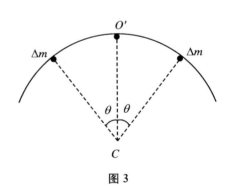

图 3

这亦说明对于整段圆弧仍有

$$\frac{I}{ml_C} = 2R$$

则圆环的摆动周期为

$$T = 2\pi\sqrt{\frac{I}{mgl_C}} = 2\pi\sqrt{\frac{2R}{g}}$$

与 θ 无关。

同理,对图 1(a)、图 1(b) 所示的情形同样可得上述结论。

本方法起初看上去更像是准备通过求 ΔI 与 $2\Delta m\Delta l_C$ 来求解 I 与 ml_C,进而确定 $\frac{I}{ml_C}$ 与 θ 的关系,但解答者很快发现 $\frac{\Delta I}{2\Delta m\Delta l_C}$ 的值与 θ 无关,进而推断出 $\frac{I}{ml_C}$ 与 θ 无关,从而得到最终的结果,可见解答者的综合能力之强。

方法 3 讨论关于过环心的竖直轴对称部分的振动情况。

如图 4 所示,在匀质细圆环中,关于 OC 轴对称地截取两部分,构成刚体,绕过 O 点且垂直于纸面的水平轴做微振动。

设圆环的质量线密度为 λ,则

$$I = 2\int r^2 \mathrm{d}m = 2\int_{\theta_1}^{\theta_2}\left(2R\sin\frac{\theta}{2}\right)^2 \cdot \lambda R\mathrm{d}\theta$$
$$= 2\int_{\theta_1}^{\theta_2} 2R^2(1 - \cos\theta) \cdot \lambda R\mathrm{d}\theta = 4\lambda R^3\int_{\theta_1}^{\theta_2}(1 - \cos\theta)\mathrm{d}\theta$$

以图 4 中的 O 点为原点建立坐标,则质心的坐标 l_C 满足

$$ml_C = 2\int y\mathrm{d}m = 2\int_{\theta_1}^{\theta_2} R(1 - \cos\theta) \cdot \lambda R\mathrm{d}\theta$$
$$= 2\lambda R^2\int_{\theta_1}^{\theta_2}(1 - \cos\theta)\mathrm{d}\theta$$

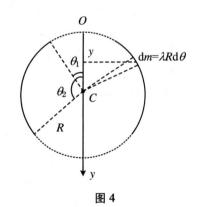

图 4

联立上述两式,得

$$\frac{I}{ml_C} = 2R$$

所以,复摆的周期为

$$T = 2\pi\sqrt{\frac{I}{mgl_C}} = 2\pi\sqrt{\frac{2R}{g}}$$

与选取的部分无关。

虽然图 1 中各图对应不同的 θ_1 和 θ_2(题中图 1(a) 对应的 $\theta_1 = 0$,$\theta_2 = \pi$;图 1(b) 对应的 $\theta_1 = 0$,θ_2 未知;图 1(c) 对应的 θ_1 未知,$\theta_2 = \pi$),但它们的周期相等。

上述三种解答的结论一致,且三种解答都避免了求解系统的转动惯量及系统质心到转轴的距离,可谓异曲同工。

初次解答本题时,可能会依次求解图 1(a)、(b)、(c) 所对应的摆动周期 T_1、T_2、T_3,并且 T_1 的求解很容易进行,因为通过观察就可以得到 $I_1 = 2mR^2$,$l_{1C} = R$,进而得到 $T_1 =$

$2\pi\sqrt{\dfrac{2R}{g}}$，这更强化了继续求解 T_2、T_3 的心理，而求解 T_2、T_3 时会涉及不同模型中的不确定量，计算便显得较为复杂，因此耗时费力。

在比较型问题中，分析模型的异同点，以此为切入点分析相互间的关联，往往是我们避开复杂运算的最为有效的途径。由于竞赛是一种短时应急型考试，从常理上讲，命题人应避开研究型问题中涉及的大运算量，而尽可能地设计出能规避超级运算量的问题供考生解答，从而选拔出具有超常思维能力的优秀学生。但这并不是暗示同学们可以轻视运算，因为近年的竞赛试题几乎都将对考生运算能力的要求推到了极限状态。

题 070 用速度比较法研究摆动

光滑的水平地面上有一质量为 M 的滑块，滑块表面上有一质量可忽略的钉子 O，O 处系着长为 l 的轻绳，绳下系着质量为 m 的小球。开始时系统处于静止状态，如图 1 所示，轻绳与竖直方向有一很小的夹角 θ_0，而后让小球自由摆下，做往返运动。设小球在摆动过程中不会与滑块表面接触，也不会与地面接触，且滑块不会倾倒，试求小球的摆动周期。

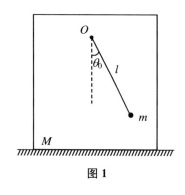

图 1

【解析】 各种具有摆动特征的物理模型，包括各类变形摆与复摆，在小幅平面摆动的情形下，其摆动不仅具有周期性特征，往往还具有简谐振动的特征（注意：并不是所有的小幅摆动都是简谐振动）。通过前面的几道例题，我们已经非常清楚地知道，要确定物体或系统的小幅摆动是否是简谐振动，可以通过确定物体的摆动是否只是在重力作用下与单摆类似的小幅摆动，通过与单摆类比确定其摆动性质，或者通过系统的受力分析确定其受力是否满足简谐振动的回复条件，或者对系统摆动时的能量特征进行分析确定其是否满足简谐振动的条件，再进行相关的判断。

几乎所有摆动问题在分析之后都会涉及摆动周期的计算。既然摆动模型与单摆具有相似的运动方式，我们便可以构造一个与所研究的摆类似的单摆，让两者具有相同的最大摆角，进而分析两者在相同摆角下的速度关系。只要两者在相同的摆角下的速度大小比例一定，我们便可以确定所研究的摆在做简谐振动，还可以根据其速度的大小关系来确定其周期之间的关系。

在讨论本题之前，我们还有必要再了解一下"微扰"的含义。我们通常所说的微扰实际上存在两种方式：一是系统在平衡状态下，我们向系统输入一小能量 E，让系统振动起来；二是让系统偏离平衡位置一个小量，然后由静止释放，这相当于向系统输入了小能量 E。在具体的研究过程中，如果研究对象是单体或同步振动的系统，我们通常采用的是上述第一种微扰方式；而对于多体或者比较研究的问题，我们采用的常常是上述的第二种微扰方式。本题中我们采用第二种微扰方式。

首先讨论摆线长为 l、摆球质量为 m_0、幅角也为 $\theta_0 \to 0$ 的单摆,显然其摆动周期为 $T = 2\pi\sqrt{\dfrac{l}{g}}$。设此单摆的摆线摆至摆角为 θ 的位置时,摆球的运动速度为 v,则能量方程为

$$\frac{1}{2}m_0 v^2 = m_0 gl(\cos\theta - \cos\theta_0)$$

得

$$v = \sqrt{2gl(\cos\theta - \cos\theta_0)}$$

再讨论题设摆的运动。

摆球在幅角为 θ_0 处由静止释放后,摆球在朝左方摆动的同时,滑块因系统在水平方向动量守恒而朝右运动。摆线到达左侧与竖直线成 θ_0 角时,系统又处于速度为零的状态。而后摆球朝右摆动,滑块朝左运动,再次回到初始状态,完成系统的一次周期运动。这一周期运动中,摆球相对于滑块做了一次幅角为 θ_0 的类单摆运动。

下面我们再来计算摆角为 θ 时摆球相对于滑块的速度。

如图 2 所示,摆角为 θ 时,摆球相对于地面的水平、竖直分速度分别记为 v_x、v_y,滑板的水平反向运动速度记为 u,则据能量守恒有

$$\frac{1}{2}Mu^2 + \frac{1}{2}m(v_x^2 + v_y^2) = mgl(\cos\theta - \cos\theta_0)$$

在水平方向动量守恒关系为

$$mv_x = Mu$$

摆球相对于滑板做圆周运动,如图 3 所示,由运动关联可知

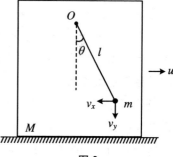

图 2

$$v_y = (v_x + u)\tan\theta$$

图 3 中 v' 为摆球相对于滑板的运动速率。由上述三式可得

$$\frac{1}{2}m\left[1 + \left(1 + \frac{m}{M}\right)^2 \tan^2\theta + \frac{m}{M}\right]v_x^2 = mgl(\cos\theta - \cos\theta_0)$$

考虑到 θ 为小量,$\tan^2\theta$ 可略,可得

$$v_x = \sqrt{2\frac{M}{M+m}gl(\cos\theta - \cos\theta_0)}$$

进而得

$$v_x + u = \left(1 + \frac{m}{M}\right)v_x = \sqrt{2\frac{M+m}{M}gl(\cos\theta - \cos\theta_0)}$$

参考图 3,可得

$$v' = \frac{v_x + u}{\cos\theta}$$

考虑到 θ 为小量,$\cos\theta$ 近似取 1,有

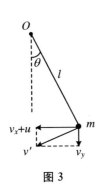

图 3

$$v' = \sqrt{2\frac{M+m}{M}gl(\cos\theta - \cos\theta_0)}$$

于是，比较摆长为 l 的自由单摆与系在滑块上摆长为 l 的摆，在摆角同为 θ 时其摆球的速度大小的关系为

$$\frac{v'}{v} = \sqrt{\frac{M+m}{M}}$$

这一比例与摆角 θ 无关。即在任意摆角处，自由单摆的摆速与系在滑块上的摆相对于滑块的摆速均有上述关系。再考虑它们摆动的幅角同为 θ_0，摆动的弧长亦有对应关系，结合速度与时间的关系，可得到两摆全过程所经历的时间 T' 与 T 之间的比例关系为

$$\frac{T}{T'} = \frac{v'}{v} = \sqrt{\frac{M+m}{M}}$$

于是系在滑块上的摆的周期为

$$T' = \sqrt{\frac{M}{M+m}}T = 2\pi\sqrt{\frac{M}{M+m}}\sqrt{\frac{l}{g}}$$

上述解答过程中，我们通过对两摆在相同摆角（位置）处的速度的比较，得到两摆的速度大小关系与所处的摆角位置无关，进而求得待求的周期。这种通过速度的比较求时间的方法在运动问题中经常用到，本题则是此法在振动中的具体应用。实际上，此种方法适用于所有的做谐振动的摆动。

当然，这种方法只是研究此类问题的一种补充方式。譬如本题，我们亦可通过其他过程求得摆球的振动周期。

如图 3 所示，根据水平方向的动量守恒有

$$Mu = m(v'\cos\theta - u)$$

根据机械能守恒有

$$\frac{1}{2}Mu^2 + \frac{1}{2}m[(v'\cos\theta - u)^2 + (v'\sin\theta)^2] = mgl(\cos\theta - \cos\theta_0)$$

考虑到 $\theta = \frac{x'}{l} \to 0$，$\cos\theta = 1 - \frac{\theta^2}{2}$，上式经过较为复杂的运算，最终可变形为

$$\frac{1}{2}\frac{mM}{M+m}v'^2 + \frac{1}{2}\frac{mg}{l}x'^2 = \frac{1}{2}\frac{mg}{l}A^2$$

式中 $A = \theta_0 l$，为常量，x' 表示摆角为 θ 时摆球相对于滑块对平衡位置的位移，且有 $v' = \frac{dx'}{dt}$，所以上式等同于质量为 $\frac{mM}{M+m}$ 的物块在劲度系数为 $\frac{mg}{l}$ 的弹簧作用下的简谐振动能量方程，故摆球相对于滑块的运动为简谐运动，易得其振动周期为

$$T' = 2\pi\sqrt{\frac{M}{M+m}}\sqrt{\frac{l}{g}}$$

对于复杂摆动的周期求解，我们构建出一个与复杂摆动等摆长的摆，然后在同幅角的情

况下进行相关的分析、类比,进而得到复杂摆动的周期。其比较方式便是速度比较法的核心,熟练地运用此法,可以为我们省去大量的低效运算所消耗的时间。

题 071 轻杆连接的系统振动

如图 1 所示,一个系统由质量为 m 的三个铰链及四根长为 L 的轻杆连接而成,系统的上端也铰接在天花板上,即系统可以在竖直面内上下运动。现将一劲度系数为 k 的弹簧连接在系统的上铰接点与下铰链上,恰好维持系统呈正方形的平衡状态。

(1) 求弹簧未形变时的长度 l_0。
(2) 求下铰链做小幅竖直振动的周期。
(3) 取下劲度系数为 k 的弹簧,另换上劲度系数为 k' 的弹簧,并将其按图 2 所示的方式水平地连接在中间的两个铰链上,也恰好维持系统呈正方形的平衡状态,再求上述两问。

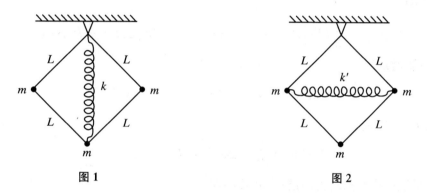

图 1 　　　　　　　　图 2

【解析】 振动系统内各物体的振动周期大多是相同的,而且步调也是一致的,其振动是同步的。在这种情况下,我们完全可以通过选取其中的某个质点或物体为研究对象,通过受力分析,得到该质点的振动周期,进而得到系统的振动周期。只是通常情况下,系统内振动质点或物体的受力分析比较复杂,而系统的能量特征分析又相对容易一些,故对于系统的振动,我们多是通过能量分析进行讨论的。本题即是这方面的典型例题。

(1) 对于系统的平衡状态分析,我们应用虚功原理。

设系统在图 1 所示的平衡态时,弹簧的伸长量为 Δl。假设下端的铰链向下移动一小量 $\Delta x \to 0$,则由虚功原理,系统重力所做的功应等于弹簧弹性势能的增量,即有

$$mg\Delta x + 2 \cdot mg \cdot \frac{\Delta x}{2} = \frac{1}{2}k[(\Delta l + \Delta x)^2 - (\Delta l)^2]$$

得

$$\Delta l = \frac{2mg}{k}$$

故弹簧的原长为

$$l_0 = \sqrt{2}L - \Delta l = \sqrt{2}L - \frac{2mg}{k}$$

（2）为研究系统的振动情况，我们在竖直方向上给系统一个微扰（向系统输入一定的能量 $E\to 0$）。设下铰链向下偏离平衡位置 Δx 时，其速度为 v，这里有 $v = \frac{\Delta x}{\Delta t}$。由系统的结构特点易知，中间两铰链在竖直方向上总处于悬点与下铰链的中间位置，故其竖直方向上的速度为 $\frac{v}{2}$。再由杆的速度关联易知其水平速度亦为 $\frac{v}{2}$，即两个上铰链的速度大小均为 $\frac{\sqrt{2}}{2}v$，于是，系统的动能增量为

$$\Delta E_k = \frac{1}{2}mv^2 + \frac{1}{2}m\left(\frac{\sqrt{2}}{2}v\right)^2 \times 2 = \frac{1}{2}(2m)v^2$$

与此同时，重力势能的增量为

$$\Delta E_{p1} = -mg\Delta x - 2\cdot mg\cdot \frac{\Delta x}{2} = -2mg\Delta x$$

弹性势能的增量为

$$\Delta E_{p2} = \frac{1}{2}k[(\Delta l + \Delta x)^2 - (\Delta l)^2] = 2mg\Delta x + \frac{1}{2}k(\Delta x)^2$$

则系统的势能增量为

$$\Delta E_p = \Delta E_{p1} + \Delta E_{p2} = \frac{1}{2}k(\Delta x)^2$$

而 $\Delta E_k + \Delta E_p = E$，所以

$$\frac{1}{2}(2m)v^2 + \frac{1}{2}k(\Delta x)^2 = E, \quad \text{且 } v = \frac{\Delta x}{\Delta t}$$

因此，系统的小幅振动为简谐振动，其周期为

$$T = 2\pi\sqrt{\frac{2m}{k}}$$

（3）有了前面两问的解答，本问的解答就水到渠成，只是应注意到此时弹簧是压缩的。
① 求弹簧未形变时的长度 l_0'。

同样，设下端的铰链向下发生一小位移 Δx，此时弹簧将在压缩 $\Delta l'$ 的基础上进一步被压缩一小量 Δy。以系统上端右侧的杆为研究对象，Δy 与 Δx 的关系如图3所示，于是有

$$\left(\frac{\sqrt{2}}{2}L + \frac{\Delta x}{2}\right)^2 + \left(\frac{\sqrt{2}}{2}L - \frac{\Delta y}{2}\right)^2 = L^2$$

整理得

$$(\Delta y)^2 - 2\sqrt{2}L\Delta y + 2\sqrt{2}L\Delta x + (\Delta x)^2 = 0 \quad ①$$

略去高阶小量，有

$$\Delta y = \Delta x$$

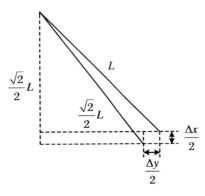

图3

则同样由虚功原理有

$$mg\Delta x + 2 \cdot mg \cdot \frac{\Delta x}{2} = \frac{1}{2}k'[(\Delta l' + \Delta y)^2 - (\Delta l')^2]$$

解得

$$\Delta l' = \frac{2mg}{k'}$$

故弹簧的原长为

$$l'_0 = \sqrt{2}L + \Delta l = \sqrt{2}L + \frac{2mg}{k'}$$

② 求下铰链做小幅竖直振动的周期。

如同前面的分析与计算,在保留一阶小量的前提下写出系统的能量关系,很快便可得到系统的小幅振动也为简谐振动,其周期也是 $T = 2\pi\sqrt{\dfrac{2m}{k}}$。

然而,这一结果却是错误的。为了说明问题,我们不妨将这一解答过程写在下面:

在竖直方向上给系统一个微扰(向系统输入一定的能量 $E \to 0$)。设下铰链向下偏离平衡位置 Δx 时,其速度为 v,这里有 $v = \dfrac{\Delta x}{\Delta t}$,由系统的结构易知中间两铰链在竖直方向上的速度为 $\dfrac{v}{2}$,再由杆的速度关联易知其水平速度亦为 $\dfrac{v}{2}$,即两个上铰链的速度均为 $\dfrac{\sqrt{2}}{2}v$,于是系统的动能增量为

$$\Delta E_k = \frac{1}{2}mv^2 + \frac{1}{2}m\left(\frac{\sqrt{2}}{2}v\right)^2 \times 2 = \frac{1}{2}(2m)v^2$$

与此同时,系统的重力势能的增量为

$$\Delta E_{p1} = -mg\Delta x - 2 \cdot mg \cdot \frac{\Delta x}{2} = -2mg\Delta x$$

弹性势能的增量为

$$\Delta E_{p2} = \frac{1}{2}k'[(\Delta l' + \Delta y)^2 - (\Delta l')^2]$$

考虑到 $\Delta y = \Delta x$,有

$$\Delta E_{p2} = 2mg\Delta x + \frac{1}{2}k'(\Delta x)^2 \qquad ②$$

则系统的势能增量为

$$\Delta E_p = \Delta E_{p1} + \Delta E_{p2} = \frac{1}{2}k'(\Delta x)^2$$

而 $\Delta E_k + \Delta E_p = E$,所以

$$\frac{1}{2}(2m)v^2 + \frac{1}{2}k'x^2 = E, \quad 且\ v = \frac{\Delta x}{\Delta t}$$

于是得到与图 1 所示情形相同的结论,即 $T = 2\pi\sqrt{\dfrac{2m}{k'}}$。

那么,这一几乎是复制的且无运算错误的解答过程又错在哪里呢?

我们先看看上面的②式,此式中含有一阶小量项 Δx 和二阶小量项 $(\Delta x)^2$。不知大家是否注意到,我们并没有像一般情况下处理小量问题一样,直接删去二阶小量,而是保留了 $\frac{1}{2}k'(\Delta x)^2$。大家可能都很清楚,因为重力势能的增量($-2mg\Delta x$)为一阶小量,它与弹性势能增量中的一阶小量项($2mg\Delta x$)合并后为零,所以,一旦删去了 $(\Delta x)^2$ 项,就会出现系统的整个势能 $E_p = 0$ 的结果,这显然不是我们所期待的,也必然是错误的。

事实上,在小量处理的过程中,一旦低阶小量消失,保留高阶小量就成为了必然,这是我们处理小量问题的原则。对于这一点,大家可以阅读《物理竞赛解题方法漫谈》一书中关于小量处理方面的论述。

我们再来看看上面的①式,通过此式,我们在舍去高阶小量 $(\Delta x)^2$ 的前提下得到 $\Delta y = \Delta x$。换句话说,Δy 与 Δx 之间并非严格地存在一个高阶小量的差异。结合弹性势能增量的计算,我们会发现,这里删去的小量也会影响最终势能的大小。我们先来看看保留二阶小量会为我们带什么样的变化。

由①式可得

$$\Delta y = \frac{2\sqrt{2}L - \sqrt{8L^2 - 4[2\sqrt{2}L\Delta x + (\Delta x)^2]}}{2}$$

$$= \sqrt{2}L\left\{1 - \sqrt{1 - \frac{1}{2L^2}[2\sqrt{2}L\Delta x + (\Delta x)^2]}\right\}$$

上式大根号前取"−"是考虑到 Δy 为小量,再利用 $\sqrt{1-x} = 1 - \frac{1}{2}x$ 对上式进行处理,得到

$$\Delta y = \Delta x + \frac{\sqrt{2}}{4L}(\Delta x)^2$$

这里显然多出了一个二阶小量 $\frac{\sqrt{2}}{4L}(\Delta x)^2$,将其代入弹性势能增量的计算式可得

$$\Delta E_{p2} = \frac{1}{2}k'[(\Delta l' + \Delta y)^2 - (\Delta l')^2]$$

$$= 2mg\Delta x + \frac{1}{2}k'\left(2 \cdot \frac{2mg}{k'} \cdot \frac{\sqrt{2}}{4L}\right)(\Delta x)^2 + \frac{1}{2}k'(\Delta x)^2$$

$$= 2mg\Delta x + \frac{1}{2}\left(k' + \sqrt{2} \cdot \frac{mg}{L}\right)(\Delta x)^2$$

上述运算中保留了二阶小量而删去了三阶小量。在保留二阶小量的前提下产生的 $\sqrt{2} \cdot \frac{mg}{L}$ 项显然会影响到势能值的改变。

所以,势能的增量为

$$\Delta E_p = \Delta E_{p1} + \Delta E_{p2} = \frac{1}{2}\left(k' + \sqrt{2} \cdot \frac{mg}{L}\right)(\Delta x)^2$$

而 $\Delta E_k + \Delta E_p = E$,因此有

$$\frac{1}{2}(2m)v^2 + \frac{1}{2}\left(k' + \sqrt{2}\cdot\frac{mg}{L}\right)(\Delta x)^2 = E, \quad \text{且} \; v = \frac{\Delta x}{\Delta t}$$

于是，系统小幅振动的周期为

$$T = 2\pi\sqrt{\frac{2m}{k' + \sqrt{2}\cdot\frac{mg}{L}}}$$

至此，我们发现在处理①式的小量问题时忽略了二阶小量对后续问题的影响，从而出错。

但我们也不要高兴得太早，因为上述结果同样是错误的。

因为根式 $\sqrt{1 - \frac{1}{2L^2}[2\sqrt{2}L\Delta x + (\Delta x)^2]}$ 中的小量 $\frac{1}{2L^2}[2\sqrt{2}L\Delta x + (\Delta x)^2]$ 是由一阶小量与二阶小量构成的，所以该小量的平方项也包含二阶小量，故利用二项式定律展开 $\sqrt{1-x}$ 时，应有

$$\sqrt{1-x} = 1 - \frac{1}{2}x - \frac{1}{8}x^2$$

这里的 x^2 项展开时，同样包含 $(\Delta x)^2$ 项，而前面的解答中我们直接删去了 $-\frac{1}{8}x^2$ 项，也就为后面的解答遗漏了部分 $(\Delta x)^2$ 项。在保留 $-\frac{1}{8}x^2$ 项的前提下，我们可得到

$$\Delta y = \Delta x + \frac{\sqrt{2}}{2L}(\Delta x)^2$$

至此，我们保留了 Δy 与 Δx 的关系中的全部二阶小量。于是，再经过相关的运算，可得系统小幅振动的周期为 $T = 2\pi\sqrt{\dfrac{2m}{k' + 2\sqrt{2}\cdot\dfrac{mg}{L}}}$，这才是本题的正确结果。

上述对小量 Δy 的计算，由 $\Delta y = \Delta x$ 到 $\Delta y = \Delta x + \dfrac{\sqrt{2}}{4L}(\Delta x)^2$ 再到 $\Delta y = \Delta x + \dfrac{\sqrt{2}}{2L}(\Delta x)^2$，可谓步步深入，稍有疏忽，便会前功尽弃。这要求答题者不仅对小量有深刻的认识，还应具备物理直觉。

回过头来，我们也许还会质疑，在图1和图2所示的情形下求解弹簧的原长，我们为什么没有考虑二阶小量呢？对于图1所示的情形我们自然很好理解，因为 Δx 是给定的，弹性势能的计算不涉及 Δy，所以无须担忧此处的高阶小量问题。对于图2所示的情形，由于重力做功是在一阶小量层面上进行的，故平衡位置的计算也无须考虑二阶小量。

题 072 多体的振动系统

如图1所示，质量为 m、半径为 r 的匀质圆盘竖直放在质量为 M 的平板上，平板两端分

别连接轻弹簧 k_1、k_2，弹簧的另一端固定在墙上，整个系统处于平衡状态。现将木板右移长度 A，随后释放，求木板中心点的运动方程。（假设圆盘与木板间只发生纯滚动，并且二者不分离。）

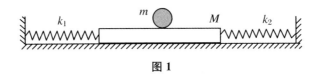

图 1

【解析】 对于一个包含多个物体振动的系统，如果各物体的振动是同步的，那么，我们选择其中的任何一个物体作为研究对象，其结论可以推广至系统内所有同步振动的物体。如果系统内各物体的振动并非同步（存在相位差或者周期不同），或者其同步特征我们并不能凭定性分析确定，我们就需要独立地研究系统内每个物体的振动特征，但往往其中一个是做简谐振动的，也就预示其他的物体也是做简谐振动的。

本题中的匀质圆盘与木板间并没有固接在一起，连接它们的纽带是彼此间的摩擦力，这便使得我们无法从定性的角度来确定它们之间的运动属性，我们需要隔离物体，寻找关联，分别进行研究。

方法 1（受力分析） 以平板质心开始时所处位置为坐标原点 O，在水平桌面上设置向右的 x 坐标。起始时，木板中心、圆盘中心均处于坐标原点，如图 2(a) 所示。现将木板 M 与圆盘 m 同时向右移动 A 的距离，即其中心坐标为 $x = A$，如图 2(b) 所示。同时释放圆盘与木板，当木板中心运动至坐标 x 处时，如图 2(c) 所示。设圆盘与木板间的摩擦力为 f，木板的加速度为 a，圆盘的加速度为 a_C，圆盘的角加速度为 β，各量的方向如图 2(c) 所示。

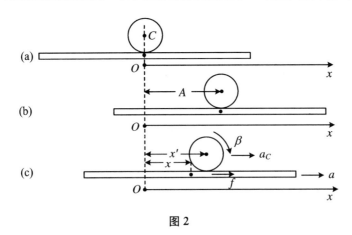

图 2

对 M，由牛顿定律有
$$Ma = f - (k_1 + k_2)x$$
对 m，由牛顿定律与转动定律有
$$-f = ma_C, \quad fr = I_C\beta = \frac{1}{2}mr^2\beta$$

式中 $I_C = \frac{1}{2}mr^2$ 为匀质圆盘绕中心转动的转动惯量。

盘与平板的运动关联为
$$a_C - \beta r = a$$

由上述各式可解得
$$\left(M + \frac{1}{3}m\right)a = -(k_1 + k_2)x$$

由此可知木板做简谐运动,其角频率为
$$\omega = \sqrt{\frac{k_1 + k_2}{M + \frac{m}{3}}} = \sqrt{\frac{3(k_1 + k_2)}{3M + m}}$$

所以,质心的振动方程为
$$x = A\cos\left(\sqrt{\frac{3(k_1 + k_2)}{3M + m}}t + \varphi_0\right)$$

考虑到 $t = 0$ 时 $x = A$,则 $\varphi_0 = 0$,所以木板中心点的振动方程为
$$x = A\cos\sqrt{\frac{3(k_1 + k_2)}{3M + m}}t$$

上述解答过程是以木板为研究对象的,通过木板与圆盘间的相互摩擦力及圆盘在木板上的纯滚动将二者关联起来,从而得到木板的运动为简谐振动。对于这一结论,我们亦可通过能量分析与运动分析得到。

方法 2(能量分析) 由方法 1 可知:

对 m,有
$$-f = ma_C, \quad fr = I_C\beta = \frac{1}{2}mr^2\beta$$

得
$$a_C = -\frac{1}{2}r\beta$$

又 $a_C - \beta r = a$,所以 $a_C = \frac{1}{3}a$。

考虑到 m 与 M 同时开始运动,故有 $v_C = \frac{1}{3}v$。再结合 $v_C - \omega r = v$,得圆盘转动的角速度为 $\omega = -\frac{2v}{3r}$。

系统的能量可表述为
$$\frac{1}{2}(k_1 + k_2)x^2 + \frac{1}{2}Mv^2 + \frac{1}{2}mv_C^2 + \frac{1}{2}\left(\frac{1}{2}mr^2\right)\omega^2 = \frac{1}{2}(k_1 + k_2)A^2$$

整理得
$$\frac{1}{2}\left(M + \frac{1}{3}m\right)v^2 + \frac{1}{2}(k_1 + k_2)x^2 = \frac{1}{2}(k_1 + k_2)A^2 = 常量$$

又 $v = \dfrac{\mathrm{d}x}{\mathrm{d}t}$，故木板做简谐振动，其振动的角频率为

$$\omega = \sqrt{\dfrac{3(k_1 + k_2)}{3M + m}}$$

同样可以得到木板中心的振动方程为

$$x = A\cos\sqrt{\dfrac{3(k_1 + k_2)}{3M + m}}\, t$$

可见，不论是从受力分析的角度还是从能量分析的角度，都能得到木板的运动规律。同时，由木板的简谐运动，我们也可以预见圆盘亦是做简谐运动的。

我们可以设当木板的中心坐标为 x 时，圆盘中心的坐标为 x'，如图 2(c) 所示。由方法 2 知 $v_C = \dfrac{1}{3}v$，则

$$A - x' = \dfrac{1}{3}(A - x),\quad 即\ x = 3x' - 2A$$

再结合 $a_C = \dfrac{1}{3}a$，$\left(M + \dfrac{1}{3}m\right)a = -(k_1 + k_2)x$，易得

$$\left(M + \dfrac{1}{3}m\right)a_C = -(k_1 + k_2)\left(x' - \dfrac{2}{3}A\right)$$

上式表明，圆盘的中心以 $x' = \dfrac{2}{3}A$ 为中心、以 $A' = A - \dfrac{2}{3}A = \dfrac{1}{3}A$ 为振幅做简谐振动。所以，圆盘的振动方程为

$$x' = \dfrac{2}{3}A + \dfrac{1}{3}A\cos\sqrt{\dfrac{3(k_1 + k_2)}{3M + m}}\, t$$

由此可见，圆盘的振动周期与木板的振动周期是相同的，其振动是同步的，不同的只是振动的中心位置。

虽然原题未要求我们讨论圆盘的运动形式，但将其作为训练，如能作出如上的分析与讨论，对学习过程中的我们而言，同样大有裨益。而且，对圆盘的运动分析较对木板的运动分析更能彰显答题者在处理简谐振动及运动关联方面的能力。为了进一步拓展，大家不妨以圆盘的运动参量来讨论系统的能量特征，进而确定圆盘的振动特征。

善于思考的同学也许还会注意到另一个现象，方法 2 给出了一个许多同学不曾注意到的现象：在本系统中，如果单独研究振动系统中的圆盘与木板中的某一个，则其做简谐振动过程中的机械能并不守恒。这与很多同学头脑中储存的"做简谐振动的物体机械能守恒"的结论相冲突，若这种冲突能让大家进一步思考振动能量判据的真正含义，我们的收获也就会更大。

另外，阅读本题的过程中，各量的符号也许会给某些同学带来疑惑，请注意分析、理解、印证。

题 073 转动系统的振动

一个半径为 r、质量为 m 的匀质实心小圆柱被置于一个半径为 R、质量为 M 的薄圆筒中,圆筒和小圆柱的中心轴均水平,横截面如图 1 所示。重力加速度为 g。试在下述两种情形下,求小圆柱的质心在其平衡位置附近做微振动的频率:

(1) 圆筒固定,小圆柱在圆筒内底部附近做无滑滚动;

(2) 圆筒可绕其固定的光滑中心细轴转动,小圆柱仍在圆筒内底部附近做无滑滚动。

【解析】 在讨论系统的振动问题时,我们通常研究的是直线型或近直线型的振动。在这种情况下,我们可选用物体的位移作为参量来描述物体的振动。这也是我们大家都比较熟悉的振动形式与相应的研究方法。但近年来,用角位移描述的振动形式出现在试卷中的频率越来越高。寻找系统振动过程中的角量之间的关系是处理此类问题的瓶颈。同时,用角量来描述的振动肯定会涉及转动,从规律的运用方面看,就必然会增加转动定理和转动动能及相关内容的应用。所以,相对于用位移描述的振动而

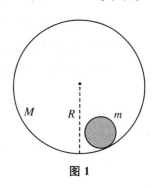

图 1

言,用角量描述的振动的难度肯定要大一些。但从研究方向上看,我们仍然可以从力(或力矩)与能量的角度来确定物体(或系统)的振动是否是简谐振动,进而求得振动的周期或频率。下面我们便从力与能量两方面来解答本题,同时体会如何寻找物体转动过程中的角量关系。

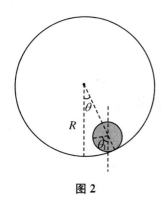

图 2

方法 1(力与力矩分析) (1) 如图 2 所示,θ 为在某时刻小圆柱质心在其横截面上到圆筒中心轴的垂线与竖直方向的夹角。小圆柱受三个力的作用:重力、圆筒对小圆柱的支持力和静摩擦力。设圆筒对小圆柱的静摩擦力大小为 F,方向沿两圆柱切点的切线方向(向右为正)。考虑小圆柱质心的运动,由质心运动定律得

$$F - mg\sin\theta = ma$$

式中,a 是小圆柱质心的加速度。由于小圆柱与圆筒间做无滑滚动,小圆柱绕其中心轴转过的角度 θ_1(规定小圆柱在最低点时 $\theta_1=0$)与 θ 之间的关系为

$$(\theta_1 + \theta)r = \theta R$$

由上式得小圆柱的加速度 a 与 θ 的关系为

$$a = r\frac{d^2\theta_1}{dt^2} = (R - r)\frac{d^2\theta}{dt^2}$$

考虑小圆柱绕其自身轴的转动,由转动定律得

$$-rF = I\frac{d^2\theta_1}{dt^2}$$

式中，$I = \frac{1}{2}mr^2$ 是小圆柱绕其自身轴的转动惯量。

联立上述各式，并考虑到 θ 为小量，$\sin\theta = \theta$，得

$$\frac{d^2\theta}{dt^2} + \frac{2g}{3(R-r)}\theta = 0$$

则小圆柱的质心在其平衡位置附近的微振动是简谐振动，其振动频率为

$$f = \frac{1}{2\pi}\sqrt{\frac{2g}{3(R-r)}}$$

（2）用 F 表示小圆柱与圆筒之间的摩擦力大小，θ_1 和 θ_2 分别为小圆柱与圆筒转过的角度（规定小圆柱相对于圆筒向右运动为正方向，开始时小圆柱处于最低点位置 $\theta_1 = \theta_2 = 0$）。对于小圆柱，由转动定律得

$$-rF = \left(\frac{1}{2}mr^2\right)\frac{d^2\theta_1}{dt^2}$$

对于圆筒，同理有

$$RF = (mR^2)\frac{d^2\theta_2}{dt^2}$$

由此可得

$$-F\left(\frac{2}{m} + \frac{1}{M}\right) = r\frac{d^2\theta_1}{dt^2} - R\frac{d^2\theta_2}{dt^2}$$

再设在圆柱横截面上小圆柱质心到圆筒中心轴的垂线与竖直方向的夹角为 θ，由于小圆柱与圆筒间做无滑滚动，有

$$(\theta_1 + \theta)r - \theta_2 R = \theta R$$

可得

$$(R-r)\frac{d^2\theta}{dt^2} = r\frac{d^2\theta_1}{dt^2} - R\frac{d^2\theta_2}{dt^2}$$

设小圆柱质心沿运动轨迹切线方向的加速度为 a，由质心运动定律得

$$F - mg\sin\theta = ma$$

又 $a = (R-r)\frac{d^2\theta}{dt^2}$，再考虑到 θ 为小量，$\sin\theta = \theta$，得

$$\frac{d^2\theta}{dt^2} + \frac{2M+m}{3M+m} \cdot \frac{g}{R-r}\theta = 0$$

由上式可知小圆柱质心在其平衡位置附近的微振动是简谐振动，其振动频率为

$$f = \frac{1}{2\pi}\sqrt{\frac{2M+m}{3M+m} \cdot \frac{g}{R-r}}$$

从上述解答我们可以看到，分析涉及转动的振动系统时，依据的是质心的运动定律和转动定理，通过纯滚动间的角度关联得到角加速度与振动角度之间的关系，从而确定系统的振

动形式及周期。当然,在分析力与力矩的背景下,我们也可得到 $M = -k\theta$ 的形式,进而得到系统振动的周期。

需要说明的是,在寻找小圆柱与圆筒转动的角量关系时,很多同学无法依据小圆柱在圆筒内做纯滚动的条件计算出两者在转动角度方面的关联,尤其是在圆筒转动的背景下寻找两者之间的关系。

方法 2(能量分析) (1) 设在底部给小圆柱一个微扰,即给小圆柱一个能量 E_0。当小圆柱的柱心相对于竖直方向发生了 θ 角的偏移时,柱心绕筒心转动的角速度为 ω,显然 $\omega = \dfrac{d\theta}{dt}$。再设此时小圆柱发生了 θ_1 角的偏移,小圆柱转动的角速度为 ω_1,则

$$\frac{1}{2} \cdot \frac{1}{2} mr^2 \omega_1^2 + \frac{1}{2} m[\omega(R-r)]^2 + mg(R-r)(1-\cos\theta) = E_0$$

若纯滚,则有

$$(\theta_1 + \theta)r = \theta R$$

即

$$(\omega_1 + \omega)r = \omega R$$

考虑到 θ 为小角,整理可得

$$\frac{1}{2} \cdot \frac{3}{2} m(R-r)^2 \omega^2 + \frac{1}{2} mg(R-r)\theta^2 = E_0$$

考虑到 $\omega = \dfrac{d\theta}{dt}$,并类比 $\dfrac{1}{2}m'\omega^2 + \dfrac{1}{2}k\theta^2 = E_0$,可知小圆柱在圆筒内底部附近做无滑滚动微振动的频率为

$$f = \frac{1}{2\pi}\sqrt{\frac{k}{m'}} = \frac{1}{2\pi}\sqrt{\frac{2g}{3(R-r)}}$$

(2) 此时给系统一个微扰,让小圆柱偏离竖直方向的角度为 θ_0 并保持静止,然后释放。小圆柱滚动后,当柱心与竖直方向的角度为 θ 时,圆筒转动的角度为 θ_1,角速度为 ω_1;小圆柱转动的角度为 θ_2,角速度为 ω_2,如图 3 所示。设此时柱心绕筒心转动的角速度为 ω,显然 $\omega = \dfrac{d\theta}{dt}$。再设柱与筒间的作用力为 F,则

$$FR = MR^2\beta_1, \quad Fr = \frac{1}{2}mr^2\beta_2$$

式中,β_1、β_2 分别为筒与柱的角加速度。即有

$$MR\omega_1 = \frac{1}{2}mr\omega_2 \qquad ①$$

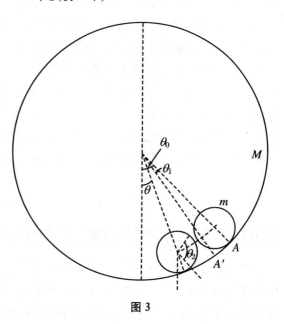

图 3

又由能量守恒有

$$\frac{1}{2}MR^2\omega_1^2 + \frac{1}{2}\cdot\frac{1}{2}mr^2\omega_2^2 + \frac{1}{2}m(R-r)^2\omega^2 + mg(R-r)(1-\cos\theta)$$
$$= mg(R-r)(1-\cos\theta_0) \qquad ②$$

纯滚条件为

$$(\theta_0 - \theta_1 - \theta)R = (\theta_2 + \theta_0 - \theta)r$$

即

$$(-\omega_1 - \omega)R = (\omega_2 - \omega)r \qquad ③$$

对于上式,大家也可直接从接触点的速度切入,得到同样的结果。

联立①②③式并考虑到 θ 为小角,整理得

$$\frac{1}{2}m\frac{3M+m}{2M+m}(R-r)^2\omega^2 + \frac{1}{2}mg(R-r)\theta^2 = mg(R-r)(1-\cos\theta_0) = 常量$$

将上式与简谐振动系统的能量特征 $\frac{1}{2}I\omega^2 + \frac{1}{2}k\theta^2 = C$(常量)进行比较,可得到系统振动的频率为

$$f = \frac{1}{2\pi}\sqrt{\frac{2M+m}{3M+m}\cdot\frac{g}{R-r}}$$

仅从上述表达式的长度,我们就应该感觉到,无论是哪种方法,在具体的解答过程中,其运算量都是很大的。读者若是在备考中,就应该扪心自问,自己在考场上能迅速而又正确地完成相关的运算吗?千万不要认为基本的运算对我们并不重要。

我们应该明白,不论是用位移作为描述振动的参量还是用角位移作为描述振动的参量,都存在通过力的分析与能量的分析来确定振动特征的方法。但可以肯定的是,涉及转动的振动模型相对而言要复杂一些,这就需要我们在日常学习中加强对这类模型的分析。

本题是2017年第34届全国中学生物理竞赛复赛的一道试题,同时也是第10届亚洲中学生奥林匹克物理竞赛的一道试题。换句话说,当年全国中学生物理竞赛复赛直接选用了之前的亚洲中学生奥林匹克物理竞赛的一道试题。这显然对那些未曾阅读相关赛题的参赛生并不公平,而且,从过往的经验看,在复赛中选用已有竞赛资料上的原题作为考题的现象并非孤例。对于此类现象,一方面我们应以平和的心态面对它,毕竟学科竞赛只是一个小众化的活动,命题人也无法预知习题已经传播的范围;另一方面我们在日常的学习过程中,应该尽可能广泛地阅读与竞赛相关的书籍,扩大自己的视野。

题074 在水中振动的管(非完整的谐振过程)

广而深的静水池中竖立一固定细杆,其露出水面的部分套着一个长度为 L、密度为 ρ、截面均匀的匀质细管。细管可沿杆无摩擦地竖直上下滑动,因套在杆上而不会倾倒。现在用手持管,使管的下端刚刚与水面接触,放手后管竖直下沉。设水的密度为 $\rho_水$,水的阻力和

表面张力均忽略不计。

(1) 当管的密度 ρ 等于某一值 ρ_0 时,放手后,管能下沉到刚好全部没入水中,求 ρ_0。

(2) 在 $\rho = \rho_0$ 的情况下,管下沉所经历的时间等于多少?

(3) 设管的密度 $\rho = \dfrac{2}{3}\rho_水$,求管下沉到最后位置所需的时间。

【解析】 在中学竞赛阶段,需要定量研究的运动过程中,简谐振动虽不是最为复杂的运动,但却是在历年竞赛中出现频率最高的运动形式,存在"三年两考"之说,我们有必要对其运动过程作极为详细的研究。当然,在历年的考试中,单独以简谐振动出现的试题并不多见,一般是将一个不完整的简谐振动通过某种方式嵌入一个多过程的运动过程中。这要求我们在解题的过程中,一方面对物体的运动作出准确的判断,另一方面还得找到这一运动过程与相邻运动之间的关联。

在前面的几道试题中,我们详细地讨论了物体做简谐振动的判断问题,本题则关注振动过程的计算。下面给出本题的解答。

先讨论管下沉过程中的运动特性。管下沉时受到重力与浮力的作用,显然浮力是与深度成正比的,因此管下沉的过程中受到的力包含了一个恒力与一个线性作用力。分析出物体的受力,再据此判断物体的运动情况。

考虑管下沉的运动。当管下端的深度为 $x(x \leqslant L)$ 时,管受重力 $\rho S L g$、浮力 $\rho_水 S x g$,则管所受向下的合力(不计表面张力作用)为

$$F = Sg(\rho L - \rho_水 x) = -Sg\rho_水\left(x - \dfrac{\rho}{\rho_水}L\right) = -k\left(x - \dfrac{\rho}{\rho_水}L\right)$$

当 $x - \dfrac{\rho}{\rho_水}L = 0$,即 $x = x_0 = \dfrac{\rho}{\rho_水}L$ 时,管的受力为零,此时管处于平衡位置。

若定义新的变量 $x' = x - \dfrac{\rho}{\rho_水}L$,则管所受的合力为以 $x_0 = \dfrac{\rho}{\rho_水}L$ 为平衡位置的线性回复力,由此可确定管的下沉是以 $x_0 = \dfrac{\rho}{\rho_水}L$ 为平衡位置的简谐运动,且振动周期为

$$T = 2\pi\sqrt{\dfrac{m}{k}} = 2\pi\sqrt{\dfrac{\rho L}{g\rho_水}}$$

下面讨论题设的运动过程。

(1) 管由静止释放,下沉到刚好全部没入水中,满足 $x \leqslant L$,管做简谐振动,且振幅为 $\dfrac{L}{2}$,所以 $x_0 = \dfrac{L}{2}$,即 $\dfrac{L}{2} = \dfrac{\rho_0}{\rho_水}L$,得 $\rho_0 = \dfrac{1}{2}\rho_水$。

(2) 当 $\rho = \rho_0 = \dfrac{1}{2}\rho_水$ 时,管下端入水后应做竖直方向上的简谐振动,至管停止下沉,管运动的时间为振动的半个周期。因为

$$T = 2\pi\sqrt{\dfrac{\rho L}{g\rho_水}} = 2\pi\sqrt{\dfrac{L}{2g}}$$

所以管下沉所经历的时间为 $t = \dfrac{T}{2} = \pi\sqrt{\dfrac{L}{2g}}$。

在(1)、(2)两问的情景下，管所做的运动应该是一个完整的简谐振动。从命题人的角度来看，这类问题显然是为了答题者的基本得分而设计的。能够区分答题者对知识的掌握程度与应用能力的问题随之而来。

(3) 当 $\rho = \dfrac{2}{3}\rho_水 > \dfrac{1}{2}\rho_水$ 时，管未全部没入水中时做简谐运动，在全部没入水中后还将继续下沉。但管全部入水后的下沉过程中，浮力不再改变，管做匀减速运动。因此，应把管的下沉过程分为两个阶段考虑。

① 管从开始下沉到刚好全部沉入水中（$x \leq L$）。

由前面的分析可知，这一阶段中管按简谐振动规律运动，其平衡位置在 $x_0 = \dfrac{2}{3}L$ 处，简谐振动的周期为

$$T = 2\pi\sqrt{\dfrac{\rho L}{g\rho_水}} = 2\pi\sqrt{\dfrac{2L}{3g}}$$

由静止开始时，管到平衡位置的距离为 $x_0 = \dfrac{2}{3}L$，故简谐振动的振幅为 $A = x_0 = \dfrac{2}{3}L$。

做匀速圆周运动的质点在任一直径上的投影都是简谐振动，圆周运动的半径便是简谐振动的振幅。于是，我们可以构建一个半径为 $A = \dfrac{2}{3}L$ 的质点的圆周运动，并借助其在直径上的投影来研究该简谐振动。这个圆也就是我们常说的参考圆。

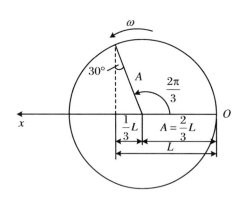

利用参考圆可以求出这一阶段的下沉运动所需的时间。当管刚好全部没入水中时 $x = L$，管的下端已越过平衡位置。在如图1所示的参考圆中，设质点沿半径为 $A = \dfrac{2}{3}L$ 的圆周以周期 $T = 2\pi\sqrt{\dfrac{2L}{3g}}$ 运动，质点在 x 轴上的投影代表管下端的运动。由图可得，在管下端由 $x = 0$ 下沉到 $x = L$ 时，质点运动所转过的角度为 $\dfrac{2\pi}{3}$，所以管下沉的第一阶段所需的时间为

$$t_1 = \dfrac{2\pi/3}{2\pi}T = \dfrac{T}{3} = \left(\dfrac{2}{3}\right)^{3/2}\pi\sqrt{\dfrac{L}{g}}$$

当 $x = L$ 时，管仍在向下运动，可根据参考圆求得其速度为

$$v = \omega A \sin \omega t_1 = \dfrac{2\pi}{T} \cdot \dfrac{2}{3}L \cdot \sin\dfrac{2\pi}{3} = \sqrt{\dfrac{gL}{2}}$$

② 管的上端进入水中后，管继续下沉，直至最低位置，在这一运动阶段中，浮力仍等于

$\rho_{水}SLg$，则管向下加速度为

$$a = \frac{(\rho - \rho_{水})SLg}{\rho SL} = -\frac{g}{2}$$

管向下以初速度 $v = \sqrt{\dfrac{gL}{2}}$ 做匀减速运动，它下沉到最低位置所需的时间为

$$t_2 = -\frac{v}{a} = \sqrt{\frac{2L}{g}}$$

因此，管下沉到最低位置共需时间

$$t = t_1 + t_2 = \left[\left(\frac{2}{3}\right)^{3/2}\pi + \sqrt{2}\right]\sqrt{\frac{L}{g}}$$

此题是浮力、简谐运动和匀减速运动的综合试题。解题时首先要经过分析并证明细管在完全没入水中之前是在做简谐运动。虽然我们经常说振动在竞赛中常考，但实际上简谐振动的分析与计算只占整个试题的一部分，只是这一部分内容处于整个运动的核心位置。

在竞赛中，相当部分涉及振动的试题中的振动都是以非完整的谐振形式出现的，处理方法有很多种，如除了上述的参考圆法，还有三角、代数运算及复数运算等，大家也可多作了解与运用。

虽然处理非完整的谐振动并非一定要用参考圆，但从运动形式来看，匀速圆周运动要比简谐振动简单一些，中学生对匀速圆周运动的研究也比较透彻与熟练，将做圆周运动的质点作投影处理的难度也不大，只要理解了质点的投影与简谐振动的关系。用参考圆处理简谐振动的问题时，过程要简洁一些，计算也容易一些，更重要的是出错的概率也要低一些，达到了降维的目的。所以，在学习时间有限的情况下，同学们可以重点研究参考圆法在非完整简谐振动中的应用。

题 075 被提起的弹簧振子

桌面上有一质量为 m 的小球，其上连接一根劲度系数为 k 的弹簧，开始时弹簧处于原长状态，其上端在外力作用下以速度 v_0 匀速向上运动，如图1所示。试求从弹簧上端开始运动到弹簧第一次到达最大伸长量的过程中，作用于弹簧上端的力所做的功。

【解析】 无论简谐振动过程是完整的还是非完整的，命题人设置的问题无非是让答题者围绕时间、位移及相位进行相关的计算，这一过程中往往会涉及振动周期与振幅的计算，但都只是过渡性质的计算。单从研究运动的角度看，虽然简谐振动是运动的定量研究中最为复杂的，但研究单纯的简谐运动的过程还不足以让竞赛生感到为难。毕竟，表述简谐振动的知识点有三角函数的运算以及参考圆的应用，甚至复数的运算，竞赛生对这些数学知识还是比较容易掌握的。所以，命题人在多过程的运动中嵌入非

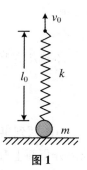

图1

完整简谐振动的同时,也将问题延伸至与简谐振动相关的问题上,以增加问题的综合程度,考查答题者综合运用知识的能力。

本题涉及的物理情境是一个嵌入了非完整的简谐振动的多过程问题,同时还牵涉相对运动与做功的相关计算,其综合程度较高。

我们借助图 2 对此过程一步一步地进行分析。

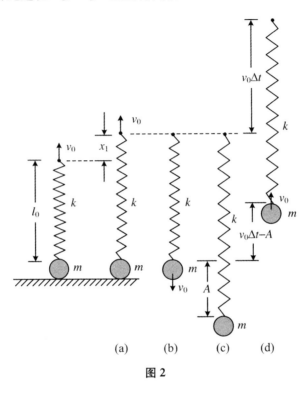

图 2

（a）匀速将弹簧向上拉 x_1 的距离时,物体 m 将要离开桌面,此时有 $kx_1 = mg$。

（b）建立以速度 v_0 向上运动的参考系。在该参考系中,小球 m 以速度 v_0 从平衡位置开始向下运动,此后,由于小球离开了桌面,小球在该参考系中从平衡位置向下开始做简谐运动。

（c）在运动的参考系中,小球做振幅为 A 的简谐振动,当小球到达振幅处时,小球的速度为零,弹簧的伸长量第一次达到最大值,根据振动过程的能量守恒,有

$$\frac{1}{2}kA^2 = \frac{1}{2}mv_0^2$$

小球从离开桌面到达到最大位移处所经历的时间为振动的 $\frac{1}{4}$ 个周期,即

$$\Delta t = \frac{1}{4}T = \frac{\pi}{2}\sqrt{\frac{m}{k}}$$

（d）回到桌面参考系中。当弹簧达到最大的伸长量时,小球具有向上的速度 v_0,同时小球离开桌面上升的高度为 $v_0\Delta t - A$,弹簧的上端在最初拉伸了 x_1 的基础上又上升了 $v_0\Delta t$,

即弹簧总的伸长量为 $x_1 + A$。

在整个过程中,作用在弹簧上端的力所做的功等于小球动能的增量 $\frac{1}{2}mv_0^2$、弹簧弹性势能的增量 $\frac{1}{2}k(x_1+A)^2$、小球重力势能的增量 $mg(v_0\Delta t - A)$ 三者之和,即

$$W = \frac{1}{2}mv_0^2 + \frac{1}{2}k(x_1+A)^2 + mg(v_0\Delta t - A)$$

$$= \frac{1}{2}mv_0^2 + \frac{1}{2}k\left(\frac{mg}{k} + v_0\sqrt{\frac{m}{k}}\right)^2 + mg\left(v_0\frac{\pi}{2}\sqrt{\frac{m}{k}} - v_0\sqrt{\frac{m}{k}}\right)$$

$$= mv_0^2 + \frac{\pi}{2}mgv_0\sqrt{\frac{m}{k}} + \frac{1}{2k}m^2g^2$$

对于上述解答,我们应理清这样几个问题:

(1) 小球在地面系中的运动是匀速直线运动与简谐运动的合运动,而在以速度 v_0 向上运动的参考系中的运动为单纯的简谐运动。实现参考系的转换,使得我们的研究情境变得极为清晰,为过程的理解与计算带来了巨大的方便。

(2) 解答过程中,不论是从地面系转换到运动的参考系还是从运动的参考系转换到地面系,图 2 的情境示意都非常明了。可见,在研究运动问题时,利用示意图能在一定程度上减少出错的概率。日常解题过程中,我们应尽可能养成作示意图的习惯。

(3) 我们在阅读上述解答的过程中可能已经注意到,作用于弹簧上端的力所做的功是对地面系而言的,在运动系中该力所做的功为零。机械功与机械能都具有相对性,在不同的参考系中它们的量值是不相同的。通过本题的解答与结果的分析,我们进一步理解了这一易被大家误解的问题。

总之,虽然非完整简谐振动在竞赛中有"三年两考"的高频特性,但命题人常常只是以此为纽带,串接起多过程,串接起力学、热学、电学、光学等知识点,达到考查答题者综合能力的目的。

题 076 二维振动

如图 1 所示,在水平光滑桌面的中心有一光滑小孔 O。一根劲度系数为 k 的轻而细的弹性绳穿过小孔 O。绳的一端固定于 A 点(A 点位于小孔正下方),另一端系一质量为 m 的质点,弹性绳自然长度等于 OA。现将质点沿桌面拉至 B 处(设 $OB = l$),并将质点沿垂直于 OB 的方向以速度 v_0 沿桌面抛出。试求:

(1) 质点绕 O 点转过 90° 至 C 点所需的时间;

(2) 质点到达 C 点时的速度及 C 点至 O 点的距离。

【解析】 首先,本题为我们提供了一个非常特殊的等效模型,即原长为零的弹簧。因为模型中 OA 为弹性绳的原长,所以桌面上的 OB 便是弹性绳的伸长部分。如果我们只关注

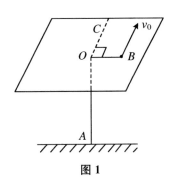

图1

桌面上的 OB 部分,则弹性绳的原长为零,其伸长部分即为 OB,产生的弹力大小为 $F = kr$,式中 r 为 OB 的长度。因此,OB 具有原长为零的弹簧的属性。所以,质点在桌面上的运动实质上就是质点在原长为零的弹性绳作用下的运动。显然,质点受到的有心回复力为线性回复力,我们可以猜想出质点在该力作用下的运动具有简谐振动的特性。下面的工作便是论证与计算了。

根据胡克定律,质点在其运动轨迹上任一位置处所受弹力的大小为 $F = kr$,其中 r 为 O 点至质点所在位置的距离。质点受力 F 的方向指向 O 点。显然,质点的运动为一平面二维运动,我们取图2所示的坐标系,选择 OB 为 x 轴,OC 为 y 轴,则

$$F_x = -F\cos\theta = -kx, \quad F_y = -F\sin\theta = -ky$$

可见,质点在 x、y 方向受到的都是指向中心点 O 的线性回复力。由此可知,质点在 x、y 方向的分运动都是简谐振动,平衡位置均为 O 点,周期也相同,均为

$$T = 2\pi\sqrt{\frac{m}{k}}$$

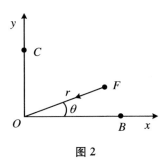

图2

(1) 质点绕 O 点转过 $90°$ 至 C 点的过程,对于 x 方向的简谐振动来说,就是质点从最大位移位置到平衡位置的过程,这一过程恰好经历了 $\frac{1}{4}$ 个周期,所以质点从 O 点至 C 点所用的时间为

$$t = \frac{\pi}{2}\sqrt{\frac{m}{k}}$$

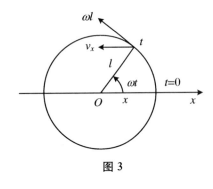

图3

(2) 由题给条件可知,x 方向的简谐振动在开始($t=0$)时,$x = l$,$v_x = 0$,这表明 x 方向简谐振动的振幅 $A_x = l$。利用参考圆法,令一假想质点以 O 为圆心、A_x 为半径做匀速圆周运动,其角速度为 $\omega = \frac{2\pi}{T} = \sqrt{\frac{k}{m}}$。质点在 x 轴上的投影即是简谐振动中的位置坐标 x,质点做圆周运动的速度在 x 轴上的投影即是简谐振动速度。图3表示假想 t 时刻质点在参考圆上的位置及速度,可知

$$x = l\cos\omega t = l\cos\sqrt{\frac{k}{m}}\,t$$

$$v_x = -\omega l\sin\omega t = -\sqrt{\frac{k}{m}}\,l\sin\sqrt{\frac{k}{m}}\,t$$

质点运动到 C 点时 $x=0$, $t=\dfrac{T}{4}=\dfrac{\pi}{2}\sqrt{\dfrac{m}{k}}$,将 t 代入上式得

$$v_x = -\sqrt{\dfrac{k}{m}}l$$

对于 y 方向的简谐振动,由题给条件可知,$t=0$ 时,$y=0$, $v_y=v_0$。设振幅为 A_y,则利用图 4 的参考圆可给出

$$y = A_y\sin\omega t = A_y\sin\sqrt{\dfrac{k}{m}}t$$

质点运动到 C 点时,$t=\dfrac{\pi}{2}\sqrt{\dfrac{m}{k}}$,将 t 代入上式得

$$y = A_y, \quad v_y = 0$$

从图 4 可知 $\omega A_y = v_0$,得

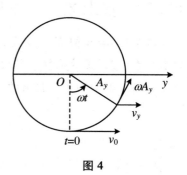

图 4

$$A_y = \dfrac{v_0}{\omega} = \sqrt{\dfrac{m}{k}}v_0$$

质点到 C 点时的速度为

$$v_C = \sqrt{v_x^2 + v_y^2} = v_x = \sqrt{\dfrac{k}{m}}l$$

其方向为沿负 x 轴方向。

C 点至 O 点的距离为

$$OC = A_y = \sqrt{\dfrac{m}{k}}v_0$$

通过本例的解答,我们可以很清楚地看到,质点的轨迹为一椭圆,其轨迹方程为

$$\dfrac{x^2}{A_x^2} + \dfrac{y^2}{A_y^2} = 1$$

即

$$\dfrac{x^2}{l^2} + \dfrac{y^2}{v_0^2/\omega^2} = 1$$

对于上述解答,我们也可以在确定质点在 x、y 方向上的运动为同频率的简谐振动之后,设其振动方程为 $\begin{cases} x = A_x\cos(\omega t + \varphi_x) \\ y = A_y\cos(\omega t + \varphi_y) \end{cases}$,再利用题设的初始位置及速度,同样可以得到上述结论。

从另一方面讲,本题实际上是两个正交方向的同频率的简谐振动的合成运动。基于竞赛要求,我们提供如下四种类型的振动合成,大家可作相关的训练:

① 振动方向相同、频率相同的简谐振动的合成;
② 振动方向相同、频率不同的简谐振动的合成;
③ 相互垂直的同频率的简谐振动的合成;
④ 相互垂直的不同频率的简谐振动的合成。

大家不妨参阅普通物理的教材,对振动合成的内容尽可能做到全面掌握,熟练运用。

题 077　多对象与多过程的振动

质量为 m 和 M 的两物块用原长为 a 的橡皮绳相连,拉伸至长为 b 后置于摩擦因数为 μ 的水平桌面上,然后由静止释放,m 和 M 都运动起来。橡皮绳的劲度系数为 k,始终在弹性限度以内。求两物块碰撞前的相对速度大小。已知 m、M 满足关系:

$$\frac{mM}{m+M} = \frac{k(b-a)}{6\mu g}, \quad \frac{m}{M} = \frac{\sqrt{3}\pi}{9+\sqrt{3}\pi}$$

【解析】m、M 满足的关系给人一种怪怪的感觉。对于这种"怪"条件,答题者应该感激命题人的良苦用心(当然也是一种匠心),因为这一条件的设计基本上是为了减少解答过程中的运算量。在解答过程中,代入条件数据后,一般会得到比较简约的结果,如果得到的是更"奇葩"的结果,那么你的推导估计是有问题的。

对于单体、夹杂着不完整的简谐振动的多过程问题,从运动形式的判断到过程的计算,虽然不能说难度不大,但严格地说,处理这类问题只是竞赛生基本能力的体现。多对象、多过程的运动中涉及简谐振动的问题,从运动形式的判断到计算量比单体问题要高一个层次,其处理方法也更为复杂。

本题中的两物块(多对象)在弹性橡皮绳的作用下运动,给人的直觉是物块的运动应该是简谐运动(这需要在解题过程中进行判断),但弹性橡皮绳并不能等同于弹簧,因为橡皮绳收缩到原长后弹力会消失,这必将导致物体的运动形式发生变化,所以物体一定会经历不同的运动过程(多过程)。而且,两物块最终是否会相撞也是未知的,这种可能性隐含在解题过程的讨论中,挖掘这一隐含条件也是答题者的能力体现。所以,本题即是多对象、多过程涉及振动的一道能力检测题。

在本题中,由静止释放 m、M 后,由于两物块都运动起来,物块所受到的弹力会随之发生变化,这种变化是与弹簧伸长的长度相关的。若在地面系中对 m 和 M 分别进行研究,这一长度变化给人无法描述的感觉。不过,这种长度变化可由 m 和 M 的相对位置表示,这就自然而然地诱导答题者通过考虑 m 和 M 的相对运动情况来讨论问题。但这样问题也会随之而来,即不论是以 M 还是以 m 为参照物来讨论它们之间的相对运动都是在非惯性系中处理问题,这种讨论又会让一部分同学不适应。但将地面系与物块系两者相权,我们自然会觉得物块系应该容易切入一些。我们来看下面的解答。

由静止释放 m、M 后,它们沿相反方向滑动。如图 1 所示,设橡皮绳产生的拉力为 F,两物块的相对加速度大小为 a_r。为了便于选择物块 M 为参照物,先求 M 对地面的

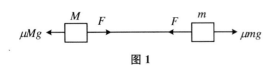

图 1

加速度 a_M。以地面为参考系,对 M 有

$$F - \mu Mg = Ma_M$$

得

$$a_M = \frac{F}{M} - \mu g$$

以 M 为参考系,对 m 有

$$F + ma_M - \mu mg = ma_r$$

代入 a_M 得

$$\frac{M+m}{M}F - 2\mu mg = ma_r \qquad ①$$

令 $a_r = 0$ 时,绳的伸长量为 x_0,则 $F = kx_0$,代入①式得

$$\frac{M+m}{M}kx_0 = 2\mu mg \qquad ②$$

得

$$x_0 = \frac{2\mu mMg}{k(m+M)}$$

将 $\dfrac{mM}{m+M} = \dfrac{k(b-a)}{6\mu g}$ 代入,得

$$x_0 = \frac{1}{3}(b-a)$$

显然,上述 x_0 是 m 相对于 M 运动的平衡位置,我们再讨论 m 围绕 x_0 的运动。设橡皮绳在 x_0 的基础上再伸长 Δx,则

$$\frac{M+m}{M}k(x_0 + \Delta x) - 2\mu mg = ma_r$$

得

$$ma_r = \frac{M+m}{M}k\Delta x \qquad ③$$

又因为 a_r 的方向与 Δx 的方向相反,所以在橡皮绳收缩的过程中,m 相对于 M 做简谐运动。于是 m 相对于 M 的运动有:

圆频率

$$\omega = \sqrt{\frac{M+m}{mM}k} = \sqrt{\frac{6\mu g}{b-a}}$$

振幅

$$A = b - a - \frac{2\mu mMg}{k(m+M)} = \frac{2}{3}(b-a)$$

相对速度

$$v_r = \omega A \sin \omega t = \sqrt{\frac{6\mu g}{b-a}} \frac{2}{3}(b-a)\sin\left(\sqrt{\frac{6\mu g}{b-a}}t\right)$$

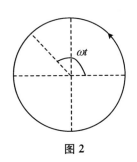

图 2

从开始释放物块到橡皮绳松弛，m 相对于 M 从 $x = A = \frac{2}{3}(b-a)$ 运动至 $x = -\frac{1}{3}(b-a)$ 处。利用图 2 所示的参考圆，易得这一运动过程的相位差满足

$$\cos \omega t = -\frac{\frac{1}{3}(b-a)}{\frac{2}{3}(b-a)} = -\frac{1}{2}$$

得 $\omega t = \frac{2}{3}\pi$。

从开始到绳的拉力 $F=0$ 所经历的时间为

$$t = \frac{1}{3}T = \frac{2}{3}\pi\sqrt{\frac{b-a}{6\mu g}} \qquad ④$$

绳的拉力 $F=0$ 时相对速度为

$$v'_r = \frac{2}{3}\omega(b-a)\sin\omega t = \frac{2}{3}\sqrt{\frac{6\mu g}{b-a}}(b-a)\frac{\sqrt{3}}{2} = \sqrt{2\mu g(b-a)} \qquad ⑤$$

当橡皮绳的拉力 $F=0$ 之后，两物块均只受摩擦力作用，故在地面参考系中研究它们的运动较为方便。在地面参考系中令橡皮绳的拉力 $F=0$ 时，M 的速度大小为 v_M，m 的速度大小为 v_m，质心的速度大小为 v_C。

从开始到绳拉力 $F=0$ 的过程中，利用质点系动量定理，有

$$\mu(M-m)gt = (M+m)v_C \qquad ⑥$$

得

$$v_C = \frac{\mu(M-m)g}{m+M}\frac{2}{3}\pi\sqrt{\frac{b-a}{6\mu g}} = \frac{\sqrt{6}}{9}\pi\frac{M-m}{m+M}\sqrt{\mu g(b-a)}$$

根据质心速度公式，有

$$v_C = \frac{mv_m - Mv_M}{m+M} \qquad ⑦$$

相对速度为

$$v_r = v_m + v_M \qquad ⑧$$

由⑥⑦⑧式得

$$v_M = \frac{m}{m+M}\sqrt{2\mu g(b-a)} - \frac{\sqrt{6}}{9}\pi\frac{M-m}{m+M}\sqrt{\mu g(b-a)}$$

将 $\frac{m}{M} = \frac{\sqrt{3}\pi}{9+\sqrt{3}\pi}$ 代入，得 $v_M = 0$。

此时 m 的速度为

$$v_m = \sqrt{2\mu g(b-a)}$$

然后 m 向 M 做匀减速运动，则

$$v^2 = v_m^2 - 2\mu g a$$

两物块碰撞前 m 对地面的速度为

$$v = \sqrt{2\mu g(b - 2a)}$$

故两物块碰撞前的相对速度为

$$v = \sqrt{2\mu g(b - 2a)}$$

讨论：
(1) 若两物块相撞，应有 $v>0$，则 $b>2a$；
(2) 若 $b \leqslant 2a$，则 M 与 m 不会相碰。

在上述的解答过程中，代入题设条件数据后，无论是得到 $x_0 = \dfrac{1}{3}(b-a)$，还是得到 $v_M = 0$ 及 $v = \sqrt{2\mu g(b-a)}$，答题者都应有一种欣慰的感觉。

行文至此，我同样有一种欣慰的感觉。回头看解答，假如在处理完 m 相对于 M 的简谐运动后，继续在 M 参考系中研究相对运动，认为 M 对地面的加速度无非是从 $a_M = \dfrac{F}{M} - \mu g$ 变换为 $a_M = -\mu g$ 而已，而相对运动的初始条件已经求得，这将是多么顺利的解答。实际上，当 $F=0$ 后，M 不再运动了，而这在讨论 m 相对于 M 的运动过程中并不能直接得到，但一回到地面系中，这一条件却直接呈现给了我们，这不能不说是命题人的匠心所在。

题 078 转动非惯性系及振动

半径为 R 的圆环绕铅垂的直径轴以角速度 ω 匀速转动，一质量为 m 的匀质细杆长 $L = \sqrt{2}R$，被约束在圆环上做无摩擦滑动。细杆的位置用 OC 与铅垂轴间的夹角 θ 表示，C 为杆的质心，如图 1 所示。求杆在 $\theta = 0$ 处稳定平衡的条件。如果满足此条件，求杆在平衡位置做小幅振动的周期。

【解析】 由于细杆被限制在圆环所在的平面内运动，而圆环相对于地面惯性系在做匀速转动，若选择圆环作为研究细杆运动的参考系，这显然是一个相对于惯性系以角速度 ω 匀速转动的参考系，是一个非惯性系。

在一个转动的非惯性系中，我们引入惯性离心力和科里奥利力后，牛顿动力学方程及其各种结果照样是成立的。

对于本题，在圆环参考系中研究细杆的平衡时，细杆只受重力 mg、环对杆两端的约束力及惯性离心力而平衡；而当杆运动时，需要考虑科里奥利力，但运动过程中对细杆做功的只有重力和离心力（环对杆两端的约束力和科里奥利力都不做

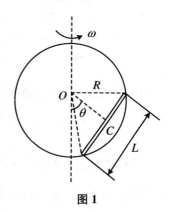

图 1

功),且离心力 $f_{惯} = m\omega^2 r = kr \propto r$,是保守力,可考虑引入离心势能,进而考虑用平衡时的能量属性来研究平衡特点。

我们先讨论细杆在圆环参考系中的重力势能。

其重力势能为(以 O 点为重力势能的零点)

$$E_{pG} = -mgOC\cos\theta$$

其中 $OC = \dfrac{R}{\sqrt{2}}$ 为线段 OC 的长度,如图 1 所示,则

$$E_{pG} = -\dfrac{1}{\sqrt{2}}mgR\cos\theta$$

再讨论细杆在圆环参考系中的离心势能。

若某质点 m_i 至转轴的距离为 r'_i,则其离心势能为(取其零点在转轴上)

$$E_{pCi} = -\dfrac{1}{2}kr^2 = -\dfrac{1}{2}m_i\omega^2 r'^2_i$$

对整个细杆,其离心势能为

$$E_{pC} = -\dfrac{1}{2}\omega^2 \sum_{细杆} m_i r'^2_i = -\dfrac{1}{2}\omega^2 I_\perp$$

这里引入的 $I_\perp = \sum\limits_{细杆} m_i r'^2_i$ 为细杆对过 O 点的铅垂轴的转动惯量。由转动惯量的平行轴定理可知

$$I_\perp = mr_C^2 + I_C$$

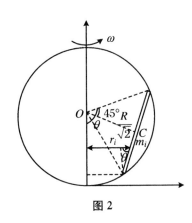

图 2

式中,$r_C = \dfrac{R}{\sqrt{2}}\sin\theta$,如图 2 所示;$I_C$ 为细杆对过 C 的铅垂轴的转动惯量,其值为

$$I_C = \dfrac{1}{12}m(\sqrt{2}R)^2\cos^2\theta$$

所以有

$$I_\perp = mR^2\left(\dfrac{1}{2} - \dfrac{1}{3}\cos^2\theta\right)$$

从而有

$$E_{pC} = -\dfrac{1}{2}mR^2\omega^2\left(\dfrac{1}{2} - \dfrac{1}{3}\cos^2\theta\right)$$

因此可得细杆的总势能为

$$E_p = E_{pG} + E_{pC} = -\dfrac{1}{\sqrt{2}}mgR\cos\theta - \dfrac{1}{2}mR^2\omega^2\left(\dfrac{1}{2} - \dfrac{1}{3}\cos^2\theta\right)$$

总势能与细杆的位置相关,且总势能最大或最小时 $\left(\dfrac{dE_p}{d\theta} = 0 \text{ 时}\right)$ 的位置即杆的平衡位置。于是对 $E_p(\theta)$ 求导并整理得

$$\dfrac{dE_p}{d\theta} = \dfrac{1}{\sqrt{2}}mgR\sin\theta - \dfrac{1}{6}mR^2\omega^2\sin 2\theta$$

根据题意,只讨论杆在 $\theta = 0$ 处稳定平衡的条件。由上式知,当 $\theta = 0$ 时,$\dfrac{\mathrm{d}E_\mathrm{p}}{\mathrm{d}\theta} = 0$,即 $\theta = 0$ 是细杆的平衡位置。为了导出平衡稳定的条件,我们下面求 $E_\mathrm{p}(\theta)$ 在 $\theta = 0$ 处的二阶导数。对上式求导得

$$\frac{\mathrm{d}^2 E_\mathrm{p}}{\mathrm{d}\theta^2} = \frac{1}{\sqrt{2}} mgR\cos\theta - \frac{1}{3} mR^2\omega^2\cos 2\theta$$

由此可得

$$\left.\frac{\mathrm{d}^2 E_\mathrm{p}}{\mathrm{d}\theta^2}\right|_{\theta=0} = \frac{1}{\sqrt{2}} mgR - \frac{1}{3} mR^2\omega^2$$

如 $\left.\dfrac{\mathrm{d}^2 E_\mathrm{p}}{\mathrm{d}\theta^2}\right|_{\theta=0} > 0$ 时,系统的势能有最小值,平衡是稳定的,则有

$$\omega < \sqrt{\frac{3g}{\sqrt{2}R}}$$

上式就是细杆在 $\theta = 0$ 处稳定平衡的条件。

当满足 $\omega < \sqrt{\dfrac{3g}{\sqrt{2}R}}$ 时,细杆在 $\theta = 0$ 处可做小幅振动,为求出振动频率,我们在圆环平面内给细杆一小角量 θ 的微扰,然后应用机械能守恒定律推导振动频率。

微扰后,有

$$E_\mathrm{k} + E_\mathrm{p} = 常数$$

式中,E_p 由前面的 $E_\mathrm{p} = -\dfrac{1}{\sqrt{2}} mgR\cos\theta - \dfrac{1}{2} mR^2\omega^2\left(\dfrac{1}{2} - \dfrac{1}{3}\cos^2\theta\right)$ 给出;E_k 为细杆相对于圆环参考系的动能,即

$$E_\mathrm{k} = \frac{1}{2} I_{/\!/} \omega'^2$$

式中,$\omega' = \dfrac{\mathrm{d}\theta}{\mathrm{d}t}$ 为细杆在圆环平面内绕 O 点转动的角速度;$I_{/\!/}$ 为细杆对过 O 点而垂直于圆环平面的轴的转动惯量。

同样,由转动惯量的平行轴定理可知

$$I_{/\!/} = m\left(\frac{R}{\sqrt{2}}\right)^2 + \frac{1}{12} m(\sqrt{2}R)^2 = \frac{2}{3} mR^2$$

所以

$$E_\mathrm{k} = \frac{1}{3} mR^2 \omega'^2$$

因此

$$\frac{1}{3} mR^2 \omega'^2 + E_\mathrm{p}(\theta) = C(常数)$$

当 $|\theta| \ll 1$ 时,对 $E_\mathrm{p} = -\dfrac{1}{\sqrt{2}} mgR\cos\theta - \dfrac{1}{2} mR^2\omega^2\left(\dfrac{1}{2} - \dfrac{1}{3}\cos^2\theta\right)$ 应用泰勒级数展开,并考虑

到 $|\theta|\ll 1$ 的情况，舍去高阶小量，有

$$E_\mathrm{p}(\theta) \approx E_\mathrm{p}(0) + \frac{1}{2}\left(\frac{\mathrm{d}^2 E_\mathrm{p}}{\mathrm{d}\theta^2}\bigg|_{\theta=0}\right)\theta^2 = E_\mathrm{p}(0) + \frac{1}{2}\left(\frac{1}{\sqrt{2}}mgR - \frac{1}{3}mR^2\omega^2\right)\theta^2$$

$$= \left(-\frac{1}{\sqrt{2}}mgR - \frac{1}{12}mR^2\omega^2\right) + \frac{1}{2}\left(\frac{1}{\sqrt{2}}mgR - \frac{1}{3}mR^2\omega^2\right)\theta^2$$

因而 $\frac{1}{3}mR^2\omega'^2 + E_\mathrm{p}(\theta) = C$ 可化为

$$\frac{1}{2}\left(\frac{2}{3}mR^2\right)\omega'^2 + \frac{1}{2}\left(\frac{1}{\sqrt{2}}mgR - \frac{1}{3}mR^2\omega^2\right)\theta^2 = C'$$

上式可简写为

$$\frac{1}{2}I\omega'^2 + \frac{1}{2}k\theta^2 = C'$$

将上式与弹簧振子的机械能守恒表达式 $\frac{1}{2}m\dot{x}^2 + \frac{1}{2}kx^2 = C$ 对比，可知本题中的细杆在 $\theta = 0$ 处小振动的周期为

$$T = 2\pi\sqrt{\frac{I}{k}} = 2\pi\frac{1}{\sqrt{\frac{1}{2}\left(\frac{3g}{\sqrt{2}R} - \omega^2\right)}} = 2\pi\sqrt{\frac{2\sqrt{2}R}{3g - \sqrt{2}R\omega^2}}$$

显然，上式要求 $\omega < \sqrt{\frac{3g}{\sqrt{2}R}}$。

当 $\omega \geqslant \sqrt{\frac{3g}{\sqrt{2}R}}$ 时有 $\frac{\mathrm{d}^2 U}{\mathrm{d}\theta^2}\bigg|_{\theta=0} \leqslant 0$，故此时 $\theta = 0$ 处的平衡是不稳平衡，无振动周期可言。

本题只提供了一个讨论转动参考系的基本模型，我们并没有在此将本模型展开讨论。事实上，以此模型为背景，我们有很多可以讨论的问题。

譬如，在得到 $\frac{\mathrm{d}E_\mathrm{p}}{\mathrm{d}\theta} = \frac{1}{\sqrt{2}}mgR\sin\theta - \frac{1}{6}mR^2\omega^2\sin 2\theta = 0$ 后，如果不直奔题设条件，我们必定会作如下变形：

$$\left(\frac{1}{\sqrt{2}}g - \frac{1}{3}R\omega^2\cos\theta\right)\sin\theta = 0$$

对此，由 $\sin\theta = 0$ 会得到 $\theta = 0$ 与 $\theta = \pi$ 两个平衡点。对于 $\theta = \pi$ 这个平衡点，我们必须作出相应的说明。

此外，由 $\frac{1}{\sqrt{2}}g - \frac{1}{3}R\omega^2\cos\theta = 0$，我们会得到另一平衡点 $\cos\theta = \sqrt{\frac{3g}{\sqrt{2}R\omega^2}}$，而这正是 $\omega \geqslant \sqrt{\frac{3g}{\sqrt{2}R}}$ 时的平衡点。我们当然有必要也有可能对此平衡点的属性进行相关讨论。

再譬如，我们可以在此模型的基础上再增加一些附加条件，如杆两端与环之间存在一定的摩擦，讨论的难度显然会升级，但仍在竞赛的要求范围之内，竞赛生也应当用一定的时间

进行相关讨论。

另外，由于本题的研究对象为一细杆，它所受到的惯性离心力并不是均匀地分布在细杆上的，这为牛顿定律的运用带来了一定的麻烦。于是，我们回避牛顿定律的应用而采用了能量的处理方法，这样可较简便地研究细杆运动的某些特征。在转动参考系中研究杆件问题时，大体都采用此法。

如果研究对象是质点的话，在转动参考系中选用牛顿定律还是能量属性来处理问题则要具体问题具体对待，并没有一成不变的方法。需要提醒的是，在转动参考系中处理动力学问题，千万不要遗漏了惯性离心力之外的另一惯性力——科氏力存在的可能。当然，从目前的竞赛大纲的要求看，科氏力只应在决赛中出现，但历年来复赛中总有一些内容超出了要求，建议在复赛前还是了解与科氏力相关的问题为好。

题 079 波的图像与波的周期性

如图 1 所示，一根水平张紧的弹性长绳上的 a、b 两点相距 l，b 点在 a 点的右边。当一列简谐横波沿此绳向右传播时，若 a 点的位移达到正极大时 b 点的位移恰为零且向下运动，经过 Δt 的时间，a 点的位移为零且向下运动，而 b 点的位移恰好达到负极大，则这列简谐横波的波速为多少？

【解析】 由题目的表述"若 a 点的位移达到正极大时 b 点的位移恰为零"，我们可以设想出 a、b 两点间的基本波形可能如图 2 或图 3 所示，这说明 a、b 两点间的距离至少为 $\dfrac{3}{4}\lambda$ 或 $\dfrac{1}{4}\lambda$，λ 为该波的波长。再考虑到波在传播方向上具

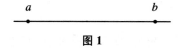

图 1

有空间周期性，a、b 间的波数可以在图 2 或图 3 所示的情形中加上若干个整数波，图 4 便是在图 1 的基础上再增加一个波的情形。当然，还可以考虑增加更多的整数波，所以 a、b 两点的距离与波长的关系可表示为 $\dfrac{3}{4}\lambda + n\lambda$ 或 $\dfrac{1}{4}\lambda + n\lambda$。

图 2　　　　　　　图 3

我们还必须考虑题目中的另一个条件，即波是向右传播的，且 b 点的运动方向向下，在图 2 与图 3 的基础上，我们将波形向右作一微小的平衡，便不难确定此时图 2 中的 b 点是向下运动的。所以，a、b 两点间的距离与波长的关系最终确定为 $l = \dfrac{3}{4}\lambda + n\lambda$。

"经过 Δt 的时间，a 点的位移为零且向下运动，而 b 点的位移恰好达到负极大"，则波形的基本情形如图 5 所示，而 a 点从图 2 所示情形运动至图 5 所示的情形，其基本时间间隔为 $\frac{1}{4}T$，T 为质点的振动周期。结合振动的周期性，有 $\Delta t = \frac{1}{4}T + mT$。

至此，我们通过题目的表述，结合波的图像，得到了波的周长、周期与题设条件的关系，问题也就自然得解。具体解答如下：

图 4 图 5

a 点位移达到正极大，b 点在平衡位置向下运动时，水平绳 a、b 两点间的波形至少会有 $\frac{3}{4}$ 波长，设 n 为正整数，则有 $\frac{3}{4}\lambda + n\lambda = l\,(n=0,1,2,\cdots)$。

经过时间 Δt，a 点在平衡位置向下运动，b 点在负的最大位移处，则这段时间至少含有 $\frac{1}{4}$ 周期，设 m 为正整数，则有 $\frac{1}{4}T + mT = \Delta t\,(m=0,1,2,\cdots)$。

因此，波速为

$$v = \frac{\lambda}{T} = \frac{4m+1}{4n+3} \cdot \frac{l}{\Delta t}$$

可见，在具体情况下，波速的大小还得由参量 n、m 来决定。

虽然本题的题干未给出波的图像，但上述的分析过程借助了波的图像，并利用了波在传播过程中在空间与时间上的周期性，这一点在具体的分析过程中极易被忽视，或者顾此失彼。波在传播过程中，空间的周期性体现在波形的重复性上，应从波长着手来描述。时间的周期性体现在振动的重复性上，应从振动周期着手来描述。解答时要善于抓住实质，熟悉描述周期性的方法，提高分析和解决问题的能力。

题 080　波的反射与叠加

在图 1 中，O 处为一波源，它的振动带动左右两侧的质点做相应的振动，即向左、右两边发射振幅同为 A、频率同为 ν 的简谐波，其波长为 λ。当向左传播的波遇到波密介质界面 BC 时，波被全反射。已知反射面 BC 与波源 O 之间的距离为 $d = \frac{5}{4}\lambda$，试求波源 O 两边合成波的波函数。

【解析】　本题涉及波的诸多属性，如波的产生、波的独立传播、波的图像、波的函数方程、波的反射、波的叠加、波的干涉、驻波等,题目虽小,但却是一道综合程度较高的习题。

题目并没有指出该波是横波还是纵波,但不论是横波还是纵波,其形成的两列波的图像都是关于 O 点对称的,如图 2 所示,我们没有必要纠结波是横波还是纵波。

为了研究波的传播及叠加,我们先给出波向左、右传播的波的方程。

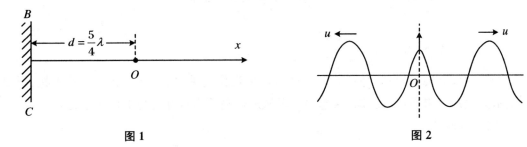

图 1　　　　　　　　图 2

以 O 点为原点,设波源的振动方程为
$$y_O = A\cos(2\pi\nu t)$$

在 $x>0$ 区域内,在坐标为 x 处的质点振动滞后于 O 点振动的相位差为
$$\varphi = \frac{x}{\lambda} \cdot 2\pi = 2\pi\nu \cdot \frac{x}{u}$$

式中,u 为波的传播速度。

于是,向右传播的波函数为
$$y_{右} = A\cos\left[2\pi\nu\left(t - \frac{x}{u}\right)\right]$$

同理,波源在 $-d<x<0$ 区域内产生的波函数为
$$y_{左} = A\cos\left[2\pi\nu\left(t + \frac{x}{u}\right)\right]$$

下面讨论波在 $x=-d$ 处的反射。

入射波在 $x=-d$ 处所引起的振动为
$$y_{入}(-d, t) = A\cos\left[2\pi\nu\left(t + \frac{-d}{u}\right)\right] = A\cos\left(2\pi\nu t - \frac{\pi}{2}\right)$$

由于波是从波疏介质入射到波密介质,这类似于将绳的一端固定在墙壁上,当波沿绳传向墙壁时,其固结点无法偏离原有的位置,则入射波引起的固结点位移与反射波引起的固结点位移之和必定为零,如图 3 所示,即入射波在固结点引起的振动与反射波在该点引起的振动必然反相,质点的振动在该处有 π 相位的突变,亦即我们通常所说的反射波在此处存在半波损失。

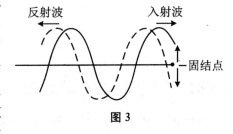

图 3

所以,在本题中,反射波在 $x=-d$ 处所引起的振动为

$$y_{反}(-d, t) = A\cos\left(2\pi\nu t + \frac{\pi}{2}\right)$$

反射波在 $x = -d$ 处的振动作为反射波的波源,故反射波的波函数为

$$y_{反} = A\cos\left[2\pi\nu\left(t - \frac{x - x_0}{u}\right) + \frac{\pi}{2}\right] = A\cos\left[2\pi\nu\left(t - \frac{x + \frac{5}{4}\lambda}{u}\right) + \frac{\pi}{2}\right]$$

$$= A\cos\left[2\pi\nu\left(t - \frac{x}{u}\right)\right]$$

根据波的独立传播原理,每列波在传播时都可视作是独立传播的,彼此互不干扰,只是对外显示其叠加效果而已,而波在穿越叠加区域后仍是原来独立传播的波。于是,在 $-d < x < 0$ 区域内合成波为

$$y_1 = y_{左} + y_{反} = A\cos\left[2\pi\nu\left(t + \frac{x}{u}\right)\right] + A\cos\left[2\pi\nu\left(t - \frac{x}{u}\right)\right]$$

$$= 2A\cos\frac{2\pi x}{\lambda}\cos(2\pi\nu t)$$

上述波动方程显示在此区域内,入射波与反射波的合成波为驻波。

在 $x > 0$ 区域内合成波为

$$y_2 = y_{右} + y_{反} = 2A\cos\left[2\pi\nu\left(t - \frac{x}{u}\right)\right]$$

这显然是波幅为 $2A$ 的简谐波。

虽然上述解答以波的传播方程为主线来处理问题,但也体现了答题者对波的一系列知识的理解与应用,答题时不论在哪一点上出现障碍,都可能造成差错,从而无法完成解答。

对在 $-d < x < 0$ 区域内两个同频率、反向传播的波合成的驻波大家应该是比较熟悉的,这也是我们理解驻波的基本模型,但它也容易让大家形成"只有两个同频率、反向传播的波才能形成驻波"的错误观点。实际上,不论多少波叠加,叠加后满足类似于 $y = 2A\cos\frac{2\pi x}{\lambda}\cos(2\pi\nu t)$ 的波动形式的波便是驻波。如在 x 轴上传播的 $y_1 = A_0\cos\left(\omega t - \frac{2\pi}{\lambda}x\right)$、$y_1 = A_0\cos\left(\omega t - \frac{2\pi}{\lambda}x + \frac{\pi}{2}\right)$ 和 $y_3 = \sqrt{2}A_0\cos\left(\omega t + \frac{2\pi}{\lambda}x + \frac{\pi}{4}\right)$ 三列波的合成波便为驻波。

题 081 声波的多普勒效应

飞机在空中以速度 $u_{飞} = 200$ m/s 做水平飞行,它发出频率为 $\nu_0 = 2000$ Hz 的声波。当它从 A 处飞往 B 处时,用了 4 s。地面上某处观察者(E)测得飞机在从 A 处飞到 B 处的过程中,声波的频率由 $\nu_A = 2400$ Hz 降为 $\nu_B = 1600$ Hz。已知声速 $u = 330$ m/s,试求飞机飞行的高度。

【解析】 机械波在介质中传播时,若接收者相对于介质运动,单位时间内接收到的波列长度相对于静止接收时发生变化,使得接收频率 ν 不同于波源振动频率 ν_0,形成第一种类型的多普勒效应。若波源相对于介质运动,会改变介质中的波长,使得 ν 不同于 ν_0,形成第二种类型的多普勒效应。我们通常用来描述与检验多普勒效应的是大家都比较熟悉的声波。而且,我们并不难得到,当观察者和波源在同一条直线上运动时,观察者接收到的频率为

$$\nu = \frac{u \pm u_{观}}{u \mp u_{源}} \nu_0$$

式中,u 为波在介质中的传播速度,$u_{观}$ 与 $u_{源}$ 分别为观察者与波源相对于介质的运动速度,而 $+$、$-$ 取决于两者在连线上的运动方向。

基于上述讨论,我们给出本题的如下解答:

飞机在 A、B 处与观察者的位形关系如图 1 所示,设 $\angle BAE = \alpha$,$\angle ABE = \beta$,飞机的飞行高度为 h。由前面的分析可知,多普勒效应发生在波源与观察者的连线方向上,则在 A、B 处声波的频率分别为

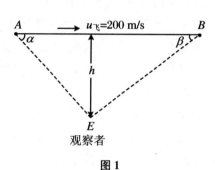

图 1

$$\nu_A = \frac{u}{u - u_{飞} \cos \alpha} \nu_0, \quad \nu_B = \frac{u}{u + u_{飞} \cos \beta} \nu_0$$

代入数据得

$$\cos \alpha = 0.2750, \quad \cos \beta = 0.4125$$

所以

$$\sin \alpha = 0.9614, \quad \sin \beta = 0.9109, \quad \cot \alpha = 0.2860, \quad \cot \beta = 0.4528$$

又由题意知

$$AB = u_{飞} t = 800 \text{ m}$$

由图 1 中的几何关系有

$$h \cot \alpha + h \cot \beta = AB$$

代入数据得 $h = 1.082 \times 10^3$ m。

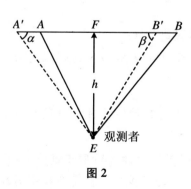

图 2

上述解答看似流畅,但忽略了与多普勒效应相伴随的另一个重要的效应,即声音传播的迟滞效应。因为波源发出的波传到观察者处被接收是有一个时间过程的。譬如,在本题中,我们看到飞机在 A 处时,听到的声音并不是从 A 处发出的,而是在此之前飞机处于 A' 处发出的,如图 2 所示。因此,我们在上述解答中求得的角 α 与 β 并非看见飞机时观察者(E)和飞机的连线与水平方向的夹角,而是飞机发出此声音时所在位置 A'、B' 和观察者的连线与水平方向的夹角。

飞机从 A' 处飞至 A 处的时间亦即声音从 A' 处传到观察者的时间 Δt_A,即声音从 A' 传到 E 处用时

$$\Delta t_A = \frac{h}{u\sin\alpha}$$

同理,声音从 B' 处传到 E 处用时

$$\Delta t_B = \frac{h}{u\sin\beta}$$

由图 2 中的几何关系知

$$(A'F - A'A) + (FB' + B'B) = AB$$

即

$$\left(h\cot\alpha - u_{飞} \cdot \frac{h}{u\sin\alpha}\right) + \left(h\cot\beta + u_{飞} \cdot \frac{h}{u\sin\beta}\right) = AB$$

代入数据得 $h = 1.034 \times 10^3$ m。

在日常教学中,我们对多普勒效应的讨论基本上是基于波源与观察者在其连线方向上运动而产生的多普勒效应,而且我们的关注点往往只是接收频率与波源频率之间的差异,并没有定量讨论听到的声音与发音位置之间的关系,以致迟滞效应被忽略。

就目前的训练而言,即便是需要考虑迟滞效应的试题也基本上是同一平面内的直线运动的情形,竞赛生应该超前思考这方面的可能变化,如考虑波源与观察者从匀速直线运动到变速直线运动,从直线运动到曲线运动,从二维平面运动到三维空间运动,这样在提高自身能力的同时也能在考试前做到有备无患。

题 082 波的叠加与干涉

在液体表面两点 S_1 和 S_2 有两个相干波源以同相位做正弦振动。在 $t=0$ 时,初相位为 0,液体中的波速 $v=0.5$ m/s,振动频率为 5 Hz,振幅 $y_0=0.04$ m。在液体表面 P 点有一软木塞,它到 S_1 的距离为 $x_1=0.30$ m,到 S_2 的距离为 $x_2=0.34$ m。

(1) 求在 $t=3$ s 时软木塞的位移;

(2) 求从波源开始振动到软木塞第一次通过平衡位置这段时间 t;

(3) 若 S_1 和 S_2 间的距离为 0.5 m,现让软木塞在软绳的牵引下绕 S_1 和 S_2 缓慢地运动一周,则在这一过程中软木塞经历了几次振幅最大的振动?

【解析】 干涉与衍射现象是波特有的现象,当我们从物质的某种传播过程中观察到干涉或衍射现象时,我们便认为这种传播过程是以波的形式传播的。

在物理竞赛中对波的干涉与衍射的定量考查几乎都是在光的干涉与衍射中进行的,但其原理、计算方式与机械波的干涉、衍射的原理、计算方式并无二致,虽然它们是两种不同性质的波。所以,弄清楚机械波的干涉与衍射是进一步研究光的波动性的前提与基础。本题即是研究干涉原理的一道基本试题。

要观察到稳定的干涉与衍射现象,对形成干涉与衍射的波源或障碍物有较强的约束条

件。但在中学阶段,通常情况下我们并没有强调这种约束的理论根据,如对干涉现象,只是强调了干涉波源的频率应该相同,相位差应该恒定,且为了突出干涉效果,几乎都约定两波源形成的波相同,到达相干点时的振幅相同。

从本质上讲,波的干涉与衍射现象形成的原因是波在传播与叠加区域引起的振动的叠加,这种叠加的效果是叠加区域内的每一点的振动都是稳定的,但振幅是位置的函数,有的地方的振动比单个波源引起的振动要大,于是我们便说该处的振动加强了,若其振幅比单个的波源引起的振幅小,我们便说该处的振动减弱了。不过,通常情况下,我们计算的往往都是加强区域与减弱区域的中心点。

如图 1 所示,设波源 S_1 和 S_2 振动的频率都是 f,振幅为 y_0,叠加区域中的 P 点到波源的距离分别为 x_1 和 x_2,波的传播速度为 v,则传到 P 点所需时间 t_1 和 t_2 分别为

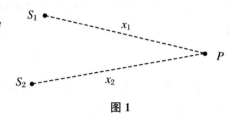

图 1

$$t_1 = \frac{x_1}{v}, \quad t_2 = \frac{x_2}{v}$$

则由波的方程易知,在 t 时刻 P 点由波源 S_1 和 S_2 独立引起的振动分别为

$$y_1 = y_0 \sin\left[2\pi f\left(t - \frac{x_1}{v}\right)\right], \quad y_2 = y_0 \sin\left[2\pi f\left(t - \frac{x_2}{v}\right)\right]$$

P 点振动的矢量和为

$$y_P = y_1 + y_2 = y_0 \sin\left[2\pi f\left(t - \frac{x_1}{v}\right)\right] + y_0 \sin\left[2\pi f\left(t - \frac{x_2}{v}\right)\right]$$

$$= 2y_0 \cos\left[2\pi f\left(\frac{x_2 - x_1}{2v}\right)\right] \sin\left[2\pi f\left(t - \frac{x_1 + x_2}{2v}\right)\right]$$

从上式中我们可以看到因子 $2y_0 \cos\left[2\pi f\left(\frac{x_2 - x_1}{2v}\right)\right]$ 只与 P 点的位置有关,而与时间无关,当 P 点确定后其值为一常量。然后,结合振动因子 $\sin\left[2\pi f\left(t - \frac{x_1 + x_2}{2v}\right)\right]$,可知 P 点的振动是一振幅为 $2y_0 \cos\left[2\pi f\left(\frac{x_2 - x_1}{2v}\right)\right]$ 的谐振,该点的振动是加强的还是减弱的则取决于 P 点的位置。下面我们用本题的数据说明问题。

(1) 依题意,有

$$t_1 = \frac{x_1}{v} = 0.6 \, \text{s}, \quad t_2 = \frac{x_2}{v} = 0.68 \, \text{s}$$

由于 $t = 3\,\text{s}$ 大于 t_1 和 t_2,此时 S_1 和 S_2 两列波都已经到达 P 点,故软木塞的位移是这两列波在 P 点位移的矢量和,则有

$$y = 2y_0 \cos\left[2\pi f\left(\frac{x_2 - x_1}{2v}\right)\right] \sin\left[2\pi f\left(t - \frac{x_1 + x_2}{2v}\right)\right]$$

代入数据可得

$$y = -0.04\sin\left(\frac{4}{5}\pi\right) = -0.0235 \text{ m}$$

事实上,我们可以先写出 P 点的振动方程:

$$y = 0.08\cos\left(\frac{2}{5}\pi\right)\sin\left(10\pi t - \frac{2}{5}\pi\right) \text{ m} = 0.0247\sin\left(10\pi t - \frac{32}{5}\pi\right) \text{ m}$$

这显然是一个振幅为 0.0247 m 的谐振,然后再进行相关的计算。必须明确的是,我们这里只计算了振动位移的叠加,自然也可以进行速度与加速度的叠加。

(2) S_1 发出的波先到达 P 点,P 点即开始振动,时间为 $t_1 = 0.6$ s,振动周期 $T = \frac{1}{f} = 0.2$ s。如果 P 点的振动只是由 S_1 波源发出的波引起的,软木塞第一次通过平衡位置所需时间为

$$\Delta t = t_1 + \frac{1}{2}T = 0.7 \text{ s}$$

由前面的计算知,此时 S_2 波源发出的波也已到达 P 点,时间为 $t_2 = 0.68$ s,所以软木塞第一次通过平衡位置的时间要由合位移 $y = y_1 + y_2 = 0$ 求得。

因为

$$y = 2y_0\cos\left[2\pi f\left(\frac{x_2 - x_1}{2v}\right)\right]\sin\left[2\pi f\left(t - \frac{x_1 + x_2}{2v}\right)\right]$$

又 $\cos\left[2\pi f\left(\frac{x_2 - x_1}{2v}\right)\right] \neq 0$,所以

$$\sin\left[2\pi f\left(t - \frac{x_1 + x_2}{2v}\right)\right] = 0, \quad 即 \sin(10\pi t - 6.4\pi) = 0$$

从而有

$$10\pi t - 6.4\pi = k\pi \quad (k = 0, 1, 2, 3, \cdots)$$

解得

$$t = \frac{k + 6.4}{10}$$

当 $k = 0$ 时,$t = 0.64$ s,S_2 发出的波还未到达 P 点,$y = y_1 + y_2$ 的关系尚不存在,所以不是此问题的解。

当 $k = 1$ 时,$t = 0.74$ s,这就是软木塞第一次通过平衡位置的时间。

前面的两个问题详细地讨论了波源 S_1 和 S_2 所引起的振动的叠加情况,软木塞的振动实质上也是整个干涉区域的各质点振动的代表。据此,我们可以讨论整个叠加区域的振动,亦即干涉情况。

(3) 仍然设软木塞在任意位置 P 点到 S_1 和 S_2 的距离分别为 x_1 和 x_2,由

$$y = 2y_0\cos\left[2\pi f\left(\frac{x_2 - x_1}{2v}\right)\right]\sin\left[2\pi f\left(t - \frac{x_1 + x_2}{2v}\right)\right]$$

可知,在干涉区域振动幅度最大的位置满足

$$\cos\left[2\pi f\left(\frac{x_2 - x_1}{2v}\right)\right] = 1, \quad 即 2\pi f\left(\frac{x_2 - x_1}{2v}\right) = k\pi \, (k = 0, \pm 1, \pm 2, \pm 3, \cdots)$$

所以
$$x_2 - x_1 = k\frac{v}{f} = k\lambda$$

式中,$\lambda = \frac{v}{f} = 0.1$ m 为波长。

上式表明,P 点到两波源的距离差为波长的整数倍时,即为振动最强的点。由数学知识可知,这显然是一组以 S_1 和 S_2 为焦点的双曲线,因为 S_1 和 S_2 间的距离为 0.5 m,所以水面上所有的点都应满足 $x_2 - x_1 \leqslant \pm 0.5$ m,即 $k\lambda \leqslant \pm 0.5$ m,从而可得水面上满足 $x_2 - x_1 = k\lambda$ 的位置一共有 11 组,即 $k = -5, -4, \cdots, 4, 5$。那么,软木塞绕 S_1 和 S_2 缓慢地运动一周的过程中共经历了 22 次振幅最大的振动。

本题作为振动的叠加与波的干涉的基本模型,很多现象还可以进一步地讨论,如 S_1 和 S_2 两点连线间的驻波特征,连线外侧各点的加强特征,这些都是值得大家认真研究与挖掘的。

有了机械波干涉的研究基础,相信之后研究光波的干涉问题时要容易上手得多。

第 2 部分
热　　学

题 083 气体实验定律的应用

一个质量可不计的活塞将一定量的理想气体封闭在上端开口的直立圆筒形气缸内,活塞上堆放着铁砂,如图 1 所示。最初活塞搁置在气缸内壁的固定卡环上,气柱的高度为 H_0,压强等于大气压强 p_0。现对气体缓慢加热,当气体温度升高了 $\Delta T = 60\ \text{K}$ 时,活塞(及铁砂)开始离开卡环而上升。继续加热直到气柱高度为 $H_1 = 1.5 H_0$。此后,在维持温度不变的条件下逐渐取走铁砂,直到铁砂全部取走时,气柱高度变为 $H_2 = 1.8 H_0$,求此时气体的温度。(不计活塞与气缸之间的摩擦。)

【解析】 中学阶段关于气体性质的研究是以玻意耳定律(等温)、查理定律(等容)及盖·吕萨克定律(等压)三个实验定律为基础的。在无特别说明的情况下,我们只研究严格遵循上述实验定律的理想气体,即便是在竞赛中,也鲜有涉及真实气体的情况。

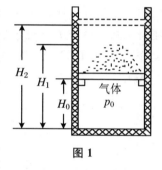

图 1

本题是对气体实验定律的应用,极具代表性。命题者将气体的三个等值过程巧妙地衔接成一个完整的变化过程,要求答题者对变化过程作出准确的判断,同时还需娴熟地运用相应的规律。具体解答如下:

方法 1 我们将气体的变化过程用图 2 所示的情景进行体现,密封在气缸中的气体先后经历了四个状态三个过程,设气体的最初温度为 T_0。

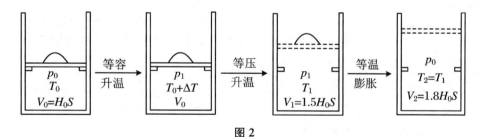

图 2

过程一:在活塞没有离开卡环前,封闭在气缸中的气体体积不变,作等容变化。设活塞刚离开卡环时温度为 $T_0 + \Delta T$,压强为 p_1。由查理定律可得

$$\frac{T_0 + \Delta T}{T_0} = \frac{p_1}{p_0} \quad \text{①}$$

过程二:活塞离开卡环后,在取走铁砂以前,密封气缸中的气体压强为大气压强和铁砂通过活塞对气体产生的附加压强,保持不变,气体作等压变化。设气柱高度为 H_1 时温度为 T_1,由盖·吕萨克定律得

$$\frac{T_1}{T_0 + \Delta T} = \frac{H_1}{H_0} \qquad ②$$

过程三：由题设条件知，在取走铁砂的过程中，气体作等温变化。设气柱高度为 H_2 时温度为 T_2，由玻意耳定律（$T_2 = T_1$）得

$$\frac{p_1}{p_0} = \frac{H_2}{H_1} \qquad ③$$

联立①②③式并利用 $T_2 = T_1$，可得

$$T_2 = T_1 = \frac{H_1 H_2 \Delta T}{H_0(H_2 - H_1)}$$

代入数值得 $T_2 = 540$ K。

方法 2 将气体的四个状态三个过程用 $V\text{-}T$ 图像表达出来，如图 3 所示，从初态加热至活塞开始离开卡环为等容升温增压过程 AB；从活塞离开卡环至气柱高为 $H_1 = 1.5H_0$，为等压升温膨胀过程 BC（在过原点的直线上）；从此至末态为等温减压膨胀过程 CD，最终压强又变为初态压强，A、D 应在过原点的同一直线上。S 为气缸的截面积。由图 3 可知 $\triangle AOT_0 \backsim \triangle DOT_1$，得

$$\frac{T_0}{T_1} = \frac{H_0 S}{H_2 S}$$

又由 $\triangle BOT' \backsim \triangle COT_1$ 得

$$\frac{T'}{T_1} = \frac{H_0 S}{H_1 S} = \frac{T_0 + \Delta T}{T_1}$$

由以上两式解得 $T_1 = 9\Delta T = 540$ K。

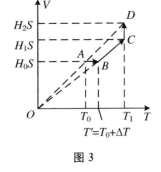

图 3

对竞赛生来说，本题的难度并不是很大，但正确地分析、运用气体的三个等值变化规律也是学生基本功的体现。同时，本题的解答也需要学生对解题的程序法有深刻的认识，对不同阶段所对应的状态以及衔接它们的物理量有准确的判断，并能严格地执行程序。

本题所提供的两种解答（当然，本题也不仅仅只有两种解答）均利用了图像。对一多过程问题，图像可以将复杂的过程与状态非常清楚地、直观地展示到我们面前，这是一种化难为易的分析过程，在解答气体的问题中常常用到。

对于气体的性质，我们还应明白一点，其研究虽是从三个实验定律入手的，但这里的规律方程式还有很多，如理想气体的状态方程、密度方程、克拉珀龙方程、气体的合分定律等，在具体的应用中应灵活选择，特别是克拉珀龙方程，在解答问题时应用的广泛程度及频率都要远远地高于其他规律的应用。

最后，作为竞赛教练，笔者还需要补充一点，由于热学内容属于中学常规教学的选考内容，为了应对高考，很多学校直接放弃了对热学内容的教学，这对参加竞赛的学生是一种漠视，也自然增加了这部分学生在竞赛中取得优秀成绩的难度。有志于在竞赛中取得好成绩的中学生不应受常规教学的左右，对热学内容绝不轻视与放弃。实际上，竞赛学习过程本身

也是超越常规学习过程的。

题 084　力、热平衡问题

如图1所示，C为圆筒形容器，P为活塞，P的两边充有理想气体，P与圆筒无摩擦，不漏气。L为固定在活塞上的细长直杆，细杆与圆筒间无摩擦且密封很好，不漏气。l为跨过无摩擦的定滑轮并与悬盘相连的轻绳，二悬盘的质量相等。整个系统放在恒温室中。当温度为 $T=300$ K，左盘上放置砝码 $m_1=1.2$ kg，且活塞平衡时，两部分气体体积相等，即 $V_1:V_2=1:1$。当温度为 $T'=400$ K，右盘上放置砝码 $m_2=0.5$ kg，且活塞平衡时，两部分气体的体积比为 $V'_1:V'_2=4:1$。现在欲使活塞不因温度的变化而左右移动，问：

(1) 应如何在盘内放置砝码？
(2) 此时左右两部分的体积比是多少？

【解析】　压强是描述气体力学性质的参量。在通常情况下，我们分析物体的受力时，似乎没必要考虑物体与气体之间的作用力。如暴露在大气中的物体，虽然大气对物体的作用力是巨大的(10 N/cm^2)，然而在对物体作受力分

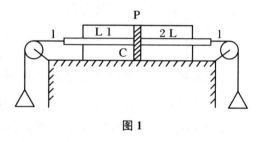

图1

析时，我们却一概忽略。因为大气对物体的整体作用力为零，且我们人体感受不到巨大的大气压力，也是内、外气体压力平衡的结果。

若气体是密闭的，或者物体不同面上的压强不相等，则在分析相关物体的受力时必须考虑到气体压力的作用效果。

气体压力的出现，从平衡或动力效果上讲，无非是为我们的分析提供了一个力而已，这个力与通常分析的重力、弹力等是平权的，在列平衡方程或动力方程时只要加上此力即可。对于气体对物体的压力，除了要注意压强的大小，还必须注意作用面积的差异。从产生方面看，它必然伴随着气体状态的变化，涉及对气体性质的分析与研究，而且这类题虽涉及力学与热学知识的运用，但对气体性质的研究却是问题的核心，且主要涉及理想气体的状态方程或克拉珀龙方程的应用，对一般同学显然有一定的难度。另外，若涉及气体与液体间的作用，还得考虑压强的传递所带来的作用效果。

我们先看本题的解答。

设整个容器的体积为 V，活塞两边的压强差为 Δp，气体物质的量分别为 n_1、n_2。依题意，对温度 $T=300$ K 与 $T'=400$ K 两状态进行分析，有

$$p_1 - p_2 = \Delta p, \quad p'_1 - p'_2 = -\Delta p'$$

其中

$$\frac{\Delta p}{\Delta p'} = \frac{1.2}{0.5} = 2.4$$

根据理想气体的状态方程,有

$$\frac{p_1 V/2}{T} = \frac{p_1' 4V/5}{T'}, \quad 即 \ p_1' = \frac{5}{6}p_1$$

同理,有

$$p_2' = \frac{10}{3}p_2$$

由上述各式可得 $p_1 = 3p_2$。

又由克拉珀龙方程得

$$p_1 \cdot \frac{V}{2} = n_1 RT, \quad p_2 \cdot \frac{V}{2} = n_2 RT$$

可得 $n_1 = 3n_2$。

(1) 欲使活塞不因温度的变化而左右移动,气体作等容变化,设由温度变化 ΔT 引起的压强变化为 Δp,由等容变化易得

$$\Delta p = \frac{\Delta T}{T}p$$

要使活塞不因温度的变化而移动,则活塞两的压强变化应该相同,因活塞两边的 $\frac{\Delta T}{T}$ 一样,则两边的初始压强应该也一样,故两边盘内应放一样多的砝码或者都不放砝码。

(2) 因 $n_1 = 3n_2$,故在压强相等时,由克拉珀龙方程 $pV = nRT$ 易得 $V_2 = 3V_1$。

从上述解答我们不难看到,作用在活塞上的力的平衡最终反映到活塞两侧气体压强大小的计算与分析上。所以,力学与热学综合问题基本上都是以密闭气体为对象,围绕其状态变化过程中的压强变化展开。

此外,对于问题(1),得到活塞两边的初始压强应该相等的条件后,如果仅认为两盘中不应放置砝码,这是不全面的,也反映了答题者思维上的缺陷。

题 085　溢汞问题

如图1所示,在标准大气压下,一端封闭的玻璃管长 $l = 96 \text{ cm}$,内有一段长 $h = 20 \text{ cm}$ 的水银柱,当温度为 $27\ ℃$ 且管口向上竖直放置时,被封闭的气柱长为 $H = 60 \text{ cm}$。试问:当温度至少升到多少度时水银柱才会从玻璃管中全部溢出?(大气压强 $p_0 = 76 \text{ cmHg}$。)

【解析】 不论是气体的实验定律还是理想气体的状态方程,体现的都是初态量与末态量间的等量关系,这种等量关系在初学者看来具有守恒量的特征。而在处理守恒量的问题时,通常只需要对过程的初、末态作分析,再由守恒方程列出关系式即可解得结果。例如本题,就有如下的关系。

以水银全部溢出时作为末态,即末态气体的体积为 $96S$,压强为 p_0。设水银全部溢出时温度为 T,根据气态方程有

$$\frac{96\times 60 S}{300}=\frac{76\times 96 S}{T}$$

于是求得 $T=380$ K。

然而这一结果却是错误的。初次接触本题时,很容易落入上述解题陷阱,因为封闭气体的初态与末态的分析看上去是没有任何问题的。但事实并非如此,为了凸显上述解答的问题,我们不妨在原题的基础上增加一问:

当水银柱的上端到达试管口时,气体的温度是多少?

对于这种情况,末态气体的体积为 $76S$,气体作等压变化,于是有

$$\frac{60S}{300}=\frac{76S}{T}$$

同样得到 $T=380$ K。

选择两种不同的末态,却得到了同一个温度,而中间还存在一个溢出过程,说明 $T=380$ K 的结果肯定是错误的。

实际上,本题中水银的溢出过程并非如上述解答中的初、末态等量关系那么简单,此过程是由一系列非平衡状态构成的非静态过程,虽然整个过程满足理想气体的状态方程,但气体温度的变化并非是单调的,因此仅从守恒量中并不能确定温度的极值。

下面我们根据过程逐步分析,给出正确的解答。

因为 $l>H+h$,当气体的温度上升时其体积增大,水银柱上升,在水银柱上升距离小于 $l-H-h=16$ cm 时,水银不会溢出,故此过程中气体的压强 $p=(p_0+h)$ cmHg 恒定,气体等压膨胀。当水银柱升到与管口相齐时,温度继续升高,气体体积膨胀,水银将开始溢出。这时,气体上方水银柱长度在变化,因此气体的状态参量 p、V、T 均发生变化,但只要水银没有全部溢出,气体的质量将保持一定。由理想气体状态方程 $\frac{pV}{T}=$ 恒量可知,要使 T 有最大值,即使 pV 最大。此时对应温度 T 为水银全部溢出的最低温度,即温度稍微上升时,水银继续溢出,压强减小,气体体积膨胀,水银会自动全部溢出。所以,找出 pV 的表达式,讨论 pV 的最大值,便得 T 应为何值。

先计算加热到 T_2 时,水银柱上升到与管口平齐,则此时气柱长为 $l_2=76$ cm。只要水银还未外溢,气柱压强就保持不变。由前面的分析得到 $T_2=380$ K。

当温度继续上升,水银开始溢出,气柱体积继续增大,但气柱压强要减少,这时 pV 值是增大还是减少不可以定性直接判断。我们知道,当 pV 值最大时,对应的温度最高,故要借助数学工具进行讨论。

设此时水银柱长为 x cm,气体压强 $p_3=(p_0+x)$ cmHg,气柱长 $l_3=(96-x)$ cm。下面讨论当 x 为何值时 pV 有最大值。用厘米长气柱作为体积单位,则

$$pV=(76+x)(96-x)=-(x-10)^2+7196$$

当 $x=10$ cm(符合 $x\leqslant 16$ cm 的要求)时,pV 有最大值。

由气体状态方程 $\frac{p_1V_1}{T_1}=\frac{p_3V_3}{T_3}$ 得

$$\frac{96\times 60S}{300}=\frac{86\times 86S}{T_3}$$

即 $T_3=385.2$ K。

当温度在 385.2 K 基础上再稍微上升时，气体体积膨胀，压强减少，水银继续溢出，气体体积继续膨胀，直到水银自动全部溢出为止。

受热胀冷缩思维的影响，很多同学潜意识里认为，水银在溢出的过程中气体的体积是单调递增的，那么它的温度也会一直呈单调上升的状态，而分析告诉我们事实并非如此。由此可见，本题的情境陷阱多少有点让人始料不及。所以，在解答气体问题时，我们不能简单地认为各类方程的状态量与守恒量对应，它们的本质是与过程相关的，而极值态或临界态往往就隐藏在过程中，稍不注意便会出错。

也可以说，将气体的初态、末态直接联系起来，是过程整体处理的思路，但这种忽略中间状态分析的整体思路可能隐含陷阱。

有一定经验的同学会发现与水银柱相关的模型虽有很多但大同小异，且很多涉及水银的溢出问题。

题 086 虹吸现象

一圆柱形容器盛有水银，然后用穿有虹吸管的盖密封，如图 1 所示，虹吸管事先灌满水银。虹吸臂的两竖直管等长，其中一根竖直管的端部靠近容器底部，另一根竖直管开口端有一控制开关，有关尺寸见图示。现打开控制开关使水银缓慢自由流出，问：当容器内气体压强为多大时，水银停止从虹吸管流出？此时容器内的水银面下降了多少？（当时大气压强 $p_0=75$ cmHg。）

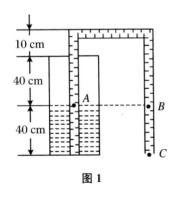

图 1

【解析】 相信所有的高中生在成长过程中都接触过虹吸现象。在解答本题前，我们首先来看一下通常情况下形成虹吸现象的条件：如图 1 所示，由于管内的水银是连通的，根据连通器的原理，在初态，若管中的水银是静止的，A、B 两点的压强同为 p_0，则在管口 C 处，管内的压强大于管外的压强 p_0，于是水银将从管中流出，形成虹吸现象。我们平时在制造虹吸现象时，保证出水口的位置比容器内的液面低，即是让出水口内、外的压强满足此条件。

对于本题，我们首先给出如下的解答：

方法 1 当水银从管口 C 处流出后，容器中的液面下降，而容器又是密封的，则必然会导致容器中气体的压强降低，进而右管中与液面相平的点的压强也会随着降低。当该处的压强降低至使得管口 C 处的内、外压强相等时，水银将会停止流动。设此时容器内的水银面下降了 x cm，容器内气体的压强为 p，同时设容器的截面积为 S，如图 2 所示，由气体的等

温变化有
$$p_0 \cdot 40S = p(40+x)S$$
当水银停止流动时,有
$$p + (40-x) = p_0$$
由上述两式解得 $x = 17.2$ cm。

所以,容器内的水银面下降 17.2 cm 时,水银停止流动。

如果仅看水银能否从管口流出的情况,上述的解答显然说得上是完美的,这也符合我们日常所接触的情况,但这一解答也显示我们忽略了虹吸现象中的另一条件。下面看另一种解法。

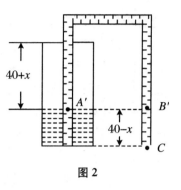

图 2

方法 2 在容器内水银面下降的情况下,要使水银从虹吸管中流出,首先必须保证容器内的气体压强将水银送至左管的最上端。对于这一条件,熟知托里拆利管的同学们都很清楚,容器中的气体压强必须高于左管中的水银柱所产生的压强,否则水银将无法到达左管的上端,也就无法形成虹吸现象。所以,形成虹吸现象的临界状态为容器中的气体压强能保证将水银送至左管的上端,不然水银将停止流动。

设水银从虹吸管中停止流出时,容器内水银面下降了 x cm,此时容器内气体压强为
$$p = (10 + 40 + x) \text{cmHg} = (50 + x) \text{cmHg}$$
对容器内的气体,根据玻意耳定律有
$$75 \times 40S = (50+x)(40+x)S$$
解得合理值为 $x = 10$ cm。

所以,当水银停止从虹吸管中流出时,气体的压强 $p = (50 + x)$ cmHg = 60 cmHg,即水银面下降了 10 cm。

阅读了上述的两种解答,相信你已经知道了正确的答案。但问题是,在考场上,选择了你认为正确的方法 2 就可靠吗?

其实,方法 1 与方法 2 提到的条件是形成虹吸现象的两个独立的条件,缺一不可。所以,本题正确的解答是必须完整地论述上述两方面的条件,即综合方法 1 与方法 2 的结果作出判断,仅从某一方面得到结果都是不全面或者错误的。

但是,我们平时注意的恐怕多是方法 1 中的条件,自然也就容易忽略方法 2 的要求,考场上选择方法 1 的可能性要远高于方法 2,也就是说方法 2 是本题的隐含条件。解题时能否挖掘出隐含条件,取决于经验的积累和能力。

题 087 气体压强与分子运动

一种理想气体装在半径为 R 的球形容器内,温度为 T。气体分子的质量为 m,分子数

密度为 n。设气体分子与容器壁发生弹性碰撞,求气体对器壁产生的压强 p 与气体分子的平均动能密度 u 之间的关系。

【解析】 描述气体宏观属性的参量是压强、体积和温度,而其属性的本质是气体分子微观运动的表现,那么在气体的宏观性质与分子的微观运动之间必定存在相应的关联。

气体宏观参量之间的关联是通过玻意耳定律、查理定律、盖·吕萨克定律三个实验定律建立起来的。理想气体的状态方程、克拉珀龙方程、道尔顿分压定理等都是这些定律的推论。本题的目的是通过理论分析推导气体宏观参量压强、温度与气体分子运动动能之间的关联,这一关联可以认为是宏观与微观之间的纽带,是我们的研究从宏观向微观过渡的一个桥梁。

对于气体压强的认识,我们是从大气压开始的。在开放的环境下,我们认为大气压强是由大气的重力产生的,这肯定是没有问题的。但对于密闭容器内的气体压强,如果仍用这一观点解释,就有点牵强了。于是,气体分子与器壁碰撞的情境便呈现在我们面前。由于容器内的分子是大量的,同时研究所有的分子是不可能的,我们不妨从研究某个分子开始向整体过渡。

在容器中任取一个分子 i,其速度大小为 v_i。由于该运动分子与其他分子的碰撞是弹性的,加之我们讨论的是同种质量的分子,因此分子通过碰撞彼此交换速度,故分子的运动在碰撞过程中表现出传递性。当我们用后面一个分子替代前面的分子作为研究对象时,整个过程可视为一个分子的连续运动。

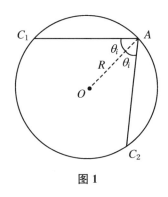

图 1

设运动分子 i 的速度方向与器壁即将被碰撞处的法线成角 θ_i。由于弹性碰撞不改变分子的速度大小,也不改变速度方向与器壁即将被碰撞处的法线的夹角 θ_i,反射角与入射角相等,即 $\angle OAC_2 = \angle OAC_1 = \theta_i$,如图 1 所示。分子在与器壁连续两次碰撞间所飞过的路程为 $2R\cos\theta_i$。这样,该分子与器壁在单位时间内的碰撞次数为

$$z_i = \frac{v_i}{2R\cos\theta_i}$$

在每次碰撞中,分子动量的改变量总是指向球心,其大小总是 $2mv_i\cos\theta_i$。因而,在每次碰撞中,器壁所得到的冲量总是与器壁被碰撞处的法线平行,并指向器壁,其大小也总是 $2mv_i\cos\theta_i$。因此,单位时间内容器内的所有分子对器壁的总冲击力为

$$F = \sum_{i=1}^{N} z_i \cdot 2mv_i\cos\theta_i = \frac{m}{R}\sum_{i=1}^{N} v_i^2$$

式中,N 为容器内的分子总数。

由于气体分子空间分布均匀,运动各向同性,器壁的单位面积上在单位时间内所受到的碰撞都相同,所得到的冲量相同,因而器壁的受力是不随时间变化的。换句话说,球形器壁单位面积上受到的冲力处处相等,即各处所受到的压强相同,其大小为

$$p = \frac{F}{S} = \frac{1}{S}\sum_{i=1}^{N} z_i \cdot 2mv_i\cos\theta_i = \frac{m}{RS}\sum_{i=1}^{N} v_i^2$$

式中,S 为容器内壁的总面积。

气体分子的平均动能为

$$\bar{\varepsilon} = \frac{1}{N}\sum_{i=1}^{N}\frac{1}{2}mv_i^2 = \frac{m}{2N}\sum_{i=1}^{N}v_i^2$$

由于球形容器的半径为 R,因而其面积 $S = 4\pi R^2$,体积 $V = \frac{4}{3}\pi R^3 = \frac{RS}{3}$。引入气体分子数密度 $n = \frac{N}{V} = \frac{3N}{RS}$,则气体分子的平均动能密度 $u = n\bar{\varepsilon}$。这样,由上述式子可得理想气体在球形器壁上产生的压强与气体分子的平均动能密度间的关系为

$$p = \frac{2}{3}n\bar{\varepsilon} = \frac{2}{3}u$$

这里的 p-$\bar{\varepsilon}$ 关联是在球形容器下得到的,我们也可以从其他形状的容器得到,这说明气体在任意形状的器壁上产生的压强与气体分子的平均动能密度间的关系相同。另外,该式显示的是气体的宏观参量压强与微观状态下气体平均动能的关系,实际上间接地关联了压强与运动速率的关系。因此,我们可以通过气体的宏观量来窥视分子运动的微观属性。

如果撇开本题的具体问题,我们将研究进一步延伸,还可以得到更多的宏观量与微观量间的关联信息。

我们从克拉珀龙方程易得到经典理想气体的压强公式为 $p = nkT$,将其与 $p = \frac{2}{3}n\bar{\varepsilon}$ 比较,可得气体分子的动能为 $\bar{\varepsilon} = \frac{3}{2}kT$。这样,我们将分子的动能与宏观的温度直接定量地联系起来了。由此可见,温度是分子平均动能的标志。

但必须说明的是,此处的平均动能是指分子运动的平均平动动能,因为在上述推导过程中,我们将分子直接视为弹性小球,不讨论分子的转动与振动,仅考虑了其平动。

我们还可以进一步联想,平动的分子只有三个自由度,而且这三个自由度也是平权的,因此每个自由度对应的能量为 $\frac{1}{2}kT$,这就是能量均分定理。

通过本题的解答与分析,我们体验了从建模到结论再进一步思考的研究过程,不仅认识了分子的一些微观属性,也感受到研究过程中思维的力量与成功的欢喜。

题 088　分子运动研究

现有以下信息:

1. 通过对悬浮在某种气体中的烟粒的布朗运动的观察和测量,得到以下数据:在 $t = 27\,℃$ 时,测得直径 $d = 1.0 \times 10^{-6}$ m、质量 $m = 5.0 \times 10^{-16}$ kg 的烟粒的平均速率 $u = $

0.65 cm/s。假定烟粒的平均动能可用质量与平均速率的平方来表示，则在 0～100 ℃ 范围内，烟粒的平均动能 E_k 与温度 t 的关系呈一直线，此直线向低温的延长线与 t 轴交于 $t = -273$ ℃ 处，如图 1 所示。

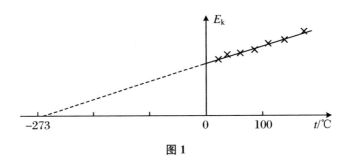

图 1

2. 由于气体分子间的碰撞和气体分子与烟粒间的碰撞，在相同温度下烟粒的平均动能与气体分子的平均动能相等。

3. 1 kg 该气体的温度升高 1 ℃ 所吸收的热量，即该气体的比热 $c = 6.7 \times 10^2$ J/(kg·K)。1 g 该气体液化成液体的体积为 1 cm³。

请回答下列问题：

（1）假定你对分子的特性了解甚少，仅根据以上信息，你对看不见、摸不着的上述气体分子的重要性质可获得哪些初步认识？

（2）在应用以上信息得出气体分子有关特性的过程中，你认为有哪些地方欠严格？有什么问题应进一步研究或探讨？请把它们一一列出。

【解析】 本题是基于分子运动特性而命制出的一道极具研究特征的试题，这里所说的"研究"指的是题设并没有如同一般的试题明确给出要求答题者完成的具体内容，而是让答题者根据自己的理解选择从题目给出的信息中能得到的物理量。

本题题干所给的信息看上去是离散的，并没有围绕一个具体的对象进行相关的描述，但总体上与气体的分子运动相关，答题者必须有效地将信息与我们已有的物理知识匹配。从这一点上看，试题很好地考查了答题者的阅读能力、信息处理能力、材料组织与分析能力、知识运用能力。

虽然题目假定我们对看不见、摸不着的分子特性了解甚少，但实际上我们对分子的性质是非常了解的，需要做的工作是将题干所给的信息与我们已有的知识结合，给出必要的结果。那么，我们知道哪些与分子运动相关的知识呢？分子动理论已经给了我们答案：

① 物体是由大量的分子组成的。

从三个方面来认识物体是由大量的分子组成的，即分子很小（直径的数量级为 10^{-10} m）、分子很轻（质量的数量级为 10^{-25} kg）、分子很多（数量级为 10^{23} mol⁻¹）。

② 分子永不停息地做无规则的热运动，温度是分子平均平动动能的标志，温度越高，运动越剧烈。

这一点看似定性，实则从分子速度的分布特性和内能的相关性质出发，完全可以定量描述分子的运动特性,如平均速率、方均根速率、最概然速率等,且它们明显与分子的动能相关。

③ 分子间同时存在相互作用的引力与斥力。

我们忽略了理想气体分子间相互作用的引力与斥力,加之本题的题干中显然没有讨论分子间相互作用力的切入点,故暂不讨论分子的这种特性。

既然我们有了上述的知识储备,我们便可以根据题设条件将相关信息与对应的知识点进行匹配。

(1) 根据题图显示的烟粒的平均动能与温度的关系,可将烟粒的平均动能与温度的关系用下面的数学公式来表示:

$$E_k = \alpha(t + 273) \quad \text{①}$$

题目只是假设我们对分子的运动性质了解甚少,并非认为我们不知道与热学相关的性质与概念。为了讨论的方便,我们可以引入绝对温度 T,即

$$T = 273 + t \quad \text{②}$$

可得烟粒的平均动能 E_k 与绝对温度的关系为

$$E_k = \alpha T \quad \text{③}$$

式中,α 是待定系数,它表示温度升高 1 K 时烟粒所增加的平均动能。

直径为 1 μm 的烟粒在 $t = 27\ ℃$ 时的平均动能 $E_{k1} = \frac{1}{2}mu^2$,将 m 和 u 的数值代入可得 $t = 27\ ℃$ 即 $T = 300\ \text{K}$ 时烟粒的平均动能为

$$E_{k1} = 1.06 \times 10^{-20}\ \text{J} \quad \text{④}$$

把④式代入③式,可得

$$\alpha = 3.5 \times 10^{-23}\ \text{J/K} \quad \text{⑤}$$

因为烟粒的平均动能与气体分子的平均动能相等,所以温度升高 1 K,分子平均动能的增加量也是 α,故 $E_k = \alpha T$ 即是分子的平均动能与热力学温度之间的定量关系,这一结论显然与"温度是分子平均平动动能的标志"匹配。

即便题干不提供"在相同温度下烟粒的平均动能与气体分子的平均动能相等"这一论断,依据我们的知识也可以对这一条件给出合理的假设,因为混合气体中的分子质量并不相等,但在温度相同的情况下不同分子的平均动能是相同的。在本题中,虽然烟粒要比分子大得多,但这并不影响我们从"不同分子在相同温度时的平均动能相同"这一条件出发,给出烟粒的平均动能与分子的平均动能相同的结论。

设 1 kg 该气体中有 N 个分子,当温度升高 1 K 时,1 kg 气体中所有分子增加的平均动能为

$$\Delta E = N\alpha \quad \text{⑥}$$

根据现有的信息,只能粗略地认为 1 kg 气体温度升高 1 K 所吸收的热量全部用于增加气体分子的平均动能,则有

$$N\alpha = C \quad \text{⑦}$$

由此可求得 1 kg 气体中的分子数为

$$N = \frac{C}{\alpha} = 1.9 \times 10^{25} \qquad ⑧$$

N 的数量级之大体现了物体内的分子很多。

再设气体分子的质量为 m_0，则有

$$m_0 = \frac{1}{N} = 5 \times 10^{-26} \text{ kg} \qquad ⑨$$

m_0 的数量级之小体现了气体分子很轻。

再设气体分子都是半径为 r_0 的小球。当气体变成液体时，小球一个紧挨一个排列。1 kg 气体中有 N 个分子，当这些气体都变成液体时，其体积为 $V = 1000 \text{ cm}^3 = 10^{-3} \text{ m}^3$，故有 $N \times \frac{4}{3}\pi r_0^3 = V$，由此得

$$r_0 = \sqrt{\frac{3V}{4\pi N}} = 2.3 \times 10^{-10} \text{ m} \qquad ⑩$$

r_0 的数量级之小体现了气体分子很小。

上述分子的小、轻、多客观上说明了物体是由大量的分子组成的。

设温度为 T 时，分子的平均动能为 E_{k0}，分子的平均速率为 v_0，则有

$$E_{k0} = \alpha T = \frac{1}{2} m_0 v_0^2$$

由此得

$$v_0 = \sqrt{\frac{2\alpha T}{m_0}} = \sqrt{\frac{2\alpha}{m_0}} \cdot \sqrt{T} \propto \sqrt{T} \qquad ⑪$$

即分子的平均速率与绝对温度的平方根成正比，这说明了温度越高分子运动越剧烈。代入有关数据，我们可以得到分子运动速度与温度之间的定量关系为

$$v_0 = 37.5 \sqrt{T} \qquad ⑫$$

当 $T = 300 \text{ K}$ 时，分子的平均速率为 $v_0 = 648 \text{ m/s}$。这个速率比烟粒的平均速率大得多。

综上所述，由题干给出的信息可获得关于分子的以下特性：

① 分子平均动能 $E_k = \alpha T$，$\alpha = 3.5 \times 10^{-23} \text{ J/K}$；

② 分子质量 $m_0 = 5 \times 10^{-26} \text{ kg}$；

③ 分子半径 $r_0 = 2.3 \times 10^{-10} \text{ m}$；

④ 室温下分子的平均速率 $v_0 = 6.5 \times 10^2 \text{ m/s}$；

⑤ 分子平均速率与绝对温度的关系 $v_0 = 37.5 \sqrt{T}$。

作为一道开放性的试题，若答题者能完整地求出上述结果，则他全面思考问题和运用知识的能力就非同一般了。事实上，上述 5 项结论中，你若得到了 3、4 项结论，就很了不起了，尤其是在考场上。

(2) 这又是一个开放性的问题，针对上述处理问题的过程，我们从以下几个方面分析：所建立的模型是否存在缺陷，应用的知识与问题间的匹配是否严谨，概念之间是否吻合，数

据处理是否过于近似等。在此,我们也只能提供一些可以进一步研究或探讨的问题:

① 给出的信息中假定了烟粒的平均动能与平均速率成正比,然而平均动能是动能的平均值,它对应于速率平方的平均值,速率的平均值与速率平方的平均值是否相等、有多大差别是第一个问题。

② 分子运动的动能可能仅是气体内能的一部分,气体的内能还可能包括气体分子间相互作用势能。传给物体的热量可以改变物体的内能,但内能的改变量包括分子动能的改变量和分子间相互作用势能的改变量。只有在分子间相互作用势能不改变的条件下,气体内能的改变量才与分子平均动能的改变量一致。气体内能改变量是否应计及分子间相互作用势能的改变量是第二个问题。

③ 给物体传热可改变物体的内能,做功也能改变物体的内能。故传给物体的热量的总和不见得等于内能的增加量,即使内能的改变量等于分子平均动能改变量的总和,也不一定等于传给物体的热量。因为在内能改变的过程中物体可能对外做功,或外界对物体做了功。在利用已知的信息求解 1 kg 气体中的分子数时,假定传给气体的热量全部用于增加不规则运动的动能是一种不够严格的处理,这样的处理对所得结论可能造成什么影响是应研究的第三个问题。如果能提供气体在体积不变的条件下温度升高 1 K 所吸收的热量,则此热量必等于气体内能的增加量。因为体积不变时气体与外界没有以做功的方式交换能量。

本题全面考查了对分子动理论的理解与应用,是从定性分析到定量分析的一个典型研究案例,是一道综合程度极高的试题。

从本题的解答我们应该体会得到,"假定你对分子的特性了解甚少"的论述只是命题人的障眼法,这与常规教学中所谓的探究是类似的。中学阶段几乎所有的探究对于超前学习的优秀学生而言全是验证。但本题验证的目标是开放的,答题者对目标的设定能体现思维能力与应用知识能力。

另外,题目中"在相同温度下烟粒的平均动能与气体分子的平均动能相等"这一条件对竞赛生来讲也是多余的。因为在空气中各分子的质量并不是相等的,但它们的平均平动动能却是相同的,我们在解答时只需强调这一点即可。

题 089 表面张力的理解与应用

一个干净的玻璃缸里的水形成一个凹透镜形状,如图 1 所示。计算凹透镜中心和边缘的高度差 h。水的表面张力系数 $\gamma = 0.073 \text{ N/m}$。

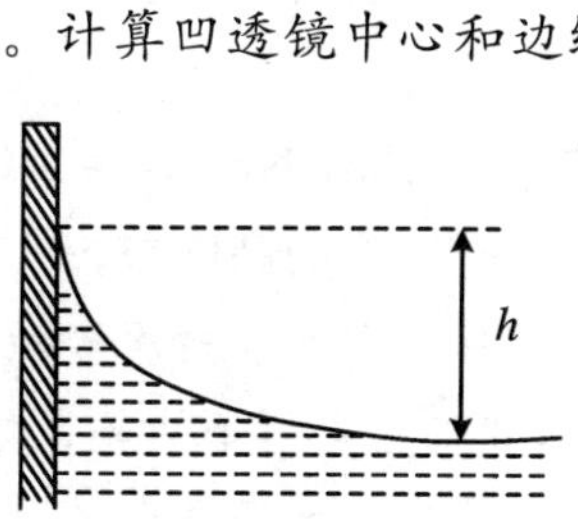

【解析】 显然,液面沿器壁上升,是由液体对器壁的附着力引起的浸润现象。从液体这一侧看,依据作用与反作用,器壁对水向上的拉力就等于液体的表面张力,再考虑到水对玻璃是完全浸润的,其接触角可取 $0°$。我们选取一段沿容器壁上升、长为

图 1

L 的部分液体为研究对象,图 2 为上升部分液体的横截面的示意图,设水沿容器壁上升的高度为 h。我们自然会想到,这一上升部分在竖直方向受力平衡,其受力为重力 mg 和附着力 f,由平衡条件知 $f = mg$,其中 $f = \gamma L$,$m = \rho SL$。S 为液体上升部分的横截面积,这显然是一个与上升高度 h 相关的量,进而本题的问题转化为求解液体上升部分的横截面积 S,而这又需要我们知道液面的截线方程。

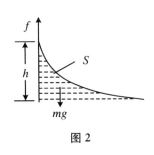

图 2

分析至此,具有敏锐的数理思维的同学可能会发现,在中学阶段我们应该无法得到液面的截线方程,也就无法得到截面的面积。因此,通过此途径求解液体上升部分的横截面积是行不通的。

于是,思维单一的同学就会认为此题所涉及的知识超出了中学物理的范围或者此题无解,进而选择放弃。

当然,一定会有许多锲而不舍的同学在寻找其他的解法。

液体上升部分的平衡不仅是竖直方向的合力为零,水平方向上的合力同样也为零,我们不妨再从水平方向尝试。

我们同样选取一段沿容器壁上升、长为 L 的部分液体为研究对象,设水沿容器壁上升的高度为 h。在凸起部分的右侧,不论曲面的形状如何,大气压强给曲面向左的压力都为 $p_0 hL$,同时凸起部分与容器内的水面接触部分受到向右的表面张力为 $f = \gamma L$。

在凸起部分的左侧,液体不同深度处的压强不等,在这部分液体的底部(图 3 中 2 处)与容器中心部分的液面在同一深度处,其压强与液面处的压强相等,即 $p_2 = p_0$;在这部分液体的顶部(图 3 中 1 处)的压强则为 $p_1 = p_0 - \rho g h$,式中 ρ 为水的密度。$p_1 < p_0$ 是因为弯曲的液面会产生一附加压强。

因为压强的变化与高度之间是线性关系,所以左侧容器壁对液体向右的压力为

$$\frac{p_1 + p_2}{2} hL = \left(p_0 - \frac{1}{2}\rho g h\right) hL$$

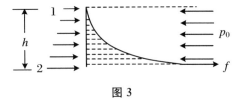

图 3

则由平衡条件可得

$$\left(p_0 - \frac{1}{2}\rho g h\right) hL + \gamma L = p_0 hL$$

解得

$$h = \sqrt{\frac{2\gamma}{\rho g}}$$

将 $\gamma = 0.037$ N/m,$\rho = 1.0 \times 10^3$ kg/m³,$g = 9.8$ m/s² 代入上式可得 $h \approx 3.8$ mm,此即凹面中心与边缘的高度差。

一般同学在初次接触此题时,如同前面的分析一样,解答过程往往是一波三折的。首先,我们很自然地从竖直方向的平衡切入,遇到的障碍会让很多同学不知所措,直至放弃。而思维广阔的同学会另辟蹊径,破解难题。我们在解题时,若用常规的思维方式无法达到目

的,则应迅速地改变策略,寻找新的途径。

另外,表面张力的问题在竞赛中单独成题的可能性并不大,但与表面张力相关的一些问题和思维方式被迁移到其他的问题中却是比较常见的。如本题中空气对曲面的压力的计算方式便很容易迁移至恒定力场中对力的计算;图 3 中 1 处的压强为何不是 p_0 的分析使我们清楚问题的产生往往隐含在模型的细微差别中,而表面张力系数可派生出各类面张力系数;等等。

题 090 热传导

冬季湖面上的冰经两天的时间厚度从 20 mm 增为 40 mm,在此期间冰层底部与顶部的平均温差为 8.0 K。设冰的密度为 820 kg/m³,冰的熔解热为 3.20×10^5 J/kg,试估算冰的热导率 k。

【解析】 对热传导过程中的热量进行定量计算是 2016 年竞赛大纲加入的内容。由于稳定的热传导遵循傅里叶定律 $Q = -kS\dfrac{\mathrm{d}T}{\mathrm{d}x}$,这是一个与温度梯度 $\dfrac{\mathrm{d}T}{\mathrm{d}x}$ 相关的量,显然对传导热量的计算涉及简单的微积分应用,这也正好配合了新大纲中加入的"微积分初步及其应用"的相关内容。但由于这类问题基本上只涉及简单的一元微积分内容,难度都不会太大。

当然,本题的障碍主要来自:温度梯度 $\dfrac{\mathrm{d}T}{\mathrm{d}x}$ 是随时间变化的。通常情况下,我们只要找到这一变化规律的描述方式,问题便得以解决。这也是常见的一种命题思维方式:让答题者将熟知的规律用于特殊的模型,以检验答题者对规律的理解及运用能力。本题的具体解答如下:

设 t 时刻冰厚为 h,经 $\mathrm{d}t$ 时间冰厚增加 $\mathrm{d}h$,于是冰面释放的热量为

$$\mathrm{d}Q = L\mathrm{d}m = L\rho S\mathrm{d}h$$

式中,L 为熔解热,ρ 为冰的密度,S 为湖面的面积。$\mathrm{d}Q$ 为通过冰层传递到上方的低温空气中去的热量。可以假设这些热量是在同一时间($\mathrm{d}t$ 时间)内传递的,则有

$$\mathrm{d}Q = k\dfrac{\Delta T}{h}S\mathrm{d}t$$

式中,ΔT 是冰的底部与顶部的温差,可用平均值代替,$\dfrac{\Delta T}{h}$ 即为 t 时刻的温度梯度。由以上两式得

$$k\dfrac{\Delta T}{L\rho}\mathrm{d}t = h\mathrm{d}h$$

对上式积分,得

$$k\dfrac{\Delta T}{L\rho}t = h\mathrm{d}h = \dfrac{1}{2}(h^2 - h_0^2)$$

即

$$k = L\rho \frac{h^2 - h_0^2}{2t\Delta T}$$

将 $h = 40$ mm, $t = 2$ d 及其他数据代入,得 $k = 0.13$ W/(m·K)。

题 091　太阳辐射

现在的测量表明,地球绕太阳的运动可以近似为圆周运动,周期是 365.25 天,太阳表面的温度约为 5800 K,它由太阳内部氢原子核聚变为氦原子核的反应所释放出的能量来维持,太阳的质量为 1.99×10^{30} kg,太阳的半径为 6.96×10^8 m,地球到太阳的平均距离为 1.50×10^{11} m,火星到太阳的平均距离为 2.28×10^{11} m。

(1) 假设太阳常数(太阳照射到地面上每平方米面积的功率)为 1.36 kW/m²,试确定火星表面的平均温度和月亮朝向太阳的一面的平均温度。

(2) 实验还测得基本电荷的电量为 1.60×10^{-19} C,质子的质量为 1.67×10^{-27} kg,每燃烧 4 个氢核可获得约 25 MeV 的热能,太阳的质量中约 70% 是氢,其中约 10% 可供燃烧,试估计燃烧这些氢能维持太阳辐射多长时间。

(3) 现在的研究表明,地球的年龄大约为 50 亿年,试确定地球诞生时绕太阳运动的周期与现在的周期之差。

(4) 试确定地球诞生时的太阳常数与现在的太阳常数之差。

【解析】　在热传递问题的定量分析与计算中,热辐射是一个高频考点,而且多以太阳辐射模型为代表。

热辐射遵循的规律包括基尔霍夫热辐射定律(处于热平衡状态的物体所辐射的能量与吸收率之比与物体本身物性无关,只与波长和温度有关)、斯特藩定律(绝对温度为 T 的物体单位表面积在单位时间内向空间各个方向所辐射出的总能量为 $I = \varepsilon\delta T^4$,式中 ε 叫表面辐射系数,其值在 0 到 1 之间,由物质的表面性质决定;δ 为斯特藩常数)和维恩位移定律(在一定温度下,绝对黑体的温度与辐射本领最大值对应的波长 $\lambda_{\max}$ 的乘积为一常数,即 $\lambda_{\max} T = b$,式中 b 为维恩常量)。因为我们在较多的时候关注的是辐射中的能量问题,所以大家比较熟悉的也许只有斯特藩定律。从本题的解答中我们也能看到,能量是串起问题的主线。解答如下:

(1) 先讨论太阳常数 u 与到太阳的距离 r 的关系:

$$u = \frac{P}{S} = \frac{\sigma T^4 \pi R_s^2}{4\pi r^2} \propto \frac{1}{r^2}$$

由地球处的太阳常数 u_e 可推得火星处的太阳常数 u_j 为

$$u_j = \left(\frac{r_{cs}}{r_{js}}\right)^2 u_e = 588.6 \text{ W/m}^2$$

由火星的热平衡可得
$$u_j \pi R_j^2 = 4\pi R_j^2 \sigma T_j^4$$
解得 $T_j = 225.7 \text{ K} = -46\ ℃$。

相对于太阳而言,月亮就处在地球的轨道上,月亮表面处的太阳常数与地球相同。于是,对于朝向太阳的表面,有
$$u_e \pi R_m^2 = 2\pi R_m^2 \sigma T_m^4$$
解得 $T_m = 331 \text{ K} = 58\ ℃$。

(2) 太阳燃烧的功率为
$$P_s = u_e 4\pi r_{es}^2 = 3.85 \times 10^{26} \text{ W}$$
太阳上可供燃烧的氢的质量为
$$m = M_s \times 70\% \times 10\% = 1.39 \times 10^{29} \text{ kg}$$
燃烧氢所获得的能量为
$$E = \frac{1}{4} \times \frac{m}{m_p} \times 25 \text{ MeV}$$
则太阳还能辐射的时间为
$$t = \frac{E}{P_s} = 2.17 \times 10^{17} \text{ s} = 68.8\ \text{亿年}$$

(3) 按目前的辐射情况进行计算,50 亿年来太阳燃烧的质量为
$$m' = \frac{P_s T}{c^2} = 3.43 \times 10^{26} \text{ kg} \ll 1.99 \times 10^{30} \text{ kg}$$

可以认为 50 亿年来,太阳的半径没有发生明显的变化,其辐射功率亦不变化。

根据地球绕太阳运动的角动量守恒,假设地球的运动一直都是圆周运动,则有
$$m_e r_0 v_0 = m_e r' v', \quad 即\ r_0^2 \frac{2\pi}{T_0} = r'^2 \frac{2\pi}{T'}$$

又由牛顿定律知
$$G \frac{m_s}{r_0^2} = \left(\frac{2\pi}{T_0}\right)^2 r_0, \quad G \frac{m_s + m'}{r'^2} = \left(\frac{2\pi}{T'}\right)^2 r'$$

可解得 $T' = 365.0028 \text{ d}$。

所以 $\Delta T = 365.25 \text{ d} - 365.0028 \text{ d} = 0.248 \text{ d}$。

(4) 太阳常数 $u \propto \frac{1}{r^2}$,则
$$\Delta u = 1 - \left(\frac{r'}{r_0}\right)^2 = 0.923 \text{ W/m}^2$$

在本题的解答中,(1)中太阳的辐射是空间的,即能量辐射至地球轨道处时分布在 $4\pi r^2$ 的球面上;地球接收能量的面积是平面的 πR_s^2,而不是迎着阳光的面积 $2\pi R_s^2$;地球辐射的面积是 $4\pi R_s^2$。这 4 个面积量极易混淆,容易出错。

太阳的能量来源于太阳表面的核反应,命题人常将这一点与原子核聚变的知识点结合起来,本题的(2)、(3)即是这方面的体现。另外,(3)中关于地球运动周期变化的切入点也是

应该注意的内容。

辐射模型即便是在常规教学中也经常出现,但基本上都是以信息题的方式出现的。对热辐射的理解还存在一种误区:认为热辐射是单向的,只能从高温物体向低温物体辐射,并不认同低温物体也在同时向高温物体辐射。

题 092 热散失

保温瓶的瓶胆为具有双层薄壁的镀银玻璃容器,其主要的散热途径有:瓶胆夹层的热传导、热辐射和瓶口处少量气体的逸出。考虑到制作瓶胆的经济效益,瓶胆夹层中有少量空气残留,残留的气体压强为 $p = 0.15\text{ Pa}$,但这少量的空气残留仍然是散热中不可忽略的因素,因为空气分子的热运动使得空气分子在瓶胆内、外壁之间来回碰撞,从而发生热交换。可以近似地认为外壁温度与室温 $T_0 = 25\text{ ℃}$ 相同,内壁温度与水温 T 相同。气体分子的平均速率 $\bar{v} = \sqrt{\dfrac{8RT'}{\pi\mu}}$。作为近似,气体的温度取平均温度 $T' = \dfrac{T_0 + T}{2}$。由麦克斯韦分布律可导出,若容器壁上开一小孔,则单位时间内单位面积逸出的分子个数为 $\dfrac{1}{4}n\bar{v}$,式中 n 为气体分子数密度。又知瓶胆内、外壁的面积近似相等,均为 $A = 0.102\text{ m}^2$,内、外壁的辐射系数均为 $e = 0.025$,瓶胆容积 $V = 2\text{ L}$;空气的摩尔质量为 $\mu = 28.8\text{ g/mol}$,水的比热容为 $c = 4.18\times 10^3\text{ J/(kg·℃)}$。假设瓶塞处泄漏的气体所携带的热量只与瓶口处的密封性和水温 T 有关。现在在保温瓶中灌满 100 ℃ 的开水,1 h 后测得水温 $T_1 = 97.8\text{ ℃}$,由此估计一天以后水温可能下降到不足 60 ℃,因此保温瓶的效果并不理想。于是,有人提出了一些改进方案,主要包括以下三点:

① 提高瓶口处的密封性,使瓶口处的散热速率降低 60%。
② 提升制造工艺,将瓶胆夹层中的空气进一步抽空,使气压降至 $p' = 0.06\text{ Pa}$。
③ 在保持容积不变的前提下,改变瓶胆的形状,尽可能地减小瓶胆的表面积,以最大限度地减少散热(这些改变不会改变前面描述的瓶胆夹层的那些性质)。

如果现在真的能实现这一改进方案,我们仍在改进后的保温瓶中灌满 100 ℃ 的开水,问:2 h 后水温 T_2 为多少?(结果保留三位有效数字。)

【解析】 热传递的三种方式分别是传导、辐射、对流,保温瓶的热量在散失过程中不存在对流的可能性,故只需要考虑传导与辐射产生的热量散失。

(1) 计算传导所产生的热量散失。

稳定的热传导过程遵循傅里叶定律,即 $P = -\kappa_x A \dfrac{\mathrm{d}T}{\mathrm{d}x}$,式中 P 为单位面积上的导热功率,κ_x 为导热系数,A 为导热面积,$\dfrac{\mathrm{d}T}{\mathrm{d}x}$ 为热流方向的温度梯度。本题中热散失的传导发生在瓶胆夹层处,但夹层的导热系数 κ_x 未知,直接运用传导定律求解的途径被堵塞,需另寻路径。

我们应该注意到题干中给出了气体分子的平均速率与温度的关系和泻流速度 $\left(\dfrac{1}{4}n\bar{v}\right)$,这自然能让我们联想到分子与瓶胆的碰撞,而分子与内、外壁的碰撞正是热量传导的过程。于是,我们可以避开已有的传导定律,从分子的碰撞切入,计算由传导产生的热量散失。

由于瓶胆夹层中的气体很稀薄,可以认为分子间碰撞的概率很小,分子几乎无阻碍地在内、外壁之间来回运动,从而可以认为分子与瓶胆壁接触后使其具有的动能与壁的温度相对应。因此,分子每次与器壁碰撞所交换的热量为 $Q = \dfrac{5}{2}k(T - T_0)$。

由已知的泻流速度和气体压强的公式 $p = nkT$ 可知,瓶胆中单位时间内与器壁碰撞的分子总数为

$$\dfrac{\Delta N}{\Delta t} = \dfrac{1}{4}n\bar{v}A = \dfrac{1}{4}\dfrac{2p}{k(T+T_0)}\sqrt{\dfrac{4R(T+T_0)}{\pi\mu}}A$$

$$= \dfrac{pA}{k}\sqrt{\dfrac{R}{\pi\mu(T+T_0)}}$$

瓶胆夹层的热传导导致的热损耗功率为

$$P_1 = Q\dfrac{\Delta N}{\Delta t} = \dfrac{5}{2}pA(T-T_0)\sqrt{\dfrac{R}{\pi\mu(T+T_0)}} = 1.061 \text{ W}$$

(2) 计算瓶胆内、外壁之间热辐射导致的热损耗功率。

由斯特藩定律可知,温度为 T 的物体在单位时间内单位面积上辐射的功率为 $P = e\sigma T^4$。保温瓶胆的辐射散失将在两壁间进行,由于胆壁镀银,在接收辐射时,不考虑存在透射的可能性。

我们先考虑从瓶胆内壁辐射的能量在瓶胆的两壁间的吸收与反射情形:

从内壁辐射的能量 $e\sigma T^4 A$ 被外壁吸收 $e^2\sigma T^4 A$,同时反射 $(1-e)e\sigma T^4 A$;

从外壁反射回的能量被内壁再吸收 $(1-e)e^2\sigma T^4 A$,同时再反射 $(1-e)^2 e\sigma T^4 A$;

外壁再次吸收与反射这部分的能量分别为 $(1-e)^2 e^2 \sigma T^4 A$、$(1-e)^3 e\sigma T^4 A$;

……

以此类推,可得到内壁辐射的能量 $e\sigma T^4 A$ 最终被外壁吸收的总量为

$$P'_2 = e^2\sigma T^4 A + (1-e)^2 e^2\sigma T^4 A + (1-e)^4 e^2\sigma T^4 A + \cdots$$

$$= e^2\sigma T^4 A[1 + (1-e)^2 + (1-e)^4 + \cdots]$$

$$= \dfrac{e}{2-e}\sigma T^4 A$$

同理,外壁辐射的能量被内壁吸收的总量为

$$P''_2 = \dfrac{e}{2-e}\sigma T_0^4 A$$

所以,瓶胆由热辐射产生的热散失为

$$P_2 = P'_2 - P''_2 = \dfrac{e}{2-e}\sigma(T^4 - T_0^4)A$$

取 $T = 373 \text{ K}$，$T_0 = 298 \text{ K}$，可得 $P_2 = 0.840 \text{ W}$。

(3) 计算瓶口处散热功率。

散热的总功率为

$$P_\text{总} = cm\frac{\Delta T}{\Delta t} = 5.109 \text{ W}$$

所以，瓶口处的散热功率为

$$P_3 = P_\text{总} - P_1 - P_2 = 3.208 \text{ W}$$

(4) 下面计算保温瓶改进后的散热。

考虑新保温瓶的瓶胆内外壁面积的极限情况，即瓶胆为球状，其表面积为

$$A' = 4\pi R^2 = 4\pi \left(\frac{V}{4\pi/3}\right)^{\frac{2}{3}} = 0.07677 \text{ m}^2$$

由前面的推导知，传导的热散失正比于 pA，辐射的热散失正比于 A，于是有

$$P'_\text{总} = \frac{p'A'}{pA}P_1 + \frac{A'}{A}P_2 + (1 - 60\%)P_3$$

将题中相应的数据代入，得 $P'_\text{总} = 2.235 \text{ W}$。

因此，2 h 后的水温满足

$$P'_\text{总} = cm\frac{T - T_2}{\Delta t'}$$

得

$$T_2 = T - \frac{P'_\text{总}\Delta t'}{cm} = 371.1 \text{ K} = 98.1 \text{ °C}$$

本题看上去只是考查了热传递这一知识点的试题，其实也是一道综合程度极高的试题。命题人设计的问题与条件可谓匠心独运，涉及散热途径的不论是传导还是辐射，答题者都无法通过直接套用已有的公式得到结论。传导功率的计算需要答题者正确理解热传导的机制并构建与之相关的模型，其难度非同一般；热辐射的计算不仅要求答题者理解与辐射过程对应的吸收、反射及透射之间的关系，还要对反复反射与吸收产生的结果进行演绎与归纳，这要求答题者具备较高的综合运用知识的能力。为了减少散热而改进保温瓶，不仅需要答题者具备相应的科研思维，找到改进的方向，综合运用相关知识，如保温瓶体积一定时表面积问题的处理，还需要对改进前后的数据迅速地进行关联，提高答题速度。

物理综合题并不一定要求涉及过多的知识点，更多的是看解题的思维与方法是否具有多向性。

题 093　蒸发过程的分子运动

在一个密闭容器内盛有水，未满，处于平衡状态。已知水在 14 °C 时的饱和蒸气压为 12.0 mmHg。设水蒸气分子碰到水面后都能进入水内。设气体分子的平均速率与气体热力

学温度 T 的平方根成正比($\bar{v} \propto \sqrt{T}$),饱和水蒸气可看作理想气体。试求在 100 ℃ 和 14 ℃ 时单位时间内通过单位面积水面蒸发成为水蒸气的分子数之比 $n_{100} : n_{14}$(取两位有效数字)。

【解析】 题目要求通过水面蒸发的水分子数的比值,如果以水为研究对象,则找不到解题的切入点。水蒸气处于饱和状态下,蒸发的水分子数与从气体进入水中的水分子数处于动态平衡,数量相等,而气体分子的运动特点仅从题目所给的条件看是有章可循的,这自然让我们转向以气体为研究对象。解答如下:

可将饱和水蒸气处理为理想气体,则蒸气压 p 与水蒸气分子数密度 n_0、热力学温度 T 的关系为

$$p = n_0 kT$$

得

$$n_0 = \frac{p}{kT}$$

按题意,水蒸气分子的平均速率可表述为

$$\bar{v} = c\sqrt{T}$$

式中,c 为比例系数。Δt 时间内,通过 ΔS 水平面积打入水中的水蒸气分子数 ΔN 正比于以 $\bar{v}\Delta t$ 为长度、ΔS 为底面积的柱体内的水蒸气分子数,即有

$$\Delta N = \beta n_0 (\bar{v}\Delta t) \Delta S$$

式中,β 为比例系数。单位时间内通过单位水平面积打入水中的分子数便为

$$n = \frac{\Delta N}{\Delta t \Delta S} = \beta n_0 \bar{v}$$

将 $n_0 = \frac{p}{kT}$ 和 $\bar{v} = c\sqrt{T}$ 代入,便得

$$n = \frac{\beta c p}{k\sqrt{T}}$$

水蒸气与水处于平衡状态时,单位时间内通过单位面积水面的蒸发成为水蒸气的水分子数也为上述 n 值。

已知 100 ℃(折合成 $T = 373$ K)时的饱和水蒸气压强 $p_{100} = 760$ mmHg,而 14 ℃(折合成 $T = 287$ K)时的饱和水蒸气压强 $p_{14} = 12.0$ mmHg,故所求比值为

$$n_{100} : n_{14} = \frac{p_{100}}{\sqrt{373}} : \frac{p_{14}}{\sqrt{287}} = 56$$

本题可以说是对饱和蒸气压形成的一个微观解释,考查了答题者对气体分子运动方面内容的理解与运用能力。实际上,学习竞赛的同学已经知道分子速率与温度的关系,但本题的解答并不要求运用具体关系,仅需题述条件即可。

在处理气体分子运动的相关问题时,一定要正确理解分子运动的"微观无序,宏观有序"的特性,且"宏观有序"建立在统计平均的基础上。

在竞赛中,气体分子的运动规律特性及其研究方法很容易被迁移到对各种小颗粒运动(如尘埃、钢球)的研究上。对这种迁移,同学们一定要充分地利用类比法,同时也要寻找差异。

此外,上述解答中关于 $n = \beta n_0 \bar{v}$ 的结论亦可通过下述方法得到:

显然 n 只与 n_0 和 $\bar{v}$ 相关且为正相关,但关联的指数无法定性给出,可设
$$n = \beta n_0^a \bar{v}^b$$
式中,β 为无量纲的比例系数,n、n_0、$\bar{v}$ 的单位分别为 $\mathrm{m^{-2} \cdot s^{-1}}$、$\mathrm{m^{-3}}$、$\mathrm{m \cdot s^{-1}}$,则
$$\mathrm{m^{-2} \cdot s^{-1}} = (\mathrm{m^{-3}})^a \cdot (\mathrm{m \cdot s^{-1}})^b$$
由此可解得 $a=1, b=1$。所以,$n = \beta n_0 \bar{v}$。

显然,这种方法是量纲分析法。

题 094 高压锅

压力锅的构造如图1所示,锅体一般用不锈钢做成,锅盖上装有安全泄气阀,使用时锅盖密封不透气。当锅底加热时,锅内的水蒸发,使得锅内的气体压力增大,因而升高水的沸点,达到快煮的功效。安全泄气阀的作用在于保障锅内气体的压力维持在设定值。

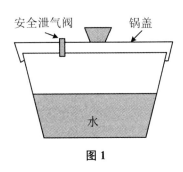

图1

假设锅内的容量为 2 L,安全泄气阀的压力设定值为 5 atm,起始时锅内装有 1 L 的水,水面上的空气压力为 1 atm(空气内所含的微量水蒸气压力极低,可忽略不计),室温为 25 ℃。今将锅盖封紧,在锅底面加热,问:在不泄气的状况下锅内的水温最高可达多少(℃)?有多少克的水被蒸发?(容器及其内的水的体积热膨胀可忽略不计。气体常数为 $0.082\,\mathrm{atm \cdot L/(mol \cdot K)}$。)

水在不同温度时的饱和蒸气压如表1所示。

表1

温度/℃	100	105	110	115	120	125	130	135	140	145	150
饱和蒸气压/mmHg	760	906	1075	1268	1489	1741	2026	2347	2711	3117	3570
温度/℃	155	160	165	170	175	180	185	190	195	200	…
饱和蒸气压/mmHg	4076	4636	5256	5940	6694	7520	8423	9413	10489	11659	…

【解析】 高压锅是日常的生活用品,大家应该都很熟悉它的功能及使用,但未必都能说清楚它的原理。

如题目所说,密封的高压锅被加热后,随着水的蒸发,高压锅内水蒸气的压强增大,同时

锅内原有空气的压强也会增大。根据道尔顿分压定理，锅内的压强为水蒸气的压强与空气的压强之和。不过，这两个压强的变化规律并不是一样的。

在没有漏气时，锅内空气的量是一定的，可以想象水汽化后的体积会增大约1000倍，因此锅内只会有少量的水会汽化，故锅内气体的体积可视为不变，则可由气体的克拉珀龙方程得到空气压强与温度的关系。

对于锅内水蒸气的压强，题目只给出了饱和蒸气压与温度间的对应数据，我们需要从这些数据中找到饱和蒸气压与温度的关系，这就需要我们拟合 p-t 图线。通过图线，若能找到相应的函数关系，自然是再好不过了；若不到函数关系，就只能利用图像来处理数据了。当然，在日常的学习中我们已经知道这个关系是非线性的，所以图像处理是解答本题的必由之路。

首先应清楚由题目给出的表得到的非线性图线就是所要讨论的物理量之间的函数关系，这个关系只是不能用我们能够处理的函数表达而已；其次需要找到这两个物理量所必须遵循的规律，这个规律一般是可以用常规函数描述的，我们在坐标图像上作出函数图像，便能得到满足条件的解了。本题就需要根据锅内的压强由空气与水蒸气共同形成且总压强为 5 atm 来确定这个关系。

此外，有人将表 1 中的饱和蒸气压理解为蒸气压与空气压强的和，显然是不正确的。

先计算锅内空气的量。

设起始时锅内空气分子的物质的量为 n_a，则由克拉珀龙方程有
$$pV = n_a R T_0$$
代入数据解得 $n_a = 0.041$ mol。

再确定在总压强为 5 atm 的前提下水蒸气压强应满足的规律。

当安全泄气阀被顶起时，设有 n_w 的水蒸发，其分压为 p_w；此时空气的分压为 p_a，混合气体的体积为 V'，温度为 T，则
$$p_a V' = n_a RT, \quad p_a + p_w = 5$$
因为蒸发的水量很小，又容器及其内的水的体积热膨胀可忽略不计，所以 $V' \approx 1$ L。

利用上述两式及 $T = 273 + t$ 可得
$$p_w = 4.08 - 3.362 \times 10^{-3} t$$

利用表 1 中所列水的饱和蒸气压-温度的关系数据，作出图 2 中水的饱和蒸气压与温度的图线，同时在图中作出 $p_w = 4.08 - 3.362 \times 10^{-3} t$ 图线，则由图可得 $p_w = 2700$ mmHg，$t = 140$ ℃，代入 $p_w V' = n_w RT$，进而可解得 $n_w = 0.11$ mol，$m_w = 2.0$ g。

若无泄气，则只有 2 g 的水蒸发（体积可忽略），但水温可达 140 ℃。

但上述解答并没有考虑到安全泄气阀实质上是一个自动阀门。当锅内的压强达到 5 atm 时阀门打开，释放锅内的气体，锅内压强降低，则锅内的水沸腾，迅速汽化，排出锅内原有的气体。随着锅内原有的空气迅速排出，锅内只剩下水蒸气，而此温度下的水的饱和蒸气压并没有达到 5 atm，于是阀门又自动封闭，直到水温上升到饱和蒸气压达到 5 atm（3800 mmHg）为止。从饱和蒸气压的 p-t 图线可以看到，此时水的温度约为 154 ℃，这才是

水可达到的温度。

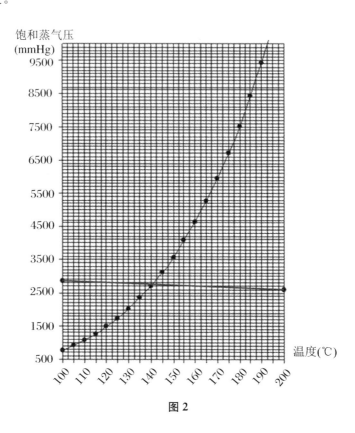

图 2

题 095　混合饱和蒸气

把质量为 $m_1 = 100$ g 的 N_2 与未知质量的 O_2 混合，在温度 $T = 77.4$ K 的条件下，让单位体积的混合气体作等温压缩。混合后气体压强和体积的关系如图 1 所示。

(1) 确定 O_2 的质量 m_2；

(2) 计算 $T = 77.4$ K 时饱和 O_2 的压强 p_2。

说明：$T = 77.4$ K 是在 1 标准大气压下液态氮的沸点，液态氧的沸点更高。

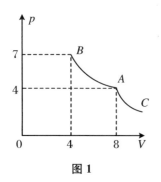

图 1

【解析】　本题至少在如下三方面为解答者预埋了陷阱或设置了障碍：一是题目要求解混合气中 O_2 的质量 m_2 与饱和 O_2 的压强 p_2 两个具体的量，而题图中只给出了压强与体积大小的数值，并没有给出相应的单位。这很容易让我们忽略而想当然地赋予常用单位。显然这是为我们的计算挖了一个坑，答题者稍不小心,便会掉进坑中。二是混合气的初态并没有作文字上的交代,开始是否存在某种饱和气,在压缩过程中哪种气体先达到饱和等都不确定,然而通过定性的分析又很难得到结果。这让许多解答者踟蹰不前。三是处于饱和状态下的气体在等温压缩过程中压强不变,这一隐含条件往往被解答者忽略。

上述第一点应该是一个较为普遍的问题。对于一个坐标图像的识别包含了对数轴所代表的物理量、原点及坐标的单位的识别。本题中,只要明确图像中的数据只是针对过程的一个比例,结合题中的说明——$T=77.4\text{ K}$ 是在 1 标准大气压下液态氮的沸点,就容易理解图像中的数据只是一个相对值。

压缩曲线在 B 处终止,说明两种气体在 B 处均为饱和状态;而在 A 处存在拐点,说明两种气体中有一种在此处出现饱和。哪种气体饱和呢?由于无法通过定性分析得到结果,故需要定量计算作出判断。

不妨设 N_2 与 O_2 的饱和气压分别为 p_1 与 p_2,同时设图 1 中压强的单位为 p_0,体积的单位为 V_0。依题意有 $p_1=1\text{ atm}$,且 $p_1>p_2$。

(1) 假设在压缩过程中 N_2 比 O_2 先达到饱和状态。由图 1 可知,从 A 点起 N_2 的压强达到饱和气压。设在 A 处 O_2 的压强为 p_2',利用状态方程和分压定律,则在 A 点和 B 点分别有

$$p_1+p_2'=4p_0, \quad p_1+p_2=7p_0$$

考虑到在从 $A\to B$ 的过程中,N_2 一直处于饱和状态,压强不变,而 O_2 的质量不变,作等温变化,有

$$p_2'(4V_0)=p_2'(8V_0)$$

得

$$p_2=2p_2'$$

从而有

$$p_1=p_0, \quad p_2=6p_0>p_1$$

这与条件矛盾,故一定不是 N_2 先达到饱和状态。

(2) 现在讨论 O_2 先达到饱和状态的情况。仍然是从 A 点起,O_2 的压强达到饱和气压。设在 A 处 N_2 的压强为 p_1',利用状态方程和分压定律,则在 A 点有

$$p_1'+p_2=4p_0, \quad p_1'(8V_0)=\frac{m_1}{\mu_1}RT, \quad p_2(8V_0)=\frac{m_2}{\mu_2}RT$$

式中 μ_1、μ_2 分别为 N_2 与 O_2 的摩尔质量;在 B 点有

$$p_1+p_2=7p_0$$

考虑到从 $A\to B$ 的过程中,氮气质量不变,有

$$p_1(4V_0)=p_1'(8V_0)$$

得

$$p_1=2p_1'$$

从而有

$$p_1 = 6p_0, \quad p_2 = p_0$$

因为 $p_1 = 1$ atm,所以

$$p_2 = \frac{1}{6} \text{ atm}, \quad m_2 = 38.1 \text{ g}$$

即 O_2 的质量为 38.1 g；$T = 77.4$ K 时 O_2 的饱和压强为 $\frac{1}{6}$ atm。

从解答中可以看到，两种混合气体在等温压缩时，饱和蒸气压高的会先一步到达饱和状态，但这一结论是通过计算得出的。很多资料中在解答此题时，直接给出了"氧气先达到饱和"这一结论，这是不严谨的解答，在考试中有可能被扣除一定的分值。

很多同学在学习过程中，在处理问题时，认为自己会做就够了，这种想法是有误的。从应试的角度看，对一道试题我们不应仅仅满足于会做及做对，还必须保证得分，要明白做对并不等同于能得分，应尽可能地避免不必要的失分。

在审题过程中，许多同学对题尾的说明理解不了。对于这一点，不妨联系酒精与水作对比。在 1 标准大气压下，酒精的沸点为 78 ℃，水的沸点为 100 ℃，那么在 78 ℃时水的饱和蒸气压便小于 1 标准大气压。仿照题目的说明，便是：$T = 315$ K 是在 1 标准大气压下液态酒精的沸点，水的沸点更高。这也就是解答过程中 $p_1 > p_2$ 的依据。

题 096　饱和水蒸气与汽化热

在一个横截面积为 S 的密闭容器中，有一个质量为 M 的活塞把容器隔成Ⅰ、Ⅱ两室，Ⅰ室中为饱和水蒸气，Ⅱ室中有质量为 m 的氮气，活塞可在容器中无摩擦地滑动。开始，容器被水平地放置在桌面上，活塞处于平衡时，活塞两边气体的温度均为 $T_0 = 373$ K，压强同为 p_0，如图 1 所示。今将整个容器缓慢地转到图 2 所示的直立位置，两室内的温度仍是 T_0，并有少量水蒸气液化成水。已知水的汽化热为 L，水蒸气和氮气的摩尔质量分别为 μ_1 和 μ_2。求在整个过程中Ⅰ室内的系统与外界交换的热量。

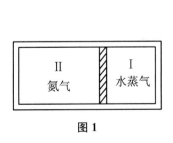

图 1

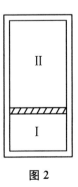

图 2

【解析】 在容器由图 1 向图 2 变化的过程中，依据题目的描述，我们很容易判断出Ⅱ室中的氮气作等温膨胀,它对外做功,而内能不变,说明它与外界有热交换,但这不是题目设置的问题,因此不要被其干扰。Ⅰ室中为饱和水蒸气,且温度 $T_0 = 373$ K,即 $100\ ℃$,说明水蒸气的压强 $p_0 = 1$ atm。这些数据是确定的,它会让你预感问题可能要通过定量计算来处理,然而这些都是命题人设置的障眼法。

实际上,Ⅰ室中始终是温度为 $T_0 = 373$ K、压强为 $p_0 = 1$ atm 的饱和水蒸气,只是体积变小了,这表明有部分水蒸气液化成了水,正是这一部分水蒸气在液化成水的过程中释放出的热量传到了系统外。所以,只要求出了液化水蒸气的质量,即可得到系统与外界交换的热量。

设当容器处于初始位置时氮气的体积为 V_2,当容器处于直立位置时氮气的体积为 $V_2 + \Delta V$,压强为

$$p = p_0 - \frac{Mg}{S}$$

因为

$$p_0 V_2 = \frac{m}{\mu_2} R T_0, \quad p(V_2 + \Delta V) = \frac{m}{\mu_2} R T_0$$

所以

$$\Delta V = \frac{MgV_2}{p_0 S - Mg}$$

设水蒸气转变成水的部分的质量为 Δm。因为只有少量的水蒸气变为水,所以水的体积可以忽略不计,于是水蒸气的体积变化了 ΔV,其压强仍为 p_0。由 $p_0 \Delta V = \frac{\Delta m}{\mu_1} R T_0$ 得

$$\Delta m = \frac{\mu_1 p_0 \Delta V}{R T_0}$$

所以

$$\Delta m = \frac{\mu_1 p_0}{R T_0} \frac{MgV_2}{p_0 S - Mg} = \frac{\mu_1}{\mu_2} \frac{Mg}{p_0 S - Mg} m$$

则Ⅰ室内的系统向外界放出的热量为

$$Q = \Delta m L = \frac{\mu_1}{\mu_2} \frac{Mg}{p_0 S - Mg} mL$$

对于这一结果,我们给予质疑。我们应该注意到,在容器由图 1 向图 2 变化的过程中,气缸内的活塞在不断地压缩Ⅰ室中的气体。这一过程中活塞在对气体做功,由于活塞与Ⅰ室气体接触部位的压强始终都是 p_0,不难求出这一功的大小为

$$W = p_0 \Delta V = \frac{p_0 MgV_2}{p_0 S - Mg} = \frac{m}{\mu_2} \frac{Mg}{p_0 S - Mg} R T_0$$

这个由活塞输入给Ⅰ室的能量最终也通过Ⅰ室中的气体转化为热量而转移到系统外,所以Ⅰ室内的系统向外界放出的热量为

$$Q = \frac{\mu_1}{\mu_2} \frac{Mg}{p_0 S - Mg} mL + \frac{m}{\mu_2} \frac{Mg}{p_0 S - Mg} R T_0$$

这种看似"理由充分"的质疑,实际上是因为对汽化热的理解有偏差。

我们知道,一定要明确说明液体的汽化热是什么压强、什么温度下的汽化热,因为液体在汽化的过程中需要排开液体表面处原有的气体,这需要对外做功。没有这个做功过程,液体是不能汽化的。所以,汽化热包含了这个做功量。液化作为汽化的逆过程,释放的热量也必定包含了外界压缩气体的做功量。因此,前面解答过程中不考虑活塞对 I 室气体的做功是正确的。

分析容器由图 1 向图 2 变化的过程时,若完全忽视活塞的做功,则你的思维可能存在缺陷;若理解错误,则说明你的知识体系存在缺陷。所以,在日常教学中本题应该是用来理解汽化热的一道非常好的例题。

题 097　热力学过程分析

摩尔质量为 M、定容摩尔热容量为 C_V 的理想气体经历的过程如图 1 所示。在此 p-V 坐标系中,若把 x 过程向下平移 $p_0(p_0>0)$,则所得的曲线刚好是该理想气体温度为 T_0 的等温过程。

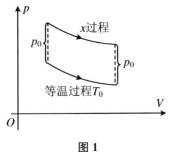

图 1

(1) 试确定 x 过程中的温度下限,并指明该温度在过程曲线的哪个部位。

(2) 试导出 x 过程中摩尔热容量 C 与压强 p 的定量关系式。

【解析】　一定质量的气体在状态发生变化时,压强(p)、体积(V)、温度(T)三个状态参量始终满足 $\dfrac{pV}{T}$ = 常量,但在具体过程中 p-V、p-T、T-V 的变化规律却未必相同,我们所熟知的等温过程、等容过程、等压过程、绝热过程只是众多的变化过程中比较容易讨论的过程。在竞赛中,命题人常常根据需要,约定在气体状态变化过程中 p-V、p-T 或 T-V 遵循我们所熟知的某个等值变化之外的规律,让我们依据此规律来讨论该过程中其他状态参量的变化特性和做功,吸热、放热及内能的变化情况。这类问题的处理基本上都涉及理想气体的状态方程、克拉珀龙方程、热力学第一定律的应用。大家可以从本题的解答中体会这一点。

(1) 依题意,利用过程曲线 x 与 T_0 等温线的几何关系,可得其状态变化的过程方程为
$$(p-p_0)V = nRT_0$$
与状态方程 $pV = nRT$ 联立,消去 p,即可得 T-V 过程方程为
$$T = T_0 + \frac{p_0}{nR}V$$
因 V 恒为正,故该过程中温度的上限为无穷大(当 $V \to \infty$ 时),下限为 T_0(当 $V \to 0$ 时)。

(2) 将过程热容量记为 C,依据热力学第一定律,有
$$nC\Delta T = p\Delta V + nC_V\Delta T$$
又由 T-V 关系式可得
$$\Delta V = \frac{nR}{p_0}\Delta T$$
所以
$$C = \frac{R}{p_0}p + C_V$$

当 $p = p_0$ 时,$C = R + C_V = C_p$(等压热容量),对应的 C-p 曲线如图2所示。

在竞赛中涉及气体状态变化过程的习题有很多,如同本题一样,基本上都是讨论过程中状态参量间的变化规律和做功、吸热、放热及内能的变化。我们一般可灵活地运用下列关系处理问题:

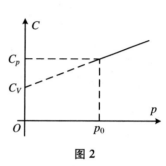

图 2

① 气态方程:$pV = nRT$。

② 热力学第一定律:$\Delta E = W + Q = \frac{m}{M}C_V\Delta T$。

③ 功:$W = \pm$(p-V 图中过程曲线与 V 轴所围的面积)。

④ 过程方程:由过程曲线的几何关系找出过程的 $p = p(V)$ 关系式,如等温过程($pV = C$)在 p-V 图中是双曲线的一支,而同样的图线出现在 V-T 图中时表示的过程方程为 $VT = C$ 或 $PV^2 = C'$。

大家不要狭隘地认为只有体现 p、V、T 之间关系的才是过程方程,热力学第一定律和热容量体现的规律也是过程方程,它们之间是可以互推的,如本题中 $C = \frac{R}{p_0}p + C_V$ 就是过程方程。

作为本题的练习,大家不妨从 $C = \frac{R}{p_0}p + C_V$ 出发,在设置相关的条件下,推出气体变化过程的 p-V 关系。

题 098 热力学过程及热容量

质量为 M、摩尔质量为 μ、质量定容热容为 $c_V = \frac{3R}{2\mu}$ 的理想气体经历的直线过程如图 1 所示。

(1) 试确定此过程的 T-V 关系,并画图。

(2) 试确定此过程的比热 c 与体积 V 之间的关系,画出 c-V 曲线,并依据 $c = \frac{\Delta Q}{M\Delta T}$ 对各段曲线 c 值的正、负及吸热、放热区域作定性解释。

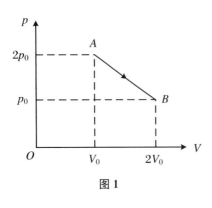

图1

【解析】 对气体的热力学过程进行分析与计算是竞赛生的基本功。当然，所有的分析与计算都是基于相应的热力学过程方程进行的。但我们应该清楚的是，气体的热力学过程并不单指气体变化过程中的压强 p、体积 V、温度 T 之间的关系 $f(p,V,T)=0$，而是一切与热力学变化过程相关的参量之间的关系，如热容量 C 与体积 V 之间的关系 $f(C,V)=0$。同样，描述过程变化所遵循的规律的热力学第一定律 $\Delta W+\Delta Q=\Delta U$ 本身也是过程方程。对气体变化的过程进行分析与计算，基本上都是根据命题人设置的路径，将给定的过程方程（往往不涉及要求解的参量）向涉及要求解的参量的过程方程进行过渡，然后再求解。这必然会涉及理想气体的状态方程、克拉珀龙方程、热力学第一定律等的应用。

命题人也并非直接给出过程方程，有可能提供图像，也有可能提供变化过程所涉及的规律，但这些并不是重要的，重要的是根据命题人所给出的条件推出我们所需要的过程方程。

下面通过本题的解答来说明这一点。

(1) 由题给 p-V 图，我们可以得到气体的压强与体积的关系为

$$p=-\frac{p_0}{V_0}V+3p_0$$

与理想气体的克拉珀龙方程 $pV=\dfrac{M}{\mu}RT$ 联立，消去 p，可得气体的温度与体积的关系为

$$T=-\frac{\mu p_0}{MRV_0}V^2+\frac{3\mu p_0}{MR}V=-\frac{\mu p_0}{MRV_0}\left(V-\frac{3}{2}V_0\right)^2+\frac{9p_0V_0}{4MR}$$

可见过程的 T-V 关系曲线是抛物线，如图2所示。由图可知，温度的极大值与极小值分别为

$$T_{\max}=\frac{9\mu p_0V_0}{4MR},\quad T_{\min}=\frac{2\mu p_0V_0}{MR}$$

命题人通过图像给出了 p-V 关系，要求我们利用相关规律确定 T-V 关系，当然也可以让我们确定 T-p 关系。这是此类命题的一般性思维模式，但这只是起步，命题人一般都会以此作为出发点继续深化。

对于 T-V 关系曲线有一点必须说明：很多同学作 T-V 关系曲线时，根据关系式作出完整的抛物线图像，而忽视了气体变化过程只是在 $V\in[V_0,2V_0]$ 区

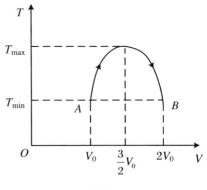

图2

间内。在此区间外是否满足这一关系并不在我们的讨论范围内。因此，在作 T-V 关系曲线时，在此区间外，要么不作，要么用虚线表示。

(2) 在气体的变化过程中外界对气体做的功 ΔW、气体吸收的热量 ΔQ 及内能的增量 ΔU 分别为

$$\Delta W = -p\Delta V, \quad \Delta Q = cM\Delta T, \quad \Delta U = c_V M\Delta T$$

根据热力学第一定律 $\Delta W + \Delta Q = \Delta U$,在本题所讨论的过程中有

$$\Delta Q = \Delta U + p\Delta V = Mc_V\Delta T + \left(-\frac{p_0}{V_0}V + 3p_0\right)\Delta V$$

由 T-V 关系可得

$$\Delta T = \left[-\frac{\mu p_0}{MRV_0}(V+\Delta V)^2 + \frac{3\mu p_0}{MR}(V+\Delta V)\right] - \left(-\frac{\mu p_0}{MRV_0}V^2 + \frac{3\mu p_0}{MR}V\right)$$

$$= \frac{\mu p_0}{MR}\left(3 - 2\frac{V}{V_0}\right)\Delta V$$

上式在运算中考虑到 ΔV 为小量,忽略了高阶小量$(\Delta V)^2$。

将 c_V、$\Delta Q = cM\Delta T$ 及 ΔT 代入 ΔQ 的表达式,可得

$$c = \frac{15V_0 - 8V}{3V_0 - 2V}\frac{R}{2\mu}$$

上式表明,$V = \frac{3}{2}V_0$ 为 c-V 图线的渐近线,$V = \frac{15}{8}V_0$ 时 c 为零,再结合 A、B 处的体积,可得 c-V 曲线如图3所示。

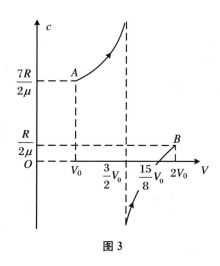

图 3

结合图2、图3,可对 c 值的正、负及吸热、放热区域讨论如下:

① $V \to \frac{3}{2}V_0$ 段:由图3可知 c 为正值,由图2可知温度上升,$\Delta T > 0$,则 $\Delta Q = cM\Delta T > 0$,气体吸热。此段在接近 $\frac{3}{2}V_0$ 处,温度 T 几乎不变,与等温过程相近,ΔT 几乎为零,故 c 趋于 $+\infty$。

② $\frac{3}{2}V_0 \to \frac{15}{8}V_0$ 段:由图3可知 c 为负值,由图2可知温度下降,$\Delta T < 0$,则 $\Delta Q = cM\Delta T > 0$,气体吸热。在接近 $\frac{3}{2}V_0$ 处,温度 T 几乎不变,与等温过程相近,ΔT 几乎为零,故 c 趋于 $-\infty$;在 $\frac{15}{8}V_0$ 处,$c = 0$,与绝热过程相同。

③ $\frac{15}{8}V_0 \to 2V_0$ 段:由图3可知 c 为正值,由图2可知温度下降,$\Delta T < 0$,则 $\Delta Q = cM\Delta T < 0$,气体放热。

本题通过图像来确定极值,既能看到变化的区间,也能看清变化的趋势,清晰而明了。利用 c-V 曲线,能清楚地看到 $V \to \frac{3}{2}V_0$ 时 c 值所具有的特点,所对应的过程为等温过程,而

$V=\dfrac{15}{8}V_0$ 的点既是 $c=0$ 的特殊点也是 c 值正、负的转折点。通过图像分析,将气体变化的过程与相关的物理量有机地结合起来了。

本题的结论还纠正了许多人的一种习惯性错误认识,即"物体吸热升温,物体放热降温"。

本题通过图像给出气体变化的过程方程,以此作为出发点,讨论热力学过程中各参量的变化特征,考查了学生对物理规律理解的深度与运用的熟练程度,是热力学过程分析的一道典型题。其解答过程体现了此类问题的一般解答思路及相关规律的应用,值得大家认真揣摩。

题 099　循环过程

如图 1 所示,物质的量为 n 的理想气体经过 1—2—3—1 的循环过程,过程 1—2 和 2—3 在图中是直线段,而过程 3—1 可表达为 $T=0.5T_1(3-\beta V)\beta V$,式中 β 是未知的常数,T 是绝对温标的温度,求气体在一个循环过程中所做的功。

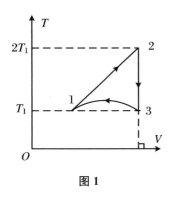

图 1

【解析】　气体的循环过程是中学物理竞赛中考查的热点内容之一。对于这类问题,命题人通常设置由几个不同的子过程组成的循环过程,如本题是由 1—2、2—3 和 3—1 三个子过程组成的循环过程。在这些子过程中,有我们熟悉的,也有命题人独具匠心约定的,但不论是什么样的循环过程,讨论的无非是过程中的做功、吸/放热、温度的变化与极值、循环的效率等问题。

气体的做功可在 p-V 图上通过循环所围的面积比较直接地显示,计算起来也较为方便。命题人往往并不给出 p-V 关系,刻意将气体的变化过程反映到 p-V 图中,呈现的是直线状态,当然也不排除二次曲线的可能性。

对于此类循环问题,我们首先要解决的就是找出气体变化过程中压强(p)与体积(V)之间的关系,然后通过热力学第一定律,将功、热量、内能联系起来,建立条件与待解问题之间的关系。本题的解答如下:

将循环过程反映到 p-V 图上,解答比较方便,为此将过程 3—1 的温度表达式通过克拉珀龙方程变为

$$p = 0.5nRT_1\beta(3-\beta V)$$

可见,在这个过程中压强随体积的变化呈线性关系。因此,在 p-V 图上,点 1、3 可以用一段直线来连接,各指定状态气体的体积可以通过解代表过程 3—1 的二次方程来求解。

将 $T=T_1$ 代入 $T=0.5T_1(3-\beta V)\beta V$,由此得

$$V_1 = 1/\beta, \quad V_2 = 2/\beta$$

即 $V_2 = 2V_1$。

这表明,过程 1—2 是气体在常压 $p = nR\beta T_1$ 下的膨胀。在过程 2—3 中气体体积不变,而压强和温度减小为原来的 1/2。故在 p-V 图上循环过程曲线是一个直角三角形,循环方向为顺时针,如图 2 所示,该循环中所做的功为直角三角形所围面积,即

$$W = 0.25 nRT_1$$

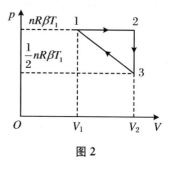

图 2

题 100 卡诺循环

某空调器按可逆卡诺循环运转,其中的做功装置连续工作时所提供的功率为 P_0。

(1) 夏天室外温度恒为 T_1,启动空调器连续工作,最后可将室温降至恒定的 T_2。室外通过热传导在单位时间内向室内传输的热量正比于 $T_1 - T_2$(牛顿冷却定律),比例系数设为 A。试用 T_1、P_0 和 A 来表示 T_2。

(2) 当室外温度为 30 ℃ 时,若这台空调只有 30% 的时间处于工作状态,室温可维持在 20 ℃。试问:室外温度最高为多少时,用此空调器仍可将室温维持在 20 ℃?

(3) 冬天,可将空调器吸热、放热反向。试问:室外温度最低为多少时,用此空调器可将室温维持在 20 ℃?

【解析】 工作物质只在两个有恒定温度的高、低温热源间吸、放热,所构成的循环为卡诺循环。显然,它由两个等温过程与两个绝热过程构成,是一种理想状况。卡诺循环是所有热循环中的典型代表,对循环过程中做功、吸热的研究是竞赛必须练习的基本功。对于本题所说的可逆热机,答题者应该清楚:

① 卡诺热机的效率为 $\eta = 1 - \dfrac{T_2}{T_1}$,卡诺制冷机的制冷系数为 $\varepsilon = \dfrac{T_2}{T_1 - T_2}$。它们都只由两个热源的温度确定。

② 由于任意可逆循环的"热温比"之累加为零,对于卡诺循环而言,在高温(T_1)吸热 Q_1 与在低温(T_2)放热 Q_2 之间满足 $\dfrac{Q_1}{T_1} = \dfrac{Q_2}{T_2}$。

上述两点可作为解答卡诺循环问题的辅助条件,注意灵活运用。

在本题中,夏天空调机为制冷机,作逆向卡诺循环,从室内吸热,向室外放热,对工作物质做功。为保持室温恒定,空调器从室内吸热等于室外向室内通过热传导传输的热量。冬天刚好相反,空调器为热机,作顺向卡诺循环,从室外吸热,向室内放热。为保持室温恒定,空调器向室内放热应等于室内向室外通过热传导传输的热量。

(1) 夏天,空调器为制冷机,单位时间内从室内吸热 Q_2,向室外放热 Q_1,空调器的平均

功率为 P, 则 $Q_1 = Q_2 + P$。对可逆卡诺循环,有

$$\frac{Q_1}{T_1} = \frac{Q_2}{T_2}$$

得

$$Q_2 = \frac{T_2}{T_1 - T_2}P$$

通过热传导传热 $Q = A(T_1 - T_2)$, 由 $Q = Q_2$ 得

$$T_1 - T_2 = \sqrt{\frac{P}{A}T_2}$$

从而得

$$T_2 = T_1 + \frac{1}{2}\left[\frac{P}{A} - \sqrt{\left(\frac{P}{A}\right)^2 + \frac{4PT_1}{A}}\right]$$

因为空调器连续工作,式中 $P = P_0$,所以

$$T_2 = T_1 + \frac{1}{2}\left[\frac{P_0}{A} - \sqrt{\left(\frac{P_0}{A}\right)^2 + \frac{4P_0 T_1}{A}}\right]$$

(2) $T_1 = 303 \text{ K}, P = 0.3P_0, T_2 = 293 \text{ K}$,而所求的是 $P = P_0$ 对应的 T_1 值,记为 $T_{1\max}$,则

$$T_1 - T_2 = \sqrt{\frac{0.3P_0}{A}T_2}, \quad T_{1\max} - T_2 = \sqrt{\frac{P_0}{A}T_2}$$

解得

$$T_{1\max} = T_2 + \frac{T_1 - T_2}{\sqrt{0.3}} = 311.26 \text{ K} = 38.26 \text{ °C}$$

(3) 冬天,空调器为热机,单位时间内从室外吸热 Q_1',向室内放热 Q_2',空调器连续工作,功率为 P_0,有

$$Q_2' = Q_1' + P_0, \quad \frac{Q_1'}{T_1'} = \frac{Q_2'}{T_2}$$

得

$$Q_2' = \frac{T_2}{T_2 - T_1'}P_0$$

由热平衡方程得

$$A(T_2 - T_1') = \frac{T_2}{T_2 - T_1'}P_0$$

从而得

$$T_1' = T_2 - \sqrt{\frac{P_0}{A}T_2} = T_2 - (T_{1\max} - T_2) = 2T_2 - T_{1\max} = 274.74 \text{ K} = 1.74 \text{ °C}$$

若空调器连续工作,则当冬天室外温度最低为 1.74 °C 时仍可将室温维持在 20 °C。

由于热力学第二定律的数学表述一般不作要求,故用不了条件 $\frac{Q_1}{T_1} = \frac{Q_2}{T_2}$。若补上这一条件,本题即便是初中生也能完成。这种现象使我们在竞赛中对知识的学习产生了一定的迷

惑:是该更多地学习知识还是基于所要求掌握的知识来训练解题能力? 这几乎是所有竞赛生与竞赛教练都会遇到的问题。在这一点上,我们并不作硬性的要求,一般会在学习过程中找到一个平衡点,既要保证适当的训练,又不能过度拔高知识点的学习。如何做到平衡,真的是因人而异。但我们不能将知识的拔高学习代替解题能力训练的竞赛学习。

题 101 热容变化的气体循环

已知物质的量为 n 的某理想气体在 $T<2T_0$ 时的定容热容 $C_{V1}=\alpha nR$,在 $T>2T_0$ 时的定容热容 $C_{V2}=\beta C_{V1}$,其中 α、β 均为大于 1 的常量,该气体经历的循环过程 $ABCDA$ 是如图 1 所示的矩形。

(1) 试求状态 D 的温度 T_D,并画出循环过程中系统内能随温度 T 变化的图线。

(2) 试计算循环过程的效率 η。

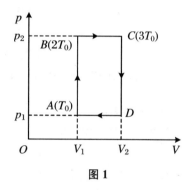

图 1

【解析】 通常,我们讨论的气体循环是在一定的质量或物质的量下进行的,对象明确为单原子分子或双原子分子,即气体分子的自由度 i 是确定的。换句话说,该气体在循环过程中,内能的表述 $U=\dfrac{i}{2}nRT$ 是确定的。

某多原子分子气体在高温下分解,某一气体的运动自由度在某个温度下被激发,这些都会导致内能表述的变化,而这些变化都隐含在过程中,需要答题者进行挖掘。

初看本题中理想气体所经历的循环过程曲线呈矩形:$A\to B$ 为等容升压,$B\to C$ 为等压膨胀,$C\to D$ 为等容降压,$D\to A$ 为等压压缩。如果没有定容热容在温度 $2T_0$ 下的变化(实际上可认为是自由度的激活),本题的解答对竞赛生而言应该是基本的要求了。而定容热容在温度 $2T_0$ 下的变化给本题的解答带来了预想不到的难度,有的同学纠结于定容热容为何会发生变化而不再往下思考,从而无法完成解答。

本题的解答如下:

设 A 状态参量为 p_1、V_1、T_0,B 状态参量为 p_2、V_1、$2T_0$,C 状态参量为 p_2、V_2、$3T_0$,D 状态参量为 p_1、V_2、T_D。

(1) 由理想气体状态方程可知

$$\frac{p_2}{p_1}=\frac{2T_0}{T_0},\quad \frac{p_2}{p_1}=\frac{3T_0}{T_D}$$

得

$$T_D=\frac{3}{2}T_0$$

由此可知，在 $C \rightarrow D$ 过程中存在状态 F，在该状态时温度为 $2T_0$。

理想气体的内能为 $E = C_V T$，A 状态内能为 $E_A = C_{V1} T_0 = \alpha n R T_0$，其他状态的内能依次为

$$E_B = C_{V1} \cdot 2T_0 = 2\alpha n R T_0$$
$$E_C = C_{V2} \cdot 3T_0 = 3\beta \alpha n R T_0$$
$$E_F = C_{V2} \cdot 2T_0 = 2\beta \alpha n R T_0$$
$$E_D = C_{V1} \cdot 1.5T_0 = 1.5\alpha n R T_0$$

又在 B、F 状态（温度均为 $2T_0$）时，定容热容量发生了突变，这意味着该理想气体分子的某一运动自由度刚好在 $2T_0$ 时被激发。因此，系统在 B 状态时会出现不升温的吸热，内能变为 $E_B = C_{V2} \cdot 2T_0 = 2\beta \alpha n R T_0$；在 F 状态时会出现不降温的放热，内能变为 $E_F = C_{V1} \cdot 2T_0 = 2\alpha n R T_0$。所以，$U$ 和 T 的关系应完整地表达为

$$\begin{cases} E = C_{V1} T = \alpha n R T & (T < 2T_0) \\ E = C_{V2} T = \beta \alpha n R T & (T > 2T_0) \\ \alpha n R T < U < \beta \alpha n R T & (T < 2T_0) \end{cases}$$

循环过程中系统内能 U 随温度 T 变化的图线如图 2 所示。

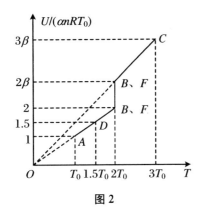

图 2

注意，图线中从 A 状态到 B 状态的等容过程不经过 D 状态，从 B 状态到 C 状态的等压过程不经过 F 状态。同样，从 C 状态到 D 状态的等容过程不经过 B 状态，但经过 F 状态。又 B、F 状态的温度相同，所以内能也相同，图中用同一点表示。另外，B、F 状态的温度 $2T_0$ 刚好是定容热容量发生突变的温度，出现了不升温的吸热或不降温的放热，导致内能变化，所以两者在图中是一段等温线。同样，D 状态也不是 AB 过程中的状态，但与 AB 过程中某状态具有相同的内能和温度。

(2) 在一个循环过程中，气体对外做功的大小为图中矩形面积，即

$$W = (p_2 - p_1)(V_2 - V_1)$$

又

$$\frac{p_2}{p_1} = \frac{2T_0}{T_0} = 2, \quad \frac{V_2}{V_1} = \frac{3T_0}{2T_0} = \frac{3}{2}$$

所以有

$$W = \frac{1}{2} p_1 V_1 = \frac{1}{2} n R T_0$$

循环过程中属于吸热过程的是 $A \rightarrow B$、$B \rightarrow C$ 以及在 B 状态时因定容热容量发生突变而造成的吸热，吸收的热量分别为

$$Q_{AB} = C_{V1}(2T_0 - T_0) = \alpha n R T_0$$

$$Q_{BC} = (C_{V2} + nR)(3T_0 - 2T_0) = n(\alpha\beta + 1)RT_0$$
$$Q_B = (C_{V2} - C_{V1})2T_0 = 2(\beta - 1)\alpha nRT_0$$

则这一循环中吸收的总热量为

$$Q = n(3\alpha\beta - \alpha + 1)RT_0$$

所以循环过程的效率为

$$\eta = \frac{W}{Q} = \frac{1}{2(3\alpha\beta - \alpha + 1)}$$

面对灵活多变的试题中的新情景、新过程、新条件、新模型,我们不能墨守成规,在充分挖掘隐含条件的同时,不要纠结于条件、过程形成的机理(这些往往都是干扰因素),而应用所掌握的知识来分析、拆解过程。不出意外的话,我们都能达到终极目标。

题 102 工质为非气体的循环

热机的工质为一定量的水。图 1 所示为循环过程中的 p-T 图像,图中的虚线 $p_H(T)$ 为饱和蒸气压与温度的曲线。1—2—3 为等压过程,3—4 为等容过程,4—1 为等温过程。请求出循环过程的能量转化效率,假设水是几乎不可压缩的液体。

注:$p_1 = 101.3$ kPa 为标准大气压,100 ℃ 时水的蒸发热为 $L \approx 2.26 \times 10^6$ J/kg,水的摩尔质量 $\mu = 18$ g/mol,比热 $c \approx 4.19 \times 10^3$ J/(kg·K),气体常数 $R \approx 8.31$ J/(mol·K),常压下每摩尔水蒸气的热容量为 $4R$。

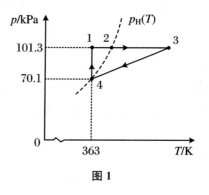

图 1

【解析】 热机以气体作为工质是许多初学者的共识,但这种认识显然是片面的或者说错误的。

热机的工作特点是通过工质从高温热源吸热,将其中的一部分用来对外做功,同时向低温热源放热。能够传递热量的物质均可作为热机的工质。所以,不仅气体可作为工质,固体、液体乃至电磁场也可以作为热机的工质。

在本题中,作为工质的水在循环过程中呈现出液态与气态两种形态,可见工质在循环中会发生相变,但这并不影响我们对循环过程中工质的吸热、放热及做功的计算。只是在处理问题时,我们应谨慎地挖掘出隐藏在循环图中的相变过程。这个过程在某些图中只是以点的形式出现,我们应通过某种方式让这个过程显性地呈现出来。本题解答如下:

先考虑将工质水的 p-T 图像转化为水蒸气的 p-V 图像。如图 2 所示,由于在 $p_H(T)$ 图线的左侧,工质水全部为液态,其相应的状态反映到 p-V 图像中时,设其体积为 V_0。同时,在 p-T 图像中的状态 2 与状态 4 隐含着相应的相变过程(状态 2 为汽化过程,反映在 p-V 图像中为过程 2→2′;状态 4 包含着液化过程,反映在 p-V 图像中为过程 4→4′)。其 p-V 图像如图 2 所示。

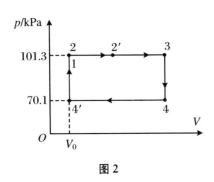

图 2

将 p-T 图像和 p-V 图像结合起来,不难发现在整个循环过程中,$1→2$ 为升温过程,$2→2'$ 为汽化过程(此时的温度为 $T_2 = 373$ K),$2'→3$ 为等压膨胀,$3→4$ 为等容过程,$4→4'$ 为液化过程,$4'→1$ 为压强突变过程,即等温、等容下的加压过程。设工质水的总质量为 m。

在 $1→2$ 过程中,水的温度升高,吸热
$$Q_1 = cm(T_2 - T_1)$$

在 $2→2'$ 过程中,水汽化,吸热
$$Q_2 = Lm$$

在 $2'→3$ 过程中,水蒸气等压膨胀,吸热
$$Q_3 = \Delta U + W_{2'→3} = (c_p - R)\frac{m}{\mu}(T_3 - T_2) + p_1(V_3 - V_{2'})$$

由克拉珀龙方程 $pV = \frac{m}{\mu}RT$ 易得
$$Q_3 = 4p_1(V_3 - V_{2'})$$

式中,$V_3 = V_4$,可由 $p_4V_4 = \frac{m}{\mu}RT_4$ 通过 p-T 图像中的已知量确定;同样,$V_{2'}$ 也可由 $p_1V_{2'} = \frac{m}{\mu}RT_2$ 通过 p-T 图像中的已知量确定。整理后可得
$$Q_3 = 4p_1\left(\frac{m}{\mu}\frac{RT_4}{p_4} - \frac{m}{\mu}\frac{RT_2}{p_1}\right)$$

所以
$$Q_{吸} = Q_1 + Q_2 + Q_3 = 2.58 \times 10^6 m$$

而水蒸气在全过程中对外做的功为
$$W = (p_4 - p_1)V_3 = 7.46 \times 10^4 m$$

所以
$$\eta = \frac{W}{Q_{吸}} \times 100\% = 2.9\%$$

另外,我们也可以先计算 $3→4$ 与 $4→4'$ 两个过程的放热,再来计算循环效率:

在 $3→4$ 过程中,水蒸气等容压缩,放热
$$Q_1' = (c_p - R)\frac{m}{\mu}(T_3 - T_4) = 3R\frac{m}{\mu}(T_3 - T_4)$$

在 $4→4'$ 过程中,水蒸气液化,放热。设此状态下水的汽化热为 L',所以有
$$m(L - L') = cm(T_2 - T_4) + 3R\frac{m}{\mu}(T_2 - T_4) + [p_1(V_{2'} - V_0) - p_4(V_4 - V_0)]$$

即
$$m(L - L') = cm(T_2 - T_4) + 4R\frac{m}{\mu}(T_2 - T_4)$$

解得

$$L' = 2.283 \times 10^6 \text{ J/kg}, \quad Q'_2 = L'm = 2.283 \times 10^6 m$$

由 $Q_{放} = Q'_1 + Q'_2$,可得

$$\eta = \left(1 - \frac{Q_{放}}{Q_{吸}}\right) \times 100\% = 2.9\%$$

通过本题的解答,我们应该认识到,不论是何种工质的热机,我们总是讨论一个循环过程中工质的吸热、放热及做功的情况,从而得到热机的效率。

此外,大家在阅读本题的解答时,也能体会计算中的近似处理。在计算中处理体积 V_0 时,由于此时水处于液态,相比于同质量的水蒸气而言,其体积与 V_2、V_4 等相比是可以忽略的。事实上,在气体变化过程中,若涉及相变,大部分试题都会暗示其液态的体积相比于气态的体积是可以忽略的。

题 103 反映做功与吸热过程的循环图

如图 1 所示,用 1 mol 理想稀有气体进行循环平衡过程,横坐标 A 为气体从一开始对外所做的功,纵坐标 Q 为气体吸收的热量。请画出过程中的 p-V 图像,并求出其最高温度与最低温度之比。

【解析】 气体的循环过程应该是重复过程,反映到循环图上应该是一个闭合的图像,而本题的循环图却是不闭合的。这让人有点莫名其妙的感觉,以至于很多同学第一次看到本题时便有一种将循环图中的缺口补上的冲动。

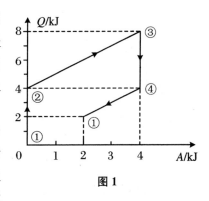

图 1

的确,反映气体状态参量(压强 p、体积 V、温度 T)的循环图必定是闭合的,因为气体状态对应的状态参量是唯一的。反映气体循环过程的物理量并非只有上述参量,做功、吸放热、内能的变化、热容量等都体现在过程中,它们也可能会随着循环过程变化,其变化也反映了循环的特点,但它们经过一个循环后不一定回到初态。这样,用它们来反映循环过程的循环图就不必是闭合的。这样的循环图一定有与之对应的 $f(p,V,T) = 0$ 关系,若将这些量所反映的过程转换为用压强 p、体积 V、温度 T 所反映的循环图,则必定又是闭合的。本题设计的过程即是这一问题的典型反映。

本题给出的是循环过程的 Q-A 图,而 Q、A 都是与过程相关联的物理量,我们需要通过分析与 Q、A 对应的过程来寻找 p、V、T 的变化情况。

由图 1 可知:

在①→②过程中,气体吸收热量,但 $A = 0$。即气体不对外做功,表明在这一过程中气体的体积没有发生变化,此过程必为等容过程。不过,由于吸收了热量,因而压强必定增大。

在②→③过程中,气体吸热的同时对外做功,且气体对外做的功与吸收的热量在数值上相等,由热力学第一定律可知气体的内能不变,亦即温度不变,则此过程为等温过程。又由于气体对外做功,气体的体积增大,同时压强减小。

如同①→②过程,③→④过程也为等容过程。由于该过程是放热过程,故气体的温度降低,压强减小。

如同②→③过程,④→①过程也为等温过程。这一过程是外界对气体做功,故气体的体积减小,压强增大。

很快,我们会发现①→②过程中的"状态①"与④→①过程中的"状态①"并未重合到同一点,这似乎有点不合常理。究其原因,可能是我们受 p-V 图、p-T 图等反映状态参量的关系图的影响,误认为 Q-A 图也是反映状态参量的关系图。其实,Q-A 图中的坐标点与气体的状态无关,它只是显示与过程对应的吸热、放热与做功的量值。

而且,若 Q-A 图中的"状态①"重合于一点,则有全过程的 $\sum A = 0$,而两个做功过程是在不同的温度下进行的,在功的量值相同的情况下气体的体积变化必不相同,那么整个过程必定不构成循环。

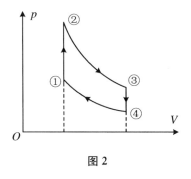

图 2

根据上述分析,题中给定的四个过程构成循环,反映到 p-V 图像中,其循环过程如图 2 所示。

又由 p-V 图像可知,在②→③过程中温度最高,在④→①过程中温度最低,最高温度与最低温度之比为 $\dfrac{T_2}{T_1}$。

又由图 1 所示的 Q-A 图像可知,系统在②→③过程中,气体对外做的功 $A_1 = 4 \text{ kJ}$;系统在④→①过程中,气体对外做的功 $A_2 = -2 \text{ kJ}$。而在温度为 T 的等温过程中,气体的体积由 V_a 变化到 V_b,气体对外做的功为

$$A = \int_{V_b}^{V_a} p\,\mathrm{d}V = \int_{V_b}^{V_a} nRT\,\dfrac{\mathrm{d}V}{V} = nRT\ln\dfrac{V_a}{V_b}$$

结合本题的相关数据,有

$$A_1 = RT_2\ln\dfrac{V_2}{V_1}, \quad A_2 = -RT_1\ln\dfrac{V_2}{V_1}$$

由此可得 $\dfrac{T_2}{T_1} = 2$。

在日常的教学中,我们多用状态参量来反映气体的变化过程,但伴随气体状态变化的并非只有状态参量,而且描述气体变化的过程方程也不仅仅只有反映状态参量随过程变化的方程。实际上,能反映变化过程中所遵循的规律的方程都可称为过程方程,如热力学第一定律 $\mathrm{d}W + \mathrm{d}Q = \mathrm{d}U$,它反映了气体变化过程中外界对气体做功、气体从外界吸收热量及气体内能变化所必须遵循的规律。不论用什么量来描述过程,既然是同一过程,那么,利用相关规律转换出不同的过程方程,虽然其形式不同,但本身却是等价的。譬如,对于理想气体的绝热过程($\mathrm{d}Q = 0$),我们很容易由热力学第一定律($\mathrm{d}W = \mathrm{d}U$)结合克拉珀龙方程导出绝热

过程方程 $pV^\gamma =$ 常量。

有了上述说明,我们就应该明白,命题人完全有可能针对某个具体的过程或者循环,找到与这个过程或者循环有关的所有物理量的变化规律,然后再设置条件与问题,命制出形式多样的试题来。而解答它们的方式基本上都是利用已知的物理规律,将它们变化成与状态参量相关的过程方程 $f(p, V, T) = 0$。能否得到所需的结果,取决于答题者对规律运用的熟练程度与运算能力。

题 104　反映过程热容量的循环图

某研究小组在开尔文的档案中发现了一幅用物质的量 ν 未知的氮气进行循环的过程图,如图1所示。在 (C, T) 坐标图中,C 为气体的热容量,T 为温度,循环过程由四条线段 ab、ef、cb、ed 组成,即循环过程为 $abefcbeda$。不幸的是,图中的坐标原点看不见了,但图旁的解释说明:$C_d = 1.000$ J/K,$C_a = 0.715$ J/K,$T_c - T_b = 2(T_b - T_a) = 200$ K,且 $\dfrac{p_c}{p_a} = \dfrac{V_c}{V_a}$。

(1) 求在一个循环中气体所做的功 W 和能量转换效率 η。

(2) 求温度 T_a、T_b、T_c。

(3) 画出循环过程的 p-V 图,并求出气体物质的量 ν。

注:热容量一定的过程是多方的,满足关系 $pV^n =$ 常数,其中 n 为多方指数。

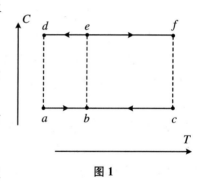

图1

【解析】　这又是一个看上去较为"奇特"的循环过程,其循环图不仅不闭合,而且是"跳跃"的。这一现象更新了很多人对循环图的认知。

气体的热力学过程可以用气体状态参量(压强 p、体积 V、温度 T)进行描述,也可以用做功 W、吸热 Q 及内能变化 ΔE 进行描述,还可以通过它们的合理组合进行描述。

通常情况下,在气体吸热、放热的过程中,热容量随着过程发生变化。换句话说,气体的热容量是过程量,热容量变化规律也反映了气体状态的变化规律。以热容量的变化规律为切入点,顺着其变化过程进行研究,也是对热力学过程的研究。但在教学常用的教材中,没有过多涉及热容量与状态参量之间关系的研究。好在本题给了我们一个确定的条件,即热容量一定的过程是多方的。这一点我们是很容易接受的,因为常见的等压、等容、等温、绝热过程的热容量都是定值,都是指数不变的多方过程。

对本题,我们不妨先计算四个过程中气体的吸热、内能变化及外界对气体的做功,然后再处理相关问题。氮气的等容摩尔热容量为 $C_V = \dfrac{5}{2} R$。

过程 1($a \to b$):
$$Q_{ab} = C_a(T_b - T_a) = 71.5\,\text{J}, \quad \Delta E_{ab} = \nu C_V(T_b - T_a) = 250\nu$$
$$W_{ab} = \Delta E_{ab} - Q_{ab} = 250\nu - 71.5$$

$b \to e$:热容量突变,从 C_a 跃升为 C_d,气体温度不变。

过程 2($e \to f$):
$$Q_{ef} = C_d(T_c - T_b) = 200\,\text{J}, \quad \Delta E_{ef} = \nu C_V(T_c - T_b) = 500\nu$$
$$W_{ef} = \Delta E_{ef} - Q_{ef} = 500\nu - 200$$

$f \to c$:热容量突变,从 C_d 变为 C_a,气体温度不变。

过程 3($c \to b$):
$$Q_{cb} = C_a(T_b - T_c) = -143\,\text{J}, \quad \Delta E_{cb} = \nu C_V(T_b - T_c) = -500\nu$$
$$W_{cb} = \Delta E_{cb} - Q_{cb} = -500\nu + 143$$

$b \to e$:热容量突变,从 C_a 升为 C_d,气体温度不变。

过程 4($e \to d$):
$$Q_{ed} = C_d(T_e - T_d) = -100\,\text{J}, \quad \Delta E_{ed} = \nu C_V(T_e - T_d) = -250\nu$$
$$W_{ed} = \Delta E_{ed} - Q_{ed} = -250\nu + 100$$

在上述计算过程中,我们应该明白,在热容量突变时,气体的温度没有变化,内能也没有变化,吸热也为零。加之物质的量也没有变化,所以这一过程中气体的体积与压强也没有发生变化。这说明每一次热容量跃变,气体的状态并没有发生变化。但这不意味着气体循环过程中第一次经过 d 点时与第二次经过 d 点时气体的压强与体积相同。我们来看下面的计算。

(1) 整个过程中,外界对气体做功
$$W = W_{ab} + W_{ef} + W_{cb} + W_{ed} = -28.5\,\text{J}$$

即气体对外界做功 28.5 J;总吸热
$$Q_{吸} = Q_{ab} + Q_{ef} = 271.5\,\text{J}$$

所以能量转换效率
$$\eta = \frac{W}{Q_{吸}} \times 100\% = 10.5\%$$

虽然各过程的吸热与做功的计算中包含了未知量 ν,但结果显示做功和吸热均与物质的量 ν 无关。未知量 ν 的存在会让许多同学踌躇不前,导致解题失误。

(2) 设热容量 C 保持常值的过程的多方指数为 n,则有
$$pV^n = 常数, \quad 即\ pnV^{n-1}\mathrm{d}V + V^n\mathrm{d}p = 0$$

所以
$$np\mathrm{d}V + V\mathrm{d}p = 0$$

又由克拉珀龙方程知
$$pV = \nu RT, \quad 即\ p\mathrm{d}V + V\mathrm{d}p = \nu R\mathrm{d}T$$

结合热力学第一定律

$$-p\mathrm{d}V + C\mathrm{d}T = \nu C_V \mathrm{d}T$$

可得

$$n = 1 - \frac{\nu R}{C - \nu C_V}$$

可见,热容量 C 相同的过程的多方指数相同。所以,在本题所述的循环中,过程 1 与过程 3 的多方指数相同,设为 n_1;过程 2 与过程 4 的多方指数相同,设为 n_2。

由多方过程方程 pV^n = 常数结合克拉珀龙方程易得 TV^{n-1} = 常数,则:

过程 1 有

$$T_a V_a^{n_1-1} = T_b V_b^{n_1-1}$$

过程 2 有

$$T_b V_b^{n_2-1} = T_c V_c^{n_2-1}$$

过程 3 有

$$T_c V_c^{n_1-1} = T'_b V'^{n_1-1}_b$$

过程 4 有

$$T'_b V'^{n_2-1}_b = T_a V_a^{n_2-1}$$

联立上述四式,整理可得

$$T_b^2 = T_a T_c$$

结合题设条件

$$T_c - T_b = 2(T_b - T_a) = 200 \text{ K}$$

解得 $T_a = 100 \text{ K}, T_b = 200 \text{ K}, T_c = 400 \text{ K}$。

(3) 为了准确地绘制循环过程的 p-V 图,需要我们给出相应的多方指数及各转折点压强 p 与体积 V 之间的对应关系。

由 pV^n = 常数,过程 1 有

$$p_a V_a^{n_1} = p_b V_b^{n_1} \qquad ①$$

过程 2 有

$$p_b V_b^{n_2} = p_c V_c^{n_2} \qquad ②$$

过程 3 有

$$p_c V_c^{n_1} = p'_b V'^{n_1}_b \qquad ③$$

过程 4 有

$$p'_b V'^{n_2}_b = p_a V_a^{n_2} \qquad ④$$

由题设有

$$\frac{p_c}{p_a} = \frac{V_c}{V_a} \qquad ⑤$$

联立①②式,得

$$p_b = \sqrt[n_1-n_2]{\frac{p_c^{n_1} V_c^{n_1 n_2}}{p_a^{n_2} V_a^{n_1 n_2}}}, \quad V_b = \sqrt[n_1-n_2]{\frac{p_a V_a^{n_1}}{p_c V_c^{n_2}}}$$

同理(亦可通过对称性进行下标轮换)可得
$$p'_b = \sqrt[n_1-n_2]{\frac{p_a^{n_1}V_a^{n_1n_2}}{p_c^{n_2}V_c^{n_1n_2}}}, \quad V'_b = \sqrt[n_1-n_2]{\frac{p_cV_c^{n_1}}{p_aV_a^{n_2}}}$$

考虑到 (p_b, V_b) 与 (p'_b, V'_b) 在同一等温线上,有
$$p_bV_b = p'_bV'_b$$

整理后可得
$$\left(\frac{p_c}{p_a}\right)^{2n_1n_2-2} = 1$$

若要上式成立,必定有 $n_1n_2 = 1$,所以
$$\left(1 - \frac{\nu R}{C_a - \nu C_V}\right)\left(1 - \frac{\nu R}{C_d - \nu C_V}\right) = 1$$

代入数据,解得
$$\nu = \frac{C_a + C_d}{R + 2C_V} = 34.4 \times 10^{-3} \text{ mol}$$

由此可知
$$n_1 = 1 - \frac{\nu R}{C_a - \nu C_V} = -685, \quad n_2 = 1 - \frac{\nu R}{C_d - \nu C_V} = -\frac{1}{685}$$

循环过程的 p-V 图如图 2 所示,图中经过 b、e 的曲线为等温线,经过 a、c 的直线满足 $\frac{p_c}{p_a} = \frac{V_c}{V_a}$。

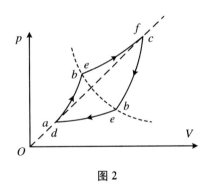

图 2

虽然 C-T 图不是连续与封闭的,但 p-V 图却是连续与封闭的,显示了过程是循环的。

此外,"热容量一定的过程是多方的",这一条件显然告诉我们,热容量与多方指数之间存在对应关系。我们在解题过程中也导出了这一关系。有兴趣的同学也可以此为出发点设计新命题。

热力学的循环过程是多种多样的,涉及的物理量也很多,命题人从何处切入是未知的,但我们只要做到胸有大局,熟练运用规律,以不变应万变,便一定能突破命题人设置的障碍。当然,我们还必须具备不一般的运算能力。

第 3 部分
电 磁 学

题 105　库仑力 $\left(\propto\dfrac{1}{r^2}\right)$ 作用下的运动

在自由的空间中，半径为 R_0 的圆的内接正方形的顶点上各有一个质量为 m 的质点，其中两个带电 $+q$，另两个带电 $-q$，如图 1 所示。刚开始的时候，这些质点沿着圆的切线以相同的速率顺时针运动。

已知在运动过程中，任何一个质点与圆心的最短距离都是 $R_1(R_1<R_0)$。设任意时刻，电荷都位于以 O 为中心的正方形的四个角。重力的影响忽略不计。

(1) 每个粒子的运动轨迹是什么样的？
(2) 质点运动的初速度 v_0 为多少？
(3) 请求出一个粒子从初始位置运动到距离圆心 R_1 的位置所需要的时间。

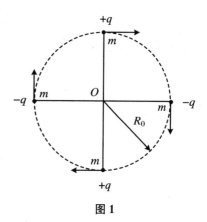

图 1

【解析】　在中学阶段，我们对力与距离平方成反比的研究主要是依赖万有引力进行的。物体在与距离平方成反比的力的作用下的运动特点也基本上是以开普勒三大定律为主要的研究工具。而且，在中学阶段，与距离平方成反比的作用只有万有引力与库仑力，但这并不等于说命题人不可以在其他背景下构造出符合平方反比规律的作用力，或者基于现有的万有引力与库仑力构造出新的满足距离平方反比定律的有心力场。本题即是基于库仑力设计出的与距离平方成反比的有心力场。

我们首先对题述背景下的有心力的特点进行相关的研究。

由对称性可知，不论质点运动与否，每个质点所受到的电场力都是指向圆心 O 的，且大小相同，加之初态亦相同，所以四个质点在运动过程中总保持在正方形的四个顶点上，它们运动的轨迹特征一致。当它们与 O 点的距离为 r 时，其受力大小为

$$F = 2\times k\dfrac{q^2}{(\sqrt{2}r)^2}\cos 45° - k\dfrac{q^2}{(2r)^2} = \dfrac{2\sqrt{2}-1}{4}\dfrac{kq^2}{r^2}\propto \dfrac{1}{r^2}$$

力的方向指向 O 点。

这等同于在圆心 O 处放置的一电荷量为 $\dfrac{2\sqrt{2}-1}{4}q$ 的固定异号电荷与运动电荷之间的相互作用力。

(1) 相对于 O 点，$F\propto\dfrac{1}{r^2}$，加之题目已说明质点到圆心的最短距离 $R_1<R_0$，则类比天体运动，由开普勒第一定律可知质点的运动轨迹是以 O 点为焦点的椭圆，其半长轴 a、焦距 c、半短轴 b 分别为

$$a = \frac{R_1 + R_0}{2}, \quad c = R_0 - a = \frac{R_0 - R_1}{2}, \quad b^2 = a^2 - c^2 = R_0 R_1$$

（2）质点在做椭圆运动时，设近心点的速度为 v_1，由能量与角动量守恒可得

$$\frac{1}{2}mv_0^2 - \frac{2\sqrt{2}-1}{4}\frac{kq^2}{R_0} = \frac{1}{2}mv_1^2 - \frac{2\sqrt{2}-1}{4}\frac{kq^2}{R_1}$$

$$mv_0 R_0 = mv_1 R_1$$

解得

$$v_0 = \sqrt{\frac{2\sqrt{2}-1}{2}}\sqrt{\frac{kR_1 q^2}{mR_0(R_0 + R_1)}}$$

或者直接类比天体运动中系统的总能量值，可知

$$\frac{1}{2}mv_0^2 - \frac{2\sqrt{2}-1}{4}k\frac{q^2}{a+c} = -\frac{2\sqrt{2}-1}{4}k\frac{q^2}{2a}$$

代入轨道参数，同样可得

$$v_0 = \sqrt{\frac{2\sqrt{2}-1}{2}}\sqrt{\frac{kR_1 q^2}{mR_0(R_0 + R_1)}}$$

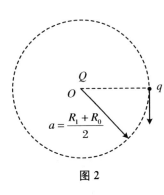

图 2

（3）$F = \frac{2\sqrt{2}-1}{4}\frac{kq^2}{r^2} \propto \frac{1}{r^2}$，这相当于质点围绕中心 O 点转动，只要半长轴相等，周期也必然相等。为此，我们构建如图 2 所示的圆周运动，中心 O 固定一电量为 $Q = -\frac{2\sqrt{2}-1}{4}q$ 的点电荷，一质量为 m、电量为 q 的点电荷环绕中心 O 做半径为 $a = \frac{R_1 + R_0}{2}$ 的圆周运动，则该电荷运动的周期亦为题中各质点运动的周期。

对圆周运动，有

$$\frac{2\sqrt{2}-1}{4}\frac{kq^2}{\left(\frac{R_1+R_0}{2}\right)^2} = m\left(\frac{2\pi}{T}\right)^2 \frac{R_1 + R_0}{2}$$

解得

$$T = \pi\sqrt{\frac{2m(R_0 + R_1)^3}{(2\sqrt{2}-1)kq^2}}$$

所以，一个粒子从初始位置运动到距离圆心 R_1 的位置所需的时间为

$$t = \left(k + \frac{1}{2}\right)T = \left(k + \frac{1}{2}\right)\pi\sqrt{\frac{2m(R_0 + R_1)^3}{(2\sqrt{2}-1)kq^2}} \quad (k = 1, 2, 3, \cdots)$$

在中学阶段，讨论质点在与距离平方成反比的力的作用下的运动时，大多是围绕运动的轨道参数与运动时间进行的。若直接用椭圆运动的参数计算时间，难度可想而知。通常情况下，我们利用开普勒第三定律（周期定律）所给出的"半长轴相等的椭圆运动，其周期也相

等"的规律,结合"圆周运动是半长轴等于半短轴的特殊椭圆"的性质,如同本题上述解答一样,构建一个半径与所要讨论的椭圆的半长轴相等的圆周运动,再根据牛顿运动定律,求得圆周运动的周期,亦即相应椭圆运动的周期。

当然,我们也应注意到,在开普勒定律所阐述的规律中,同一中心天体所构成的系统中,围绕中心天体转动的天体的运动周期的平方与其半长轴的三次方的比值只与中心天体有关。当我们将这一结论直接迁移到中心电荷所构成的系统中时,会发现它并不适用,因为此时绕中心电荷运动的电荷的周期的平方与其半长轴的三次方的比值还与运动电荷的比荷相关(读者自己可以证明)。这提示我们,规律的迁移也是有条件的。在日常的学习与训练中,我们努力挖掘这些特点,使得正式考试时能做到不出错和临场不乱。

题106 平均电场强度的计算

在空间中 A 点有电量为 $5Q$ 的固定电荷,在 B 点有电量为 $12Q$ 的固定电荷,$AB=13a$,另有一点 C,$AC=5a$,$BC=12a$,如图1所示。

(1) 以点 C 为球心、$r=a$ 为半径作一球,试求在该球区域内静电场场强的平均值,即

$$\bar{E} = \frac{\sum_i E_i \Delta V_i}{\sum_i \Delta V_i}$$

(2) 以点 C 为球心、$r=10a$ 为半径作一球,试求在该球区域内静电场场强的平均值 $|\bar{E}|$。

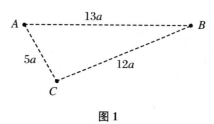

图1

【解析】 物理量的平均定义是普适的,即物理量 y 对相关的物理量 x 的平均的定义为

$$\bar{y} = \frac{\sum_i y_i \Delta x_i}{\sum_i \Delta x_i} \quad \text{或} \quad \bar{y} = \frac{\int y \mathrm{d}x}{\int \mathrm{d}x}$$

这里的平均显然不是算术平均,而是一个物理量对另一个物理量的平均,如平均速度就是速度对时间的平均值,即

$$\bar{v} = \frac{\int v \mathrm{d}t}{\int \mathrm{d}t} = \frac{位移}{时间}$$

同时,某个物理量可能对多个物理量存在平均值,如力对位移的平均为

$$\bar{F} = \frac{\int F(x) \mathrm{d}x}{\int \mathrm{d}x}$$

而力对时间的平均为

$$\bar{F} = \frac{\int F(t)\mathrm{d}x}{\int \mathrm{d}t}$$

显然，即便是同一过程，上述两个平均值并不一定是相等的。这也就说明，我们在讨论物理量的平均值时，必须清楚是对什么量的平均。只有这样，我们在运用平均值时才不至于出差错。

由于电场是分布性的物理量，因此它也存在多种含义的平均值，如在某个空间内的平均值、在某个面上的平均值、在某条线上的平均值等。大家不妨写出相应的电场平均值的计算式。

电场在某个空间内的平均值的定义为 $\bar{E} = \dfrac{\sum\limits_{i} E_i \Delta V_i}{\sum\limits_{i} \Delta V_i}$，显然涉及 $\sum\limits_{i} \Delta V_i$ 与 $\sum\limits_{i} E_i \Delta V_i$ 的计算。在给定的区域内计算 $\sum\limits_{i}\Delta V_i$ 应该不会太难，但要让我们直接计算 $\sum\limits_{i} E_i \Delta V_i$ 的值，考虑到 E_i 的矢量特性，如果不是类似于匀强电场的已知电场，恐怕很难做得到。所以，计算 $\bar{E}$ 就需要我们引入特别的方法或构造一些过渡模型。

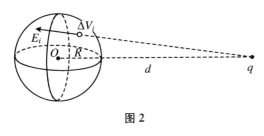

图 2

为了计算点电荷 q 在以 O 为球心、R 为半径的球形空间内产生的电场强度的平均值，我们构建如图 2 所示情境，d 为点电荷至球心 O 的距离。我们在球形空间内任取一体积元 ΔV_i，在该体积元内的电场强度为 E_i，可视为恒量。

为了计算平均电场，我们考虑将指定的球形区域填充体密度为 ρ 的均匀分布的与 q 同性质的电荷，则该区域内的每个元电荷受到来自 q 的作用力为

$$F_i = E_i \rho \Delta V_i = \rho E_i \Delta V_i$$

故整个充电球受到来自 q 的作用力为

$$F = \sum_i F_i = \rho \sum_i E_i \Delta V_i = \frac{1}{4\pi\varepsilon_0} \cdot \frac{\frac{4}{3}\pi R^3 \rho q}{d^2}$$

式中，$\frac{4}{3}\pi R^3 \rho = \rho \sum\limits_{i} \Delta V_i$。由该区域内平均电场强度的定义，有

$$\bar{E} = \frac{\sum\limits_{i} E_i \Delta V_i}{\sum\limits_{i} \Delta V_i} = \frac{\rho \sum\limits_{i} E_i \Delta V_i}{\rho \sum\limits_{i} \Delta V_i} = \frac{F}{\frac{4}{3}\pi R^3 \rho}$$

代入 F 得

$$\bar{E} = \frac{1}{4\pi\varepsilon_0} \cdot \frac{q}{d^2}$$

方向沿 q 与球心的连线。

上述推导可视为本题的一个引理，下面进入本题的具体解答。

(1) 由图 1 所示的几何关系，$5^2 + 12^2 = 13^2$，可知 $\angle ACB = 90°$。

由上述引理可知，A、B 两处的点电荷在以点 C 为球心、$r = a$ 为半径的球形区域内产生的平均电场强度分别为

$$\overline{E}_{AC} = \frac{1}{4\pi\varepsilon_0} \cdot \frac{5Q}{25a^2}, \quad \overline{E}_{BC} = \frac{1}{4\pi\varepsilon_0} \cdot \frac{12Q}{144a^2}$$

方向分别沿 AC 与 BC 方向。

由矢量合成法则易知

$$\overline{E}_C = \sqrt{\overline{E}_{AC}^2 + \overline{E}_{BC}^2} = \sqrt{\left(\frac{1}{4\pi\varepsilon_0} \cdot \frac{5Q}{25a^2}\right)^2 + \left(\frac{1}{4\pi\varepsilon_0} \cdot \frac{12Q}{144a^2}\right)^2} = \frac{1}{4\pi\varepsilon_0} \cdot \frac{13Q}{60a^2}$$

$$= \frac{13Q}{240\pi\varepsilon_0 a^2}$$

也许在读者看来，解答者构建模型是信手拈来的事，殊不知解答者的头脑中必定有相当的知识储备、模型积累、方法沉淀。虽然我们并不赞同在学习过程中无原则地搞题海战术，但我们也应该清楚理科生必须进行适当的题量训练。

(2) 同上，在以点 C 为球心、$r = 10a$ 为半径的球形区域内填充体密度为 ρ 的均匀分布的与 q 同性质的电荷，我们易得到点电荷 B 在该区域内产生的平均电场为

$$\overline{E}'_{BC} = \frac{1}{4\pi\varepsilon_0} \cdot \frac{12Q}{144a^2}$$

我们却发现点电荷 A 被指定的区域涵盖，上述引理的情境不再适用这一情形，则必须对上述引理进行推衍、修正。

因为电荷之间的作用力满足平方反比定律，所以均匀带电球内的点电荷只受到以点电荷到球心的距离为半径的球体区域内电荷的作用力，此球体外围部分的电荷对点电荷并无作用力。再作前面引理类似的推导，可得

$$\overline{E}'_{AC} = \frac{1}{4\pi\varepsilon_0} \cdot \frac{5Q}{25a^2} \cdot \frac{1}{8}$$

进而有

$$\overline{E}'_C = \sqrt{\overline{E}'^2_{AC} + \overline{E}'^2_{BC}} = \frac{\sqrt{109}Q}{480\pi\varepsilon_0 a^2}$$

本题的问题(2)是问题(1)的延伸，这种延伸并不是简单的重复，而是一种更高层面的推衍。以笔者的命题经验看，命题人很多时候所做的工作并不是创作一道出彩的试题，而是尝试从现有的经典陈题出发，通过对涉及的知识、情境、方法作一些推衍，使考察的问题向更深的层面延伸，既达到增加试题难度的目的，也给人不落俗套的印象。对此类习题的处理，以不变应万变的前提是我们对知识的扎实掌握，以变应变是我们对情境的明察秋毫与方法应用的灵活变化。

题 107　高斯定理的应用

有一均匀带电圆环,带电量为 Q,半径为 R,在环面上有一点 P 到圆环中心的距离为 r,已知 $r \ll R$。

(1) 确定 P 点的场强 E_P 的方向。

(2) 估算 P 点的场强 E_P 的大小。

【解析】　竞赛生在学习电场部分的内容时,高斯定理是一个无法绕开的知识点。实际上,在高中阶段,我们并不需要理解高斯定理的全部,更没有必要纠结于矢量分析中高斯定理的广泛应用。这倒不是说我们学习的知识有太多的缺陷,而应理解为这并不是现阶段的学习要求。

但在静电场中,我们不仅要清楚高斯定理的内容,更应该将高斯定理熟练地用于电荷的分布具有较强对称性的背景下的场强计算,如球对称下的均匀带电体(点电荷、球体、球面)、柱对称下的均匀带电体(带电线、柱体、柱面)、面对称下的均匀带电体(无限大的平板与平面)等。当然,我们强调高斯定理在上述对称条件下的应用并不是说非对称情况下高斯定理就不成立了,只是我们在处理具体问题时无法跨过求解电场的数学障碍。

而且,必要的时候,我们还应将高斯定理的应用延伸至引力场与磁场。

本题所给的模型有点特别,对于 P 点的场强,我们显然无法通过环上的所有电荷在 P 点产生的电场的积分加以求解。在数学上我们的能力实际上是有限的。同时,本题中带电体上的电荷分布也没有上面强调的高斯定理应用所具备的对称性。所以,直接按定义求解场强与用高斯定理求解场强都是行不通的。我们应该更为明确的是,积分求解根本无法切入,而只在对称背景下才能运用的高斯定理还是有可能切入的,毕竟系统具有对称性。

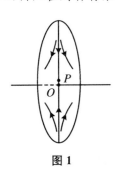

图 1

(1) 由圆环关于圆心的对称性可知,在圆环所在的平面内,电场线从圆环指向环心,并以圆环的中心为对称轴向两侧射出,在环面上电场线必指向圆心,即 E_P 的方向指向环心 O。电场线的分布如图 1 所示。

(2) 由于题目强调了 $r \ll R$ 这一条件,且只要求估算 E_P 的大小,因此我们可以在一定的近似条件下求得 E_P。

我们可在圆心附近取这样的一个微小的柱形高斯面:以垂直于环面过圆心 O 的轴线为轴,长为 $2x$(环面两侧的长度各为 x)、截面半径为 r,且 x 与 r 一样均为小量。在此高斯面上,考虑到小量特征与对称性,小圆柱侧面上的场强大小均为 E_P,方向垂直于侧面向柱面内;圆柱两底面的场强大小亦相等,设为 E_x,方向垂直于底面向外。该高斯面四周的电场线分布如图 2 所示。

由于该高斯面内的电荷为零,则由高斯定理可知,其电通量亦为零。即有

$$2 \cdot E_x \cdot \pi r^2 - E_P \cdot 2\pi r \cdot 2x = 0$$

于是问题转化为求 E_x。

图3所示是半径为 R、均匀带正电 Q 的环，环的中心 O 是垂直于环面的 x 轴的坐标原点，将环分成许多小段，使每一小段上电荷 ΔQ 可以认为是点电荷，则该点电荷在 x 轴上 x 处产生的场强为

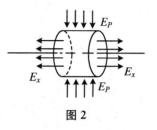

图2

$$E_i = k\frac{\Delta Q}{R^2 + x^2}$$

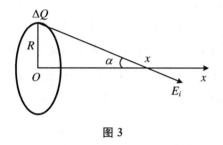

考虑到对称性，x 轴上各点处的场强均指向 x 轴的正方向，于是该点的场强为各点的场强在 x 轴向的叠加，所以

$$E_x = \sum E_i \cos\alpha = k\frac{Qx}{(R^2 + x^2)^{3/2}}$$

再考虑到 x 为小量，于是有

$$E_x = k\frac{Qx}{R^3}$$

图3

代入可得

$$E_P = \frac{kQr}{2R^3}$$

如果单看上述解答的计算过程，其难度并不是太大，但解题的思维障碍还是不少的。首先，电场线在环面内的分布状态就让那些固执地认为电场线在环面内无法偏离的同学痛苦不堪，因为电场线分布既然对称，就应直指环心，而若聚于环心，则场强又趋于无穷大，这些同学认为这无法协调。其次，对高斯面的选取，有些同学无法理解"圆柱侧面上的电场均为 E_P，而底面上的电场均为 E_x"这一特性。这本质上是对小量性质中的化变为恒的思想领悟得不透彻的结果。因此，对本题的研究与解答有助于提高学生的思维能力。

题108 不完全球面带电体电场强度的计算

将半径为 R 的球面按图1所示方式等分成8份，取走7份，留下的1份使其均匀带电，电荷面密度为 σ，试求球心处电场强度 E_0 的大小。

【解析】 对电场的求解，通常有三大类情形：一是点电荷，可直接运用库仑定律求得电场；二是分布具有对称性的电荷，可依据高斯定理求解电场；三是有规则的连续分布的电荷，利用小量累加或者积分来求解电场。这三类情形对竞赛生而言，难度都不会太大。但对于本题所给出的异型电荷，往往需要答题者利用模型的特点（往往是对称性），充分运用对称、等效、叠加、微元等多种方法来综合处理问

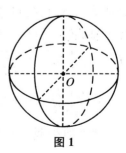

图1

题,而这一解答过程需要答题者具备高超的技巧,其能力要求是很高的。

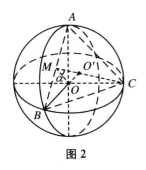

图 2

方法 1 如图 2 所示,以 1/8 球面 ABC 部分为例,由对称性可知,所求 E_0(图中未画出)的方向线必过 $\triangle ABC$ 的中心 O',且垂直于 $\triangle ABC$ 所在平面。将 1/8 球面 ABC 分解为一系列小面元 ΔS_i,每一小面元可看作平面的一部分。设 θ_i 为 ΔS_i 的法线与 E_0 的夹角,由场叠加原理可得

$$E_0 = \sum \frac{k\Delta S_i \sigma}{R^2}\cos\theta_i = \frac{k\sigma}{R^2}\sum \Delta S_i \cos\theta_i$$

既然 E_0 垂直于 $\triangle ABC$ 所在平面,那么 θ_i 也是 ΔS_i 的法线与 $\triangle ABC$ 所在平面法线的夹角,也就是 ΔS_i 与 ABC 平面的夹角。这样,$\Delta S_i \cos\theta_i$ 即为 ΔS_i 在 ABC 平面上的投影大小,$\sum \Delta S_i \cos\theta_i$ 便是 1/8 球面 ABC 在 ABC 平面上的投影面积。注意,此投影面积并不等于 $\triangle ABC$ 的面积,但等于图 2 中三个扇形 ABO、BCO、CAO 在 ABC 平面上的投影之和。由于对称性,这三个扇形的投影面积相同,因此有

$$\sum \Delta S_i \cos\theta_i = 3S_{\text{扇形}ABO} \cdot \cos\alpha = \frac{3}{4}\pi R^2 \cos\alpha$$

式中,α 为 ABO 平面与 ABC 平面之间的夹角。设 M 为 AB 的中点,有 $OM \perp AB$,$O'M \perp AB$,又 $OO' \perp MO'$,所以

$$\cos\alpha = \frac{MO'}{MO} = \frac{MC}{3MO} = \frac{\sqrt{3}}{3}$$

从而有

$$\sum \Delta S_i \cos\theta_i = \frac{\sqrt{3}}{4}\pi R^2$$

$$E_0 = \frac{k\sigma}{R^2}\frac{\sqrt{3}}{4}\pi R^2 = \frac{\sqrt{3}}{4}k\pi\sigma$$

看了上述的解答,你便能体会到,这一过程对答题者在能力方面的要求是极高的,它涉及对称分析、空间分析、小量分析、叠加原理等内容的运用,同时还要求答题者有较强的运算能力。

方法 2 如图 3 所示,均匀带电半球面在球心 O 处的场强 E_0' 必沿 x 方向。在半球面上取面积为 ΔS 的一小块面元,电量是 $\sigma\Delta S$,它在 O 点产生的场强记为 ΔE。我们将半球面绕 x 轴旋转,总可以使得 ΔE 在图 3 所示的纸平面上,则

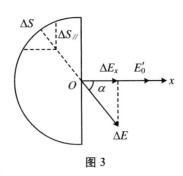

图 3

$$E_0' = \sum_{\text{半球面}} \Delta E_x = \sum_{\text{半球面}} \Delta E \cos\alpha$$

$$= \sum_{\text{半球面}} \frac{k\sigma}{R^2}\Delta S\cos\alpha = \sum_{\text{半球面}} \frac{k\sigma}{R^2}\Delta S_{/\!/} = \frac{k\sigma}{R^2}\cdot \pi R^2 = k\pi\sigma$$

图 4 所示的一个 1/8 球面在 O 点的场强为 E_0,则 E_0 的

x 轴分量 E_{0x} 与 E_0' 的关系是 $E_0' = 4E_{0x}$。由于对称性，E_0 与 x、y、z 轴的夹角都相同，E_0 的三个分量 E_{0x}、E_{0y}、E_{0z} 都相同。可以设想一个以 E_{0x}、E_{0y}、E_{0z} 为三条棱的立方体，那么 E_0 即为立方体的对角线，因此有

$$E_0 = \sqrt{3}E_{0x} = \frac{\sqrt{3}}{4}E_0' = \frac{\sqrt{3}}{4}k\pi\sigma$$

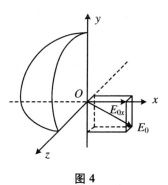

图 4

从方法 2 的解答，我们不难看到，虽然选择了建模的方式，但仍然离不开对称、微元、叠加等方法的运用。所以，对异型带电体的电场的求解，应充分注意对称分析。

此外，从本题的结果我们还应注意到一个现象：解答出的 E_0'、E_0 都与球的半径 R 无关。那么一个有趣的问题是：均匀带电的半球体或 1/8 球体在球心处的场强 $E_{0(球)}'$ 和 $E_{0(球)}$ 是否与 R 无关？

设电荷体密度为 ρ，将半径为 R 的半球体或 1/8 球体分解为一系列很薄的半球壳或 1/8 球壳，壳的内半径为 r，厚度为小量 Δr，r 的变化范围为 $0 \sim R$。很薄的半球壳或 1/8 球壳各自的内、外表面积几乎相同，记为 $S_{(r)}$，则所带电荷量为

$$\Delta Q = \rho\Delta V = \rho S_{(r)} \cdot \Delta r$$

很薄的半球壳或 1/8 球壳可处理为半球面或 1/8 球面，电荷面密度为

$$\sigma = \frac{\Delta Q}{S_{(r)}} = \rho\Delta r$$

由上面已得公式，有

$$\Delta E_0' = k\pi\sigma = k\pi\rho\Delta r, \quad \Delta E_0 = \frac{\sqrt{3}}{4}k\pi\sigma = \frac{\sqrt{3}}{4}k\pi\rho\Delta r$$

所有半球壳的 $\Delta E_0'$ 方向相同，所有 1/8 球壳的 ΔE_0 方向也相同，因此半球体和 1/8 球体球心处场强的大小分别是

$$E_{0(球)}' = \sum_{半球面}\Delta E_0' = k\pi\rho\sum_{r=0}^{R}\Delta r = k\pi\rho R$$

$$E_{0(球)} = \sum_{1/8球面}\Delta E_0 = \frac{\sqrt{3}}{4}k\pi\rho\sum_{r=0}^{R}\Delta r = \frac{\sqrt{3}}{4}k\pi\rho R$$

库仑力与距离二次方成反比，点电荷场强大小也随距离二次方成反比地减小。球面上电荷面密度为常量时，电荷量随半径二次方成正比地增大，但球面上各处电荷对球心处场强大小的贡献随球半径二次方成反比地减小，这种增大与减小的因素的合成效果是球心处场强大小保持不变。球体电荷体密度不变时，电荷量随半径三次方成正比地增大，因此合成效果使球心处场强随半径一次方增大便容易理解了。

在平方反比力作用的背景下，球体问题可简单地归结为球面问题，这不仅适合讨论带电问题，也同样适用于匀质球与球面问题。

从方法拓展的角度来看，球面问题中的解题思路可以被借鉴用来讨论圆问题。如图 5

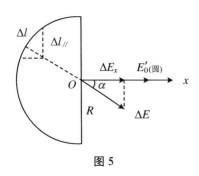

图 5

所示,在半圆上任取长为小量 Δl 的线元,其上电量为 $\lambda \Delta l$,在圆心 O 处场强为 ΔE,则

$$E'_{0(圆)} = \sum_{半圆} \Delta E_x = \sum_{半圆} \Delta E \cos \alpha$$
$$= \sum_{半圆} \frac{k\lambda \Delta l}{R^2} \cos \alpha = \frac{k\lambda}{R^2} \sum_{半圆} \Delta l \cos \alpha$$
$$= \frac{k\lambda}{R^2} \sum_{半圆} \Delta l_{/\!/} = \frac{2k\lambda}{R}$$

仿照 1/8 球面问题归结为半球面问题的讨论,很容易导出电荷线密度为 λ、半径为 R 的 1/4 圆在圆心 O 处的场强 $E_{0(圆)}$ 大小为

$$E_{0(圆)} = \frac{\sqrt{2}}{2} E'_{0(圆)} = \frac{\sqrt{2}k\lambda}{R}$$

这一问题的讨论方式同样适用于与距离平方成反比的万有引力。

题 109 环状带电体的电场分析

如图 1 所示,在固定的半径为 R 的细圆环上分布着不能移动的正电荷,总电量为 Q。如果某个点电荷 q 可以在直径 AOB 上做匀速直线运动,试确定圆环上电荷线密度的分布特征 $\lambda(\theta)$。

【解析】 对于带电粒子在电场中的运动,若涉及具体的轨迹特征,一般情况下我们研究的是匀强电场及点电荷、均匀带电球或球壳等带电体所形成的电场。本题所述的带电体所产生的电场显然有别于上述情形,因此对它的处理必须采用非一般的思维方法。

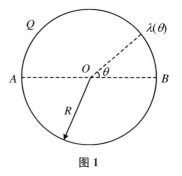

图 1

根据本题的描述,点电荷 q 能在直径 AOB 上做匀速直线运动,这要求在直径 AOB 上各点的电场强度均为零,那么电荷 Q 肯定不会均匀地分布在圆环上。而要保证直径 AOB 上的电场强度为零,我们从对称性的角度出发,可以定性地判断环上的电荷分布应满足:① 以 AOB 为轴上下对称;② 关于环面内垂直于 AOB 且过 O 点的轴左右对称。除此之外,我们并不能从定性的角度给出环上电荷的定量分布。

对于带电体在某个区域内产生的场强为零的模型,我们很容易联想到一个基本的带电模型——均匀带电球壳内部的电场强度处处为零。对于这一结论,我们可利用图 2 所示的方法加以证明。

半径为 R 的球壳 O 上均匀带有总电量为 Q 的电荷,面电荷密度为 $\sigma = \dfrac{Q}{4\pi R^2}$。下面我们来讨论图 2 所示的球壳内任意一点 P 处的场强大小。

如图 2 所示,我们总能在球面上找到以 P 点为顶点的两个锥面,它们在球面上截取的面积分别为 ΔS_1、ΔS_2,带电量分别为 $\sigma\Delta S_1$、$\sigma\Delta S_2$,到 P 点的距离分别为 r_1、r_2,则球面上的两个元电荷在 P 点产生的场强大小为

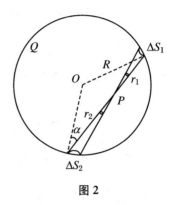

图 2

$$\Delta E_P = k\frac{\sigma\Delta S_1}{r_1^2} - k\frac{\sigma\Delta S_2}{r_2^2}$$

因为 ΔS_1、ΔS_2 对 P 点的立体角相等,即

$$\frac{\Delta S_1\cos\alpha}{r_1^2} = \frac{\Delta S_2\cos\alpha}{r_2^2}, \quad 也即 \frac{\Delta S_1}{r_1^2} = \frac{\Delta S_2}{r_2^2}$$

所以 $\Delta E_P = 0$。

由于球面上所有的微元部分都如同 ΔS_1、ΔS_2 一样关于 P 点成对地出现,由此我们便可以得到 P 点的场强为 $E_P=0$,而 P 是球壳内的任一点,所以整个球壳内的场强为零。

因为均匀带电球壳的内部的场强为零,所以点电荷在其内部的任一条直径上都可以做匀速直线运动。我们可以以此模型为出发点,选择图 3 所示的直径 AOB 为带电粒子匀速运动的路径,来讨论题述环上的电荷该如何分布才不影响直径 AOB 上的场强变化。

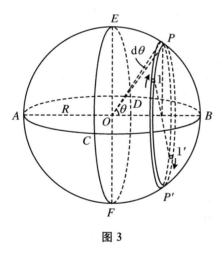

图 3

如图 3 所示,我们在球壳上以 AOB 为轴线选取一环带,环带在球面上的宽度为 $R\mathrm{d}\theta$。显然,该环带在轴线 AOB 上产生的电场强度一定在 AOB 上,我们可以在该环带上选取关于环心对称的微元对 1、1′。我们在环带上移动 1、1′ 且保证它们总在一条直径上,将不会影响轴线 AOB 上任一点的电场强度。于是,在考虑带电环存在的前提下,我们选择将圆面 $ACBD$ 上方的电荷都移至大圆 $AEBFA$ 上的 P 点,而将圆面 $ACBD$ 下方的电荷都移至相应的 P' 点,这将不影响 AOB 上的电场强度(但不保证不影响 AOB 之外的点的电场强度)。电荷若在 AOB 上运动,仍将做匀速直线运动,而此时 P 或 P' 点在 $R\mathrm{d}\theta$ 的长度上聚焦的电荷量为

$$\mathrm{d}q = \frac{1}{2}\cdot\sigma\cdot 2\pi R\sin\theta\cdot R\mathrm{d}\theta = \frac{Q}{4R}\sin\theta\cdot R\mathrm{d}\theta$$

该处电荷的线密度为

$$\lambda(\theta) = \frac{\mathrm{d}q}{R\mathrm{d}\theta} = \frac{Q}{4R}\sin\theta$$

我们对球面上的所有环带都作如此的操作,同样会保证直径 AOB 上的电场强度不变化。此时电荷将会在直径 AOB 上做匀速直线运动,而带电环上的电荷分布为

$$\lambda(\theta) = \frac{Q}{4R}\sin\theta$$

上述结果是在对模型处理的基础上获得的,我们也可从求解球壳内部场强为零的方法上获得启示。

前面我们在求解球壳内部场强时,根据球内某点的对径点上的面元对该点的场强为零,得到了整个球内的场强为零的结论。我们尝试用此法来解答本题的问题。

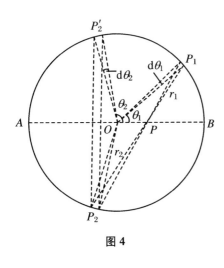

图 4

如图 4 所示,我们不妨在带电环的直径 AOB 上任取一点 P,P 点到 O 点的距离为 x。我们总能在圆环上找到以 P 点顶角(小角)的两条直线在圆环上截取的两个微元部分 P_1、P_2,它们到 P 点的距离分别为 r_1、r_2,角位置分别为 θ_1、θ_2,微元部分对环心的张角分别为 $\mathrm{d}\theta_1$、$\mathrm{d}\theta_2$,对应的弧长分别为 $R\mathrm{d}\theta_1$、$R\mathrm{d}\theta_2$,带电量分别为 $\lambda_1 R\mathrm{d}\theta_1$、$\lambda_2 R\mathrm{d}\theta_2$。根据前述的对称性,环上 P_2 处的电荷分布与环上 P_2' 处的电荷分布一致。我们只要求得了 P_1、P_2 两元电荷在 P 点产生的场强为零的条件,且这一条件满足 $\lambda = \lambda(\theta)$,便得到了题目所要求的结果。由

$$\mathrm{d}E_P = k\frac{\lambda_1 R\mathrm{d}\theta_1}{r_1^2} - k\frac{\lambda_2 R\mathrm{d}\theta_2}{r_2^2} = 0$$

且

$$\frac{R\mathrm{d}\theta_1 \cos\alpha}{r_1} = \frac{R\mathrm{d}\theta_2 \cos\alpha}{r_2}$$

式中,α 为等腰 $\triangle P_1 O P_2$ 的两底角。所以

$$\frac{\lambda_1}{r_1} = \frac{\lambda_2}{r_2}$$

对 $\triangle POP_1$ 和 $\triangle POP_2$ 分别运用正弦定理,易得

$$\frac{r_1}{r_2} = \frac{\sin\theta_1}{\sin\theta_2}, \quad 即 \frac{\lambda_1}{\lambda_2} = \frac{\sin\theta_1}{\sin\theta_2}$$

显然,电荷在环上分布的线密度只与 θ 有关。由于 P 点是任意选取的,且 P_1、P_2 总是成对出现的,因此,只要线电荷密度满足了上述要求,直径 AOB 上各点的场强必定处处为零,电荷 q 在 AOB 上的运动便为匀速运动。于是,可令 $\lambda(\theta) = a\sin\theta$,再对 AB 上侧的电荷积分,可得

$$\frac{Q}{2} = \int_0^\pi \lambda(\theta) R\mathrm{d}\theta = \int_0^\pi a\sin\theta R\mathrm{d}\theta$$

解得

$$a = \frac{Q}{4R}$$

所以有

$$\lambda(\theta) = \frac{Q}{4R}\sin\theta$$

上述解答显示，如果没有均匀带电球壳这一过渡模型，我们也许不知从何处切入。而有了这一过渡模型后，不论是上述哪一种方式，我们都能够接受与理解。我们的选择体现的是个人的能力倾向。无论哪种方法，都需要我们平时多关注物理现象、物理模型、物理方法中的本质关联，需要我们总结、积累经验。

题 110　半球面体的电势（割补法）

电荷 q 均匀分布在半球面 ACB 上，球面半径为 R，坐标系 xOy 的 x 轴通过半球顶点 C 和球心 O，如图 1 所示。图中点 M、N、P、Q 的坐标依次为 $\left(0,\dfrac{R}{2}\right)$、$\left(0,\dfrac{3R}{2}\right)$、$\left(-\dfrac{R}{2},0\right)$、$\left(\dfrac{R}{2},0\right)$。

(1) 求点 M、N 间的电势差 U_{MN}。
(2) 若 P 点的电势为 U_P，试求 Q 点的电势 U_Q。

【解析】　讨论电场的性质时，多以直线、平面、球体、球壳、柱面等为模型背景。处理问题时，除了需要熟练运用电场的基本性质与结论，多涉及对称、假设、反证、等效、割补、建模等思维方法及叠加原理、高斯定理、静电感应的基本性质的应用。特别是有关建模方面的论述，除了要求答题者对问题有透彻的理解，还必须掌握运用各种方法进行论述的技巧，对答题者的综合能力要求极高。

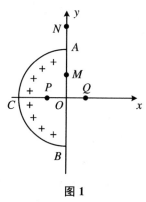

图 1

在解题前，有必要强调一点，讨论电场的性质时，会较多地涉及电场中的导体，以至于我们潜意识地认为所有的带电体都是导体。实际上，命题人给出的非对称带电体多为绝缘体，这样可以保证电荷不会随意变化，同时也可以根据命题人的需要设置电荷分布。如本题，若半球是导体，则电荷不可能是均匀分布的，当你进行相关处理时就有可能会导致电荷重新分布，进而影响结果。

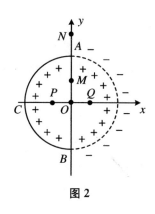

图 2

(1) 假设将半球面扩展为面电荷密度为 $\sigma = \dfrac{q}{2\pi R^2}$ 的完整球面，如图 2 所示（不含图中扩展部分标出的"-"电荷），则扩展球面所带的电量亦为 q，整个球面所带的电量为 $2q$，此时在 M、N 两点的电势分别为

$$U'_M = k\dfrac{2q}{R}, \quad U'_N = k\dfrac{2q}{r} = \dfrac{4kq}{3R}$$

由对称性和电势的叠加原理可知，半球面在 M、N 两点的电势等于完整球面电势的一半，因此半球面在 M、N 两点的电势

差为

$$U_{MN} = \frac{1}{2}(U'_M - U'_N) = \frac{kq}{3R}$$

(2) 将半球面补成完整球面(不带电)，可令右边内、外层均匀地带上电量为 q 的正、负电荷，如图 2 所示。从电量的角度看，右半球面所带的总电量为零，可以看作不存在，故这时 P、Q 两点的电势不会有任何改变。

换一个角度看，P、Q 两点的电势可以看成是下面两者的叠加：

① 带电量为 $2q$ 的完整球面产生的电势；

② 带电量为 $-q$ 的半球面产生的电势。

P 点的电势为

$$U_P = k\frac{2q}{R} + U_{-q半球面}$$

式中，$U_{-q半球面}$ 表示填补后带电量为 $-q$ 的半球面在 P 点产生的电势大小。由对称性可知，它与原有的带正电的半球面在 Q 点产生的电势数值相等、符号相反，即 $U_{-q半球面} = -U_Q$。由此可得

$$U_Q = k\frac{2q}{R} - U_P$$

从本题的解答，我们注意到：其一，解题中方法的运用是多管齐下的，采用单一的方法很难得到结果，这是与电场性质相关的试题解答所具有的共性。其二，在(1)问中求得的 U'_M 与 M 点的坐标位置无关，这意味着什么呢？如果我们循着这一思路追问下去，还会得到什么样的结论呢？其三，在解答(2)时也没有用到 P 点的坐标量，我们如果希望从这一条件出发求得结果，纠结于如何利用这一条件，则必然消耗大量的时间也得不到相应的结果。而解答中对这一条件置之不理，是需要定力与大智慧的。

当然，我们还应注意到，与电场性质相关的试题题干的描述一般都十分简洁，但解答的思维难度都较大。

题 111　球瓣带电体的电场与电势

半径为 R 的球形西瓜表面带有电量 $+Q$，过西瓜的同一直径 MON 可将它切成未必相同的若干瓣。现取出其中的任一小瓣 P，P 的二面角为 φ，如图 1 所示。这一操作并不改变 P 上原有电荷的分布。试求：

(1) 小瓣 P 在 O 点产生的场强 E_P；

(2) 小瓣 P 直径所在的直线上的电势分布。

【解析】　有关异型带电体的电场及电势分布的讨论与计算在竞赛训练中极为常见，这类习题的模型结构看上去较为简单，文字叙述也很简洁，但解答往往需要答题者具备较强的

空间识别能力、建模能力,且能熟练地运用对称、微元、求和、等效等思维方法进行综合处理。所以,这类习题看似简单,实则综合程度极高,难度较大。

(1) 题目中呈分布状态的电荷的电场,既没有现存的求解公式,也无法通过我们常用的高斯定理、积分等方法求解,即便是我们依据对称性得到 P 在 O 点产生的电场的方向垂直于 MON 且沿图1中角 φ 的平分线方向,但若要求得小瓣 P 在 O 点产生的场强大小 E_P,还必须另寻途径。为此,我们先证明如下引理:

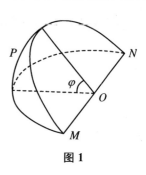

图1

引理 半径为 R 的半球面上均匀分布着面电荷密度为 σ 的电荷,在这个半球面中心 O 处产生的电场强度为 $E_0 = \pi k\sigma$,方向垂直于半球面的底面。

证明 设均匀带电半球如图2所示,现在球面上的 P 点选一小面积 ΔS,OP 与 z 轴的夹角为 θ,ΔS 所带的电量为 $\Delta q = \sigma \Delta S$,当 ΔS 足够小时,Δq 可视为点电荷。设 Δq 在球心处的场强为 ΔE,则

$$\Delta E = k \frac{\Delta q}{R^2}$$

沿 PO 方向。

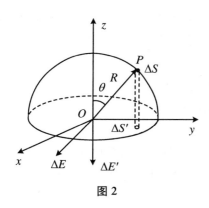

图2

另一方面,由对称性可知,O 点的场强只能沿图2中 z 轴的负方向,则 ΔE 在该方向上的分量 $\Delta E'$ 为

$$\Delta E' = \Delta E \cos\theta = k\frac{\Delta q}{R^2}\cos\theta = k\frac{\sigma}{R^2}\Delta S\cos\theta$$

由图2可知,$\Delta S\cos\theta$ 是 ΔS 在 xOy 平面上的投影面积 $\Delta S'$,则

$$\Delta E' = k\frac{\Delta q}{R^2} = k\frac{\sigma \Delta S'}{R^2}$$

整个半球上的电荷在 O 点的场强为球面上各 ΔS 上的电荷在 O 点产生的场强的叠加,则

$$E_0 = \sum \Delta E' = k\frac{\sigma}{R^2}\sum \Delta S'$$

而 $\sum \Delta S'$ 为整个半球面在底面上的投影面积,即 $\sum \Delta S' = \pi R^2$,所以

$$E_0 = \pi k\sigma$$

引理得证。

下面我们取题目中的半个西瓜为研究对象,这半个西瓜由二面角为 φ 的小瓣 P 与二面角为 $\pi - \varphi$ 的大瓣 P' 构成,如图3中的虚线部分所示。由对称性知,半球、小瓣 P 与大瓣 P' 在 O 点产生的场强 E_0、E_P、E_P' 垂直于

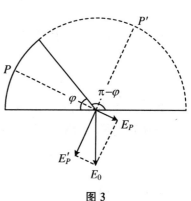

图3

直径 MPN，$\boldsymbol{E}_P$、$\boldsymbol{E}'_P$ 分别沿各自二面角的平分线方向，即有 $\boldsymbol{E}_P \perp \boldsymbol{E}'_P$，且有
$$\boldsymbol{E}_P + \boldsymbol{E}'_P = \boldsymbol{E}_0$$
所以
$$E_P = E_0 \sin \frac{\varphi}{2}$$

将 E_0 代入，且考虑到这里 $\sigma = \dfrac{Q}{4\pi R^2}$，有
$$E_P = k\frac{Q}{4R^2}\sin\frac{\varphi}{2}$$

从上述解答我们可以看出，答题者若没有足够的知识与模型储备，就无法构造出均匀带电半球的模型，进而求得 O 点的场强。

对于竞赛生而言，知识的储备与能力的提升是同等重要的事情，不可一味地追求知识的学习而忽略了能力的提升。那种只注重知识的储备而忽略能力提升的学习行为，无疑是走向一条看似通畅的死胡同。

(2) 由于小瓣 P 上的电荷到 O 点的距离都是 R，求解 O 点的电势无疑是很简单的一件事，而题目需要求解的是指定的直线上的电势分布，难度由此骤增。

我们同样是从原有的球形西瓜切入。

现将西瓜过直径 MON 切成无穷多相同大小的小瓣，每一小瓣的二面角同为 $\Delta\varphi$，并假设这一分割并不改变瓜皮上的电荷分布，即分割后瓜皮上仍旧均匀带电，电量同为 ΔQ。现以球心 O 为坐标原点，在直径 MPN 的延长线上建立 r 坐标轴。那么，每一小瓣瓜皮上的电荷在 r 坐标轴上的电势分布相同，我们将坐标轴上 r 处的电势记为 $\Delta U(r)$，显然 $\Delta U(r) \propto \Delta Q$。

对于完整的带电西瓜，r 坐标轴上的电势分布 $U(r)$ 是各小瓣西瓜在轴上产生的电势分布 $\Delta U(r)$ 的叠加，即
$$U(r) = \sum \Delta U(r) \propto Q$$

再考虑到整个西瓜的带电量 Q 与小块西瓜的带电量 ΔQ 之间的关系 $Q = \sum \Delta Q$，有
$$\frac{U(r)}{\Delta U(r)} = \frac{Q}{\Delta Q} = \frac{2\pi}{\Delta\varphi} \qquad ①$$

题目中的西瓜小瓣 P 的带电量 $q = \dfrac{\varphi}{2\pi}Q$，$q$ 与 ΔQ 之间总有如下关系：
$$\frac{q}{\Delta Q} = \frac{\varphi}{\Delta\varphi}$$

而且，我们总能通过相关的协调，将 P 分成若干个二面角为 $\Delta\varphi$、均匀带有电量 ΔQ 的小西瓜皮，则在其直径 MON 上的电势分布 $U_P(r)$ 必定满足下述关系：
$$\frac{U_P(r)}{\Delta U(r)} = \frac{q}{\Delta Q} = \frac{\varphi}{\Delta\varphi} \qquad ②$$

联立①②式，可得

$$\frac{U_P(r)}{U(r)} = \frac{q}{Q}$$

对于表面均匀带电的西瓜(球面),在直径方向上的电势分布为

$$U(r) = \begin{cases} k\dfrac{Q}{R}, & r \leqslant R \\ k\dfrac{Q}{r}, & r > R \end{cases}$$

便得西瓜瓣 P 直径所在的直线上的电势分布:

$$U_P(r) = \begin{cases} k\dfrac{q}{R} = \dfrac{\varphi}{2\pi}k\dfrac{Q}{R}, & r \leqslant R \\ k\dfrac{q}{R} = \dfrac{\varphi}{2\pi}k\dfrac{Q}{r}, & r > R \end{cases}$$

虽然我们说异型带电体在竞赛中极为常见,但这里异型的种类是有限的,而且给出的异型基本上都保证了一定的对称性存在,其具体的形状无外乎均匀带电球体、均匀带电球壳、均匀带电圆环、均匀带电立方体、带电圆环及由带电杆构成的具有对称结构的模型等。

在求解由这些异型带电体产生的电场、电势、能量及运动规律时,答题者需要调用储存在自己头脑中的基础模型,通过对称分析,构建必要的过渡模型来处理问题,过程中往往又涉及微元、求和、叠加、反证、归纳、演绎、递推等方法的运用,体现了习题的综合程度与对答题者的能力要求。

题 112　反证法在静电平衡中的应用

一个带正电的导体球和若干个不带电的导体球处于静电平衡状态,试证明带正电的球的电势最高,其他导体球的电势一定大于零(无穷远为电势零点)。

【解析】　处在电场中的导体达到静电平衡时,虽然条件只是导体内的自由电荷不再发生定向移动,但其表现出的物理性质却有很多。例如:处于静电平衡状态下的导体内部的电场处处为零(导体内不可能有电场线);导体所带的静电荷只能分布在导体的外表面;导体表面是一等势面,导体整体为一等势体(电场线不能从导体的某处出发又回到导体上);导体表面的电场线与导体表面垂直;等等。这些性质看上去是独立的,其实又是彼此制约、相互关联的,只要其中一个条件不满足,其他条件同样也不可能满足。

在讨论电场中导体所表现出的性质时,如果我们不知道电场所表现出的某个性质是否合理,那么我们可先假设一个结果,再利用电场的性质推出其他结果,若结果与电学中的常识相容,则假设成立,否则假设不成立,此即我们经常所说的反证法。

在论述电场中的静电平衡现象时,我们几乎都围绕反证法进行的。可看本题的解答:

设带正电的导体球为 A,不带电的导体球 $B_1 \sim B_N$ 的电势排序为

$$U_1 \geqslant U_2 \geqslant U_3 \geqslant \cdots \geqslant U_N$$

因 $B_1 \sim B_N$ 球处于非零电场中，故表面有正、负感应电荷，且 B_N 表面正电荷发出的电场线不能去其他的 $B_1 \sim B_N$ 球，此电场线只能去 A 球或无穷远。

若 B_N 球上的正电荷发出的电场线去了 A 球，则 $U_N > U_A$，于是 A 球上的正电荷发出的电场线不能去 B 球，只能去无穷远，则

$$U_A > U_\infty, \quad U_1 > U_N, \quad U_N > U_\infty$$

所以 U_1 最大，则 B_1 球上负电荷接收的电场线没有来处，与事实矛盾。故

$$U_1 \geqslant U_2 \geqslant U_3 \geqslant \cdots \geqslant U_N \geqslant U_\infty$$

即所有 B 球的电势为正。

又 B_1 球表面的负电荷所吸收的电场线不能来自其他的 B 球或无穷远，只能来自 A 球，所以

$$U_A > U_1 \geqslant U_2 \geqslant U_3 \geqslant \cdots$$

即 A 球的电势最高。

反证法在物理中的应用并非很普遍。但在静电学中，在论述静电场性质及对处于平衡状态下的导体所表现出的现象进行论述时，反证法的应用比较集中。在竞赛试卷中，关于静电平衡的内容也许不能单独成题，但分析电场中的导体所表现出的这些性质是理解此类模型的前提，也是解答相关试题的基础。

反证法的起步是假设某个结果，然后利用相关的性质或规律推论另一结果，进而确定假设是否成立，论述过程中应充分展示物理量间的逻辑关系。

题 113 旋转椭球带电体的性质

图 1 所示为一金属导体所构成的旋转椭球面，其曲面方程为 $\dfrac{x^2+z^2}{b^2} + \dfrac{y^2}{a^2} = 1$，且 $a > b$。现让椭球面带上电量为 Q 的电荷。

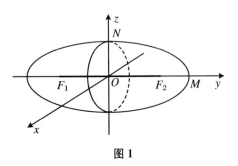

图 1

(1) 试求椭球面上的面电荷密度分布 $\sigma(x,y,z)$。

(2) 试求以此模型说明曲面上的面电荷密度是否与曲面的曲率半径成反比。

(3) 假设带电体是曲面方程为 $\dfrac{y^2}{a^2} + \dfrac{z^2}{b^2} = 1$ 的椭圆带电环，带电量仍为 Q。若要该椭圆长轴上的电场处处为零，则电荷在椭圆环上应如何分布？

【解析】 知识的应用过程也是你所掌握的知识的释放过程。命题人通常从比较常见的问题、模型、方法向前作进一步的推衍，从而产生新的试题，而这类试题的解答往往需要从答题者已掌握的结论出发，通过一定的延伸推衍才能

得到所需要的结果。而作为命题出发点的问题、模型、方法一般都是主流的学习资料上比较常见的,解答时需要将这些已有的结论作为解答问题的引理。如果答题者没有这方面的知识储备,往往就会有一种无从下手的感觉,也就无法得到正确的解答。

本题所给的模型是一金属导体所构成的旋转椭球面。这种旋转椭球面形状的带电体所产生的电场对我们来说并不是规范形状的。一般的竞赛生都会从各种学习资料中获悉,均匀带电直线在其周围空间中产生的等势面是以带电直线两端为焦点的旋转椭球面。而金属导体所构成的旋转椭球面一定是等势面,这提示我们,可以以此为切入点来讨论旋转椭球面(等势面)上的带电情况。为此,我们先证明如下的两个引理,为后续的解答作准备:

引理1 一段均匀的带电直线在线外某点产生的场强可用带有相同线电荷密度的圆弧替代。如图2所示,带电直线 AB 在 O 点产生的场强等效于圆心为 O 点的弧 PQ 在 O 点产生的场强。

引理1的证明 如图2所示,设带电直线的线电荷密度为 λ,O 点到 AB 的距离为 R,在 AB 上取一微元部分 $A'B' = \mathrm{d}l$,则 $A'B'$ 在 O 点产生的场强为

$$\mathrm{d}E = k\frac{\lambda \mathrm{d}l}{(R\cos\theta)^2}$$

而对应的圆弧上的微元段 $P'Q' = \mathrm{d}l'$ 在 O 点产生的场强为

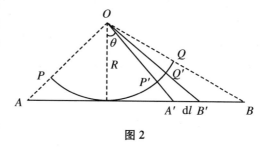

图2

$$\mathrm{d}E' = k\frac{\lambda \mathrm{d}l'}{R^2}$$

考虑到 $\mathrm{d}\theta = \dfrac{\mathrm{d}l'}{R} = \dfrac{\mathrm{d}l\cos\theta}{R/\cos\theta}$,可以得到

$$\mathrm{d}E' = \mathrm{d}E$$

由于弧 PQ 上的每一微元部分均与直线 AB 上的微元部分对应,因此带电直线 AB 在 O 点产生的场强等效于圆心为 O 点的弧 PQ 在 O 点产生的场强。

引理1得证。

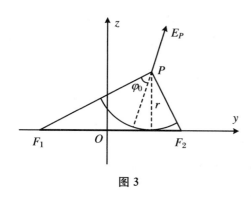

图3

引理2 均匀带电直线在其周围空间形成的等势面为一旋转椭球面,其长轴过带电直线,且焦点为带电直线的端点。

引理2证明 如图3所示,由引理1可知,带电直线 F_1F_2 在线外任意一点 P 产生的电场强度等效于图中带有相同线电荷密度的圆弧在 P 点产生的场强。同样由对称性可知,圆弧在 P 点产生的场强方向在 $\angle F_1PF_2$ 上。又由于场强方向为等势面的法向,F_1F_2 所激发的电场的等势面上任一

点的法向均沿此点对 F_1F_2 张成的角的平分线。又由椭圆的几何性质知,此等势面必为旋转椭球面,其长轴过带电直线,且焦点为 F_1、F_2。

引理 2 得证。

上述两个引理的结论及证明在一般的竞赛资料上都可以找到。有了上述引理,下面我们需要完成的工作就是构造一个能产生题述旋转椭球等势面的带电直线,用带电直线替代旋转椭球面的带电体来研究问题。

(1) 依据前述的引理,我们不妨设一均匀带电直线长为 $F_1F_2 = 2c = 2\sqrt{a^2-b^2}$,其上电荷的线密度为 $\lambda = \dfrac{Q}{2c}$,且在旋转椭球面 $\dfrac{x^2+z^2}{b^2} + \dfrac{y^2}{a^2} = 1$ 外紧靠椭球面的一点 P 产生的场强为 E_P。由上述的引理并结合高斯定理易知,该场强也等于旋转椭球面带电量为 Q 时在该点产生的场强。

由于椭球面具有旋转对称性,我们只需先讨论 yOz 平面上的 $P(y,z)$ 点的场强,然后再作旋转即可。

在图 3 所示的圆弧上取一微元电荷 $dq = \lambda r d\varphi$,式中 r 为 P 点到长轴的距离,φ 为微元部分和 P 点的连线与场强 E_P 的夹角,则

$$dE_P = k\dfrac{\lambda r d\varphi}{r^2}\cos\varphi = \dfrac{k\lambda}{r}\cos\varphi d\varphi$$

再设 $\angle F_1PF_2 = 2\varphi_0$,则

$$E_P = \dfrac{k\lambda}{r}\int_{-\varphi_0}^{\varphi_0}\cos\varphi d\varphi = \dfrac{2k\lambda}{r}\sin\varphi_0$$

又

$$\cos 2\varphi_0 = \dfrac{PF_1^2 + PF_2^2 - F_1F_2^2}{2PF_1 \cdot PF_2}$$

由椭圆知识易证 $PF_1 = a + ey$,$PF_2 = a - ey$,所以

$$\cos 2\varphi_0 = \dfrac{a^2 + e^2y^2 - 2c^2}{a^2 - e^2y^2}$$

从而有

$$\sin\varphi_0 = \sqrt{\dfrac{1-\cos 2\varphi_0}{2}} = \sqrt{\dfrac{c^2-e^2y^2}{a^2-e^2y^2}} = \dfrac{rc}{\sqrt{b^4+r^2c^2}}$$

故

$$E_P = \dfrac{2k\lambda c}{\sqrt{b^4+r^2c^2}} = \dfrac{\lambda c}{2\pi\varepsilon_0\sqrt{b^4+r^2c^2}}$$

考虑到旋转的对称性,有 $r = \sqrt{x^2+z^2}$,所以

$$E_P = \dfrac{Q}{4\pi\varepsilon_0\sqrt{b^4+(x^2+z^2)c^2}}$$

因此,由高斯定理易得旋转椭球面上的 $P(x,y,z)$ 处的面电荷密度为

$$\sigma(x,y,z) = \varepsilon_0 E_P = \dfrac{Q}{4\pi\sqrt{b^4+(x^2+z^2)c^2}}$$

式中 $c = \sqrt{a^2 - b^2}$。

又 $x^2 + z^2 = b^2\left(1 - \dfrac{y^2}{a^2}\right)$，故上式又可写为

$$\sigma(x,y,z) = \dfrac{aQ}{4\pi b \sqrt{a^4 - c^2 y^2}}$$

(2) 对于椭圆 $\dfrac{y^2}{a^2} + \dfrac{z^2}{b^2} = 1$，我们易求得在 M 点与 N 点的曲率半径分别为

$$\rho_1 = \dfrac{b^2}{a}, \quad \rho_2 = \dfrac{a^2}{b}$$

对于旋转椭球面而言，M 点与 N 点的曲率半径分别为

$$\rho_M = \dfrac{2}{\dfrac{1}{\rho_1} + \dfrac{1}{\rho_1}} = \dfrac{b^2}{a}, \quad \rho_N = \dfrac{2}{\dfrac{1}{\rho_2} + \dfrac{1}{b}} = \dfrac{2a^2 b}{a^2 + b^2}$$

由 $\sigma(x,y,z)$ 的表达式知

$$\sigma_M(0,a,0) = \dfrac{Q}{4\pi b^2}, \quad \sigma_N(0,0,b) = \dfrac{Q}{4\pi ab}$$

则有

$$\dfrac{\sigma_M}{\sigma_N} = \dfrac{a}{b} = \dfrac{1 + \left(\dfrac{b}{a}\right)^2}{2}\dfrac{\rho_N}{\rho_M} \neq \dfrac{\rho_N}{\rho_M}$$

可见，即便是在椭球面上的两个特殊点上，其电荷的面密度也不与曲率成反比。

在日常教学中，我们知道物体表面上的面电荷分布与表面的弯曲程度相关，但只是定性地给出一个结论，并没有定量的计算结果。本题仅论述了面电荷密度与曲率半径并不是反比的关系，也只是一个半定性与半定量的结论，但这是我们研究问题的一种渐进方式，我们有必要熟悉这种问题的处理方法。

(3) 本问与"题 109"的内容相似，考虑到本模型不满足圆对称，我们通过搬运垂直于轴的环带上的电荷的方式来处理问题。

由(2)可知，旋转椭球面的长轴上的电场处处为零，我们不妨将(2)中旋转椭球面上同一 y 轴坐标上各点的电荷对称地上下平均分配到椭圆环 $\dfrac{y^2}{a^2} + \dfrac{z^2}{b^2} = 1$ 上，这样便仍然可保证在该椭圆的长轴上的电场处处为零（但不保证长轴外的电场也为零），我们在椭圆环上取一包含 P 的线元 $\mathrm{d}s$，则

$$2\lambda_P \mathrm{d}s = 2\pi z \sigma_P \mathrm{d}s$$

所以

$$\lambda(y,z) = \lambda_P = \pi z \sigma_P = \dfrac{Qz}{4\sqrt{b^4 + z^2 c^2}}$$

式中 $c = \sqrt{a^2 - b^2}$。

从本题的解答过程我们应该能够体会得到，如果我们在日常学习中尽可能积累一些重

要模型的处理方法及相应的一些结论,将其储存在记忆中,在必要的时候释放出来,对处理与之相关的新问题无疑有极大的帮助。那种以反对死记硬背为名,暗示所有的结论都可通过翻阅书籍查找的学习模式,是一种自欺欺人的教育方式。事实上,学习者应根据自身的记忆能力,能记多少就尽量记多少。毕竟记忆是你的能力最重要的支撑点。

题 114 电势能的计算

有一个不带电的金属球壳(内、外半径分别为 a 和 b),在球心处放置一个带电量为 Q 的点电荷,欲把球心处点电荷从球内经球壳上一小缝移至无限远,求外力所做的功。

【解析】 如果仅从能量的角度看问题,我们都十分清楚,外力对系统所做的功等于系统能量的增量。本题中,外力对电荷所做的功就等于系统电势能的增量。于是,只要求得系统电势能的增量,便能得到力在移动电荷的过程中所做的功。初次接触此题的同学通常会如此求解。

方法 1 当系统处于平衡状态时,系统的电荷分布如图 1 所示,即金属球壳内表面带电荷 $-Q$,外表面带电荷 $+Q$。此时,球心 O 处的电势为

$$\varphi_O = -k\frac{Q}{a} + k\frac{Q}{b} = -kQ\left(\frac{1}{a} - \frac{1}{b}\right)$$

电势能为

$$W_1 = Q\varphi_O = -kQ^2\left(\frac{1}{a} - \frac{1}{b}\right)$$

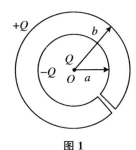

图 1

将电荷 Q 移至无穷远时,$\varphi_\infty = 0$,则 $W_2 = 0$。

根据外力做功与电势能变化间的关系,有

$$A_1 = \Delta W = W_2 - W_1 = kQ^2\left(\frac{1}{a} - \frac{1}{b}\right)$$

先不谈这种解法是否恰当,我们不妨从另一角度来求外力所做的功。

电场力属于保守力,电场力做功与做功的方式和具体过程无关,于是我们不妨将球心处的电荷拆分为无穷多个无限小的电荷,并将这些无限小的电荷一个一个地移到无限远,使其在无限远处聚集为 Q。在这一过程中,外力所做的功亦等于系统电势能的增量。

方法 2 我们通过如下的方式将 Q 从球心 O 移至无穷远处:

将 Q 拆分为 n($n \to \infty$)等份,每一等份的电量为 $\Delta q = \dfrac{Q}{n}$,然后将电荷一份一份地从 O 点移至无穷远处。不难得到,在移动第 i 等份时,球心处电荷的电量为 $(n-i)\Delta q$,则外力所做的功为

$$A_{2i} = k(n-i)(\Delta q)^2\left(\frac{1}{a} - \frac{1}{b}\right)$$

所以
$$A_2 = \sum A_{2i} = kQ^2\left(\frac{1}{a} - \frac{1}{b}\right)\sum \frac{n-i}{n^2} = \frac{1}{2}kQ^2\left(\frac{1}{a} - \frac{1}{b}\right)$$

上式的求解中用到了 $n\to\infty$ 的极限。

比较 A_1 与 A_2，我们不难确定，上述两种解法中至少有一种解法存在问题。稍加分析，我们也不难确定，问题出在方法1上。因为在把电荷整体移到 Q 的过程中球壳上的感应电荷的分布及数量都发生了变化。而用电势与电量的乘积来计算电势能，再用其差值来计算系统电势能的变化，这是在稳恒电场中得到的结论。这个结论的前提是系统中各电荷的分布不应发生变化。在常规教学中，我们不考虑系统内的这种变化。事实上，常规教学中不会出现电荷分布变化下的电势能的定量计算。方法1显然套用了常规教学中处理这类问题的思维，从而出现错误。

为了进一步说明方法1的错误，我们作如下的讨论。先假设一种情况：系统初态的带电情况与题述情况相同，只是将金属球壳改换为绝缘球壳，即在移动球心处的电荷时球壳上的电荷不发生变化。这样一来，我们不难发现，不论电荷是整体移动还是拆分后移动，外力所做的功都一样。于是，问题就显而易见了：在移动球心处的电荷时，球壳上的电荷会随之发生变化，进而系统的电势能也会发生对应的变化。上述方法1中没有考虑到移动中心电荷的过程中球壳上的电荷变化，而方法2考虑了这一变化，故方法1是错误的。

出现这种错误的原因应该是我们在日常教学中过多地关注了电荷之间相互作用的互能，而忽略了电荷自身的自能变化。这样思考问题的前提是在过程中我们所研究的电荷分布不发生变化，也就是电荷作为整体的自能不发生变化。而本题中，在移动球心处的电荷的过程中金属球壳内、外壁的电荷随之变化，电荷的自能及相互作用的互能都发生了变化。这一变化在移动球心处的电荷的过程中是不能不考虑的。

我们也可以尝试求解金属球内、外壁上的电荷的自能及相互作用的互能。

将球壳看作一个电容器，对其充电所需的能量即是球壳上的电荷的自能，所以有

$$W_{内自} = \frac{1}{2}(-Q)\varphi = \frac{1}{2}(-Q)k\frac{-Q}{a} = \frac{1}{2}k\frac{Q^2}{a}$$

$$W_{外自} = \frac{1}{2}Q \cdot k\frac{Q}{b} = \frac{1}{2}k\frac{Q^2}{b}$$

$$W_{壳互} = (-Q) \cdot k\frac{Q}{b} = -k\frac{Q^2}{b}$$

因此，球壳上电荷的总能量为

$$W_{壳} = W_{自内} + W_{自外} + W_{壳互} = \frac{1}{2}kQ^2\left(\frac{1}{a} - \frac{1}{b}\right)$$

这恰好是上述能量变化中的另一半。在移动点电荷的过程中，这一部分能量的改变并不需要外力做功。

当然，方法2也会给大家带来疑问：虽然我们在移动每一份电荷 Δq 时，系统的电荷没有变化，或者说空间的电场没有变化，但在拆分 Q 的过程中有能量变化。我们应注意到，当

电荷移到无穷远后，我们还得将它们聚集到一起。拆分与聚集是互逆的过程，在这个互逆过程中外力所做的总功为零。

但是，"外力所做的功等于系统电势能的增量"这一结论是否不适用于电荷分布变化的系统呢？当然不是。对于本题，我们可以从如下的方法来看这一点。

方法 3 在静电场中，电势能储存在电场中的观点与电势能由电荷携带的观点是等价的。于是，求解全空间的电场分布时，我们以电荷 Q 为中心，电场是向外辐射的。初态与末态（移到无穷远后仍以 Q 为中心）相比较，全空间的电场的差别是：初态下金属球壳内的场强为零，而末态在这一区间同样存在电场，其他位置则完全一样。因此，末态与初态相比较，就多出了这部分电场所具备的电势能，计算出此电势能即得到了外力所做的功。

我们知道静电场的能量密度可以表达为 $\omega = \frac{1}{2}\varepsilon_0 E^2$，而这一区间的电场强弱满足 $E = k\frac{Q}{r^2}$，所以有

$$\Delta W = \int_a^b \frac{1}{2}\varepsilon_0 E^2 \cdot 4\pi r^2 \mathrm{d}r = \frac{1}{2}kQ^2\left(\frac{1}{a} - \frac{1}{b}\right)$$

式中 $k = \frac{1}{4\pi\varepsilon_0}$。

结论与方法 2 一致。可见，"外力所做的功等于系统电势能的增量"这一结论同样适用于电荷分布变化的系统。

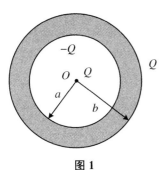

图 1

对于球壳所在区间内的电场的能量，我们也可用如下的方法求解。

方法 4 系统初态下球壳内、外表面的电荷分布与图 1 所示的由两个同心球壳构成的电容器所带电荷量为 Q 时的情况完全一样，电容器内部的电场与单独的点电荷 Q 在相应的空间里形成的电场一致。因此，这一电场的能量即为此电容器的能量。由电容器的知识可知，该电容器的电容 C 满足

$$C^{-1} = k\left(\frac{1}{a} - \frac{1}{b}\right)$$

所以

$$\Delta W = \frac{Q^2}{2C} = \frac{1}{2}kQ^2\left(\frac{1}{a} - \frac{1}{b}\right)$$

结果同样一致。

电势能是中学阶段最为抽象的概念之一，很多学生在理解与应用上存在一些障碍。想要正确地理解它，并不是简单地阅读一下教材就能做到的，还必须通过具体的案例进行全面的分析，才有可能达到融会贯通。上述分析及至观点、方法可以用来解决类似的问题，值得大家认真地研究。

题 115 平面导体对电荷的镜像

在与一个接地的很大的导体板相距 d 的 A 处放一个带电量为 $-q$ 的点电荷,如图 1 所示。

(1) 求板上感应电荷在导体内 P 点($PA = r$)产生的电场强度。

(2) 求板上感应电荷在导体外 P' 点产生的电场强度,已知 P' 点与 P 点关于导体板右表面对称。

(3) 求证:导体板表面处的电场强度矢量总与导体板表面垂直。

(4) 求导体板上感应电荷对电荷 $-q$ 的作用力。

(5) 若切断导体板与地的连接线,再把电荷 $+Q$ 置于导体板上,试说明这部分电荷在导体板上应如何分布才能达到静电平衡(略去边缘效应)。

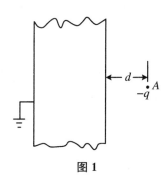

图 1

【解析】 本题是理解与应用电像法的经典题,也是入门试题。

对于竞赛生而言,应用电像法解答本题似乎是理所当然的事。其实,这种"理所当然"建立在忽略边缘效应与唯一性定理的基础上,而在一般情况下我们并没有对其做出严格的证明,往往是直接认同。这对中学生而言,虽有不足,但也不成为问题。我们在记住了这一条件后,结合已有的知识,能应用便是能力的体现。下面我们先看本题的分析。

由于导体板很大且接地,因此只有右侧表面才分布有正的感应电荷,而接地的左侧表面没有感应电荷。对于这一点,我们很容易给出证明:导体板接地,则导体板与无穷远处的大地等势,彼此间不存在电势差。假设导体板的左侧带电,不论是带正电还是带负电,与电荷相对应的电场线必然来自(终止于)大地(无穷远)。那么,板与大地之间便存在电势差。这与大地等势相悖,故导体板的左侧不会带电。所以,感应电荷的电场就只能由导体板右侧面上的感应电荷产生。

由于感应电荷的电场是由分布在平面上的电荷产生的,由对称性可知感应电荷在该平面两侧产生的电场一定关于该平面成镜像对称。故本题的解答如下:

(1) 静电平衡的条件是导体内场强为零,故 P 点处的场强为零,而 P 点处的零场强是导体外及表面电荷产生的场强叠加的结果。所以,感应电荷在 P 点的场强 $E_\text{感}$ 和 $-q$ 在 P 点的场强 E_{-q} 大小相等、方向相反,即

$$E_\text{感} = E_{-q} = \frac{kq}{r^2}$$

方向如图 2 所示,r 是 $-q$ 到 P 点的距离。

(2) 由于感应电荷分布在导体板的右边,根据对称原理,可知感应电荷在导体外任意一

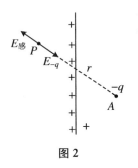

图2

点 P 处产生的场强一定和感应电荷在其对称点 P' 处产生的场强镜像对称(图3),即

$$E_{感P'} = E_{感P}$$

而

$$E_{感P} = -E_{-q} = -\frac{kq}{r^2}$$

式中 r 是 $-q$ 到 P 点的距离,因此

$$E_{感P'} = \frac{kq}{r^2}$$

方向关于 $E_{感P}$ 的方向镜像对称,如图3所示。

(3) 根据(2)的讨论将 P' 点取在导体的外表面,此处的场强由 E_{-q} 和 $E_{感P'}$ 叠加而成(图4)。不难看出,在此处 E_{-q} 和 $E_{感P'}$ 的大小相等,方向关于导体表面的法向对称,则这两个场强的合场强垂直于导体表面。

(4) 在导体板内取一点和 $-q$ 所在点 A 对称的 A' 点,A' 处的场强由 E_{-q} 和 $E_{感A'}$ 叠加而为零。由对称性可知,A 处的 $E_{感A}$ 和 $E_{感A'}$ 应是大小相等、方向相反的(图5),所以 $-q$ 所受的电场力大小为

$$F = E_{感A} \cdot q = E_{-q} \cdot q = \frac{kq}{(2d)^2} \cdot q = \frac{kq^2}{4d^2}$$

方向垂直于板面向左。

(5) 因为 E_{-q} 和 $E_{感}$ 在导体板内处处构成平衡,所以 $+Q$ 只有均匀分布在导体板两侧,才能继续保持导体板内部场强处处为零。

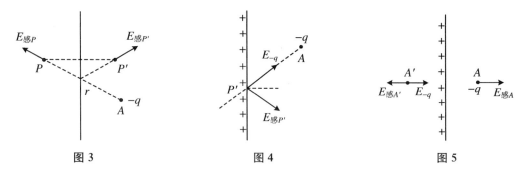

图3　　　　　图4　　　　　图5

从(2)、(3)、(4)的分析中可看出:导体板右侧的电场分布与等量异种电荷的电场分布完全相似,即感应电荷的作用和"在与 A 点对称的 A' 位置上放一个带电量为 $+q$ 的点电荷"的作用完全等效,这就是所谓的电像法。必须指出的是,这个等效只在导体板的右侧是等效的,并非在全空间是等效的。

题 116　导体球面对点电荷的镜像

在点电荷 q 的电场中放入一个半径为 R 的接地导体球，q 到该球球心 O 的距离为 l，求导体球对点电荷 q 的作用力。

【解析】 导体球接地，则点电荷 q 与球之间存在电势差。由静电感应现象知，在导体球面左侧会产生与 q 异号的电荷 $-q'$。$-q'$ 在球面的分布是个复杂的问题，因而 $-q'$ 对 q 的力也是个复杂的问题。原则上，我们可以把 $-q'$ 看成无限多个点电荷的集合，利用库仑定律和叠加原理求出这个力。但一眼便可看出，这种方法至少存在两方面的障碍：一是 $-q'$ 在球面上的分布不清楚，在中学阶段也找不到得到这一分布的途径；二是 $-q'$ 在球面上连续分布，求解它对 q 的作用要借助高等数学工具，这在中学阶段也很难完成。所以，必须寻找其他的处理途径。

$-q'$ 本身不是点电荷，一种可行的常用思路是：在球内寻找一个点电荷 q''，这个 q'' 在球内、外空间产生的电场（包括 E 矢量和电势 U）与面分布的 $-q'$ 产生的电场完全等效。这个 q'' 对 q 的作用力才可等效为导体球对 q 的作用力。但这种等效模型是否存在呢？

由于导体球接地，导体球面为一零等势面。这说明，若一正一负的两个点电荷在空间能形成一个球面状态的零等势面，则上述设想的点电荷 q'' 存在，否则不存在。下面我们来论述这一电荷存在的可能性。

设想有两个点电荷 $+q_1$ 和 $-q_2$ ($q_1 > q_2$)，相距 $2a$，试求出其零等势面的形状。

如图 1 所示，取两个点电荷的中心 O 为坐标原点。空间任一点 $P(x, y, z)$ 的电势为

$$U = k\frac{q_1}{r_1} - k\frac{q_2}{r_2}$$

P 点满足电势为零的条件是

$$\frac{r_1}{r_2} = \frac{q_1}{q_2}$$

或者

$$\frac{\sqrt{(x+a)^2 + y^2 + z^2}}{\sqrt{(x-a)^2 + y^2 + z^2}} = \frac{q_1}{q_2}$$

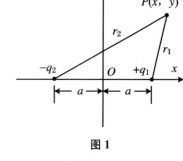

图 1

化简为

$$x^2 - \frac{2a(q_1^2 + q_2^2)}{q_1^2 - q_2^2}x + a^2 + y^2 + z^2 = 0$$

即

$$\left[x - \frac{a(q_1^2 + q_2^2)}{q_1^2 - q_2^2}\right]^2 + y^2 + z^2 = \left(\frac{2aq_1q_2}{q_1^2 - q_2^2}\right)^2$$

显然,此式为一球面方程,球心的坐标为 $\left(\dfrac{a(q_1^2+q_2^2)}{q_1^2-q_2^2},0,0\right)$,球面的半径为 $\dfrac{2aq_1q_2}{q_1^2-q_2^2}$。

因此,零等势面是一球面。

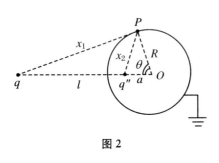

图 2

由于 $+q_1$ 和 $-q_2$ 所形成的电场中的零等势面是一球面,故上述分析中的点电荷存在。

如图 2 所示,由对称性知 $-q'$ 的面分布具有轴对称性(图中未标出),q'' 肯定在 q 与 O 点的连线上。因为导体球接地,所以 q'' 与 q 在球面上各自贡献的电势合成必为零。在球面上任选一点 P,θ 为任意角,则

$$k\dfrac{q}{x_1} - k\dfrac{q''}{x_2} = 0 \quad \text{①}$$

设 q'' 到 O 点的距离为 a,根据余弦定理,有

$$x_1^2 = l^2 + R^2 - 2lR\cos\theta$$
$$x_2^2 = a^2 + R^2 - 2aR\cos\theta$$

代入①式有

$$\dfrac{q}{\sqrt{l^2+R^2-2lR\cos\theta}} = \dfrac{q''}{\sqrt{a^2+R^2-2aR\cos\theta}}$$

变形化简后可得

$$q^2a^2 + q^2R^2 - 2q^2aR\cos\theta = q''^2l^2 + q''^2R^2 - 2q''^2lR\cos\theta \quad \text{②}$$

②式对于球面上任意 P 点、任意 θ 角都必须成立,条件是要满足

$$q^2a^2 + q^2R^2 = q''^2l^2 + q''^2R^2 \quad \text{③}$$
$$q^2aR = q''^2lR \quad \text{④}$$

由④式得

$$a = \dfrac{q''^2}{q^2}l$$

代入③式得

$$\dfrac{l^2}{q^2}q''^4 - q''^2(l^2+R^2) + q^2R^2 = 0$$

解得 $q'' = \dfrac{R}{l}q$,q(舍去)。

对应的 $a = \dfrac{R^2}{l}$,q'' 与 q 反号。

因此,导体球对 q 的吸引力等于 q'' 对 q 的吸引力,等于球面分布的感应电荷 $-q'$ 对 q 的吸引力,即

$$k\dfrac{qq''}{(l-a)^2} = k\dfrac{Rlq^2}{(l^2-R^2)^2}$$

在上述解答中,对 q'' 与 a 的求解选取了任意点 P,这具有很强的普适性。如果选取球面

上的近 q 点与远 q 点,我们也能快捷地得到 q'' 与 a 的值,但应强调这是在唯一性的条件下得到的。

本例求出的点电荷 q'' 位于球内距离 O 点 $a(<R)$ 处,它在球内、外产生的电场与球面分布的感应电荷 $-q'$ 产生的电场完全等效,我们称 q'' 为 q 的电像。

本模型还有很大的拓展空间,如:假设导体球不接地,结果如何? 如果导体球原本带有电量 Q,结果如何? 等等。大家不妨思考一下。

题 117　体系电势能的计算

系统如图 1 所示,在半径为 R 的导体球 O 内挖一半径为 $r\left(r<\dfrac{R}{2}\right)$ 的球形空腔 O',球 O 并不带电,在距离球 O 的球心 d 处有一点电荷 $+Q$,在球形空腔的球心 O' 处有一点电荷 $+q$,试求点电荷 $+q$ 所具有的电势能 W。

【解析】　中学物理对系统电势能的相互性的描述略显模糊,我们有必要对此作一说明。下面通过两个点电荷间的相互作用来说明一下系统的电势能应如何理解。

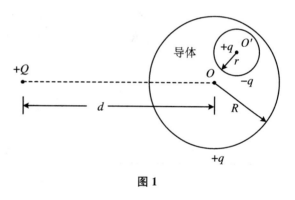

图 1

有相距 r 的两个静止点电荷 Q_1、Q_2,对它们间相互作用的电势能 $W = k\dfrac{Q_1 Q_2}{r}$ 应作如下理解:它是点电荷 Q_1 单独存在时其电场在 Q_2 处产生的电势 $U_{12} = k\dfrac{Q_1}{r}$ 与 Q_2 的乘积,即 $W = Q_2 U_{12} = k\dfrac{Q_1 Q_2}{r}$;或者是点电荷 Q_2 单独存在时其电场在 Q_1 处产生的电势 $U_{21} = k\dfrac{Q_2}{r}$ 与 Q_1 的乘积,即 $W = Q_1 U_{21} = k\dfrac{Q_1 Q_2}{r}$。所以,这里的电势能 W 是两个电荷共有的,而不是哪个电荷独立拥有的。需要特别说明的是,这里的 U_{12} (或 U_{21})是由 Q_1 (或 Q_2)独立产生的,不要认为有 Q_2 (或 Q_1)提供的成分。为了体现电势能的相互性,有时从对称性的角度将由两个电荷组成的系统的电势能写作 $W = \dfrac{1}{2}(Q_1 U_{21} + Q_2 U_{12})$。但在通常情况下,我们以系统中的某个电荷为研究对象,且系统的电势能与其他形式的能量间的转化也只体现在某个电荷上。此时,我们常将体系的电势能说成某个电荷的电势能,如本题所说的"点电荷 $+q$ 所具有的电势能"实际上是 $+q$ 与系统内的所有电荷相互作用的电势能。

本题中,$+q$ 的电势能为系统内除 $+q$ 外的其他电荷在 O' 处产生的电势之和 $U_{O'}$ 与 q

的乘积,即 $W = qU_{O'}$。于是,本题的问题转化为求解 $U_{O'}$。

当在 O' 处放置 $+q$ 后,由静电感应知,将在腔的内壁上产生均匀分布的带电量为 $-q$ 的电荷,其分布状态不会受到外部电荷的影响。再由电荷守恒知,导体球的外表面将会带上与 $+q$ 等量的电荷,若球外不存在 $+Q$,球面上的电荷将会均匀分布;而球外存在 $+Q$,其表面上的电荷不再是均匀分布的。

图 1 中 O' 处点电荷 $+q$ 所具有的电势是腔内壁上的电荷 $-q$、球面上的电荷 $+q$ 及球外的电荷 $+Q$ 三者在 O' 处产生的电势之和,设它们依次为 U_{-q}、U_q、U_Q。

(1) U_{-q} 的计算。

电荷 $-q$ 在半径为 r 的球面上均匀分布,其电场在 O' 处电势为

$$U_{-q} = -k\frac{q}{r}$$

(注意,电荷 $-q$ 与 O' 处点电荷 q 的复合电场在半径为 r 的球面外场强处处为零,但电荷 $-q$ 在半径为 r 的球面外的电场为均匀带电球面外的非零电场。)

(2) $U_q + U_Q$ 的计算。

实际上,Q 与球间的感应导致球表面上的电荷分布并不均匀,在中学阶段我们不能单独求得 U_q;同样,由于 O' 的位置不确定,我们也无法单独求得 U_Q。但我们可以求得这两者之和。

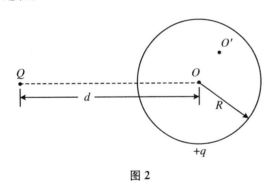

图 2

我们知道,导体球在球面上的分布电荷 $+q$ 与 Q 的共同作用下为一等势体,如图 2 所示。在这个等势体内 O 点的电势与 O' 点的电势是相等的,我们可以通过求 O 点的电势来求得 O' 点的电势。

球面上分布电荷 $+q$ 虽然不是均匀分布的,但不论怎样分布,到球心 O 的距离均为 R,则分布电荷 $+q$ 在球心处产生的电势为 $k\frac{q}{R}$。显然,Q 在 O 点产生的电势为 $k\frac{Q}{d}$。两者在 O 点产生的电势为

$$U_q + U_Q = k\frac{q}{R} + k\frac{Q}{d}$$

所以

$$U_{O'} = U_{-q} + U_q + U_Q = -k\frac{q}{r} + k\frac{q}{R} + k\frac{Q}{d}$$

亦即

$$W = qU_{O'} = kq\left(\frac{-q}{r} + \frac{q}{R} + \frac{Q}{d}\right)$$

在中学阶段常规教学内容中对电势能的要求并不高,以至于其描述显得比较模糊。通

过本题的解答,可以明晰电势能的相互性。当然,我们在此处只讨论了电荷间相互作用的互能,还没有涉及自能。静电感应的内容也是中学物理中较为抽象的内容之一,与此相关的习题能较好地甄别答题者能力上的差异。

本题亦有很大的拓展空间,如:让导体球先带上一定的电量或者求解电荷的受力等。

题 118 格林互易定理及应用

在空间中几个点处依次放置几个点电荷 $q_1, q_2, q_3, q_4, \cdots, q_n$。对于点 i,其余 $n-1$ 个点电荷在这一点上的电势和为 U_i。若在这 n 个点处换上另外 n 个点电荷 $q'_1, q'_2, q'_3, \cdots, q'_n$,同理定义 $U'_i (i = 1, 2, \cdots, n)$。

(1) 证明:$\sum_{i=1}^{n} q_i U'_i = \sum_{i=1}^{n} q'_i U_i (n \geqslant 2)$。

(2) 利用(1)中的结论,证明:真空中一对导体电容器的电容值与这两个导体的带电量无关。(这对导体带等量的电荷。)

(3) 利用(1)中的结论,求解如下问题:如图 1 所示,正四面体 $ABCD$ 各面均为导体,但又彼此绝缘。已知带电后四个面的静电势分别为 φ_1、φ_2、φ_3 和 φ_4,求四面体中心 O 点的电势 φ_O。

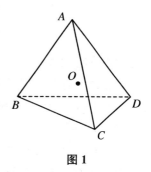

图 1

【解析】 物理学的大厦是由为数不多的物理规律支撑起来的,但这座大厦中却装满了无数由定律推衍出的定理,而中学阶段所接触的只是其中的一小部分,更多的则在具体的应用中得到凸现。本题题干所给出的条件和(1)问所对应的结论便是其中一例,我们将这一结论称为格林互易定理。

(1) 设 i 点对 j 点产生的电势为 $U_{ij} = a_{ij} q_i$,易知 j 点对 i 点产生的电势为 $U_{ji} = a_{ji} q_j$。对于此二点电荷系统,由电势能的定义有

$$U_{ij} q_j = U_{ji} q_i$$

即

$$a_{ij} q_i q_j = a_{ji} q_j q_i$$

得 $a_{ij} = a_{ji}$,且易知 a_{ij} 只与位置有关。

又

$$U_i = a_{i1} q_1 + a_{i2} q_2 + a_{i3} q_3 + \cdots + a_{in} q_n = \sum_{j=1}^{n} a_{ij} q_j \quad (\diamondsuit\ a_{ii} = 0)$$

则

$$U'_i = a_{i1} q'_1 + a_{i2} q'_2 + a_{i3} q'_3 + \cdots + a_{in} q'_n = \sum_{j=1}^{n} a_{ij} q'_j \quad (a_{ij}\ \text{只与位置有关})$$

所以

$$\sum_{i=1}^{n} q_i U'_i = \sum_{i=1}^{n} q_i \left(\sum_{j=1}^{n} a_{ij} q'_j \right) = \sum_{i,j=1}^{n} a_{ij} q_i q'_j = \sum_{j=1}^{n} q'_j \left(\sum_{i=1}^{n} a_{ij} q_i \right) = \sum_{i=1}^{n} q'_i U_i$$

故原式(格林互易定理)成立。

以定义与定律为依据，在一定的条件下推导出相应的结论，这个结论往往称为定理。物理定理虽不像数学中那么普遍，但仍然较多，如用于求物体质心的巴普斯定理，用于处理电路的戴维南定理与诺尔顿定理，光学成像中的牛顿公式，理想气体的克拉珀龙方程等，其中很多定理是中学生能够推导并应用的。

(2) 设两导体前后所带静电分别为 $\pm Q_1$、$\pm Q_2$，对应的电容分别为 C_1、C_2，则由(1)知

$$\sum_{i=1}^{n} q_i U'_i = Q_1 U_{21} - Q_1 U_{22} = Q_1 (U_{21} - U_{22}) \quad (\text{其中 } U_{21}、U_{22} \text{ 为带 } \pm Q_2 \text{ 时两导体的电势})$$

同样

$$\sum_{i=1}^{n} q'_i U_i = Q_2 U_{11} - Q_2 U_{12} = Q_2 (U_{11} - U_{12}) \quad (\text{其中 } U_{11}、U_{12} \text{ 为带 } \pm Q_1 \text{ 时两导体的电势})$$

由(1)知二者相等，则

$$Q_1 (U_{21} - U_{22}) = Q_2 (U_{11} - U_{12})$$

所以

$$C_1 = \frac{Q_1}{U_{11} - U_{12}} = \frac{Q_2}{U_{21} - U_{22}} = C_2$$

即与导体带电量无关。

从上面的解答我们可以确定，应用格林互易定理时，需要依据题述情境合理地设置电荷及相应的电势，显然这与答题者的建模能力密切相关。

(3) 本问是一道经典的物理试题，几乎所有的物理竞赛辅导资料都收入了此题，并利用等效原理和电势的线性叠加原理给出了如下的解答：

保持四面体不动，设想按照下述方式调换四个面上的电荷(由电荷分布决定的电势也相应地变换)：设想四个面上的电荷绕中心 O 转动，由此保持它们的相对位置不变，结果会得到正四面体的四个面的若干带电模式，从中可选出如表1所示的四种模式。

表1

模式	面Ⅰ	面Ⅱ	面Ⅲ	面Ⅳ
1	φ_1	φ_2	φ_3	φ_4
2	φ_4	φ_1	φ_2	φ_3
3	φ_3	φ_4	φ_1	φ_2
4	φ_2	φ_3	φ_4	φ_1

因为转动时并未改变各面电荷之间的相对位置，所以各种模式在中心 O 的电势 φ_O 都相同。现设想将四种模式叠加，则 O 点的电势应为 $4\varphi_O$。另一方面，四种模式叠加后，正四面体每个面的电势皆为 $\varphi_1 + \varphi_2 + \varphi_3 + \varphi_4$。这时正四面体构成一近似封闭的等势面，它们包围

的空间(其中无电荷)就近似为一等势体。因此 O 点的电势为 $\varphi_1 + \varphi_2 + \varphi_3 + \varphi_4$。由以上分析得

$$4\varphi_O = \varphi_1 + \varphi_2 + \varphi_3 + \varphi_4$$

即

$$\varphi_O = \frac{1}{4}(\varphi_1 + \varphi_2 + \varphi_3 + \varphi_4)$$

上述解答清晰明了,但思维难度要求很高,如无事先的引导与提示,在考场上将等效原理与叠加原理结合起来运用的难度可想而知。如果答题者熟悉格林互易定理,亦可通过构建合理的带电模式,迅速得到结果。当然,这同样要求答题者有较强的建模能力。

由题意,设四个面与中心 O 的电荷量分别为 q_1、q_2、q_3、q_4、0,同时四个面与中心 O 的电势分别为 φ_1、φ_2、φ_3、φ_4、φ_O。

现将外面四个面接地,中心放一个电量为 Q 的点电荷,中心电势为 U,由对称性可知四个面产生的感应电荷都为 $-\dfrac{Q}{4}$,则此时四个面与中心 O 的电荷和电势分别为 $-\dfrac{Q}{4}$、$-\dfrac{Q}{4}$、$-\dfrac{Q}{4}$、$-\dfrac{Q}{4}$、Q 和 0、0、0、0、U。

由格林互易定理可得

$$\varphi_1 \cdot \left(-\frac{Q}{4}\right) + \varphi_2 \cdot \left(-\frac{Q}{4}\right) + \varphi_3 \cdot \left(-\frac{Q}{4}\right) + \varphi_4 \cdot \left(-\frac{Q}{4}\right) + \varphi_O \cdot Q = 0$$

同样可得

$$\varphi_O = \frac{\varphi_1 + \varphi_2 + \varphi_3 + \varphi_4}{4}$$

显然,殊途同归。

各类定理、推论的应用是一个积累的过程,日常训练中的许多具有普遍性的结论可以说就包含了一定数量的定理,必要的时候它们便成为处理其他问题的引理。很多人在理科教学中,一味地反对习题训练,错误地认为习题训练就是题海战术。实际上,每一道不重复的习题,或需依据模型解决问题,或需依据理论研究问题,这些都是物理学习中不可或缺的过程。只有那些低效、重复的练习才是题海战术。希望大家能正确理解强化训练。

题 119 导体半球在匀强电场中的受力

在一很大的水平接地导体平板上方存在竖直方向的均匀电场 E_0,现将一个质量密度为 ρ、半径为 R 的导体半球平放在导体平板上(使球面朝上),如图 1 所示。试问:E_0 至少为多大,才能将这半球从导体平板上拉起来?

【解析】 与电场中的导体相关的问题,无论是定性分析还是定量计算,都是中学阶段的难点问题。

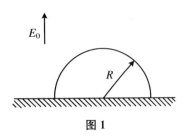

图 1

本题巧妙地将电中性的导体球在电场中的行为迁移到半球上。这种迁移要求解答者知晓电中性的导体球在电场中的特点,再将此特点过渡到本题的半球上。答题者若对电场中导体的特点没有深刻认知,则做不到这种过渡。为了叙述方便,我们先来考察一电中性导体球在匀强电场中的行为。

我们知道,导体球在匀强电场中处于静电平衡时,其内部的场强为零,这时电中性的导体球可看成两个带等量异号电荷球体的叠加。设球的半径为 R,两个导体球的体电荷密度为 $\pm \rho'$。当有外电场 E_0 存在时,两个带电球将沿电场方向发生微小位移,以在球内形成反向电场抵消外场,最终使球内合电场为零。

如图 2 所示,设两个球体在外电场的作用下有一位移为 l,现来考察球内任一点 P 的电场。

设 P 点与正电荷球中心 O_+ 的距离为 r_+,与负电荷球中心 O_- 的距离为 r_-。根据高斯定律,正电荷球在 P 点产生的电场为

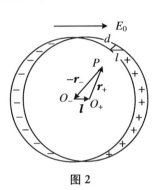

图 2

$$\boldsymbol{E}_+ = \frac{1}{4\pi\varepsilon_0} \frac{\rho' \frac{4}{3}\pi r_+^3}{r_+^2} \hat{\boldsymbol{r}}_+ = \frac{\rho'}{3\varepsilon_0} \boldsymbol{r}_+$$

同理,负电荷球在 P 点产生的电场为

$$\boldsymbol{E}_- = \frac{-\rho'}{3\varepsilon_0} \boldsymbol{r}_-$$

这里 $\boldsymbol{r}_+$ 和 $\boldsymbol{r}_-$ 分别为从 O_+ 和 O_- 指向 P 点的矢量,于是合电场为

$$\boldsymbol{E} = \boldsymbol{E}_+ + \boldsymbol{E}_- = \frac{\rho'}{3\varepsilon_0}(\boldsymbol{r}_+ - \boldsymbol{r}_-) = \frac{\rho'}{3\varepsilon_0} \boldsymbol{l}$$

式中 $\boldsymbol{l}$ 为从 O_- 指向 O_+ 的矢量,可见球内为一均匀场。只要令 $\boldsymbol{E} = -\boldsymbol{E}_0$,就可得到实际位移值 l:

$$\frac{\rho'}{3\varepsilon_0} l = E_0$$

得

$$l = \frac{3\varepsilon_0 E_0}{\rho'}$$

由于导体的 ρ' 很大,故 l 为一小量,则两个带电球位移的结果为:球内绝大部分交叠区域仍是电中性的,只在两边很薄的非交叠区出现薄层电荷,可视为面电荷。面电荷密度 σ 为 θ 角的函数(这实际上就是导体上的感应电荷),即

$$\sigma = \rho' d = \rho' l \cos\theta$$

将 l 的表达式代入,得

$$\sigma = \sigma_0 \cos\theta = 3\varepsilon_0 E_0 \cos\theta$$

当 $\theta < 90°$ 时,$\sigma > 0$;当 $\theta > 90°$ 时,$\sigma < 0$;当 $\theta = 90°$ 时,$\sigma = 0$。

上述结论即是导体球在电场中所表现出的特点。基于这一特点,我们来讨论本题。

设想一半径为 R 的导体球置于竖直向上的均匀电场 E_0 中,则由上述讨论知,导体表面将出现感应电荷,电荷面密度由 $\sigma = 3\varepsilon_0 E_0 \cos\theta$ 表示,式中 θ 应理解为与竖直方向的夹角。这时过球心的水平面必为与导体球电势相等的等势面,若在此平面上放置导体平板,则不影响导体球上部的电场分布。因而在本题的情况下,半球上的电荷分布仍由 $\sigma = 3\varepsilon_0 E_0 \cos\theta$ 决定,而在导体平板上将出现感应电荷,它们在导体平板上方的效应犹如原下半球上的电荷产生的效应(下半球的电荷可看成上半球电荷的镜像电荷),而在导体平板下方电场处处为零。这样,半球所受的电场力即为半球表面电荷所受电场力的合力,此合力必向上,其大小 F 可由各面元电荷所受法向力沿竖直方向的分力的积分求得。

为求各面元电荷所受的电场力,先求各面元处的电场强度。下面我们求这场强的大小。

我们知道,在电场中处于静电平衡的导体表面处的电场方向是垂直于表面的,而其内部的场强为零。我们可在带电导体表面 θ 处取一底面小于面元、高趋近于零的鼓形高斯面,如图 3 所示。由高斯定理易知,导体球外表面靠近球面处的场强为 $\dfrac{\sigma}{\varepsilon_0}$;同样由高斯定理可知,球面上面元处的电荷

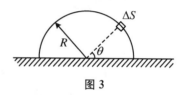

图 3

对该场强的贡献为 $\dfrac{\sigma}{2\varepsilon_0}$,则面元以外的电荷在该处产生的场强亦为 $\dfrac{\sigma}{2\varepsilon_0}$,方向也是垂直于球面向外的。由于我们所取的鼓形高斯面是一个微小区间,外电荷在该区间内产生的场强可认为是均匀的,进而可以推断球面上面元处的外电场为 $\dfrac{\sigma}{2\varepsilon_0}$,则该面元处单位面积上所受的电场力等于 $\dfrac{\sigma^2}{2\varepsilon_0}$,故有

$$F = \int_0^{\frac{\pi}{2}} \frac{\sigma^2}{2\varepsilon_0} \cdot 2\pi R\sin\theta R\mathrm{d}\theta \cdot \cos\theta = \frac{\pi R^2 \sigma_0^2}{\varepsilon_0} \int_0^{\frac{\pi}{2}} \sin\theta\cos^3\theta \mathrm{d}\theta$$

$$= \frac{\pi R^2 \sigma_0^2}{4\varepsilon_0} = \frac{\pi R^2 (3\varepsilon_0 E_0)^2}{4\varepsilon_0} = \frac{9}{4}\pi\varepsilon_0 R^2 E_0^2$$

计算中用到积分:

$$\int_0^{\frac{\pi}{2}} \sin\theta\cos^3\theta \mathrm{d}\theta = -\int_0^{\frac{\pi}{2}} \cos^3\theta \mathrm{d}\cos\theta = -\frac{1}{4}\left(\cos^4\frac{\pi}{2} - \cos^4 0\right) = \frac{1}{4}$$

令 $F = mg = \dfrac{2}{3}\pi R^3 \rho g$,得

$$E_0 = \frac{2}{3}\sqrt{\frac{2R\rho g}{3\varepsilon_0}}$$

这就是能将半球从平板拉起来的最小电场。

从本题的解答我们不难发现,不论是构建双球模型来处理电场中导体球的电荷分布特点,还是求解导体球面上的电场强度,思维难度都是很大的,而且这两个结论还只是解决问题的引理。可见,若没有充分的准备,则几乎不可能在短时间内找到正确的解题路径并完成

解答。

在物理竞赛的学习过程中,我们应积累所处理的各种模型的特点,并对涉及的问题进行必要的延伸。要知道,命题人常常将我们熟悉的模型进行组合、拓展,从而命制出新的试题。

题 120　带电小球在电容器中的平衡

两块边长同为 $a=15\text{ cm}$ 的正方形导体平板 A、B 相距 $d=5.0\text{ cm}$,构成一个空气平行板电容器,其中平板 B 接地。另有一涂导电漆的木髓小球 P 被一长为 $l=10\text{ cm}$ 的绝缘丝线悬挂,丝线的上端固定于平板 A 上,如图 1 所示。木髓小球的质量为 $m=0.10\text{ g}$,半径为 $r=0.30\text{ cm}$,开始时,它与平板 A 接触。已知真空的介电常数 $\varepsilon_0=8.85\times10^{-12}\text{ C}^2/(\text{N}\cdot\text{m}^2)$。

(1) 求由平板 A、B 构成的电容器的电容 C。

(2) 求木髓小球 P 的电容 C'。

(3) 现让电势为 $U=6.0\times10^4\text{ V}$ 的范德格拉夫起电机与导体板 A 作瞬间接触后并立即隔离,这时可观察到木髓小球 P 离开 A 板后运动到 B 板,然后再返回 A 板……往返几次后,木髓小球 P 将保持稳定的运动状态。小球 P 与板的接触都是非弹性的。

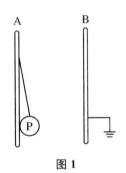

图 1

① 解释木髓小球 P 为什么会这样运动,并求出其最后的平衡位置,用丝线与 A 板间的夹角 θ 表示。

② 计算木髓小球 P 在稳定运动前来回摆动的次数 k 及两平板之间最终的电势差 U_k。

③ 试作表示两板间的电势差与小球 P 在两板间来回摆动次数的函数关系 $U_k=f(k)$ 的示意图。

【解析】 刚接触本题时,答题者有一种无法切入的感觉。我们日常定量处理的关于电容器的模型都是理想化的模型,在电容器中运动的带电粒子都是质点状态的粒子,而本题中不论是电容器还是木髓小球的运动都不满足这一条件。因此,解答本题时首先要正确处理物理模型。

在本题中,我们应该清楚,孤立的导体球的电容是球与大地之间的电容,而置于此模型中,虽然 A 与 P 之间会有相互影响,但考虑到 A 的尺度远大于 P,其影响便可忽略。因此,当 P 与 A 板接触时,由于 B 板接地,系统便是由 A、B 构成的电容器与由小球 P 和大地构成的电容器的并联;当小球 P 与 B 板接触时,P 便与大地接触,不再构成电容器,相对于 B 板而言,其带电量可以忽略。

(1) 由平行板电容器的电容公式 $C=\dfrac{\varepsilon_0 S}{d}$ 得

$$C=\dfrac{\varepsilon_0 a^2}{d}=3.98\text{ pF}$$

(2) 木髓小球 P 的电容为
$$C' = 4\pi\varepsilon_0 r = 0.334 \text{ pF}$$

(3) 范德格拉夫起电机与导体板 A 接触时,平行板电容器被充电,同时小球 P 也被充电,而且与 A 板一样带正电,则小球 P 在 A、B 间会受到电场力的作用而向 B 板摆动,若小球碰上 B 板,P 上的正电荷将 B 上的负电荷中和,原有的电荷流失;随即,小球 P 会在重力与电场力的作用下回到 A 板,这使得小球 P 又带上一定量的电荷,进而在电场力的作用下向 B 板摆动……如此反复。随着小球 P 与 B 板碰撞次数的增加,小球 P 在 A、B 间传递的电荷越来越多,两板间的电场也会越来越弱。当电场弱到不足以让小球 P 运动至 B 板后,小球 P 便会在 A、B 间来回摆动达到稳定的运动状态。

小球 P 在电场中的摆动显然是以重力与电场力作用下的平衡点为中心点的对称运动。因此,我们应先确定小球 P 在两板间摆动的角度范围。设悬线与 A 板间的夹角为 θ,当小球 P 与 A 板接触时,有

$$\sin \theta_1 = \frac{r}{l+r}$$

得 $\theta_1 = 1.67°$。

当小球 P 与 B 板接触时,有

$$\sin \theta_2 = \frac{d-r}{l+r}$$

得 $\theta_2 = 27.15°$。

为求摆动的最终状态,先求摆的临界状态。当 P 恰不能碰到 B 板时,小球 P 的平衡位置为

$$\theta_0 = \frac{1}{2}(\theta_1 + \theta_2) = 14.41°$$

亦即此时重力与电场力的合力方向与竖直方向的夹角为 $\theta_0 = 14.41°$,如图 2 所示。所以,有

$$qE_0 = mg\tan\theta_0$$

式中 $q = C'U_0, E_0 = \dfrac{U_0}{d}$,得

$$U_0 = \sqrt{\frac{mgd\tan\theta_0}{C'}} = 6.14 \times 10^3 \text{ V}$$

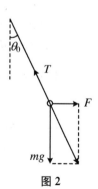

图 2

但我们应该注意到,电容器两板间的电压的降低并不是连续的,而是随电荷的非连续变化呈离散的,亦即我们并不能保证最终状态恰好是上述临界状态。因此,必须对上述结论进行验证或作必要的修正。

小球 P 与 A 接触时,P 与 A 的电势相同,这相当于两个电容器并联。小球 P 与 B 板接触一次,系统的电量便减少一次;小球 P 与 A 板接触一次,A 板的电势就减小一次。设小球 P 第 k 次碰 B 后再碰 B 时两板间的电势差为 U_k,则

$$(C + C')U_k = CU_{k-1}$$

即
$$U_k = \frac{C}{C+C'}U_{k-1} \quad (k = 1,2,3,\cdots)$$

故
$$U_k = \left(\frac{C}{C+C'}\right)^k U$$

取 $U_k = 6.14 \times 10^3$ V,则
$$k = \ln\frac{U_k}{U} \Big/ \ln\frac{C}{C+C'} = 28.3$$

故小球 P 要与 B 板碰撞 29 次,则
$$U_k = \left(\frac{C}{C+C'}\right)^k U = 5.80 \times 10^3 \text{ V}$$

这一电压低于前述的临界电压,这表明小球 P 与 B 板碰撞 29 次后不再与 B 板碰撞,小球 P 的运动状态达到稳定。根据平衡条件,有
$$q_k E_k = mg\tan\theta$$

式中 $q_k = C'U$,$E_k = \dfrac{U_k}{d}$,得
$$\theta = \arctan\frac{C'U_k^2}{mgd} = 12.9°$$

综上所述,我们得到如下结论:

① 小球 P 之所以往复运动的论述如前所述,稳定摆动时的平衡位置处于 $\theta = 12.9°$。

② 小球 P 在稳定运动前来回摆动的次数为 $k = 29$,两板间最终的电势差为 $U_k = 5.80 \times 10^3$ V。

在上述的解答过程中,或许有同学纠结于下面的问题:P 位于 A 板的内侧与 P 位于 B 板的内侧的情况相比较,结构具有对称性,既然 P 与 A 接触时带电,为何 P 与 B 接触时又不带电呢?这是对对称性判断的失误,由于结构中 B 接地而 A 不接地,系统并不具备对称性。

③ 根据 $U_k = \left(\dfrac{C}{C+C'}\right)^k U$,可得出 U_k 的部分值如表 1 所示。

表 1

k	0	1	2	4	6	8	12	16	20	24	28	29
U_k/kV	60	55.4	51.3	43.5	37.0	31.4	22.8	16.5	12.0	8.7	6.3	5.8

为了较准确地作出 U_k-k 的图像,先作出 k 连续变化时的 $U_k = \left(\dfrac{C}{C+C'}\right)^k U$ 的图像。再考虑到 k 是非连续变化的,U_k 也是跳跃变化的,所得的曲线应该是阶梯状的折线,且折线不越过 k 连续变化的图像的约束,如图 3 所示。

离散是连续的反义词,离散问题普遍地存在于物理竞赛中,如周期性的操作与比较等,表格、图像、平均是处理这类问题的主要手段。本题是处理这类问题的一个代表,先从极值

角度确定范围,同时考虑到连续对离散的约束。这种方法在处理类似问题的过程中值得借鉴与参考。

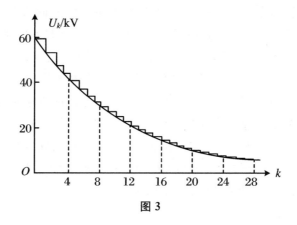

图3

题 121　带电球在电场中的谐振

如图1所示,两块足够大的接地平面导体板 A 和 B 平行竖直放置,相距 $2d$,$d=10$ cm。在两板之间的中央位置,用长为 $l=1$ m 的绝缘细线悬挂一个质量为 $m=0.1$ g、电荷量为 $q=5\times10^{-9}$ C 的小摆球。让小摆球稍偏离平衡位置后释放,使之做小角度振动。忽略各种电磁阻尼和空气阻尼,试求小球的摆动周期 T。

【解析】 在"题115"中,我们对点电荷与无限大的接地导体板间的作用以电像法为基础作了详尽的分析,得到:导体板与点电荷间的作用等同于与点电荷 $+q$ 关于导体板对称的像电荷 $-q$ 间的作用。在本题中,我们不再纠结于导体板上的感应电荷与点电荷间的作用情况。但问题是,在本题的模型中,点电荷两侧各有一个导体板,那么点电荷必然会在每个导体板中产生相应的像电荷。不过,点电荷 q 所受到的作用力是否只有这两个像电荷对它的作用力呢?如果根据"这个像电荷对处于中间位置的点电荷的作用力为零"来判断,这似乎没有问题。但若进一步思考,问题还是有的。

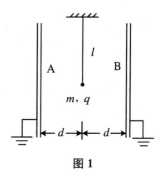

图1

我们以 A 板为切入点讨论问题。既然点电荷 q 会在 A 板上产生感应电荷,那么 B 板上的感应电荷自然也会在 A 板上产生相应的感应电荷,这个感应电荷的等效电荷显然与点电荷直接产生的感应电荷的等效电荷不在同一位置,而这个感应电荷同样也会对点电荷 q 产生力的作用。显然,A 板上的感应电荷也会在 B 板上产生感应电荷。而且,我们应该敏锐地意识到,新的感应电荷同样会在对方的板上产生感应电荷。顺着这一思路分析下去,我们可以想象到,这一感应过程是一个无限的过程,需要通过递推来寻找这一感应规律。下面我们来看本题的分析过程。

取摆球的中央位置为原点,取垂直于板面且水平向右为 x 轴的正向。当带电摆球在 A、B 板之间偏离中央位置一小量 x 时,为使接地导体板 A 的电势为零,需在 A 板左侧 $d+x$ 处对称地有一电荷量为 $-q$ 的像电荷,记为 $-q_{A1}$,其位置坐标为 $-(2d+x)$;为使 B 板电势为零,需在 B 板右侧 $d-x$ 处对称地有一电荷量为 $-q$ 的像电荷,记为 $-q_{B1}$,其位置坐标为 $2d-x$。由于 $-q_{B1}$ 对 A 板的非零电势贡献,为使 A 板的电势仍为零,需在 A 板左侧 $3d-x$ 处再对称地有电荷量为 q 的像电荷,记为 q_{A2},其位置坐标为 $-(4d-x)$。同样,由于 $-q_{A1}$ 对 B 板的非零电势贡献,为使 B 板的电势仍为零,需在 B 板右侧 $3d+x$ 处再对称地有电荷量为 q 的像电荷,记为 q_{B2},其位置坐标为 $4d+x$……如此继续下去,形成左右对称的像电荷的无限系列。各像电荷在 x 轴上的位置如图 2 所示。

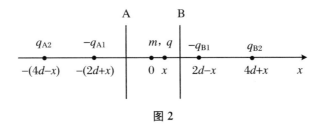

图 2

通过各像电荷的位置可计算出各像电荷与带电摆球间的距离,详见表 1。

表 1

电荷	$-q_{A1}$	$-q_{B1}$	q_{A2}	q_{B2}	$-q_{A3}$	$-q_{B3}$	q_{A4}	q_{B4}	…
位置	$-2d-x$	$2d-x$	$-4d+x$	$4d+4x$	$-6d-x$	$6d-x$	$-8d+x$	$8d+x$	…
距离	$2d+2x$	$2d-2x$	$4d$	$4d$	$6d+2x$	$6d-2x$	$8d$	$8d$	…

这些像电荷对带电摆球静电力的合力即为摆球所受到的电场力,其值为

$$F_{x1} = kq^2 \left\{ \left[\frac{1}{(2d-2x)^2} + \frac{1}{(4d)^2} \right] + \left[\frac{1}{(6d-2x)^2} + \frac{1}{(8d)^2} \right] + \cdots \right.$$

$$\left. - \left[\frac{1}{(2d+2x)^2} + \frac{1}{(4d)^2} \right] - \left[\frac{1}{(6d+2x)^2} + \frac{1}{(8d)^2} \right] - \cdots \right\}$$

$$= kq^2 \left\{ \left[\frac{1}{(2d-2x)^2} - \frac{1}{(2d+2x)^2} \right] + \left[\frac{1}{(6d-2x)^2} - \frac{1}{(6d+2x)^2} \right] + \cdots \right\}$$

$$\approx kq^2 \left[\frac{x}{d^3} + \frac{x}{(3d)^3} + \frac{x}{(5d)^3} + \cdots \right] = \frac{kq^2}{d^3} \left(1 + \frac{1}{3^3} + \frac{1}{5^3} + \cdots \right) x$$

上式中 $1 + \frac{1}{3^3} + \frac{1}{5^3} + \cdots$ 的计算成为许多答题者无法破解的难题,因为无法找到与之相关的求和公式。实际上,对于这种以高指数方式递减的数列,在具体的计算过程中,在误差范围内,在不影响结果正确性的前提下,我们只取数列的前几项计算即可。在上式中代入数

据,计算可得
$$F_{x1} \approx 2.367 \times 10^{-4} x$$
显然,上述作用力并不会促成摆球做周期性的摆动,我们还得考虑重力对摆球的影响。当摆球在 x 位置时,摆球的重力与摆线的张力二者的水平分量为
$$F_{x2} = -mg \cdot \frac{x}{l} = -9.8 \times 10^{-4} x$$
所以,摆球偏离平衡位置后受到的合力为
$$F_x = F_{x1} + F_{x2} = -7.433 \times 10^{-4} x = -kx \propto x$$
这是一个线性恢复力,摆球做简谐运动,其运动周期为
$$T = 2\pi \sqrt{\frac{m}{k}} = 2.3 \text{ s}$$

单从电像法的角度看,本题只是"题115"的延伸,但这一延伸所包含的物理思维却是多元的,不仅有单一像电荷向无限像电荷的变化分析,还有摆球在新情境中所表现出的运动特征的分析。这体现了一般电场背景下的习题特征,即"电学搭台,力学唱戏"。

本题在解答中有两个处理技巧值得大家注意:一是关于 $1 + \frac{1}{3^3} + \frac{1}{5^3} + \cdots$ 这类表达式的计算;二是用表格法处理重复的计算,这样不仅避开了重复书写计算过程的麻烦,还能让阅读者清晰地看到各量之间的对应关系。必要时,我们还可以将表格进一步延伸,如列出各像电荷对应的作用力。

竞赛命题的延伸总能将试题的难度推高。譬如,本题中若将两个导体板换成两个导体球,别的不说,光计算难度就不止增加一点。

题 122 带电粒子在电场力作用下的运动

图1中 K 为带电粒子发射源,从中可持续不断地射出质量、电荷都相同的带正电的粒子流,它们的速度方向都沿图中虚线 $O'O$,速度的大小具有一切可能值但都是有限的。当粒子打在垂直于 $O'O$ 的屏 NN' 上时,会在屏上留下永久性的痕迹。屏内有一与虚线垂直的坐标轴 Y,其原点位于屏与虚线的交点 O 处,Y 的正方向由 O 指向 N。虚线上的 A、B 两处各有一电子阀门 a 和 b。阀门可以根据指令开启或关闭。开始时两个阀门都处于关闭状态,挡住粒子流。M、M' 是两块较大的平行金属平板,到虚线 $O'O$ 的距离都是 d,板 M 接地。在两板间加上周期为 $2T$ 的交变电压 u,u 的正向最大值为 $2U$,负向最大值为 U,如图2所示。当带电粒子处于两平板间的空间时,若两平板间的电压为 U,则粒子在电场作用下的加速度 a、电压 u 的半周期 T 和平板到虚线的距离 d 满足
$$aT^2 = \frac{1}{5} d$$
已知 A 与 B 的距离、B 到金属板左端的距离、金属板的长度以及金属板右端到屏的距

离都是 l。不计重力的作用和带电粒子间的相互作用。打到阀门上的粒子被阀门吸收，不会影响以后带电粒子的运动。只考虑 M、M' 之间的电场并把它视为匀强电场。

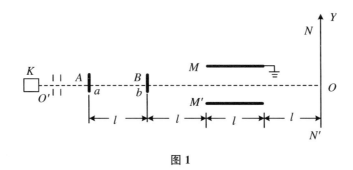

图 1

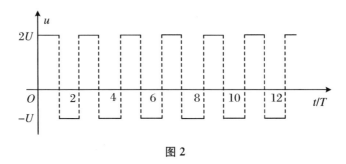

图 2

（1）假定阀门从开启到关闭经历的时间 δ 比 T 小得多，可忽略不计。现在某时刻突然开启阀门 a，又立即关闭；经过时间 T，再次开启阀门 a，又立即关闭；再经过时间 T，第 3 次开启阀门 a，同时开启阀门 b，又立即同时关闭 a、b。若将开启阀门 b 的时刻作为图 2 中 $t=0$ 的时刻，求屏上可能出现的粒子痕迹的 Y 坐标。

（2）假定阀门从开启到关闭经历的时间 $\delta = \dfrac{T}{10}$，现在某时刻突然开启阀门 a，经过时间 δ 立即关闭 a；从刚开启 a 的时刻起，经过时间 T，突然开启阀门 b，经过时间 δ 关闭 b。若将开启阀门 b 的时刻作为图 2 中 $t=0$ 的时刻，则从 B 处射出的具有最大速率的粒子射到屏上所产生的痕迹的 Y 坐标为多少？具有最小速率的粒子射到屏上所产生的痕迹的 Y 坐标为多少？

【解析】 对于带电粒子在电场中的运动，中学常规教学中几乎都是以单一的粒子在电场中的加速与偏转为背景进行讨论的。如果出现两种粒子，则基本上是对两种粒子的运动进行对比性研究与计算；如果出现两个过程的情况，则基本上是对一种粒子的两种不同运动进行研究与计算。而且，不论是两个对象还是两个过程，基本上都会搭配一定的几何约束作为研究的条件。

在竞赛试题中，带电粒子在电场中的运动依然是热点内容，运动的情景或许还是加速与偏转，但无论是粒子对象的数量还是运动的过程多少，都不再受到限制（当然，考虑到考试时间的约束，其过程不会太多），而且几何关系也会变得更加复杂。

下面我们以本题(第23届全国中学生物理竞赛的决赛试题)为例,说明一下竞赛试题在"难"度方面的表现。

首先,本题题干所包含的信息量巨大。我们首先面对的是在图文配合下超过了800字情景与过程的描述,仅此一点便已远超常规教学的要求(常规内容中物理试题一般都被限制在400字以下)。大量文字在带来大量信息的同时,也必定会增加阅读与理解的困难。而对于那些"读到后面,便忘了前面""注意了此信息,便忽视另一信息"的学生而言,这类试题在阅读理解层面上便让他们无法深入地解答下去。事实上,在物理竞赛中,上千字的试题也不鲜见,而且还有图像信息搭配,这简直就是科普文章了。让学生在有限的时间内处理这些信息,难度可见一斑。

其次,我们从阅读中不难看出,研究的对象不太确定,而且粒子的运动过程覆盖了几个不同条件的子过程,怎样从中抓住我们所要研究的对象,能不能跟着对象的运动过程走下去,或者说能走多远,还真不能一眼望穿。

我们还是先阅读一下分析与解答过程吧:

(1) 当阀门 a 第1次开启时,具有各种速率的粒子(称为第一批粒子)从 A 处进入 A、B 之间;在 a 第2次开启时刻,第一批粒子中速率为 $v_1 = \frac{l}{T}$ 的粒子正好射到 B 处,被阀门 b 挡住。与此同时,第二批具有各种速率的粒子从 A 处进入 A、B 之间。在阀门 a 第3次开启的时刻,第一批进入 A、B 间的粒子中速率为 $v_2 = \frac{l}{2T} = \frac{1}{2}v_1$ 的粒子与第二批进入 A、B 间的粒子中速率为 v_1 的粒子同时到达 B 处。由于此时阀门 b 已开启,这些粒子都从 B 处沿虚线射向两平行板,而第三批进入 A、B 间的粒子在它们到达 B 处时,被 b 挡住。由此可知,能从 B 处射向两平行板的粒子具有 v_1 和 v_2 两种不同的速率。

根据题意,粒子从 B 处射出的时刻为 $t=0$,故速率为 v_1 的粒子在时刻

$$t_1 = \frac{l}{v_1} = T$$

进入两平行板之间,由图2可知两板间的电压为

$$u = -U$$

粒子在两板间的电场作用下的加速度为 $-a$,粒子通过两板经历的时间为

$$\Delta t_1 = \frac{l}{v_1} = T$$

在 Δt_1 时间内粒子在 Y 方向获得的分速度和位移分别为

$$v_{1y} = -a\Delta t_1 = -aT$$

$$y_1 = -\frac{1}{2}a(\Delta t_1)^2 = -\frac{1}{2}aT^2$$

因 $aT^2 = \frac{1}{5}d$,故 $|y_1| = \frac{1}{10}d < d$,表明速率为 v_1 的粒子能穿出平板,粒子穿出平板后做匀速运动。在从射出平板至射到屏的时间内,粒子在 Y 方向的位移为

$$\Delta y_1 = v_{1y}\frac{l}{v_1} = -aT^2$$

粒子在屏上产生的痕迹的 Y 坐标为

$$Y_1 = y_1 + \Delta y_1 = -\frac{1}{2}aT^2 - aT^2 = -\frac{3}{2}aT^2 = -0.3d$$

速率为 v_2 的粒子在时刻

$$t_2 = \frac{l}{v_2} = 2T$$

进入两平行板之间,由图 2 可知两板间的电压为

$$u = 2U$$

粒子在电场作用下的加速度为 $2a$,粒子通过两板经历的时间为

$$\Delta t_2 = \frac{l}{v_2} = 2T$$

因为两板间的电压在 Δt_2 时间内由 $2U$ 变为 $-U$,粒子的加速度亦将从 $2a$ 变成 $-a$,由此可求得在 Δt_2 时间内粒子在 Y 方向获得的分速度和位移分别为

$$v_{2y} = 2aT - aT = aT$$

$$y_2 = \frac{1}{2}(2a)T^2 + (2aT)T - \frac{1}{2}aT^2 = \frac{5}{2}aT^2$$

因 $aT^2 = \frac{1}{5}d$,故 $y_2 = \frac{1}{2}d < d$,表明速率为 v_2 的粒子亦能穿出平板。粒子穿出平板后做匀速运动。在从射出平板至射到屏的时间内,粒子在 Y 方向的位移为

$$\Delta y_2 = v_{2y}\frac{l}{v_2} = 2aT^2$$

粒子在屏上产生的痕迹的 Y 坐标为

$$Y_2 = y_2 + \Delta y_2 = \frac{5}{2}aT^2 + 2aT^2 = \frac{9}{2}aT^2 = 0.9d$$

即粒子在屏上产生的痕迹是两个点,它们的 Y 坐标分别为 Y_1 和 Y_2。

从前面的解答中我们可以看出,虽然从粒子源发射的粒子的运动包含了各种速率,但按照题述的方式操作阀门,能穿过阀门 b 的粒子只有速率为 $\frac{1}{2}v_1$ 和 v_1 的两种。这一筛选过程必须明确,只有那些在阀门 b 开启时刚好到达阀门 b 的粒子才能穿过阀门进入后面的运动过程中。特别是我们要准确地排除第三次开启阀门 a 时进入 a、b 间的粒子,它们是不能穿过 b 的,这些粒子的出现是用来干扰我们的信息。

粒子通过阀门 b 的运动不能合二为一,这是一种对比研究,虽然过程有相似之处,但数据不一。而且,粒子穿越极板要经历一个加速度反向的过程,它实际上也包含了两个子过程,这对考生的分析与计算能力是一种考验,难度也是很大的。

(2) 由于阀门从开启到关闭要经历一段时间,在阀门 a 从开启到关闭经历的 δ 时间间隔内的不同时刻,都有各种不同速率的粒子从 A 处进入 A、B 间,有的早进入,有的晚进入。由于阀门 b 从开启到关闭也要经历一段时间 δ,粒子可能在最早的时刻($t=0$)从 B 处射出,

也可能在最晚的时刻$(t=\delta)$从 B 处射出。在 a 刚开启的时刻从 A 处射入 A、B 间并在 $t=\delta$ 时刻从 B 处射出的粒子的速率最小,这最小速率为

$$v_{\min} = \frac{l}{T+\delta}$$

在阀门 a 刚要关闭的时刻从 A 处射进 A、B 间并在 $t=0$ 的时刻从 B 处射出的粒子的速率最大,这最大速率为

$$v_{\max} = \frac{l}{T-\delta}$$

在 $t=0$ 时刻从 B 处射出的速率为 $v_{\max}$ 的粒子在时刻

$$t_1 = \frac{l}{v_{\max}} = T - \delta$$

进入两平板之间,在时刻

$$t_1' = t_1 + \frac{l}{v_{\max}} = 2T - 2\delta$$

离开两平板。由图 2 可知,在 $T-\delta$ 到 T 时间内,两板间的电压为 $2U$,在 T 到 $2T-2\delta$ 时间内,两板间的电压为 $-U$,与电压对应的粒子的加速度分别为 $2a$ 和 $-a$。在粒子通过平板的时间内,粒子在 Y 方向获得的分速度和位移分别为

$$v_{1y} = 2a\delta - a(T - 2\delta) = -aT + 4a\delta$$

$$y_1 = \frac{1}{2}(2a)\delta^2 + (2a)\delta(T - 2\delta) - \frac{1}{2}a(T - 2\delta)^2$$

$$= -\frac{1}{2}aT^2 + 4a\delta T - 5a\delta^2$$

粒子穿出平板后做匀速运动。在从射出平板至射到屏的时间内,粒子在 Y 方向的位移为

$$\Delta y_1 = v_{1y}\frac{l}{v_{\max}} = (-aT + 4a\delta)(T - \delta) = -aT^2 + 5a\delta T - 4a\delta^2$$

粒子在屏上产生的痕迹的 Y 坐标为

$$Y_1 = y_1 + \Delta y_1 = -\frac{3}{2}aT^2 + 9aT\delta - 9a\delta^2$$

根据题意,代入数据得 $Y_1 = -0.138d$。

在 $t=\delta$ 时刻从 B 处射出的速度为 $v_{\min}$ 的粒子在时刻

$$t_2 = \delta + \frac{l}{v_{\min}} = T + 2\delta$$

进入两平板之间,在时刻

$$t_2' = t_2 + \frac{l}{v_{\min}} = 2T + 3\delta$$

离开两平板。由图 2 可知,在 $T+2\delta$ 到 $2T$ 时间内,两板间的电压为 $-U$,在 $2T$ 到 $2T+3\delta$ 时间内,两板间的电压为 $2U$,与电压对应的粒子的加速度分别为 $-a$ 和 $2a$。在粒子通过平板的时间内,粒子在 Y 方向获得的分速度和位移分别为

$$v_{2y} = -a(T-2\delta) + (2a)3\delta = -aT + 8a\delta$$

$$y_2 = -\frac{1}{2}a(T-2\delta)^2 - a(T-2\delta)3\delta + \frac{1}{2}(2a)(3\delta)^2$$

$$= -\frac{1}{2}aT^2 - aT\delta + 13a\delta^2$$

粒子穿出平板后做匀速运动。在从射出平板至射到屏的时间内,粒子在 Y 方向的位移为

$$\Delta y_2 = v_{2y}\frac{l}{v_{\min}} = (-aT + 8a\delta)(T+\delta)$$

$$= -aT^2 + 7aT\delta + 8a\delta^2$$

粒子在屏上产生的痕迹的 Y 坐标为

$$Y_2 = y_2 + \Delta y_2 = -\frac{3}{2}aT^2 + 6aT\delta + 21a\delta^2$$

根据题意,代入数据得 $Y_2 = -0.138d$。

由以上分析可知,速率最小和速率最大的粒子打在屏上产生的痕迹是位于 Y 轴上的同一点。

问题(1)让我们只讨论两种速率的粒子进入极板后的运动,且进入、射出极板的时间与极板间的电压变化同步。问题(2)让我们从进入极板间的"粒子带"中筛选出最大速率者与最小速率者,这本身就是一个复杂的思维过程。筛选出这两种粒子后,虽然粒子的偏转模式与问题(1)类同,但此时粒子进入、射出极板的时间与极板间的电压变化不再同步,解答时必须对这个差异作出正确的分析与计算,而要在短时间内正确地作出分析与计算,难度非常大,对答题者能力的要求很高。

总之,带电粒子在电场中的加速与偏转问题一旦出现在竞赛试题中,必定伴随多过程、多对象、大计算量。认真细致地分析过程、准确地计算,是我们正确处理这类问题必需的基本能力。

题 123 带电板的平衡状态分析

如图1所示,恒温的矩形盒内装有理想气体,当质量为 m 的隔板将盒等分为二时,两侧气体压强均为 p_0。当隔板平行移动时,无摩擦,不漏气,两侧气体经历准静态等温过程。隔板是面积为 A 的金属板,带电量为 Q。矩形盒上与它平行的两块板也是金属板,面积也为 A,相距为 $2L$,固定并接地。隔板两侧的电场均匀。盒的其余部分是不导电的绝缘板。忽略边缘效应。

(1) 求隔板的平衡位置。

(2) 试讨论平衡是否具有稳定性,若为稳定平衡,求其受到微扰后的振动周期。

【解析】 当隔板在容器的中央时,由对称性可知,两侧气体所施的合力为零,两金属板

所施的合力亦为零,隔板处于平衡状态,即容器的中央位置为隔板的一个平衡位置。

当隔板偏离中央位置时,一侧作等温膨胀,另一侧作等温压缩,两者的压力指向气体膨胀的一侧。由于两侧的金属板接地,电势均为零,故隔板与两侧的金属板间的电势差相等,则压缩一侧的电场强度较大,进而隔板在该侧聚集的电荷亦较多,故压缩一侧的金属板对中间隔板的吸引力要大于另一侧的作用力。由于气体对隔板的压力与隔板受到的电场力的方向相反,因此,除中央位置外,隔板还有可能在两侧处于平衡状态,亦可能有对应的平衡位置。

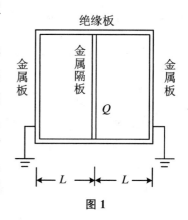

图 1

(1) 设隔板在距左板 x 处,两侧的气体压强分别为 p_1、p_2,隔板左、右面分别带电荷量 Q_1、Q_2,则根据气体的等温变化,有

$$p_0 L = p_1 x = p_2(2L - x)$$

隔板两侧气体对隔板的作用力为

$$F_气 = p_1 A - p_2 A$$

根据电荷守恒及电容器的并联,有

$$Q_1 + Q_2 = Q, \quad \frac{Q_1}{\varepsilon_0 \cdot \frac{A}{x}} = \frac{Q_2}{\varepsilon_0 \cdot \frac{A}{2L - x}}$$

因为左、右侧金属板所带的电荷量与隔板左、右面所带的电荷量等值,分别为 $-Q_1$、$-Q_2$,其在隔板处产生的电场强度的大小分别为 $\frac{Q_1}{2\varepsilon_0 A}$、$\frac{Q_2}{2\varepsilon_0 A}$,则两金属板对隔板的作用力为

$$F_电 = \frac{Q_2}{2\varepsilon_0 A} Q_2 - \frac{Q_1}{2\varepsilon_0 A} Q_1 = \frac{Q_2^2}{2\varepsilon_0 A} - \frac{Q_1^2}{2\varepsilon_0 A}$$

则隔板受力为

$$F = F_气 + F_电 = p_1 A - p_2 A - \frac{Q_1^2}{2\varepsilon_0 A} + \frac{Q_2^2}{2\varepsilon_0 A}$$

联立上述各式,化简得

$$F = p_0 L A \frac{2(L - x)}{x(2L - x)} - \frac{Q^2}{2\varepsilon_0 L A}(L - x) \qquad ①$$

令 $F = 0$,则有

$$x_0 = L \quad 或 \quad L\left[1 \pm \sqrt{1 - \frac{4\varepsilon_0 p_0 A^2}{Q^2}}\right]$$

考虑到应有 $1 - \frac{4\varepsilon_0 p_0 A^2}{Q^2} \geq 0$,故有:

① 当 $Q^2 \leq 4\varepsilon_0 p_0 A^2$ 时,$x_0 = L$;

② 当 $Q^2 > 4\varepsilon_0 p_0 A^2$ 时，$x_0 = L$ 或 $L\left[1 \pm \sqrt{1 - \dfrac{4\varepsilon_0 p_0 A^2}{Q^2}}\right]$。

上述三个平衡位置的求解对竞赛生而言，应该没有什么难度，但对隐含的小坑要有防备心理，即在 $1 - \dfrac{4\varepsilon_0 p_0 A}{Q^2} \geqslant 0$ 的条件下对结果进行分类表述。当然，见到 $\sqrt{1 - \dfrac{4\varepsilon_0 p_0 A^2}{Q^2}}$ 这类表达式便进行讨论，应该是竞赛生的入门常识。

(2) 隔板的平衡是否处于稳定状态，取决于当隔板受到微扰后，合力是促使隔板回复到平衡位置还是继续偏离平衡位置。这需要对隔板的受力作进一步的分析与求解。

设隔板的某一平衡位置为 x_0，x 为隔板微扰后的位移，由前面的①式得微扰后的受力为

$$F = p_0 LA \frac{2(L - x_0 - x)}{(x_0 + x)(2L - x_0 - x)} - \frac{Q^2}{2\varepsilon_0 LA}(L - x_0 - x) \qquad ②$$

当 $x_0 = L$ 时，有

$$F = \left(\frac{Q^2}{2\varepsilon_0 LA} - \frac{2p_0 A}{L}\right)x$$

当 $x_0 = L\left[1 \pm \sqrt{1 - \dfrac{4\varepsilon_0 p_0 A^2}{Q^2}}\right]$ 时，有

$$F = \frac{Q^2}{\varepsilon_0 LA}\left(1 - \frac{Q^2}{4p_0 \varepsilon_0 A^2}\right)x$$

上述结果的表述都是略去高阶小量后的结论。

讨论如下：

① 当 $Q^2 < 4\varepsilon_0 p_0 A^2$ 时，对于唯一平衡位置 $x_0 = L$，$F = -\left(\dfrac{2p_0 A}{L} - \dfrac{Q^2}{2\varepsilon_0 LA}\right)x < 0$，则隔板将在该力作用下回复至平衡位置，即隔板稳定。

易知隔板的运动为简谐振动，振动周期为

$$T = 2\pi\sqrt{\frac{m}{k}} \quad \left(k = \frac{2p_0 A}{L} - \frac{Q^2}{2\varepsilon_0 LA}\right)$$

② 当 $Q^2 > 4\varepsilon_0 p_0 A^2$ 时：

若 $x_0 = L$，$F = \left(\dfrac{Q^2}{2\varepsilon_0 LA} - \dfrac{2p_0 A}{L}\right)x > 0$，则隔板不稳定；

若 $x_0 = L\left[1 \pm \sqrt{1 - \dfrac{4\varepsilon_0 p_0 A^2}{Q^2}}\right]$，$F = -\dfrac{Q^2}{\varepsilon_0 LA}\left(\dfrac{Q^2}{4p_0 \varepsilon_0 A^2} - 1\right)x < 0$，则隔板稳定。其运动亦为简谐振动，振动周期为

$$T = 2\pi\sqrt{\frac{m}{k}} \quad \left(k = \frac{Q^2}{\varepsilon_0 LA}\left(\frac{Q^2}{4p_0 \varepsilon_0 A^2} - 1\right)\right)$$

③ 当 $Q^2 = 4\varepsilon_0 p_0 A^2$ 时，根据前面关于平衡的结果，平衡位置在 $x_0 = L$ 处，微扰后，将 $Q^2 = 4\varepsilon_0 p_0 A^2$ 和 $x_0 = L$ 代入前述的②式，在略去高阶小量的前提下可得 $F = 0$。据此，我们可以确定隔板在该平衡位置附近为随遇平衡。

答题至此,我们可能感觉到这样的解答是流畅的,命题人考查了稳定平衡、不稳平衡、随遇平衡三种情形,内容是全面的。

然而,仔细思考一下,上述解答中对随遇平衡的判断是有问题的。因为我们是在忽略高阶小量的背景下得到 $F=0$ 的,既然我们的目的是判断 F 的正、负,那么在低阶小量为零时我们必须找回被略去的高阶小量,从而判断力的正、负属性。

在保留二阶小量时,由②式得

$$F = \left(\frac{Q^2}{2\varepsilon_0 LA} - \frac{2p_0 A}{L}\right)x - \frac{2p_0 A}{L^3}x^3$$

$$= -\frac{2p_0 A}{L^3}x^3 < 0$$

显然,在保留高阶小量的背景下,力是指向平衡位置的,隔板的平衡为稳定平衡。

根据题目的要求,既然隔板的平衡是稳定平衡,就需要求出振动的周期。但 $F \propto x^3$ 不满足简谐振动的条件,系统的振动不是谐振,在中学阶段这类振动并无相关的结论。而力是关于位置的函数,所以系统的振动依然是周期性的。

事实上,我们可以进一步证明:这一振动的周期与振幅成反比,微扰的振幅不一样,其周期也不相同。证明如下:

首先确定与保守力 $F = -\frac{2p_0 A}{L^3}x^3$ 相对应的势能表达式:

$$E_p = -\int_0^x \left(-\frac{2p_0 A}{L^3}x^3\right)dx = \frac{1}{4}\frac{2p_0 A}{L^3}x^4 = \frac{p_0 A}{2L^3}x^4$$

再设对隔板微扰的振幅为 a,于是在振动过程中有

$$\frac{1}{2}mv^2 + \frac{p_0 A}{2L^3}x^4 = \frac{p_0 A}{2L^3}a^4$$

整理得

$$\int_0^t dt = \sqrt{\frac{ml^3}{p_0 A}} \cdot \frac{1}{a}\int_0^a \frac{d(x/a)}{\sqrt{1-(x/a)^4}}$$

即振动周期为

$$T = 4t = 4\sqrt{\frac{ml^3}{p_0 A}} \cdot \frac{1}{a}\int_0^1 \frac{dy}{\sqrt{1-y^4}}$$

我们在一般的积分表中查不到 $\int_0^1 \frac{dy}{\sqrt{1-y^4}}$ 的结果,但它一定是一个定值,由此可以确定 $T \propto \frac{1}{a}$,即周期与振幅成反比。

此外,在本题的计算过程中,还存在如下"有趣"的问题:

$$\frac{1}{(1+x/L)(1-x/L)} = \left(1-\frac{x}{L}\right)\left(1+\frac{x}{L}\right) = 1-\frac{x^2}{L^2}$$

又

$$\frac{1}{(1+x/L)(1-x/L)} = \frac{1}{1-(x/L)^2} = 1 + \frac{x^2}{L^2}$$

上述两种运算看上去都是有理有据的,但结果不一,而且会直接影响最终的判断。当然,它们也不会都是正确的。为什么会这样呢?大家不妨深究一下。

对于上述隔板的平衡位置及平衡状态,我们亦可用图像进行分析、判断。

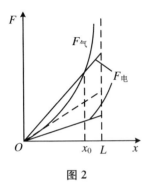

图2

如图2所示,x 表示隔板从中间右移的位置,相应的气体合力大小 $F_{气}(x) = \frac{2p_0 LAx}{(L+x)(L-x)}$ 是一条曲线,相应的电场力合力大小 $F_{电}(x) = \frac{Q^2}{2\varepsilon_0 LA}x$ 是一条直线。隔板左移($x<0$ 区域)有类似的曲线(未画出)。需要注意的是,在 $x=0$ 位置,$F_{气}(x)$ 的斜率为

$$\left.\frac{dF_{气}(x)}{dx}\right|_{x=0} = \frac{2p_0 A}{L}$$

而 $F_{电}(x)$ 的斜率为

$$\left.\frac{dF_{电}(x)}{dx}\right|_{x=0} = \frac{Q^2}{2\varepsilon_0 LA}$$

在图2中,$F_{气}(x)$ 的斜率用虚线表示。

当 $\frac{Q^2}{2\varepsilon_0 LA} > \frac{2p_0 A}{L}$,即 $Q^2 > 4\varepsilon_0 p_0 A^2$ 时,图2中 $F_{电}(x)$ 图像在虚线的上方,与 $F_{气}(x)$ 曲线有三个交点($x<0$ 区域未画出)。

当 $\frac{Q^2}{2\varepsilon_0 LA} < \frac{2p_0 A}{L}$,即 $Q^2 < 4\varepsilon_0 p_0 A^2$ 时,图2中 $F_{电}(x)$ 图像在虚线的下方,与 $F_{气}(x)$ 曲线只有一个交点。

当 $\frac{Q^2}{2\varepsilon_0 LA} = \frac{2p_0 A}{L}$,即 $Q^2 = 4\varepsilon_0 p_0 A^2$ 时,图2中 $F_{电}(x)$ 图像与虚线重合,与 $F_{气}(x)$ 曲线只有一个交点 $x=0$。

借助图2,隔板在什么情况下有三个平衡位置,在什么情况下只有一个平衡位置,条件是什么,一目了然。而且,利用图2讨论各平衡位置是否稳定也十分方便。

当 $Q^2 > 4\varepsilon_0 p_0 A^2$ 时,有三个平衡位置。在平衡位置 $x=0$,若有扰动使隔板右移,即 $x>0$,由图2可知 $F_{电} > F_{气}$,隔板受力方向为 $F_{电}$ 的方向(向右),扰动会被扩大,故平衡不稳定;左移同理。在平衡位置 $x=x_0=L\sqrt{1-\frac{4\varepsilon_0 p_0 A^2}{Q^2}}$,若有扰动使隔板右移,即 $x>x_0$,由图2可知 $F_{电} < F_{气}$,隔板受力方向为 $F_{气}$ 的方向(向左),扰动会被消除,隔板回到 x_0 位置,故隔板的平衡为稳定平衡;左移同理。$x=-x_0$ 亦如此,也是稳定平衡。

当 $Q^2 \leqslant 4\varepsilon_0 p_0 A^2$ 时,在唯一的平衡位置 $x=0$,若有扰动使隔板右移,即 $x>0$,由图2可知 $F_{电} < F_{气}$,隔板受力方向为 $F_{气}$ 的方向(向左),扰动会被消除,隔板回到 $x=0$ 位置,故隔板的平衡为稳定平衡;左移同理。

通过图像分析得到的结论与前面的结论是一致的。

本题涉及力学、热学、电磁学的知识应用，解题时需要分别讨论，理顺它们之间的关系，但核心问题是隔板受力属性的讨论，这就是"热学搭台，力学唱戏"或"电学搭台，力学唱戏"的例证。当然，在正确分析的基础上选择恰当的表述方式也极为重要，而且分析、表述、求解，再分析……直到得出结果的过程中，上述操作彼此相辅相成，这也是本题的一大特点。

题 124　电容器充电

在图1所示的电路中，三个电容器 C_1、C_2、C_3 的电容值均等于 C，电源的电动势为 ε，R_1、R_2 为电阻，S 为双掷开关。开始时，三个电容器都不带电。先接通 Oa，再接通 Ob，再接通 Oa，再接通 Ob……如此反复换向。设每次接通前都已达到静电平衡。

(1) 当 S 第 n 次接通 Ob 并达到平衡后，每个电容器两端的电压各是多少？

(2) 当反复换向的次数无限增多时，在所有电阻上消耗的总电能是多少？

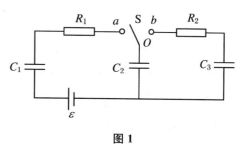

图 1

【解析】　不论是常规教学还是竞赛教学，含有电容器的电路都是热点内容，也是难点内容。若将试题归纳分类，则无非是与连接方式、充/放电的特点、能量储存有关；若试题与平行板电容器挂钩，则会涉及电场、带电粒子的运动与相互作用力等，其综合程度会很高。

在恒定的直流电路中，要注意对电容器考查的是稳定状态还是暂时状态。在暂态过程中电容器正在充、放电，电路中存在相应的充、放电电流，电容器两端的电压及所带的电量都在发生变化。但这一过程是短暂的，在常规教学中对这一过程一般不作定量的讨论与计算。

一般情况下都会在电容器支路上串联电阻，如本题中的 R_1、R_2。电阻的作用是避免电路中的充、放电电流过大，从而保护电容器，还能让我们看到充电过程中散失的能量的归属，在本题的后面就会讨论到这一点。

本题中，电源反复给电容器充电，而且电路的结构确定，我们可以由此猜测三个电容器上的电量变化会呈现一定的规律，求出了规律，便会得到相应的结果。

(1) 方法 1　由于 S 反复接通 Oa 和 Ob，我们可以通过逐次递推的方式来确定这种变化规律。

考虑到 S 接通 Oa 时 C_1、C_2 串联，电源每次给 C_1、C_2 充电时两个电容器增加的电量相等。

而当 S 接通 Ob 时 C_2、C_3 并联，两个电容器两端的电压相等，而且 C_2、C_3 相等，则 C_2 每次从充电过程获得的电量将会有一半转移至 C_3 上。

根据上述分析，S 每次接通 Ob 时各电容器上的电量如表 1 所示。

表 1

接通 Ob 的次数	Q_1	Q_2	Q_3
1	$\frac{1}{2}C\varepsilon$	$\frac{1}{4}C\varepsilon$	$\frac{1}{4}C\varepsilon$
2	$\frac{1}{2}\left(1+\frac{1}{4}\right)C\varepsilon$	$\frac{1}{4}\left(1+\frac{1}{4}\right)C\varepsilon$	$\frac{1}{4}\left(1+\frac{1}{4}\right)C\varepsilon$
3	$\frac{1}{2}\left(1+\frac{1}{4}+\frac{1}{16}\right)C\varepsilon$	$\frac{1}{4}\left(1+\frac{1}{4}+\frac{1}{16}\right)C\varepsilon$	$\frac{1}{4}\left(1+\frac{1}{4}+\frac{1}{16}\right)C\varepsilon$
4	$\frac{1}{2}\left(1+\frac{1}{4}+\frac{1}{16}+\frac{1}{64}\right)C\varepsilon$	$\frac{1}{4}\left(1+\frac{1}{4}+\frac{1}{16}+\frac{1}{64}\right)C\varepsilon$	$\frac{1}{4}\left(1+\frac{1}{4}+\frac{1}{16}+\frac{1}{64}\right)C\varepsilon$
$\vdots$	$\vdots$	$\vdots$	$\vdots$
n	$\frac{1}{2}\left[1+\frac{1}{4}+\left(\frac{1}{4}\right)^2+\cdots+\left(\frac{1}{4}\right)^{n-1}\right]C\varepsilon$ $=\frac{2}{3}\left[1-\left(\frac{1}{4}\right)^n\right]C\varepsilon$	$\frac{1}{4}\left[1+\frac{1}{4}+\left(\frac{1}{4}\right)^2+\cdots+\left(\frac{1}{4}\right)^{n-1}\right]C\varepsilon$ $=\frac{1}{3}\left[1-\left(\frac{1}{4}\right)^n\right]C\varepsilon$	$\frac{1}{4}\left[1+\frac{1}{4}+\left(\frac{1}{4}\right)^2+\cdots+\left(\frac{1}{4}\right)^{n-1}\right]C\varepsilon$ $=\frac{1}{3}\left[1-\left(\frac{1}{4}\right)^n\right]C\varepsilon$

注：表中 Q_1、Q_2、Q_3 分别表示电容器 C_1、C_2、C_3 上的电量。

根据电容器两端的电压 $U=\dfrac{Q}{C}$，S 第 n 次接通 Ob 并达到平衡时，三个电容器的电压分别为

$$U_1 = \frac{2}{3}\left[1-\left(\frac{1}{4}\right)^n\right]\varepsilon, \quad U_2 = U_3 = \frac{1}{3}\left[1-\left(\frac{1}{4}\right)^n\right]\varepsilon$$

周期性的重复过程往往都可以通过类似于上述列表方式得到结果。对于此类问题，解答的门槛并不是太高，但需要答题者有足够强的归纳能力，因为有的规律真不是一眼便能得到的。即便得到了前面的若干项，也未必能得到规律性的结果。也就是说，仅靠这种递推方式来求解这类问题并不可行，实际上递推方法的功能是受限的。而且，这一方法还有可能带来超大的运算量。

下面再给出本题的另一种递推方法。

方法 2 为了求每个电容器两端的电压，我们先求每个电容器上的电荷量。

开始时，三个电容器都不带电。S 第 1 次接通 Oa 后，C_1、C_2 串联，两个电容器上的电压大小均为 $\dfrac{1}{2}\varepsilon$，所以电容器 C_1、C_2 上所带的电量为

$$q_1 = \frac{1}{2}C\varepsilon$$

设 S 第 2 次、第 3 次……接通 Oa 时，电容器 C_1 上所带电量的增加量依次为 $q_2, q_3, \cdots$，则 S 第 n 次接通 Oa 后，C_1 上所带的电量为

$$Q_1 = q_1 + q_2 + q_3 + \cdots + q_n$$

当 S 接通 Oa 时,C_1、C_2 串联,则充电过程中 C_1、C_2 两个电容器每次增加的电量相等。

当 S 接通 Ob 时,C_2、C_3 并联,而且 C_2、C_3 相等,则 S 接通 Ob 后,必将 S 接通 Oa 时 C_2 增加的电量的一半转移到 C_3,以保证 C_2、C_3 的带电量相等。所以,S 第 n 次接通 Ob 后,C_2、C_3 上所带的电量为

$$Q_2 = Q_3 = \frac{1}{2}(q_1 + q_2 + q_3 + \cdots + q_n)$$

S 每次接通 Oa 并达到平衡时,C_1、C_2 两端的电压大小之和等于 ε,则 S 第 k 次接通 Oa 后,有

$$\frac{1}{C}(q_1 + q_2 + q_3 + \cdots + q_k) + \frac{1}{C}\left[\frac{1}{2}(q_1 + q_2 + q_3 + \cdots + q_{k-1}) + q_k\right] = \varepsilon$$

S 第 $k+1$ 次接通 Oa 后,有

$$\frac{1}{C}(q_1 + q_2 + q_3 + \cdots + q_{k+1}) + \frac{1}{C}\left[\frac{1}{2}(q_1 + q_2 + q_3 + \cdots + q_k) + q_{k+1}\right] = \varepsilon$$

以上两式相减,得

$$q_{k+1} = \frac{1}{4}q_k$$

可见,C_1 每次充电时电量的增加遵从等比数列的规律,其通项为

$$q_k = \left(\frac{1}{4}\right)^{k-1}\frac{1}{2}C\varepsilon$$

所以

$$Q_1 = \sum_{k=1}^{n} q_k = \sum_{k=1}^{n}\left(\frac{1}{4}\right)^{k-1}\frac{1}{2}C\varepsilon = \frac{2}{3}\left[1 - \left(\frac{1}{4}\right)^n\right]C\varepsilon$$

$$Q_2 = Q_3 = \frac{1}{3}\left[1 - \left(\frac{1}{4}\right)^n\right]C\varepsilon$$

下同方法 1。

若比较上述的两种方法,方法 2 较之方法 1 更能体现物理思维方式,其计算量与书写量也少得多。一般来说,对于物理过程中的重复性问题,比较相邻重复过程所对应的物理量之间的关系亦是寻找物理规律的切入点。

顺便说一下,纵观历年的复赛,规律递推是热点与难点内容。竞赛生有必要抽时间钻研一下递推方法。

(2) 当 $n \to \infty$ 时,C_1 的带电量(也就是电源对电容器的充电量)为

$$Q = \lim_{n \to \infty}\frac{2}{3}\left[1 - \left(\frac{1}{4}\right)^n\right]C\varepsilon = \frac{2}{3}C\varepsilon$$

电源做的功为

$$W = Q\varepsilon = \frac{2}{3}C\varepsilon^2$$

三个电容器的总储能为

$$E = \frac{1}{2}\frac{Q^2}{C} + 2 \times \frac{1}{2}\frac{(Q/2)^2}{C} = \frac{1}{3}C\varepsilon^2$$

根据能量守恒定律，所有电阻消耗的总电能为

$$W_R = W - E = \frac{1}{3}C\varepsilon^2$$

电源给电容器充电的过程即是电容器储能的过程，电容器的能量来源于电源。但从上面的计算我们可以看到，电容器储存的能量（E）仅为电源消耗的能量（W）的一半，也就是充电过程中存在半能损失，电源的充电效率仅为50%。熟悉用电源直接给电容器充电的此类模型的同学可能会注意到，50%的充电效率具有普遍意义。在本题中，我们默认了另一部分能量被消耗在电阻上，但这只是从能量守恒的角度得到的结论，并没有从电流通过电阻生热的角度进行定量的计算，难道通过定量计算的结果恰好是半能吗？而且，我们改变电阻的大小，这一能量损失不会变化吗？在极端的情况下，我们可以认为题中 R_1、R_2 的阻值都趋近于零，上述"半能全部消耗在电阻上"的观点显然就不正确了。这的确是中学生难以接受的一个"梗"。对于这个"梗"，受限于我们的知识范围，我们只能接受给定的结论：当电路中存在电阻时，半能便消耗在电阻上，由电阻产生热能；若电路中无电阻，则电感器将与电容器构成一高频的 LC 回路，半能以电磁波的形式辐射到空间中。

中学物理竞赛学习并不要求你掌握所有的物理知识，有些结论也只要求你记忆而已。要求中学生掌握所有知识的来龙去脉肯定是不切实际的。

题125 基本电路结构

如图1所示，半径为 r 的金属球远离其他物体，通过阻值为 R 的电阻接地。电子束从远处以速度 v 落到球上，每秒钟有 n 个电子落到球上。试求每秒钟球释放的热量和球上的电量。

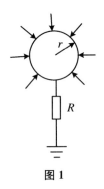

图1

【解析】 本题的模型结构非常简单，但题设中隐含的问题并不少。

电子从远处向金属球运动的过程中，电子的动能减小，势能增大。电子到达金属球时，残余的动能通过与金属球的碰撞以热量的方式释放，这也可理解为金属球对电子运动的阻碍。而电势能又通过电子流经电阻 R，也以热能的方式释放。稳定的时候，到达金属球的电子数即是流经电阻 R 的电子数。电子的初动能通过上述两种方式以热能释放，而题目只需要我们求解上述两项中的第一项。为此，我们给出两种解答方法。

方法1 这是比较常见的解法。考虑到金属球的电势与其带电量有关，且其电势是它与大地之间的电势差，即电阻 R 两端的电压。

在单位时间内有 n 个电子落到球上，它们最初具有总动能 $E_k = n\dfrac{mv^2}{2}$。稳定时，到地面上的电子数等于同一时间内落到球上的电子数，即通过电阻的电流为 $I = ne$，结果电子的电势能在电阻上转化为热能，单位时间内的热功率为

$$P = I^2R = (ne)^2R$$

根据能量守恒定律,单位时间内球释放的热量为

$$Q = E_k - Pt = n\frac{mv^2}{2} - (ne)^2R = \frac{nmv^2}{2}\left(1 - \frac{2ne^2R}{mv^2}\right)$$

球的电势(确切地说是金属球与大地之间的电势差)为

$$U = IR = neR$$

另一方面,根据金属球的电势与带电量的关系,有

$$U = k\frac{q}{r}$$

由此可见,球上的电量为

$$q = \frac{Ur}{k} = \frac{neRr}{k}$$

解答至此并不能认为结束了。我们应该清楚,只有电子的初动能大于球的斥力所做的功时,电子才能落到球上,即 $\frac{mv^2}{2} > eU$,代入 $U = neR$,上述条件可改写成

$$n < \frac{mv^2}{2e^2R}$$

上式表明,题设中的各量之间存在一种协调关系,尤其是电子的数量 n 与速度 v,它们都不是任意的。而且,这一关系我们可以通过金属球释放的热量 $Q>0$ 得到,即

$$1 - \frac{2ne^2R}{mv^2} > 0$$

同样有

$$n < \frac{mv^2}{2e^2R}$$

方法 2 如果我说题述的简洁结构是一个闭合电路,不知大家是否认同。要说明这一点,其实很简单。因为电阻 R 中有持续的电流,所以原结构可视为一个闭合电路。电路中的电源在什么地方呢?

既然远处有源源不断的电子射向金属球,那么远处一定有源源不断地产生电子的设备(如大家熟知的电子炮),这一设备架构在大地与电子的高速出口之间。于是,闭合电路便很好理解了。

我们将系统看作由电动势为 E、内电阻为零的电源和两个串联的电阻组成的电路。其中,一个电阻的阻值为与金属球对电流的阻碍等效的 $R_球$,另一个电阻的阻值为已知的 R;将产生电子束的机构作为电源。这里,非静电力将电子加速至速度 v 时,有

$$eE = \frac{mv^2}{2}$$

得电源电动势为

$$E = \frac{mv^2}{2e}$$

电路通过接地闭合(可认为飞到地面的电子落入加速机构里),现在来求球的等效电阻值 $R_球$。根据欧姆定律,有

$$E = I(R + R_球)$$

代入 E、I 和 R,得

$$R_球 = \frac{E}{I} - R = \frac{mv^2}{2ne^2} - R$$

又待求的热量为

$$Q = I^2 R_球 = (ne)^2 R_球$$

将 $R_球$ 代入上式,化简后得球释放的热量为

$$Q = \frac{nmv^2}{2}\left(1 - \frac{2ne^2 R}{mv^2}\right)$$

上述结果与方法 1 相同。

球上的电量仍用第一种方法来求。

第二种方法显然更有利于我们深刻理解电路及电源的电动势。有人认为流经 R 的电流是暂时的,这种理解是错误的。只要电子持续飞来,电流就是持续的,电路就是闭合的。若认为电源存在一定的内阻,也不影响上述的计算。

题 126　基本电路的分析与计算

如图 1 所示的两电路 (a)、(b),电源的电动势为 ε,不计内阻,负载的电阻为 R_0,滑动变阻器的全电阻为 R,总匝数为 N,且 $\frac{R}{N} \ll R_0$。试对两电路分别解答:

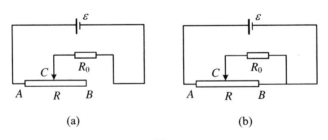

图 1

(1) 求滑动变阻器额定电流下限;

(2) 要求在调节范围内保证 $\left|\frac{\Delta I}{I}\right| \leq 1\%$,其中 ΔI 为总电流在变阻器调节一匝时的变化量,I 为总电流,则 N 应满足何条件?

【解析】　由电阻串联、并联乃至混联而构成的基本电路是很容易理解的,所以这类题目在竞赛试题中一般不会成为难题,但这并不是绝对的。直流电路的试题往往包含了电路设

计、动态分析、隐含状态分析等内容,特别是电路的设计问题,这一直是中学生的"软肋",在一定条件下可大幅地提升难度。此外,命题人还可在直流电路中加入电容器、示波器等元器件,这同样会提升试题的难度。

本题给出的电路是我们熟知的限流电路与分压电路。对这两种基本电路的结构特点及功能,在中学阶段基本上只作定性分析,而本题要求答题者进行量化处理,而且电路是动态变化的,这无疑提升了分析与计算的难度。即便如此,电路的结构形式仍然是基本的串联与并联,可在常规要求的框架下处理所要求的内容,只是命题人在其中加入了符合竞赛要求的小量分析,同时也增加了运算量,以考查答题者的运算能力。

我们且看下面的解答:

对于电路(a):

(1) 由于 $I_{max} = \dfrac{\varepsilon}{R_0}$,故额定电流至少为 $I_{max} = \dfrac{\varepsilon}{R_0}$。

(2) 最小电阻变化 $\Delta R = \dfrac{R}{N}$,对于任意情况,有

$$I = \frac{\varepsilon}{R_0 + R_{AC}}$$

而

$$I + \Delta I = \frac{\varepsilon}{R_0 + R_{AC} + \Delta R}$$

得

$$\Delta I = \frac{\varepsilon}{R_0 + R_{AC} + \Delta R} - \frac{\varepsilon}{R_0 + R_{AC}} \approx \frac{-\varepsilon}{(R_0 + R_{AC})^2}\Delta R = -\frac{\varepsilon}{(R_0 + R_{AC})^2} \cdot \frac{R}{N}$$

所以

$$\left|\frac{\Delta I}{I}\right| = \frac{R}{N(R_0 + R_{AC})}$$

由题意,保证 $\left|\dfrac{\Delta I}{I}\right| \leqslant 1\%$,即 $R_{AC}=0$ 时,有 $\dfrac{R}{NR_0} \leqslant 1\%$,所以

$$N \geqslant 100\frac{R}{R_0}$$

对于电路(b):

(1) 电路的总电阻为

$$R_{总} = R - R_{BC} + \frac{R_0 R_{BC}}{R_0 + R_{BC}} = R - \frac{R_{BC}}{\dfrac{R_0}{R_{BC}} + 1}$$

显然,随 R_{BC} 增大, $R_{总}$ 减小。所以,当 $R_{BC}=R$ 时,$R_{总}$ 最小,为

$$R_{总min} = \frac{R_0 R}{R + R_0}$$

则总电流最大值为

$$I_{max} = \frac{\varepsilon(R_0 + R)}{R_0 R}$$

即 R 的电流至少为 $\dfrac{\varepsilon(R_0+R)}{R_0 R}$。

(2) 在任意时刻,有

$$I = \frac{\varepsilon}{R_{总}} = \frac{\varepsilon}{R - \dfrac{R_{BC}^2}{R_0 + R_{BC}}}$$

变化 ΔR 时,有

$$R'_{总} = R - \frac{(R_{BC}+\Delta R)^2}{R_0+R_{BC}+\Delta R} \approx R_{总} - \frac{2R_0 R_{BC}+R_{BC}^2}{(R_0+R_{BC})^2}\Delta R$$

于是

$$\Delta I \approx \frac{\varepsilon}{R_{总}^2}\cdot\frac{(R_{BC}+2R_0)R_{BC}}{(R_0+R_{BC})^2}\Delta R = \frac{\varepsilon(R_{BC}+2R_0)R_{BC}}{(RR_0+RR_{BC}-R_{BC}^2)^2}\Delta R$$

所以

$$\frac{\Delta I}{I} = \frac{RR_{BC}(2R_0+R_{BC})}{N(RR_0+RR_{BC}-R_{BC}^2)(R_0+R_{BC})}$$

上式的值随 R_{BC} 递增,则当 $R_{BC}=R$ 时,有

$$\left(\frac{\Delta I}{I}\right)_{max} = \frac{R(R+2R_0)}{NR_0(R+R_0)} \leqslant 1\%$$

得

$$N \geqslant \frac{100R(R+2R_0)}{R_0(R+R_0)}$$

从上面的解答我们不难看到,电路(b)较之电路(a),分析过程要难得多,计算量也大得多。可见,同样的问题在不同的背景下,其难易程度并非一样。

对基本电路的分析与计算是处理电路问题的基本功。复杂的电路乃至网络电路都是由基本的串、并联电路构成的。掌握基本电路的结构特征,有助于我们在复杂结构的电路中分离出熟悉的部分电路。

题 127　电阻的鉴别

现有 5 个外观完全相同、没有任何标记的电阻,已知其中 4 个电阻的阻值相等,设为 R,另一个电阻的阻值为 $10R$,但 R 的数值未知。给你一个欧姆表和若干两端焊有接线夹的导线,要求找出阻值为 $10R$ 的电阻,则用欧姆表测电阻的最少次数是多少?实验步骤如何?

【解析】　对已知电路的分析与计算,固然能考查我们对相应规律的掌握与运用,但由于电路有着极强的可变性与可操作性,命题人常常将理论试题设计出实验试题的味道来。

以电路为背景的电学实验,其测量电路的设计涵盖了多方面的要求,它包括测量原理的应用、电路安全的保障、仪表的使用与读数、线路的连接、故障的排除、串/并联电路的分析与计算、误差的分析与减小等,所有这些看上去具有实验特征的问题都有可能被迁移至理论试

题中,用于对学生理论水平的测试。

实验试题的引入改变了我们的答题思维模式。通常情况下,我们的试题结构是给出相关的条件,让答题者运用必要的规律求解结果;而具有实验特征的试题所给的条件往往是不确定的,我们需要组织条件,进行必要的测量,通过对比、计算、筛选,最终得到结论。相对于日常的解题思维,这是一个逆向的思维过程,加之同一结论对应的条件可能是多元的,因此这种思维也是发散的。要在逆向的思维过程与发散的思维状态下找到与试题对应的因果关系,就需要答题者具备足够的逻辑推理能力。

本题要求我们从5个电阻中找出阻值不同的那个电阻。除了欧姆表,没有给出任何测量程序,要求我们给出找到特别电阻的最少的测量次数,这实际上是要求我们从众多的鉴别方式中找到最佳的鉴别方式,设计出合理的电路,给出具体的鉴别方法。

从思维上讲,这种鉴别问题类似于通过称重找出质量不同的物体,如:"某珠宝店有5盒同一样式的钻戒,每盒10只,但其中1盒全是赝品。不知道钻戒的质量,也不知道赝品的质量,只知道真品和赝品的质量相差1g,甚至不知道是重1g还是轻1g。请选手用天平秤和砝码在最少的次数内找出哪一盒钻戒是赝品。"这类问题要求答题者具有很强的逻辑推理能力,相信很多同学在小学阶段就已见识过。但到了高中阶段,对这类问题的考查在科学原理、操作过程及理论计算上比小学阶段要超出多个档次。

对于本题,要找出阻值为$10R$的电阻,必然要采用比较的方式。那么,必须做好标记,选择比较的对象。为此,我们给出如下的三种解答方法。

方法1 ① 先对电阻进行编号,再任取一个电阻,测出其阻值,记为$R_Ⅰ$。

② 按图1所示电路连接全部电阻,步骤①中所测的电阻必须接在R_3或R_4处。

③ 测电路的总电阻,记为$R_Ⅱ$。

④ 求出总电阻与步骤①中所测得的阻值的比值$\dfrac{R_Ⅰ}{R_Ⅱ}$。

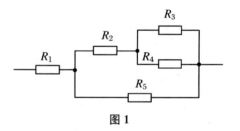

图1

讨论如下:

(1) 若步骤①所测得的阻值是R,则:

当阻值为$10R$的电阻在R_1处时,$\dfrac{R_Ⅰ}{R_Ⅱ}=10.600$;

当阻值为$10R$的电阻在R_2处时,$\dfrac{R_Ⅰ}{R_Ⅱ}=1.913$;

当阻值为$10R$的电阻在R_3处时,$\dfrac{R_Ⅰ}{R_Ⅱ}=1.656$;

当阻值为$10R$的电阻在R_4处时,$\dfrac{R_Ⅰ}{R_Ⅱ}=1.656$;

当阻值为$10R$的电阻在R_5处时,$\dfrac{R_Ⅰ}{R_Ⅱ}=2.304$。

若 $\dfrac{R_{\text{I}}}{R_{\text{II}}} = 1.656$，则步骤①中所测的阻值不是 $10R$。

(2) 若步骤①所测得的阻值恰好是 $10R$，则 $\dfrac{R_{\text{I}}}{R_{\text{II}}}$ 为上述比值的 $\dfrac{1}{10}$。譬如，若 $\dfrac{R_{\text{I}}}{R_{\text{II}}} = 0.166$，则步骤①所测得的阻值为 $10R$。

所以，用欧姆表测电阻 2 次，便可找到阻值为 $10R$ 的电阻，这就是最少的测量次数。

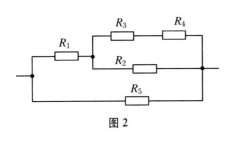

图 2

方法 2 在方法 1 的步骤②中，按图 2 所示连接电路。若步骤①所测得的阻值是 R，则 $\dfrac{R_{\text{I}}}{R_{\text{II}}}$ 的 5 个比值分别为 0.914、0.728、0.657、0.657、1.429。

若 $\dfrac{R_{\text{I}}}{R_{\text{II}}} = 0.657$，则步骤①所测的阻值不是 $10R$。

如果步骤①所测得的阻值恰好是 $10R$，则 $\dfrac{R_{\text{I}}}{R_{\text{II}}} = 0.066$。

方法 3 对电阻进行编号后，首先取 R_1、R_2、R_3 连接成图 3 所示的电路，用欧姆表测量出电路两端的电阻 R_{I}；再取 R_2、R_4、R_5 连接成图 4 所示的电路，用欧姆表测量出电路两端的电阻 R_{II}；然后求出 $\dfrac{R_{\text{I}}}{R_{\text{II}}}$ 的值，根据比值可得阻值为 $10R$ 的电阻所对应的位置，如表 1 所示。

表 1

$\dfrac{R_{\text{I}}}{R_{\text{II}}}$	7	1	$\dfrac{14}{11} = 1.273$	$\dfrac{11}{14} = 0.786$	$\dfrac{1}{7} = 0.143$
所找的电阻对应的位置	R_1	R_2	R_3	R_4	R_5

图 3　　　　　　　　　　图 4

上述三种解法给出了不同的测量电路（不同的原理），但都是通过比值差异寻找特别的电阻，这是鉴别电阻的一种较为普遍的方法。使用这一方法时，从原始电路的设计、测量至找到特别的电阻，都考验答题者的逻辑推理能力。在竞赛中，这种推理过程往往是非常复杂的，没有稳定的心理素质，很容易半途而废。

同时，我们还应该注意到，这类试题都具备一定的实验背景，原理设计、电路连线及具体操作都可能成为命题的环节。实验设计无疑是中学物理的难点，它能在很大程度上反映出同学们运用物理知识的能力以及所具备的创新能力。

题 128 电阻的各向异性

同一系列其他导体一样,单晶镓的电阻率具有各向异性,沿单晶对称主轴(x轴)的电阻率ρ_x最大,而沿垂直于x轴的其他任意轴的电阻率最小且等于ρ。将一片镓晶体切成长方形薄片(图1),长$a=3$ cm和宽$b=3$ mm,x轴平行于片晶面$ABCD$且与AB边成角$\alpha=60°$。如果在垂直于AB的两片晶面AD与BC之间加上恒定的电势差$U_0=100\times10^{-3}$ V,那么有电流通过该片,并且在晶片中央横截面F和G两点之间存在$U=6.14\times10^{-3}$ V的电势差。试求上述两电阻率之比$\dfrac{\rho_x}{\rho}$。

【解析】 对物质结构的研究是物理学的主要内容之一,物质的导电性是物质结构的重要属性之一,只是对物质结构的研究在中学物理教学中涉及不多,历年的竞赛中也鲜有这方面的试题,但这并不意味着我们在日常学习中可以不涉猎这方面的内容。

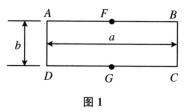

图 1

本题以单晶镓为对象,定量地讨论了晶体导电的各向异性的问题。中学阶段只是以晶体在力学与热学方面表现出的各向异性为例,定性地说明了晶体各向异性的存在,极少谈及定量分析。

由于我们在日常学习中对此类问题接触甚少,初读此题时可能连题目所表达的物理意义都不太明白,若直接套用公式或结论,便会有许多意外的现象发生。譬如,在两片晶面AD与BC之间加上电压后,电流稳定时晶片中的电流应平行于AB,那么晶片中的电场也平行于AB。但在题述中,晶片上AD与BC之间有电势差U_0,F和G两点之间存在电势差U,说明这两个方向上必有电场存在。于是,晶片中电场的方向并不平行于AB,与电流的方向并不一致,与"导体中的电流方向与电场方向一致"相悖。然而,这种矛盾也是我们思考问题的切入点。我们很容易意识到,这一矛盾是电阻率的各向异性导致的。考虑到在各向同性的介质中,电场强度E与电流密度j、材料的电阻率ρ之间存在$E=\rho j$的关系,我们选择电阻率最大与最小的两个方向来讨论电场强度E与电流密度j的关系,因为在这两个方向电阻率是均匀的。

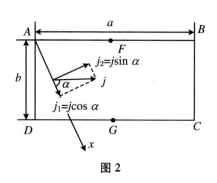

图 2

根据题意,单晶镓的对称主轴(x轴)如图2所示,电流从AD面流入,从BC面流出。电流稳定时,在大部分区域里从一极板向另一极板均匀流动,设晶片中的电流密度矢量为j,方向平行于AB,则沿主轴(x轴)方向的电流密度为$j_1=j\cos\alpha$,沿垂直于x轴方向的电流密度为$j_2=j\sin\alpha$。

再在这两个方向上运用电场强度与电流密度之间的关系,则沿电流方向的电场强度为

$$E_{/\!/} = E_1\cos\alpha + E_2\sin\alpha = \rho_x j_1 \cdot \cos\alpha + \rho j_2 \cdot \sin\alpha$$
$$= \rho_x \cdot j\cos\alpha \cdot \cos\alpha + \rho \cdot j\sin\alpha \cdot \sin\alpha = j(\rho_x\cos^2\alpha + \rho\sin^2\alpha)$$

沿垂直于电流方向的电场强度为
$$E_\perp = |E_1\sin\alpha - E_2\cos\alpha| = |\rho_x j_1 \cdot \sin\alpha - \rho j_2 \cdot \cos\alpha|$$
$$= |\rho_x \cdot j\cos\alpha \cdot \sin\alpha - \rho \cdot j\sin\alpha \cdot \cos\alpha| = j(\rho_x - \rho)\sin\alpha\cos\alpha$$

所以
$$\frac{E_\perp}{E_{/\!/}} = \frac{(\rho_x - \rho)\sin\alpha\cos\alpha}{\rho_x\cos^2\alpha + \rho\sin^2\alpha}$$

又,垂直于 AB 的两片晶面之间的电势差为 $U_0 = E_{/\!/} a$,片中央横截面 F、G 两点之间的电势差为 $U = E_\perp b$,所以
$$\frac{E_\perp}{E_{/\!/}} = \frac{aU}{bU_0}$$

即
$$\frac{aU}{bU_0} = \frac{(\rho_x - \rho)\sin\alpha\cos\alpha}{\rho_x\cos^2\alpha + \rho\sin^2\alpha}$$

整理得
$$\frac{\rho_x}{\rho} = \frac{bU_0\cos\alpha + aU\sin\alpha}{bU_0\sin\alpha - aU\cos\alpha}\tan\alpha$$

代入数据得 $\frac{\rho_x}{\rho} \approx 3.2$。

在解答过程中,或许有同学会问:为何我们不用 $\boldsymbol{E} = \rho\boldsymbol{j}$ 来确定电场矢量,然后再进行分解呢?原因有两个方面:一方面,我们并不知道平行于 AB 的方向上的电阻率;另一方面,晶片中电场强度的方向并不平行于 AB。那么,这又会导致另一个问题。在晶片中电流的方向与电场的方向不就不一致吗?由前面的计算可以看到,$\boldsymbol{E}$ 的方向与 $\boldsymbol{j}$ 的方向的确不一致,这正是晶片电阻率的各向异性,导致电荷在运动过程中在不同方向受到的阻碍不同。

物质的导电性研究是多方面的,如通电过程中的化学反应、通电材料的霍尔效应、电流的磁效应等。在一定的背景下,这些都有可能成为赛题。

在竞赛中,遇到自己不熟悉的内容时,我们应该冷静思考,寻找合理的切入点,若不是超纲内容,就能找到通途。

题 129 含源电路的计算

在如图 1 所示的电路中,$\varepsilon_1 = 3.0\text{ V}$,$\varepsilon_2 = 1.0\text{ V}$,$R_1 = 10.0\ \Omega$,$R_2 = 5.0\ \Omega$,$R_3 = 4.5\ \Omega$,$R_4 = 19.0\ \Omega$,$r_1 = 0.5\ \Omega$,$r_2 = 1.0\ \Omega$。

(1) 试用等效电压源定理计算从电源 (ε_2, r_2) 正极流出的电流 I_2。

(2) 试用等效电流源定理计算从节点 B 流向节点 A 的电流 I_1。

(3) 用基尔霍夫定律再求解上述两问。

【解析】 处理复杂的含源电路的基本手段是利用闭合电路的欧姆定律、电源的独立作用原理、基尔霍夫定律、叠加原理、戴维南定理和诺尔顿定理。这些规律的应用或独立,或交叉,灵活机动。

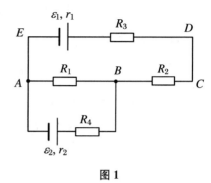

图 1

(1) 如果一个含源二端网络的开路电压为 U_0,短路电流为 I_0,则该网络可以等效为一个电动势为 $\varepsilon = U_0$、内阻为 $r = \dfrac{U_0}{I_0}$ 的电源,这一规律称为等效电压源定理,即戴维南定理。

本题中,在求通过电源 ε_2 的电流时,可将 ABCDE 部分电路等效为一个电压源,A、B 为等效电源的输出端。

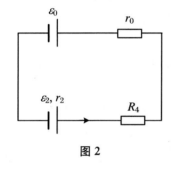

图 2

设 ABCDE 等效电压源的电动势为 ε_0,内阻为 r_0,如图 2 所示。根据戴维南定理,有

$$\varepsilon_0 = \frac{R_1}{r_1 + R_1 + R_2 + R_3}\varepsilon_1 = 1.5 \text{ V}$$

$$r_0 = \frac{R_1(r_1 + R_2 + R_3)}{r_1 + R_1 + R_2 + R_3} = 5 \text{ Ω}$$

电源 ε_0、r_0 与电源 ε_2、r_2 串联(反接),故

$$I_2 = \frac{\varepsilon_2 - \varepsilon_0}{r_0 + R_4 + r_2} = -0.02 \text{ A}$$

$I_2 < 0$,表明电流从 ε_2 的负极流出。

(2) 如同等效电压源,如果一个线性有源二端网络的开路电压为 U_0,短路电流为 I_0,则该网络可以等效为一个具有内阻的电流源,且有 $I_0 = \dfrac{U_0}{r}$,内阻 r 为等效电源部分的总电阻(在输出端短路的情况下)。

本题中,在求通过 R_1 的电流时,可将上下两个有源支路等效为一个电流源。

将 A、B 两个节点短接,构成等效电流源 (I_0, r_0),如图 3 所示。根据等效电流源定理,I_0 为原电路流经 AB 的支路电流。因为电路中有 ε_1、ε_2 两个电源,所以要用线性叠加原理。所谓叠加原理与力学中"力的独立作用原理"相似,其内容为:若电路中有多个电源,则通过任一支路的电流等于各个电动势单独存在时该支路产生的电流之和。

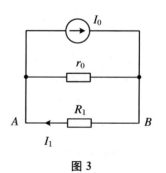

图 3

根据叠加原理,有

$$I_0 = \frac{\varepsilon_1}{r_1 + R_3 + R_2} + \frac{\varepsilon_2}{r_2 + R_4} = 0.35 \text{ A}$$

$$r_0 = \frac{(r_1 + R_3 + R_2)(r_2 + R_4)}{r_1 + R_3 + R_2 + r_2 + R_4} = 6.7 \, \Omega$$

根据 r_0 和 R_1 的分流关系,有

$$I_1 = \frac{r_0}{r_0 + R_1} I_0 = 0.14 \text{ A}$$

(3) 基尔霍夫定律是处理复杂电路的基础。原则上,运用基尔霍夫定律可解决几乎所有的网络问题。但网格过多,方程的数量会随之增加,为计算带来障碍。

基尔霍夫定律包括以下两点内容:

① 汇于节点的各支路电流强度的代数和为零,即 $\sum(\pm I_i) = 0$;

② 沿回路环绕一周,电势降落的代数和为零,即 $\sum(\pm \varepsilon_i) + \sum(\pm I_j R_j) = 0$。

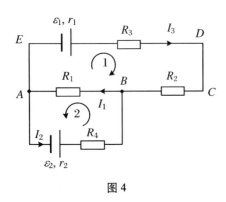

图 4

本题中,根据基尔霍夫定律,我们选择图 4 所示的回路,有

$$\varepsilon_1 - I_3(r_1 + R_3 + R_2) - I_1 R_1 = 0$$
$$\varepsilon_2 + I_2(r_2 + R_4) + I_1 R_1 = 0$$
$$I_1 = I_2 + I_3$$

联立上述方程,解得 $I_1 = 0.14$ A, $I_2 = -0.02$ A。

结果显然与前面一致。

我们处理直流电路的工具有很多,而基本的工具是基尔霍夫定律。不过,从过去的竞赛内容来看,涉及基尔霍夫定律应用的试题并不是很多,加之电路的内容是基础知识,所以对这些内容我们没有必要过度投入精力。

题 130 电桥电路

图 1 所示是滑线式电桥,均匀电阻丝 ADC 长 $L = 100.00$ cm,电阻率 $\rho = 1.600 \times 10^{-6}$ $\Omega \cdot $m,截面积 $S = 1.00 \times 10^{-6}$ m^2。电桥平衡时,AD 段电阻丝长 $L_1 = 45.00$ cm,$R_3 = 23.50$ Ω,电动势 $E = 3.00$ V,内阻 $r = 0.45$ Ω,R 接入电路的电阻值为 1.00 Ω。

(1) 求电阻 R_x 的阻值。

(2) 估计滑片 D 滑至 $L_1 = 60.00$ cm 时(其余条件不变)干路上的电流。

(3) 若滑片 D 由 A 向 C 移动时,在 a 点附近,电流表指针突然从某一值跳跃式反向偏转为另一值,试分析引起这种现象的原因。

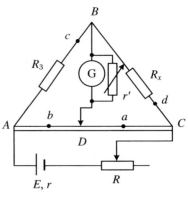

图 1

【解析】 电桥电路是竞赛中常见的电路之一，它或独立成题，或隐匿在复杂的电路中。如果电桥独立成题，则往往是非平衡的，以考查答题者的分析能力；若电桥隐匿在复杂电路中，则往往是平衡的，以达到简化电路的目的。

我们要清楚平衡电桥的原理与计算。而且，平衡电桥是精确测量电阻的装置，是竞赛中电学实验要求熟练掌握的内容。所以，不论是在理论上还是在实验上，我们对电桥都必须研究透彻，对各种可能的拓展都要有应对能力。

对非平衡电桥的分析与讨论，能很好地检验答题者对电路知识的掌握程度与运用能力。对此，相信从事竞赛学习的同学都曾体验过。下面我们阅读本题的解答。

(1) 根据电桥的平衡条件，有
$$R_x = \frac{L - L_1}{L_1} R_3 = 28.72 \ \Omega$$

(2) 首先估计 $L_1 = 60.00 \text{ cm}$ 时 A、C 间的总电阻。设 AD 段的电阻为 R_1，DC 段的电阻为 R_2。桥路 BD 断开时电阻 $R_{AC} = R_\text{断}$，桥路 BD 短路时电阻 $R_{AC} = R_\text{短}$，则
$$R_\text{断} = \frac{(R_1 + R_2)(R_3 + R_x)}{R_1 + R_2 + R_3 + R_x}, \quad R_\text{短} = \frac{R_1 R_3}{R_1 + R_3} + \frac{R_2 R_x}{R_2 + R_x}$$
$$R_\text{断} - R_\text{短} = \frac{(R_1 R_x - R_2 R_3)^2}{(R_1 + R_2 + R_3 + R_x)(R_1 R_2 + R_1 R_x + R_2 R_3 + R_3 R_x)}$$

在上述两种情况下电桥不平衡，$R_1 R_x \neq R_2 R_3$，故 $R_\text{断} - R_\text{短} > 0$。这表明 R_{AC} 的值应满足 $R_\text{短} < R_{AC} < R_\text{断}$。由题设知
$$R_1 = \rho \frac{L_1}{S} = 9.600 \times 10^{-1} \ \Omega, \quad R_2 = \rho \frac{L - L_1}{S} = 6.400 \times 10^{-1} \ \Omega$$

将 R_1、R_2 的值分别代入 $R_\text{断}$、$R_\text{短}$ 的表述式，得
$$R_\text{断} = 1.552 \ \Omega, \quad R_\text{短} = 1.548 \ \Omega$$

将数据代入 $I = \frac{E}{r + R + R_{AC}}$，得
$$1.001 \text{ A} > I > 0.999 \text{ A}$$

(3) 电流表的指针偏转不正常(但有偏转)不可能是由 BD 断路引起的。实际中，由电桥结构可以确定故障不可能是短路。这就说明了故障可能出自四个臂 AD、DC、AB 和 BC 断路。

当 AB 断路时(图1中 c 点处)，A、C 间的电路结构为：桥路 BD 与 R_x 串联后与 DC 臂并联，然后与 AD 臂串联。当滑片 D 由 A 滑向 C 时，D 点的电势沿电流方向不断降低，D、C 间的电压一直减小，电流表的指针将一直沿读数减小的方向偏转，这与题设状态不符，所以不可能是 AB 臂断路。通过类似的分析可判断出故障不会是 BC 臂或 AD 臂断路，或者 AB 臂、BC 臂同时断路，或者 AB 臂、AD 臂同时断路，或者 AB 臂、DC 臂同时断路，而有可能是 DC 臂断路。

由于电流表指针的跳跃发生在 a 点附近，故断路处极有可能是 a 点。当 D 在 a 点之左时，A、C 间的电路结构是电流表与 AD 串联后与 AB 并联，再与 R_x 串联，电流表上电流由 D

流向 B。当 D 在 a 点之右时,电流表与 DC 部分串联后与 R_x 并联,再与 AB 臂串联,此时电流表上电流由 B 流向 D,故当滑片 D 由 A 向 C 移动时,电流表中的电流会突然反向并出现题设现象,其故障原因是 a 点处断路。

从阅读中我们不难体会到,问题(1)很简单,作为竞赛题,它肯定有送分之嫌。对于问题(2),如果没有阅读命题人的解答,我们也许会纠结于如何确定 R_{AC} 的具体值。由于不知道桥上的阻值,很多答题者会踯躅不前。从命题人的解答我们不难发现,由于 R_1、R_2 的阻值都很小,通过计算比较,在桥处于断路与短路两种极端的情况下,R_{AC} 的值的差别并不是很大,也就是桥断路与短路对干路中的电流的影响并不是很大。这就为我们对干路中的电流的估算找到了依据与切入点。

在竞赛学习的过程中,我们应掌握多种处理问题的方法,而这些方法是通过实践、归纳、总结出来的,它们分散在各种文献中,老师在课堂上不可能全部讲解,更多的内容是学生在平时的阅读中理解、掌握的。需要强调的是,我们并不能满足于看懂这些方法,若能够将这些方法迁移到其他类似问题的处理中,则说明我们是真的学会了,我们的能力才会得到实质性的提高。正所谓"看会不等于学会"。

问题(3)中,对电桥故障的分析利用了排除法和逆向推理法。一般根据"沿电流方向电势降低"这一电路特征进行定性判断,即可分析出故障原因,只是排除的环节较多,过程稍显复杂,有时计算也很繁杂,需要冷静对待。

题 131 补偿电路

图1为用电势差计测电池内阻的电路图。实际的电势差计在标准电阻 R_{AB} 上的刻度不是阻值,也不是长度,而是各长度所对应的电势差值。R_M 为被测电池的负载电阻,阻值为 $100\ \Omega$。实验开始时,打开 K_2,将 K_1 拨到 1 处,调节 R_N,使流过 R_{AB} 的电流准确地达到标定值,然后将 K_1 拨到 2 处,滑动 C,当电流计的指针指零时,读得 $U_{AC} = 1.5025\ \text{V}$;再闭合开关 K_2,滑动 C,当电流计的指针指零时,读得 $U'_{AC} = 1.4455\ \text{V}$。试根据这些数据计算电池的内阻。

【解析】 有两种特别的电路在理论试题与实验试题中都会被重点讨论:一种是前面已经讨论过的平衡电桥,它用来精确地测量电阻;另一种便是本题给出的补偿电路,它用来精确地测量电源的电动势与内阻。

理论与实验是相辅相成的,由于实验具有操作特点,这类问题反映到理论试卷中往往是多段式的操作描述,每一次操作都会改变一次电路,但这些电路是彼此关联的,它们很多时候互为条件和结果。

平衡电桥与补偿电路在理论上都不难掌握,它们甚至无法在竞赛中单独构成试题。但我们必须仔细研究这些电路,尽可能地弄清楚它们的各种功能与操作方式,这也是实验能力的基本要求。

在阅读本题时,我们应该清楚将 K_1 拨到 1 处调整 R_N 的物理意义。在补偿电路中,E_s 是标准电池,调整前应将 C 滑至 E_s 的标定值处,通过调整 R_N 使得电流计的读数为零,此时通过 R_{AB} 的电流便准确地达到了标定值。题干中并没有交代这些信息,但竞赛生应该具备这些基本知识。下面给出本题的解答。

打开 K_2,将 K_1 拨至 2 处,调整至电流计的指针指零时,有

$$U_{AC} = E_n = 1.5025 \text{ V}$$

即测得了电源的电动势。

随后,闭合 K_1、K_2,调整至电流计的指针指零时,E_n、r、R_M 构成独立的回路,U'_{AC} 为电源 E_n 的路端电压,即

$$U'_{AC} = E_n - \frac{r}{R_M + r} E_n = \frac{R_M}{R_M + r} E_n$$

将有关数据代入,得 $r = 3.94 \text{ Ω}$。

显然,补偿电路是基本的电路之一,调整电流计的读数为零,也包含了电桥平衡的思想。而且,根据补偿思想,我们还可以设计精确测定未知电阻 R_x 的线路。大家可以通过完成下面这道题来体验这一点。

题 132 伏安特性曲线

小灯泡接在如图 1 所示的电路中,电池的电动势 $E = 4 \text{ V}$,内阻不计。滑动变阻器的总电阻 $R = 40 \text{ Ω}$,电阻 $R_1 = 10 \text{ Ω}$。图 2 表示灯泡的伏安特性曲线。

(1) 求小灯泡中的电流强度。

(2) 当滑片处于什么位置时,A、B 两点间的电压等于零?

(3) 当滑片处于什么位置时,在电池的电动势变化不大的情况下 A、B 两点间的电压几乎不变?

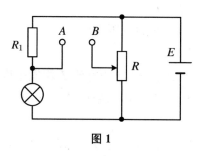

图 1

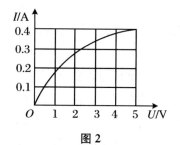

图 2

【解析】 在竞赛中,对于恒定电流的电路,除了复杂电路的简化,处理的工具是等效电源、基尔霍夫定律、欧姆定律等,其难度大体上表现在如下的几个方面:

① 局部复杂电路的简化,如等效电源的处理;
② 电路的动态分析(包括暂态过程)与故障分析;
③ 非线性问题;
④ 含电容电路、含电表电路的处理;
⑤ 黑箱问题;
⑥ 感应电路。

本题包含了等效电源、非线性问题及电路的动态分析,其综合程度并不低。

(1) 取电源 E、电阻 R_1、灯泡 L 构成的回路研究,设灯泡两端的电压为 U,流过灯泡的电流为 I。

根据基尔霍夫第二定律可得 $E = IR_1 + U$,即

$$U = E - IR_1 = 4 - 10I$$

可见回路中灯泡两端的电压 U 与电流 I 必定成线性关系。

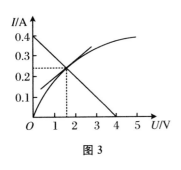

图 3

在图 2 所示的 I-U 坐标系中作出 $U = 4 - 10I$ 这条直线,如图 3 所示。由于灯泡工作时电流与电压必须同时满足图 3 中两种 I-U 关系,因此直线与灯泡的伏安特性图线的交点的坐标即为灯泡工作时所对应的电压与电流(工作点)。由图 3 可知,灯泡工作时电压 $U = 1.6$ V,灯泡中电流 $I = 0.24$ A。

对于非线性问题的工作点,图像处理是必由之路。

(2) 图 1 所示的连接方式类似于电桥结构,要使 A、B 两点间的电压为零,必有

$$\frac{IR_1}{U} = \frac{U_\text{上}}{U_\text{下}} = \frac{R_\text{上}}{R_\text{下}}$$

式中 $U_\text{上}$、$U_\text{下}$ 与 $R_\text{上}$、$R_\text{下}$ 分别为变阻器上、下两部分的电压与电阻,即

$$\frac{R_\text{上}}{R_\text{下}} = \frac{2.4}{1.6}$$

又 $R_\text{上} + R_\text{下} = 40\ \Omega$,所以

$$R_\text{上} = 24\ \Omega, \quad R_\text{下} = 16\ \Omega$$

因此,当滑动变阻器上部分电阻为 24 Ω 时,A、B 两点间的电压为零。

前面两问的难度对于竞赛生而言,显然并不是很大。

(3) 当电池的电动势 E 变化时,灯泡两端的电压 U、流过灯泡的电流 I 均发生变化,但灯泡两端的电压 U 与电流 I 的关系仍满足 $U = E - IR_1 = E - 10I$,由此式可知图 3 中这条直线的斜率并不随 E 的变化而变化。

设当电池的电动势改变 ΔE 时,灯泡两端的电压改变 ΔU,电流改变 ΔI,工作点将沿着

小灯泡的伏安特性曲线移动,则 $k = \dfrac{\Delta U}{\Delta I}$ 为图 3 中小灯泡的伏安特性曲线上对应工作点处的斜率,电流的变化导致电阻 R_1 两端的电压改变 $\Delta I R_1$,所以

$$\dfrac{\Delta I R_1}{\Delta U} = \dfrac{R_1}{\Delta U / \Delta I} = \dfrac{10}{k}$$

由图 3 可知,在电源电动势变化不大的前提下,工作点处的斜率 $k = 12.5$。

要使 A、B 两点间的电压几乎不变,R_1 两端的电压与小灯泡两端的电压变化之比与变阻器上、下两部分的电压变化之比就近似相等,亦即与变阻器上、下两部分的电阻之比相等,即

$$\dfrac{\Delta I R_1}{\Delta U} = \dfrac{\Delta U_上}{\Delta U_下} = \dfrac{R'_上}{R'_下} = \dfrac{10}{12.5}$$

考虑到 $R'_上 + R'_下 = 40\ \Omega$,得

$$R'_上 = 17.8\ \Omega, \quad R'_下 = 22.2\ \Omega$$

因此,当滑动变阻器上部分电阻约为 17.8 Ω,电池的电动势变化不大时,A、B 两点间的电压几乎不变。

在上述分析过程中,我们应该注意到,变阻器支路实际上是一个固定的支路,在这里只为我们的分析提供参照。答题时通过分析找到电压之间的关系,进而得到电阻之间的关系,其难度还是很大的。

题 133　非线性电路分析

气体在外电场作用下能维持导电状态的放电现象称为气体自激放电。电弧是气体自激放电的一种形式,它在电焊、照明、光谱分析等方面有广泛应用。电弧放电时,其伏安特性曲线是下降的,即电流强度 I 越大,产生电弧的两极间电压 U_a 越小。这样,由原来高电压激发的气体放电,可能由于放电后电流增大,放电管两端电压进一步减小,如此不断循环而致击穿,使气体放电不能维持稳定。为此,在电路设计时必须采取一定的限流措施。

图 1 为一弧光灯的简单电路图,其中 A 为弧光灯,它的极间电压为

$$U_a = a + \dfrac{b}{I}$$

式中 $a = 55\ \text{V}$,$b = 50\ \text{V} \cdot \text{A}$。电阻 R 起限制电流进一步增大的作用,使弧光灯能稳定发光。E 是电动势为 200 V 的电源。忽略电源内阻和导线电阻,试求同时满足如下两个条件的电阻 R 的取值范围:① 弧光灯稳定发光;② 所释放的功率不小于电源输出功率的一半。

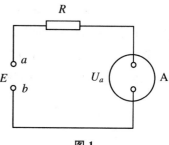

图 1

【解析】 对于普通电阻,由欧姆定律有 $U=IR$,则伏安特性曲线为斜向上的直线,电压与电流正相关,它是具有正电阻效应的线性元件。而弧光灯工作时,两端的电压 U_a 随电流 I 的增大反而减小,我们称它为具有负电阻效应的非线性元件。由题述可知,这类非线性元件不能孤立地、稳定地工作。要使弧光灯稳定发光,应使整个电路的伏安特性曲线在发光工作点附近呈上升趋势,即电压与电流正相关。这样,当电路中的电流或电压意外变化时,变化就会自行消失。补救办法是将具有正电阻效应的元件(如普通的电阻)与具有负电阻效应的弧光灯串联,使弧光灯的发光工作点附近具有正电阻效应。

依题意,接入电阻 R 后,弧光灯电路中电压与电流的关系为

$$U(I) = a + \frac{b}{I} + IR = \left(\sqrt{RI} - \sqrt{\frac{b}{I}}\right)^2 + 2\sqrt{Rb} + a$$

U-I 图线是开口向上的曲线。

由上式可知:

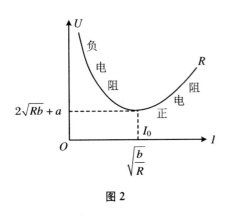

图 2

当 $I = I_0 = \sqrt{\frac{b}{R}}$ 时,U 有最小值,为

$$U_{\min} = 2\sqrt{Rb} + a$$

当 $I > I_0$ 时,电路工作在正电阻效应区域,弧光灯发光稳定,如图 2 所示。

当 a、b 两端接在电源上时,有 $U = E$,其图线在 U-I 图上是一条水平直线(图 3),它与 $U(I)$ 曲线的交点即为电路的工作点。

对于任意一个给定的 R,都有一条与之对应的 $U(I)$ 曲线。当 R 取不同的值时,$U(I)$ 曲线与 $U = E$ 的位置关系亦可由图 3 显示。设 $R = R_{\max}$ 时,$U(I)$ 曲线与 $U = E$ 直线相切,由此可说明弧光灯的工作情况:

① $R > R_{\max}$ 时,没有交点,即弧光灯不能发光;

② $R = R_{\max}$ 时,相切于极小值处,是弧光灯恰能发光的临界状态;

③ $0 < R < R_{\max}$ 时,有两个交点,其中 $I < I_0$ 的交点是不稳定的,$I > I_0$ 的交点是稳定的;

④ $R = 0$ 时,只有一个工作点,但不稳定。

为求 $R_{\max}$,令 $U_{\min} = E$,则

$$E = 2\sqrt{R_{\max} b} + a$$

得

$$R_{\max} = \frac{(E-a)^2}{4b} = 105\ \Omega$$

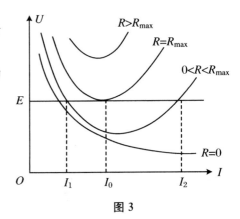

图 3

下面考虑题目中的第二个条件,即

$$I\left(a + \frac{b}{I}\right) \geqslant \frac{1}{2}IE$$

得

$$I \leqslant \frac{2b}{E - 2a}$$

当 I 取最大值 $I_m = \frac{2b}{E - 2a}$ 时，电阻两端的电压为电源电动势的一半，此时对应的 R 最小。

所以

$$R_{\min} = \frac{E}{2I_m} = \frac{E(E - 2a)}{4b} = 90 \ \Omega$$

综上所述，R 的取值范围是 $90 \ \Omega \leqslant R < 105 \ \Omega$。

另外，对于如同本题给出了具体的非线性关系的非线性元件，分析其工作状态的更普遍方法是负载线法，即利用非线性元件的伏安特性曲线及供电部分的端电压的关系进行相关的分析与计算。下面用负载线法讨论这一问题。

本题给定的弧光灯的伏安特性曲线是一条双曲线(图4)，电压与电流的关系为

$$U_a(I) = a + \frac{b}{I} = 55 + \frac{50}{I}$$

负载线(供电部分的端电压 U_a-I 图线)是一条斜向下的直线：

$$U_a(I) = E - IR = 200 - IR$$

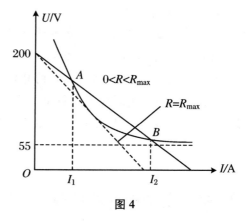

图 4

联立上述两式，得

$$RI^2 - 145I + 50 = 0$$

从而得

$$I_1 = \frac{145 - \sqrt{145^2 - 200R}}{2R}, \quad I_2 = \frac{145 + \sqrt{145^2 - 200R}}{2R}$$

① 当 $R > \frac{145^2}{200} \ \Omega = 105 \ \Omega$ 时，电流无实数解，表明弧光灯不能发光。

② 当 $R = 105 \ \Omega$ 时，弧光灯恰能发光。

③ 当 $0 < R < 105 \ \Omega$ 时，弧光灯能正常发光，其中 A 点发光不稳定，B 点发光稳定。因此，电阻 R 的最大阻值 $R_{\max} = 105 \ \Omega$。

当弧光灯的功率不小于总功率的一半时，满足的条件是

$$U_a I \geqslant \frac{1}{2}IE$$

得

$$U_a \geqslant \frac{1}{2}E = 100 \ \text{V}$$

令 $U_a = 100$ V，则

$$55 + \frac{50}{I} = 100$$

得 $I = \frac{10}{9}$ A。所以

$$R_{\min} = \frac{145I - 50}{I^2} = 90 \ \Omega$$

综上所述，R 的取值范围是 $90 \ \Omega \leqslant R < 105 \ \Omega$。

必须说明的是，一般的非线性电学元件（如大家熟悉的二极管）的伏安特性曲线是无法用初等函数进行描述的。这就产生另一类命题模式，即将非线性电学元件的伏安关系用图像的方式呈现给大家，或者将相应的实验数据用表格的方式给出，让大家通过实验数据拟合出特性曲线，这条曲线就是非线性元件所遵循的函数关系。然后，通过电路中电源供电部分找到负载的伏安关系，这同样也可通过图像进行描述，于是在同一坐标系中作出两条伏安特性曲线，其交点便是元件的工作点。说直白一点，就是利用图像法解方程，求得工作点。

至此，我们明确了非线性元件的特性的读取（函数表述与图像呈现）及处理方法，则单个的非线性元件的处理难度也就降低了。命题人可能会考虑增加供电部分的结构难度或同时引入多个非线性元件，以提升问题的综合难度。

题 134 复杂电路的简化

正四面体框架形电阻网络如图 1 所示，其中每一小段的电阻均为 R。试求：
（1）A、B 两点间的电阻；
（2）C、D 两点间的电阻。

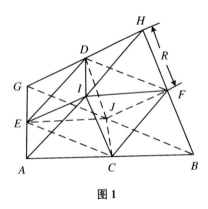

图 1

【解析】 在竞赛中，我们所说的复杂电路并非是由电阻简单的串联、并联或混联构成的平面电路，而是指网络电路或具有空间结构的电路。原则上讲，再复杂的电路都可通过 △-Y 变换来达到简化电路的目的，问题是可能无法承受由此带来的运算量。

就目前的情况来看，无论什么样的复杂电路，命题人往往都会设计出一定的对称性，解答时依据对称性和电路的性质，特别是平衡电桥的性质进行简化。

本题的电路具有空间结构，稍作分析，便不难发现在结构上具有多种对称性，如：对 A、B 两点而言，电路关于平面 ABD 对称，在这一对称下对电路可进行多种操作，如将 D 点对称分开，亦可以平面 ABD 为对称面进行折叠，即 G 与 H、E 与 I、J 与 F 可合并为一点，等等；同时，电路也关

于平面 GIIC 对称,在这一对称下对电路也可进行多种操作,如将 C 与 D 合并为一点,从而将整个结构简化。综合考虑两种对称,我们还可以直接去掉 G、D 与 D、H 间的电阻。所有这些操作都能达到简化电路的目的。至于操作哪一种更为简洁,这需要有一定的预判能力;同时,选择不同的操作,还有一定的偶然性。

(1) 设电流 i 从 A 点流入,从 B 点流出。根据网络的对称性,图 2 中 $i_1 = i_2, i_3 = i_4$, $i_5 = i_6 = 0$,将 D 点断开,断开后的两个小四面体框架的等效电阻同为 $\frac{R}{2}$,于是电路简化为图 3;再由对称性知,E、I 等势,J、F 等势,于是网络简化为图 4;再根据对称性,可在 C 点将电阻断开,简化成图 5,由串、并联的关系可得

$$R_{AB} = \frac{3}{4}R$$

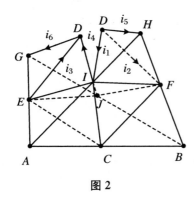

图 2

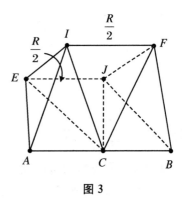

图 3

(2) 电流从 C 点流入,从 D 点流出,网络关于 ABD 平面对称,与 AB 棱平行的中间正方形四个顶点等势,故此正方形的四条边都可拆去;或者 C、D 与中间正方形的顶点所构成的四边形为平衡电桥,故正方形的四个边可拆;余下部分关于 ABD 平面上下对称,可上下合并,等效成图 6 所示的网络,而图 6 所示的立体网络又可改画成图 7 所示的平面网络,网络关于 CD 左右对称,故可折叠成图 8 所示的网络,由此可得

$$R_{CD} = \frac{3}{8}R$$

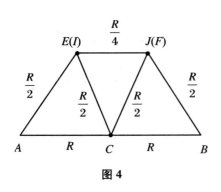

图 4

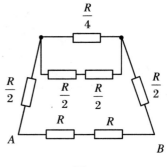

图 5

结构的对称性分析、平衡电桥的应用、等势点的合分是简化复杂电路常用的方法。特别是对称性分析,电路整体的对称还比较好分析,而电路局部的对称分析往往容易被忽视,在简化电路时我们应该注意挖掘局部的对称性。

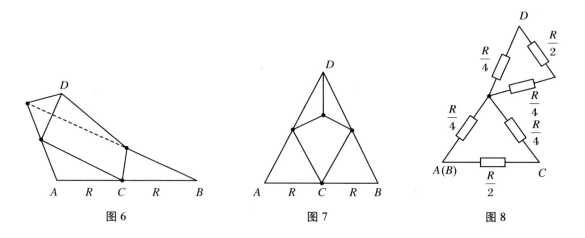

图6　　　　　　图7　　　　　　图8

题 135　电流分布法

由材料相同、截面积相同的均匀导线组成一四面体框架,每段电阻分别为 a、b、c,如图1所示,试求 A、B 两点间的等效电阻。

【解析】 从图1所示的结构看,网络结构具有空间属性。但稍作处理,它就变成了我们所熟悉的平面结构,如图2～图4所示。

为了表述的方便,下面我们以图4所示的等效电路为代表来讨论此题的解答。

由图4可见,它的上部分为一电桥。有同学会认为这个电桥是平衡的,可拆掉中间阻值为 a 的电阻,于是电路会变得更为简单。这显然是审题不够严谨的表现。

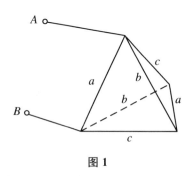

图1

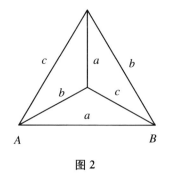

图2

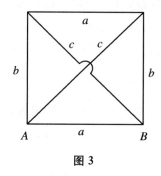
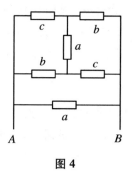

图3　　　　　　　　　图4

电桥不平衡,也就不具备严格的对称性,但这并不是绝对的,因为"桥"两边的电阻具有互易特征。可以判断出,两条 c 导线上的电流强度应相等(设均为 i_1),两条 b 导线上的电流强度也应相等(设均为 i_2),如图5所示。不妨设 M、N 两点间 a 导线上的电流方向向上,数值为 $i_2 - i_1$。我们可先求出 X、Y 以上部分的等效电阻 R_{XY} 的大小。

设 X、Y 两点间的电势差为 U_{XY},X、Y 两点间的等效电阻为 R_{XY}。

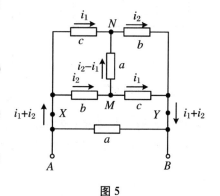

图5

对 X、Y 间的整体,有
$$U_{XY} = (i_1 + i_2)R_{XY} \quad ①$$

对 c、b 支路,有
$$U_{XY} = i_1 c + i_2 b \quad ②$$

对 c、a、c 支路,有
$$U_{XY} = i_1 c - (i_2 - i_1)a + i_1 c \quad ③$$

②-③式可得
$$i_1 = \frac{a+b}{a+c} i_2 \quad ④$$

又由①式得
$$R_{XY} = \frac{U_{XY}}{i_1 + i_2} \quad ⑤$$

将②④式代入⑤式,可得
$$R_{XY} = \frac{c(a+b) + b(a+c)}{2a+b+c}$$

而
$$\frac{1}{R_{AB}} = \frac{1}{R_{XY}} + \frac{1}{a}$$

故
$$R_{AB} = \frac{1}{2}\left(\frac{ab}{a+b} + \frac{ac}{a+c}\right)$$

解答至此,我们似乎还没有看到关于"电流分布法"的论述。其实,上述解答中求解 R_{XY} 的过程便是典型的电流分布法的运用。

所谓电流分布法,是指在处理复杂的二端电阻网络时,根据电流分流的规律设定各支路的电流,同时根据网络中两点间不同路径等电压的思想,建立以网络中各支路的电流为未知量的方程组,解出各支路电流与总电流 I 的关系,然后经任一路径计算两端点间的电压 U,再由 $R=\dfrac{U}{I}$ 即可求出等效电阻。上述求解 R_{XY} 的过程即是此方法的应用。

电流分布法是求解二端网络电阻的基本方法之一,在中学物理竞赛中有着较为普遍的运用,它不仅适用于有限网络,对无限网络也同样适用,但前提是能找到各支路间电流的分配关系。

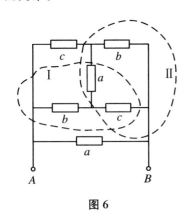

图6

另外,在解答本题的过程中,将立体结构的网络转化为平面网络后,不满足惠斯通电桥所要求的对称性,而电路的结构又很容易诱使我们对图6所示虚线圈Ⅰ中的电阻实施 Y-△ 变换,或者将虚线圈Ⅱ中的电阻实施 △-Y 变换。很明显,不论采用哪一种变换,复杂的电路结构将会变为简单的串、并联结构,但进入转换过程,我们就会发现计算极为复杂并耗时极多,很可能导致在规定的时间内无法完成解答,并且极易出错。

由此,我们应该注意到,遇到复杂的电路问题时,我们首先要考虑的是电路的对称性问题,如存在对称性特征,则优先考虑进行对称性处理,使问题尽可能地简化;同时,对自己所选择的途径与其他途径作一基本的比较,尽量选择简捷的路径,绕开命题人设置的陷阱。

题 136 二端无穷网络

一种由阻值为 r 和 R 的电阻器组成的无穷电阻网络如图1所示。试求:

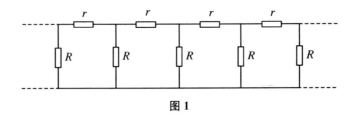

图1

(1) 包含1个电阻器 r 的两个相邻节点之间的电阻;
(2) 彼此相隔很远的两个节点之间的电阻;
(3) 在一般情况下包含 n 个电阻器 r 的两个节点之间的电阻。

【解析】 在物理竞赛的电路问题中,无穷二端网络是常见的也是基本的问题之一。对于各类无穷二端网络,虽然电路各不相同,但都具备重复性,而且其重复特性与下面的数学问题类似。我们先看下面的数学问题：

若 $x = 1 + \frac{1}{2} + \frac{1}{4} + \frac{1}{8} + \cdots$，试求 x 的值。

在求 x 值时，我们对上式可稍作变化，有

$$x = 1 + \frac{1}{2} + \frac{1}{4} + \frac{1}{8} + \cdots = 1 + \frac{1}{2}\left(1 + \frac{1}{2} + \frac{1}{4} + \frac{1}{8} + \cdots\right)$$

这时我们很容易注意到，等式后面括号内的部分即为所要求的 x，所以原式变为 $x = 1 + \frac{1}{2}x$，于是可得 $x = 2$。

对于这一结果，或许有同学会问：等式后面括号内的部分明明比题干中的 x 少了一项，它们怎么会相等呢？究其原因，他没能认清无穷的本质而产生了错觉。为此，大家可以这样来思考问题：将原有的 $1 + \frac{1}{2} + \frac{1}{4} + \frac{1}{8} + \cdots$ 与变式后面括号内的 $1 + \frac{1}{2} + \frac{1}{4} + \cdots$ 进行一项一项的对比，就会发现它们是相同的，不存在多与少的问题。

这一思路就是物理学中解决无穷网络问题的基本思路。

基于上述数学中的无穷问题的处理思路，我们可以先求图 2 所示的无穷网络 A、B 间的电阻 R'，作为后面解答待求电阻的引论。

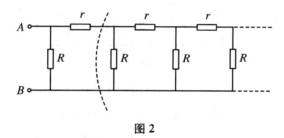

图 2

设 A、B 间的电阻大小为 R'，将虚线右侧部分的电路与 A、B 间的电路进行比对，可以发现虚线右侧部分的电阻与 A、B 间的电阻完全相等，其总电阻亦为 R'，于是电路可简化为图 3 所示的电路，则有

$$R' = \frac{(r + R')R}{R + (r + R')}$$

解得

$$R' = \frac{-r + \sqrt{r^2 + 4rR}}{2} \quad (\text{负根已舍})$$

下面我们来讨论原题中的各问题：

(1) 对某一电阻 r 两侧的电阻进行观察可知，其两侧部分的总电阻均为 R'，则图 1 所示相邻两节点间的电路可等效为图 4 所示的电路，其等效电阻 R_1 满足

$$R_1 = \frac{r(2R')}{r + 2R'}$$

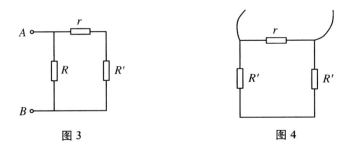

图 3　　　　　　　　　图 4

代入 R' 解得

$$R_1 = \frac{4rR}{r + 4R + \sqrt{r^2 + 4rR}} = \left(1 - \sqrt{\frac{r}{r + 4R}}\right)r$$

(2) 如图 5 所示，A、B 两点看上去相隔很"远"，但如果我们选择如下路径来看，则它们是很"近"的：沿 A 下面的电阻 R、网络下面无电阻的导线、B 下面的电阻 R 到 B 点。这样一来，A、B 间实质上只相隔两个电阻 R，加之 A、B 间有无穷个网格，所以原电路可等效为图 6 所示的电路。对于该电路，我们可以采用下面的的方法进行处理：

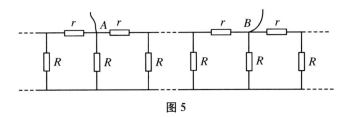

图 5

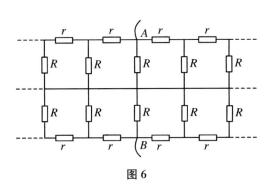

图 6

方法 1　观察等效后的电路（图 6），由对称性可知，若在 A、B 间接入电源，则中间的无阻导线总是连接在等电势的两点间（相当于平衡电桥），因此该导线中没有电流，于是可以去掉中间的导线，得到更为简洁的等效电路，如图 7 所示。

利用引论中的原理，我们易求得 A、B 左、右两侧网络的电阻 R''，即

$$R'' = r + \sqrt{r^2 + 4rR}$$

电路可简化为图 8 所示的电路，则 A、B 间的电阻 R_2 满足

$$\frac{1}{R_2} = \frac{1}{2R} + \frac{1}{R''} + \frac{1}{R''}$$

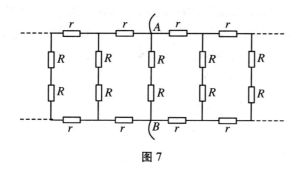
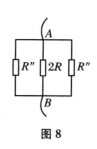

图 7　　　　　图 8

解得

$$R_2 = \frac{2R(r+\sqrt{r^2+4rR})}{r+4R+\sqrt{r^2+4rR}} = \frac{2rR}{\sqrt{r^2+4rR}}$$

$$= \frac{1}{2}\left(1+\sqrt{\frac{r+4R}{r}}\right)\left(1-\sqrt{\frac{r}{r+4R}}\right)r$$

方法 2　简化后的电路(图 6)由于中间的导线没有电阻,可等效为图 9 所示的电路,显然 A、B 间的电阻由两个无穷网络串联而成,进而可等效为图 10 所示的更为简洁的电路。

图 10 中的 R' 与引论中的 R' 相同,则 A、B 间的电阻为

$$R_2 = 2 \times \frac{R \times \frac{r+R'}{2}}{R + \frac{r+R'}{2}}$$

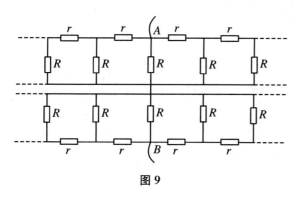
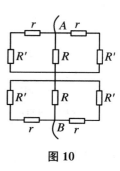

图 9　　　　　图 10

将 $R' = \frac{-r+\sqrt{r^2+4rR}}{2}$ 代入后整理可得

$$R_2 = \frac{2R(r+\sqrt{r^2+4rR})}{r+4R+\sqrt{r^2+4rR}} = \frac{2rR}{\sqrt{r^2+4rR}}$$

$$= \frac{1}{2}\left(1+\sqrt{\frac{r+4R}{r}}\right)\left(1-\sqrt{\frac{r}{r+4R}}\right)r$$

(3) 由于此时 A、B 间的电阻器的个数是有限的,我们不能像(2)中那样处理 A、B 间的位置关系,但 A、B 间的电阻也不是简单的串、并联,因此必须另辟蹊径。

方法 1　电流分布法。

如图 11 所示,设想有一电流 I 从 A 点流入,经网络流向无穷远处。由于电路的网络是无穷的,根据电路的对称性,经 A 点流向两侧电阻器 r 的电流相等,设为 I_1,流经 A 点下面的电阻器 R 的电流为 I_1'。该电路可等效为图 12 所示的电路,则

$$2I_1 + I_1' = I$$

$$\frac{I_1'}{I_1} = \frac{r + R'}{R}$$

将 $R' = \dfrac{-r + \sqrt{r^2 + 4rR}}{2}$ 代入后可解得

$$I_1 = \frac{2R}{r + 4R + \sqrt{r^2 + 4rR}} I = \frac{1}{2}\left(1 - \sqrt{\frac{r}{r + 4R}}\right)I$$

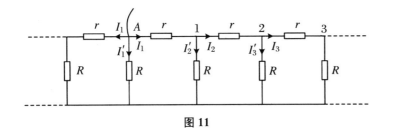
图 11

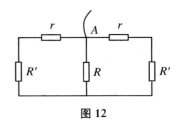
图 12

电流流至节点 1 后,分流为 I_2 和 I_2',此时有

$$I_2 + I_2' = I_1$$

$$\frac{I_2'}{I_2} = \frac{r + R'}{R}$$

解得

$$I_2 = \frac{2R}{r + 2R + \sqrt{r^2 + 4rR}} I_1 = \frac{\sqrt{r^2 + 4rR} - r}{\sqrt{r^2 + 4rR} + r} I_1$$

不妨令 $q = \dfrac{\sqrt{r^2 + 4rR} - r}{\sqrt{r^2 + 4rR} + r} < 1$,则

$$I_2 = qI_1$$

同理可得

$$I_3 = \frac{\sqrt{r^2 + 4rR} - r}{\sqrt{r^2 + 4rR} + r} I_2 = q^2 I_1$$

……

以此类推,有

$$I_n = q^{n-1} I_1$$

第 n 个节点即为 B 点,则 A、B 间的电压为

$$U_{AB}' = (I_1 + I_2 + \cdots + I_{n-1} + I_n)r = \frac{1 - q^n}{1 - q} I_1 r$$

同样,我们可以再设想有一电流 I 从无穷远处经网络流向 B 点,最终从 B 点流出。在

这种情况下，A、B 间各节点间的电流方向与从 A 点流入的情况相同，但大小与从 A 流入时的情况比较是反序排列的，由此可知此时 A、B 间的电压同样为 U'_{AB}。

下面我们考虑将上述两种情况叠加后的情形。由叠加原理易知，此时网络相当于：一电流 I 从 A 流入，从 B 流出，A、B 间各电阻器中的电流即为上述两种情况单独存在时的电流的叠加。于是这时 A、B 间的电压为

$$U_{AB} = 2U'_{AB} = 2 \times \frac{1-q^n}{1-q} I_1 r$$

将 q、I_1 代入，可得

$$U_{AB} = 2 \times \frac{1-\left(\dfrac{2R}{r+2R+\sqrt{r^2+4rR}}\right)^n}{1-\dfrac{2R}{r+2R+\sqrt{r^2+4rR}}} \times \frac{1}{2}\left(1-\sqrt{\dfrac{r}{r+4R}}\right) Ir$$

$$= \frac{1}{2}\left(1+\sqrt{\dfrac{r+4R}{r}}\right)\left(1-\sqrt{\dfrac{r}{r+4R}}\right)\left[1-\left(\dfrac{\sqrt{r^2+4rR}-r}{\sqrt{r^2+4rR}+r}\right)^n\right] Ir$$

因为 A、B 间的电压为 U_{AB}，电路中的电流为 I，所以 A、B 间的电阻为

$$R_3 = \frac{U_{AB}}{I} = \frac{1}{2}\left(1+\sqrt{\dfrac{r+4R}{r}}\right)\left(1-\sqrt{\dfrac{r}{r+4R}}\right)\left[1-\left(\dfrac{\sqrt{r^2+4rR}-r}{\sqrt{r^2+4rR}+r}\right)^n\right] r$$

由上式我们可以得到：

当 $n=1$ 时，$R_3 = R_1$，即情况(1)；

当 $n \to \infty$ 时，$R_3 = R_2$，即情况(2)。

方法 2 电压分配法。

设想在 A 点与无穷远间接入电压 U，相当于在 A 点与图 2 中下面的公共导线间接入电压 U（公共导线相当于接地线），如图 13 所示。由此可知，从 A 点流入网络的电流 I 为

$$I = \frac{U}{R_{AO}}$$

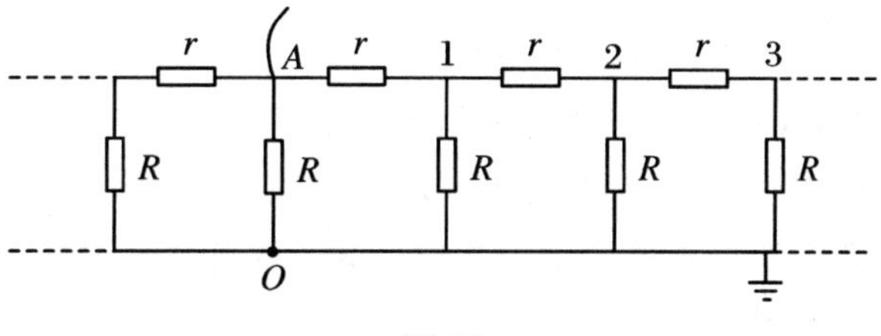

图 13

由(2)可知 $R_{AO} = \dfrac{R_2}{2}$，所以

$$I = U \cdot \frac{\sqrt{r^2+4rR}}{rR}$$

同时，有

$$\frac{U_1}{U} = \frac{U_2}{U_1} = \frac{U_3}{U_2} = \cdots = \frac{R'}{r+R'}$$

由此可得此时 B 点的电势为

$$U_B = U_n = \left(\frac{R'}{r+R'}\right)^n U$$

同理，设想在 B 点与无穷远间接入电压 $-U$，相当于在 B 点与图 2 中下面的公共导线间接入电压 $-U$。由此可知从 B 点流出网络的电流亦为

$$I = U \cdot \frac{\sqrt{r^2+4rR}}{rR}$$

A 点的电势为

$$U_A = -U_n = -\left(\frac{R'}{r+R'}\right)^n U$$

现将上述两种情形进行叠加，则可知有一电流 I 从 A 点流入，从 B 点流出，此时加在 A、B 间的电压为

$$U_{AB} = 2 \times \left[U - \left(\frac{R'}{r+R'}\right)^n U\right] = 2U\left[1 - \left(\frac{R'}{r+R'}\right)^n\right]$$

所以 A、B 间的电阻为

$$R_3 = \frac{U_{AB}}{I} = \frac{2rR}{\sqrt{r^2+4rR}}\left[1 - \left(\frac{R'}{r+R'}\right)^n\right]$$

将 $R' = \dfrac{-r+\sqrt{r^2+4rR}}{2}$ 代入后整理可得

$$R_3 = \frac{2rR}{\sqrt{r^2+4rR}}\left[1 - \left(\frac{\sqrt{r^2+4rR}-r}{\sqrt{r^2+4rR}+r}\right)^n\right]$$
$$= \frac{1}{2}\left(1+\sqrt{\frac{r+4R}{r}}\right)\left(1-\sqrt{\frac{r}{r+4R}}\right)\left[1 - \left(\frac{\sqrt{r^2+4rR}-r}{\sqrt{r^2+4rR}+r}\right)^n\right]r$$

回过头再看本题的解答过程，我们会发现平时所见到的二端无穷网络多与本题引论所讨论的二端网络类似，处理方法大致涉及对称思想、电流分布法及无穷网络的等效变换等。不过，从上述解答过程中，我们还应该注意到以下几个环节：

① 对于结构复杂的电路，我们可先从局部入手，特别是具有代表性的局部电路，其结论可作为推论应用，从而降低整体难度。这一思维方式不仅可用于电路问题，所有复杂的过程问题、模型问题都有可能用到。

② 同一题用不同的方法，体现了答题者不同的思维角度和全面思考问题的能力。在考试中，我们也许不会用多种方法解题，但平时多种方法的解题训练一定会促进思维能力的提高。

③ 由电流分布法派生出的电压分配法是典型的思维方法的延伸，大家如能在实战中进行类似的延伸，能力必不一般。

④ 在求解问题(2)时，很多同学固执地认为 A、B 间的电阻由两个 R' 串联而成，这说明

对二端网络结构的认识存在误解。当然,这也说明对"无穷"的理解没有到位。有了问题,同学们就应该寻找解决的方法与途径,而能不满足于纠正错误才是我们平时对待问题应有的态度。

题 137 自相似电路

图 1 所示为一金属框架,此框架是用同种均匀的细金属丝制作的,其单位长度的电阻为 ρ。一连串内接等边三角形的数目可认为趋向无穷。取 AB 边长为 a,以下每个三角形的边长依次减少一半。试求框架上 A、B 两点间的电阻 R_{AB}。

【解析】 本题的电路结构是一个典型的自相似结构。

所谓自相似结构,我们可以从图 2 所示的画面来理解:这幅画的特别之处在于,它给我们的感觉是画中套画,一直无穷地套下去。我们首先看到的是:在画板的右边有一个女孩,她正在提笔作画(这是第一个女孩)。其次看到女孩画的是她自己正在绘画的情形。所以她的画中有一位和她一模一样的女孩(这是第二个女孩)……这样的画面一直向里延伸,这显然是无穷的。在绘制一幅图形的过程中,如果下一步产生的图形总是与上一步的图形相似,那么这种现象就称为自相似。

事实上,上一题所涉及的无穷网络同样包含了自相似结构。

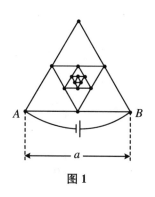

图 1

图 2

对于本题,我们先从对称性考虑,原来大三角形内的小三角形与 AB 中点的连接点可以断开,并不影响电路各电阻中的电流,亦即不影响电路的电阻。再将外大三角形内嵌的小三角形取出与原三角形比较,如图 3 所示。从电路图的结构看上去,内嵌的内三角形也是由无数层三角形构成的,这构成了自相似图形。所以,原来的电路可以用图 4 所示的等效电路来代替,只是内三角形与外三角形相比,内三角形每一层的边长是外三角形对应的边长的 $\frac{1}{2}$,而电阻与导线的长度成线性关系,因此有

$$R_{CD} = R_x = \frac{R_{AB}}{2}$$

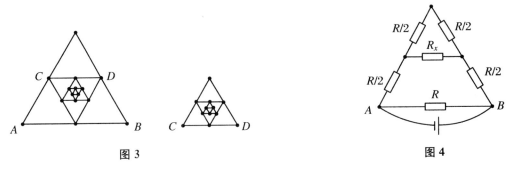

图 3　　　　　　　　　　　　　图 4

而 $R = a\rho$。简化后的电路由导体串联和并联组成。我们得到所求量 R_x 的方程为

$$R_{AB} = R\left(R + \frac{R \cdot R_x}{R + R_x}\right)\left(R + R + \frac{R \cdot R_x}{R + R_x}\right)^{-1}$$

已知 $R_{AB} = 2R_x$，解上述方程，得到

$$R_{AB} = \frac{\sqrt{7}-1}{3}R = \frac{\sqrt{7}-1}{3}a\rho$$

电路结构中有自相似问题，在其他领域也有自相似问题，深入了解这一结构的特征，不仅能简化问题，更能深入地认识事物的本质，找到相应的规律与结构属性。

物理学中的自相似与分形问题涉及的内容非常广泛，大家不妨查阅相关的资料。

题 138　复杂电路的计算

图 1 所示的电阻丝网络含有 $N \geqslant 3$ 个正方形，网络中每一小段的电阻均为 R，试求 A、B 间的等效电阻 R_{AB}。

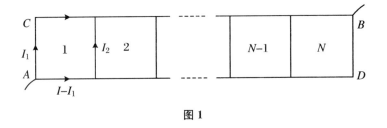

图 1

【解析】　目测该电路的处理方式肯定非同一般：首先，该电路并不是由电阻间基本的串、并联构成的，无法通过简单的串、并联进行等效简化；其次，该电路并不是无穷电路，处理二端无穷网络电路的方法失效；再次，理论上进行 △-Y 变换可解决问题，但对于 N 不确定或很大的情况，这一方法显然不可行。我们还是从电流的分布入手吧。

设有一电流 I 从 A 端流入，从 B 端流出。由于每一个正方形上、下两条边中的电流之和均为 I，故有

$$U_{AD} + U_{CB} = IR + IR + \cdots + IR = NIR$$

由电路的对称性知 $U_{AD} = U_{CB}$，所以

$$U_{CB} = \frac{1}{2}NIR$$

$$U_{AB} = I_1 R + U_{CB} = \left(I_1 + \frac{1}{2}NI\right)R$$

$$R_{AB} = \frac{U_{AB}}{I} = \left(\frac{I_1}{I} + \frac{1}{2}N\right)R$$

于是，问题转化为求 $\dfrac{I_1}{I}$，这需要我们推出 I_1 与 I 之间的关系。

现取某一小节电流分布，如图 2 所示，$2 \leqslant k \leqslant N-1$。对这一部分运用基尔霍夫定律，有

$$I'_{k-1} + I_k = I'_k, \quad I''_{k-1} = I_k + I''_k$$

$$I_{k-1}R + I'_{k-1}R = I''_{k-1}R + I_k R, \quad I_k R + I'_k R = I''_k R + I_{k+1}R$$

联立解得

$$I_{k+1} - 4I_k + I_{k-1} = 0$$

上式表明，电路中在正方形竖直边上的电流大小构成二阶常系数齐次线性递归数列，它的特征方程为

$$x^2 - 4x + 1 = 0$$

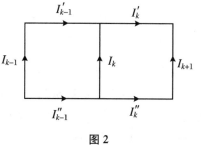

图 2

这一方程的两个根为

$$\alpha = 2 + \sqrt{3}, \quad \beta = 2 - \sqrt{3}$$

则有

$$I_k = A(2 + \sqrt{3})^k + B(2 - \sqrt{3})^k$$

式中 A、B 为待定系数。

我们对第一个正方形运用基尔霍夫定律，有

$$I_1 R + I_1 R = (I - I_1)R + I_2 R$$

得

$$\frac{I_1}{I} = \frac{1}{3 - \dfrac{I_2}{I_1}}$$

于是，问题又转化为求 $\dfrac{I_2}{I_1}$。

考虑到网络的边界特征，有 $I_1 = I_{N+1}$，即

$$A(2+\sqrt{3}) + B(2-\sqrt{3}) = A(2+\sqrt{3})^{N+1} + B(2-\sqrt{3})^{N+1}$$

所以

$$\frac{A}{B} = \frac{(2-\sqrt{3})^{N+1} - (2-\sqrt{3})}{(2+\sqrt{3}) - (2+\sqrt{3})^{N+1}}$$

又 $I_2 = A(2+\sqrt{3})^2 + B(2-\sqrt{3})^2$，所以

$$\frac{I_2}{I_1} = \frac{A(2+\sqrt{3})^2 + B(2-\sqrt{3})^2}{A(2+\sqrt{3}) + B(2-\sqrt{3})} = \frac{\frac{A}{B}(2+\sqrt{3})^2 + (2-\sqrt{3})^2}{\frac{A}{B}(2+\sqrt{3}) + (2-\sqrt{3})}$$

代入 $\frac{A}{B}$ 并化简,得

$$\frac{I_2}{I_1} = \frac{(2+\sqrt{3})^{N-1} - (2-\sqrt{3})^{N-1} + 2\sqrt{3}}{(2+\sqrt{3})^N - (2-\sqrt{3})^N}$$

从而得

$$\frac{I_1}{I} = \frac{1}{3 - \frac{I_2}{I_1}} = \frac{1}{3 - \frac{(2+\sqrt{3})^{N-1} - (2-\sqrt{3})^{N+1} + 2\sqrt{3}}{(2+\sqrt{3})^N - (2-\sqrt{3})^N}}$$

因此

$$R_{AB} = \left[\frac{1}{2}N + \frac{1}{3 - \frac{(2+\sqrt{3})^{N-1} - (2-\sqrt{3})^{N-1} + 2\sqrt{3}}{(2+\sqrt{3})^N - (2-\sqrt{3})^N}}\right]R$$

解完此题,或许有人会感叹:这哪里是物理试题,分明是数学试题嘛!其实,这种想法并不是没有道理,只是数理从来不分家,物理离不开数学。随着学习的深入,数学运算在物理问题处理中的作用会显得越来越重要。也许有人会感叹自己对本题所涉及的二阶常系数齐次线性递归数列根本就不熟悉,而且这似乎也不是高中数学中的内容。本书很多习题都有这样的一个功能,就是提示大家:当你遇到了不熟悉的知识(包括物理的与数学的)时,你就应该主动地学习相关的内容,弥补自身的缺陷,做到有备无患。

递推在物理竞赛中是一个高频的考点,它与数列知识的应用密不可分。学习物理竞赛的同学必须全面而系统地学习相关的数学知识。

题 139 电路问题中整体法与隔离法的应用

在图 1 所示的网络中,仅知道部分支路上的电流值及其方向、某些元件参数和支路交点的电势值(有关数值及参数已标在图上),请你利用所给的数值及参数求出含有电阻 R_x 的支路上的电流值 I_x 及其方向。

【解析】 对于复杂的网络,原则上可以用基尔霍夫定律完成求解。而对于本题,如果运用基尔霍夫定律,则至少存在两方面的障碍:一方面电路的网格与节点数都较多,这必然会带来大量的方程(若电路中有 m 个网格、n 个节点,则要产生 $m+n-1$ 个独立方程),造成求解困难;另一方面,有诸多电阻、电源的参数是未知的,即便列出了全部方程,其结果可能仍然是无解的。

我们先来看看解答的方式。

首先,我们将基尔霍夫定律中的节点定律在直流电路中作如下的推广:若在电路中作一包含若干支路的圈,将圈从整体电路中隔离出来,则不难得到,流入闭合圈的电流值等于流出的电流值。所以,我们在题目所给定的电路中,作一与待求电流值所在支路相截的闭合圈,若被该圈所截的其他支路的电流值都已知,则待求支路的电流值就可以求得。

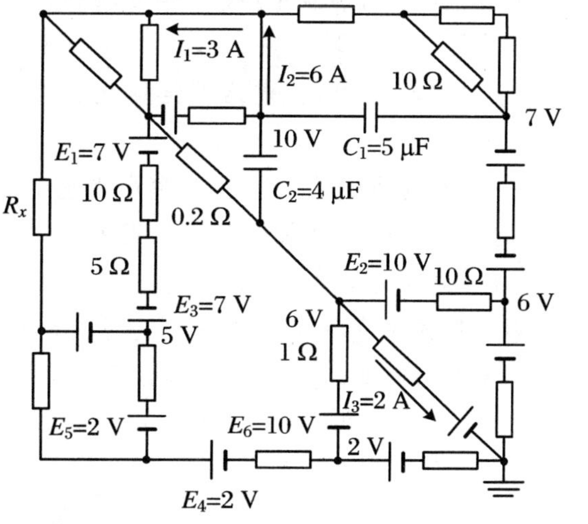

根据上述原则,我们在图 1 中作一圈 S,被它所截的各支路 I_a、I_d、I_e 和 I_x 均如图 2 所示。待求支路中的电流 I_a、I_b、I_c、I_d、I_e 和 I_x 的方向亦如图 2 中所设。各支路的电流值计算如下:

对支路交点 Q,有
$$I_a = I_2 - I_1 = 3 \text{ A}$$

图 1

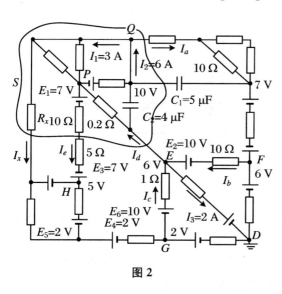

图 2

为了求得 I_d,考察含源支路 FE,有
$$U_E - U_F = E_2 - I_b \cdot 10$$
得 $I_b = 1 \text{ A}$。

为了求得 I_c,考察含源支路 EG,有
$$U_E - U_G = E_6 - I_c \cdot 1$$
得 $I_c = 6 \text{ A}$。

对支路交点 E,有
$$I_d = I_b + I_c - I_3 = 5 \text{ A}$$

为了求得 I_e,先考察 P 点的电势 U_P,由
$$U_E - U_P = I_d \cdot 0.2 \text{ Ω} = 1 \text{ V}$$
得 $U_P = 5 \text{ V}$。

对含源支路 PH,有
$$U_H - U_P = (E_3 - E_1) - I_e \cdot (5 + 10) \text{ Ω}$$
得 $I_e = 0 \text{ A}$。

因而对闭合圈 S,有
$$I_x = I_d - I_e - I_a = (5 - 0 - 3) \text{ A} = 2 \text{ A}$$
方向向下。

解答本题时作出图 2 所示的圈,可以说是神来之笔。

在日常的学习过程中,我们都是以节点为对象来研究电路中相关支路的电流关系的。但对于本题 I_x 的计算,这一方式显然是失效的。若答题者能在考试中将节点定律作上述推广,则表明答题者对直流电路的结构及性质的认识是深刻的,规律延伸与拓展的能力是很强的。

另外,在前面提供的解答中,答题者也十分敏感地注意到图 1 中给出的节点 E 与 F、E 与 G 的电势关系,巧妙地避开基尔霍夫定律中的回路定律,而选用部分含源电路的欧姆定律,从而得到相关支路的电流值。

我们应该清楚,物理竞赛比拼的不仅是知识,更是能力。在解答问题的过程中,选取的研究对象是否合理,是否能灵活应用现存的规律,都是答题者能力的体现。

题 140 倍压电路的分析与计算

在图 1 所示的二极管电路中从 A 端输入图 2 所示的电压。假设各电容器最初都没有充电。

（1）试画出 B、D 两点在三个周期内的电势变化。

（2）将二极管当作理想开关,B 点电势的极限是多少？

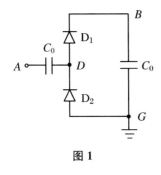

图 1

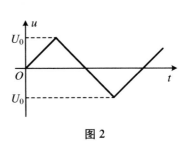

图 2

【解析】 本题是含二极管非线性电路的动态分析问题,这类问题几乎对所有的竞赛生而言都是难点。

通常情况下,对于具有单向导电性的理想二极管,截止等同于断路,导通等同于短路。在图 1 所示的电路中,二极管 D_1、D_2 的导通与否取决于 A、B、D 各点电势的高低。在 A 点输入图 2 所示的电压 u 后,二极管的通断使得电路呈现图 3～图 5 所示的三种情况,我们将其分别记为 α、β、γ。下面我们来分析 B、D 两点在最初的三个周期内

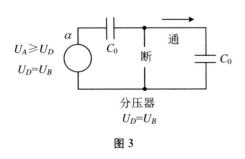

图 3

的电压变化,并用图 6 来呈现 A、B、D 三点的电势变化。

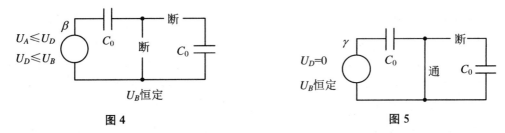

图 4   图 5

(1) 在第一个 1/4 周期内,U_A 增加,$U_A > U_D > 0$,因此二极管 D_2 截止;B、G 间的电容 C_0 保持充电状态,则 $U_{DB} \geq 0$ 使二极管 D_1 保持导通。这一过程的等效电路如图 3 所示。在此阶段 $U_D = U_B = U_A/2$,充电结束时 $U_D = U_B = U_0/2$,A、B、D 各点的电势变化如图 6 中的第一个 α 段。

然后,U_A 开始减小,必然导致 $U_D = U_A - U_{AD}$ 减小,不过在最初阶段 U_D 仍然大于零,因此 D_2 依然截止,U_{AD} 保持不变,U_D 线性地减小直到 $U_D = 0$。这一过程的等效电路如图 4 所示。在这一阶段 B、G 间的电容器 C_0 不存在放电的可能,故 U_{BG} 保持不变,不过 U_D 正在逐渐减小,所以 D_1 截止,$U_B = U_0/2$ 保持不变,A、B、D 各点的电势变化如图 6 中的第一个 β 段。

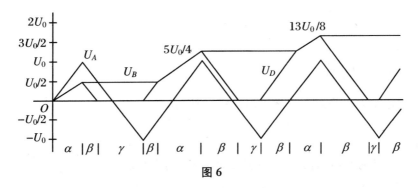

图 6

不过,由于 D_2 导通,$U_D < 0$ 是不可能的,所以 $U_D = 0$ 维持至 $U_A = -U_0$,在此阶段,A、D 间的电容器 C_0 被充电至 $U_{DA} = U_0$。这一过程的等效电路如图 5 所示,A、B、D 各点的电势变化如图 6 中的第一个 γ 段。

接下来 U_A 又从 $-U_0$ 开始增加,然后 A、D 间的电容器 C_0 并不能放电,U_{AD} 保持为 $-U_0$ 不变(电路再次处于 β 阶段),故 D 点的电势开始上升,而 $U_B > U_D$ 停留在 $U_0/2$,直到 U_D 升至 U_B。当 $U_D = U_B$ 时 β 阶段结束。

而后新的 α 阶段又开始了。再重复前面的分析与计算过程,可以得到图 6 所示的后面 A、B、D 各点的电势变化图。

(2) 从图 6 中可以看出,B 点的电势每个周期均按照 α-β-γ-β 的次序变化,但是电路并不是随时间周期变化的。但 U_B 的大小等比地趋近于 $2U_0$,即是说 $2U_0 - U_B = \dfrac{3}{2}U_0, \dfrac{3}{4}U_0$,

$\frac{3}{8}U_0, \frac{3}{16}U_0, \cdots \to 0$。所以，$B$ 点电势的极限是 $2U_0$。

这个电路称为电压倍增器。

本题实质上是多过程、多对象、多物理量的分析与计算。对于由不同阶段拼接起来的此类问题（不限于电路问题），我们除了老老实实地根据某个物理量或随时间或随位置的变化，一步一步地按照相应的规律进行分析与计算，或者说严格地执行程序，老老实实地跟着过程走，似乎没有其他捷径可走。

就本题而言，虽然输入电压是周期性的，二极管的通断变化也是周期性的，但每个周期中物理量的变化并不是相同的。上述解答只给出了一个周期的分析与计算，对后续的分析与计算一笔带过。但在实际的考试中，我们无法做到这一点。每个阶段分析的条件不相同，而且考虑的对象也很多，因此必然会消耗大量的时间进行重复性的分析工作，而问题(2)更要求考生能从电压的变化中看到规律，很多考生无法从前三个周期的电压变化中看出规律，这又逼着他们进行更多周期的分析与计算，从而消耗更多的时间，以至于考生根本无法在规定的时间内完成解答。

非线性电路的动态分析一直都是竞赛学习的难点，但又是考试的热点。这类过程的分析非常枯燥与繁杂，但能否迅速地解答此类问题也体现了考生能力的高低。因此，竞赛生在日常的学习过程中应加强此类试题的训练。

题 141　电流的磁场

将一载有电流 I 的导线弯成椭圆形，椭圆的方程为

$$\frac{x^2}{a^2} + \frac{y^2}{b^2} = 1 \quad (a > b)$$

如图 1 所示。试求电流在椭圆中心 O 产生的磁感应强度 B_0。

提示：

$$E = \int_0^{\pi/2} \sqrt{1 - e^2 \sin^2 \psi}\, \mathrm{d}\psi = \frac{\pi}{2}\left[1 - \left(\frac{1}{2}\right)^2 e^2 - \left(\frac{1 \times 3}{2 \times 4}\right)^2 \frac{e^4}{3} - \left(\frac{1 \times 3 \times 5}{2 \times 4 \times 6}\right)^2 \frac{e^6}{5} - \cdots\right]$$

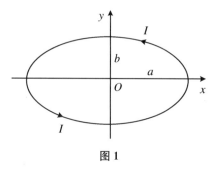

图 1

【解析】　对电流磁场，在满足对称性的前提下，我们通常采用安培环路定理 $\oint_L \boldsymbol{B} \cdot \mathrm{d}\boldsymbol{l} = \mu_0 \sum_L I$ 进行计算，如无限长直线电流、无限长通电螺线管、无限大平面电流等；对于一般的电流，需要用毕奥-萨伐尔定律 $\mathrm{d}\boldsymbol{B} = \frac{\mu_0 I \mathrm{d}\boldsymbol{l} \times \boldsymbol{r}}{4\pi r^3}$ 进行计算，但毕奥-萨伐尔定律是针对电流元产生的磁场的，因此，要计算全电流的磁场，就必须用到积分了。

虽然竞赛大纲对微积分的应用作了要求,但学生对其缺乏系统的学习与训练,出错的概率较大,特别是在微元的选取、积分区间的确定上。

关于电流磁场的计算,由于导线可弯曲成各种形状,各种二次曲线形状的电流及相应的积分都有可能出现在此类试题中。这就不仅要求答题者能在直角坐标系和极坐标系下熟练地描述二次曲线的性质,还能应用积分。

本题的解答如下:

根据毕奥-萨伐尔定律,椭圆上的电流元 $I\mathrm{d}\boldsymbol{l}$ 在椭圆中心 O 产生的磁感应强度为

$$\mathrm{d}\boldsymbol{B}_0 = \frac{\mu_0 I \mathrm{d}\boldsymbol{l} \times \boldsymbol{r}}{4\pi r^3} \quad ①$$

式中 $\boldsymbol{r}$ 是从电流元 $I\mathrm{d}\boldsymbol{l}$ 到 O 的矢量,且

$$\mathrm{d}\boldsymbol{l} \times \boldsymbol{r} = (\mathrm{d}l) r \sin\varphi \, \boldsymbol{e}_1 \quad ②$$

式中 $\boldsymbol{e}_1$ 为垂直于纸面向外的单位矢量。由图2可知

$$(\mathrm{d}l)\sin\varphi = r\mathrm{d}\theta \quad ③$$

将②③式代入①式便得

$$\mathrm{d}\boldsymbol{B}_0 = \frac{\mu_0 I}{4\pi} \frac{\mathrm{d}\theta}{r} \boldsymbol{e}_1 \quad ④$$

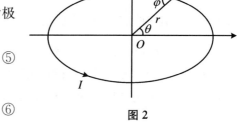

图 2

为了积分,换成用极坐标表示,以椭圆中心 O 为极点、x 轴为极轴,如图2所示,便有

$$x = r\cos\theta, \quad y = r\sin\theta \quad ⑤$$

代入椭圆方程

$$\frac{x^2}{a^2} + \frac{y^2}{b^2} = 1 \quad ⑥$$

得

$$\frac{1}{r} = \frac{1}{ab}\sqrt{b^2\cos^2\theta + a^2\sin^2\theta} \quad ⑦$$

代入④式得所求的磁感应强度为

$$\boldsymbol{B}_0 = \frac{\mu_0 I}{4\pi ab} \int_0^{2\pi} \sqrt{b^2\cos^2\theta + a^2\sin^2\theta}\,\mathrm{d}\theta\,\boldsymbol{e}_1 \quad ⑧$$

这个积分是一种椭圆积分,为了化成标准形式,作如下变换:

$$\psi = \theta + \frac{\pi}{2} \quad ⑨$$

所以

$$b^2\cos^2\theta + a^2\sin^2\theta = b^2\sin^2\psi + a^2\cos^2\psi = a^2 - (a^2 - b^2)\sin^2\psi \quad ⑩$$

代入⑧式,结合 $\sqrt{a^2-(a^2-b^2)\sin^2\psi}$ 是 ψ 的以 π 为周期的函数,便得

$$\boldsymbol{B}_0 = \frac{\mu_0 I}{4\pi ab}\int_{\pi/2}^{2\pi+\pi/2}\sqrt{a^2-(a^2-b^2)\sin^2\psi}\,\mathrm{d}\psi\,\boldsymbol{e}_1$$

$$= \frac{\mu_0 I}{4\pi ab}\int_0^{2\pi}\sqrt{a^2-(a^2-b^2)\sin^2\psi}\,\mathrm{d}\psi\,\boldsymbol{e}_1$$

$$= \frac{\mu_0 I}{4\pi b} \int_0^{2\pi} \sqrt{1 - \frac{a^2-b^2}{a^2} \sin^2\psi}\, d\psi\, e_1$$

$$= \frac{\mu_0 I}{\pi b} \int_0^{\pi/2} \sqrt{1 - e^2 \sin^2\psi}\, d\psi\, e_1 \qquad ⑪$$

式中 $e = \sqrt{\dfrac{a^2-b^2}{a^2}}$ 是椭圆的偏心率。利用题中的提示，得所求的磁感应强度为

$$B_0 = \frac{\mu_0 EI}{\pi b} e_1$$

从上面的解答过程我们不难发现，整个积分过程涉及矢量的运算、电流元与积分变量之间的转换、积分区间的确定等，任何一点失误，便会前功尽弃。要将⑧式向⑪式过渡，答题者必须深刻理解椭圆的性质并能熟练应用椭圆积分，否则不可能有此转换，也就得不到提示给出的积分公式，便无法达到最终目的。

我们应该清楚，微积分的应用并不只是记住几个积分公式，而且在具体的应用中，命题人往往会给出相应的积分公式，重要的是正确地选取微元、积分变量及积分区间。

题 142 V 形电流的磁场

安培的磁性起源假说揭示了磁现象的本质，作为一例，我们计算载流导线产生的磁场 B，并与早先由毕奥和萨伐尔提出的假设作比较。

假设长直细导线通过稳恒电流 i，并被弯成 V 形，半张角为 α（用弧度表示），如图 1 所示。

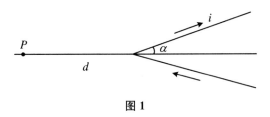

图 1

按照安培的计算，在 V 形导线包围面以外对称轴上的 P 点（P 点与 V 形顶点的距离为 d）的磁感应强度 B 的大小正比于 $\tan\dfrac{\alpha}{2}$。安培的研究被总结到麦克斯韦电磁理论中而被普遍接受。

用我们现有的电磁学知识，解答下列问题：

(1) 求出 P 点磁感应强度 B 的方向。

(2) 已知 $|B(P)| = k\tan\dfrac{\alpha}{2}$，计算式中的比例系数 k。

(3) P^* 点在对称轴上，是 P 点关于顶点对称的点（在 V 形内，与顶点的距离亦为 d），如

图 2 所示。计算 P^* 点的磁感应强度 B。

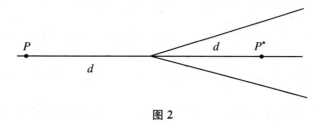

图 2

(4) 为测量磁场,在 P 点放置一个细长的小磁针,其磁矩为 μ,转动惯量为 I。它在包含 B 的方向的平面内绕固定轴振动,求小磁针的振动周期与 B 的函数关系。

同样的问题下,毕奥和萨伐尔却认为 P 点的磁感应强度为 $B(P) = \dfrac{i\mu_0 \alpha}{\pi^2 d}$,其中 μ_0 为真空磁导率(这里我们引用了现代的表示法)。实际上,他们想要通过测量小磁针的振动周期和 V 形导线半张角 α 的函数关系,在安培与毕奥-萨伐尔两种解释中作出取舍。然而,对于某些 α 值,这种差别太小,很难测量。

(5) 要在实验上区分 P 点小磁针振动周期 T 的两种预测,我们至少需要 10% 的差别,即 $T_1 \geqslant 1.10 T_2$ (T_1 为安培的预测,T_2 为毕奥-萨伐尔的预测),试问:V 形导线的半张角 α 近似在什么范围内才能做到这一点?

可用的公式:

$$\tan \frac{\alpha}{2} = \frac{\sin \alpha}{1 + \cos \alpha} = \frac{1 - \cos \alpha}{\sin \alpha}$$

【解析】 学习的过程不仅仅是知识的积累过程,也是科学研究方法的应用过程。而且,后者较之前者于人类的发展更为重要。但现行的教材多是对知识结构进行了必要的呈现,而对知识的阐述相对少一些,这就需要我们在课外涉猎相关的文献,从中学习科学家们的研究方法,从而提高我们的科学素养。本题即是以安培、毕奥和萨伐尔等人对磁感应强度的研究为背景,系统地说明了他们在研究 V 形电流外的磁感应强度时从猜测到验证的全过程。题目要求我们运用现有的知识解答问题,即使不能全部复原原有的研究情境,也能让我们清晰地看到他们的研究脉络。

(1) V 形线的每条边对磁感应强度 B 的贡献,其方向与相应的无限长直导线的一样(电流方向如图 3 所示)。假如取导线所在平面为 xy 平面,则磁场是垂直于此平面的。在右手坐标系里,$B(P)$ 沿正 z 方向,由于对称性,总场强是每条边提供的场强的两倍,方向不变。

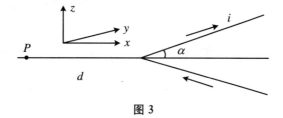

图 3

如果电流反向,则磁感应强度的方向也反向。

(2) 考虑到 V 形电流外的 P 点的磁场也是由直线电流产生的,并已知直线电流 i 在相距 r 处产生的磁场为 $B = \dfrac{\mu_0 i}{2\pi r}$,式中 μ_0 为真空中的磁导率,我们以此切入解题。

方法 1 当 $\alpha = \dfrac{\pi}{2}$ 时,V 形导线变为无限长直导线,此时 $B(P)$ 的大小应为 $B = \dfrac{\mu_0 i}{2\pi r} = \dfrac{\mu_0 i}{2\pi d}$,因为 $\tan\dfrac{\pi}{4} = 1$,所以对比式子 $|B(P)| = k\tan\dfrac{\alpha}{2}$ 可知比例系数 $k = \dfrac{\mu_0 i}{2\pi d}$。

方法 2 如果我们知道,一段载流 i 的有限长直导线在相距 r 的 P 点产生的磁场为 $B = \dfrac{\mu_0 i}{4\pi r}(\cos\theta_1 - \cos\theta_2)$,其中 θ_1、θ_2 为从 P 看导线两端的角度,即有 $r = d\sin\alpha$,$\theta_1 = 0$,$\theta_2 = \alpha$,则 V 形导线每边产生的磁场的磁感应强度是

$$B(P) = 2 \times \dfrac{\mu_0 i}{4\pi d} \dfrac{1 - \cos\alpha}{\sin\alpha} = \dfrac{\mu_0 i}{2\pi d}\tan\dfrac{\alpha}{2}$$

同样有

$$k = \dfrac{\mu_0 i}{2\pi d}$$

其实,我们也可以先完成问题(3)的解答,再回头来确定 k 的表达式。

(3) 我们同样给出两种方法。

方法 1 为计算 $B(P^*)$,可将 V 形导线延伸为两条交叉的无限长直导线(如图 4 中的 a 和 b),加上了另一个对称的 V 形导线(在图 4 上记为 V'),流过大小相同而方向相反的电流 i。

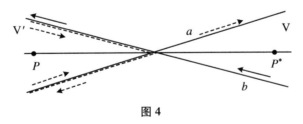

图 4

于是有

$$\boldsymbol{B}(P^*) = \boldsymbol{B}_a(P^*) + \boldsymbol{B}_b(P^*) + \boldsymbol{B}_{V'}(P^*)$$

各个量的大小分别为

$$B_a(P^*) = B_b(P^*) = \dfrac{\mu_0 i}{2\pi d\sin\alpha}$$

沿负 z 方向;

$$B_{V'}(P^*) = \dfrac{\mu_0 i}{2\pi d}\tan\dfrac{\alpha}{2}$$

沿正 z 方向。

因此,我们有

$$B(P^*) = \frac{\mu_0 i}{2\pi d}\left(\frac{2}{\sin\alpha} - \tan\frac{\alpha}{2}\right) = k\frac{1+\cos\alpha}{\sin\alpha} = k\cot\frac{\alpha}{2}$$

沿负 z 方向。

方法 2 半张角为 α 的 V 形内的点 P 可当作半张角为 $\pi - \alpha$、载有大小相同而方向相反的电流的 V 形导线外的点，于是磁场为

$$B(P^*) = k\tan\frac{\pi-\alpha}{2} = k\cot\frac{\alpha}{2}$$

方向沿负 z 方向，因为电流反向了。

利用图 4，再结合问题(3)的解答，我们很容易得到问题(2)中的 k。

(4) 作用在置于 P 处的小磁针上的力矩为 $\boldsymbol{M} = \boldsymbol{\mu} \times \boldsymbol{B}$。如果小磁针偏离平衡位置一个小角 β，则可用近似关系式 $\sin\beta\approx\beta$。根据角动量定理，有

$$M = -\mu B\beta = \frac{\mathrm{d}L}{\mathrm{d}t} = I\frac{\mathrm{d}^2\beta}{\mathrm{d}t^2}$$

式中的负号表明力矩总是阻碍小磁针偏离平衡位置。

由上式可知小磁针的振动周期为

$$T = 2\pi\sqrt{\frac{I}{\mu B}}$$

在物理竞赛中，磁矩是边缘知识点，常见的有环形电流的磁矩。但我们不能忽视磁体的磁矩的存在与应用。

(5) 显然，他们希望通过测量小磁针的振动周期 T 来确定 P 点的场强 $B = k\tan\frac{\alpha}{2}$ 与 $B = k\alpha$ 中哪个是正确的。于是，我们需要先确定周期与 α 之间的关系。

我们用下标 A 记基于安培解释的计算结果；用下标 BS 记基于毕奥-萨伐尔假说的计算结果，则有

$$B_{\mathrm{A}} = \frac{\mu_0 i}{2\pi d}\tan\frac{\alpha}{2}, \quad T_{\mathrm{A}} = 2\pi\sqrt{\frac{2\pi I d}{\mu_0 \mu i \tan\frac{\alpha}{2}}}$$

$$B_{\mathrm{BS}} = \frac{i\mu_0 \alpha}{\pi^2 d}, \quad T_{\mathrm{BS}} = 2\pi\sqrt{\frac{\pi^2 I d}{\mu_0 \mu i \alpha}}$$

所以

$$\frac{T_{\mathrm{A}}}{T_{\mathrm{BS}}} = \sqrt{\frac{2\alpha}{\pi\tan\frac{\alpha}{2}}}$$

当 $\alpha = \frac{\pi}{2}$（最大可能值）时，$T_{\mathrm{A}} = T_{\mathrm{BS}}$；当 $\alpha \to 0$ 时，$T_{\mathrm{A}} \to \frac{2}{\sqrt{\pi}}T_{\mathrm{BS}} \approx 1.128 T_{\mathrm{BS}}$。

在 $\alpha < \frac{\pi}{2}$ 范围内，$\frac{\tan(\alpha/2)}{\alpha/2}$ 是 α 的单调增函数，因此 $\frac{T_{\mathrm{A}}}{T_{\mathrm{BS}}}$ 是 α 的单调减函数。当 α 等于某一值 α_0 时 $T_{\mathrm{A}} = 1.10 T_{\mathrm{BS}}$（10% 的差别），即

$$\tan\frac{\alpha_0}{2} = \frac{2\alpha_0}{1.21\pi} \approx \frac{1.05\alpha_0}{2}$$

则当 α 大于 α_0 时,用实验就无法区分这两种解释。

查三角函数表或利用计算器,$\alpha_0 = 0.77$ rad$\approx 44°$,因此 α 的范围为 $44° \geqslant \alpha > 0$。

求解超越方程 $\tan\frac{\alpha_0}{2} = \frac{2\alpha_0}{1.21\pi}$ 时,基于考试中能使用计算器的规定,我们肯定会用计算器得到结果,但在日常训练中需要掌握通过图像求解的方法。

对于本题,我们还作一点补充说明,物理研究的过程中少不了具体的测量,而直接测量的对象是长度、质量、时间、温度、电流、电压等基本量,对其他量的测量是间接测量,所以我们面对的问题是寻找直接测量量与间接测量量之间的关系,或者说如何用直接测量量来表示间接测量量。这是解答物理问题潜在的一条思路。

题 143　网络电流的磁力矩

如图 1 所示,两平面 α、β 构成二面角 θ,现有一匀强磁场 B,大小为 B,方向平行于平面 α,且与 α、β 的交线垂直。在平面 β 内有一 $n \times m$ 的矩形电阻网络,如图 2 所示,其全部的竖边平行于 α、β 的交线,全部的横边则与之垂直,且小矩形每边的长均为 L,电阻为 r,有恒定的电流 I 从网络端点 B 流入,从 C 流出。

(1) 求矩形网络所受磁场力的大小;

(2) 此网络所受安培力的力矩相对于 A 点为多大?给出在 $\theta = 30°$,$n \times m = 4 \times 6$ 时力矩的大小。

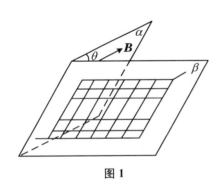

图 1

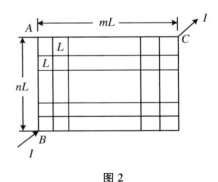

图 2

【解析】　本题中,从模型结构方面看,既有难度较大的空间结构特点,也有较为复杂的网络结构电路;从考查的知识方面看,有安培力及力矩的计算。

当电流从网端 B 流入、从网端 C 流出时,网络的每一小边中都有电流。这些小边所受力的矢量和便是整个网络的受力。但显然我们无法求出每个小边中的电流大小,只能考虑从整体与对称的角度对网络进行处理,再行计算。

(1) **方法 1** 我们依据网络建立如图 3 所示的坐标系,且将网络横边的电流设为 $i_{jk}(j=1\sim n+1,k=1\sim m)$,纵边的电流设为 $I_{jk}(j=1\sim m+1,k=1\sim n)$。图 3 所示为 $n\times m=4\times 6$ 的情形。

我们先考虑竖边,在图 3 中,由对称性知

$$I_{11}=I_{74},\quad I_{12}=I_{73},\quad I_{21}=I_{64},\quad \cdots$$

得

$$I_{jk}=I_{8-j,5-k}$$

再考虑 $n\times m$ 的网络,有

$$I_{jk}=I_{m+j-2,n-k+1}$$

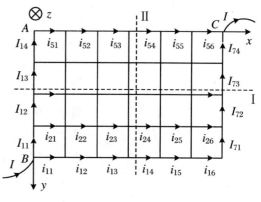

图 3

又 $\boldsymbol{F}=I\boldsymbol{L}\times\boldsymbol{B}$,所以有 $\boldsymbol{f}_{jk}=\boldsymbol{f}_{m+j-2,n-k+1}$,这是一对大小相等、彼此平行的作用力。根据平行力的合成特点并结合对称性,这一对作用力的合力作用线过网络的中心点。而整个网络中,这样的平行力是成对出现的,所以所有竖边的电流所受到的作用力的合力作用线必定通过网络的中心点。

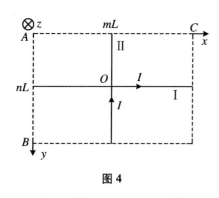

图 4

另一方面,我们考察图 3 中 k 值相同的任一组电流,如虚线 I 截出的一组电流,有 $\sum_{j=1}^{m+1}I_{jk}=I$,这些边所受到的合力为 $\boldsymbol{f}_k=I\boldsymbol{L}\times\boldsymbol{B}$,于是所有竖边的电流所受到的作用力等同于图 4 中电流 II 所受到的安培力,即

$$\boldsymbol{F}_{\text{II}}=I(n\boldsymbol{L})\times\boldsymbol{B}$$

将 $I\boldsymbol{L}=-IL\boldsymbol{j}$,$\boldsymbol{B}=B(\cos\theta\boldsymbol{i}+\sin\theta\boldsymbol{k})$ 代入,得

$$\boldsymbol{F}_{\text{II}}=nILB(\sin\theta\boldsymbol{i}+\cos\theta\boldsymbol{k})$$

同理,所有横边的受力作用线也过图 4 中的 O 点,力可通过图 4 中的电流 I 来求得,即

$$\boldsymbol{F}_{\text{I}}=mILB\sin\theta\boldsymbol{j}$$

所以,整个网络的受力为

$$F=\sqrt{F_{\text{I}}^2+F_{\text{II}}^2}=ILB\sqrt{(n\sin\theta)^2+(n\cos\theta)^2+m^2\sin^2\theta}$$
$$=ILB\sqrt{n^2+m^2\sin^2\theta}$$

在上述解答中,有一点还必须说明,k 值相同的竖边所受到的安培力的合力并不在图 4 中电流 II 上的对应位置,但这并不影响我们通过电流 II 来求解所有竖边的受力。因为在网络中必有一组电流与其关于网络的中心点 O 对称,所以考虑到整体的对称性,所有竖边的受力正是电流 II 的受力。

上述解答本质上是我们对每一段电流的受力求和而得到的结果。我们也可以将整个网

方法 2 为了整体考虑网络的受力,我们先证明一个引理。

引理 在匀强磁场区域内,任何闭合电流所受的安培力的合力为零。

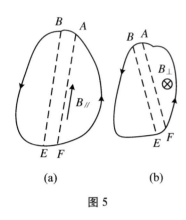

图 5

引理的证明 我们考虑一种简单的情形给予证明。如图 5 所示,将磁场分解为平行于线圈平面的 $B_\parallel$ 与垂直于线圈平面的 $B_\perp$。对于 $B_\parallel$:在闭合电流环上取如图 5(a) 所示的两段电流元 AB、EF,易得 $B_\parallel$ 对这一对电流元的作用力之和为零。将回路分成无穷多对微元,即可得 $B_\parallel$ 对回路的作用力为零(但有力矩效果)。对于 $B_\perp$:同样在闭合电流平面内取一对电流元,如图 5(b) 所示,易得 AB 与 EF 所受到的作用力为零,且无力矩效果。在这一对相对的微元方向上将回路分成无穷多的电流元组,即可推得 $B_\perp$ 对整个电流环的作用力为零,因为上述方向是任取的。综上可知,匀强磁场对简单回路的作用力为零。任何复杂的回路都可看作多个简单的电流回路叠加而成,其受力等效于多个简单的电流回路受力之和。故匀强磁场对复杂回路的作用力也为零。

引理得证。

对于原题中的网络,我们假设从 B 流入、从 C 流出的电流又从连接在 C、B 间的导线流回,如图 6 所示。由上述引理可知,这一回路受到的安培力为零,则网络所受的安培力与直线电流 CB 所受的安培力大小相等、方向相反。而对于电流 CB,有

$$I\boldsymbol{L}_{CB} = I(-m\boldsymbol{i} + n\boldsymbol{j})$$

所以

$$\boldsymbol{F}_{CB} = I\boldsymbol{L}_{CB} \times \boldsymbol{B} = I(-mL\boldsymbol{i} + nL\boldsymbol{j}) \times B(\cos\theta\boldsymbol{i} + \sin\theta\boldsymbol{k})$$
$$= ILB(-n\sin\theta\boldsymbol{i} - m\sin\theta\boldsymbol{j} - n\cos\theta\boldsymbol{k})$$
$$= -ILB(n\sin\theta\boldsymbol{i} + m\sin\theta\boldsymbol{j} + n\cos\theta\boldsymbol{k})$$
$$= -\boldsymbol{F}$$

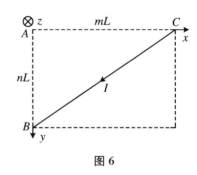

图 6

故

$$F = ILB\sqrt{n^2 + m^2\sin^2\theta}$$

这一方法显然没考虑电流在网络中的分布状况,而是作整体处理,力的求解过程简单明了。当然,我们也可以构造其他的回路,但结果肯定是一样的。

(2) 我们可以通过求分布电流的力矩来求整个网络对 A 点的力矩,也可以从整体角度求网络对 A 点的力矩。

方法 1 沿用求力时对网络电流的编号方式。

还是以图 3 所示的网络切入问题,现在我们不妨先考虑横边,同样有

$$i_{11} = i_{56}, \quad i_{12} = i_{55}, \quad i_{21} = i_{46}, \quad \cdots$$

得

$$i_{jk} = i_{n-j+2, m-k+1}$$

又 $F = iL \times B$,所以有

$$f_{jk} = f_{n-j+2, m-k+1}$$

因此,我们可以将这些边两两分组,对于一组而言,其力矩为

$$M_{jk} + M_{n-j+2, m-k+1} = (r_{jk} + r_{n-j+2, m-k+1}) \times f_{jk}$$

设 O 为网络的中心,由几何对称性易得

$$r_{jk} + r_{n-j+2, m-k+1} = 2\overrightarrow{AO}$$

所以

$$M_{jk} + M_{n-j+2, m-k+1} = 2\overrightarrow{AO} \times f_{jk}$$

则总力矩为

$$M_1 = \frac{1}{2}\sum_{k=1}^{m}\sum_{j=1}^{n+1}(M_{jk} + M_{n-j+2, m-k+1}) = \overrightarrow{AO} \times \sum_{k=1}^{m}\sum_{j=1}^{n+1} f_{jk}$$

上式中的 $\frac{1}{2}$ 是考虑到每段电流都计算了两次,实际值为求和结果的一半,即

$$M_1 = \overrightarrow{AO} \times \sum_{k=1}^{m}\sum_{j=1}^{n+1}(i_{jk}L \times B) = i\overrightarrow{AO} \times (L \times B)$$

其中 $i = \sum_{k=1}^{m}\sum_{j=1}^{n+1} i_{jk}$。我们注意到 $\sum_{j=1}^{n+1} i_{jk} = I$,所以

$$M_1 = mI\overrightarrow{AO} \times (L \times B)$$

将 $\overrightarrow{AO} = \frac{m}{2}Li + \frac{n}{2}Lj, L = Li, B = B(\cos\theta i + \sin\theta k)$ 代入,得

$$M_1 = \frac{1}{2}mIL^2 B(mi + nj) \times [i \times (\cos\theta i + \sin\theta k)]$$

$$= -\frac{1}{2}m^2 IL^2 B\sin\theta k$$

同理,我们分析竖边可得

$$M_2 = \frac{1}{2}nIL^2 B(n\cos\theta i - m\cos\theta j + n\sin\theta k)$$

所以

$$M = M_1 + M_2 = \frac{1}{2}IL^2 B[n^2\cos\theta i - mn\cos\theta j + (n^2 - m^2)\sin\theta k]$$

其大小为

$$M = \frac{1}{2}IL^2 B\sqrt{m^4\sin^2\theta + n^4 + m^2 n^2(\cos^2\theta - 2\sin^2\theta)}$$

将 $\theta = 30°, n \times m = 4 \times 6$ 代入,可得总力矩为

$$M = IBL^2(4\sqrt{3}i - 6\sqrt{3}j - 5k)$$

大小为 $M = \sqrt{181}IBL^2$。

上述解答是将每一小段电流对 A 点的力矩求和。而在问题(1)中,我们已经知道每一

小段电流的受力等效于图4中两段电流的受力,而且在平行力的求和过程中我们已经考虑了平行力的力矩效果,于是我们可以用问题(1)中 F_I 与 F_{II} 对 A 点的力矩来计算整个网络对 A 点的力矩。

方法2 由上述分析,有

$$M = M_I + M_{II} = \overrightarrow{AO} \times (F_I + F_{II})$$
$$= \left(\frac{m}{2}Li + \frac{n}{2}Lj\right) \times [mILB\sin\theta j + nILB(\sin\theta i + \cos\theta k)]$$
$$= \frac{1}{2}IL^2B[n^2\cos\theta i - mn\cos\theta j + (n^2 - m^2)\sin\theta k]$$

显然,结果一致。

有了方法2的解答,我们自然也会想到:根据问题(1)解答的方法2,是不是也能利用 F_{CB} 来直接求出 M 呢?

由于 $F_{CB} = F_I + F_{II}$,且 F_{CB} 的作用点在 O 点,故 $M = \overrightarrow{AO} \times F_{CB}$,得到的结果也与上面一致。

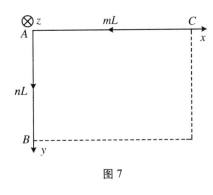

图7

但是,我们应该清楚,这一方法并不是严谨的。因为我们在分析电流环的效果时,只考虑了闭合电流所受到的合力为零,并没有考虑闭合电流的力矩问题,所以仅通过等效力来求力矩是不可以的。譬如,将原网络与折线电流 CAB 构成回路,如图7所示,这时通过求 I_{CA} 与 I_{AB} 的受力亦能得到原网络的受力,但利用这两段导线的受力对 A 点求力矩的话,结果就是错误的。即利用磁场中不同的回路,虽然力的效果是一样的,但力矩的效果并不一定相同。究其原因在于力的力矩效果方面,力只是一个可以滑移的矢量,而不能进行平移。因此,对网络各小段的平行力求合力时,对合力的位置有相应的约束。在前面求每一小段的合力时,强调平行力的合成特点——每一对平行力合成于 O 点,即是考虑了力矩效果的结果。

题144 磁力矩的平衡

一均匀圆柱体的质量为 m,半径为 R,长为 l,绕有 N 匝外皮绝缘的细导线,导线与圆柱体的轴线共面。此圆柱体放在倾角为 θ 的斜面上,轴线是水平的,导线中通有电流 I。整个圆柱体处于均匀外磁场中,磁感应强度 B 的方向为竖直向上。当线圈平面与斜面的夹角为 φ 时,圆柱体正好静止不动,如图1所示。设导线的质量可略去不计,试求导线中电流的大小和方向。

【解析】 在上一题中,我们已经谈到了安培力的力矩(磁力矩)的计算,但显然还不充分。譬如上一题中所提到的匀强磁场中闭合电流的磁力矩问题在物理竞赛中经常会遇到。本题便涉及这一问题。为此,我们可以先讨论通电线圈在磁场中所受的磁力矩的问题。

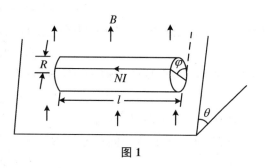

图 1

如图 2 所示,匝数为 N、面积为 S 的平面线圈中通有强度为 I 的电流,线圈法向 n 与磁场 B 之间的夹角为 θ。在上一题中,我们已经论述了线圈在磁场中受力为零的情况。为求磁力矩,我们仍将磁感应强度 B 分解为平行于线圈的 $B_{//}$ 与垂直于线圈的 $B_\perp$。显然,$B_\perp$ 对线圈产生的作用力在线圈所在的平面内,其力矩为零。因此,我们只需讨论 $B_{//}$ 对线圈产生的力矩。

如图 3 所示,我们在线圈上平行于 $B_{//}$ 的方向上取相对的两微电流元 AB 与 EF,垂直于 $B_{//}$ 方向的宽度为 $\mathrm{d}l$,平行于 $B_{//}$ 方向上的长度为 l。我们很容易证明如下两点:

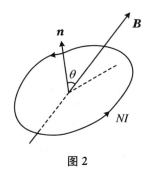

图 2

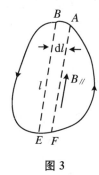

图 3

(1) $B_{//}$ 对 AB 与 EF 的作用力同为 $NIB\sin\theta \mathrm{d}l$,方向垂直于线圈平面且相反,是一对力偶,这一对力偶的力矩为

$$\mathrm{d}M = NIB\sin\theta l\mathrm{d}l = NIB\sin\theta \mathrm{d}S$$

式中 $\mathrm{d}S = l\mathrm{d}l$。该力偶矩的方向与 $n \times B$ 的方向相同。

(2) 磁场对整个线圈产生的力矩为

$$M = \int_M \mathrm{d}M = \int_S NIB\sin\theta \mathrm{d}S = NISB\sin\theta$$

写成矢量形式为

$$M = NIS \times B$$

其中 $S = Sn$。

上式表明,面积为 S 的线圈在磁场中虽然受到的合力为零,但磁力矩并不为零,磁力矩与线圈的面积有关,而与形状无关。从上述推导中我们还能看出,闭合电流所受到的磁力矩是力偶矩。

上述有关磁力矩的结论即为下面解题的引理。

本题中,绕有线圈的圆柱体在斜面上处于静止平衡状态,则它所受的力和力矩均为零。圆柱体所受的重力沿斜面向下的分量为

$$F = mg\sin\theta \qquad ①$$

当它在斜面上静止时,斜面作用在它上面的力沿斜面向上的分量(摩擦力)为

$$f_\mu = mg\sin\theta \qquad ②$$

如图 4 所示,以圆柱体的轴线为转轴,这个力对转轴的力矩为

$$M_\mu = f_\mu R = mgR\sin\theta \qquad ③$$

M_μ 欲使圆柱体逆时针方向转动。

圆柱体上的载流线圈在磁场 B 中所受安培力的合力为零,但安培力对转轴的力矩为

$$M = NISB\sin\alpha \qquad ④$$

式中 α 是线圈平面法线方向(电流 I 的右旋进方向)n 与 B 之间的夹角。由图 4 可知

$$\alpha = \theta + \varphi \qquad ⑤$$

所以

$$M = NISB\sin(\theta + \varphi) \qquad ⑥$$

要使线圈静止,首先,M 必须使圆柱体顺时针方向转动,即 $\alpha < \pi$。这就要求电流 I 的方向如图 4 所示;其次,M 与 M_μ 必须大小相等,即

$$M = M_\mu \qquad ⑦$$

由③⑥⑦式得

$$I = \frac{mgR\sin\theta}{NSB\sin(\theta + \varphi)}$$

因线圈面积 $S = 2Rl$,故所求电流的大小为

$$I = \frac{mg\sin\theta}{2NlB\sin(\theta + \varphi)}$$

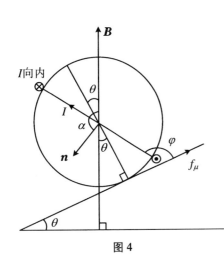

图 4

本题中,线圈电流的存在隐含磁力矩的存在。解题时,若不理解磁力矩的概念,出错便是大概率事件。

另外,隐含磁力矩的问题一般也是空间问题,涉及较为复杂的几何关系。所以,包含磁力矩问题的试题大体上都有一定的难度。

题 145 磁聚焦

质量均为 m、电量均为 q 的一簇离子在点 $P(-a,0)$ 朝 xOy 上半平面的各个方向以速率 v 散开,如图 1 所示。垂直于 xOy 平面的匀强磁场可将这些离子汇聚于点 $R(a,0)$。设离子间的相互作用可以忽略,磁感应强度为 B,试确定此磁场的边界。

【解析】 题目没有给出离子的正负,但这并不重要,因为题目要求我们给出磁场区域的边界(描述边界的方程),并未要求确定磁场 B 的方向。离子一旦进入磁场,便开始做匀速圆

周运动,而在磁场外就做匀速直线运动。因为 P、R 两点关于 y 轴对称,所以离子的运动也应该是关于 y 轴对称的,则圆周运动的圆心必定在 y 轴上,磁场区域也必定是关于 y 轴对称的。

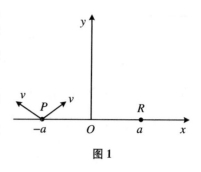

图 1

方法 1 根据上述分析,可设离子在磁场中运动时的圆心在 $(0,b)$ 处,轨道半径为 $r = \dfrac{mv}{|q|B}$,离子在磁场的边界点 (x,y) 处离开磁场,必定沿圆轨道的切向指向 R 点,根据图 2 中的两个直角三角形的相似关系,有

$$\frac{y-b}{x} = \frac{a-x}{y} \qquad ①$$

因为点 (x,y) 在圆轨道上,所以

$$x^2 + (y-b)^2 = r^2 \qquad ②$$

联立①②两式,消去 $y-b$,可得

$$(r^2 - x^2)y^2 = (a-x)^2 x^2$$

这是一条过点 $(0,0)$ 的四次曲线,但它并不关于 y 轴对称。所以,它在第一象限的部分只代表磁场的右边界,而磁场的左边界应该是上述曲线的对称部分在第二象限的部分,其方程应该是

$$(r^2 - x^2)y^2 = (a+x)^2 x^2$$

因此,磁场的边界可表述为

$$y = \begin{cases} \dfrac{x(a-x)}{\sqrt{r^2-x^2}}, & x \geqslant 0\,(\text{右边界}) \\[2mm] -\dfrac{x(a+x)}{\sqrt{r^2-x^2}}, & x < 0\,(\text{左边界}) \end{cases}$$

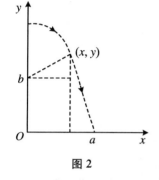

图 2

作图时,我们只要作出该函数在第一象限的曲线,然后将其对 y 轴反演即可。

下面我们讨论离子在磁场中运动的轨道半径 r 对边界条件的影响。

(1) 当 $r = \dfrac{mv}{|q|B} < a$ 时,显然 $x = \pm r$ 是它们的两条渐近线,考虑到离子在磁场中运动,所以有

$$0 \leqslant |x| < r$$

故磁场的区域如图 3 所示。且从 P 点射出的离子束中出射角 $\varphi < \dfrac{\pi}{2}$ 的离子均可汇聚于 R 点,而出射角 $\varphi \geqslant \dfrac{\pi}{2}$ 的离子均不能到达 R 点。

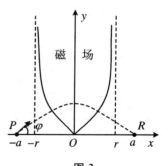

图 3

(2) 当 $r = \dfrac{mv}{|q|B} = a$ 时,若 $x = a$,则磁场的边界方程出现 $\dfrac{0}{0}$ 的形式。于是考虑 $x \to a$ 时的情形,磁场的边界方程为

$$y = \begin{cases} x\sqrt{\dfrac{a-x}{a+x}}, & x \geqslant 0(右边界) \\ -x\sqrt{\dfrac{a+x}{a-x}}, & x < 0(左边界) \end{cases}$$

故在$|x| \leqslant a$区域内，磁场的边界如图4所示。且当出射角$\varphi = 0°$时，离子将沿直线匀速运动至R点；当出射角$\varphi \leqslant \dfrac{\pi}{2}$时，离子进入磁场后沿半径为$a$的圆周运动，均可汇聚于$R$点；而出射角$\varphi > \dfrac{\pi}{2}$的离子均不能到达$R$点。

(3) 当$r = \dfrac{mv}{|q|B} > a$时，在$|x| \leqslant a$区域内，磁场的边界如图5所示。离子在这种情形下与情形(2)类似，当出射角$\varphi = 0°$时，离子将沿直线匀速运动至R点；当出射角$\varphi \leqslant \dfrac{\pi}{2}$时，离子进入磁场后沿半径为$a$的圆周运动，均可汇聚于$R$点；而出射角$\varphi > \dfrac{\pi}{2}$的离子均不能到达$R$点。

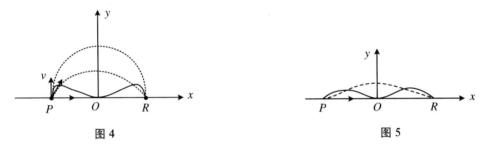

图4　　　　　　　　　　图5

磁场的方向显然取决于离子的电性。由离子的偏转方向及左手定则易知，当离子带正电时，磁场应垂直于xOy平面向外；当离子带负电时，磁场应垂直于xOy平面向里。

上述解答与讨论非常全面地解答了离子从P点经磁场运动至R点的情形，体现了答题者超强的处理问题的能力，尤其是数学知识的运用能力。即便如此，在题设条件下，上述解答也未必是最佳的解答，我们看方法2。

方法2　我们先证明一个引理。

引理　如图6所示，在xOy坐标面的原点O处有一带电粒子发射源，发射出速率同为v、质量同为m、电量同为$q > 0$的粒子，粒子的出射方向与x轴的夹角φ在$0 \sim \pi$范围内，略去粒子间的相互作用。则这些粒子可在磁场的作用下成为朝x轴方向行进的平行粒子束。

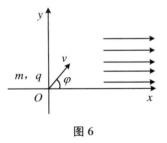

图6

为尽可能简单，取匀强磁场。

引理的证明　为使带正电的粒子最终朝x轴方向运动，磁场B的方向应垂直于xOy平面朝外，带电粒子从O点射出后，在磁场区域做匀速圆周运

动,圆的半径为

$$R = \frac{mv}{qB}$$

若 xOy 平面上处处都有磁场,则粒子将在各自圆轨道上持续运动,不可能沿 x 轴射出。参考图 7,为使粒子从圆运动转变为沿 x 轴的直线运动,应让粒子在圆轨道上的 P 点沿圆轨道的切线方向射出。这意味着 P 点的左侧有磁场,P 点的右侧没有磁场,或者说 P 点即为磁场的边界点。由图 7 易知,P 点的坐标 (x,y) 由 φ 角确定:

$$x = R\sin\varphi, \quad y = R - R\cos\varphi$$

不同的 φ 角对应不同的 $P(x,y)$,这些 P 点构成磁场的右边界,上述两式即是磁场边界线的参量方程。消去参量 φ,即可得边界线的方程为

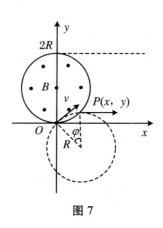

图 7

$$x^2 + (y - R)^2 = R^2$$

这是一个圆心在 y 轴、半径也为 R 的圆,已在图 7 中标出。

磁场的左边界并非由粒子出射点构成,但它必须保证从 O 点射出的、发射角在 $\frac{\pi}{2} < \varphi < \pi$ 范围内的粒子能在磁场中形成圆周运动,这时磁场的边界方程同样是

$$x^2 + (y - R)^2 = R^2$$

但这部分曲线可向外延伸,但不可朝内收缩;或者说磁场可向外扩展,但不可朝内收缩。从最小的磁场区域看,只要以 $(0, R)$ 为圆心、$R = \frac{mv}{qB}$ 为半径设置一匀强磁场区域,即可让从 O 点处发射的上述粒子成为朝 x 轴方向行进的平行粒子束。

但我们应该注意到,这里粒子运动的半径,亦即磁场区域的半径是通过 $R = \frac{mv}{qB}$ 协调的。下面来讨论题设的情况。

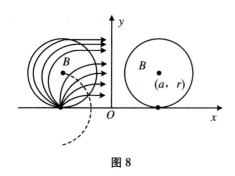

图 8

在坐标系的第一、二象限各有一个圆柱形的磁场区,圆柱的轴线和磁场都垂直于 xOy 平面,圆心分别在点 (a, r) 和 $(-a, r)$,半径都是 r,且 $r = \frac{mv}{|q|B}$,如图 8 所示。那么,从 P 点发出的离子经过第二象限磁场的偏转后,沿着平行于 x 轴的方向向右飞出磁场区,所有离子在磁场区中的轨迹是一系列的圆弧,这些圆弧的圆心都在以点 $(-a, r)$ 为圆心、r 为半径的圆的右半个圆弧(图中的虚线)上,半径也都是 r,且要求 $r < a$。

离子进入第一象限后,根据运动的可逆性与对称性,离子经过与第二象限相反的路线汇

聚于 R 点。

比较上述两种方法得到的磁场区域,方法 2 得到的磁场区域不仅描述简单,边界清晰,更为重要的是该方法能将发射角在 $0\sim\pi$ 范围内的所有离子都汇聚于 R 点,而方法 1 仅能将发射角在 $0\sim\dfrac{\pi}{2}$ 范围内的离子都汇聚于 R 点,由此不难看到方法 2 优于方法 1,是真正符合题目要求的解。但从思维的角度看,我们很难发现方法 1 的缺陷,说它是原题的解答也不会有大的问题。能给出方法 2 的解答者不仅思维能力强,还见多识广,积累了多种基本模型。这就要求我们平时多作相关的训练,临场解题时能做到师出有名。

题 146 带电粒子在磁场中运动的轨迹分析

如图 1 所示,在半径为 R 的圆形平面内分布有匀强磁场,磁场方向与圆面垂直且指向纸面外,圆面的周界是一固定的刚性圆环,SD 是圆环的一条直径。一束质量和电荷量都相等的、带正电的粒子以不同的速度沿垂直于磁场的方向从 S 点射入磁场,速度方向与 SD 的夹角不超过 $30°$。已知这种粒子在该磁场中做圆周运动时的周期为 T。圆环上的 D 点有一小孔,只要粒子到达 D 点,该粒子便从小孔穿出磁场区域。设粒子与圆环的碰撞都是完全弹性的,每次碰撞后粒子的电量不变,不考虑粒子间的相互作用与相互碰撞以及重力的影响。求满足以下条件的那些粒子在射入磁场时的速度的大小和方向:在磁场内运动的总时间为 T 且与圆环的碰撞不超过 6 次,其中最后一次"碰撞"是指正好到达 D 点。

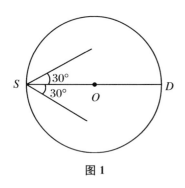

图 1

【解析】 不论是在常规教学中还是在竞赛学习中,带电粒子在磁场中运动的模型及相关知识的应用都是重点内容。只是在常规教学中,我们讨论的粒子运动几乎都是单个粒子在匀强磁场中的匀速圆周运动,而且是平面运动,而磁场的边界基本上都是平面或柱面,试题问题设计的难点基本上围绕粒子运动的优弧与劣弧所对应的区域与时间展开。而在竞赛领域,粒子在磁场中的运动自然也回避不了匀速圆周运动,但在此背景下可以植入多种干扰因素,如空间运动、多过程呈现、多对象(粒子)呈现、粒子的受力数量增多等,相对于常规学习的内容,思维难度、运用的数学知识及运算量都大幅地增加。

本题的思维难度在于粒子入射的速度与方向尚不确定,因此轨迹亦不确定,粒子与圆环碰撞的情况亦不确定,而答题时必须在这种不确定的条件下找到入射方向与出射及碰撞次数之间的匹配关系。

设粒子的质量为 m,电荷为 q,磁场的磁感应强度为 B。速度大小为 v 的粒子进入磁场后,因受洛伦兹力作用而做圆周运动,轨道的半径 r 为

$$r = \frac{mv}{qB} \qquad ①$$

圆周运动的周期 T 为

$$T = \frac{2\pi m}{qB} \qquad ②$$

(1) 先确定粒子的入射角与粒子每一次碰撞时环绕 O 转动的角度及运动偏转角之间的关系。

不同速度的粒子,其圆周运动的轨道半径不同,但周期是相等的。设粒子的速度方向与 SD 的夹角为 i,速度大小为 v。粒子从 S 点进入磁场后,由于受磁场区域的限制,它在磁场中的轨迹仅是圆周的一段圆弧,在与圆环碰撞后速度方向改变,沿同样长的一段圆弧运动后,再与圆环碰撞。设每一段圆弧与圆环的两交点与圆环中心 O 的连线间的夹角 $\angle SOP = 2\alpha$,该圆弧对其圆心所张的圆心角 $\angle SO'P = 2\beta$,如图 2 所示。由几何关系可知

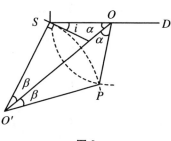

图 2

$$i = \frac{\pi}{2} - (\alpha + \beta) \qquad ③$$

即 α 和 β 的大小与粒子射入磁场时速度的方向有关。

(2) 确定环绕角 2α 与碰撞次数之间的关系。

若粒子从射入磁场至最后到达圆环上的 D 点的过程中,与圆环碰撞 n 次(包括到达 D 点那一次),则它在磁场中运动的轨迹为 n 段圆弧。每段弧的两端与圆环中心 O 的连线的夹角的总和为 $2n\alpha$。依题意有

$$2n\alpha = (2k+1)\pi \quad (k = 0,1,2,\cdots)$$

$k=0$ 表示粒子绕圆环中心半周便"碰撞"D 点,$k=1$ 表示粒子绕圆环中心一周半后"碰撞"D 点。由此式得

$$\alpha = \frac{2k+1}{2n}\pi \qquad ④$$

(3) 确定粒子每一次碰撞的偏转角 2β 与碰撞次数的关系。

因为粒子在磁场中运动的时间为 T,所以 n 段圆弧对其圆心所张的圆心角的总和为 $2n\beta = 2\pi$,即

$$\beta = \frac{\pi}{n} \qquad ⑤$$

(4) 确定碰撞次数与入射角之间的对应关系。

把④⑤两式代入③式,得

$$i = \frac{n - 2k - 3}{2n}\pi \qquad ⑥$$

因 i 在 $-30°$ 到 $30°$ 之间,故有

$$-\frac{\pi}{6} \leqslant \frac{n-2k-3}{2n}\pi \leqslant \frac{\pi}{6}$$

即

$$\frac{3}{4}(2k+3) \leqslant n \leqslant \frac{3}{2}(2k+3) \qquad ⑦$$

式中 n 是 1 至 6 的整数，k 为大于或等于零的整数。对上式穷举计算可得，满足⑦式的 k 值和 n 值以及对应的 α、β 和 i 的值分别为

$$\left.\begin{array}{l} k=0, \quad n=3, \quad \alpha=\dfrac{\pi}{6}, \quad \beta=\dfrac{\pi}{3}, \quad i=0 \\[4pt] k=0, \quad n=4, \quad \alpha=\dfrac{\pi}{8}, \quad \beta=\dfrac{\pi}{4}, \quad i=\dfrac{\pi}{8} \\[4pt] k=1, \quad n=4, \quad \alpha=\dfrac{3\pi}{8}, \quad \beta=\dfrac{\pi}{4}, \quad i=-\dfrac{\pi}{8} \\[4pt] k=1, \quad n=5, \quad \alpha=\dfrac{3\pi}{10}, \quad \beta=\dfrac{\pi}{5}, \quad i=0 \\[4pt] k=1, \quad n=6, \quad \alpha=\dfrac{\pi}{4}, \quad \beta=\dfrac{\pi}{6}, \quad i=\dfrac{\pi}{12} \\[4pt] k=2, \quad n=6, \quad \alpha=\dfrac{5\pi}{12}, \quad \beta=\dfrac{\pi}{6}, \quad i=-\dfrac{\pi}{12} \end{array}\right\} \qquad ⑧$$

对于上面的第 5 种情况（$k=1, n=6$），粒子运动轨道的圆弧的两端与圆环中心的连线间的夹角 $2\alpha = \dfrac{\pi}{2}$，该粒子从 S 点进入磁场，第一次与圆弧的碰撞点正好在半圆环的中点，第二次碰撞点正好在 D 点。它在磁场中运动的时间尚未达到 T 便离开磁场，故这种粒子不符合本题要求。

(5) 计算满足题设条件的粒子在射入磁场时速度的大小和方向。

粒子做圆周运动的轨道半径 r 与粒子的速度 v 有关，而 r 与圆环的半径 R 及 α 和 β 的关系可由正弦定理给出，即

$$\frac{\sin \alpha}{r} = \frac{\sin \beta}{R} \qquad ⑨$$

由①②⑨式得

$$v = \frac{2\pi R}{T}\frac{\sin \alpha}{\sin \beta} \qquad ⑩$$

v 的大小仅取决于 α 和 β 的值，与 i 无关。结合⑧式所得的结论，符合题意的 α 和 β 的值有 5 组，即符合本题要求的粒子的速度大小有 5 种。这 5 组 α、β 和 i 的值分别为

$$\left.\begin{array}{llll} n = 3, & \alpha_1 = \dfrac{\pi}{6}, & \beta_1 = \dfrac{\pi}{3}, & i_1 = 0 \\[4pt] n = 4, & \alpha_2 = \dfrac{\pi}{8}, & \beta_2 = \dfrac{\pi}{4}, & i_2 = \dfrac{\pi}{8} \\[4pt] n = 5, & \alpha_3 = \dfrac{3\pi}{10}, & \beta_3 = \dfrac{\pi}{5}, & i_3 = 0 \\[4pt] n = 4, & \alpha_4 = \dfrac{3\pi}{8}, & \beta_4 = \dfrac{\pi}{4}, & i_4 = -\dfrac{\pi}{8} \\[4pt] n = 6, & \alpha_5 = \dfrac{5\pi}{12}, & \beta_5 = \dfrac{\pi}{6}, & i_5 = -\dfrac{\pi}{12} \end{array}\right\} \quad ⑪$$

由⑩式可求得各速度的大小：

$$v_1 = \frac{2\pi R}{T} \frac{\sin \dfrac{\pi}{6}}{\sin \dfrac{\pi}{3}} = \frac{2\pi R}{T} \frac{\sqrt{3}}{3} \quad (i_1 = 0)$$

$$v_2 = \frac{2\pi R}{T} \frac{\sin \dfrac{\pi}{8}}{\sin \dfrac{\pi}{4}} = \frac{2\pi R}{T} \sqrt{2} \sin \frac{\pi}{8} \quad \left(i_2 = \frac{\pi}{8}\right)$$

$$v_3 = \frac{2\pi R}{T} \frac{\sin \dfrac{3\pi}{10}}{\sin \dfrac{\pi}{5}} \quad (i_3 = 0)$$

$$v_4 = \frac{2\pi R}{T} \frac{\sin \dfrac{3\pi}{8}}{\sin \dfrac{\pi}{4}} = \frac{2\pi R}{T} \sqrt{2} \cos \frac{\pi}{8} \quad \left(i_4 = -\frac{\pi}{8}\right)$$

$$v_5 = \frac{2\pi R}{T} \frac{\sin \dfrac{5\pi}{12}}{\sin \dfrac{\pi}{6}} = \frac{4\pi R}{T} \sin \frac{5\pi}{12} \quad \left(i_5 = -\frac{\pi}{12}\right)$$

i 为负值表示速度的方向在 SD 的上侧。

从上面的解答中我们可以看到,满足题设条件的粒子虽然受到多方面的约束与限制,但在解题过程中,我们分步操作,一个一个地寻找,这相当于控制了过程中所涉及的变量数目,寻找起来自然要简单一些。对于涉及多干扰因素的试题,这种处理方式无疑会让我们的思路清晰明了,从而降低出错率。

此外,解答过程中对 $n = 6, 2\alpha = \dfrac{\pi}{2}$ 的情形的筛选体现了答题者处理问题的严谨态度,因为稍有疏忽,必然会忽略此粒子中途离场,从而造成失误。

对于带电粒子在磁场中的运动,不论是多情境、多过程或多对象的问题,我们只要一步一步,对一个一个粒子进行相关的计算、讨论,尤其是运动过程中几何关系的确定,最终必然会达到目的。

题 147　磁场背景下的摆

如图 1 所示，单摆的摆长为 L，摆球的质量为 m，带电量为 $+q$，单摆放在匀强磁场中，球的摆动平面与磁场垂直，最大摆角为 α。为使摆球能正常摆动，磁场的磁感应强度 B 值有何限制？

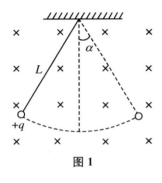

图 1

【解析】 这是第 9 届全国中学生物理竞赛的初赛（相当于现在的复赛）试题。本题解答的关键是要分析清楚小球最有可能脱离圆弧的点在哪里。我们往往从定性分析切入。

在定性分析时，我们凭直觉也许会作这样的判断：依据图 1 所示，摆球释放后，在摆向最低点的过程中，速度会越来越大。当摆球到达最低点时，速度达到最大值，洛伦兹力也同时达到最大值。此时，若洛伦兹力与重力的合力比小球做圆周运动所需要的向心力大，则摆球将不能正常摆动，即

$$Bqv - mg > m\frac{v^2}{L}$$

而 $mgL(1-\cos\alpha) = \frac{1}{2}mv^2$，所以

$$B > \frac{mg}{q\sqrt{2gL}} \cdot \frac{3-2\cos\alpha}{\sqrt{1-\cos\alpha}}$$

即当 $B \leqslant \dfrac{mg}{q\sqrt{2gL}} \cdot \dfrac{3-2\cos\alpha}{\sqrt{1-\cos\alpha}}$ 时，摆球能正常摆动。

上述解答看似简洁、明了，也经得起运算方面的质疑，但未必是完备的，也未必经得起质疑。至少，在定性分析过程中，我们只分析了摆球下摆过程中洛伦兹力对向心力贡献的变化特征，并没有考虑重力对向心力贡献的变化特征，而实际上我们必须同时考虑上述两者的影响。

下面我们来定量讨论小球下摆的过程，之后我们将会发现上述的解答的确是不完备的。

针对小球摆动的某个一般位置 P，设方位角为 θ（图 2），如果小球没有离开圆弧，从 O 到 P 的过程中，可以列出动力学方程和能量方程：

$$T + qvB - mg\cos\theta = m\frac{v^2}{L}$$

$$mgL(\cos\theta - \cos\alpha) = \frac{1}{2}mv^2$$

小球不离开圆弧的条件是

$$T \geqslant 0$$

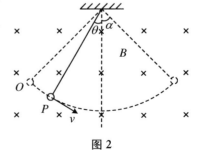

图 2

由上述三式易得

$$B \leqslant \frac{mg}{q\sqrt{2gL}} \cdot \frac{3\cos\theta - 2\cos\alpha}{\sqrt{\cos\theta - \cos\alpha}}$$

显然,我们需要通过函数 $y = \frac{3\cos\theta - 2\cos\alpha}{\sqrt{\cos\theta - \cos\alpha}}$ 的极小值来确定磁感应强度 B 的极大值。

由不等式知识可知,对于正数 a、b,有 $a + b \geqslant 2\sqrt{ab}$,且当 $a = b$ 时 $a + b = 2\sqrt{ab}$,而

$$y = \frac{3\cos\theta - 2\cos\alpha}{\sqrt{\cos\theta - \cos\alpha}} = 3\sqrt{\cos\theta - \cos\alpha} + \frac{\cos\alpha}{\sqrt{\cos\theta - \cos\alpha}}$$

考虑到 θ、α 的实际取值情况,$3\sqrt{\cos\theta - \cos\alpha}$ 和 $\frac{\cos\alpha}{\sqrt{\cos\theta - \cos\alpha}}$ 均为正数,所以

$$y \geqslant 2\sqrt{3\sqrt{\cos\theta - \cos\alpha} \cdot \frac{\cos\alpha}{\sqrt{\cos\theta - \cos\alpha}}} = 2\sqrt{3\cos\alpha}$$

得 $y_{\min} = 2\sqrt{3\cos\alpha}$。

磁感应强度 B 取值的一般结论为

$$B \leqslant \frac{mg}{q\sqrt{2gL}} \cdot 2\sqrt{3\cos\alpha} = \frac{mg}{q} \cdot \sqrt{\frac{6\cos\alpha}{gL}}$$

但此结论还需进一步讨论:

因为极值点的条件是

$$3\sqrt{\cos\theta - \cos\alpha} = \frac{\cos\alpha}{\sqrt{\cos\theta - \cos\alpha}}$$

即 $\cos\theta = \frac{4}{3}\cos\alpha$。

显然,只有当 $\cos\alpha < \frac{3}{4}$(最大摆角 α 较大)时,θ 才有解,极值点才可能取具体值,上面的"一般结论"才成立。此时,小球最有可能脱离圆弧的点并不在最低点,而在 $\theta = \arccos\left(\frac{4}{3}\cos\alpha\right)$ 处。

而当 α 过小,即 $\cos\alpha > \frac{3}{4}$ 时,θ 将无解,上述极值点不可达。此时,我们应寻求函数 $y = \frac{3\cos\theta - 2\cos\alpha}{\sqrt{\cos\theta - \cos\alpha}}$(在定义域内)的最小值。这个最值的寻找方法并不止一种,但都包含了较烦琐的运算,比较复杂。下面我们提供一种运算量相对较少的寻找方法。

先令 $x = \sqrt{\cos\theta - \cos\alpha}$,则 $y = 3x + \frac{\cos\alpha}{x}$。我们在 xOy 坐标系中分别作出 $y = 3x$ 与 $y = \frac{\cos\alpha}{x}$ 的图像,叠加排列得到 $y = 3x + \frac{\cos\alpha}{x}$ 的图像,如图3所示,函数 y 是先减后增的。

上述讨论选择的自变量是 $\sqrt{\cos\theta - \cos\alpha}$,而非 θ,但考虑到 α 是定值,也可以认为函数 y 随着 $\cos\theta$ 的增大而先减后增,如图4所示。当极值点不可达时(图中虚线所示),因为 α

过小，$\cos\alpha$ 过大，$\cos\theta$ 达不到，图线应落在图中左边的一段实线上，在此区域函数为减函数。当 $\cos\theta$ 最大时，y 有最小值。即当 $\cos\theta = 1$ 时（此时 $\theta = 0$，小球在最低点），函数的最小值为 $y_{\min} = \dfrac{3-2\cos\alpha}{\sqrt{1-\cos\alpha}}$。这表明，此时小球最有可能脱离圆弧的点在最低点。

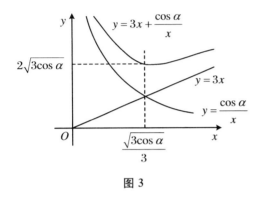

图 3

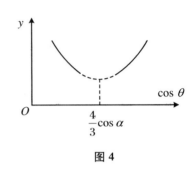

图 4

综上所述，为使小球能正常摆动，磁场的磁感应强度 B 值应满足：

当 $\alpha \geqslant \arccos\dfrac{3}{4}$ 时，$B \leqslant \dfrac{mg}{q}\sqrt{\dfrac{6\cos\alpha}{gL}}$；

当 $\alpha < \arccos\dfrac{3}{4}$ 时，$B \leqslant \dfrac{mg}{q\sqrt{2gL}} \cdot \dfrac{3-2\cos\alpha}{\sqrt{1-\cos\alpha}}$。

瞧，若没有后面的补充讨论，结果显然是不完备的。

即便如此，我们的解答还有疏漏，如小球的回摆过程。虽然我们一望便知小球回摆时洛伦兹力反向，小球不可能离开轨道，但作为一个全面的解答，也必须对此进行相应的说明。

从本题的分析与解答过程中，我们应该明白，解答前的定性分析往往会为定量讨论指明方向，若方向正确，则皆大欢喜；若有所偏离，则会造成疏漏或错误，留下遗憾。而所指方向正确与否，在一定程度上体现了答题者的物理直觉能力。学习物理需要有一定的直觉。

题 148　带电粒子在磁场中的螺旋运动

如图 1 所示，经 $U = 1000\text{ V}$ 电压加速的电子（加速前电子静止）从电子枪 T 射出，其初速度沿直线 a 的方向。若要求电子能击中在 $\varphi = 60°$ 方向上与枪口相距 $d = 5.0\text{ cm}$ 的靶 M，试求在以下两种情形中所需的匀强磁场的磁感应强度 B 的大小：

(1) 磁场垂直于由直线 a 和靶 M 确定的平面；

(2) 磁场平行于从枪口 T 向靶 M 所引的直线 TM。

【解析】　带电粒子在磁场中只受洛伦兹力作用时，运动大体上为两种情况：一是粒子运动速度与磁场垂直时，粒子做匀速圆周运动；二是粒子运动速度与磁场不垂直时，粒子做等距螺旋运动。

匀速圆周运动在常规教学中被讨论得比较清晰，其研究关键在于确定圆周运动的圆心，因为圆周运动的圆心确定后，依据 $R = \dfrac{mv}{Bq}$，运动轨道的特征也便确定了。因此，对这类问题一定要注意轨迹圆心的求法。同时应注意，运动时间的计算大多涉及圆周运动的弧长和偏转角度的计算。确定圆周运动的圆心后，利用平面几何关系，求出该圆的可能半径（或圆心角）。在计算中要注意到粒子速度的偏向角等于回旋角，并等于弦与切线的夹角（弦切角）的 2 倍。

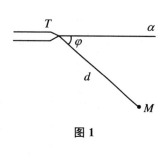

图 1

实际上，与圆相关的几何问题常常成为解答此类题的瓶颈。当然，在实际命题中，命题人往往会对多个对象的多个运动进行拼接、重叠，构造出复杂的运动过程，隐含复杂的临界条件与几何关系，为试题设置必要的难度。

等距螺旋运动是匀速直线运动和匀速圆周运动的合成。研究这类问题时，一要注意运动过程中的空间属性，二要注意运动的周期性。

本题设置的两问包含了平面内的圆周运动和等距螺旋运动，是竞赛生研究带电粒子在磁场中运动的门槛题。具体解答如下：

设电子从电子枪口 T 射出的速度为 v，由动能定理有

$$\frac{1}{2}mv^2 = eU$$

得

$$v = \sqrt{\frac{2eU}{m}}$$

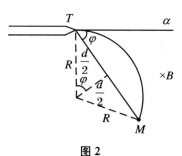

图 2

式中 m、e 分别为电子的质量、电量（绝对值）。

(1) 如图 2 所示，为了击中靶 M，M 应为电子圆弧轨道上的一点，TM 为此段弧的弦。由几何关系易知，电子圆轨道的半径 R 与 d 及 φ 应满足

$$R = \frac{d/2}{\sin \varphi}$$

又，圆半径 R 与磁场 B 的关系为

$$R = \frac{mv}{eB}$$

由以上二式可知，为了击中靶，B 的大小应为

$$B = \frac{2\sin \varphi}{d}\sqrt{\frac{2mU}{e}}$$

把已知数据代入，得 $B = 3.7 \times 10^{-3}$ T。

(2) $B \parallel TM$ 时，电子做等距螺旋线运动，如图 3 所示。注意，图中的虚线为等距螺旋线在纸面内的投影线，如从 M 端迎着 T 看过去，看到的则是电子的圆形轨迹。

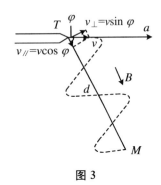

图 3

电子以 $v_{\parallel} = v\cos\varphi$ 沿 TM 做匀速直线运动，到达 M 点所需时间为 $t = \dfrac{d}{v\cos\varphi}$。

同时，电子以 $v_{\perp} = v\sin\varphi$ 在垂直于 B 的平面内做匀速圆周运动，绕一整圈的时间（周期）为 $T = \dfrac{2\pi m}{eB}$。为了能够击中 M 点，要求 $t = nT(n = 1,2,3,\cdots)$，故要求 B 为

$$B = \dfrac{2n\pi mv\cos\varphi}{ed} \quad (n = 1,2,3,\cdots)$$

把有关数据代入，得 $B = 6.7n \times 10^{-3}$ T。

在各类练习题集中，不论是带电粒子的圆周运动还是带电粒子的螺旋运动，相关题量都不在少数，特别是带电粒子的圆周运动，因为这是高中物理的重点、难点与热点。但不论怎样变化，无非是在圆周运动的路径上做文章，只要答题者能快速地确定圆心，求出半径，同时考虑到运动的周期性，大多数问题便迎刃而解。

题 149　带电粒子在洛伦兹力和重力作用下的运动研究

下面我们来讨论一个质点在洛伦兹力作用下运动的经典模型。

一质量为 m、带电量为 $+q$ 的小球在方向水平的匀强磁场中由静止释放，讨论小球在洛伦兹力与重力共同作用下的运动特征。

问题 1　若小球的运动轨迹如图 1 所示，则小球最后做匀速直线运动的速度（收尾速度）是多大？

【解析 1】　显然，命题旨在考查小球做匀速运动的平衡条件。小球在重力与洛伦兹力作用下处于平衡状态，如图 2 中的 M 点，此时有

$$Bqv_{\mathrm{m}} = mg, \quad 即 \; v_{\mathrm{m}} = \dfrac{mg}{Bq}$$

然而，这一模型设计本身就是错误的。

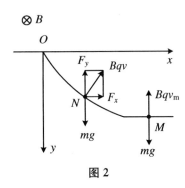

图 2

我们来考察小球在 y 轴方向上的运动。在这一方向上，小球的初速度为零，末速度也为零，所以小球在这一方向上先加速后减速，洛伦兹力在 y 轴方向上的分力先小于重力后大于重力。由图 2 中 N 处小球的受力可以清楚地看到，当 $F_y > mg$ 时 $Bqv > mg$，又因为洛伦兹力不做功，而重力做正功，所以越往下，小球运动的速度也越大。当 y 轴方向上的速度减为零时，小球的水平速度达到最大值，此时肯定有 $Bqv_{\mathrm{m}} > mg$，故小球最终不可能做匀速直线运动。

问题 2 小球运动的真实轨迹为何?

【解析 2】 由于小球在运动过程中除了受到与速度相关的洛伦兹力作用,还受到恒定的重力作用,我们采用配速法来解决问题。

我们考虑为小球配置一个速度 v_0,即分解出一个速度 v_0,使其对应的洛伦兹力与重力构成平衡力,则根据独立性原理,这一对平衡力将维持对应的速度做匀速运动,我们不妨将此视为一个独立的系统。当然,另一个速度也将产生一个洛伦兹力,小球在该力的作用下将做匀速圆周运动,这同样是一个独立的系统。上述两个独立的系统的运动是彼此不影响的,但服从叠加原理,所以小球最终的运动将是上述直线运动与圆周运动的合运动。

如图 3 所示,将初速度为零的小球分解为两个速度大小相等、方向相反的运动,且保证

$$Bqv_0 = mg, \quad 即 \quad v_0 = \frac{mg}{Bq}$$

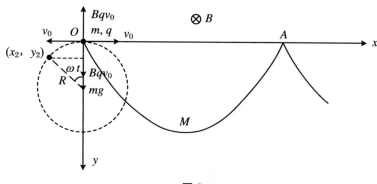

图 3

与向右的初速度 v_0 对应的洛伦兹力 Bqv_0 竖直向上,与重力构成平衡力,这一对平衡力将维持小球向右以速度 v_0 做匀速运动。与向左的初速度 v_0 对应的洛伦兹力使小球做匀速圆周运动,且匀速圆周运动的半径为

$$R = \frac{mv_0}{Bq} = \frac{m^2 g}{B^2 q^2}$$

角速度为

$$\omega = \frac{v_0}{R} = \frac{Bq}{m}$$

周期为

$$T = \frac{2\pi m}{Bq}$$

(注意:ω 是一个与速度无关的量,而且是在洛伦兹力作用下运动的一个普适量。)

下面先讨论两个分运动。

对向右的匀速运动,有

$$\begin{cases} v_{1x} = v_0 \\ v_{1y} = 0 \end{cases}, \quad \begin{cases} x_1 = v_0 t \\ y_1 = 0 \end{cases}$$

对匀速圆周运动，有

$$\begin{cases} v_{2x} = -v_0\cos\omega t \\ v_{2y} = v_0\sin\omega t \end{cases}, \quad \begin{cases} x_2 = -R\sin\omega t \\ y_2 = R(1-\cos\omega t) \end{cases}$$

对合运动，有

$$\begin{cases} x = x_1 + x_2 = v_0 t - R\sin\omega t = \dfrac{mg}{Bq}t - \dfrac{m^2 g}{B^2 q^2}\sin\dfrac{Bq}{m}t \\ y = y_1 + y_2 = R(1-\cos\omega t) = \dfrac{m^2 g}{B^2 q^2}\left(1-\cos\dfrac{Bq}{m}t\right) \end{cases},$$

$$\begin{cases} v_x = v_{1x} + v_{2x} = v_0(1-\cos\omega t) = \dfrac{mg}{Bq}\left(1-\cos\dfrac{Bq}{m}t\right) \\ v_y = v_{1y} + v_{2y} = v_0\sin\omega t = \dfrac{mg}{Bq}\sin\dfrac{Bq}{m}t \end{cases}$$

上述粒子运动的轨迹方程从数学的角度看，就是倒滚轮线，也就是物理中的等时摆的摆线方程。对于本轨迹，我们也可以进一步深入地讨论，如：

(1) 小球的运动是匀速运动与匀速圆周运动的合成，因此小球运动的加速度即是匀速圆周运动的加速度，其大小为 $a = g$（定值）。

(2) 小球向下运动的最大距离为

$$y_m = 2R = \dfrac{2m^2 g}{B^2 q^2}$$

(3) 小球运动到 M 点所需的时间为圆周运动的半个周期，此时 $v_y = 0$，所以小球运动到 M 点的速度为 $v_M = v_x|_{t=T/2} = 2v_0$，则该处的曲率半径为

$$\rho_M = \dfrac{v_M^2}{a} = 4R$$

(4) 我们先只考虑质点在 M 点附近的小幅振动。由上一问可知，小幅振动是沿半径为 $4R$ 的圆弧运动的。因此，这是一个等效摆长为 $4R$ 的单摆，其周期为

$$T = 2\pi\sqrt{\dfrac{4R}{g}}$$

由于整个等时摆的周期与振幅无关，故整个等时摆的周期亦为

$$T = 2\pi\sqrt{\dfrac{4R}{g}}$$

(5) 小球又刚好回到了开始下落的高度，说明小球刚好完成了一个周期的圆周运动，所以

$$OA = v_0 T = \dfrac{mg}{Bq} \cdot \dfrac{2\pi m}{Bq} = \dfrac{2\pi m^2 g}{B^2 q^2}$$

问题 3 在问题 2 中，若小球初始时刻已具备了一个垂直于磁场且向右的水平速度 v，则小球的运动情况又将如何？

【解析 3】 这种情况应有三种可能性：

(1) 当 $v = v_0 = \dfrac{mg}{Bq}$ 时，有 $Bqv_0 = mg$，则小球向右做匀速直线运动；

(2) 当 $v < v_0 = \dfrac{mg}{Bq}$ 时，可将初速度分解为 $v = v_0 - v'$，如图 4 所示，这表明小球所做的运动是向右的、速度大小为 v_0 的匀速运动与半径为 $R' = \dfrac{mv'}{Bq} = \dfrac{m(v_0 - v)}{Bq}$ 且在 O 点下方逆时针旋转的匀速圆周运动的合运动。

(3) 当 $v > v_0 = \dfrac{mg}{Bq}$ 时，可将初速度分解为 $v = v_0 + v'$，如图 5 所示，这表明小球所做的运动是向右的、速度大小为 v_0 的匀速运动与半径为 $R' = \dfrac{mv'}{Bq} = \dfrac{m(v - v_0)}{Bq}$ 且在 O 点上方逆时针旋转的匀速圆周运动的合运动。

图 4　　　　　图 5

问题 2 与问题 3 的运动情况都有对应的力学运动模型。

问题 4　如果带电小球运动的初速度是任意的呢？

【解析 4】　从上述的各种情况来看，我们应该注意到这类问题的处理方式是分解出一个与重力平衡的洛伦兹力，使得小球的运动可以看作一个直线运动与一个圆周运动的合成。这一思路可以用于所有的这类问题，只是操作的方法不一样而已。

问题 5　我们将题干条件略作修改，将重力场改为竖直向下的电场，场强为 E，粒子所受的重力不计。再来讨论问题 2 中可能出现的问题，即：速度配置过程中，若出现了 $v_0 = \dfrac{Eq}{Bq} = \dfrac{E}{B} = c$（$c$ 为光速）的情形，则又该如何应对？

【解析 5】　显然，小球的速度不可能达到光速，上述配速法失效。在 $v_0 \to c$ 时，我们必须考虑相对论效应。

如图 6 所示，设 t 时刻粒子运动到 $\boldsymbol{r} = \boldsymbol{r}(x, y)$ 处，具有动量 $\boldsymbol{p} = \boldsymbol{p}(p_x, p_y)$。对粒子利用功能关系，有

$$\sqrt{m_0^2 c^4 + p^2 c^2} - m_0 c^2 = qEy \qquad ①$$

粒子在 x 轴方向上只受洛伦兹力 $F_x = qBv_y$，在 $0 \sim t$ 这段时间在 x 轴方向上它对粒子的累积冲量为

$$p_x = \int_0^t F_x \mathrm{d}t = qB \int_0^t v_y \mathrm{d}t = qBy \qquad ②$$

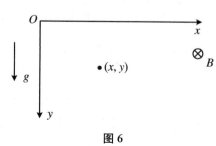

图 6

现将方程①进行变形:
$$\sqrt{m_0^2 c^4 + p^2 c^2} = qEy + m_0 c^2$$

两边平方,有
$$m_0^2 c^4 + p^2 c^2 = m_0^2 c^4 + 2m_0 c^2 qEy + (qEy)^2$$

代入 $p^2 = p_x^2 + p_y^2$, $qE = cqB$,消去 $m_0^2 c^4$,得
$$(p_x^2 + p_y^2)c^2 = 2m_0 c^2 cqBy + (qEy)^2$$

代入 $p_x = qEy$,得
$$p_y^2 c^2 = 2m_0 c^2 cqBy$$

从而得
$$p_y = \sqrt{2m_0 cqB}\sqrt{y}$$

于是,我们得到了粒子处于位置 $r = r(x, y)$ 时所具有的动量。

我们可以利用动量来得到粒子此时的运动方向:
$$\frac{dy}{dx} = \frac{p_y}{p_x} = \frac{\sqrt{2m_0 cqB}\sqrt{y}}{qBy} = \sqrt{\frac{2m_0 c}{qB}}\frac{1}{\sqrt{y}}$$

变形为
$$\sqrt{y}\,dy = \sqrt{\frac{2m_0 c}{qB}}\,dx$$

两边积分,得
$$\frac{2}{3}y^{3/2} = \sqrt{\frac{2m_0 c}{qB}}x$$

从而得
$$y = \sqrt[3]{\frac{9m_0 c}{2qB}}x^{2/3}$$

这是一个幂函数,说明粒子将会从原点离开 x 轴直至无穷远,我们熟悉的类似摆线的周期运动不复存在。届时,粒子的动能将会趋于无穷大,速度趋于光速,所以采用相对论的能量表达式是必要的。

事实上,我们在解题中,一看到光速,就应该敏锐地考虑相对论效应,转而采用相对论的质量、动量、能量关系。在相对论里,动质量公式比较复杂,速度变换也比较烦琐,而动量的关系式相对简单,这也是我们在这里将重力场改换为电场的原因。所以,我们经常用动量的方向来表示物体运动的方向,而不是一味地求解速度。这体现在方程 $\frac{dy}{dx} = \frac{p_y}{p_x}$ 中。

本题是带电质点在洛伦兹力作用下运动的经典模型,不论是在竞赛中还是在常规教学中都常出现。在有的设计中,这里的重力场可能被竖直向下的电场替代,甚至重力场与电场同时出现,问题的设置也不局限于上述问题,但讨论方式大体上一样,只是运算的强度有所差异。

从上述问题的讨论中,我们还可以清楚地看到问题的设置逐步升级,而且这种升级并没

有终止的迹象。比如：我们目前的讨论都局限在同一平面内，有没有可能向三维空间过渡呢？我们认为，这种可能是存在的，比如：在我们的讨论中加上一个平行于磁场方向的初速度，这一速度并不会受到洛伦兹力的作用，讨论依然可以在中学竞赛范围内进行，但无论是思维难度还是计算难度都会上升一个等级。对这种系列问题的发展我们应有一个前置性的讨论，这也是对竞赛生的一种素质要求。

当然，本题也是 $F \propto v$ 模型下的一类问题，有兴趣的同学可作更多的推衍。

题 150　带电粒子在双重正比于速率的力作用下的运动

在匀强磁场 B 的空间内，在与磁场垂直的平面上有一带电粒子(m, q)，从 $t = 0$ 时刻以初速度 v_0 开始运动，运动过程中粒子的速度为 v 时所受的阻力 $f = -\gamma v (\gamma > 0)$。

(1) 计算 $t > 0$ 时粒子的速度和已通过的路程 s。

(2) 计算粒子的运动方向（速度方向）相对于初始运动方向恰好转过 $\dfrac{\pi}{2}$ 时速度的大小 v'、经过的路程 s' 和通过的位移大小 l'。

【解析】　在水平面内，带电粒子在运动过程中受到洛伦兹力 $f' = qv \times B$ 和阻力 $f = -\gamma v$。显然，$f // v$ 且与速度的方向相反，$f' \perp v$ 且 v、B、f' 满足右手系，加之 B 垂直于纸面，则力 f、f' 都在纸面内，但 f 与 f' 总保持垂直，考虑到它们与方向之间的关系，易知带电粒子将在纸面内做平面运动。在自然坐标系中，阻力 f 与粒子运动的方向相反，作用于运动的切向，只改变粒子运动的速度大小；而 f' 始终与粒子的运动方向垂直，作用于运动的法向，因而只改变粒子运动的方向。因此，在运动过程中，f 与 f'"各司其职"，我们可考虑在自然坐标系中分别讨论。

(1) 在粒子运动轨迹的切向上，由动量定理，有 $f \mathrm{d}t = m \mathrm{d}v$，即 $-\gamma v \mathrm{d}t = m \mathrm{d}v$，所以

$$\int_{v_0}^{v} \frac{\mathrm{d}v}{v} = -\frac{\gamma}{m} \int_0^t \mathrm{d}t$$

得 $v = v_0 \mathrm{e}^{-\frac{\gamma}{m}t}$，此即粒子运动的速度大小与时间的关系。

在法向上只有洛伦兹力的作用，有

$$f' = Bqv = m \frac{v^2}{\rho}$$

式中 ρ 为粒子运动处轨道的曲率半径。

由粒子速度偏转的角速度 $\omega = \dfrac{v}{\rho}$ 可得

$$\omega = \frac{Bq}{m}$$

显然 ω 为一常数。说明经过时间 t，粒子转过的角度为

$$\varphi = \omega t = \frac{Bq}{m}t$$

即经过时间 t，粒子的速度大小为 $v = v_0 \mathrm{e}^{-\frac{\gamma}{m}t}$，方向与初速度方向之间的夹角为 $\varphi = \frac{Bq}{m}t$。

又 $-\gamma v \mathrm{d}t = m \mathrm{d}v$，结合 $v\mathrm{d}t = \mathrm{d}s$，可得

$$-\gamma \mathrm{d}s = m \mathrm{d}v$$

积分，得

$$-\gamma s = m(v - v_0)$$

从而得

$$s = \frac{m}{\gamma} v_0 (1 - \mathrm{e}^{-\frac{\gamma}{m}t})$$

必须说明的是，题目要求给出粒子在 t 时刻的速度，而不仅仅是速度的大小，如不全面考虑，必然会忽略方向的描述。

(2) 我们沿用问题(1)中的结论，当粒子的运动方向(速度方向)相对于初始运动方向恰好转过 $\frac{\pi}{2}$ 时，运动时间满足

$$\frac{Bq}{m}t = \frac{\pi}{2}$$

得

$$t = \frac{\pi m}{2Bq}$$

从而得

$$v' = v_0 \mathrm{e}^{-\frac{\pi \gamma}{2Bq}}, \quad s' = \frac{m}{\gamma} v_0 (1 - \mathrm{e}^{-\frac{\pi \gamma}{2Bq}})$$

但是，在自然坐标系中，我们无法求解物体运动的位移 l'。为求 l'，我们建立如图 1 所示的直角坐标系。同时，将粒子所受的洛伦兹力 $f' = q\boldsymbol{v} \times \boldsymbol{B}$ 和阻力 $\boldsymbol{f} = -\gamma \boldsymbol{v}$ 分解到 x 轴方向与 y 轴方向，各量的大小与方向如图 1 所示。根据动量定理，有

$$\frac{\mathrm{d}(m\boldsymbol{v})}{\mathrm{d}t} = q\boldsymbol{v} \times \boldsymbol{B} - \gamma \boldsymbol{v}$$

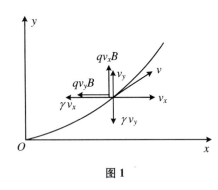

图 1

取 x 轴方向的分量，有

$$\mathrm{d}(mv_x) = (-qv_y B - \gamma v_x)\mathrm{d}t$$

积分，得

$$\int_{v_0}^{0} \mathrm{d}(mv_x) = -qB \int_0^t v_y \mathrm{d}t - \gamma \int_0^t v_x \mathrm{d}t$$

考虑到 $v_y \mathrm{d}t = \mathrm{d}y, v_x \mathrm{d}t = \mathrm{d}x$，有

$$-mv_0 = -qB \int_0^{y'} \mathrm{d}y - \gamma \int_0^{x'} \mathrm{d}x$$

得
$$mv_0 = qBy' + \gamma x'$$
同理,在 y 轴方向上建立相关的分量式,同样可得
$$mv' = qBx' - \gamma y'$$
由此可解得
$$x' = \frac{m}{q^2 B^2 + \gamma^2}(qBv' + \gamma v_0), \quad y' = \frac{m}{q^2 B^2 + \gamma^2}(qBv_0 - \gamma v')$$
上式中 $v' = v_0 e^{-\frac{\pi \gamma}{2Bq}}$。

因此,有
$$l' = \sqrt{x'^2 + y'^2} = \frac{m}{q^2 B^2 + \gamma^2}\sqrt{(qBv' + \gamma v_0)^2 + (qBv_0 - \gamma v')^2}$$

从上述解答中我们不难看到,粒子运动的位移与路径是不同的,如图 2 所示。

从本题的解答中,我们应注意到这几方面的问题:

① 在自然坐标系下,根据切向与法向的受力来计算速度的大小与方向的变化情况。这是值得我们认真思考与探讨的。

② 在力与速度成正比的背景下用 $ds = vdt$ 替换积分变量,这是一个比较常用的方法。在涉及路程(曲线)与位移(直线)的计算时,此法的优点是十分明显的。

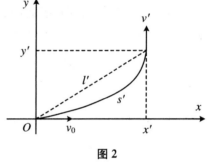

图 2

③ 即便存在洛伦兹力以外的作用力,只要使粒子偏转的作用力只有洛伦兹力,粒子运动速度方向的转动速度便是一个定值。

④ 在自然坐标与直角坐标的转换问题上,本题也极具示范意义。尤其是洛伦兹力的分解,这是容易出错的知识点。

题 151 柱坐标系与粒子在磁场中的漂移运动

如图 1 所示,在原点 O 处有一沿 z 轴正方向(垂直于纸面向外)的恒定电流 I,一带电量为 q、质量为 m 的粒子在 x 轴上距离 O 点 R 处,初始时有沿 y 轴的初速度 v_0。已知 $v_0 \ll \frac{qBR}{m}$,求:

(1) 粒子沿 r 方向的振动周期;

(2) 粒子沿 z 轴方向的平均漂移速度。

【解析】 首先,电流 I 在垂直于电流的平面内产生的磁场可表示为 $\boldsymbol{B} = \frac{\mu_0 I}{2\pi r}\boldsymbol{e}_\theta$,带电粒

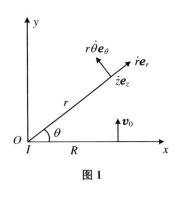

图 1

子的初速度虽然与 e_θ 方向一致,但一定时间后,粒子必然在垂直磁场的方向上运动,所以本题中粒子的运动并不是一个平面运动,而是一个空间运动。其次,将 $v_0 \ll \dfrac{qBR}{m}$ 变形得到 $R \gg \dfrac{mv_0}{qB}$,因为粒子在垂直于磁场方向上的分速度大小必然小于 v_0,所以粒子在垂直磁场方向上运动的线度范围要比 $\dfrac{mv_0}{qB}$ 小得多,因此可认为粒子运动区域的磁感应强度大小近似不变,即保持 $B = \dfrac{\mu_0 I}{2\pi R}$ 近似不变,但这并非匀强磁场。

(1) 基于上述分析,取图 1 所示的圆柱坐标系,其径向、横向及 z 轴方向的单位矢量分别为 e_r、e_θ、e_z。设某时刻粒子运动的速度为 $v = \dot{r} e_r + r\dot{\theta} e_\theta + \dot{z} e_z$,则粒子在运动过程中受到的洛伦兹力为

$$F = qv \times B = q(\dot{r} e_r + r\dot{\theta} e_\theta + \dot{z} e_z) \times Be_\theta = qB(\dot{r} e_z - \dot{z} e_r)$$

根据牛顿运动定律,三个方向的分量分别为

$$m(\ddot{r} - r\dot{\theta}^2) = -qB\dot{z} \qquad ①$$

$$m(r\ddot{\theta} + 2\dot{r}\dot{\theta}) = m\left[\dfrac{1}{r}\dfrac{\mathrm{d}}{\mathrm{d}t}(r^2\dot{\theta})\right] = 0 \qquad ②$$

$$m\ddot{z} = qB\dot{r} \qquad ③$$

由②式并考虑初始条件,得

$$r^2 \dot{\theta} = v_0 R, \quad 即 \quad \dot{\theta} = \dfrac{v_0 R}{r^2} \qquad ④$$

由③式得

$$\dfrac{\mathrm{d}v_z}{\mathrm{d}t} = \dfrac{qB}{m}\dfrac{\mathrm{d}r}{\mathrm{d}t}, \quad 即 \quad \mathrm{d}v_z = \dfrac{qB}{m}\mathrm{d}r$$

所以

$$\dot{z} = v_z = \dfrac{qB}{m}\Delta r \qquad ⑤$$

将④⑤式代入①式,有

$$m\ddot{r} - m\dfrac{v_0^2 R^2}{r^3} = -\dfrac{q^2 B^2}{m}\Delta r, \quad 即 \quad m\ddot{r} = m\dfrac{v_0^2 R^2}{r^3} - \dfrac{q^2 B^2}{m}\Delta r$$

因为 Δr 的范围很小,所以 $r = R + \Delta r$,则

$$m\ddot{r} = m\dfrac{v_0^2 R^2}{(R+\Delta r)^3} - \dfrac{q^2 B^2}{m}\Delta r = m\dfrac{v_0^2}{R}\left(1 - 3\dfrac{\Delta r}{R}\right) - \dfrac{q^2 B^2}{m}\Delta r$$

$$= -\left(3m\dfrac{v_0^2}{R^2} + \dfrac{q^2 B^2}{m}\right)\Delta r + m\dfrac{v_0^2}{R}$$

令 $\dfrac{v_0}{R} = \omega_1$, $\dfrac{qB}{m} = \omega_2$, 则

$$m\ddot{r} = -m(3\omega_1^2 + \omega_2^2)\Delta r + m\omega_1^2 R$$
$$= -m(3\omega_1^2 + \omega_2^2)\left(\Delta r - \dfrac{\omega_1^2 R}{3\omega_1^2 + \omega_2^2}\right)$$

再取 $\Delta r_0 = \dfrac{\omega_1^2 R}{3\omega_1^2 + \omega_2^2}$, 则

$$\ddot{r} = -(3\omega_1^2 + \omega_2^2)(\Delta r - \Delta r_0)$$

进一步取 $r' = \Delta r - \Delta r_0$, 结合 $r = R + \Delta r$, 而 R 和 Δr_0 均为常量, 则 $\ddot{r} = \ddot{r}'$, 所以

$$\ddot{r}' = -(3\omega_1^2 + \omega_2^2)r' = -\omega^2 r'$$

式中 $\omega = \sqrt{3\omega_1^2 + \omega_2^2}$. 上式表明, 粒子在径向上的运动是简谐运动, 运动周期为

$$T = \dfrac{2\pi}{\omega} = \dfrac{2\pi}{\sqrt{3\omega_1^2 + \omega_2^2}}$$

又, $\ddot{r}' = 0$ 时有 $\Delta r = \Delta r_0$, 这表明粒子在径向上振动的平衡位置在 $R + \Delta r_0$ 处, 振幅为 Δr_0.

(2) 由⑤式, 即 $v_z = \dfrac{qB}{m}\Delta r$, 得粒子沿 z 轴方向的平均漂移速度为

$$\overline{v_z} = \dfrac{qB}{m}\overline{\Delta r}$$

因为 $\Delta r \in [0, 2\Delta r_0]$, 所以 $\overline{\Delta r} = \Delta r_0$, 有

$$\overline{v_z} = \omega_2 \Delta r_0 = \dfrac{\omega_2 \omega_1^2 R}{3\omega_1^2 + \omega_2^2}$$

式中 $\omega_1 = \dfrac{v_0}{R}$, $\omega_2 = \dfrac{qB}{m}$, $B = \dfrac{\mu_0 I}{2\pi R}$.

竞赛生阅读本题的解答时不会存在太大的障碍, 但本题有几点在竞赛中不多见的地方:

① 我们研究的带电粒子的运动多为平面运动, 即便是空间运动, 也多以匀强磁场为背景, 而对在非匀强磁场中粒子的空间运动的研究不多见.

② 圆柱坐标虽是竞赛大纲要求必须掌握的内容, 但在竞赛中的运用案例并不多见.

③ 粒子的漂移计算不多见. 所以, 我们可以以本题为示例, 思考这类问题的处理方法.

题 152 地磁场

如图 1 所示, 在水平桌面放着长方形线圈 $abcd$, 已知 ab 边长为 l_1, bc 边长为 l_2, 线圈的总电阻为 R, ab 边正好指向正北方. 现将线圈以南北连线为轴翻转 $180°$, 使 ab 边与 cd 边互换位置. 在翻转的全过程中, 测得通过导线的总电量为 Q_1. 然后维持 ad 边 (东西方向) 不动, 将该线圈绕 ad 边转 $90°$, 使之竖起, 测得竖起过程中流过导线的总电量为 Q_2. 试求该

处地磁场的磁感应强度 B。

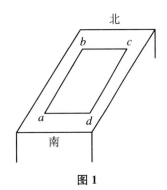

图 1

【解析】 矢量场对某个面的通量的计算,对于竞赛生而言,应该是一个比较基础的内容。但在中学阶段,学生对矢量性质的了解并不全面,在明确通量是标量的前提下,容易对通量的正负产生疑问,认为标量没有正负之别,而忽略了此处的正负是用来表示矢量如何穿过该面的。而这一点若从通量的定义来理解,即矢量 A 对面元 dS 的通量 $d\varphi = A \cdot dS$,正负属性便一目了然。

本题中,除了对磁通量正负应有明确的理解,对地磁场空间属性的正确认识也是解题的关键。由于磁倾角的存在,用不同的方式翻转线圈时,线圈中磁通量大小会发生变化,磁场对线圈的穿越方向也可能发生变化。考虑线圈是在水平面内翻转或竖起的,将地磁场分解为水平分量与竖直分量进行讨论。

本题的另一个解答障碍是,许多人将自己置身于地磁场的环境中,并以此为背景来解答习题。如我们身处北半球,就将北半球磁场的空间分布作为解答的背景模型,并不思考南、北半球地磁场的差异带来的不同结果。我们可从下面的解答中看到南、北半球在本题所涉及的问题中产生的差异。

由于地磁场的存在,无论翻转或竖起,都会使通过回路的磁通量发生变化,从而产生感应电动势,引起感应电流,导致电量传输。

(1) 设在北半球,地磁场 B 可分解为竖直向下的 B_1 和沿水平面由南指北的 B_2,如图 2 所示,其中 B 与水平方向夹角为 θ。

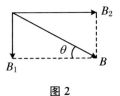

图 2

当线圈翻转 180° 时,初、末磁通量分别为

$$\Phi_1 = B_1 l_1 l_2, \quad \Phi_2 = -B_1 l_1 l_2$$

由

$$\varepsilon = \frac{\Delta \Phi}{\Delta t}, \quad i = \frac{\varepsilon}{R} = \frac{\Delta \Phi}{R \Delta t}$$

可知 Δt 时间内通过导线截面的电量为

$$\Delta q = i \Delta t = \frac{\Delta \Phi}{R}$$

所以在这一过程中有

$$Q_1 = \frac{2 B_1 l_1 l_2}{R}$$

线圈竖起时,B_1、B_2 均有影响,即

$$\Phi_1 = B_1 l_1 l_2, \quad \Phi_2 = B_2 l_1 l_2, \quad Q_2 = \frac{1}{R} |B_2 - B_1| l_1 l_2$$

解得

$$B_1 = \frac{R Q_1}{2 l_1 l_2}, \quad B_2 = \frac{R}{2 l_1 l_2}(Q_1 \pm 2 Q_2)$$

当 $B_2 > B_1$ 或 $\theta < 45°$ 时,取"+";当 $B_2 < B_1$ 或 $\theta > 45°$ 时,取"-"。

因此,地磁场的磁感应强度为

$$B = \sqrt{B_1^2 + B_2^2} = \frac{\sqrt{2}R}{2l_1l_2}\sqrt{Q_1^2 \pm 2Q_1Q_2 + 2Q_2^2}$$

方向为

$$\tan\theta = \frac{B_1}{B_2} = \frac{Q_1}{Q_1 \pm 2Q_2}$$

(2) 设在南半球,B 同样可分解为竖直向上的分量 B_1 和水平面上由南指北的分量 B_2,如图3所示。

同上,有

$$Q_1 = \frac{2B_1l_1l_2}{R}$$

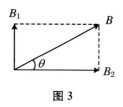

图3

线圈竖起时,初、末磁通量分别为

$$\Phi_1 = -B_1l_1l_2, \quad \Phi_2 = B_2l_1l_2$$

则有

$$\Delta\Phi = \Phi_2 - \Phi_1 = (B_1 + B_2)l_1l_2$$

所以在这一过程中,有

$$Q_2 = \frac{\Delta\Phi}{R} = \frac{(B_1 + B_2)l_1l_2}{R}$$

解得

$$B_1 = \frac{RQ_1}{2l_1l_2}, \quad B_2 = \frac{R}{2l_1l_2}(2Q_2 - Q_1)$$

地磁场的磁感应强度大小为

$$B = \sqrt{B_1^2 + B_2^2} = \frac{\sqrt{2}R}{2l_1l_2}\sqrt{Q_1^2 - 2Q_1Q_2 + 2Q_2^2}$$

方向为

$$\tan\theta = \frac{B_1}{B_2} = \frac{Q_1}{2Q_2 - Q_1}$$

从上述解答中,我们应能体会到:

① 如果不能正确理解磁通量正负的含义,对翻转过程中磁通量变化的计算就很容易出错,甚至将水平翻转时的磁通量变化错误地理解为 $\Delta\Phi = 0$。

② 因为地磁场既有竖直分量又有南北方向的分量,而且竖直分量在南半球和北半球有所不同,正是这种差异导致在线圈竖起的过程中穿过线圈的磁通量不同,而题目并未指明操作在南半球或北半球进行,所以解题过程中应分别讨论。

③ 在北半球对 $Q_2 = \frac{1}{R}|B_2 - B_1|l_1l_2$ 的讨论容易被忽略。毕竟在我们的生活背景下应有 $B_2 > B_1$,因而忽略在北极附近应有 $B_2 < B_1$。这考验了思维的全面性。

④ 线圈的磁通量变化($\Delta\Phi$)与导线中传输的电量(Δq)之间的关系$\left(\Delta q = \dfrac{\Delta\Phi}{R}\right)$在电磁感应问题中应用的频率很高。

题 153 动生电动势的计算

如图 1 所示,一很长的薄导体平板沿 x 轴放置,板面处于水平位置,板的宽度为 L,电阻可忽略不计;$aebcfd$ 是圆弧形均匀导线,电阻为 $3R$,圆弧所在的平面与 x 轴垂直。圆弧的两端 a 和 d 与导体板的两个侧面接触,并可在其上滑动。圆弧 ae、eb、cf、fd 的长度均为 1/8 圆周长,圆弧 bc 的长度为 1/4 圆周长。一内阻为 $R_g = nR$、体积很小的电压表位于圆弧的圆心 O 处,电压表的两端分别用电阻可忽略的直导线与 b 点和 c 点相连。整个装置处于磁感应强度为 B、竖直向上的匀强磁场中。若导体板不动,圆弧导线与电压表一起以恒定速度 v 沿 x 轴方向平移运动,求:

(1) 电压表的读数;
(2) e 点与 f 点的电势差 U_{ef}。

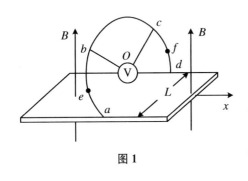

图 1

【解析】 从本质上讲,感应电动势的产生源于线圈内磁通量的变化。通常情况下其表现方式为:要么是磁场的变化产生了涡旋电场,推动导体内的电荷运动,进而产生电动势;要么是导体在磁场中做切割磁感线的运动,导致导体内的自由电荷受到洛伦兹力的作用而定向移动,进而产生电动势;当然,也可能两者皆有。

本题显然是导体切割磁感线而产生电动势的情形,即电动势为动生电动势。

为了便于本题的计算,我们先证明动生电动势的一个结论。

引理 任意形状的导线在磁场中垂直切割磁感线时产生的电动势为 $E = Blv$,式中 B 为磁感应强度,l 为切割磁感线的有效长度,v 为导体的运动速度。

引理的证明 如图 2 所示,将任意形状的金属棒 PQ 置于导体框架 $abcd$ 上,金属棒以速度 v 在磁场中垂直切割磁感线,则在 Δt 时间内金属棒扫过的面积为 $lv\Delta t$,回路 $PbcQP$ 内产生的电动势为

$$E = \frac{\Delta\Phi}{\Delta t} = Blv$$

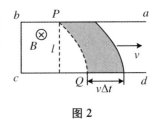

图 2

由于回路的电动势仅由金属棒的运动引起,故回路的电动势即为金属棒切割磁感线而产生的电动势,这一电动势的大小显然与金属棒的形状无关。

引理得证。

利用上述引理,我们很容易得到题中各部分的电动势大小。

(1) 当圆弧形导线和电压表的连线在磁场中运动时,各段导线都切割磁感线,从而都有感应电动势。由图3并结合上述引理可知:

弧 bc 段的感应电动势大小为 $E_1 = Blv$;

弧 ae 段的感应电动势大小为 $E_2 = \dfrac{\sqrt{2}-1}{2} Blv$;

弧 eb、cf、fd 各段的感应电动势大小都等于 E_2;

连接电压表的每根导线中的感应电动势大小都为 $E_3 = \dfrac{1}{2} Blv$。

各电动势的方向均可用右手定则进行判断。

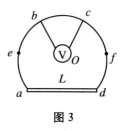

图 3

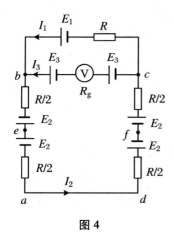

图 4

由以上分析可得如图4所示的等效电路。设各导线中的电流分别为 I_1、I_2 和 I_3,方向如图4所示。对电路图中的两个回路分别应用基尔霍夫定律,得

$$I_1 R - I_3 R_g = E_1 - 2E_3$$
$$I_1 R + 2I_2 R = E_1$$
$$I_1 + I_3 = I_2$$

联立上述各式并将 $R_g = nR$ 代入,得

$$I_1 = \dfrac{nBlv}{(3n+2)R}, \quad I_2 = \dfrac{(n+1)Blv}{(3n+2)R}, \quad I_3 = \dfrac{Blv}{(3n+2)R}$$

故电压表的读数为

$$U_V = I_3 R_g = \dfrac{nBlv}{3n+2}$$

(2) 由 $eadf$ 支路可得 e 点与 f 点的电势差为

$$U_{ef} = I_2 \cdot \dfrac{R}{2} + I_2 \cdot \dfrac{R}{2} + 2E_2 = \left(\dfrac{n+1}{3n+2} + \sqrt{2} - 1 \right) Blv$$

从上述解答中我们不难看出,将感应电动势植入电路,它实际上就是直流电路中的一个电源。我们将切割磁感线的模型转换为电路模型,得到的便是一个含源电路的模型,再利用相关的电路知识,问题很快便得到了解答。寻找电源—求电动势—转换电路—运用电路知识求解是处理电磁感应问题的基本流程。

对于本题,很多同学还存在一个疑问:回路 $aebcfda$ 中的磁通量始终为零,回路中的感应电动势不就为零了吗?电路中怎么会出现电流呢?

用静态的眼光看,回路的磁通量的确为零,但在上部线圈运动的过程中,下面的导体板并没有运动,那么,在导体板上的 a、d 间不论取什么样的路径与上部线圈构成回路,回路中的磁通量都会发生改变,进而产生电流。可见,法拉第电磁感应定律适合任何情境。

题 154 感生电动势的计算

半径为 $r = 20$ cm 的圆柱形空间内的均匀磁场 B 随时间作线性变化 $B = kt$ $\left(k = \dfrac{225}{\pi}\ \text{T/s}\right)$。用分别为 $R_1 = 30\ \Omega$ 与 $R_2 = 60\ \Omega$ 的半圆弧形电阻 MPN 和 MQN 接成圆环同轴地套在圆柱形空间外,其截面如图 1 所示。两半圆弧电阻连接处 M、N 点用 $R_{MN} = 30\ \Omega$ 的直电阻丝 MON 相连。

(1) 求 M、N 两点间的电势差 U_{MN}。

(2) 在环外用多大阻值的电阻丝连接 M、N 点可使直电阻丝 MON 上的电流为零?

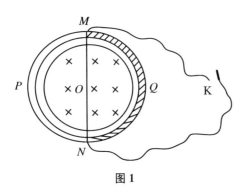

图 1

【解析】 电磁感应类试题的背景通常都是用框架结构的模型呈现给我们的,电路中的电源隐含在结构中。处理这类题目,我们首要的工作是找准电源并求得电动势的大小。

本题中,半圆弧形 MPN 和 MQN 构成一个圆环,易知在磁场变化时半圆弧产生的电动势为整个圆环产生的电动势 E 的一半,即 $E_1 = E_2 = \dfrac{E}{2}$。而中间的直导线 MON 产生的电动势为零,确定这一点有一定的难度。

一旦确定了电源及电动势的大小,电磁感应问题便转为了电路问题,此时的电路一般含有多个电源。为了方便计算,一般都应将题目给出的结构模型转换为电路模型。若能熟练运用基尔霍夫定律或戴维南定理,则电路问题已经不再是难点。

(1) 先求出整个圆环的总电动势:

$$E = \pi r^2 \cdot \frac{\Delta B}{\Delta t} = 9\ \text{V}$$

由对称性易知半圆弧形 MPN 和 MQN 的电动势为

$$E_1 = E_2 = \frac{E}{2} = 4.5\ \text{V}$$

对于直导线 MON 的电动势可以这样理解:由于磁场是圆柱形的,当它变化时,其涡旋电场的电场线是以 O 为圆心的一系列同心圆,则 MON 处的电场线处处都与 MN 垂直,因此该电场不会推动该导线内的电荷沿 MN 运动,故直导线 MON 的电动势 $E_{MN} = 0$ V。

我们也可以这样求 E_{MN}:选取回路 $MONPM$ 或 $MONQM$,由法拉第电磁感应定律易知回路的电动势为 $\dfrac{E}{2}$,而前面已经得出半圆弧 MPN 或 MQN 的电动势也恰好为 $\dfrac{E}{2}$,故有 $E_{MN} = 0$ V。

所以，不含 MKN 支路的等效电路如图 2 所示。

设流过 E_1 的电流为 I_1，方向为向下，流过 E_2 的电流为 I_2，方向为向上，则 MN 支路中的电流为 $I_2 - I_1$，方向为向下。

对于 E_1-R_1-N-R_{MN}-M-E_1 回路，有
$$E_1 - I_1 R_1 + (I_2 - I_1) R_{MN} = 0$$
对于 E_2-M-R_{MN}-N-R_2-E_2 回路，有
$$E_2 - I_2 R_2 - (I_2 - I_1) R_{MN} = 0$$
联立上述二式，解得 $I_1 = 0.12 \text{ A}$，$I_2 = 0.09 \text{ A}$。故
$$U_{MN} = (I_2 - I_1) R_{MN} = -0.9 \text{ V}$$

图 2

(2) 在 M、N 两端接入电阻丝后，由于电阻丝处无磁场，很多学生易将其结构图等效为图 3 所示的电路图。

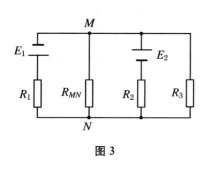

图 3

但图 3 所示的等效电路是错误的。虽然后接入的电阻丝不在磁场中，但变化的磁场产生的涡旋电场分布在整个空间。也就是说，导线 MKN 也处于涡旋电场中，该电场同样能使该导线两端产生电动势。换句话说，MKN 也是一个电源。

对于 MKN 支路的电动势，我们可选择回路 MKNQM（总电动势为零）求得，也可选择回路 MKNOM（总电动势为 $\frac{E}{2}$）或回路 MKNPM（总电动势为 E）求得。

由上分析易知，MKN 支路的电动势为 $E_3 = \frac{E}{2} = 4.5 \text{ V}$。

闭合电键 K 时，其等效电路如图 4 所示。

若电阻丝 MON 上的电流为零，则图 4 中各支路两端的电势差均为零，比较 E_2、E_3 两并联支路，由于 $E_2 = E_3$，只有当 $R_2 = R_3 = 60 \text{ Ω}$ 时，才能保证两支路两端的电压为零，即 $U_{MN} = 0 \text{ V}$。

所以，环外电阻丝的电阻为 60 Ω，可使直电阻丝 MON 上的电流为零。

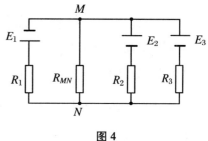

图 4

如同本题，在电磁感应类的试题中，命题人往往会在结构上将电源隐藏起来，只要我们能挖掘出电源，计算其电动势，并将其转化为电路，问题也就得到了解决。

题 155　磁场变化区域中杆的电动势的计算

如图 1 所示,在半径为 r 的无限长圆柱形区域内有匀强磁场,磁感应强度 B 的方向与圆柱的轴平行。一根长为 r 的细金属杆与磁场方向垂直地放在磁场区域内,杆的两端恰在圆周上。设 B 随时间 t 的变化率为 k,即 $\frac{\Delta B}{\Delta t} = k$,求杆上的感应电动势。

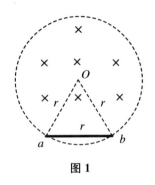

图 1

【解析】　前面我们说过,在中学阶段讨论的感应电动势产生方式主要有两种:一种是导体棒在磁场中切割磁感线,在这种情况下产生的电动势称为动生电动势;另一种是导体线圈中的磁通量发生变化,其表现形式也比较确定,即线圈内部的磁场发生变化,进而在线圈内部产生电动势,在这种情况下产生的电动势称为感生电动势。

从对感生电动势的理解中我们不难知道,变化的磁场也能让一根导体棒产生电动势,而要求变化的磁场对静止的导体棒产生的感生电动势,则需知道变化的磁场产生的感生电场的分布,并且这种分布还是可求的。

由于本题给定的磁场是圆柱形的,产生的涡旋电场是中心旋转对称的,不论金属棒是否在磁场区域中,我们都可以通过积分的手段求得棒上感生电动势的大小。

方法 1　如图 2 所示,圆柱形磁场区域的半径亦为 r,在杆上取一微元 dl,则 dl 与圆心 O 的距离为 $\frac{r\cos 30°}{\cos\theta} = \frac{\sqrt{3}r}{2\cos\theta}$,该处的涡旋电场强度 $E_{电场}$ 的大小为

$$E_{电场} = \frac{\sqrt{3}r}{4\cos\theta}\frac{\Delta B}{\Delta t}$$

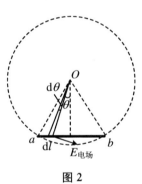

图 2

再假设因磁场 B 变化而产生的涡旋电场是逆时针方向(这不影响电动势大小的计算)的,电场在 dl 上产生的电动势大小为

$$dE = E_{电场} \cdot dl = E_{电场} dl\cos\theta = \frac{\sqrt{3}r}{4}\frac{\Delta B}{\Delta t}dl$$

所以杆上的电动势为

$$E = \frac{\sqrt{3}r}{4}\frac{\Delta B}{\Delta t}\int_0^r dl = \frac{\sqrt{3}}{4}kr^2$$

上面的解答体现了答题者对涡旋电场和微积分内容的掌握与应用较为娴熟。实际上,对于此类圆柱形磁场区域内变化的磁场引起的感应电动势,只要给定金属杆的具体位置,我们都可以通过上述方法求得相应的结果。对于一般的高中生而言,这些内容并不是必须掌握的内容。但根据本题模型所包含的对称性,我们可在无须明确涡旋电场大小的情况下,仅

运用高中有限的知识得到正确的结果。

方法 2 如图 3 所示,在磁场的边界圆内构造一个对称的正六边形,则这一正六边形的面积为

$$S_{六边形} = \frac{3\sqrt{3}}{2}r^2$$

整个正六边形产生的电动势为

$$E_{总} = \frac{\Delta \varphi}{\Delta t} = \frac{\Delta B}{\Delta t}S_{六边形} = kS_{六边形}$$

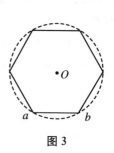

图 3

再由对称性易知,ab 杆中感应电动势为 $E = \dfrac{E_{总}}{6}$,所以

$$E = \frac{\sqrt{3}}{4}kr^2$$

上述解法运用的是整体对称的思维方法,回避了涡旋电场的分布及大小,其解答可谓简单明了。

这种解法显然对于不学竞赛的考生也是可以接受的,因为它并没有超出常规教学的要求。若有人认为它超出常规教学的内容,则我们只需反问:若先给出图 3 所示的模型,再让学生求解 ab 杆的电动势,可以吧?我想,不会有人怀疑这是可以的。

当然,这种解答也有局限性,它对杆的长度有要求,若以 ab 为边长构成不了圆柱形的内接正多边形,这种方法也就失效了。下面的解法便避开了这一问题。

方法 3 我们先讨论一个对称性问题:

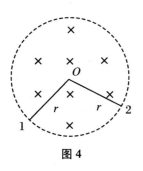

图 4

如图 4 所示,将一根长度为 r 的导体棒按图示的方式放在题述的磁场中,由于棒的一端在圆的边界上,另一端在圆心,这种放法的结果是:当磁场均匀变化时,不论导体棒的方位如何,如图中的 1、2,因磁场变化而在导体棒内产生的电动势大小一定是相同的,而方向也是要么都向外,要么都向里。当然,它们产生的电动势也可能都为零(事实上,当杆如图所示放置时,杆上的电动势的确为零)。

这一结论是由对称性确定的。

再在磁场中构造如图 5 所示的闭合回路。由前面的对称性分析可知,当磁场均匀变化时,不论 Oa、Ob 产生的电动势如何,在回路 $OabO$ 中 Oa、Ob 两杆的电动势总是反接的(或本身就为零),Oa、Ob 两杆对回路的总电动势的贡献总为零,则回路 $OabO$ 的电动势完全由 ab 杆提供,即回路的电动势为 ab 杆所产生的电动势。

由法拉第电磁感应定律可知

$$E = \frac{\Delta \varphi}{\Delta t} = \frac{\Delta B}{\Delta t}S_{Oab} = \frac{\sqrt{3}}{4}kr^2$$

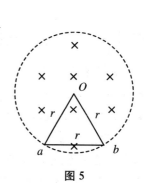

图 5

上述解答的意义不仅仅是求得了 ab 杆中的电动势,更告诉我

们，此法对 ab 杆的长度、形状及位置并无特别的要求。因此，上述解答是具有普遍意义的解答。

本解答中对对称性的挖掘不是一般的学生能做到的，能力要求是很高的。如果将方法 2 中的整体思维与对称性结合方法 3 中对闭合电路的讨论，还可得到下面的解答。

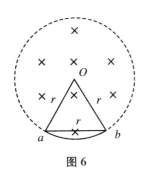

图 6

方法 4 以题目的模型为基础，构造如图 6 所示的弓形闭合回路，这个回路可视为由弧 ab 和弦 ab 组成。当磁场发生变化时，回路产生的电动势是上述两部分产生的电动势的叠加。

类似于方法 1，构造一个恰好包含磁场边界的圆环，当磁场变化时，很容易求得整个圆环产生的感生电动势为 $k\pi r^2$，再由对称性知弧 ab 产生的电动势 E_1 是整个圆环的感生电动势的 $\frac{1}{6}$，即 $E_1 = \frac{1}{6}k\pi r^2$。

整个弓形的感生电动势 E_0 可由法拉第电磁感应定律求得：

$$E_0 = \frac{\Delta \varphi}{\Delta t} = \frac{\Delta B}{\Delta t}\left(\frac{1}{6}\pi r^2 - \frac{\sqrt{3}}{4}r^2\right) = \left(\frac{\pi}{6} - \frac{\sqrt{3}}{4}\right)kr^2$$

如设弦 ab 产生的电动势为 E，则有 $E_1 + E = E_0$，即

$$\frac{1}{6}k\pi r^2 + E = \left(\frac{\pi}{6} - \frac{\sqrt{3}}{4}\right)kr^2$$

解得

$$E = -\frac{\sqrt{3}}{4}kr^2$$

这里的"-"表示弦 ab 产生的电动势方向与回路中电动势的方向相反。

从本题的 4 种解答中，我们既能看到知识的应用，也能体会能力的彰显。特别是后 3 种解答，完全是在高中所要求掌握的知识的基础上进行的。可见，用中学的知识处理普通物理的问题并非不能。

题 156　磁流体发电机

图 1 和图 2 是磁流体发电机的工作原理示意图。图 1 中的长方体是发电导管，其中空部分的长、高、宽分别为 l、a、b，前后两个侧面是绝缘体，上下两个侧面是电阻可忽略的导体电极，这两个电极与负载电阻 R_L 相连。整个发电导管处于图 2 所示磁场线圈产生的匀强磁场里，磁感应强度为 B，方向如图所示。发电导管内有电阻率为 ρ 的高温、高速电离气体，气体沿导管向右流动，并通过专用管道导出。由于运动的电离气体受到磁场作用，产生了电动势。发电导管内电离气体的流速随磁场有无而不同。设发电导管内电离气体的流速处处相同，且不存在磁场时电离气体的流速为 v_0，电离气体所受摩擦阻力总与流速成正比，发电导

管两端的电离气体压强差 Δp 维持恒定,试求磁流体发电机的电动势 E 的大小。

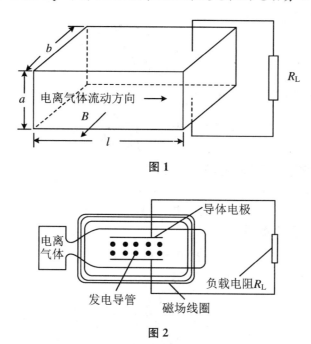

图 1

图 2

【解析】 磁场对运动电荷有力的作用,利用作用力的性质,人们制作了很多重要的电学仪器,如速度选择器、等离子发电机、霍尔元件、电磁泵、流量计、质谱仪、回旋加速器等,这些仪器的基本原理大多可以用中学物理的相关知识进行论证、描述。本题以等离子体发电机的模型为背景,考查答题者对相关知识综合应用的能力。

由于中学生对磁流体发电机的结构生疏,命题人用空间结构图介绍了磁流体发电机的核心部分——发电导管,然后用剖面图说明了发电导管的位置及整体结构。答题者首先要将这两者的结构与功能匹配起来,为理解发电机的工作原理做好铺垫。

高温、高速的电离气体(可视为等离子体)在穿过发电导管的过程中,在发电导管中的磁力作用下,部分正、负离子会分别落在发电导管的上下两导体电极上,从而在两导体电极间产生电势差,它会在两电极间产生电场阻碍离子落向电极,同时也会在负载电阻 R_L 上产生电流输出电能。

从上述电荷通过发电导管的过程看,外力推动等离子体流过发电导管的过程是其他形式的能量转化为电能的过程。当然,这里外力的做功也包含离子动能的减少。对这一过程中的工作情况,我们可以从力的平衡与能量守恒两方面考虑。

方法 1 不存在磁场时,管道两端的压力差与离子运动受到的阻力 F 构成平衡力,于是得

$$F = ab\Delta p$$

磁场存在时,运动的等离子气体相当于很多根长度为 a 的导体杆在切割磁感线,这些导体杆组合在一起总的横截面积为 bl。设气体的流速为 v,则磁流体发电机的电动势为

$$E = Bav$$

此时回路中的电流为

$$I = \frac{Bav}{\frac{\rho a}{bl} + R_L}$$

电流 I 受到的安培力为

$$F_安 = BIa = \frac{B^2 a^2 v}{\frac{\rho a}{bl} + R_L}$$

设 F' 为存在磁场时的摩擦阻力,依题意得

$$\frac{F'}{F} = \frac{v}{v_0}$$

存在磁场时,由力的平衡得

$$ab\Delta p = F_安 + F'$$

根据上述各式解得

$$E = \frac{Bav_0}{1 + \frac{B^2 av_0}{b\Delta p\left(\frac{\rho a}{bl} + R_L\right)}} \qquad ①$$

方法 2 不存在磁场时,由力的平衡得管道两端的压力差为

$$F = ab\Delta p = \alpha v_0$$

由此得

$$\alpha = \frac{ab\Delta p}{v_0}$$

(α 为气体所受摩擦力与气体速度的比例系数。)

存在磁场时,外界压力的功率等于气体克服摩擦力的功率加上消耗在内、外电阻上的电功率,即

$$ab\Delta pv = \alpha v \cdot v + \frac{E^2}{\frac{\rho a}{bl} + R_L}$$

当气体稳定流动的时候,其中的带电粒子受到的洛伦兹力和电场力应该平衡,即

$$qvB = q\frac{E}{a} \qquad ②$$

由此可得气体的速度为

$$v = \frac{E}{Ba}$$

由以上各式可以得到

$$\frac{\Delta pbE}{B} = \frac{ab\Delta p}{v_0}\left(\frac{E}{Ba}\right)^2 + \frac{E^2}{\frac{\rho a}{bl} + R_L}$$

整理后同样可得产生的电动势为

$$E = \frac{Bav_0}{1 + \dfrac{B^2 a v_0}{b\Delta p\left(\dfrac{\rho a}{bl} + R_L\right)}}$$

上述解答中的方法 1 是从离子的受力平衡的角度出发来求解的,而方法 2 是利用系统的能量守恒来求解的,结果是一样的。

阅读本题的解答时,我们注意①式与②式是同一表达式,但它们是从不同的模型得到的。我们在解答习题时,总少不了建立一些过渡模型,而所有的过渡模型都要考虑到适用的规律,能将模型与规律的应用匹配起来。

前面我们已经说过,带电粒子在磁场中的运动模型有很多,平时我们也无法一一接触。但我们遇到新模型时,要善于联想,将已知规律的应用与相应的模型、问题联系起来。

题 157 电磁炮

某电磁轨道炮的简化模型如图 1 所示,两圆柱形固定导轨相互平行,其对称轴所在平面与水平面的夹角为 θ,两导轨的长均为 L、半径均为 b、每单位长度的电阻均为 λ,两导轨之间的最近距离为 d(d 很小)。一质量为 m(m 较小)的金属弹丸(可视为薄片)置于两导轨之间,弹丸的直径为 d、电阻为 R,与导轨保持良好接触。两导轨下端横截面共面,下端(通过两根与相应导轨同轴的、较长的硬导线)与一电流为 I 的理想恒流源(恒流源内部的能量损耗可不计)相连。不考虑空气阻力和摩擦阻力,重力加速度大小为 g,真空磁导率为 μ_0。考虑一弹丸自导轨下端从静止开始被磁场加速直至射出的过程。

(1) 求弹丸在加速过程中所受到的磁场作用力。

(2) 求弹丸的出射速度。

(3) 求在弹丸加速过程中任意时刻以及弹丸出射时刻理想恒流源两端的电压。

(4) 求在弹丸的整个加速过程中理想恒流源所做的功。

(5) 在 $\theta = 0°$ 的条件下,若导轨和弹丸的电阻均可忽略,求弹丸射出时的动能与理想恒流源所做的功之比。

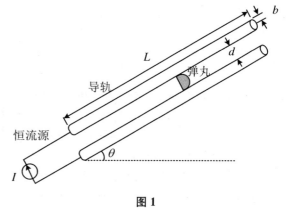

图 1

【解析】 本题是第 36 届全国中学生物理竞赛复赛的一道试题,它以电磁炮模型为背景,全面考查电流的磁场、磁通量、恒流源电路、法拉第电磁感应定律、安培力、功能关系等一系列的知识点与方法。

从模型上看,恒流源、导轨、弹丸共同构成电路回路,弹丸处于导轨电流产生的磁场中。由于两导轨的距离很小,导轨相对于弹丸而言显然是无限长的,但导轨中的电流在弹丸处折返,因此电流对弹丸而言并不是无限长的,而是半无限长的,这是此模型一个意外的特点,也是一隐含条件。于是,我们首先需要求出半无限长的电流 I 在弹丸处产生的磁感应强度。

从对称的角度考虑,一根无限长的电流导轨可以视为两根半无限长的电流导轨拼接而成,在拼接处垂直于电流的平面上距离电流 r 处的磁感应强度为 $B_r = \dfrac{\mu_0 I}{2\pi r}$,方向由安培定则确定。由于所有电流在该处产生的磁场的方向都相同,故半无限长的电流在该处产生的磁感应强度为无限长电流的一半,即

$$B'_r = \dfrac{\mu_0 I}{4\pi r}$$

当然,我们也可直接通过毕奥-萨伐尔定律 $\mathrm{d}\boldsymbol{B} = \dfrac{\mu_0 I \mathrm{d}\boldsymbol{l} \times \boldsymbol{r}}{4\pi r^3}$ 进行计算。

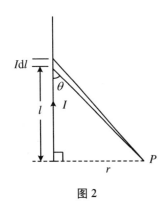

图 2

如图 2 所示,半无限长电流上的电流元 $I\mathrm{d}l$ 在图中 P 点产生的磁感应强度大小为

$$B'_r = \dfrac{\mu_0 I}{4\pi}\int_0^\infty \dfrac{\mathrm{d}l}{l^2 + r^2}\sin\theta = \dfrac{\mu_0 I}{4\pi}\int_0^\infty \dfrac{\mathrm{d}l}{l^2 + r^2}\dfrac{r}{\sqrt{l^2+r^2}} = \dfrac{\mu_0 I}{4\pi r}$$

结果一致。此结果作为后续解答的引理。

(1) 由于弹丸的直径 d 很小,每根载流导轨均可视为半无限长载流直导线,弹丸处的磁场为两根半无限长电流在其端面上产生的磁场的叠加。由前述的引理可得,弹丸上到某导轨轴线的距离为 r' 处的磁场的磁感应强度大小为

$$B = \dfrac{\mu_0 I}{4\pi r'} + \dfrac{\mu_0 I}{4\pi(d+2b-r')}$$

方向垂直于两导轨对称轴所在的平面向下。弹丸长为 $\mathrm{d}r'$ 的一段所受到的磁场作用力(安培力)为

$$\mathrm{d}F = IB\mathrm{d}r' = \left[\dfrac{\mu_0 I}{4\pi r'} + \dfrac{\mu_0 I}{4\pi(d+2b-r')}\right]I\mathrm{d}r'$$

方向平行于导轨斜向上。弹丸受到的安培力大小为

$$F = \int \mathrm{d}F = \int_b^{d+b}\left[\dfrac{\mu_0 I}{4\pi r'} + \dfrac{\mu_0 I}{4\pi(d+2b-r')}\right]I\mathrm{d}r' = \dfrac{\mu_0 I^2}{2\pi}\ln\dfrac{d+b}{b}$$

方向平行于导轨轴线斜向上。

或许有人会提出这样的疑问:既然 d 很小,为何不将两导轨间的磁场视为匀强磁场呢?由于 d 很小是相对于导轨的长度而言的,但它相对于弹丸的直径而言,数量级是等大的,自然不能视为无穷小了,故必须给出 d 线度上各点的场强 B 的大小。

(2) 由(1)的结果知,弹丸受到的安培力恒定,故弹丸做匀加速直线运动。设弹丸的加速度大小为 a,由牛顿第二定律有

$$F - mg\sin\theta = ma$$

将 F 代入上式,得弹丸的加速度大小为

$$a = \frac{\mu_0 I^2}{2\pi m}\ln\frac{d+b}{b} - g\sin\theta$$

方向平行于导轨轴线斜向上。

考虑到初速度为零,弹丸的出射速度 $v_{\max}$ 满足

$$v_{\max}^2 = 2aL$$

解得

$$v_{\max} = \sqrt{2L\left(\frac{\mu_0 I^2}{2\pi m}\ln\frac{d+b}{b} - g\sin\theta\right)}$$

方向平行于导轨轴线斜向上。

由于弹丸被加速,应有

$$\frac{\mu_0 I^2}{2\pi m}\ln\frac{d+b}{b} > g\sin\theta$$

(3) 由于电路由恒流源、导轨及弹丸构成,导轨的长度随时间而增长,很多人会不假思索地根据回路定律给出电源两端的电压为

$$U = I(2\lambda l + R)$$

殊不知,在上述回路中,由于弹丸的运动,回路的面积会发生变化,而回路的电流并不变化,故回路的磁通量会发生变化,根据法拉第电磁感应定律,回路会产生相应的感生电动势 ε,而上述表达式显然忽视了感应电动势的存在。

对于回路中的磁通量及感应电动势的存在,试题没有作任何说明或者暗示。命题人显然将这一问题置于隐含条件中,让答题者去挖掘。若答题者对这一内容理解不到位,或者在思维的全面性上存在缺陷,都会导致答题失误。

下面我们先来求回路中的磁通量。

两导轨之间距离某导轨轴线 r 处(不一定是弹丸上的点)的磁场为

$$B_r = \frac{\mu_0 I}{2\pi r} + \frac{\mu_0 I}{2\pi(d+2b-r)}$$

两导轨各自从下端开始长为 l 的一段以及弹丸长为 $\mathrm{d}r$ 的一段所组成的平面回路中的磁通量为

$$\mathrm{d}\Phi = B_r l\mathrm{d}r = \left[\frac{\mu_0 I}{2\pi r} + \frac{\mu_0 I}{2\pi(d+2b-r)}\right]l\mathrm{d}r$$

两导轨各自从下端开始长为 l 的一段以及弹丸所组成的平面回路中的磁通量为

$$\Phi = \int_b^{d+b}\left[\frac{\mu_0 I}{2\pi r} + \frac{\mu_0 I}{2\pi(d+2b-r)}\right]l\mathrm{d}r$$

$$= \frac{\mu_0 Il}{\pi}\ln\frac{d+b}{b}$$

阅读至此,我们可能已经注意到了在回路中的磁场大小上,我们的取值是无限长电流产生的磁场 $\frac{\mu_0 I}{2\pi r}$,而不是半无限长电流产生的磁场 $\frac{\mu_0 I}{4\pi r}$,为什么会这样呢?

的确，在半无限长电流的端面上，磁感应强度大小为 $\frac{\mu_0 I}{4\pi r}$，回路内靠近端面处的磁感应强度与无限长电流的磁场有差异，但这个区域相对于整个回路而言是无穷小的，是可以忽略的。即便我们考虑这种小的差异，但这个差异总出现在无限长回路的末端，是一个常量，它对回路磁通量的变化并不产生影响。即将磁通量写作 $\Phi = \frac{\mu_0 I l}{\pi} \ln \frac{d+b}{b} - \Phi_0$，其中 Φ_0 为回路末端因磁感应强度不满足 $\frac{\mu_0 I}{2\pi r}$ 而产生的差值，但这并不影响后面对感应电动势的计算。

根据法拉第电磁感应定律，回路的感应电动势为

$$\varepsilon = -\frac{d\Phi}{dt} = -\frac{\mu_0 I v}{\pi} \ln \frac{d+b}{b}$$

式中 $v = \frac{dl}{dt}$ 是弹丸沿导轨运动的速度，由全电路的欧姆定律得

$$U + \varepsilon = 2\lambda l I + IR$$

式中 U 为恒流源两端的电压，弹丸做匀加速直线运动，在通电后任意时刻 t 有

$$v = at, \quad l = \frac{1}{2}at^2$$

由上述各式可得

$$U = 2\lambda I \frac{1}{2}at^2 + IR + \frac{\mu_0 I}{\pi} \ln \frac{d+b}{b} at$$

即

$$U = \lambda I \left(\frac{\mu_0 I^2}{2\pi m} \ln \frac{d+b}{b} - g\sin\theta \right) t^2 + IR + \frac{\mu_0 I}{\pi} \ln \frac{d+b}{b} \left(\frac{\mu_0 I^2}{2\pi m} \ln \frac{d+b}{b} - g\sin\theta \right) t$$

又，弹丸的加速时间为

$$T = \frac{v_{\max}}{a} = \sqrt{2L} \left(\frac{\mu_0 I^2}{2\pi m} \ln \frac{d+b}{b} - g\sin\theta \right)^{-1/2}$$

则弹丸射出时电源两端的电压为

$$U_T = 2\lambda IL + IR + \frac{\sqrt{2L}\mu_0 I}{\pi} \ln \frac{d+b}{b} \sqrt{\frac{\mu_0 I^2}{2\pi m} \ln \frac{d+b}{b} - g\sin\theta}$$

（4）在弹丸的整个加速过程中，恒流源所做的功为

$$W = \int_0^T UI dt = \int_0^T \lambda I^2 \left(\frac{\mu_0 I^2}{2\pi m} \ln \frac{d+b}{b} - g\sin\theta \right) t^2 dt + \int_0^T I^2 R dt$$
$$+ \int_0^T \frac{\mu_0 I^2}{\pi} \ln \frac{d+b}{b} \left(\frac{\mu_0 I^2}{2\pi m} \ln \frac{d+b}{b} - g\sin\theta \right) t dt$$

下面依次计算上式中右边的第一项 W_1、第二项 W_2 和第三项 W_3：

$$W_1 = \int_0^T \lambda I^2 \left(\frac{\mu_0 I^2}{2\pi m} \ln \frac{d+b}{b} - g\sin\theta \right) t^2 dt = \frac{1}{3} \lambda I^2 \left(\frac{\mu_0 I^2}{2\pi m} \ln \frac{d+b}{b} - g\sin\theta \right) T^3$$
$$= \frac{2\sqrt{2}\lambda I^2 L^{3/2}}{3} \left(\frac{\mu_0 I^2}{2\pi m} \ln \frac{d+b}{b} - g\sin\theta \right)^{-1/2}$$

$$W_2 = I^2RT = \sqrt{2L}I^2R\left(\frac{\mu_0 I^2}{2\pi m}\ln\frac{d+b}{b} - g\sin\theta\right)^{-1/2}$$

$$W_3 = \frac{\mu_0 I^2}{2\pi}\ln\frac{d+b}{b}\left(\frac{\mu_0 I^2}{2\pi m}\ln\frac{d+b}{b} - g\sin\theta\right)T^2 = \frac{\mu_0 I^2 L}{\pi}\ln\frac{d+b}{b}$$

于是

$$W = W_1 + W_2 + W_3 = \sqrt{2L}I^2\left(\frac{2\lambda L}{3} + R\right)\left(\frac{\mu_0 I^2}{2\pi m}\ln\frac{d+b}{b} - g\sin\theta\right)^{-1/2} + \frac{\mu_0 I^2 L}{\pi}\ln\frac{d+b}{b}$$

分步计算既清晰明了也能降低出错率,值得同学们效仿。

(5) 弹丸射出时的动能为

$$E_{kmax} = \frac{1}{2}mv_{max}^2 = mL\left(\frac{\mu_0 I^2}{2\pi m}\ln\frac{d+b}{b} - g\sin\theta\right) = \frac{\mu_0 I^2 L}{2\pi}\ln\frac{d+b}{b} - mgL\sin\theta$$

在 $\theta = 0°$ 的条件下,弹丸射出时的动能为

$$E_{kmax} = \frac{\mu_0 I^2 L}{2\pi}\ln\frac{d+b}{b}$$

若导轨和弹丸的电阻可忽略,即 λ 与 R 均视为零,则恒流源所做的功为

$$W = \frac{\mu_0 I^2 L}{\pi}\ln\frac{d+b}{b}$$

弹丸射出时的动能与恒流源所做的功之比为

$$\eta = \frac{E_{kmax}}{W} = 50\%$$

回头再看本题的解答,是否能挖掘出命题人设置的隐含条件(陷阱),充分体现了答题者在模型理解与知识运用方面的能力。

本题还有一个非常鲜明的特点,即设置多个小问,每个小问之间既有一定的关联也逐步推进,解答时有种一步一个台阶的感觉。这种命题方式是目前竞赛试题的一大特点。

题 158 动车式感应电路

如图 1 所示,PQQ_nP_n 是由若干正方形导线方格 PQQ_1P_1,$P_1Q_1Q_2P_2$,$P_2Q_2Q_3P_3$,$\cdots$,$P_{n-1}Q_{n-1}Q_nP_n$ 构成的网络,方格每边的长度为 $l = 10.0$ cm。边 QQ_1,Q_1Q_2,Q_2Q_3,$\cdots$ 与边 PP_1,P_1P_2,P_2P_3,$\cdots$ 的电阻都等于 r,边 PQ,P_1Q_1,P_2Q_2,$\cdots$ 的电阻都等于 $2r$。已知 P、Q 两点间的总电阻为 cr,c 是已知数。在 $x > 0$ 的半空间分布有随时间 t 均匀增加的匀强磁场,磁场方向垂直于 Oxy 平面指向纸里,如图 2 所示。今令导线网络 PQQ_nP_n 以恒定的速度 $v = 5.0$ cm/s 沿 x 轴方向运动并进入磁场区域,在运动过程中方格的边 PQ 始终与 y 轴平行。若取 PQ 与 y 轴重合的时刻为 $t = 0$,在以后任一时刻 t,磁场的磁感应强度为 $B = B_0 + bt$,式中 t 的单位为 s,B_0 为已知恒量,$b = 0.10B_0$。求 $t = 2.5$ s 时刻,通过导线 PQ 的电流强度(忽略导线网络的自感)。

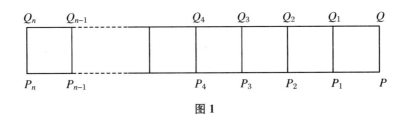

图1

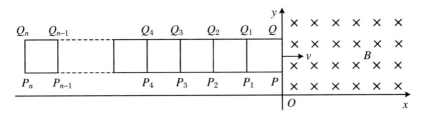

图2

【解析】 电路的处理与计算无疑是中学阶段学习的重点,也是考试的热点内容之一。但单一考查电路的计算的试题并不多见,几乎所有的电路问题都与复杂电路的简化、含电容器、电磁感应等问题连在一起,尤其是电磁感应背景下的电路问题,很能考查答题者的综合能力。

关于电磁感应背景下的电路问题,命题人呈现给我们的往往只是一个电路结构,而电路中的电源隐含在结构与磁场的相对运动、磁场的变化中。正确地挖掘与对待电路中的电源便是解答试题的首要任务。

本题中,电路中的电源由两部分构成:一是 PQ、P_1Q_1 在运动中切割磁场而产生的动生电动势,这可直接由 $E = Blv$ 求得。二是由磁场 B 的变化产生的感生电场在导体框架上产生的电动势。由于磁场不具备对称分布的特点,一般情况下我们并不奢望通过求此时的电场分布来求出结构上的电动势分布,而是利用法拉第电磁感应定律 $E = \dfrac{\Delta \Phi}{\Delta t}$ 来求出某个给定回路的电动势。好在运用回路定律讨论某个回路时,我们并不需要电动势的具体分布。因此,我们在讨论电路问题时没必要纠结电路上的电动势分布。

本题中,命题人给我们设计了一个动车状的电路结构,而动车的节数是有限的。题目往往会给出电路结构中基本构件的电阻,然后求总电阻。对于竞赛生,这种动车结构的电阻是难于求解的。而本题在给出基本构件的电阻的同时给出了总电阻,在解题中需要求解部分"动车"的电阻。这是一个逆向思维的运用过程,它虽回避了求"动车"总电阻的问题,但让许多答题者在逆向处理时举棋不定。

网络是由 n 个方格构成的"动车"。用 R_n 表示 P、Q 两端(含 P、Q)的总电阻,则 $R_n = cr$。设 P_1Q_1 左边的所有网格(含 P_1Q_1)的总电阻为 R_{n-1},则有

$$\dfrac{1}{R_n} = \dfrac{1}{R_{n-1} + 2r} + \dfrac{1}{2r} \qquad ①$$

由此得
$$R_{n-1} = \frac{4(R_n - r)r}{2r - R_n} = \frac{4(c-1)r}{2-c} \qquad ②$$
同理可得
$$R_{n-2} = \frac{4(R_{n-1} - r)r}{2r - R_{n-1}} = \frac{2(5rR_n - 6r^2)r}{4r^2 - 3rR_n} = \frac{2(5c-6)}{4-3c}r \qquad ③$$

需要说明的一点是,能从 R_{n-1} 的表达式直接递推出 R_{n-2} 的表达式体现了答题者在模型结构认识与规律递推方面不凡的能力。若在此重复 R_{n-1} 的推导过程,则不仅耗时也易出错。

在网络"动车"沿 x 轴方向运动的过程中,导线切割磁感线和磁场随时间变化都可以在导线中产生感应电动势。每一个完整的方格通过 y 轴所经历的时间为 $T = \frac{l}{v} = 2$ s;在 $t = 2.5$ s 时,有一个完整的方格已在磁场区域中,此时网络在磁场中的位置如图3所示。

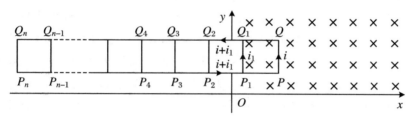

图 3

设有关导线中的电流如图3所示,令 PQQ_1P_1 中的感应电动势为 E_1,则有
$$4ir - 2i_1 r = E_1 \qquad ④$$
若方格 $P_1Q_1Q_2P_2$ 中的感应电动势为 E_2,则有
$$2i_1 r + (i + i_1)(2r + R_{n-2}) = E_2 \qquad ⑤$$
由于方格 PQQ_1P_1 全部都在磁场中,PQ 与 P_1Q_1 因切割磁感线而产生的感应电动势之和为零,E_1 仅是因磁场随时间的变化而引起的,即有
$$E_1 = \frac{\Delta \Phi}{\Delta t} = l^2 \frac{\Delta B}{\Delta t} = l^2 b \qquad ⑥$$
方格 $P_1Q_1Q_2P_2$ 的 P_2Q_2 尚未进入磁场,故 E_2 中的一部分是因 P_1Q_1 在磁场中的运动而产生的感应电动势,即
$$E'_2 = Blv = (B_0 + bt)lv \qquad ⑦$$
另一部分则是由磁场的变化引起的感应电动势,即
$$E''_2 = lv(t - T)\frac{\Delta B}{\Delta t} = lvbt - l^2 b \qquad ⑧$$
$$E_2 = E'_2 + E''_2 = B_0 lv + 2lvbt - l^2 b \qquad ⑨$$
联立上述各式得
$$i = \frac{2r(B_0 lv + 2lvbt - l^2 b) + (4r + R_{n-2})l^2 b}{20r^2 + 6rR_{n-2}} \qquad ⑩$$

将已知量和 R_{n-2} 代入上式得

$$i = \frac{B_0}{r} \frac{56-41c}{8} \times 10^{-3}$$

上述解答看上去是流畅的,但有一些问题还需要我们厘清。

严格地说,⑤式中回路的电动势 E_2 仅是回路 $P_1Q_1Q_2P_2$ 中的感应电动势。当我们将 $P_2Q_2,P_3Q_3,P_4Q_4,\cdots$ 等效为 R_{n-2} 时,这里的等效仅仅只是电阻的等效,我们并没有讨论 P_2Q_2 左侧部分是否有电动势以及它们对回路构成的影响。我们可以这样猜想:"动车"处于磁场以外的部分虽然没有切割磁场而产生电动势,但变化的磁场可能在此空间产生电场,进而在其中产生电动势。这样,磁场外的每一段导体都是一个电源。那么,将这些电源等效为一个内阻为 R_{n-2} 的电源时,其电动势会发生什么样的变化呢?这是我们应该厘清的。

由于磁场是以 y 轴为边界的无限大区域,由对称性易知,由均匀变化的磁场产生的感生电场在 y 轴两侧都应平行于 y 轴。考虑到在磁场中的回路内的电动势方向是逆时针的,可以确定 $x>0$ 区域的电场方向向上;根据感生电场为涡旋场的特征,$x<0$ 区域的电场方向应向下。因此,在"动车"的上、下边中没有感生电动势,竖边为感生电动势的载体。再考虑到磁场外的部分,每一个格子回路内的电动势都为零,这说明格子回路的两竖边中的电动势大小相等,在回路中方向相反,亦即磁场外每一竖边中的电动势大小都相等,方向都向下。于是,我们由等效电源的知识很容易得到 P_2Q_2 左侧部分电路的总电动势等于 P_2Q_2 上产生的电动势。亦即 P_2Q_2 左侧部分等效为一个电阻 R_{n-2} 后,回路中的电动势仍为 E_2。因此,上述解答的结果并不存在问题,但解答过程的论述并不是严谨的。

当然,我们还需要考虑另一种情形的可能性,即 $x<0$ 区域的感生电场为零,而且这一区域的感生电场的确等于零。证明如下:

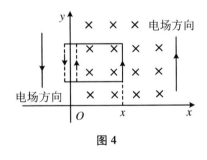

图 4

如图 4 所示,将一矩形金属框架置于题设的磁场中,让其左边"骑"边界上。当框架偏 $x>0$ 一侧时,考虑到感生电场的方向,可以确定感生电动势的方向向上;当框架偏 $x<0$ 一侧时,可以确定感生电动势的方向向下。不论框架偏向哪一侧,回路的总电动势和右边的电动势都不会发生变化。要满足这一条件,在上述两种情况下金属框架左边中产生的电动势应为零,亦即该处($x=0$)的电场为零。将左边向左延伸,回路的总电动势亦不发生变化,故整个 $x<0$ 区域的感生电场为零。所以,电动势的分布情况如同解答所默认的。即便如此,我们依然认为对这一点若题目不交代,答题者就应该给予明确的论述。

下面将本题讨论的问题延伸一下,来确定一下 y 轴右侧的电场分布情况。

如图 4 所示,构建一长为 x、宽为 l 的矩形线圈,让其左边位于 $x=0$ 处,则回路的感生电动势为

$$E = xl\frac{\Delta B}{\Delta t} = bxl$$

在 $x = 0$ 处的感生电场为零,由上面的分析可知,回路的电动势全部由右边产生,该处的电场强度为 $E_电$,则

$$E_电 l = bxl$$

即 $E_电 = bx \propto x$。

显然,这是一个电场线平行,但其疏密程度与 x 成正比的非匀强电场。

由此可见,在阅读一道习题的解答时,挖掘它的潜在的问题,延伸其问题的区域,都能让我们对习题产生非一般的认识,从而提高我们对已有知识的理解与运用能力。

题 159 电容与电感在感应电路中的特性

如图 1 所示,竖直地放置两根金属框架,框架的上端留有一缺口 a、b,框架上有一质量为 m、长为 l 的金属棒,在外力的作用下平行于地面放置,金属棒与框架电接触良好且无摩擦,磁感应强度为 B 的匀强磁场与框架平面相垂直,不计各处电阻。

(1) 在 a、b 间接入一电容为 C 的电容器,开始时电容器不带电。现将金属棒自静止释放,试分析金属棒的运动。

(2) 在 a、b 间接入一自感系数为 L 的理想电感,现将金属棒自静止释放,求其运动的最大速度 v_m。

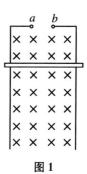

图 1

【解析】 在恒定的直流电路中,电容导致电路断路,电感则相当于导线。在常规教学中,电路中也有可能涉及电容或电感,但只是对接通或断开时的暂态过程作定性的分析,基本上会回避定量的计算。

基于电容的充电与放电和电感的自感作用,我们仍可设计出中学生能够顺利完成的问题。

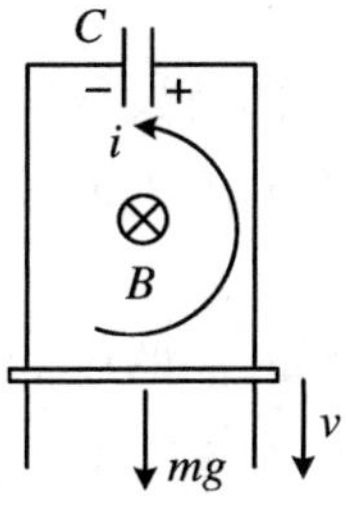

(1) 当 a、b 间接入电容为 C 的电容器后,其电路如图 2 所示。金属棒下落时其两端会产生电动势,而电容器两极间的电压亦等于其电动势的大小。由于金属棒是加速下落的,因此电容器两端的电压相应增加,电容器极板上所带的电量也同步增加,进而在回路中会产生充电电流,该电流流过金属棒时会产生阻碍金属棒下落的安培力,影响下落的加速度。

方法 1 当金属棒的速度为 v 时,感应电动势为 $E = Blv$。设再经过一个极短的时间 Δt,金属棒的速度由 v 变为 $v + \Delta v$,此时的感应电动势为 $E' = Bl(v + \Delta v)$,则电容器两极板间电压增加量为

$$\Delta u = E' - E = Bl\Delta v$$

电容器上增加的电量为

$$\Delta q = C\Delta u = CBl\Delta v$$

故电路中的充电电流为

图 2

$$i = \frac{\Delta q}{\Delta t} = CBl\frac{\Delta v}{\Delta t} = CBla \qquad ①$$

对金属棒，由牛顿第二定律有

$$mg - Bli = ma \qquad ②$$

由此得金属棒下落的加速度为

$$a = \frac{mg}{m + B^2 l^2 C} \qquad ③$$

显然 a 为定值，故金属棒做初速度为零、加速度为 $\frac{mg}{m + B^2 l^2 C}$ 的匀加速下落运动。

上述借助分析的解答应该说完全没有超出常规教学的要求，其要点是通过回路的特性求出电路中的充电电流。这一方法也是中学生应该掌握的。我们也可以根据电路的属性和金属棒的受力得到结果。

方法 2 在图 2 所示电路中，设电容器两端的电压为 u，对金属棒与电容器所构成的回路，有 $E - u = 0$，即

$$Blv - \frac{q}{C} = 0 \qquad ④$$

表面上，我们看不出④式与金属棒的受力有什么样的直接关系。在这种情况下，我们不妨尝试对④式微分，有

$$Bl\frac{\mathrm{d}v}{\mathrm{d}t} - \frac{1}{C}\frac{\mathrm{d}q}{\mathrm{d}t} = 0$$

考虑到 $a = \frac{\mathrm{d}v}{\mathrm{d}t}$，$i = \frac{\mathrm{d}q}{\mathrm{d}t}$，即 $Bla - \frac{1}{C}i = 0$，易得 $i = CBla$，此即方法 1 中的①式，进而同样得到方法 1 的结论。

注意：在方法 2 中，得到④式后，我们不能直接看出它与问题之间的关联。这时，对表达式进行微分，可使隐藏在表达式中的关联显现出来。这是我们寻找物理量之间的关联时常用的方法。

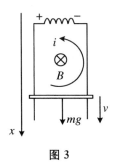

图 3

(2) 当 a、b 间接入自感系数为 L 的理想电感后，由电感、导轨和金属棒组成的回路如图 3 所示，取重力方向为 x 轴的正方向，逆时针方向为电流正方向。

设到某一时刻金属棒下移 x，具有向下运动的速度 v，回路中的电流为 i，且沿逆时针方向，金属棒切割磁感线的运动产生感应电动势 $E = Blv$，同时回路中感应电流的变化产生自感电动势 $E' = -L\frac{\mathrm{d}i}{\mathrm{d}t}$。

在稳定的情况下 $E + E' = 0$，即

$$Blv - L\frac{\mathrm{d}i}{\mathrm{d}t} = 0 \qquad ⑤$$

根据能量守恒定律，金属棒的重力势能转化为金属棒的动能以及感应线圈中的磁场能：

$$mgx = \frac{1}{2}mv^2 + \frac{1}{2}Li^2 \qquad ⑥$$

当金属棒运动达到最大速度 v_m 时,重力与安培力平衡。设此时金属棒下落的距离为 x_0,电路中的电流为 I_0,有

$$mg = BlI_0 \qquad ⑦$$

显然,我们需要找到⑤⑥⑦三式之间的关联。我们不妨将⑤式变形为

$$Blv\,dt - L\,di = 0, \quad 即 \quad Bl\,dx = L\,di$$

对上式两边积分,可得

$$Blx_0 = LI_0 \qquad ⑧$$

到平衡位置时,结合⑦⑧二式,⑥式可以改写为

$$L\left(\frac{mg}{Bl}\right)^2 = \frac{1}{2}mv_m^2 + \frac{1}{2}L\left(\frac{mg}{Bl}\right)^2$$

解得

$$v_m = \frac{\sqrt{mL}}{Bl}g$$

通过上述解答,我们可以认识到:

(1) 电容、电感这类元件在电路中虽不再适用有关定律,但对于任何回路,回路定律依然是成立的。一般情况下,回路定律是解答此类习题的切入点之一。

(2) 上述解答中对④式与⑤式的处理是值得效仿的。有时候,我们依据相关的规律列出了相应的方程,但这并不等于我们找到了必要的对应关系。当我们"走投无路"时,对某些表达式进行微分或积分计算,往往会峰回路转,将隐藏在表达式中的物理量间的关系显现出来。

(3) 一道习题的解答如果仅仅只满足求得结果,那么只是一个低层次的解答。实际上,我们并不需要到处寻找新题来刺激自己,每一道题都可能会提高我们的认识水平与解答问题的能力。如在本题的问题(2)中,我们列出了金属棒在下落过程中的能量关系,那么,如在问题(1)中,我们也列出能量关系式,又会得到什么样的结果呢?我们试解一下:

由能量关系,有

$$mgx = \frac{1}{2}mv^2 + \frac{1}{2}Cu^2, \quad 即 \quad mgx = \frac{1}{2}mv^2 + \frac{1}{2}C(Blv)^2 = \frac{1}{2}(m+CB^2l^2)v^2$$

对上式进行微分可得

$$mg\frac{dx}{dt} = \frac{1}{2}(m+CB^2l^2)2v\frac{dv}{dt}$$

考虑到 $v = \dfrac{dx}{dt}, a = \dfrac{dv}{dt}$,有

$$a = \frac{mg}{m+B^2l^2C}$$

再如,既然问题(1)讨论的是金属棒运动状态,那么,对于问题(2),我们是否也有可能讨论金属棒运动状态呢?大家不妨一试。

题 160　自感现象的应用

为了用一个输出电压为 $U=5$ V 的大功率电源给电动势为 $E=12$ V 的蓄电池充电,将一只电感为 $L=1$ H 的电感线圈、一只二极管 D 和自动开关 K 组成电路,如图 1 所示。K 可周期性地自动接通和切断电路,接通和切断的时间 $\tau_1=\tau_2=0.01$ s。蓄电池和电源的内阻、开关 K 的接触电阻、二极管的正向电阻均可忽略,求蓄电池充电的平均电流。

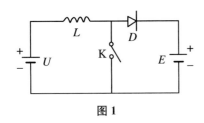

图 1

【解析】　用输出电压为 5 V 的电源给电动势为 12 V 的蓄电池充电,这在许多人看来是荒唐之举,但由于线圈与二极管的存在,我们将会看到这种情况是有可能的。

对于二极管的单向导电性我们就不必多说了,但有必要讨论一下电感 L 的性质。

我们知道,当线圈中的电流变化时,线圈上会产生 $E_{自}=-L\dfrac{\Delta I}{\Delta t}$ 的电动势。这给我们的感觉是,自感电动势的大小应通过电流的变化率 $\dfrac{\Delta I}{\Delta t}$ 来求得,但通常情况下事先并不知道 $\dfrac{\Delta I}{\Delta t}$,且线圈接入电路后,它产生的电动势还必须满足电路中的相关定律,如回路定律等,使电路协调。比如在本题中,当 K 闭合时,大功率电源与线圈构成回路,由于不计电阻,根据回路定律一定有 $U+E_{自}=0$。所以,电路中的自感电动势往往不通过 $\dfrac{\Delta I}{\Delta t}$ 来求,而是通过回路的协调性来求。

下面我们给出本题的解答。

当自动开关闭合时,由于二极管的存在,蓄电池并不能产生电流。而线圈是直接接在大功率电源上的,根据楞次定律,在线圈中将产生自感电动势 $E_{自}$。根据回路定律,选择顺时针方向为电动势正向,有

$$U+E_{自}=IR$$

式中 I 为线圈中的电流,R 为回路中的电阻。由于忽略电源的内阻和线圈、导线的电阻,故 $R=0$,即

$$U+E_{自}=0$$

这时 $E_{自}$ 相当于电源 U 的反电动势,根据法拉第电磁感应定律 $E_{自}=-L\dfrac{\Delta I}{\Delta t}$,可知

$$\dfrac{\Delta I}{\Delta t}=\dfrac{U}{L}=\text{常数}$$

说明通过线圈的电流是按线性规律变化的。在 τ_1 时间内达到的最大电流为

$$I_0=\dfrac{U}{L}\tau_1=0.05\ \text{A}$$

开关断开后,二极管接通,设这时的自感电动势为 $E'_{自}$,整个回路相当于 U 与 $E'_{自}$ 正向串联后再与蓄电池 E 反向串联。因而有

$$U + E'_{自} - E = I'R'$$

同样由于 $R' = 0$,故

$$U + E'_{自} - E = 0$$

上式表明,由于 $E'_{自}$ 的存在,大功率电源的电压加上自感电动势正好等于蓄电池的电动势。此时电动势 $E'_{自}$ 与 U 顺接,加之在第一阶段线圈中已有电流流过,线圈便储存了相应的能量。当 K 断开后,线圈储存的能量将继续驱动电荷运动,电荷将通过二极管完成对蓄电池的充电。结合 $E'_{自} = -L\dfrac{\Delta I}{\Delta t}$,有

$$\frac{\Delta I}{\Delta t} = -\frac{E-U}{L} = 常数$$

上式说明,通过线圈的电流将线性减少。因为 $E - U > U$,所以电流下降速度比电流增长速度大,因此电流降到零比开关闭合要早。设电流从 I_0 降为零所需时间为 t_x,则

$$E'_{自} = L\frac{I_0}{t_x} = E - U$$

代入 $I_0 = \dfrac{U}{L}\tau_1$ 可得

$$t_x = \frac{U}{E-U}\tau_1$$

电流一旦降为零,二极管即断流,故通过线圈的电流图线如图 2 所示。很显然,流经蓄电池的电荷为 t_x 时间内曲线下的面积,故

$$\Delta q = \frac{1}{2}I_0 t_x = \frac{U^2\tau_1^2}{2L(E-U)}$$

故充电的平均电流为

$$\overline{I} = \frac{\Delta q}{\tau_1 + \tau_2} = \frac{U^2\tau_1^2}{2L(E-U)(\tau_1+\tau_2)} \approx 8.9\,\mu A$$

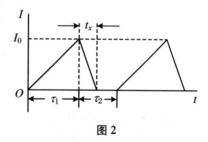

图 2

上面的计算告诉我们,大功率的电源利用线圈使得蓄电池中出现间断性的反向电流,这就实现了对蓄电池的充电。所以,用 5 V 的电源给电动势为 12 V 的蓄电池充电是有可能的,而且被充电的蓄电池理论上是不受限制的。而且,在充电过程中并不要求 $U + E'_{自} > E$。

另外,本系统忽略了所有的电阻,因此它还是一个超导系统。其实,对竞赛大纲中列出的"超导现象及其应用"的考点,我们不应纠结于超导现象形成的机理,而应着重关注超导系统的电学现象。类似于本题的超导系统在电路问题中比比皆是。

题 161　暂态电路

如图 1 所示,初始时电路断开,电容器上不带电。$t=0$ 时合上开关 K,设电源的电动势 ε 随时间按图 2 所示的规律变化,且有 $T=RC$,试求 $t=NT(N=1,2,3,\cdots)$ 时电容器的正极板的带电量 Q_N 并给出 $N\to\infty$ 时 Q_∞ 的值。

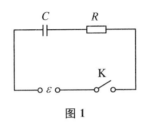

图 1

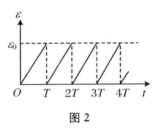

图 2

提示:(1) 若 $\dfrac{dy}{dx}+P(x)y=Q(x)$,则 $y(x)=e^{-\int P(x)dx}\left[\int Q(x)(e^{\int P(x)dx})dx+A(\text{常量})\right]$;

(2) $\int x e^{ax}dx=\dfrac{1}{a^2}e^{ax}(ax-1)$。

【解析】　在日常教学中,我们讨论的电路几乎都是处于稳定状态的电路,即便电路中包含了电容与电感,若存在充电与放电,只要电流尚未达到稳定,我们都只作定性的动态讨论;若要求定量计算,则电路必然处于稳定状态下。然而在竞赛中,即便电路处于动态变化的过程(通常称为暂态过程),也存在定量分析的可能。我们通过后面的解答将会看到,这一定量的计算过程包含了较大量的微积分运算和微分方程的求解。严格地讲,这类运算应该超出了中学物理竞赛大纲所要求的范围。但从另一方面讲,物理竞赛生在学习过程中会或多或少地接触一些必需的微积分,在给定微分方程的解答式的前提下,这类问题也可以说是在大纲要求的范围内,即所谓的"骑纲"题。

对于处于暂态过程的电路,处理的工具离不开基尔霍夫定律,节点定律与回路定律是我们建立方程的主要依据,再配以电路中的充电电流 $i=\dfrac{dq}{dt}$、线圈的自感电动势 $e=-L\dfrac{di}{dt}$,随后便是复杂的相关运算了。

在本题中,当合上开关 K 后,$t>0$ 时刻,记电容器正极板上的电量为 Q,电路中的充电电流为 i,则

$$i=\dfrac{dQ}{dt}$$

根据回路定律,有

$$\varepsilon-\dfrac{dQ}{dt}-iR=0$$

将题设中的 $T = RC$ 代入，上式可变换为
$$\frac{dQ}{dt} + \frac{Q}{T} = \frac{C\varepsilon}{T}$$

由于 ε 是周期性变化的，我们需要递推电容器上的电量变化。

第一个周期：

由图 2 知 $\varepsilon = \frac{\varepsilon_0}{T}t$，所以
$$\frac{dQ}{dt} + \frac{Q}{T} = \frac{C\varepsilon_0}{T^2}t$$

对于此微分方程的求解，对比提示(1)，$y \sim Q, x \sim t$，有
$$Q = e^{-\int \frac{dt}{T}}\left(\int \frac{C\varepsilon_0}{T^2} t e^{\int \frac{dt}{T}} dt + A_1\right) = e^{-\frac{t}{T}}\left(\frac{C\varepsilon_0}{T^2}\int t e^{\frac{t}{T}} dt + A_1\right)$$

再利用提示(2)可得
$$Q = e^{-\frac{t}{T}}\left\{\frac{C\varepsilon_0}{T^2}\left[T^2 e^{\frac{t}{T}}\left(\frac{t}{T} - 1\right)\right] + A_1\right\} = C\varepsilon_0\left(\frac{t}{T} - 1\right) + A_1 e^{-\frac{t}{T}}$$

将初始条件 $t = 0, Q = 0$ 代入，得
$$A_1 = C\varepsilon_0$$

于是，有
$$Q = C\varepsilon_0\left(\frac{t}{T} - 1\right) + C\varepsilon_0 e^{-\frac{t}{T}}$$

在第一个周期末，即 $t = T$ 时刻电容器 C 上的电量为
$$Q_1 = \frac{C\varepsilon_0}{e}$$

第二个周期：

相对于第一个周期而言，若取 $t' = t - T$，即 $t' \in [0, T]$，则回路方程为
$$\frac{dQ}{dt'} + \frac{Q}{T} = \frac{C\varepsilon_0}{T^2}t'$$

其解为
$$Q = C\varepsilon_0\left(\frac{t'}{T} - 1\right) + A_2 e^{-\frac{t'}{T}}$$

$t' = 0$ 时，$Q = Q_1 = \frac{C\varepsilon_0}{e} = C\varepsilon_0 e^{-1}$，于是得到
$$A_2 = C\varepsilon_0(e^{-1} + 1), \quad Q = C\varepsilon_0\left(\frac{t'}{T} - 1\right) + C\varepsilon_0(e^{-1} + 1)e^{-\frac{t'}{T}}$$

将 $t' = T$，即 $t = 2T$ 代入，可得在第二个周期末电容器 C 上的电量为
$$Q_2 = C\varepsilon_0(e^{-1} + e^{-2})$$

同理可推得
$$Q_3 = C\varepsilon_0(e^{-1} + e^{-2} + e^{-3})$$
$$\cdots\cdots$$

以此类推,第 N 个周期末电容器 C 上的电量为

$$Q_N = C\varepsilon_0(\mathrm{e}^{-1} + \mathrm{e}^{-2} + \cdots + \mathrm{e}^{-N}) = \frac{1-\mathrm{e}^{-N}}{\mathrm{e}-1}C\varepsilon_0$$

当 $N\to\infty$ 时,有

$$Q_\infty = \lim_{N\to\infty}Q_N = \frac{C\varepsilon_0}{\mathrm{e}-1}$$

从上述解答过程中,我们可以体会到暂态电路的处理特点,即从回路方程得到有关电路物理量的微分方程,如本题中的线性微分方程 $\frac{\mathrm{d}Q}{\mathrm{d}t} + \frac{Q}{T} = \frac{C\varepsilon_0}{T^2}t$,随后便是方程的求解。严格地讲,这类方程的应用应该超出了中学竞赛的要求,而且在过往的竞赛中也从未出现此类方程的应用。但在日常学习的过程中,许多同学热衷于对此类方程的学习与应用。如果时间允许,学习自然无妨,而对于学习时间紧张的同学,现阶段回避这些也是很理智的。毕竟,在两年的竞赛学习期间,学习与训练的内容确实有很多,一般的同学很难承受得了。所以,竞赛生要正确地分析自己的状况,合理选择学习内容。

题 162 互感的应用

为了得到两只完全相同的线圈,可以将双线并绕在铁芯上。现将其中一个线圈经开关 K 与电池相连,电池的电动势为 ε;另一个线圈与电阻器 R 连接,如图 1 所示。闭合开关 K。

（1）求这时电阻器 R 上释放的电功率。

（2）画出通过电池的电流随时间变化的曲线。

（3）经过时间 T 后,把开关 K 断开,则从开关 K 断开时算起,在电阻 R 上释放的热量为多少?

（每只线圈的电阻不计,电感为 L,电池视为理想电池,且已知长直螺线管中磁场能为 $E = \frac{1}{2}LI^2$。）

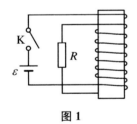

图 1

【解析】 在解答本题之前,我们首先讨论中学实验室中经常遇到的一个问题,即电阻的绕法。我们知道,电阻一般是用电阻丝绕成的,而且大多数(特别是精密电阻)采用的是图 2 所示的双线绕法。这种绕法的优点在于:虽然电阻丝构成了一个匝数较大的线圈,但电流从一端流入后必定沿原路返回而从另一端流出。若将往返的电流合起来看,则等效于该部分导线的电流为零。若单独看往返的电流,则各自产生的磁场抵消,线圈中的磁通量为零。这样一来,该线圈绕出的电阻的电感为零,则不论导线中的电流变化与否,该电阻均无电感效应,可视为一纯电阻元件。

图 2

在上述讨论中,我们完全可以将两个线圈理解为两个电感为 L 的线圈的反接。所以,

双线绕组的本质是自感线圈的连接问题。

其次,如果我们将图 1 所示的结构模型转换为电路模型,则如图 3 所示,显然,双线并绕出的两线圈构成了一个原、副线圈匝数相等的变压器。那么,本题实际上是两个线圈的互感问题,而非单纯的自感。

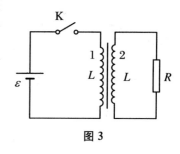

图 3

但这样一来,又可能让大家想到中学教学中变压器的一个问题——变压器只对变化的电压起作用,而对直流电源是不起作用的。这几乎是中学生的"常识",那么,我们该如何理解与处理这个直流电源的作用呢?且看下面的分析。

闭合开关 K,与之相连的线圈将产生感应电动势,由回路定律易知该线圈产生的电动势为 $\varepsilon_1 = \varepsilon$。

绕在同一铁芯上的两只线圈构成一个理想变压器。由于线圈的直流电阻为零,则闭合 K 时,由于两线圈匝数相同,即 $n_1 = n_2 = n$,而两线圈又共磁通,故与 R 相连的线圈的电动势 $\varepsilon_2 = \varepsilon_1$。因为 ε_1 不可能变化,所以必定有 $\varepsilon_2 = \varepsilon_1 = \varepsilon$。

我们亦可从互感的角度来考虑问题:若两个线圈中的电流分别为 I_1 和 I_2,各自在自身线圈中产生的磁通量分别为 Φ_{11} 和 Φ_{22},则

$$L = n\frac{\Phi_{11}}{I_1} = n\frac{\Phi_{22}}{I_2}$$

由于两线圈完全重叠,故有 $\Phi_{11} = \Phi_{12}$,$\Phi_{22} = \Phi_{21}$,则互感系数为

$$M = n\frac{\Phi_{12}}{I_1} = n\frac{\Phi_{21}}{I_2} = L$$

加之两线圈共磁通,所以由 $\varepsilon = M\frac{\Delta\Phi}{\Delta t}$ 知 $\varepsilon_2 = \varepsilon_1 = \varepsilon$。

据上述分析,我们有如下的解答:

(1) 由上述分析知 $\varepsilon_2 = \varepsilon_1 = \varepsilon$,则电阻器 R 上释放的电功率为

$$P = \frac{\varepsilon_2^2}{R} = \frac{\varepsilon^2}{R}$$

(2) 闭合 K 的瞬间,与 R 相连的线圈 2 中的电流为 $I_2 = \frac{\varepsilon_2}{R} = \frac{\varepsilon}{R}$,电阻 R 上消耗的能量由电源提供,则有 $I_2^2 R = I_1 \varepsilon$ 或者 $n_1 I_1 = n_2 I_2$,所以与电源相连的线圈 1 中的电流为 $I_1 = I_2 = \frac{\varepsilon}{R}$。

此后,设线圈 1 中电流的变化率为 $\frac{\Delta I}{\Delta t}$,其电动势为 $\varepsilon = M\frac{\Delta I}{\Delta t} = L\frac{\Delta I}{\Delta t}$,即 $\frac{\Delta I}{\Delta t} = \frac{\varepsilon}{L}$,则线圈 1 中的电流为

$$I = I_0 + \frac{\Delta I}{\Delta t}t = \frac{\varepsilon}{R} + \frac{\varepsilon}{L}t = I_{电池}$$

所以 $I_{电池}$-t 的图线如图 4 所示。

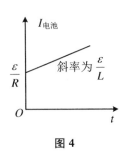

图 4

(3) 线圈 1 中的电流由稳定的成分 $\frac{\varepsilon}{R}$ 和变化的成分 $\frac{\varepsilon}{L}t$ 组成,只有后一种成分才能激发出线圈 2 中的感应电流。当 $t = T$ 时,这一部分电流的大小为 $\frac{\varepsilon}{L}T$,此时断开开关 K,与这部分电流对应的磁场能将转化为 R 上的焦耳热,即

$$Q = \frac{1}{2}L\left(\frac{\varepsilon T}{L}\right)^2 = \frac{\varepsilon^2 T^2}{2L}$$

对于此处的磁场能量也可以作如下的理解:线圈 1 中的电流由稳定的成分 $\frac{\varepsilon}{R}$ 和变化的成分 $\frac{\varepsilon}{L}t$ 组成,线圈 2 中的电流为定值 $\frac{\varepsilon}{R}$,但线圈 2 中的电流与线圈 1 中的电流方向相反,若将两线圈合并起来看作一个自感为 L 的线圈,则其中的电流为 $\frac{\varepsilon}{L}t$。当 $t = T$ 时线圈中的电流大小为 $\frac{\varepsilon}{L}T$,磁场储存的能量为 $E = \frac{1}{2}LI^2 = \frac{\varepsilon^2 T^2}{2L}$,此后该能量以热量的形式在电阻 R 上释放出来。

从双线绕组的连接到变压器电路再到互感作用,可以说对这道题的理解与认识是逐步深入的。在学习物理的过程中,对一个问题的处理很多时候我们都是从模仿类似问题的处理开始的。但模仿与理解还有很大的距离。我们需要对看上去理所当然却一知半解的问题进行深入的研究,才能使对问题的认识得到真正的提高。

题 163　交流发电机及交流电路

有一个宽为 L、长为 $\sqrt{2}L$ 的矩形线圈,在磁感应强度为 B 的匀强磁场中匀速转动,线圈共 n 匝,总电阻为 $0.5R$,图 1 为开始转动时的位形。外电路的三个电阻满足 $R_1 = R_2 = R_3 = R$,二极管为理想二极管,已知电流表 G 的示数为 I,求:

(1) 线圈转动的角速度 ω;
(2) 写出线圈中感生电动势的函数式;
(3) 计算电阻 R_1 中电流的有效值;
(4) 使线圈匀速转动的外力矩。

【解析】　正弦式交流电的产生不是难点内容,就目前的命题而言,产生交流电的模型也是比较单一的,即让线圈在匀强磁场中绕垂直于磁场的轴匀速转动,或者让某个线圈中的磁感应强度按正弦或余弦的规律变化,进而在线圈中产生正弦式交变电动势。当然,也不排除刻意设计一些模型,以考查学生对交流电产生规律的理解。

中学最为常见的模型当属与本题类似的线圈在磁场中旋转的模

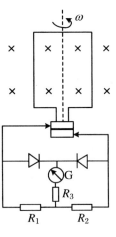

图 1

型,这类模型并不一定要求线圈为规则的形状。当线圈在磁场中旋转时,产生的电动势总可表示为

$$e = \varepsilon_m \sin \omega t$$

式中的 $\varepsilon_m = nBS\omega$ 为交流电的最大值,其中 n、B、S、ω 分别为线圈的匝数、磁感应强度、线圈的有效面积、线圈绕轴转动的角速度。对于本题,不难得到 $\varepsilon_m = \sqrt{2}nBL^2\omega$。

外电路为纯电阻的交流电路中,电流与电压之间不存在相位差的问题,故欧姆定律适用于这类电路。如果不在这类电路中加入其他要素,试题就变成直流电路问题了,所以这类电路或在电源结构和电动势的产生上设置障碍,或在外电路中引入一些与交流电相关的元件以设置可能的障碍,如二极管、变压器等。

利用二极管的单向导电性,可以对交流电进行整流,即将通过用电器的交流电转变为脉动直流。本题中的两个二极管在交流电的两个半周期内形成此断彼通的状态,使得与电流表串联的电阻 R_3 交替与另两个电阻 R_1、R_2 构成并联关系,但流过电流表支路的电流方向不变,即二极管对电流表支路进行了整流,亦即该支路的电流为直流电,但并不是恒定直流。由于每半个周期内电流的变化规律是一样的,且都是正弦规律,因此电流表的示数仍为交流电的有效值。

考虑到三个电阻的阻值相同,不论哪个二极管导通,外电路都等效于图 2 所示的结构。

又由对称关系知,虽然二极管在不断地通断,但流过电流表支路的情况每次都是一样的,并为电路中总电流的一半。

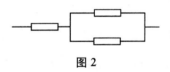

图 2

(1) 由上述分析可知,电路中的总电阻为

$$R_\text{总} = R_\text{外} + r_\text{线圈} = 1.5R + 0.5R = 2R$$

电路中总电流的瞬时值总是电流表支路的 2 倍,则

$$I_\text{总} = \frac{\varepsilon}{R_\text{总}} = \frac{\sqrt{2}}{2}\frac{\varepsilon_m}{R_\text{总}} = 2I$$

所以线圈转动的角速度为

$$\omega = \frac{4IR}{nBL^2}$$

(2) 交流电的最大值为

$$\varepsilon_m = nBS\omega = \sqrt{2}nBL^2\omega = 4\sqrt{2}IR$$

考虑到从线圈位于中性面处开始计时,由交流电的产生易知,线圈中感生电动势的函数式为

$$e = 4\sqrt{2}IR\cos\frac{4IR}{nBL^2}t$$

(3) 由前面的分析可知,电阻 R_1 在图 2 中的位置特点是半个周期处于串联电阻的位置,接着半个周期处于并联电阻的位置,则流过电阻 R_1 中的电流在两个半周期内的大小分别是 $2I$ 和 I,它们的流向虽然相反,但不影响有效值的大小。设有效值的大小为 I_1,则由有效值的定义有

$$I_1^2 R \cdot T = (2I)^2 R \cdot \frac{T}{2} + I^2 R \cdot \frac{T}{2}$$

即

$$I_1 = \sqrt{\frac{5}{2}} I = 1.58I$$

(4) 线圈匀速转动时，应满足外力矩等于线圈中电流受到的阻力矩，故本问转换为求线圈中电流受到的阻力矩。

由前面的分析可知，流过线圈的电流可表述为

$$i = 2\sqrt{2} I \sin \omega t$$

则线圈受到的阻力矩为

$$M(t) = nBiS\sin \omega t = 4nBIL^2 \sin^2 \omega t = 2nBIL^2(1 - \cos 2\omega t)$$

故阻力矩的平均值为

$$M = \frac{1}{T}\int_0^T M(t)\mathrm{d}t = \frac{1}{T} \cdot 2nBIL^2 \int_0^T (1 - \cos 2\omega t)\mathrm{d}t = 2nBIL^2$$

而要使线圈匀速转动，外力矩应等于电流受到的阻力矩，即 $2nBIL^2$。

如前所述，对于纯电阻性质的交流电，应注意到电路中交流电的产生，交流电的整流，交流电的功率及有效值、平均值等物理量的计算，这要求我们必须明晰各物理量的意义，避免硬搬公式。例如，在求解电流的力矩时，有人就利用匀强电场中静止的线圈所受到的磁力矩 $M = nB\overline{I}S$，将 $\overline{I} = \frac{2}{\pi} I_总 = \frac{4}{\pi} I$ 代入其中，导致出错。这显然是混淆 $M = nB\overline{I}S$ 的应用背景而出现的错误。

当然，交流电的问题大多涉及含电容与电感的电路。

题 164　LC 电路分析

如图 1 所示，由电感 $L_1 = L_2 = L$、电容 $C_1 = C_2 = C$ 构成的两个完全相同的 LC 回路，相距较远。现在第一个回路中激发振荡，振荡过程中电容器两端的电压达到最大值 U_0，电感中的最大电流为 I_0。

(1) 当电容器 C_1 两端的电压为最大值时，用导线接通第二个回路，试描述接通后电容器两端的电压的变化特点。

(2) 当电感 L_1 中的电流为最大值时，用导线接通第二个回路，试描述接通后电感线圈中电流的变化特点。

【解析】　我们首先来讨论一下 LC 回路中振荡电流与振荡电压的特性。

如图 2 所示，选择图示方向为正方向，设某时刻回路中的电

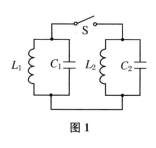

图 1

流为 i，电容器所带电量为 q，线圈 L 产生的电动势为 ε，电容器两端的电压为 u。

能量关系：闭合 LC 回路如图 2 所示，在振荡过程中，电感所具有的磁场能量与电容所具有的电场能量之间在不停地相互转化，但能的总量 E 保持不变，即

$$\frac{1}{2}Li^2 + \frac{1}{2}Cu^2 = E$$

显然，当 $i = I_0$ 时，$u = 0$；当 $u = U_0$ 时，$i = 0$，且有 $\frac{1}{2}LI_0^2 = \frac{1}{2}CU_0^2$，即 $U_0 = \sqrt{\frac{L}{C}}I_0$。

回路定律：回路定律是处理所有电路问题的入口之一，本题也不例外。在图 2 所示的回路中，有

$$\varepsilon + u = 0, \quad 即 - L\frac{di}{dt} + \frac{q}{C} = 0$$

对上式两边微分，并考虑到 $i = -\frac{dq}{dt}$，有

$$\frac{d^2 i}{dt^2} + \frac{1}{LC}i = 0$$

对于上述方程，考虑到回路中电流的最大值为 I_0，有

$$i = I_0 \cos(\omega t + \varphi_0)$$

式中 $\omega = \frac{1}{\sqrt{LC}}$，$\varphi_0$ 待定。

又 $u = -\varepsilon = L\frac{di}{dt}$，所以

$$u = -\sqrt{\frac{L}{C}}I_0 \sin(\omega t + \varphi_0) = U_0 \cos\left(\omega t + \varphi_0 + \frac{\pi}{2}\right)$$

特例 1：若 $t = 0$ 时，$u = U_0$ 或 $i = 0$，有 $\varphi_0 = \frac{\pi}{2}$，则 $u = -U_0$ 为最大值。

特例 2：若 $t = 0$ 时，$u = 0$ 或 $i = I_0$，有 $\varphi_0 = 0$，则 $i = I_0$ 为最大值。

据上面的分析，我们还可进一步讨论电容器上电量的变化、线圈中磁场与极板间电场强弱的变化等，留给读者自主思考。

下面回到原题的解答中来。

(1) 由上述分析可知，当 C_1 两端的电压按图 2 所示方向达到最大值时，L_1 中的电流为零。而 S 接通的瞬间，由于导线的电阻很小，故 C_1 迅速完成对 C_2 充电。由于 $C_1 = C_2 = C$，当充电完成时，两电容器达到相同的电压 $\frac{1}{2}U_0$，此时两电容器所带的电量相等，均为 C_1 原带电量的一半。

电荷再分配后,两电容器分别对电感线圈放电,两个电路都处于相同的状态,于是线圈中的电流开始同步振荡,且振荡频率相同,所以形成两个独立的 LC 振荡电路,其振荡频率均为

$$f = \frac{1}{2\pi\sqrt{LC}}$$

同时,由前面的分析可得电容器两端的电压为

$$u_1(t) = u_2(t) = -\frac{1}{2}U_0\cos\frac{1}{\sqrt{LC}}t$$

"-"表示电容器下极板带电量为正电荷时电压取正值。显然,上式也可去掉前面的"-",只是初态重新约定而已。

必须说明的是,两电容器交换电荷后,两个回路间的连线对随后的振荡过程毫无影响,可将它们去掉。

在上述解答中,也许有的同学会注意到,接通开关 S 前系统的总能量为 $\frac{1}{2}CU_0^2$,而接通开关 S 后系统的总能量变为 $2\times\frac{1}{2}C\left(\frac{U_0}{2}\right)^2 = \frac{1}{4}CU_0^2$,系统的总能量在接通开关 S 的瞬间减少了一半。而且,这类模型中的半能损失还比较常见,这个减少的能量去处让很多同学感到困惑。对于这一点,中学阶段还无法透彻地解释,只是模糊地说能量被电路以电磁波的形式辐射出去了,如果回路中有电阻,则说能量被电阻消耗了。至于为何恰恰是一半,以什么样的方式消耗,等等,大体上不考虑。实际上,在任何学习的过程中,记住用更高级的理论得出的结论是必要的。如真空中的光速不会大于 c,大多数人无法知晓来历,但需要记住它。

(2) 同样由前面的分析可知,当 L_1 中的电流达到最大值时 C_1 两端的电压为零,而 S 接通的瞬间,两电容器两端的电压均为零,L_1 中的电流为 I_0,L_2 中的电流为零,以此为初态,两 LC 回路开始振荡,振荡时两电容器两端的电压相同或两线圈的电动势相等,即

$$L\frac{di_1}{dt} = L\frac{di_2}{dt}$$

显然,两线圈中电流的交流成分相等,设为 $I_m\sin\omega t$,考虑到两线圈中的初态电流并不相等,回路中还应存在直流成分。对直流成分而言,必定由两线圈构成回路,所以两线圈中的直流成分相等,大小设为 I,则有

$$i_1 = I_m\cos\omega t + I, \quad i_2 = I_m\cos\omega t - I$$

$t = 0$ 时,$i_1 = I_0, i_2 = 0$,所以

$$I_m = I = \frac{1}{2}I_0$$

故

$$i_1 = \frac{1}{2}I_0(\cos\omega t + 1), \quad i_2 = \frac{1}{2}I_0(\cos\omega t - 1)$$

两线圈中的电流均选择顺时针方向为电流的正方向,式中 $\omega = \frac{1}{\sqrt{LC}}$。

对于问题(2)，考虑到中学生对微积分的运用水平还难以达到上述程度，一般资料上对此问给出了如下的解答：

开关 S 闭合时，电容器 C_1 两端的电压为零。此时通过 L_1 的电流为 I_0，通过 L_2 的电流为零。考虑到开关 S 闭合后，有恒定电流沿回路 L_1-L_2 循环流动而不产生任何电压降（线圈的纯电阻不计）。

我们将 S 接通后回路中的电流作如下的等效处理：可以想象在两个线圈中电流的分配如图 3 所示（为了方便地显示回路，将两 LC 回路的线圈均画在内侧）。在线圈 L_1 和 L_2 中电流大小相等且方向相同，即 $i_1 = i_2 = \frac{1}{2} I_0$，而沿回路 L_1-L_2 循环流动的恒定电流为 $i = \frac{1}{2} I_0$。这就是说，

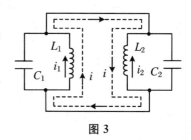

图 3

两 LC 回路以相同的初始状态，即线圈中的电流以 $\frac{1}{2} I_0$ 为最大值、电容器两端的电压为零开始作周期为 $T = 2\pi \sqrt{LC}$ 的振荡，即振荡电流为 $\frac{1}{2} I_0 \cos \omega t$。

各回路电流由谐振电流与恒定电流两部分叠加，即有

$$i_1 = \frac{1}{2} I_0 (\cos \omega t + 1), \quad i_2 = \frac{1}{2} I_0 (\cos \omega t - 1)$$

显然，后面的解答给阅读者的感觉可能是在"蒙"或者答题者事先已知答案。其实，观察与猜想也是解题常用的方法，其呈现方式往往是直奔答案。事实上，初次接触试题的答题者若能像上述解答一样准确地"蒙"出答案，则必定对电路结构所表现出的本质特征有着透彻的理解，能够准确地把握物理规律的表现形式及产生的结果。退一步讲，即便学习者在阅读解答后能给出上述解答，其理解能力也是很强的。

在中学物理竞赛中，由于数学能力的限制，很多试题的解答都具有这种猜想的特征。正是这些猜想式的解答一步一步地将我们对问题的理解引向深处。

题 165　交流电桥

已知图 1 所示的电路系统。R_1、R_2、R_3、R_4、L_1 和 L_2 的值是这样选择的：不管电压 u 是固定的还是随时间变化的，都没有电流流过电流计 G。若 $R_2 = 90\ \Omega, R_3 = 300\ \Omega, R_4 = 60\ \Omega, L_2 = 900\ \text{H}$，求 R_1 和 L_1。

注：题中电感是理想电感。

【解析】　我们在"题 130"中对直流电路中的电桥平衡作过一定的描述。对于直流电桥，只要电桥两臂上的电阻的比值相同，连在电桥上的电流计 G 中的电流就为零。如图 1 所示

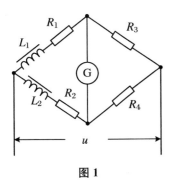

图1

电路中,在恒定直流状态下,L_1、L_2 无感应作用,其作用是充当导线。此时,若 $\dfrac{R_1}{R_2} = \dfrac{R_3}{R_4}$ 或 $\dfrac{R_1}{R_3} = \dfrac{R_2}{R_4}$,则电流计中无电流通过。

对于交流电桥,显然,仅满足上式是不够的,因为接入电路中的电感 L 或电容 C 都会对变化的电流产生相应的影响,这种影响不仅涉及大小还会涉及相位,需要考虑的方面自然要多一些。

下面我们先看本题的解答。

不管电压 u 是固定的还是随时间变化的,都没有电流流过电流计 G。所以,当所加电压 u 为恒定电压时,电路为直流稳压电路,电感不起作用,此时电路为电桥电路。根据电桥平衡原理,易求得

$$R_1 = \frac{R_3}{R_4} R_2 = 450\ \Omega \qquad ①$$

当电压 u 为变化电压时,两条支路的电流 i_1、i_2 也为变化电流,其变化率记为 $\dfrac{\Delta i_1}{\Delta t}$、$\dfrac{\Delta i_2}{\Delta t}$。根据电感性质 $u = L\dfrac{\Delta i}{\Delta t}$ 和电阻欧姆定律,在任何时刻总电压 u 可分别表示为

$$u = L_1 \frac{\Delta i_1}{\Delta t} + i_1 R_1 + i_1 R_3 \qquad ②$$

$$u = L_2 \frac{\Delta i_2}{\Delta t} + i_2 R_2 + i_2 R_4 \qquad ③$$

要保证电流计无电流流过,图2所示电路中 BC、DC 两段的电压也必须相等,即

$$i_1 R_3 = i_2 R_4 \qquad ④$$

此式必须时时成立,所以必有

$$\Delta i_1 R_3 = \Delta i_2 R_4 \qquad ⑤$$

将④⑤式代入②③式,消去 i_2、Δi_2,再联立各式可得

$$L_1 \frac{\Delta i_1}{\Delta t} + i_1 R_1 = L_2 \frac{R_3}{R_4}\frac{\Delta i_1}{\Delta t} + \frac{R_3}{R_4} R_2 i_1$$

代入①式,化简可得

$$\left(L_1 - \frac{R_3}{R_4} L_2\right)\frac{\Delta i_1}{\Delta t} = 0 \qquad ⑥$$

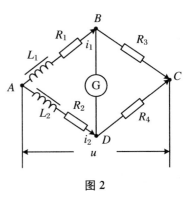

图2

$\dfrac{\Delta i_1}{\Delta t}$ 不会恒等于零,要使此式恒成立,必须有

$$L_1 - \frac{R_3}{R_4} L_2 = 0$$

得

$$L_1 = \frac{R_3}{R_4} L_2 = 4500 \text{ H}$$

在求电阻 R_1 时,有同学会纠结:依据恒定电流得到的结果是否适用于交变电流?这种担心显然是多余的。由于题目明确了在恒定电流下电桥也是平衡的,而对应的电阻条件也是唯一的,因此它也应是交流环境下必须满足的条件。

在确定电感 L_1 时,很多同学直接将变化的电流视为正弦式交变电流,这显然歪解了题目条件,因为题目所述的"随时间变化的电流"不一定是正弦式交变电流。当然,只要结论是唯一的,再作说明,也是可行的。下面我们给出这一解答方式。

对 L_1 的另解:

在电流为正弦式交变电流的前提下,为了表述方便,我们不妨选择复数表示方式。同样依据图 2,当电桥达到平衡时,通过电桥的电流 $\tilde{I}_G = 0$,这要求图 2 中 B、D 两点间的电压总为零,这又要求由支路 1 中的阻抗 $\tilde{Z}_1 = R_1 + \omega L_1 j$ 引起的交流电相位变化与由支路 2 中的阻抗 $\tilde{Z}_2 = R_2 + \omega L_2 j$ 引起的交流电相位变化相同,即有

$$\frac{\omega L_1}{R_1} = \frac{\omega L_2}{R_2}$$

即

$$L_1 = \frac{R_1}{R_2} L_2 = \frac{R_3}{R_4} L_2 = 4500 \text{ H}$$

由于这一结论是唯一的,它同样适用于任意随时间变化的电流。

竞赛生对交流电桥的讨论不应止于某个具体的平衡问题,而应推及一般的平衡问题。

题 166 交流电路的计算

电容器 C 和标准电感及忽略阻抗的交流电流表组成一个串联电路,通过沿轴移动电感器内的铁芯来改变电感器的电感 L,如图 1 所示。功率源供给串联电路正弦电动势,其电压有效值为 2 V,频率为 $\frac{500}{2\pi}$ Hz。当改变电感器的电感时,可以观测到在某一位置通过电流表的电流达最大值。然后移动铁芯,可以从电流表读出对应铁芯两个位置时的电流减少到最大值的 $\frac{1}{\sqrt{2}}$,这两个位置所对应的电感器的电感分别为 $L_1 = 0.9$ H 和 $L_2 = 1.1$ H。

(1) 试解释观测到的情况并计算电容器的电容 C 和电感器的电阻 R。

(2) 对两个电感 L_1 和 L_2 中每一个值,计算:

① 电路的阻抗;

② 电路中的电流;

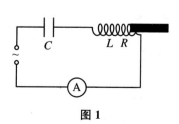

图 1

③ 电流和电压之间的相位差。

画出矢量图以显示电路中每一元件上的电压的大小与相位,并说明在每一情况中是电流还是电压相位超前。

【解析】 描述交流电的物理量较之描述恒定直流电的物理量要多很多。在常规教学中,我们对交流电的瞬时值、最大值、有效值、平均值、周期、频率等物理量都作了比较详尽的说明,但在高考中有关交流电的计算只要求针对纯电阻电路,这种情况下不涉及交流电的相位变化。在竞赛中交流电的计算则不受纯电阻的约束,当电路中存在电容和电感时,电路中的电流受到阻抗的影响,交流电的电压与电流的相位差也会受感抗和容抗的影响,对这一内容处理的难度较常规内容要大得多。

对于本题,很多同学可能不理解:铁芯处于两个不同位置时存在相同的电流值,因为电路中的阻抗为 $Z = \sqrt{R^2 + \left(\omega L - \dfrac{1}{\omega C}\right)^2}$,看上去不同的电感 L 应有不同的阻抗,而分析不出:当 $\omega L_1 - \dfrac{1}{\omega C} = -\left(\omega L_2 - \dfrac{1}{\omega C}\right)$ 时,电路中的阻抗也是相等的。若突破了这一点,本题的解答也就顺理成章了。下面我们先看解答。

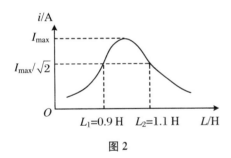

图 2

(1) 谐振时,电路中的电流为最大值 I_{max},如图 2 所示,阻抗为最小值 Z_0,它等于电阻 R,即 $Z_0 = R$。所以

$$Z_0 = \frac{U_{有效值}}{I_{max}} = R$$

如果 Z_1 和 Z_2 分别表示铁芯在位置 1 和 2 所对应的电路的阻抗,则

$$Z_1 = \frac{U_{有效值}}{I_{max}/\sqrt{2}} = Z_2$$

即

$$\sqrt{R^2 + \left(\omega L_1 - \frac{1}{\omega C}\right)^2} = \sqrt{R^2 + \left(\omega L_2 - \frac{1}{\omega C}\right)^2}$$

因为 $L_1 \neq L_2$,并且我们知道谐振前电压落后于电流,谐振后电压超前于电流,所以

$$\omega L_1 - \frac{1}{\omega C} = -\left(\omega L_2 - \frac{1}{\omega C}\right)$$

整理得

$$\omega(L_1 + L_2) = \frac{2}{\omega C}$$

从而得

$$C = \frac{2}{\omega^2(L_1 + L_2)} = 4\ \mu F$$

由上述表达式可知,在位置 1 有

$$\sqrt{R^2 + \left(\omega L_1 - \frac{1}{\omega C}\right)^2} = \sqrt{2}R$$

代入数据,得 $R = 50\ \Omega$(舍去负值)。

(2) ① 在位置 1 的阻抗为

$$Z_1 = \sqrt{R^2 + \left(\omega L_1 - \frac{1}{\omega C}\right)^2} = 50\sqrt{2}\ \Omega$$

这一值等于在位置 2 的阻抗 Z_2。

② 电路中的电流的最大值为

$$I_{\max} = \frac{U_{\text{有效值}}}{Z_0} = \frac{U_{\text{有效值}}}{R} = 0.04\ \text{A}$$

在两个位置的电流值为

$$I_1 = I_2 = \frac{I_{\max}}{\sqrt{2}} = 0.0283\ \text{A}$$

③ 在位置 1 时,电流和电压之间的相位差 φ_1 满足

$$\tan \varphi_1 = \frac{\omega L_1 - \frac{1}{\omega C}}{R} = -1$$

得 $\varphi_1 = -45°$。

同理,在位置 2 时 $\varphi_2 = 45°$。

画出在两个位置情况下的电路矢量图,计算每一元件上的电压。

在位置 1 时,矢量图如图 3(a)所示,电容器两端的电压为

$$U_C = \frac{I_1}{\omega C} = 14.150\ \text{V}$$

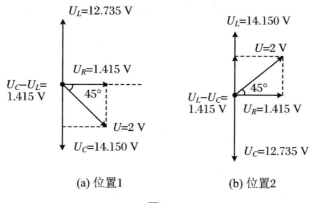

(a) 位置1　　(b) 位置2

图 3

电感线圈两端的电压为

$$U_L = I_1 \omega L_1 = 12.375\ \text{V}$$

电阻两端的电压为

$$U_R = I_1 R = 1.415\ \text{V}$$

在此情形下 $U_C - U_L = 1.415$ V，表明电流超前于电压。

在位置 2 时，矢量图如图 3(b) 所示，同样可算得每一元件上的电压。

对于(2)问中问题③的解答，我们作如下的说明：

很多同学或许要问，既然交流电中的各物理量都是标量，那么为何在这里出现了矢量解法呢？对于这一点，我们可以从振动的叠加说起。

对于若干个同频率的、不同相位的振动 $x_1 = A_1 \sin(\omega t + \varphi_1)$，$x_2 = A_2 \sin(\omega t + \varphi_2)$，$\cdots$ 的叠加，我们当然可以通过 $x = x_1 + x_2 + \cdots$ 计算出结果。显然，这种计算虽然是重复的但耗时易错。为此，我们引入了旋转矢量法，这一方法与前面的代数法相比较，其优势是直观、快捷、出错率大大降低。

我们再来看交流电路中的电流与电压。再复杂的电路也是由各元件的串、并联或网络构成，电路中各元件中的电流 $i_1 = I_{m1} \sin(\omega t + \varphi_1)$，$i_2 = I_{m2} \sin(\omega t + \varphi_1)$，$\cdots$ 或各元件上的电压 $u_1 = U_{m1} \sin(\omega t + \varphi_1)$，$u_2 = U_{m2} \sin(\omega t + \varphi_1)$，$\cdots$ 的叠加计算便是 $i = i_1 + i_2 + \cdots$ 或 $u = u_1 + u_2 + \cdots$，这种计算显然与振动的叠加计算属于同种性质的计算，于是我们完全可以将振动的叠加计算的处理方式迁移到交流电的电流与电压的计算上来，构造出"电流矢量"与"电压矢量"，采用矢量的运算法则对电流与电压的瞬时值进行处理，这样就达到了简化计算、提高正确率的目的。

在物理学中，不同物理量有相同的变化规律往往意味着有相同的处理方法乃至相似的结论，这是我们迁移方法与结论的基础。有许多物理现象都是按正弦或余弦规律变化的，如振动、机械波、光波、电磁波、交流电等，它们的叠加计算都可以采用矢量叠加原理，且不论物理量本身是否是矢量。这种迁移为我们理解与计算相关问题带来了诸多的方便。由于振动的分析与处理涵盖了很多的物理内容，因此掌握振动的分析与处理方法能为整个物理内容的学习带来很多的便利。这可能也是竞赛中几乎每年都有振动与波动试题的原因。

对此类问题的计算还有一种处理方式——复数解法，大家可以自行尝试。

第 4 部分

光学与近代物理

题 167　频闪下的转盘

一黑色圆盘上有一白色的扇形，圆心角为 $\theta_0 = 40°$，圆盘绕通过圆心并与平面垂直的轴转动，如图 1 所示，转数 $n = 1500$ r/min。若在暗室中以每秒闪 100 次的频闪光照射，而每次闪光延续的时间为 0.003 s，则在圆盘上可看见什么现象？若圆盘的转速为 $n' = 1470$ r/min，则结果又将如何？

【解析】 不知大家是否注意到这种现象：观察日光灯下转动的电扇，它的叶片具有一个"固定"的影子，而有时这个影子又顺时针或逆时针转动？这是为什么呢？

人在灯光下能看见周边物体的原因是：物体对光的反射作用使得反射光进入人的眼睛而被观察到。当频闪光照射物体时，我们可能看到物体的明暗会随频闪而变化，但当频闪过快时，由于视觉暂留，人将看不到因频闪而引起的变化。人的视觉暂留时间大约为 0.1 s，即当物体被照亮的时间间隔小于 0.1 s 时，人将因视觉暂留而感觉不到物体的亮度随光源的频闪而变化，这时，人感觉到物体就是被均匀照亮的。日光灯（频闪频率为 100 Hz）下的静物看上去亮度是均匀的，即是这种原因。

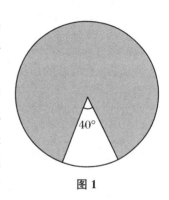

图 1

如果在黑暗的背景下用频闪灯照亮物体，当物体运动的时候，人们看到物体的运动将是跳跃的，这种现象在舞台上常见。还有一种现象，当频闪光照亮物体时，不论物体在两次相邻的频闪间是否运动，只要物体每次都出现在同一位置而被照亮，物体看上去就是不运动的。"题 038"就涉及这种情况。本题所描述的问题也包含了这种情形。

在本题中，光源的频闪周期为 $t_0 = \dfrac{1}{100}$ s $= 0.01$ s，而圆盘的转速为 $n = 1500$ r/min $= 25$ r/s，即圆盘转动一周所需的时间为 $t = \dfrac{1}{n} = 0.04$ s。于是圆盘每转动一周经历 4 次闪光，以后的闪光在圆盘上的照亮区与前面的闪光在圆盘上的照亮区重叠，而这个重叠的时间间隔是 0.04 s，它小于人眼的视觉暂留时间，所以人感觉不到白色区域两次被照亮间存在时间间隔，故在圆盘上我们看到的是 4 个不动的白色的扇形区域。由于闪光延续的时间为 0.003 s，而在此段时间内白色扇形转过的圆心角为

$$\Delta\theta = \dfrac{0.003 \times 360°}{0.04} = 27°$$

故日光灯下我们看到的每个白色扇形区所对应的圆心角为

$$\theta = \theta_0 + \Delta\theta = 67°$$

这时我们看到的圆盘是一个稳定的黑白相间的图样，如图 2 所示。

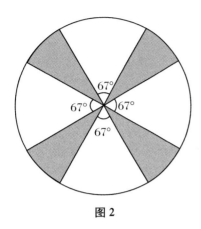

图2

当圆盘转速 $n' = 1470$ r/min＜1500 r/min 时,白色扇形每次被照亮时都比上次照亮滞后一个小角度

$$\Delta\theta' = 360° - \frac{1470 \times 360°}{60} \times (4 \times 0.01) = 7.2°$$

这样累积起来,圆盘上的白色扇形看上去就在沿圆盘转动的相反方向转动。

因为每 0.04 s 圆盘上的白色扇形滞后 7.2°,所以圆盘上的白色扇形转动的周期为

$$T = \frac{360°}{7.2°} \times 0.04 \text{ s} = 2 \text{ s}$$

频率为 $\Delta f = 0.5$ Hz。

或者,根据后者的转速(n')与前者的转速(n)相差 30 r/min,可得圆盘上的白色扇形转动的频率为

$$\Delta f = \frac{30}{60} \text{ Hz} = 0.5 \text{ Hz}$$

同理,若圆盘的转速(n')略大于原来的转速(n),我们将会看到白色的扇形区域向前转动。

在本题中,我们还可以改变圆盘的背景来考查大家的思维,如将转盘改为白色,而扇形是黑色的。在上述情形中,我们将看到整个圆盘都是白色的,只是部分稍暗一点而已。因为背景是白色的,黑色的扇形区域在四次频闪中有三次被照亮呈白色。大家不妨试作分析。

题 168　特殊光路的作图

如图1所示,AB 为一线状物体,A_1B_1 为此物经透镜所成的像。试用作图法确定此镜的位置和焦距,写出作图步骤。

【解析】　几何光学是以光的直线传播为基础,依据光路分析研究光的传播规律、物体的成像及各类光现象的方法。特殊光路的应用是解答几何光学中各类问题的切入点,能够体现答题者对相关知识的掌握程度与能力。我们可以

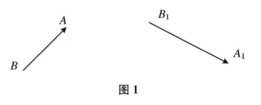

图1

用光通过薄凸透镜成像说明这一点。刚接触薄凸透镜时,我们很快会掌握如下的三条特殊光线:

(1) 通过透镜光心的光线传播方向不发生变化;
(2) 平行于主轴的光线经透镜折射过焦点;
(3) 过焦点的光线经透镜折射平行于主轴射出。

虽然上述三条光线中后两条可以利用光路的可逆性互推,但通常情况下我们仍然将它们单独列出。

当我们掌握了薄透镜焦平面的特点后,在上述三条特殊光线的基础上又可增加两条特殊光线:

(4) 平行于过光心的光线的光线经透镜折射与此过光心的光线交于焦平面;

(5) 过焦平面上某点的光线经透镜折射平行于过该点与光心的光线。

上述五条特殊光线的应用取决于答题者对知识的掌握程度,而下面这条特殊光线的应用主要体现了答题者的能力:

(6) 在物像系统中,凡是从物点上发出经透镜折射的光线都过像点。显然,这并不是一条光线而是无数条光线。

若同学们能在平时积累一些特殊光线,则在考场中对光现象作定性判断或者辅助定量计算时,它们都会起到极大的帮助作用。

在本题中,AB 的像 A_1B_1 是倒立的实像,所以透镜应是凸透镜。稍有光学成像知识的同学都会很快地连接 A、A_1 与 B、B_1,这两条连线的交点即为透镜的光心。但大部分同学对此题的解答仅此而已,再无法深入。

图 1 中,物 AB 和像 A_1B_1 不平行,所以物相对于透镜的主轴是斜放的。我们沿物体 BA 作一条入射光线,则该光线经透镜折射后必然过 B_1A_1,所以作 BA 的延长线与 A_1B_1 的延长线,其交点必在透镜上。这条特殊光线就是解答本题的关键光线,在物的成像中也是一条特殊光线。具体作图如下:

① 连接 A、A_1 和 B、B_1,两条连线的交点 O 就是凸透镜的光心。

② 作 BA 和 A_1B_1 的延长线交于 C 点,C 点必定落在透镜上。

③ 由 C、O 两点画出透镜的位置(取向)。

④ 过 O 点且与 CO 垂直的直线 MN 就是透镜的主光轴,如图 2 所示。

⑤ 过 A 点作平行于主光轴的直线交透镜于 D 点,连接 D、A_1,该连线与主光轴的交点 F 就是透镜的右焦点。

⑥ 过 A_1 点作平行于主光轴的直线交透镜于 E 点,连线 EA 与主光轴的交点 F' 就是透镜的左焦点。

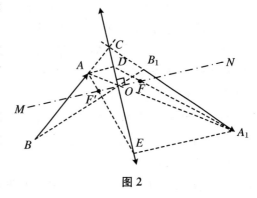

图 2

上述解答显示,在作图过程中,由于抓住了光线 $BACB_1A_1$ 的特殊性,破解了透镜的取向并确定了它的位置。光线 $BACB_1A_1$ 并不是常规的特殊光线,而是由成像的特点引申出的特殊光线。竞赛需要的就是能在一般的条件下挖掘出特殊光线的能力。

当然,作图只是一个定性判断的过程,如果你能将此题量化,编制出一道作图加定量计算的试题,则你的认识一定会更上一个层面。

题 169 视场

如图 1 所示,某时刻人的眼睛在 E 处通过放大镜 L 观察标尺 M,F_1 和 F_2 为 L 的两个焦点。此时,人既能通过 L 看到 M 上的一部分刻度,又能直接从镜外看到一部分刻度。试在图 1 上用作图法求出人看不到的 M 上的刻度范围。在作图时用①②……标明你画的光线,并写出作图步骤。

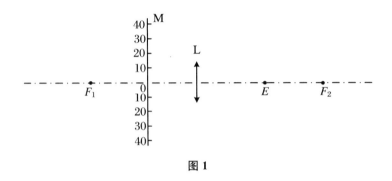

图 1

【解析】 光现象产生原因的分析是解答光学问题重要的切入点,而视场(可视区域)问题又是其中典型的问题。可视区域的收缩、扩张,盲区的形成,可视亮度的变化等,都属于视场问题。这些现象的产生都是因为光在传播过程中遇到光学元件(可能是单个元件,也可能是光具组)时光路发生变化而偏离了感光区域。

经物体发射或反射的光线能否进入人的眼睛决定了人能否看到物体,进入眼睛的能量多少决定了看到的物体亮度。当然,我们也可用感光片来代替人的眼睛。

在本题中,如图 2 所示,从标尺 M 发出的光线一部分从透镜的外侧可以直接进入人的眼睛,连接 E、A 并延长到 M 即得到能直接看到的标尺 M 的下限,这条光线是临界光线。而临界光线下面的光线需要经透镜偏折后才能进入人的眼睛,则必然会有一个区域的光线无法进入人的眼睛,便形成了一个盲区。

为了找到从标尺 M 发出经透镜折射能进入眼睛的临界光线,我们可以先通过作图找出标尺 M 所成像的位置,然后通过透镜端点的光线找出所能看到的像的范围,再找出对应的物上刻度值范围,那么看不到的刻度范围就出来了。但这样做比较麻烦。如果利用光路的可逆性,找出眼睛 E 的像 E',连接 E'、A 并延长至标尺 M,交点对应的刻度即为眼睛通过透镜看到的标尺上的最大刻度。换句话说,将眼睛 E 视为一点光源,根据光路的可逆性,它射向透镜一侧的光照亮的标尺区域便是人眼所能看到的标尺区域,而没有照亮的区域便是题目所要求的盲区。这样,问题就简单多了。

(1) 如图 2 所示,过 F_2 作垂直于主光轴的虚线,以此代表焦平面。过 E 作一条射向透镜下边缘 B 的入射光线①,将其反向延长交焦平面于 Q 点,连接 O 和 Q 的虚线取为副光轴。由副光轴的性质可知，入射光线①的折射光线②平行于此副光轴，其反向延长线与主轴的交点 E' 即为 E 的像。

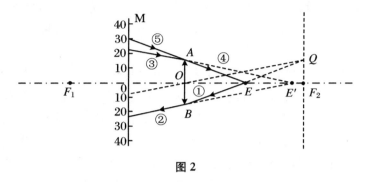

图 2

（2）再连接 E'、A 并延长与标尺 M 交于刻度 22.5 处，即 22.5 为人眼从透镜中看到的最大刻度，光线③即为从标尺 M 发出经透镜折射进入眼睛的临界光线，折射光线④为 AE。

（3）连接 E、A 并延长至标尺 M 得到入射光线⑤，此光线来自标尺上刻度 30 处，30 是人眼从镜外看标尺的最小刻度。

（4）综合作图结果可知，人眼看不到标尺的刻度范围为 22.5～30（上、下对称）。

在中学物理竞赛中，将视场问题单独作为考题的可能性应该不存在，但视场问题可能隐含在物体的成像过程中。解题时能否挖掘出光的传播区域，为像的可视及明暗找到依据，往往成为考生得分的分水岭，而解题的突破点就是各类临界光线的分析与确定。

题 170　折射与全反射

图 1 中的矩形 $ABCD$ 代表一个折射率为 n 的透明长方体，其四周介质的折射率为 $n_0 = 1$，一单色细光束以 θ 角入射至 AB 面上的 P 点，$AP = \dfrac{1}{2}AD$。不考虑光在长方体内的二次及二次以上的多次反射。

（1）若要求此光束进入长方体后能射至 AD 面上，θ 的最小值 $\theta_{\min}$ 应为多大？

（2）若要求此光束能在 AD 面上全反射，θ 值应在什么范围内？长方体的折射率 n 应在什么范围内？

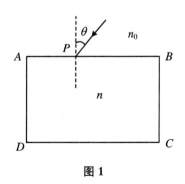

图 1

【解析】　即便是在常规教学中，我们对光的折射与全反射的讨论也是比较全面的。在竞赛内容中，作为基础问题，也作为光路分析的基础，光的折射与全反射常出现在各类光学试题中。

以光线为基础建立起来的几何光学依据光在传播过程

中反射与折射所表现出的几何特征,对光的传播路径(实际上是能量的传播路径)作严格的定量描述。在所有的光路中,全反射是一种典型的临界状态,这显然是各类命题的切入点。

单从临界角的角度看,高考对全反射问题的考查要求也是很高的,所以,对这一内容,我们无法做到明显地区分高考模型与竞赛模型。一句话,我们应全面地理解与熟练地应用光的全反射。

作为竞赛生,我们必须清晰地认识到,对几何问题的认识深度与处理能力决定了能否深入地学习物理。经验告诉我们,几何能力强的同学一般都会认为几何光学非常简单,有的同学甚至认为不必过多地讲解与练习;相反,也有一部分同学对几何光学深感头疼,无法适应。在笔者看来,这实际上对他们是否适合进行深入的物理学习进行了相应的甄别。

当然,一般情况下,求解几何光学的问题也不是无章可循的。对各类光现象的产生,除了我们前面两题所说到的特殊光线是我们的切入点外,全反射现象的产生及条件同样是解决问题的切入点,特别是以各类玻璃砖为背景的试题,几乎都涉及全反射现象。

回到本题中来,题述中的光能否射到 AD 面上是对光路的几何特性的分析,而对长方体的折射率的要求本质上就是全反射问题的延伸。

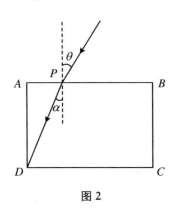

图 2

(1) 要使光束进入长方体后能射至 AD 面上,折射光线射到 D 点时角 θ 最小,此时折射角也最小。设最小折射角为 α,$AP = d$,如图 2 所示。

根据几何关系,有

$$\sin\alpha = \frac{AP}{\sqrt{AP^2 + AD^2}} = \frac{d}{\sqrt{d^2 + (2d)^2}} = \frac{\sqrt{5}}{5}$$

根据折射定律,有

$$n = \frac{\sin\theta}{\sin\alpha}$$

对于透明长方体,有 $n \geq 1$,即 $\frac{\sin\theta}{\sin\alpha} \geq 1$,解得 $\sin\theta \geq \sin\alpha$。

所以,角 θ 的最小值为 $\arcsin\frac{\sqrt{5}}{5}$。

(2) 如图 3 所示,要求此光束在 AD 面上发生全反射,则要求射至 AD 面上的入射角 β 应满足 $\beta \geq C$,从而 $\sin\beta \geq \sin C$。

又 $\sin C = \frac{1}{n}$,所以 $\sin\beta \geq \frac{1}{n}$。

根据数学知识,有

$$\sin\beta = \cos\alpha = \sqrt{1 - \sin^2\alpha} = \sqrt{1 - \left(\frac{\sin\theta}{n}\right)^2}$$

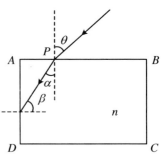

图 3

则有

$$\sqrt{1-\left(\frac{\sin\theta}{n}\right)^2} \geqslant \frac{1}{n}$$

解得

$$\theta \leqslant \arcsin\sqrt{n^2-1}$$

所以,若此光束能在 AD 面上全反射,则 θ 值的范围为

$$\arcsin\frac{\sqrt{5}}{5} < \theta \leqslant \arcsin\sqrt{n^2-1}$$

上式成立,首先必须满足 $\sqrt{n^2-1} \geqslant \frac{\sqrt{5}}{5}$,即 $n \geqslant \frac{\sqrt{30}}{5} \approx 1.1$;其次需要满足 $\sqrt{n^2-1} \leqslant 1$,即 $n \leqslant \sqrt{2}$。

此外,为了保证进入长方体中的光能射到 AD 面上,还应满足

$$n \leqslant \frac{\sin 90°}{\sin\alpha} = \sqrt{5}。$$

综上所述:当 $n \leqslant \sqrt{2}$ 时,此光束能在 AD 面上全反射的条件是 $\arcsin\frac{\sqrt{5}}{5} < \theta \leqslant \arcsin\sqrt{n^2-1}$;当 $\sqrt{2} < n \leqslant \sqrt{5}$ 时,此光束能在 AD 面上全反射的条件是 $\arcsin\frac{\sqrt{5}}{5} < \theta \leqslant 90°$;当 $n \geqslant \sqrt{5}$ 时,此光束不能到达 AD 面。

从问题(1)的解答我们可以看到,光路传播中几何关系与折射定律(或反射定律)的结合运用是解答此类问题的必由之路。而问题(2)告诉我们,隐含在渐变过程中的临界问题分析不仅包含过程的动态分析,还包含对物理现象的数学描述的理解与判断。这体现了答题者对隐含条件的挖掘能力和思维能力。

在中学阶段,非竞赛生也能够分析处理这方面的问题,因为这也是高考内容的要求。

题 171 球面折射(不晕点)

球面透镜一般只对近轴光线才能近似地成像。弯月形透镜则不同,当物点位于主光轴上的特殊点时,即使是非近轴光线,经透镜折射,出射光线也都能交于同一点,即能理想成像。今有一弯月形透镜,如图1所示,透镜的折射率为 n,放置在空气中,两球面 Σ_1 和 Σ_2 的球心分别为 C_1 和 C_2,球面 Σ_2 的半径为 R_2。已知 $C_1C_2 = \frac{R_2}{n}$,物点 Q 位于 C_1 点。试证明:

(1) 从 Q 点发出的任何光线(包括非近轴光线)经透镜折射,所有出射光线都能相交于同一像点 Q'。

(2) $Q'C_2 = nR_2$。

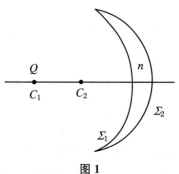

图1

【解析】 在我们所研究的光学元件中,几乎所有的界面都是平面或球面,而平面亦可视为球面半径 $r \to \infty$ 的特例,视深问题就是在这种情况下的应用。所以,球面折射问题是所有竞赛生都必须认真研究的模型。

我们也必须清楚,球面折射也有不同的情形:一种是光路在近轴情况下的折射,这多指球面成像问题;另一种是在一般情形下的折射问题,这又多与全反射相关,但也不完全如此,本题中的成像并不受这一条件的限制。

本题的解答如下:

我们首先考虑光在 Σ_1 面上的折射。由于物点在球心 C_1 处,全部入射光线无折射地通过 Σ_1 面,对 Σ_2 来说物点就在 C_1 处。

再考虑 Σ_2 面上的折射。设入射光线与主轴的夹角为 θ,入射点为 P,入射角为 i,折射角为 r,折射光线的反向延长线与主轴的交点为 Q',如图 2 所示,则由折射定律知

$$\sin r = n \sin i$$

在 $\triangle C_1 C_2 P$ 中应用正弦定理,有

$$\frac{C_1 C_2}{\sin i} = \frac{C_2 P}{\sin \theta}$$

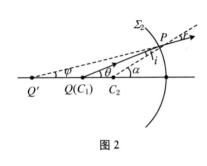

图 2

已知 $C_1 C_2 = \dfrac{R_2}{n}$,$C_2 P = R_2$,则

$$\frac{\dfrac{R_2}{n}}{\sin i} = \frac{R_2}{\sin \theta}$$

即

$$\sin \theta = n \sin i = \sin r$$

得 $r = \theta$。

设 $C_2 P$ 与主轴的夹角为 α,则有

$$\alpha = \theta + i = r + i$$

显然,$\theta \neq 0$ 时 $r < \alpha$,因此出射光线与主轴的交点 Q' 必在透镜左侧。

因为 θ 为 $\triangle Q' C_1 P$ 的外角,所以

$$\varphi = \theta - \angle QPC_1 = r - (r - i) = i$$

在 $\triangle Q' C_2 P$ 中应用正弦定理,有

$$\frac{Q' C_2}{\sin r} = \frac{R_2}{\sin \varphi}$$

得

$$Q' C_2 = R_2 \frac{\sin r}{\sin i} = n R_2$$

上式表明 $Q' C_2$ 的数值与 θ 无关。由此可见,所有出射光线的反向延长线都交于同一点 Q',该点即可认为是 Q 的像点,且此点与 C_2 的距离为 $n R_2$。

如同本题的解答,即便是球面问题,也未必是近轴与全反射问题。本题仍然可以说是成像问题,但又不存在具体的成像公式。

本题的解答还给人这样的一种印象:折射定律往往只是连接物理与数学的一条纽带,几何定律的应用似乎更为突出。这话有一定的道理,在众多的几何光学问题中,几何定律应用的复杂程度往往会高于反射定律与折射定律的应用。只是需要注意,不论是什么样的光路,每个界面上的折射都必须认真计算。这正是几何光学的特点之一。

另外,本题所描述的 Q 与 Q' 这类相匹配的点在光学上称为不晕点或齐明点,它们的物像关系对单色光而言是完善的(无球差),但它们显然改变了可视区间的范围。不晕点的这一性质应用于许多助视仪器中。

不晕点的光路也可以说是特殊光路。在几何光学的内容中,特殊光线和特殊成像问题可以说数不胜数,全部记住它们不太现实也没必要,唯有熟悉规律,灵活运用,以不变应万变,才能得心应手,处变不惊。

题 172 非均匀介质的折射

给定一厚度为 d 的平行平板,其折射率按下式变化:

$$n(x) = \frac{n_0}{1 - \frac{x}{r}}$$

一束光在 O 点从空气垂直射入平板,并在 A 点以角度 α 射出,如图 1 所示。求 A 点的折射率 n_A,并确定 A 点的位置及平板的厚度。(设 $n_0 = 1.2, r = 13 \text{ cm}, \alpha = 30°$。)

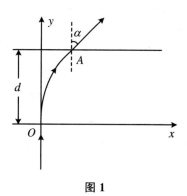

图 1

【解析】 考查折射规律的题目的基本特点是不同介质界面清晰、光线在界面处折射、分析全反射现象及涉及相关定律与几何性质的应用。但竞赛生不能仅满足于界面清晰的情形,还应熟练处理折射率连续变化的情形。

考虑到中学生的数学能力和考试时间的限制,命题人给出的介质折射率的变化规律往往是某个方向上的单调函数,如本题中的 $n = n(x)$,也不排除轴对称分布的 $n = n(r)$ 或中心对称分布的 $n = n(r)$。介质折射率的不同分布导致光在介质中传播的轨迹不同,但不论是哪种分布,命题人一般都会刻意将光的传播轨迹约束在中学生能够熟练处理的初等函数图像上,常见的便是二次曲线。

处理这类试题时,首先要考虑光的路线,基本的处理方式如图 2 所示,将介质沿分布方向剖为介质均匀的薄层,得到折射定律一个基本的推论式。

对于经过一系列不同折射率的平行平板的透射光,可以应用折射定律:

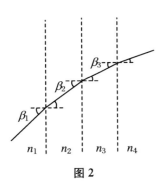

图 2

$$\frac{\sin\beta_1}{\sin\beta_2} = \frac{n_2}{n_1}, \quad \frac{\sin\beta_2}{\sin\beta_3} = \frac{n_3}{n_2}$$

更简单的形式是

$$n_1\sin\beta_1 = n_2\sin\beta_2 = n_3\sin\beta_3 = \cdots$$

即对连续变化的介质有

$$n\sin\beta = 常数$$

这个公式对任意薄层或折射率连续变化的介质的任意位置都是成立的,可作为折射定律的推论应用。不过,在考试中出现类似的问题时,笔者建议答题者给予必要的证明,避免失分。

下面给出本题的解答:

折射率只沿 x 轴变化,则

$$n(x)\sin\beta = 常数$$

垂直光束从折射率为 n_0 的点入射,则

$$n_1 = n_0, \quad \beta_0 = 90°$$

于是在平板内任意一点有

$$n(x)\sin\beta = n_0$$

根据题中给出的 $n(x)$ 表达式,得

$$\sin\beta = \frac{n_0}{n(x)} = 1 - \frac{x}{r} = \frac{r-x}{r}$$

我们构造出图 3 所示的光的传播轨迹,它表明光束的路径是一个圆心在 C 点、半径为 $XC = r$ 的圆。证明如下:

因为

$$\tan\beta = \frac{\sin\beta}{\sqrt{1-\sin^2\beta}} = \frac{r-x}{\sqrt{r^2-(r-x)^2}}$$

所以

$$\frac{\mathrm{d}y}{\mathrm{d}x} = \frac{r-x}{\sqrt{r^2-(r-x)^2}}, \quad 即 \mathrm{d}y = -\frac{\mathrm{d}(r-x)^2}{2\sqrt{r^2-(r-x)^2}}$$

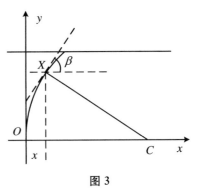

图 3

积分,得

$$y = \sqrt{r^2-(r-x)^2} + C$$

当 $x=0$ 时 $y=0$,代入上式,可得 $C=0$。

故光线的轨迹方程为 $y^2 + (r-x)^2 = r^2$。

按照折射定律,当光线在 A 点射出时,有

$$n_A = \frac{\sin\alpha}{\sin(90°-\beta_A)} = \frac{\sin\alpha}{\cos\beta_A}$$

因为 $n_A\sin\beta_A = n_0$,所以

$$\sin\beta_A = \frac{n_0}{n_A}, \quad \cos\beta_A = \sqrt{1 - \left(\frac{n_0}{n_A}\right)^2}$$

因此

$$n_A = \sqrt{n_0^2 + \sin^2\alpha}$$

代入 $n_0 = 1.2, \alpha = 30°$，得 $n_A = 1.3$。

将 $n_A = 1.3, n_0 = 1.2, r = 13$ cm 代入 $n(x)$ 的表达式，得出 A 点的横坐标为 $x = 1$ cm。

将 $x = 1$ cm 代入光线的轨迹方程，得到平板的厚度为 $y = d = 5$ cm。

在上述解答过程中，大家应能体会到，光线轨迹的求解难度很大，它要求我们不仅能够运用折射定律，更重要的是熟知各种曲线的性质并会运用微积分的基本知识。本题明明白白地告诉物理竞赛生，必须超前学完高中阶段所有的数学内容，还必须掌握基本微积分知识的运用。

同时，我们还应明白，竞赛已经对微积分的基本知识作了要求，不论哪种情况下的运动轨迹，$\frac{\mathrm{d}y}{\mathrm{d}x} = \tan\beta$ 都是我们寻求运动轨迹的切入点，以此在直角坐标系中进行相关的推导，若折射率是中心对称分布的，还有可能要求大家在极坐标或柱坐标下讨论相关的问题，难度则进一步提高。

在此，再次提醒一下，竞赛生不要单一学习物理，要清楚"只有数学学好了，物理才差不了"。

题 173　费马原理的应用

如图 1 所示，在半径为 R 的球面两侧，介质的折射率分别为 n 和 n'。设在主光轴上有 A、B 两点，它们分别居于球面两侧，到球面顶点 P 的距离都是 a。在近轴光线的前提下，问：

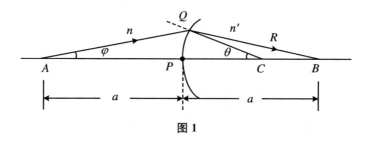

图 1

（1）若在 A 点放一点光源，从 A 点发出的光经何路径传播到 B？

（2）实际光线在什么条件下光程取最短、最长和恒定值？

【解析】　当光的波长与一个光学系统的特征尺寸相比足够小时，光的传播主要显示出直线传播的特性。几何光学以光的直线传播、反射、折射三大实验定律为基础，研究光在透明介质中的传播和在光学系统中的成像规律。后来三大实验规律又被总结为具有普遍性的费马原理。

费马原理指出,光总是沿着光程为极值(光程可以是极大值、极小值或恒定值)的路径传播。光程(l)在均匀介质中定义为介质的折射率(n)与几何路程(s)的乘积。在非均匀介质中,光由 A 点传播到 B 点,由于不断地折射,轨迹为曲线,则总光程定义为 $l = \int_A^B n \mathrm{d}s$,其中折射率 n 是位置的函数,$\mathrm{d}s$ 为元线段。

竞赛生对费马原理虽然不陌生,但在实际应用中几乎都绕开了它,而是根据具体情况直接运用光的直线传播、反射、折射三大实验定律。本题可以说是这方面的一个补充。本题中从 A 发出的光线经球面折射能否经过 B 点?经过 B 点的光在球面何处折射?实际光线在什么条件下光程取最短、最长或恒定值?所有这些问题都可由费马原理确定。

用费马原理解题的一般步骤是先写出一般路径(不一定是实际光线传播的路径)的光程。不同路径的光程往往是某一参量(本题中的 θ)的函数,通过光程对参量求导,并令其为零,从而确定其中某些路径的光程为极值,这些路径即为实际光线传播的路径。

我们看本题的解答。

设从 A 点发出的光线在 Q 点折射后经过 B 点,Q 点的位置可由圆心角 θ 确定,从 A 到 Q 到 B 的光程为

$$L = nAQ + n'QB$$

在 $\triangle ACQ$ 中,由余弦定理可得

$$AQ = \sqrt{(a+R)^2 + R^2 - 2(a+R)R\cos\theta}$$

当 $\theta \ll 1$ 时(傍轴条件),$\cos\theta \approx 1 - \dfrac{\theta^2}{2}$,代入上式,得

$$AQ = a\left[1 + \frac{(a+R)R}{a^2}\theta^2\right]^{1/2} \approx a\left[1 + \frac{(a+R)R}{2a^2}\theta^2\right] = a + \frac{R(a+R)}{2a}\theta^2$$

同理,在 $\triangle BCQ$ 中有

$$QB = a - \frac{R(a-R)}{2a}\theta^2$$

故总光程为

$$L = n\left[a + \frac{R(a+R)}{2a}\theta^2\right] + n'\left[a - (a-R)R\frac{\theta^2}{2a}\right]$$
$$= a(n'+n) + \frac{R}{2}\left[\frac{R}{a}(n'+n) - (n'-n)\right]\theta^2 \qquad ①$$

根据费马原理,实际光线路径满足 L 为极值条件,故应有

$$\frac{\mathrm{d}L}{\mathrm{d}\theta} = R\theta\left[\frac{R}{a}(n'+n) - (n'-n)\right] = 0$$

解得

$$\theta = 0 \quad \text{或} \quad a = R\frac{n'+n}{n'-n}$$

当 $a = R\dfrac{n'+n}{n'-n}$ 时,不论 θ 为多大,从 A 发出的所有傍轴光线经折射都经过 B 点,这时 B 点是 A 点的像,将此关系代入①式,可得总光程为

$$L = a(n' + n) = L_0$$

这是一常数。故从物点到像点,光线是等光程的。

当 $a \neq R\dfrac{n'+n}{n'-n}$ 时,只有 $\theta = 0$ 的路径是光线实际经过的路径,光程为 L_0。而 $\theta \neq 0$ 的路径没有光线通过 B 点,这些路径的光程与实际光线的光程相比为

$$L - L_0 = \dfrac{R}{2}\left[\dfrac{R}{a}(n' + n) - (n' - n)\right]\theta^2$$

由上式可知:

当 $a < R\dfrac{n'+n}{n'-n}$ 时,$L > L_0$,实际光线的光程 L_0 为极小值;

当 $a > R\dfrac{n'+n}{n'-n}$ 时,$L < L_0$,实际光线的光程 L_0 为极大值。

在上述解答中,我们可以清楚地看到光从一点到另一点的路径,其光程取极大值、极小值或恒定值的不同情形。特别地,当光从一点到另一点可取不同路径且为等光程时,其情形便是成像。这一结论具有普适性。

另外,本题的解答中,在求 AQ 与 QB 的大小时,我们选用了计算量较大的余弦定理,虽然这看上去是为了寻找光程与参量 θ 的关系,但我们也许在不经意中习惯性地通过 $\triangle ACQ$ 运用正弦定理。于是,由图 1 有 $\dfrac{AQ}{\sin \theta} = \dfrac{R}{\sin \varphi}$。

考虑到在傍轴的情况下 θ、φ 均为小角,有 $\sin \theta \approx \theta$,$\sin \varphi \approx \varphi$,且 $\theta \approx \dfrac{QP}{R}$,$\varphi \approx \dfrac{QP}{a}$,进而有 $AQ = a$。

同理,$QB = a$,即 $AQ = QB$。

在这里,AQ 与 QB 居然与 θ 无关,且有 $AQ = QB = a$,这显然不是我们所要的结果,因为我们需要寻找的是 AQ 与 QB 之间的差别。

回过头来再看我们的解答过程,$AQ = QB = a$ 的结果是在一阶小量近似的前提下得到的,这说明 AQ 与 QB 的差别在一阶小量下无法得到体现。于是,我们在计算的过程中,需要将小量近似向高阶小量推进,即保留结果中的 θ^2 项或 θ^3 项,以寻找它们之间的差别。这一点我们也可从上述解答中看到,因为 AQ 与 QB 的结果中只存在 θ^2 项而无 θ 项,即说明在一阶小量近似的前提下它们之间没有差别。

那么,我们是否应该在运用正弦定理的前提下,将小量直接向高阶推进呢?我们不妨作一尝试:

在保留高阶小量的前提下,有 $\sin \theta \approx \theta - \dfrac{\theta^3}{6}$,$\sin \varphi \approx \varphi - \dfrac{\varphi^3}{6}$,但此时对于角 θ 与 φ 并没有 $\theta \approx \dfrac{QP}{R}$ 和 $\varphi \approx \dfrac{QP}{a}$,即 $\theta \approx \dfrac{a}{R}\varphi$,因为这也是在保留一阶小量的前提下得到的结果。在此处

进行一阶近似,我们无法预料由此带来的后果。至少在中学阶段,我们还不知道在保留高阶小量的前提下关于 θ 与 φ 的表达式。至此,我们便无法再进行下去,必须另辟蹊径。

在小量的取舍上,我们实际上没有先见之明,但我们在解答问题时,若发现一阶小量显示不出我们需要的差别,不要停滞不前,应向更高阶小量寻找差异。有很多同学常说,在小量运算过程中不知道该保留什么级别的小量,上述分析与处理过程便是这方面的示例。

本题前面给出的解答直接选用了余弦定理,并达到了通过二阶小量来显示差别的目的。实际上,熟悉小量近似的同学只要比较一下 $\sin\theta \approx \theta - \dfrac{\theta^3}{6}$ 与 $\cos\theta \approx 1 - \dfrac{\theta^2}{2}$ 的差别,便知通过正弦定理无法进行下去时,选择余弦定理便是自然而然的事情了。

题 174 折射规律在运动中的应用

在一个很大的湖岸边(可视湖岸为直线)A 处停放着一只小船,缆绳突然断开,小船被风刮跑,以 2.5 m/s 的速度匀速向湖中行驶,其方向与湖岸成角 $\alpha = 15°$。另有一人在缆绳断开时从 A 点出发,他先沿湖岸走一段再入水中游泳去追船。已知人在岸上走的速度为 $v_1 = 4$ m/s,在水中游泳的速度为 $v_2 = 2$ m/s,问此人能否追上小船? 小船能被人追上的最大速度为多少?

【解析】 费马原理指出:光总是沿着光程为极值的路径传播。光在均匀介质中的直线传播、光的反射定律、光的折射定律等都是光在传播中遵循费马原理的事例,而且可以证明这些都是光沿极小值路径传播的事例。

另一方面,光程可以表述为 $s = ct$,式中 c 为光速,t 为光沿路径传播的时间。所以,费马原理也可表述为:光总是沿着传播时间为极值的路径传播。由此可以推断,光从介质 1 中的某点到达介质 2 中的某点时,沿折射路径传播的时间是最短的。为此,我们来看一下光的折射定律所体现的运动特性:

若光在介质 1 中的速度为 v_1,在介质 2 中的速度为 v_2,则介质 2 相对于介质 1 的折射率为 $n = \dfrac{v_1}{v_2}$。由于折射率只与光在两种介质中的运行速度有关,我们完全可以类比光在平面分界面上的折射情况,得到这样的结论:物体从速度为 v_1 的区域中的某点运动到速度为 v_2 的区域中的某点,路径满足折射定律时,用时最短。这样就把此类运动问题通过类比转化为光的折射问题。据此,我们来解答本题。

把人视作光粒子,人在岸(介质 1)上的速度为 $v_1 = 4$ m/s,在水(介质 2)中的速度为 $v_2 = 2$ m/s,则岸相当于"光疏介质",水相当于"光密介质"。

如图 1 所示,船沿 OP 方向被刮跑,设人从 O 点出发先沿湖岸跑,在 A 点入水游到 OP 上的 B 点,如果符合光的折射定律,则所用时间最短。这种情形的入射角为 $90°$,设折射角为 γ,根据折射定律,有

$$\frac{\sin 90°}{\sin \gamma} = \frac{4.0}{2.0}$$

解得 $\gamma = 30°$。

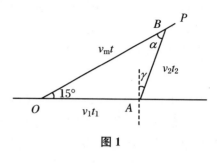

图 1

由几何关系可知

$$\alpha = 180° - 15° - (90° + \gamma) = 45°$$

在这最短时间内，若船还未到达 B 点，则人能追上小船；若船已经通过了 B 点，则人不能追上小船。所以，船刚好能到达 B 点所对应的船速就是小船能被追及的最大速度 v_m。

根据正弦定理，有

$$\frac{v_m t}{\sin 120°} = \frac{v_1 t_1}{\sin 45°} = \frac{v_2 t_2}{\sin 15°}$$

又 $t = t_1 + t_2$，所以

$$v_m = \frac{v_1 v_2 \sin 120°}{v_1 \sin 15° + v_2 \sin 45°} = 2\sqrt{2} \text{ m/s}$$

此即小船能被人追上的最大速度，而小船的实际速度只有 2.5 m/s，小于 $2\sqrt{2}$ m/s，所以人能追上小船。

本题是一道运动的极值问题，解法很多，但都没有此方法简洁明了。此类试题可延伸出许多的运动模型，湖泊、沙漠、草地等，只要是可能的运动区域，都可能成为命题的背景。上述解法也是处理这类问题的经典方法，大家可以细心领会。

此题属于经典试题，为了充分利用本题的功能，下面再给出两种基本解法。

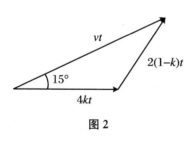

图 2

附解法 1 由于人在水中的游速小于船在水中的速度，因此，人只有先沿岸跑一段路程再游水追船，才有可能追上小船。设法求出小船被人追上的最大速度，即可知人能否追上小船。设船速为 v，人追上小船的时间为 t，再设人在岸上跑的时间是整个追赶时间的 $k(0<k<1)$ 倍，人要追上船，则船运动的路线与人运动的两段路线构成一个三角形，如图 2 所示。由余弦定理得

$$4(1-k)^2 = (4k)^2 + v^2 - 2v \cdot 4k \cos 15°$$

整理得

$$12k^2 - [2(\sqrt{6}+\sqrt{2})v - 8]k + (v^2 - 4) = 0$$

要使上列方程在 $0<k<1$ 范围内有解，需 $\Delta \geq 0$，故有

$$\Delta = [2(\sqrt{6}+\sqrt{2})v - 8]^2 - 4 \times 12(v^2 - 4) \geq 0$$

所以

$$(\sqrt{3}-1)v^2 - 2(\sqrt{6}+\sqrt{2})v + 16 \geq 0$$

配方整理得

$$\left(\frac{\sqrt{6}+\sqrt{2}}{4}v - 4\right)^2 \geqslant \frac{3}{8}(\sqrt{3}-1)^2 v^2$$

两边开方,得

$$v \leqslant 2\sqrt{2} \text{ m/s}$$

可见船被追上的最大速度为 $2\sqrt{2}$ m/s,故人能追上小船。

附解法 2 用作图法可以求出在追上小船的时间 t 内人在岸上跑和在水中游所能达到的区域。若在此时间内,船没有跑出该区域,就证明船能被人追上。由船与该区域边界的交点,可以求出船被人追上的最大速度。

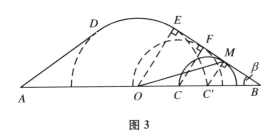

图 3

设人从 O 点起在时间 t 内沿岸跑过路程 $v_1 t$ 到达 B 点,$OA = OB = v_1 t$,如图 3 所示。若人从 O 点起,在水中游时间 t,则可以到达的区域是以 O 为圆心、$v_2 t$ 为半径的半圆;若人先在岸上跑时间 t_1 到 C 点,再在水中游时间 $t - t_1$,则 $OC = v_1 t_1$,在 $t - t_1$ 时间内人可以到达以 C 为圆心、$v_2(t - t_1)$ 为半径的半圆区域。同理,选取不同的 $t_1 (0 < t_1 < t)$,可以得到不同的入水点 C,以 C 为圆心、$v_2(t - t_1)$ 为半径可以作出无数个半圆。由数学的包络线可知,这些半圆的公切线为 BE 和 AD,因此在追赶时间 t 内人所能达到的区域边界为湖岸 AB 和切线 AD、BE 以及圆弧 DE。由于船的速度矢量与边界 BE 相交于 M 点,故 $vt \leqslant OM$ 时船能被人追上。可见,要在 M 点追上船,必须在岸边选择一个合适的入水点 C',因为

$$\frac{C'M}{C'B} = \frac{v_1(t-t_1)}{v_2(t-t_1)} = \frac{v_1}{v_2} = \frac{1}{2}$$

又 $\triangle BMC'$ 为直角三角形,所以

$$\sin\beta = \frac{C'M}{C'B} = \frac{1}{2}$$

得 $\beta = 30°$。

又 $\theta = 15°$,所以 $\angle EOM = 45°$,而 $\angle OEM = 90°$,则 $\angle OME = 45°$。故 $\triangle OEM$ 为等腰直角三角形。由 $OE = v_2 t$ 得

$$OM = v_{\max} t = \sqrt{2} v_2 t$$

从而得 $v_{\max} = \sqrt{2} v_2 = 2\sqrt{2}$ m/s。

可见船被人追上的最大速度为 $2\sqrt{2}$ m/s,且人能追上小船。

当然,本题肯定还有其他的解答方法,同学们也可试一试。

题 175　逐次成像法

如图 1 所示,在焦距为 20.00 cm 的薄凸透镜 L 的主轴上离透镜中心 30.00 cm 处有一小发光点 S;一个厚度可以忽略的光楔 C(顶角 α 很小的三棱镜)放在发光点与透镜之间,垂直于主轴,与透镜的距离为 2.00 cm,光楔的折射率 $n=1.5$,楔角 $\alpha=0.028$ rad;在透镜另一侧离透镜中心 46.25 cm 处放一平面镜 M,其反射面向着透镜并垂直于主轴。问:最后形成的发光点的像相对于发光点的位置在何处?(只讨论近轴光线,小角度近似适用。在分析计算过程中应作必要的光路图。)

【解析】　在几何光学中,利用光具组构题是常见的出题方式。对于涉及光具组的问题,一般的解题思想是沿着光的行进路径,一个界面接着一个界面或者一次成像接着下一次成像依次地分析、计算、讨论,确定成像特点。这类似于运动学中的"跟着过程走"的解题思想,是典型的程序法,在此也称逐次成像法。

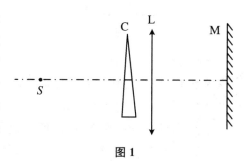

图 1

本题就是一个光具成像问题。如果一次成像接着下一次成像地分析,则系统成像会经历 C 左界面、C 右界面、透镜 L、平面镜 M、透镜 L、C 右界面、C 左界面 7 次成像。如果每一次成像都会出现一个方程,本题便有 7 元方程组。求解 7 元方程组的出错率是极高的。换句话说,对于 7 元及以上数量的方程组,应考虑通过某种方式来减少方程的数量,进而减小出错率。

在本题的光具组中,厚度可忽略的光楔 C 在 S 的整个成像过程中总共有 4 次成像,但这 4 次成像的过程具有同一性,即相同的分析与计算方式,这无疑是本题的软肋,简化工作应从此处切入。我们先来研究此光楔的性质。

(1) 光楔使入射光线偏折,偏向角(出射光线与入射光线方向的夹角)用 δ 表示,由图 2 可知

$$\sin i_1 = n\sin i_1', \quad \sin i_2 = n\sin i_2', \quad i_1' + i_2 = \alpha$$

对近轴光线,i_1 很小,有 $i_1 = ni_1'$;因 α 也很小,同样有 $i_2' = ni_2$,故有

$$\delta = (i_1 - i_1') + (i_2' - i_2) = i_1 + i_2' - \alpha = (n-1)\alpha$$

代入数值,得

$$\delta = (1.5 - 1) \times 0.028 \text{ rad} = 0.014 \text{ rad}$$

δ 与入射角大小无关,则各成像光线经光楔后都偏折同样角度 δ。光楔厚度可忽略,所以作光路图时可画成一使光线产生偏折角 δ 的薄平板,如图 3 所示。

光点 S 经光楔成一虚像点 S_1'。对近轴光线,S_1' 在 S 正上方,到 S 的距离为 h,到光楔的

距离 $l = 28.00$ cm。由

$$h = \delta l = (n-1)\alpha l$$

得 $h = 0.39$ cm。

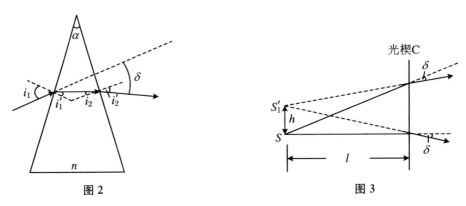

图 2　　　　　　　　　　　图 3

上面的分析告诉我们,厚度可忽略的光楔在成像过程中的作用相当于一块能使光线产生偏折的薄平板。物体经此元件成像,像相对于物仅向楔尖一侧偏折一个小距离 $(n-1)\alpha l$。经此处理,原来经光楔需要计算的 4 次成像缩减为 2 次,使得整个系统的 7 元方程组变为 5 元方程组,而且计算也变得简洁,解答过程中的出错率会大幅下降。其实,光学中的各种成像公式基本上都经过了类似的处理,本题只不过将光楔的处理放到了试题中。下面来完成后面的解答。

(2) S_1' 为透镜 L 的实物,像点 S_2' 的位置可由下式求出:

$$\frac{1}{u} + \frac{1}{v} = \frac{1}{f}$$

代入 $u = 30.00$ cm,$f = 20.00$ cm,得 $v = 60.00$ cm。

将 SS_1' 视为与光轴垂直的小物,由透镜的放大率公式

$$M_1 = \frac{v}{u}$$

可求得

$$h_2' = M_1 h = 0.78 \text{ cm}$$

即像点 S_2' 在光轴下方与光轴的距离为 0.78 cm,与透镜中心的距离为 60.00 cm,如图 4 所示。

(3) S_2' 在平面镜之后,是平面镜的虚物,经平面镜成像,像点 S_3' 与 S_2' 对称于平面镜(图 4),则

$$d = 13.75 \text{ cm}, \quad h_3' = h_2' = 0.78 \text{ cm}$$

(4) S_3' 作为透镜的实物,经透镜折射后再次成像,设像点为 S_2'',S_2'' 及 S_3' 与 L 的距离分别为 v' 和 u',则

$$u' = 32.50 \text{ cm}, \quad v' = \frac{fu'}{u'-f} = 52.00 \text{ cm}$$

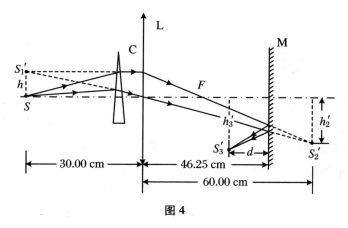

图 4

S_2'' 在透镜左侧,主轴上方,如图 5 所示,则

$$h_2'' = M_2 h_2' = 1.25 \text{ cm}$$

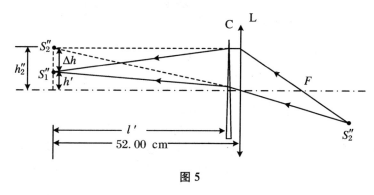

图 5

(5) 第二次经透镜折射后成像的光线还要经光楔偏折,再次成像,像点 S_1'' 在 S_2'' 正下方,相距 $\Delta h = \delta l' = 0.70$ cm,与光楔的距离为 50 cm,与光轴的距离为

$$h' = h_2'' - \Delta h = 0.55 \text{ cm}$$

像点 S_1'' 在光轴上的垂足与 S 的距离为

$$\Delta s = l' - l = 22.00 \text{ cm}$$

即最后的像点在发光点 S 左侧光轴上方,到光轴的距离为 0.55 cm,它在光轴上的垂足到 S 的距离为 22.00 cm。

解题中(1)~(5)各表示一次成像,过程清晰明了,充分体现了逐次成像法的优势。我们也应该看到,当构成光具组的元件或界面过多时,这种方法理论上可以解决问题,但会带来大运算量而引起高出错率。为此,本题中将光楔等效为偏折薄平板模型,这种思维方法值得大家重视。可以说,对于多过程的问题,都可以考虑将某个局部进行简化,达到降低维度、减小难度的目的。

题 176　折射率的测量

为了测量玻璃棱镜的折射率 n，采用如图 1 所示装置。棱镜放在汇聚透镜的前面，AB 面垂直于透镜的光轴。在透镜的焦平面上放一个屏，当散射光照在 AC 面上时在屏上可以观察到两个区域：照亮区和非照亮区。连接两区分界处（D 点）和透镜光心 O 的线段 OD 与透镜光轴 OO' 成角 $30°$。试求棱镜的折射率 n。棱镜的顶角 $\alpha = 30°$。

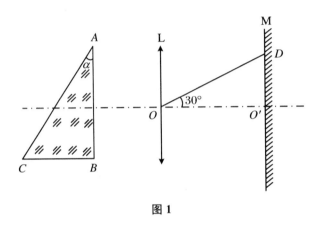

图 1

【解析】　在竞赛中我们不可避免地遇到一些实验问题。有人错误地认为实验问题的主要障碍是实验操作问题。这只是浅显的认识。实验是在理论指导下的操作，所以实验是理论的延伸。

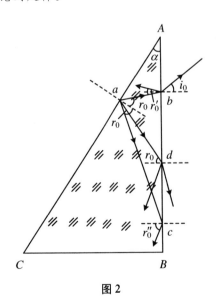

图 2

到目前为止，竞赛中的实验试题几乎全部都是测量性的实验，光学中介质折射率的测量是高频考点之一。能否从理论上推导实验现象的产生原因是实验成功与否的关键所在。本题应该是这方面的一个范例。所以，你可以认为它是理论试题，也可以认为它是实验试题。具体解答如下：

我们分析 AC 面上某点 a 处光线的折射情况，如图 2 所示。根据题意，各个方向的光线（散射光）可能照射到这个面上。因为玻璃棱镜与空气相比为光密介质，折射角不可以大于某一极限角 r_0，r_0 由 $\sin r_0 = \dfrac{1}{n}$ 决定。从 a 点发出穿过锥体的边缘光线将分别以角 $r_0' = r_0 - \alpha$ 和 $r_0'' = r_0 + \alpha$ 射在 AB 面上的 b 和 c 两点。要注意：$r_0' < r_0$，而 $r_0'' > r_0$。这意味着，光线 ab 在玻璃与空气的分界面上不会发生全反射,这时光线 ac 却被完全反射。光线在 b 点从棱镜射出,光线的折射角 i_0 从下面关系式可以得到:

$$\frac{\sin r_0'}{\sin i_0} = \frac{1}{n}$$

由此得到

$$\frac{\sin (r_0 - \alpha)}{\sin i_0} = \frac{1}{n}$$

结合 $\sin r_0 = \frac{1}{n}$,整理得到

$$n = \sqrt{\left(\frac{\sin i_0}{\sin \alpha} - \cot \alpha\right)^2 + 1}$$

以角 i_0 从棱镜中射出的所有光线都将汇聚在透镜焦平面上某一点(D 点),从透镜光心指向此点的方向与光轴成角 i_0。光线不可能射到 D 点上方(非照亮区),因为从棱镜射出的光线与光轴向上的倾角不可能大于 i_0。照亮区位于 D 点下方,而光线与光轴向下的倾角可以是从 0°到 90°这个范围内任意一个角度(例如,在 d 点处,从棱镜射出的光线与光轴向下倾斜成 90°)。已知 $\alpha = 30°, i_0 = 30°$,则

$$n = \sqrt{(1-\sqrt{3})^2 + 1} \approx 1.24$$

下面我们对本题作逆向思考:给你光具座、凸透镜、散射光源、光屏、刻度尺等器材,让你测量给定玻璃砖的折射率,你该如何完成实验呢?

不用多说,同学们应该能够理解测量性实验的要义所在。虽然我们无法预测命题人会给出什么样的模型,但我们可以做好应对的准备。

最后,还要强调一点,这道题看上去是关于光学单一知识点的试题,但综合程度较高,至少在思维难度上达到了决赛的要求。

题 177 门镜

门镜又称"猫眼",由一个凹透镜和一个凸透镜组成。有一种门镜的凹透镜焦距为 1.0 cm,凸透镜焦距为 3.5 cm,两透镜之间的距离为 2.1 cm,如图 1 所示。试根据这些数据说明:人在室外看不清室内的景物,而人在室内却能清楚地看见室外的景物。

【解析】 几何光学中的助视仪器有很多,大家比较熟知的有望远镜、显微镜、放大镜、眼镜、门镜等。不同助视仪器的功能也许并不一样,但基本上围绕以下 4 个方面:

① 为可视提供足够的能量;
② 改变观察的范围;

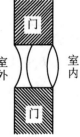

图 1

③ 让像出现在眼睛的明视范围内；

④ 增大视角，以增加清晰度。

实际上，人能否看清一个物体也取决于上述四个因素。本题选择了以门镜为例，对助视仪器进行分析。

(1) 先讨论人在室外通过门镜看室内景物的情形。

人在室外看室内景物的光路如图 2 所示，物 AB（图中未画出）通过凸透镜 L_2 所成的像应是 A_2B_2。

设 $u_2 = 100 \text{ cm}, f_2 = 3.50 \text{ cm}$，则

$$v_2 = \frac{f_2 u_2}{u_2 - f_2} = 3.63 \text{ cm}$$

为实像。

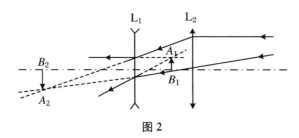

图 2

把 A_2B_2 作为 L_1 的虚物，物距 $u_1 = -(v_2 - d) = -1.53 \text{ cm}$，则

$$v_1 = \frac{f_1 u_1}{u_1 - f_1} = -2.89 \text{ cm}$$

"−"表示像为虚像。

若室内景物到门的距离大于 100 cm，则 v_1 更小。若人眼靠近 L_1 观察，这样的距离比明视距离要小得多，像在明视范围以外是无法看清的。如果人眼退离 L_1 观察，则室内物体的成像光线进入眼睛太少，而且视角也很小，同样无法看清。

(2) 再讨论人在室内通过门镜看室外景物的情形。

人在室内看室外景物的光路如图 3 所示，设室外景物 AB 到 L_1 的距离为 100 cm。AB 在 L_1 中成像 A_1B_1，应有

$$v_1 = \frac{f_1 u_1}{u_1 - f_1} = -0.99 \text{ cm}$$

为虚像。

A_1B_1 在 L_2 中成像，应有

$$u_2 = |v| + d = (0.99 + 2.1) \text{ cm} = 3.09 \text{ cm}$$

则

$$v_2 = \frac{f_2 u_2}{u_2 - f_2} = -26.4 \text{ cm}$$

可见 A_2B_2 到 L_2 的距离大于人眼的明视距离，在人眼的明视范围内，故人眼完全可以贴

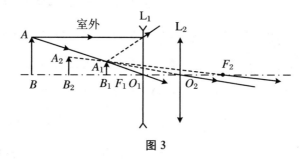

图 3

在 L_2 上看清室外景物。

当然,不同型号门镜的结构(光具组)也不同,但基本功能是一致的。

助视仪器的功能是我们分析问题的切入点,如显微镜的功能是让我们看清肉眼无法看清的物体,那么必须通过光学元件放大视角,以此为目标,一步一步地深入分析与计算,终能达到目的。

题 178 望远镜

望远镜的视角放大率 $\beta=20$,它由两块薄汇聚透镜组成,物镜的焦距 $f_1=0.5$ m,眼睛可以紧挨着目镜,其焦度在从 $D_-=-7$ 屈光度到 $D_+=+10$ 屈光度范围内(微调的目镜相对于物镜移动)。若尚未感到紧张的正常眼睛用这架望远镜来观察远方的物体,试求物体与物镜的最短距离 u。

【解析】 望远镜的种类有很多,用途也不一定相同,但描述它们性能的主要参数便是视角放大率。

根据题目对望远镜的描述,物镜与目镜均为凸透镜,故该望远镜是开普勒望远镜,我们日常生活中的望远镜多是以此为基础的。

望远镜的调整标准是人眼通过目镜来观察时,眼睛不应感到紧张,即眼睛应能观测无穷远处的物体,亦即物镜所成的像应在目镜的焦平面上。由于被观测的物体在无穷远处,像当然也在物镜的焦平面上,故此时物镜与目镜的焦点是重合的。

当远处的物体靠近物镜时,物体经物镜所成的像移至物镜的焦平面外。为了看清物体,这时目镜的位置也应作相应的调整,仍然要让物体经物镜成像于目镜的焦平面上,所以目镜必须远离物镜。

另一方面,由于望远镜的结构,目镜远离物镜的距离受到限制或者说有一定的范围。我们可以用望远镜的焦度来理解这一调整范围。

单镜片透镜的焦度是镜片焦距的倒数,而望远镜是由多镜片构成的光具组,其焦度的含义是这样的:如图 1 所示,来自无穷远处物体的平行光经望远镜的物镜 L_1 汇聚于焦点 F_1,移

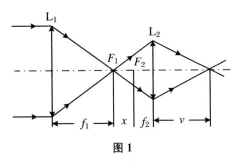

图 1

动目镜 L_2，当目镜远离物镜时，光线经目镜汇聚于目镜外距离 v 处，此时望远镜的焦度便是 $\frac{1}{v}$，当目镜远离物镜最远距离 x_{max} 时，望远镜焦度的上限为 $D_+ = \frac{1}{v_{min}}$；而当目镜靠近物镜时，出射光线是发散的，发散光线的反向延长线的交点到上镜的距离为 $v(<0)$，则其焦度为 $D_- = \frac{1}{v} < 0$。

根据望远镜的焦度，我们可以确定目镜的可移动范围，进而可以确定近处的物体最近可在何处，从而保证从目镜出射的光是平行的。

由视角放大率 $\beta = \frac{f_1}{f_2}$ 知，目镜的焦距为

$$f_2 = \frac{f_1}{\beta} = 2.5 \text{ cm}$$

当被观察的物体从无穷远处移近到最小可能距离 u 时，物镜所成像将从焦平面向目镜方向移动 x。由成像公式，有

$$\frac{1}{u} + \frac{1}{f_1 + x} = \frac{1}{f_1}$$

得

$$x = \frac{f_1 u}{u - f_1} - f_1 \approx \frac{f_1^2}{u} \quad (\text{因为 } u \gg f_1)$$

显然，所求距离 x 等于调节目镜过程中其焦平面移动的最大距离 x_{max}。如图1所示，对目镜有

$$\frac{1}{f_2 + x_{max}} + \frac{1}{v} = \frac{1}{f_2}$$

这里，$\frac{1}{v} = D_+$，由此得到

$$x_{max} = \frac{f_2^2}{v - f_2} = \frac{5}{6} \text{ cm}$$

从而得所求距离为

$$u \approx \frac{f_1^2}{x_{max}} = 30 \text{ m}$$

所以，望远镜在一定的区域内是可调的。

当然，上述调整是依据正常的眼睛进行计算的。而实际上，人的眼睛或略有近视，或略有远视，这样的话，人眼便不能将从目镜出射的平行光汇聚于视网膜上，需要通过调整目镜的位置来达到观察的目的。

我们一定要在日常学习中了解各类光学仪器的功能与工作原理，最好能从功能方面对

它们进行必要的分类。我们在上一题中已对此作了相关的说明。

题 179　显微镜

油浸式显微镜是实验室中常用的显微镜，它主要用于观察衣原体、细菌等结构较细微的物体。这种显微镜的工作原理及特性可通过下述结构进行说明。

(1) 半径为 R 的透明球体 C，折射率为 n，P 为主轴上一点，位于球心左方 R/n 处，如图 1 所示。证明：从 P 点向右发出的任一条光线（不限于近轴光线）经球面折射将聚焦于一点。并求出该点 Q 的位置。P、Q 称为齐明点。

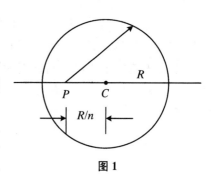

图 1

(2) 齐明点的概念常用于显微镜的物镜中，以增大显微镜入射光的孔径角。设某显微镜的接物镜是折射率为 n_1、半径为 R_1 的半球，其平底面与物同浸在折射率与物镜材料相同的油中，物即位于一个齐明点上。

① 试设计物镜组第二个透镜的两球面的半径 R_2 和 R_3 及构形，使物、像也是齐明点。已知该透镜材料的折射率为 n_2，透镜前球面与第一个透镜后球面的间距为 d_1，透镜的中央厚度为 d_2。

② 估算从第二个透镜出射的光的孔径角 β。

③ 求经两个透镜成像后的横向放大率 k。

④ 设 $n_1 = 1.5$，$n_2 = 1.6$，$R_1 = 3$ mm，$d_1 = 2.0$ mm，$d_2 = 1.5$ mm，求 R_2、R_3、β、k 的数值。

【解析】　由于显微镜观察的物体结构细微，在能量的补充与物像的放大方面，较之望远镜要求更高。因此，相对于望远镜，显微镜有更多的辅助装置。本题即是在此背景下来讨论油浸式显微镜的工作性质。

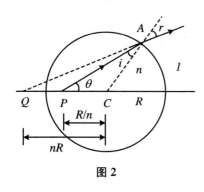

图 2

(1) 我们在"题 171"中已经对齐明点的性质作过较详细的论述，本题中的结构虽然与"题 171"不同，但光路和齐明点的位置关系完全一样，大家可以自行比较，此处只给出相应的解答。

考虑自 P 点发出的任一光线 PA，设其与主轴的夹角为 θ，如图 2 所示，再设光线在球面上的入射角为 i，折射角为 r。由折射定律，有

$$\frac{\sin i}{\sin r} = \frac{1}{n}$$

在△PCA 中应用正弦定理，有

$$\frac{\sin i}{R/n} = \frac{\sin \theta}{R} \quad \text{或} \quad \frac{\sin i}{\sin \theta} = \frac{1}{n}$$

比较上述两式，在 θ 为锐角的情况下（r 必为锐角），有 $\theta = r$，而 $r = \angle QAC$，Q 为折射光线的反向延长线与主轴的交点，于是有△QAC∽△APC，则

$$\frac{QC}{R} = \frac{R}{R/n} = n, \quad \text{即} \quad QC = nR$$

与 θ 角无关。问题得证。

(2) 根据题目的描述，由于半球状接物镜的平底面浸在折射率与其相同的油中，这对出射光而言就是问题(1)中的光学结构，而且物位于靠近出射面的一个齐明点上。

① 关于第二个透镜的两球面的半径 R_2 和 R_3 及构形，参照"题171"，则第一个透镜的出射光线生成的齐明点应为第二个透镜靠近出射面的一个齐明点，所以两透镜的几何位形如图 3 所示。

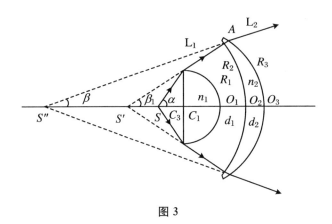

图 3

设 C_1 为接物镜（L_1）的球心，从 S（物）发出的光经 L_1 折射成像于 S'。由(1)问可知 $S'C_1 = n_1 R_1$，则

$$S'O_1 = n_1 R_1 + R_1 = (n_1 + 1)R_1$$

应使 S' 发出的光无折射地进入第二个透镜（L_2）的前球面，故 S' 为前球面的中心，且前球面的半径为

$$R_2 = S'O_2 = S'O_1 + d_1 = (n_1 + 1)R_1 + d_1$$

为使 S' 位于 L_2 的齐明点，又使 L_2 的中央厚度为 d_2，应有

$$S'O_3 = R_3 + \frac{R_3}{n_2}, \quad S'O_3 = R_2 + d_2 = (n_1 + 1)R_1 + d_1 + d_2$$

由以上二式可解得后球面的半径为

$$R_3 = \frac{(n_1 + 1)R_1 + d_1 + d_2}{1 + \dfrac{1}{n_2}}$$

图 3 中 S'' 为 S' 经 L_2 所成的像，$S''O_3 = (n_2 + 1)R_3$，C_3 为后球面的中心。

② 由图 3 中的几何关系不难得到下述结论：
S 发出的光的孔径角 α 满足

$$\tan\alpha = \frac{R_1}{R_1/n_1} = n_1$$

设 S 经 L_1 所成的像的孔径角为 β_1，则

$$\tan\beta_1 = \frac{R_1}{n_1 R_1} = \frac{1}{n_1}$$

β_1 又是 L_2 物点的孔径角，则 β 是最后的像 S'' 的孔径角，由图不难看出

$$\tan\beta = \frac{S'A\sin\beta_1}{S''S' + S'A\cos\beta_1} \approx \frac{R_2\sin\beta_1}{S''S' + R_2\cos\beta_1}$$

而 $S''S' = n_2 R_3 - \dfrac{R_3}{n_2}$，所以

$$\tan\beta = \frac{R_2\sin\beta_1}{n_2 R_3 - \dfrac{R_3}{n_2} + R_2\cos\beta_1}$$

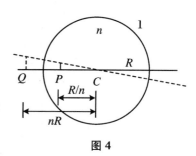

图 4

③ 如图 4 所示，P、Q 是一对齐明点。显然，在 P 处置一小物体，成像于 Q 处，则像长与物长的比为 $\dfrac{nR}{R/n} = n^2$，此即该透镜的放大率。两透镜成像后，其放大率为

$$k = k_1 k_2 = \frac{n_1 R_1}{R_1/n_1}\frac{n_2 R_2}{R_2/n_2} = n_1^2 n_2^2$$

④ 将有关数据代入，得

$$R_2 = 9.5\text{ mm},\quad R_3 = 6.77\text{ mm},\quad \beta = 20.0°,\quad k = 5.76$$

对不同的光学仪器从主体结构到附件，我们都应有一定的了解，尤其是对它们的主体结构与原理。光学仪器一般都不是单镜片而是光具组，处理相应的问题时，我们在运用逐次成像法的同时，也应像本题的解答一样，将第一个透镜的结论直接用到第二个透镜上。对同类元件进行递推应用，也应注意将储存在头脑中的某些问题的结论进行必要的迁移，如本题就充分地应用了"题 171"的结论。

题 180　轨迹类比法的应用

在 xOy 平面内分布着某种透明光学材料，已知折射率分布 $n = n(r)$，r 为点到原点的距离。在距原点 r_0 处的 A 点有一点光源，若从此点光源发出的光在材料中沿以 O 为焦点的圆锥曲线 $r = \dfrac{l_0}{1 - e\cos\varphi}$ 传播，求光学材料折射率的分布规律 $n(r)$，已知 $n(r_0) = n_0$。

【解析】　在物理学中，若不同的物理量按相同的规律变化，我们往往就用相同的方法来研究它们，而最终也往往会得到相似的结论。而不同物理量间的规律是否相同，往往都是通

过类比的方式得到结论的。

从前面"题172"对介质折射率连续变化的情形的研究知道,我们需要首先确定介质折射率与该处光路和界面的夹角之间的关系,然后再作进一步的讨论。下面我们确定这一关系。

如图1所示,以 O 为原点、x 轴为极轴建立极坐标。将平面以极点为中心分成一个个同心薄圆环,宽度 $dr \to 0$,则每个圆环区域内的折射率相同。由折射定律,有

$$n_0 \cdot \sin i_0 = n_1 \cdot \sin i'_0$$
$$n_1 \cdot \sin i_1 = n_2 \cdot \sin i'_1$$
$$n_2 \cdot \sin i_2 = n_3 \cdot \sin i'_2$$
$$\cdots\cdots$$

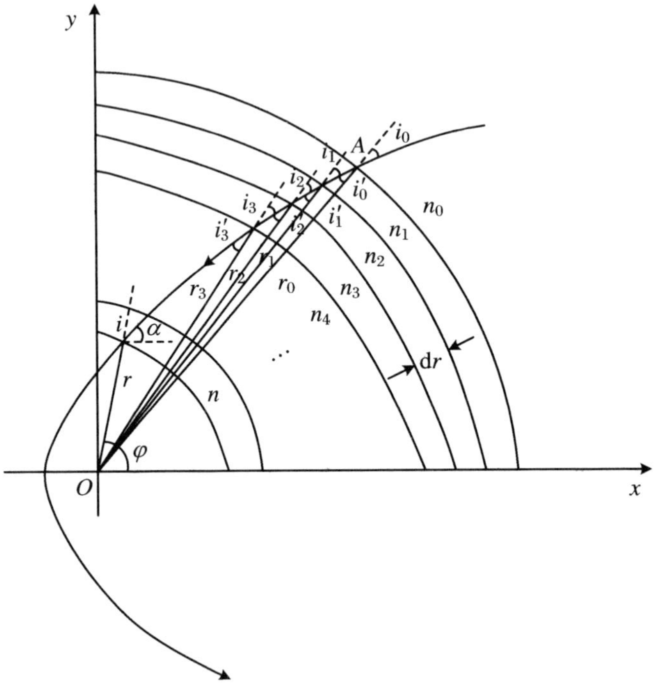

图1

根据正弦定理,又有

$$\frac{r_1}{\sin i'_0} = \frac{r_0}{\sin i_1}, \quad \frac{r_2}{\sin i'_1} = \frac{r_1}{\sin i_2}, \quad \frac{r_3}{\sin i'_2} = \frac{r_2}{\sin i_3}, \quad \cdots$$

由以上各式可以得出

$$r_0 n_0 \sin i_0 = r_1 n_1 \sin i_1 = r_2 n_2 \sin i_2 = r_3 n_3 \sin i_3 = \cdots$$

得 $rn\sin i = $ 常数。

由于题目说明了光在材料中沿以 O 为焦点的圆锥曲线传播,这自然让我们联想到天体在平方反比的作用力下的有心运动。在这种运动中,质点遵循角动量守恒和能量守恒两个规律,则有

$$rp\sin i = 常数$$

$$\frac{p^2}{2m} - \frac{GMm}{r} = -\frac{GMm}{2A} \quad \text{或} \quad p^2 - \frac{k}{r} = -\frac{k}{2A}$$

式中 p 是物体运动的动量，r 是轨道的特征量，i 为物体运动方向与矢径方向的夹角，A 为二次曲线的参量，k 为常量。

因为物体在运动中遵循这两个规律而做圆锥曲线运动，所以这两个规律与圆锥曲线运动应该是对应的。事实上，在天体运动中，我们正是从这两个规律出发，推得了行星运动的轨迹是圆锥曲线。也就是说，在"角动量守恒"、"能量守恒"及圆锥曲线运动这三者中，只要其中的两者成立，第三者也就必然成立。

比较 $rp\sin i$ = 常数与 $rn\sin i$ = 常数，若将 n 类比为 p，$rn\sin i$ = 常数便是"角动量守恒"式，加上光的行进轨迹为二次曲线，则它必须还遵循相应的"能量守恒"式，即

$$n^2 - \frac{k}{r} = -\frac{k}{2A}$$

这里的 k、A 亦为常量。

考虑到题设的初态，有

$$n_0^2 - \frac{k}{r_0} = -\frac{k}{2A} \qquad ①$$

所以

$$n^2 = n_0^2 + k\left(\frac{1}{r} - \frac{1}{r_0}\right)$$

得

$$n = n_0 \sqrt{1 + \frac{k}{n_0^2}\left(\frac{1}{r} - \frac{1}{r_0}\right)}$$

令 $a = \dfrac{k}{n_0^2}$，则

$$n = n_0 \sqrt{1 + a\left(\frac{1}{r} - \frac{1}{r_0}\right)}$$

由①式得

$$1 - \frac{a}{r_0} = -\frac{a}{2A} \qquad ②$$

考虑极坐标下二次曲线的轨迹方程为 $r = \dfrac{l_0}{1 - e\cos\varphi}$，则在近焦点处有

$$A(1-e) = \frac{l_0}{1+e}, \quad 即 \quad A = \frac{l_0}{1-e^2}$$

结合②式，解得

$$a = \frac{2r_0 l_0}{2l_0 + (e^2 - 1)r_0}$$

因此

$$n(r) = n_0 \sqrt{1 + a\left(\frac{1}{r} - \frac{1}{r_0}\right)}$$

式中 $a = \dfrac{2r_0 l_0}{2l_0 + (e^2-1)r_0}$, l_0 和 e(偏心率)均为圆锥曲线的轨道参数。

上述解答通过类比的方式完美地得到了介质折射率的分布。

在物理学中,不同的领域都可能存在相同的规律,我们看似"大胆"的类比,其实利用了物理规律的本质特征。

题 181　薄膜干涉

一束白光以入射角 $\alpha = 30°$ 射在肥皂膜上,反射光中波长 $\lambda_0 = 0.5\ \mu m$ 的绿光显得特别明亮。

(1) 试问薄膜的最小厚度为多少?

(2) 从垂直方向观察,薄膜是什么颜色?

肥皂膜液体的折射率 $n = 1.33$。

【解析】　人们在确定光是一种波之前,已经看到了光的干涉现象,如肥皂泡沫的色彩便是光的干涉的结果。但为什么直到托马斯·杨演示了双孔干涉实验,人们才确定光是波呢?

其实,在托马斯·杨演示双孔干涉实验前,人们并没有清晰地认识到光波形成稳定的干涉所必需的条件。人们回头再看光波的干涉时,发现只有频率相同、相位差恒定、振动方向一致的两列光波才能产生光的干涉。而由两个普通独立的光源发出的光不可能具有相同的频率,更不可能存在固定的相位差。比如,我们看一支蜡烛发光,蜡烛火焰上的不同部分在同一时刻发光的频率与相位都不是相同的。所以,即便是看上去几无差别的两支蜡烛,也不满足相干条件,因此不能产生稳定的干涉现象。

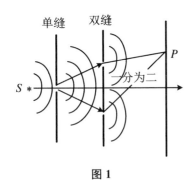

图 1

如图 1 所示,光源 S 发出的光经过单缝时,通过单缝的光相当于波阵面上的一点,这相当于一个频率单一的线光源,这个光源发出的光经过双缝时,两个缝又各从同一波阵面上形成两个光源,以至于这两个光源的频率是相同的,之后它们在同一空间中传播,当它们相遇后发生叠加,从而形成干涉。本装置中的单缝与双缝相配合,形成频率相同、振动方向一致的两列光波,使得它们满足相干条件。这可以说是科学发现中的神来之笔,也许正因为如此,本实验装置被评为有史以来最美的 10 个科学实验之一。

有了托马斯·杨的双缝实验,循着"一分为二"的科学思想,人们很快找到了许多满足干涉条件的装置,也能对平常熟视的干涉现象作出合理的解释。本题即是这类问题中的代表。

(1) 我们先考虑一束单色光入射的情况。

如图 2 所示,一束单色光以入射角 α 入射到一薄膜的上表面,入射到 A 点的光束一部分被反射,另一部分被折射并到达 B 点。在 B 点又有一部分再次被反射,并经折射后在 C

点射出。入射光束中的光线 DC 也在 C 点反射。远方的观察者将同时观察到这两束光线。

在平面 AD 上，整个光束有相同的相位。而要确定上述从 C 点射出的两束光的干涉状态，应该从远处看。所以，我们必须计算从第一表面来的光线与从第二表面来的光线之间的相位差。它取决于光程差，即取决于薄膜的厚度 d。

光从 A 点到 C 点经第二表面反射的路程为

$$AB + BC = \frac{2d}{\cos\beta}$$

在媒质中波长为 $\frac{\lambda_0}{n}$，故在距离 $AB + BC$ 上的波数为

$$\frac{2d}{\cos\beta} : \frac{\lambda_0}{n} = \frac{2nd}{\lambda_0 \cos\beta}$$

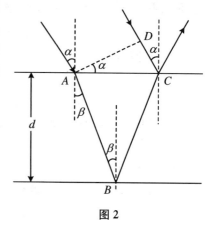

图 2

光线从 D 点到 C 点经第一表面反射的路程为

$$DC = AC\sin\alpha = 2d\tan\beta\sin\alpha$$

在这段距离上，波长为 λ_0，故波数为

$$\frac{2d\tan\beta\sin\alpha}{\lambda_0}$$

当光从较大折射率的媒质反射时，光经历 180° 相位差，故 DC 段（含反射）的波数为

$$\frac{2d\tan\beta\sin\alpha}{\lambda_0} + \frac{1}{2}$$

如果波数差为整数 k，则出现加强，即

$$k = \frac{2nd}{\lambda_0 \cos\beta} - \frac{2d\tan\beta\sin\alpha}{\lambda_0} - \frac{1}{2} = \frac{2nd}{\lambda_0 \cos\beta}(1 - \sin^2\beta) - \frac{1}{2}$$

$$= \frac{2nd\cos\beta}{\lambda_0} - \frac{1}{2} = \frac{2d}{\lambda_0}\sqrt{n^2 - \sin^2\alpha} - \frac{1}{2}$$

经过一些变换后得到下述形式的加强条件：

$$\frac{4d}{\lambda_0}\sqrt{n^2 - \sin^2\alpha} = 2k + 1$$

白光中包含的各种波长的光，无论发生加强干涉或相消干涉，都会在远处观察到的光中出现，只是显示出强弱不一。

哪一种波长可得到极大加强，这只取决于几何路程和折射率。我们无法得到纯单色光，因为邻近波长的光也要出现，只不过相对弱一些。k 较大时，色彩就浅一些。若平板或膜太厚，就看不到彩色，呈现出一片灰白。实际上，能否看到膜的干涉，对膜的厚度是有要求的。

本题中提到的绿光明亮，且要求薄膜的最小厚度。因此，我们应取 $k = 0$，得到膜层厚度为

$$d = \frac{\lambda_0}{4\sqrt{n^2 - \sin^2\alpha}} \approx 0.1\,\mu\text{m}$$

(2) 若从垂直方向观察，则入射光也必须是垂直入射的。

对于垂直入射，若 $k=0$，则呈现极大加强的波长为

$$\lambda_b = 4d\sqrt{n^2 - \sin^2\alpha} = 4nd$$

用以上的 d 值，得

$$\lambda_b = \frac{n}{\sqrt{n^2 - \sin^2\alpha}}\lambda_0 = \frac{\lambda_0}{\cos\beta}$$

对于任何厚度的膜层，λ_b 可用同样的方式由 λ_0 算出。在本题中

$$\lambda_b = 1.079\lambda_0 = 0.540\,\mu m$$

它与稍带黄色的绿光相对应。

大家可能已经感觉到，本题的解答对薄膜干涉形成的原因、白光照射薄膜时观察到的现象以及形成此现象所需的条件都作了说明。

我们再回到干涉模型"一分为二"的观点上来。在本模型中，一束入射光射到薄膜的上表面时，必然有一部分反射，还有一部分折射，这反射与折射的两束光一定是同频率的。如果是白光，我们也只关注其中同频率的光。那么，这两束光满足相干条件，这便是前面所说的"一分为二"。若它们有重新叠加的可能，则会产生干涉。从前面的分析中我们可以看到，折入薄膜中的光经下表面反射会再次在上表面折出，从而与上表面反射的同频率的光进行叠加，它们之间显然存在光程差，因而会产生干涉。

干涉形成的彩色的明亮程度一方面取决于两束叠加光的强度，显然反射的次数越少越好；另一方面尽量避开同一点有多种反射加强的色光出现，这就要求薄膜的厚度尽量小，这也是我们不可能通过较厚的平板玻璃看到干涉现象的原因。

在托马斯·杨双缝干涉"一分为二"的思想指导下，科学家很快设计出了多种干涉模型。中学阶段无法见识所有的干涉模型，但命题人会将不同的干涉模型呈现给我们，只要我们抓住"一分为二再叠加"的思想，结合干涉条件，这类问题基本上都会迎刃而解。

题 182 三光束干涉

厚玻璃镜片上方镀有双层增透膜，空气、外层膜（第一层）、内层膜（第二层）、玻璃的折射率依次为 n_0、n_1、n_2、n_3，且有 $n_0 < n_1 < n_2 > n_3$。现以波长为 λ 的单色光垂直入射，设三束反射光（只考虑一次反射）a、b、c 在空气中的振幅相等，欲使这三束光相干叠加后的总强度为零，则第一层膜的厚度 d_1 和第二层膜的厚度 d_2 之和 $d_1 + d_2$ 的最小值为多少？

【解析】有了杨氏双缝干涉的基础，我们不仅可以鉴别、分析、讨论各类由"一分为二"引起的干涉现象，还可以将光的叠加向更高的层面推衍。本题所讨论的模型便是其中比较典型的代表。

题目所描述的模型如图 1 所示，波长为 λ 的入射光在进入玻璃的过程中，依次经双层增

透膜的三个界面反射,形成反射光 a、b、c,显然在这里我们考虑了 b、c 光在反射过程中的再次反射,当我们从远处看 a、b、c 三束光时,它们叠加的结果便是我们看到的结果。

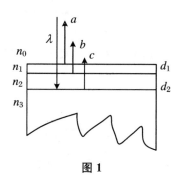

图 1

从波动理论上讲,我们完全可以用 $x_a = A_a \sin(\omega t + \varphi_a)$, $x_b = A_b \sin(\omega t + \varphi_b)$, $x_c = A_c \sin(\omega t + \varphi_c)$ 描述三束光的振动。按题设要求,三束光相干叠加后的总强度为零,则有

$$x = x_a + x_b + x_c = 0$$

又 $A_a = A_b = A_c$,结合振动的表述,这很容易让我们联想起矢量的叠加。易知,当它们的振动相位 φ_a、φ_b、φ_c 彼此相差 $\frac{2\pi}{3}$,即光程相差 $\frac{\lambda}{3}$ 时,三束光相干叠加后的总强度便为零。

我们以此为切入点来确定膜的厚度应满足的关系。具体解答如下:

如图 1 所示,因为 $n_0 < n_1 < n_2 > n_3$,所以光在第一层膜的上、下表面反射时均有半波损失,但在第二层膜的下表面反射时没有半波损失,则相互的光程差分别为

$$\delta_{ba} = 2n_1 d_1, \quad \delta_{ca} = 2(n_1 d_1 + n_2 d_2) - \frac{\lambda}{2}$$

为使三者相加为零,在满足 d_1、d_2 最小的情况下,要求

$$\delta_{ba} = 2n_1 d_1 = \frac{1}{3}\lambda, \quad \delta_{ca} = 2(n_1 d_1 + n_2 d_2) - \frac{\lambda}{2} = \frac{2}{3}\lambda$$

或

$$\delta_{ba} = 2n_1 d_1 = \frac{2}{3}\lambda, \quad \delta_{ca} = 2(n_1 d_1 + n_2 d_2) - \frac{\lambda}{2} = \frac{1}{3}\lambda$$

于是得

$$d_1 = \frac{\lambda}{6n_1}, \quad d_2 = \frac{5\lambda}{12n_2}, \quad d_1 + d_2 = \frac{\lambda}{6n_1} + \frac{5\lambda}{12n_2}$$

或

$$d_1 = \frac{\lambda}{3n_1}, \quad d_2 = \frac{\lambda}{12n_2}, \quad d_1 + d_2 = \frac{\lambda}{3n_1} + \frac{\lambda}{12n_2}$$

所以,结果应在 $\frac{\lambda}{6n_1} + \frac{5\lambda}{12n_2}$ 与 $\frac{\lambda}{3n_1} + \frac{\lambda}{12n_2}$ 中取较小者,则:

当 $\frac{\lambda}{6n_1} + \frac{5\lambda}{12n_2} > \frac{\lambda}{3n_1} + \frac{\lambda}{12n_2}$,即 $n_2 < 2n_1$ 时,$d_1 + d_2$ 的最小值为 $\frac{\lambda}{3n_1} + \frac{\lambda}{12n_2}$;

当 $\frac{\lambda}{6n_1} + \frac{5\lambda}{12n_2} = \frac{\lambda}{3n_1} + \frac{\lambda}{12n_2}$,即 $n_2 = 2n_1 = n$ 时,$d_1 + d_2$ 的最小值为 $\frac{3\lambda}{4n} = \frac{3\lambda}{8n_1} = \frac{3\lambda}{4n_2}$;

当 $\frac{\lambda}{6n_1} + \frac{5\lambda}{12n_2} < \frac{\lambda}{3n_1} + \frac{\lambda}{12n_2}$,即 $n_2 > 2n_1$ 时,$d_1 + d_2$ 的最小值为 $\frac{\lambda}{6n_1} + \frac{5\lambda}{12n_2}$。

这里我们还要强调一点,当光从光疏介质射到光密介质上再反射时,会产生半波损失。这一点很容易被同学们忽视。对于半波损失的成因,许多同学难以理解,我们可以参考绳波在固定端的反射,或者将其作为物理结论进行记忆,留待以后进一步理解。

考虑到竞赛所需学习的内容宽泛与学习时间有限,我们无法全面而系统地弄清楚在学习过程中遇到的所有问题。很多时候,我们不必追究每个物理问题的来龙去脉,有些理解过程可以放到今后的大学课程中。

题 183 奇异干涉

牛顿曾观察到一束日光射到有灰尘的反射镜上面会产生干涉条纹。为了分析这一现象背后的物理,考虑如图1所示的简单实验。一平板玻璃的折射率为 n,厚度为 t,下表面涂有水银反射层,上表面撒有滑石粉(灰尘粒子)。观察者 O 和单色点光源 L(光线的波长为 λ)的连线垂直于镜面(垂足为 N),$LN = a$,$ON = b$。反射镜面上的某灰尘粒子 P 与直线 ON 的距离为 $r(b > a \gg r > t)$。观察者可以观察到明暗相间的环形条纹。

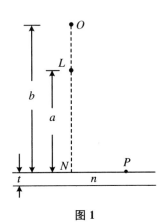

图1

(1) 求第 m 个亮环到 N 点的距离。

(2) 若 $n = 1.63$,$a = 0.0495 \text{ m}$,$b = 0.245 \text{ m}$,求最小亮环($m = 1$)的半径。

已知:当 $x \ll 1$ 时,$\sin x \approx x$,$\sqrt{1+x} \approx 1 + \dfrac{x}{2}$。

【解析】 这道题是第33届全国中学生物理竞赛预赛的第15题,它的模型背景是粉尘散射干涉。不用粉尘散射干涉作为本题的题头,而用奇异干涉,笔者看到此题最直接的感觉是:这干涉我受不了,太神奇了!毕竟笔者不是光学研究的专业人员。

我们还是先看解答吧。

(1) 如图2所示,考虑从光源 L 发出的两条光线(可视为相互平行):一条光线经平板的上表面 Q 点折射后到达下表面的 X 点,反射后(再折射)到达微粒 P,经(漫)反射射向 O 点;另一条光线经微粒 P(漫)反射后,折射入玻璃到达 Y 点,反射后到达 Z 点,再折射后射向 O 点;两条射向 O 点的光线也可视为相互平行。作 QM 垂直于从 L 发出的两条光线分别交于 Q、M 点;作 PR 垂直于 QX 交于 R 点;作 PS 垂直于在 Y 点反射后的光线交于 S 点。LQ 与 LM 的长度相等,MP 和 QR 是等光程的,PO 和 SO 也是等光程的。因此,O 点接收到的两条光线的光程差为

$$m \frac{\lambda}{n} = |RXP - SYP|$$

式中 $RXP = RX + XP$,$SYP = SY + YP$,m 是干涉

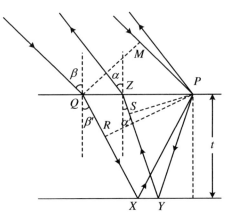

图2

环纹的级数。

设在反射镜上的 X 点发生反射的光线的入射角为 β',则反射角亦为 β'(图中未标出)。由于平板玻璃上、下两表面平行,故光线从 Q 点折射进入玻璃的折射角亦为 β'。

据题设,P 点在 N 点附近,且 $\beta(\alpha)$ 很小,因而 $\beta'(\alpha')$ 也很小。由几何关系得

$$RXP = \frac{2t}{\cos\beta'} - QP\sin\beta' \approx \frac{2t}{\cos\beta'}$$

同理,有

$$SYP = \frac{2t}{\cos\alpha'} - ZP\sin\alpha' \approx \frac{2t}{\cos\alpha'}$$

由上述各式可得

$$m\frac{\lambda}{n} = 2t\left|\frac{1}{\cos\beta'} - \frac{1}{\cos\alpha'}\right|$$

根据折射定律,有

$$\sin\beta = n\sin\beta', \quad \sin\alpha = n\sin\alpha'$$

由上式和题给近似(β 很小)得

$$\frac{1}{\cos\beta'} = 1/\sqrt{1 - \frac{\sin^2\beta}{n^2}} = 1 + \frac{\beta^2}{2n^2}$$

同理,有

$$\frac{1}{\cos\alpha'} = 1/\sqrt{1 - \frac{\sin^2\alpha}{n^2}} = 1 + \frac{\alpha^2}{2n^2}$$

因此,可得

$$m\frac{\lambda}{n} = \frac{t}{n^2}(\beta^2 - \alpha^2)$$

注意到 $\alpha = \frac{r}{b}$ 和 $\beta = \frac{r}{a}$,由上式可得

$$r = ba\sqrt{\frac{mn\lambda}{t(b^2 - a^2)}}$$

(2)利用题给数据($n = 1.63, a = 0.0495\,\text{m}, b = 0.245\,\text{m}, t = 1.1\times10^{-5}\,\text{m}, \lambda = 680\,\text{nm}$)和上式,可得最小亮环($m=1$)的半径为 $r_0 = 0.016\,\text{m}$。

如果没有命题者提供的上述解答,笔者会将这一干涉模型与中学生熟知的薄膜干涉进行类比,寻找光在传播过程中"一分为二"的干涉路径,可以清楚图2中 Q 处的折射情形,但无法确定灰尘粒子 P 处的情形。原因有二:首先,笔者根本不知道这里的滑石粉是透明的(命题人为何不交代这一点呢?),以为直接射到粉尘上的漫反射光与经 Q 点折射至此处的光再经漫反射至 O 点,叠加产生干涉,而 Q 点可以是不同的,条纹由此产生。其次,即便笔者知道滑石粉是透明的,入射光穿过滑石粉所引起的光程差又该如何计算呢?虽然这是小量,但光程差本身就是小量啊!事实上,在这一分析过程中,还有许多让笔者纠结的地方。

当然,现在笔者已经知道,这些想法都是错误的。即便是"光穿越滑石粉会引起光程差"的理由,在两条路径的光各穿越一次后也被忽略了。但是,若没看命题人的解答,笔者敢这

么确定？况且，命题人的解答也没有交代这一点，那么这一点只好被认为是显然了。

回头再看一下命题人给出的解答，也有我们前述的"一分为二"的思想。但事实上，如果没有对实际模型进行长久的分析与研究，多少中学生能想明白射到 P 点的光线为何不直接漫反射回去，而要在这绕上一圈呢？想明白这一点的，应该是专门从事光的传播研究的专家，而不是中学生。

最后，笔者还有一点疑问，我们能想象出在此背景下环形干涉条纹的大体式样吗？这个图样笔者曾在网上见到过，在写此解析时笔者希望能找出这张图片，却怎么也找不到，也足见这种干涉是不常见的。在条件叙述不清晰的情况下将这种干涉背景作为中学生的竞赛试题，大家能说什么呢？

来点自我安慰：对于这类全国不会有一个中学生能完成的试题，我们没有必要纠结，反正你不会做，别人也不会做。更不要因为这种试题出现在过往的试卷中而穷尽自己的精力去寻找类似的问题，那样的话，学习的性价比也太低了。我们要做的不过是感叹一下：呵，这里有一道神题！

光的干涉是历年复赛命题的重点与热点内容，虽有十分冷僻的干涉模型，但一定也有既能体现干涉思想又能考查学生模型认知与思维分析能力的模型。

题 184　光的偏振

如图1所示，在偏振方向垂直的偏振片1、2之间插入一块厚度为 d 的波晶片，波晶片的 e 轴与偏振片1的偏振方向成 α 角，且波晶片对 o 光与 e 光的折射率分别为 n_o 和 n_e，三元件的平面彼此平行，波长为 λ 的单色光正入射到这一系统上。试求：

(1) 图中①②③三区域光的偏振态；

(2) 图中①②③三区域光的强度（入射单色光的强度为 I）。

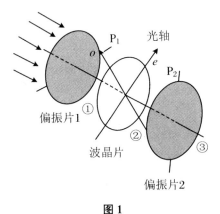

图 1

【解析】　光的衍射与光的偏振在过往的竞赛中不作计算的要求，但现在被列入计算的要求中。个人认为，如将衍射作为理论试题的增长点，不仅涉及的知识点过于单一，也太偏于计算量的考查。所以，衍射的计算在复赛的考试中应是一个小概率事件。但是，即便在对衍射不作计算要求的时期，与衍射相关的实验也多次出现在复赛的实验中。所以，有了对衍射的计算要求，实验中出现衍射方面的考题应该是顺理成章的事情。况且，我们对衍射问题的研究也多是从衍射现象切入的。所以，对于光的衍射问题，我们应尽可能地与相关实验结合起来思考。

光的偏振计算借助了机械振动的矢量计算,难度较之衍射要小一些,且在研究物理规律方面更具有代表性,所以这一方面的处理方法更应受到我们的重视。我们可看本题的解答。

强度为 I 的单色光通过偏振片 1 后,在区域①形成线偏振光,其强度为 $\frac{I}{2}$。设其振动矢量为 E_1,振幅为 A_1,此线偏振光投射到波晶片上,将其分解为 e 振动 E_e 和 o 振动 E_o。由于 e 振动与偏振片 1 的偏振方向成 α 角,故 E_e 和 E_o 的振幅如图 2 所示,分别为

$$A_e = A_1 \cos \alpha, \quad A_o = A_1 \sin \alpha$$

光在通过波晶片时形成相位差 δ,即 o 光比 e 光的相位滞后

$$\delta = \varphi_o - \varphi_e = \frac{2\pi}{\lambda}(n_o - n_e)d$$

光在区域②,e 振动 E_{e1} 和 o 振动 E_{o1} 之间有一相位差,这两方向上的振动叠加,随 δ、α 的值不同可形成椭圆偏振光、圆偏振光($\alpha = 45°$)或线偏振光。

光在区域②的强度仍为 $\frac{I}{2} = A_1^2$。

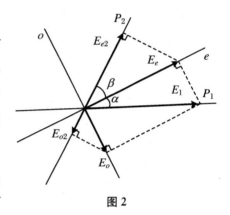

图 2

光射到偏振片 2 上时,e 分量与 o 分量中都只有它们在 P_2 透振方向上的投影 E_{e2} 和 E_{o2} 才能通过。先考虑一般情况,设 P_2 透振方向与 e 轴的夹角是 β,则 E_{e2} 和 E_{o2} 的振幅如图 2 所示,分别为

$$A_{e2} = A_e \cos \beta = A_1 \cos \alpha \cos \beta$$
$$A_{o2} = A_o \sin \beta = A_1 \sin \alpha \sin \beta$$

最后,从偏振片 2 上射出的光线(在区域③)为 P_2 透振方向的线偏振光,其强度为 E_{e2} 和 E_{o2} 在透振方向上叠加的结果。设其合振动为 E_2,即 $E_2 = E_{e2} + E_{o2}$。

由于两振动有相差,根据同一方向上的振动合成,其振幅为

$$A_2 = \sqrt{A_{e2}^2 + A_{o2}^2 + 2A_{e2}A_{o2}\cos\delta}$$

从而强度为

$$I_2 = A_2^2 = A_{e2}^2 + A_{o2}^2 + 2A_{e2}A_{o2}\cos\delta$$
$$= A_1^2(\cos^2\alpha\cos^2\beta + \sin^2\alpha\sin^2\beta + 2\cos\alpha\cos\beta\sin\alpha\sin\beta\cos\delta)$$

再考虑 $\beta = \frac{\pi}{2} - \alpha$,有

$$I_2 = A_1^2(\cos^2\alpha\sin^2\alpha + \sin^2\alpha\cos^2\alpha + 2\cos^2\alpha\sin^2\alpha\cos\delta)$$
$$= \frac{1}{2}A_1^2\sin^2 2\alpha(1 + \cos\delta)$$
$$= \frac{I}{4}\sin^2 2\alpha(1 + \cos\delta)$$

所以,在区域①,可形成线偏振光,强度为 $\frac{I}{2}$;在区域②,可形成椭圆偏振光、圆偏振光或

线偏振光,强度仍为 $\frac{I}{2} = A_1^2$;在区域③,可形成线偏振光,强度为 $\frac{I}{4}\sin^2 2\alpha (1+\cos\delta)$。

我们不难看到,本题的计算建立在矢量分解的基础上,这一点和振动的合成与分解是相通的。在复赛中,振动是一个三年两考的知识点,从一定的意义上讲,光的偏振的计算也属于此范畴的问题,大家有必要认真地对待这一知识点。

题 185 光压

如图1所示,在真空中有一个折射率为 $n(n>n_0,n_0$ 为真空的折射率)、半径为 r 的质地均匀的小球,频率为 ν 的细激光束在真空中沿直线 BC 传播,直线 BC 与小球球心 O 的距离为 $l(l<r)$,光束于小球表面的 C 点经折射进入小球(小球成为光传播的媒质),并于小球表面的 D 点又折射进入真空。设激光束的频率在上述两次折射后保持不变。求在两次折射过程中激光束中一个光子对小球作用的平均力的大小。

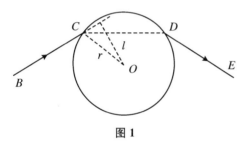

图1

【解析】 根据量子理论,光子不仅有动能,还有动量。单个光子的动量计算式为 $p = h/\lambda$,其中 h 是普朗克常量,λ 是光子的波长。既然光子有动量,考虑到动量为矢量,那么光照到物体表面,光子被物体吸收、反射或偏折时,其动量都会发生改变,而动量守恒是自然界普适的基本定律,则由作用与反作用可知,光会对物体产生一个压强的作用,这就是"光压"。

当光与物体发生作用时,一般情况下有两种处理方式:一是将光束视为光子流,光子和物体的作用特点与流体和物体的作用情形类似,其处理方式如同"题017"中所述的连续作用情况;二是将光束作为整体,根据光束的动量变化情况,通过动量定理或动量守恒确定光束与物体的作用情况。本题属于后者。

在由直线 BC 与小球球心 O 确定的平面中,激光光束两次折射的光路 $BCDE$ 如图2所示。图中入射光线 BC 与出射光线 DE 的延长线交于 G 点。按照光的折射定律,有

$$n_0 \sin\alpha = n\sin\beta$$

式中 α 与 β 分别是相应的入射角和折射角,由几何关系还可知 $\sin\alpha = \dfrac{l}{r}$。

激光光束经两次折射,其频率 ν 保持不变,故在两次折射前后光束中一个光子的动量大小 p 和 p' 相

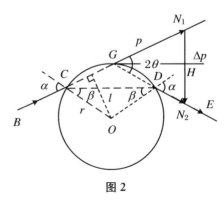

图2

等,即
$$p = \frac{h\nu}{c} = p'$$

式中 c 为真空中的光速,h 为普朗克常量。

射入小球的光束中光子的动量 p 沿 BC 方向,射出小球的光束中光子的动量 p' 沿 DE 方向,光子动量的方向因光束的折射而偏转了一个角度 2θ,由图 2 中的几何关系可知
$$2\theta = 2(\alpha - \beta)$$

若取线段 GN_1 的长度正比于光子动量 p,GN_2 的长度正比于光子动量 p',则线段 N_1N_2 的长度正比于光子动量的改变量 Δp,由几何关系得
$$\Delta p = 2p\sin\theta = 2\frac{h\nu}{c}\sin\theta$$

$\triangle GN_1N_2$ 为等腰三角形,其底边上的高 GH 与 CD 平行,故光子动量的改变量 Δp 的方向沿垂直于 CD 的方向,且由 C 指向球心 O。

光子与小球作用的时间可认为是光束在小球内的传播时间,即
$$\Delta t = \frac{2r\cos\beta}{cn_0/n}$$

式中 $\frac{cn_0}{n}$ 是光在小球内的传播速率。

按照牛顿第二定律,光子对小球的作用的平均力大小为
$$f = \frac{\Delta p}{\Delta t} = \frac{n_0 h\nu\sin\theta}{nr\cos\beta}$$

按照牛顿第三定律,光子对小球的作用的平均力大小 $F = f$,即
$$F = \frac{n_0 h\nu\sin\theta}{nr\cos\beta}$$

力的方向由 O 指向 G。

联立前面各式,经过三角函数关系运算,最后可得
$$F = \frac{n_0 l h\nu}{nr^2}\left[1 - \sqrt{\frac{r^2 - l^2}{(nr/n_0)^2 - l^2}}\right]$$

光的干涉、衍射是光的波动性的表现,光压则是光的粒子性的表现。光在传播时,我们关注的往往是其波动性;而光与物体发生作用时,我们关注的又往往是其粒子性。在研究光的性质时,我们没有必要纠结它是粒子还是波,更关注的是它表现为波动性还是粒子性,而后选择相应的规律进行相关的分析。

题 186 逆康普顿效应

光子被电子散射时,如果初态电子具有足够的动能,以至于在散射过程中有能量从电子转移到光子,则该散射称为逆康普顿散射。当低能光子与高能电子发生对头碰撞时,就会出

现逆康普顿散射。已知电子的静止质量为 m_e，真空中的光速为 c。假设能量为 E_e 的电子与能量为 E_γ 的光子相向对碰。

(1) 求散射后光子的能量。
(2) 求逆康普顿散射能够发生的条件。
(3) 如果入射光子能量为 $2.00\ \text{eV}$，电子能量为 $1.00\times 10^9\ \text{eV}$，求散射后光子的能量。已知 $m_e = 0.511\times 10^6\ \text{eV}/c^2$。

计算中有必要时可利用近似：如果 $|x|\ll 1$，则有 $\sqrt{1-x}\approx 1-\dfrac{1}{2}x$。

【解析】 如果说"光压"体现的是光束整体与物体的作用，它还无法让我们清晰地看到个体光子与物体的作用，这甚至可能让中学生怀疑光的粒子性，那么，康普顿效应与逆康普顿效应就毫无疑问地让我们看清了光子个体与物体发生作用而体现出的粒子性，进而说明了光具备波粒二象性。

康普顿效应（又称康普顿散射）与逆康普顿效应专指光子与电子发生碰撞时光子被散射的现象，是近代物理学的一大发现，它导致了近代量子物理学的诞生和发展，阐明了电磁辐射与物质相互作用的基本规律。

康普顿效应在物理学中的地位显然是很高的，涉及的原理却很基本，即在光子与电子碰撞的过程中，系统遵循能量守恒与动量守恒。从模型上看，这一作用过程类似于两个弹性小球的碰撞，但光子的动量与系统的动能表述并不同于宏观上小球的动量与动能的表述。但无论如何，这一普通物理中的内容经过一定的初等化处理，极易成为中学生物理竞赛用试题。事实上，这一模型在全国中学生物理竞赛的预赛、复赛、决赛中多次出现过。本题即是 2013 年第 30 届全国中学生物理竞赛复赛的试题。

解答与康普顿效应相关的问题时，涉及矢量的运算、复杂的代数运算、小量近似的运算、能量与动量关系的应用等。

(1) 设碰撞前电子、光子的动量分别为 $p_e\ (p_e>0)$、$p_\gamma\ (p_\gamma<0)$，碰撞后电子、光子的能量、动量分别为 E_e'、p_e'、E_γ'、p_γ'。

由能量守恒有
$$E_e + E_\gamma = E_e' + E_\gamma' \qquad ①$$

由动量守恒有
$$p_e + p_\gamma = p_e' + p_\gamma' \qquad ②$$

光子的能量和动量满足
$$E_\gamma = |p_\gamma|c, \quad E_\gamma' = |p_\gamma'|c \qquad ③$$

电子的能量和动量满足
$$E_e^2 - p_e^2 c^2 = m_e^2 c^4, \quad E_e'^2 - p_e'^2 c^2 = m_e^2 c^4 \qquad ④$$

由①②③④式解得
$$E_\gamma' = \frac{E_\gamma(E_e + \sqrt{E_e^2 - m_e^2 c^4})}{(E_e - \sqrt{E_e^2 - m_e^2 c^4}) + 2E_\gamma} \qquad ⑤$$

(2) 由⑤式可知,为使 $E'_\gamma > F_\gamma$,需有

$$E'_\gamma - E_\gamma = \frac{2E_\gamma(\sqrt{E_e^2 - m_e^2 c^4} - E_\gamma)}{(E_e - \sqrt{E_e^2 - m_e^2 c^4}) + 2E_\gamma} > 0$$

即

$$\sqrt{E_e^2 - m_e^2 c^4} > E_\gamma \quad 或 \quad p_e > |p_\gamma|$$

注意已设 $p_e > 0, p_\gamma < 0$。

(3) 由于 $E_e \gg m_e c^2$,因此有

$$\sqrt{E_e^2 - m_e^2 c^4} \approx E_e - \frac{m_e^2 c^4}{2E_e} \qquad ⑥$$

将⑥式代入⑤式,得

$$E'_\gamma = \frac{2E_\gamma E_e}{2E_\gamma + \frac{m_e^2 c^4}{2E_e}}$$

代入数据,得 $E'_\gamma \approx 29.7 \times 10^6$ eV。

单独处理康普顿效应时,中学生经常会遇到两类疑惑:一是从规律的适用性上,我们是否考虑电子的相对论效应。通过对上述解答的阅读,同学们就应该明白这一点:当类似于电子的这类轻子出现高能特性时,必须考虑相对论效应,此时电子的动能及其与动量的关系都不同于非相对论下的情形。二是从解题的技术层面上,由于命题人设置的条件不同,不同试题的解答过程存在很大的差异。很多同学在处理这一类问题涉及的方程时希望能找到一个简捷的解答程序,然而依据笔者多年的教学经历,这类问题涉及的方程的话题一般都很大,并没有什么捷径可走。

从原理上讲,康普顿效应的处理难度不大,但在近代物理的模型中比较常见,而且将这一过程融入其他复杂过程的可能性较大。因此,读者应对此模型作一些拓展性的练习,以保证能应对其变化。

题 187 汤姆孙原子模型

早期的科学家并不清楚原子的真正结构,19 世纪末英国科学家汤姆孙提出所谓的"汤姆孙原子模型",即 Z 个电子散布于有 $+Ze$ 电荷均匀分布的原子球体内部。

为了进一步探究原子内部的结构,今用 α 粒子对汤姆孙原子做散射实验:如图 1 所示,一初速度为 v、质量为 m 的 α 粒子,以撞击参数 b 入射一原子序数为 Z($Z \gg 2$)、半径为 R 的汤姆孙原子。由于 α 粒子的质量远大于电子的质量,故在散射过程中电子都将被轻易撞飞而离开原子,因此所有电子对 α

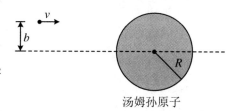

图 1

粒子的作用均可忽略。

(1) 若α粒子和汤姆孙原子球体中心的径向距离为r,则α粒子在射入原子前后所受的静电力分别为多少?

(2) 由实验结果得知,α粒子射击原子后所得的散射角很小。试从理论估计α粒子的散射角。

(3) 若用 5 MeV 的α粒子入射原子序数为 79 的金箔,假设金原子的半径为 0.10 nm ($1\,\text{nm} = 10^{-9}\,\text{m}$),求α粒子的平均散射角。

【解析】 早期人们对原子结构的研究基本上都是通过散射实验来进行的,即让各种射线轰击原子,希望这些射线穿越或击碎目标原子,从中带出某些信息,然后通过这些信息来推断原子可能的结构。其中大家比较熟悉的便是卢瑟福α粒子散射实验。

在卢瑟福做α粒子散射实验之前,汤姆孙已经明确了电子是原子的组成部分,于是构建了汤姆孙原子模型。但一个正确的模型不仅仅能够解释已有的实验事实,更重要的是经得起新的实验事实的检验。同时,依据模型建立起的理论体系还能预测尚未得到的实验现象。如果新的实验现象与理论预测的结果一致,这自然为模型的正确性给予了支撑;如果新的实验现象与理论预测的结果不一致,则需要对原有的模型与理论进行必要的修正,或者抛弃原有的模型与理论而构建新的模型与理论。本题即是基于这一背景命制的试题。所以,我们现在虽然已知汤姆孙原子是不正确的,但重复其研究过程仍然是有意义的。

(1) 由于汤姆孙原子呈电中性,在α粒子进入原子内部之前没有受到静电力的作用,即当$r > R$时,$F = 0$。

对于这一点,很多人会因为过于突出原子背景带正电而忽视了电子的存在,从而错误地认为$F = \dfrac{1}{4\pi\varepsilon_0}\dfrac{qQ}{r^2}$,式中:$q = ze$,为α粒子所带的电量;$Q = Ze$,为汤姆孙原子所带正电荷的总量。

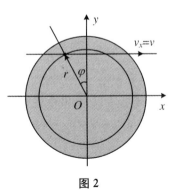

图 2

当α粒子射入原子内时,由于所有电子对α粒子的作用均可忽略,则由库仑力的性质知,α粒子受到的作用力是原子正电荷提供的静电力。若α粒子与原子中心O点的径向距离为r($r < R$),则原子对它的作用力为半径小于r的那一部分电荷Q'提供的作用力,如图2所示,即

$$F = \frac{1}{4\pi\varepsilon_0}\frac{qQ'}{r^2} = \frac{1}{4\pi\varepsilon_0}\frac{q}{r^2}\left[\frac{Q}{\frac{4}{3}\pi R^3}\cdot\frac{4}{3}\pi r^3\right] = \frac{qQ}{4\pi\varepsilon_0 R^3}r$$

(2) 如图2所示,α粒子穿过原子后的散射角θ由$\tan\theta = \dfrac{v'_y}{v'_x}$确定,式中$v'_x$、$v'_y$分别为α粒子离开原子时在$x$轴与$y$轴方向上的速度大小。

在α粒子穿过原子的过程中,该粒子在y轴方向上所受的动量变化为

$$\Delta p_y = \int F_y \mathrm{d}t = \int (F\cos\varphi)\mathrm{d}t = \int \frac{qQ}{4\pi\varepsilon_0 R^3} r\cos\varphi \mathrm{d}t$$

由于α粒子的散射角很小,故 $\cos\varphi \approx \frac{b}{r}$,代入上式,得

$$mv'_y \approx \int \frac{qQ}{4\pi\varepsilon_0 R^3} b\mathrm{d}t = \frac{qQb}{4\pi\varepsilon_0 R^3} t \qquad ①$$

式中 t 为α粒子穿越原子的时间。

由于α粒子的速度相当大,且散射角甚小,其轨迹接近一直线,故

$$t \approx \frac{2\sqrt{R^2 - b^2}}{v}$$

代入①式,可得

$$mv'_y \approx \frac{qQb}{4\pi\varepsilon_0 R^3} \frac{2\sqrt{R^2 - b^2}}{v}$$

基于上述同样的理由,α粒子穿越原子前后,其沿 x 轴的速度分量几乎不变,即

$$v'_x \approx v$$

所以,α粒子的散射角为

$$\theta \approx \tan\theta = \frac{v'_y}{v'_x} = \frac{qQb}{4\pi\varepsilon_0 R^3} \frac{2\sqrt{R^2 - b^2}}{mv^2} = \frac{zZe^2 b}{2\pi\varepsilon_0 R^3} \frac{\sqrt{R^2 - b^2}}{mv^2} \qquad ⑤$$

(3) 当用一束α粒子入射金箔时,始终在原子外的α粒子不会发生偏转,而进入原子内的α粒子的平均散射角为

$$\bar\theta \approx \left(\frac{zZe^2}{2\pi\varepsilon_0 R^3 mv^2}\right) \overline{b\sqrt{R^2 - b^2}}$$

因为 $0 < b < R$,所以取 $\bar b = \frac{R}{2}$,上式可近似为

$$\bar\theta \approx \left(\frac{zZe^2}{2\pi\varepsilon_0 R^3 mv^2}\right)\left(\frac{R}{2}\sqrt{R^2 - \frac{R^2}{4}}\right) = \frac{\sqrt{3}}{2} \frac{zZe^2}{4\pi\varepsilon_0 Rmv^2}$$

将已知量 $R = 1.0 \times 10^{-10}$ m, $mv^2 = 2E_k = 10$ MeV $= 1.6 \times 10^{-12}$ J, $z = 2$, $Z = 79$, $e = 1.6 \times 10^{-19}$ C 代入上式,得

$$\bar\theta \approx 1.97 \times 10^{-4} \text{ rad} = 0.011°$$

这一结果表明,用α粒子轰击汤姆孙原子时,若汤姆孙原子模型正确,则α粒子将几乎没有障碍地沿原方向穿越原子,不会有什么大的意外。而事实上,用α粒子轰击原子时,大部分α粒子会沿原有的方向穿越原子,但有少量的α粒子发生了大角散射,极少数α粒子甚至出现了反弹。无法用汤姆孙原子模型解释这种大角散射与反弹,因为:即便α粒子在轰击金箔时遇到了上千个原子,也无法形成大角散射,而α粒子穿越金箔时遇上这么多原子的概率几乎为零。于是,便有了卢瑟福的核式原子模型,汤姆孙原子模型被淘汰。

题 188　巴耳末公式

1884 年巴耳末研究了基本上位于可见光区的氢原子光谱线系(后来称为巴耳末线系)。该线系从长波端开始的四条谱线波长 λ 和线系短波极限波长 λ_0 的实验值分别为 6562.10 Å、4860.74 Å、4340.10 Å、4101.20 Å、3645.61 Å。

巴耳末发现该线系波长 λ 若除以线系极限波长 λ_0,则至少可在 5 位有效数字准确度内写成下列有理数:

$$\frac{6562.10}{3645.61} = \frac{9}{5}, \quad \frac{4860.74}{3645.61} = \frac{4}{3}, \quad \frac{4340.10}{3645.61} = \frac{25}{21}, \quad \frac{4101.20}{3645.61} = \frac{9}{8}, \quad \cdots$$

试据此引出反映此实验的经验公式,即线系波长的巴耳末公式,并求出里德伯常量的实验值。

【解析】物理竞赛学习不要理解为单纯的物理知识学习,更多的是方法和能力的学习与训练。很多方法的源头都在物理学的发展历史中,我们在学习知识的同时,还要掌握这些知识产生的背景与方法。这不仅有利于我们对知识的理解与掌握,更能让我们体验到科学发现的乐趣。

能够写入教科书的物理事件往往具有划时代的意义;能够写入教科书的物理学家在物理学的发展过程中一定做出了巨大的贡献,他们或发现了重大的物理规律,或原创了科学的研究方法。本题中作为命题素材的巴耳末公式就是物理学中重要的规律,涉及的方法也是重要的研究方法。

在 1884 年以前,物理学家们已经非常精确地测量出了氢原子光谱可见光区和紫外光区各谱线的波长,他们有理由相信这些谱线的波长间存在某种联系,但始终找不到这种联系。传说,在当年的一次科学聚会中,当时还是一名中学数学教师的巴耳末"吹嘘"自己有一种特别的能力:无论给他几个什么样的数,他都能找到它们之间的规律。一位物理学家当场就给巴耳末写出了本题中的几个数字。一周后,便有了巴耳末公式的诞生。而他寻找这几个数字之间关联的方法也是科学研究中首创的。

物理学家们一度解决不了的问题让中学生来完成,似乎有跨越不了的坎。但巴耳末开创的寻找数字之间关联的方法已经被我们掌握。我们循着试题所给出的引导,能体验到一种踏在巨人的肩膀上眺望的感觉。

下面的解答即是这一方法的体验。

巴耳末发现该线系波长 λ 若除以线系极限波长 λ_0,至少可在 5 位有效数字准确度内写成下列有理数:

$$\frac{6562.10}{3645.61} = \frac{9}{5}, \quad \frac{4860.74}{3645.61} = \frac{4}{3}, \quad \frac{4340.10}{3645.61} = \frac{25}{21}, \quad \frac{4101.20}{3645.61} = \frac{9}{8}, \quad \cdots$$

考虑存在测量误差,可认为谱线的实验值 $\frac{\lambda}{\lambda_0}$ 为

$$\frac{9}{5}, \frac{4}{3}, \frac{25}{21}, \frac{9}{8}, \cdots$$

将第 2 项与第 4 项的分子与分母同时乘以 4,得到

$$\frac{9}{5}, \frac{16}{12}, \frac{25}{21}, \frac{36}{32}, \cdots$$

上述数列可进一步写为

$$\frac{9}{9-4}, \frac{16}{16-4}, \frac{25}{25-4}, \frac{36}{36-4}, \cdots$$

或

$$\frac{3^2}{3^2-2^2}, \frac{4^2}{4^2-2^2}, \frac{5^2}{5^2-2^2}, \frac{6^2}{6^2-2^2}, \cdots$$

即

$$\frac{\lambda}{\lambda_0} = \frac{n^2}{n^2-2^2} \quad (n=3,4,5,\cdots)$$

得

$$\lambda = \lambda_0 \frac{n^2}{n^2-2^2}$$

用波长的倒数可将上述巴耳末公式写成更简单的形式:

$$\frac{1}{\lambda} = \frac{1}{\lambda_0} \cdot \frac{n^2-2^2}{n^2} = \frac{2^2}{\lambda_0}\left(\frac{1}{2^2}-\frac{1}{n^2}\right)$$

即

$$\frac{1}{\lambda} = R\left(\frac{1}{2^2}-\frac{1}{n^2}\right)$$

上式便是物理学中的巴耳末公式,所给定的氢原子光谱系称为巴耳末线系。式中的 R 称为里德伯常量,其值为

$$R = \frac{2^2}{\lambda_0} = 1.097210 \times 10^7 \text{ m}^{-1}$$

巴耳末公式的产生与表述更像是一种数学方法的产生与表述,给人一种数学游戏的感觉。但物理学家们并不这样想问题,尤其是玻尔,他从巴耳末公式中看到的是原子能量的不连续性,进而推断出原子内部轨道的不连续性和电子跃迁的不连续性,从而使得巴耳末公式成为量子力学这座大厦的基石。因此,将巴耳末写入物理教科书实至名归。

题 189 奇异原子

原子核俘获一个 μ^- 子(μ^- 子的质量是电子质量的 207 倍,电荷与电子相同)形成 μ 原子。假设原子核静止。

(1) 试求 μ^- 子的第一轨道半径。已知原子核的质量数为 A,且中子数 N 等于质子数

Z,氢原子的第一玻尔轨道半径 $a_0 = 0.529 \times 10^{-10}$ m。

(2) 当 A 大于什么值时,μ^- 子轨道将进入原子核内？已知原子核半径公式为 $R = 1.2 \times 10^{-15} A^{1/3}$ m。

【解析】 卢瑟福的 α 粒子散射实验说明原子具有核式结构,这种原子中的电子的运动特征类似于行星的运动。而玻尔的原子理论告诉我们,原子的能量、轨道半径、角动量具有量子化特征,因而也是稳定的。

既然一个带正电的原子核与带负电的电子可以构成稳定的原子结构,那么我们可以设想任何带正电的粒子与带负电的粒子相互作用时,都有可能形成类原子结构,不妨称之为"奇异原子"。这种稳定的类原子结构不仅被事实证实,也为我们的理论研究带来了相应的空间。

一方面,正、负电荷间相互作用的平方反比规律为我们的研究奠定了一定的基础,且在圆轨道方面我们有了比较成熟的研究方式与结论。但必须说明,由于此类原子的物理特性也表现出量子性,虽然此时我们仍然认同两粒子间的作用力满足 $F \propto \dfrac{1}{r^2}$,但与天体运动中 $F \propto \dfrac{1}{r^2}$ 相似的结论并不会出现在此类问题中,因此在玻尔原子中我们不会讨论电子的轨道形状特征。

另一方面,原子的量子化条件也为我们进一步研究带来了相应的元素。再者,对于正常的原子而言,由于原子核的质量远远大于核外电子的质量,当电子绕核运动时我们完全可以认为原子核是不动的；但对于某些奇异原子而言,正电荷的质量与负电荷的质量不仅可能出现能相互比较的情况(这时我们就有必要考虑到两体运动的情况),甚至可能出现负电荷的质量远大于正电荷的情况,即正电荷绕负电荷运动的情况。而对于所有这些,都有可能在量子化的条件下进行相关的研究。竞赛生必须具备这种知识迁移的能力。本题模型即是这方面问题的一个代表。

原子核俘获 μ^- 子后,设 μ^- 子绕核做匀速圆周运动,做圆周运动的向心力为 μ^- 子与核间的库仑力,引入量子条件并与氢原子对比可得 μ^- 子的轨道半径。

(1) 用 m_μ、a 和 v 分别表示 μ^- 子的质量、第一轨道半径和速度,由库仑定律和牛顿定律,可列出第一轨道上的运动方程：

$$k \dfrac{\left(\dfrac{1}{2} A\right) e^2}{a^2} = m_\mu \dfrac{v^2}{a} \qquad ①$$

根据量子化条件,对第一轨道有

$$m_\mu v a = \dfrac{h}{2\pi} \qquad ②$$

同理,对氢原子可得

$$k \dfrac{e^2}{a_0^2} = m_e \dfrac{v_0^2}{a_0} \qquad ③$$

$$m_\mathrm{e} v_0 a_0 = \frac{h}{2\pi} \quad \text{④}$$

式中 m_e、a_0 和 v_0 分别表示电子的质量、第一轨道半径和速度,将①③式相除,把②④式的结果代入,可解得

$$a = \frac{2a_0}{A} \cdot \frac{m_\mathrm{e}}{m_\mu} = \frac{5.11 \times 10^{-13}}{A} \text{ m}$$

(2) μ^- 子进入原子核,即轨道半径 $a < R$,则

$$\frac{2a_0}{A} \cdot \frac{m_\mathrm{e}}{m_\mu} < R$$

代入数据,解不等式

$$\frac{5.11 \times 10^{-13}}{A} < 1.2 \times 10^{-15} A^{1/3}$$

得 $A > 94$。

首先,本题的题干中已经明确说明"假设原子核静止",这就默认了原子核的质量远大于 μ^- 子的质量。不然,基于"μ^- 子的质量是电子质量的 207 倍"的条件,我们有必要考虑原子核的运动。

其次,μ^- 子的性质是非常特别的,它有质量和电量,但一般物体对它却是透明的,它可以不受阻碍地在物体内运动,包括在原子核内运动。因此,研究原子核俘获 μ^- 子后的运动,除考虑 μ^- 子在核外的运动外,还必须考虑 μ^- 子在核内的运动规律。μ^- 子在核外的运动遵循玻尔原子理论。μ^- 在核内的运动虽仍然适合玻尔理论,但其势能却有很大的变化,我们必须注意到这种变化并加以研究。

原子结构的内容在近代物理中占比较大,大家注意这方面的学习与研究。

题 190　原子核结构

下面给出一个很粗糙的原子核模型:假定原子核是一个立方体,有 $n \times n \times n$ 个核子,每个核子被其他核子的核力吸引(强相互作用)。由于这种力的作用距离很小,我们假定每个核子只与相邻的核子有相互作用,核子-核子对因这种结合而对核的总结合能的贡献是一个常数。原子核内有核电荷 Ze,它在原子核内产生斥力。根据量纲分析,核的总静电势能正比于 $\frac{Z^2}{d}$,其中 d 为原子核的线度,并且我们假定在这个模型中 Z 正比于原子核中的核子数 A。已知元素周期表中元素 Fe($A = 56$) 附近的原子核是非常稳定的,它们的核子具有的平均结合能最大,都约为 8.78 MeV。试根据上述模型和已知的事实,求出任一原子核内核子的平均结合能 E。

【解析】　在谈原子核的结构前,我们不妨了解一下我们对原子结构的认识过程:最初,我们是从物质的化学性质认识到原子的,那时我们认为单个的原子是物质的最小单位,是一

个整体结构。后来,由于电子的发现,汤姆孙为原子建立了"枣糕模型"。再后来,卢瑟福的 α 粒子散射实验的事实与"枣糕模型"有冲突,于是便有了卢瑟福原子核式结构模型。但这一模型又与经典的电磁理论存在冲突,为了解决这一问题,玻尔在此基础上建立了量子化的轨道模型。不过,玻尔在原子轨道的描述上过多地保留了经典理论而最终被电子云取代。上述过程便是我们对大小在 10^{-10} m 数量级上的原子的认识过程,而对大小在 10^{-15} m 数量级上的原子核的内部结构,人类的确知之不多。当然,在原子核式结构建立之初我们也认为原子核是一个整体,而现在我们知道原子核是由核子(质子与中子)组成的,核子间的核力(强相互作用)是巨大的、超短程的,等等。但要进一步地追问下去,恐怕就难免顾此失彼了。

科学家们对原子核的了解肯定比中学生多得多,于是我们会根据已知的信息来构建原子核的结构模型,以期能解释现有的信息,同时也用来预测一些未知的信息。如果这个结构模型既能解释现有的信息,同时预测的信息在随后的科学实验中又得到了证实,那么这个模型就可能是正确的,至少在现阶段是部分正确的,是有意义的。这一研究思路即是我们探究未知世界的思维方法。而这种方法很可能被命题人通过某种方式呈现在中学生面前。本题即是这方面的代表。

想象在广阔的空间内有很多核子均匀规则地排列着,与一个核子前后、左右、上下相邻的核子共有 6 个,所以这个核子参与 6 对核子-核子的强相互作用。我们可以想象将题给的 n^3 个核子置于上述的广阔空间内,则共有 $6n^3$ 对核子-核子强相互作用。但实际上这个核立方体外并无核子,这个核立方体有 6 个外侧面,每个外侧面内有 n^2 个核子,由于这个侧面以外再无核子,故对应于此侧面内的每个核子均应减去朝外的一对核子-核子强相互作用,即减去 n^2 对,对于 6 个外侧面而言总共应减去 $6n^2$ 对,则尚有 $6n^3 - 6n^2$ 对核子-核子强相互作用。又由于这种成对的作用存在于两个核子之间,上面的计算是按一个一个核子独立计算后累加的,因此上述累加中已把每对作用都计算了 2 次,可见核内的这种强相互作用的实际对数应为 $3n^3 - 3n^2$。设每对核子-核子强相互作用结合时释放出的能量为 a,则此核形成时因强相互作用而应放出的总能量为 $3an^2(n-1)$。另一方面,核的总静电势能正比于 $\frac{Z^2}{d}$,而 Z 正比于核子数 A,即正比于 n^3;d 为核的线度,显然正比于 n。因此,核的总静电势能正比于 n^5。设比例系数为 b,则核的总静电势能为 bn^5。

此核形成时释放的总结合能 $E = 3an^2(n-1) - bn^5$,则每个核子的平均结合能为

$$\bar{E} = \frac{E}{n^3} = 3a\left(1 - \frac{1}{n}\right) - bn^2$$

上式中 a、b 为与 n 无关的常数。下面我们求 a、b 的值。

根据 Fe 附近的原子核的核子平均结合能差不多都相等,应有:当 n 有微小变化 Δn 时,平均结合能的值不变,即

$$3a\left(1 - \frac{1}{n}\right) - bn^2 = 3a\left(1 - \frac{1}{n + \Delta n}\right) - b(n + \Delta n)^2$$

$$3a - 2bn^3 = 0$$

又根据元素 Fe 的核子平均结合能为 8.7 MeV,有

$$3a\left(1-\frac{1}{n}\right)\quad bn^2 - 8.7\,\text{MeV}$$

另有 $A = 56$,解得

$$a = 4.798\,\text{MeV},\quad b = 0.131\,\text{MeV}$$

由此得到题给模型中核子的平均结合能为

$$\bar{E} = \left[14.394\left(1-\frac{1}{n}\right) - 0.131 n^2\right]\text{MeV}$$

在解答本题时,我们首先遇到的障碍便是对题目给出的模型进行空间想象,不要纠结于核子数为非 n^3 的情形,而要根据 n^3 的空间模型分析表面核子的作用情况,得到正确的核子作用对。是否考虑了核子间的电势能则又体现了答题者的思维是否全面,是否在专注于核力时顾此失彼。显然,正确地找到核子的平均结合能的表达式,既有能力方面的要求,也有知识方面的要求,其综合程度是很高的。

其次,对本题中的粗糙模型,我们或许有很多质疑的地方,如原子核怎么可能是立方体呢?如果核子数不满足 n^3,其结构又是什么样的呢?等等。我们甚至完全可以有自己的想法,比如:原子核的核子数较多时,其结构是不是更接近于球形呢?这些质疑当然是可取的,至少说明你已经具备了一定的研究问题的思维能力,但处理模型的能力呢?处理过程比这个粗糙模型是不是简单一些呢?在平时的学习中,你可以尝试去破解这些问题,但在考场中,你就应根据命题人的思路来破解他给我们设置的问题。

中学阶段对原子核的研究是很少的,所接触的模型也不是太多,大家尽可能地收集这方面的资料,作一些了解吧!

题 191 碳−14 测龄

在大气和有生命的植物中,大约每 10^{12} 个碳原子中有一个 C^{14} 原子,其半衰期为 $t = 5700\,a$,其余的均为稳定的 C^{12} 原子。在考古工作中,常常通过测定古物中 C^{14} 的含量来推算这一古物的生长年代。如果在实验中测出:有一古木炭样品,在 $m\,g$ 的碳原子中;在 Δt 年时间内有 Δn 个 C^{14} 原子发生衰变。设烧成木炭的树是在 $T\,a$ 前死亡的,试列出能求出 T 的有关方程式(不要求解方程)。

【解析】 在原子核物理的内容中,放射性元素的半衰期是描述元素衰变快慢的基本物理量,这是一个取决于原子核本身而与外界无关的物理量。对这一知识点的考查主要是衰变量与衰变时间的计算,知识点比较独立,要求也比较基本,整体难度不会太大,但在各领域的应用比较广泛。本题即是考古领域利用碳的放射性同位素 C^{14} 的半衰期测量古生物的生长年代。

在大气中,C^{14} 在整个碳原子中所占的比例是确定的。在生物体存活的时候,由于代谢作用,生物体内 C^{14} 在碳原子中所占有的比例与大气中相同。生物体一旦死亡,代谢作用也便结束,而 C^{14} 的衰变仍会继续,从而导致 C^{14} 在生物体内的比例下降,我们可以根据这个比例的变化推断生物体生长的时代。于是有如下的解答:

取 m g 碳为样本,其中原有 C^{14} 的原子数为

$$n_0 = \frac{m}{12} \times N_0 \times \frac{1}{10^{12}}$$

式中 N_0 为阿伏伽德罗常数。经过 T a,现存 C^{14} 原子数为

$$n = \left(\frac{1}{2}\right)^{T/\tau} n_0 = \frac{mN_0}{12 \times 10^{12}} \left(\frac{1}{2}\right)^{T/\tau} \quad ①$$

测出样本当前在 ΔT a 时间内衰变的 C^{14} 原子数 Δn,而

$$\Delta n = n - n\left(\frac{1}{2}\right)^{\Delta T/\tau} = n\left[1 - \left(\frac{1}{2}\right)^{\Delta T/\tau}\right] \quad ②$$

在①②式中,m、N_0、τ、ΔT 和 Δn 均为已知,只有 n 和 T 未知,联立二式便可求出 T,即古生物死亡的时间。

C^{14} 测龄是考古中涉及的技术问题,是对古生物进行年代分析的手段。这种测龄结果虽然有一定的误差,但大体年代是不会错的。这一方法是现代科技在生活中应用的典型代表,也是中学生能够理解的,因而它也就自然而然地成为了考试的热点。

最后,转述网络上的一个段子,可以使大家理解利用放射性测龄的一个特点:

某博物馆的讲解员向游客介绍一古尸的生活年代:"该尸体生活的时间约为 1605 年前。"游客不解为何时间这么准确,于是讲解员说:"我来当讲解员时,资料上说它生活在约 1600 年前,如今我工作 5 年了,因此它应该生活在约 1605 年前。"

你能说出这位讲解员哪里有问题吗?

题 192 地球的年龄

放射性元素铀经过一系列的衰变后变成铅,之后不再衰变。这样,我们测量一块古老的铀矿石中铀与铅的比例,便可知道铀生成至今的时间。假定铀矿石与地球同龄,我们便可据此测量地球的年龄了。

(1) 铀-238 的半衰期是 4.5×10^9 a,假设发生衰变的铀-238 都变成了铅-206。一块纯净的铀矿石经过 4.5×10^9 a,矿石中的铅、铀比例将变成多少?根据这种铅、铀的比例能否判断矿石的年龄?

(2) 接着我们讨论另一个问题:在地球诞生的那一天,地球上有多少镭?

假设现在地球上共有 1 kg 镭(这个数字比实际少得多。为了便于计算和说明问题,我们运用了这个数字)。我们知道镭的半衰期是 1590 a。这就是说,在 1590 a 以前地球上就有比现在多一倍的镭,即 2 kg,3180 a 以前有 4 kg……于是可列出表 1(根据地质学和天文学的资料,表中地球的年龄采用 10^{10} a)。

表 1

以前的年数/a	以前半衰期的数目	镭的质量/kg
0	0	1
1590	1	2
3180	2	4
4770	3	8
⋮	⋮	⋮
10^{10}	$\dfrac{10^{10}}{1590}$	$2^{\frac{10^{10}}{1590}}$

根据表 1 中的数据计算在地球上 10^{10} 年以前镭的质量：

$$M = 2^{\frac{10^{10}}{1590}} \text{ kg} = 2^{6.28 \times 10^6} \text{ kg}$$

等式两边取对数得到

$$\lg M = 6.28 \times 10^6 \times \lg 2 = 1890000$$

由此我们可以得到在地球诞生的那一时刻镭的质量为

$$M = 10^{1890000} \text{ kg}$$

而整个地球的质量约 6×10^{24} kg，这怎样解释呢？

【解析】 首先说明，地球的年龄有几种不同的概念。地球的天文年龄是指地球开始形成到现在的时间，这个时间同地球起源的假说有密切的关系。地球的地质年龄是指地球上地质作用开始形成到现在的时间。通常所说的地球年龄是指它的天文年龄，其值可通过测量放射性物质铀的衰变性质得到。

(1) 铀的半衰期为 4.5×10^9 a，即每经过 4.5×10^9 a，原有的铀中有一半将发生衰变，最终变为铅。因此，经过 4.5×10^9 a，矿石中铅与铀的原子数量比为 1∶1，质量比为 206∶238，约为 1∶1.14。

依上述分析可知，只要测量出一块铀矿石中铅与铀的原子数量比或质量比，就可推算该矿石的年龄。

我们以原子数量比为例。

设最初矿石中铀原子的数量为 N_0，铀的半衰期为 τ，经时间 t，矿石中铀原子的数量为 N，则

$$N = N_0 2^{-t/\tau}$$

由于衰变后的铀最终全部变为铅，故铅原子的数量为

$$N_0 - N = N_0(1 - 2^{-t/\tau})$$

所以，矿石中铅与铀的原子数量比为

$$\frac{N_0 - N}{N} = \frac{1 - 2^{-t/\tau}}{2^{-t/\tau}}$$

显然,只要测出了铅与铀的原子数量比 $\frac{N_0 - N}{N}$,便可推算矿石的年龄 t。

放射性测龄是一种应用较为普遍的技术,对中学生而言,它并不陌生,但需要在不同的背景下能熟练运用。

本质上这一问与上一题是一样的。

(2) 题目中引入的计算告诉我们:不管对物理现象的描述的本质,机械地应用数学公式会得到多么荒谬的结论。

学习过近代物理的同学都知道,天然的放射性元素主要有三个放射性族,分别是铀、钍和锕的族系,它们经过一系列连续的衰变,最后都稳定在铅元素上。如 ^{238}U(铀)经过 8 次 α 衰变和 4 次 β 衰变,最后定格在 ^{206}Pb(铅)上。具体过程如下:

^{238}U(铀) $\xrightarrow{\alpha 衰变}$ ^{234}Th(钍) $\xrightarrow{\beta 衰变}$ ^{234}Pa(镤) $\xrightarrow{\beta 衰变}$ ^{234}U(铀) $\xrightarrow{\alpha 衰变}$ ^{230}Th(钍) $\xrightarrow{\alpha 衰变}$ ^{226}Ra(镭) $\xrightarrow{\alpha 衰变}$ ^{222}Rn(氡) $\xrightarrow{\alpha 衰变}$ ^{218}Po(钋) $\begin{cases} \xrightarrow{\alpha 衰变} ^{214}\text{Pb}(铅) \xrightarrow{\beta 衰变} \\ \xrightarrow{\beta 衰变} ^{218}\text{At}(砹) \xrightarrow{\alpha 衰变} \end{cases}$ ^{214}Bi(铋) $\begin{cases} \xrightarrow{\alpha 衰变} ^{210}\text{Tl}(铊) \xrightarrow{\beta 衰变} \\ \xrightarrow{\beta 衰变} ^{214}\text{Po}(钋) \xrightarrow{\alpha 衰变} \end{cases}$ ^{210}Pb(铅) $\xrightarrow{\beta 衰变}$ ^{210}Bi(铋) $\begin{cases} \xrightarrow{\alpha 衰变} ^{206}\text{Tl}(铊) \xrightarrow{\beta 衰变} \\ \xrightarrow{\beta 衰变} ^{210}\text{Po}(钋) \xrightarrow{\alpha 衰变} \end{cases}$ ^{206}Pb(铅)

这里所说的铀、钍和锕是在放射性元素的链式衰变中所发现的族的"始祖"。

三个族的最初的祖先之所以能在自然界中一直存在着,这是因为它们的半衰期超长。^{238}U 的半衰期为 4.5×10^9 a;^{232}Th 的半衰期为 1.4×10^{10} a;^{227}Ac 的半衰期为 7.1×10^8 a。

这些族的成员虽然半衰期并不长,但在自然界也都是存在的,这是其他的一些元素在衰变过程中不断形成的结果。而那些半衰期不长的元素,即便在地球生成时也大量存在,到现在也不复存在了。

镭是放射性铀族中的成员。在一次接一次的链式衰变中镭位于钍(衰变产生镭)和氡(镭衰变的产物)之间,它并不是衰变的"始祖",目前在地球上其数量取决于铀的原始量及其衰变情况。认为现有的镭是地球产生之初的镭经衰变而残存下来的观点是错误的。

此外,第四族(镎族)是由人工得到的一些同位素,在自然界中是看不到的。也许在地球上形成时镎的数量是很多的,但是它的半衰期只有 2.2×10^6 a,相对于地球的年龄而言,这太短暂了,这是镎不能保存到今天的主要原因。

通过本题的分析与解答,我们应该明白,物理竞赛学习并不能只盯教材,还要作延伸阅读。

题 193 狭义相对论初步

已知停靠在公路边的一辆大卡车,全长为 5 m。设有一长度为 10 m 的飞船队从卡车近旁飞过。在地面参考系中观测，飞船前端通过车头 A 的同时，飞船后端刚好经过车尾 B。试问：

(1) 在地面参考系 K 中观测，飞船飞行的速度有多大？

(2) 在飞船参考系 K′ 中观测，A 与 B 相距多远？

(3) 在 K′ 系中观测飞船前、后端是否同时分别通过 A、B？

(4) 在 K 系中测得飞船的长度不是 10 m，在 K′ 系看来，在 K 系中的观测有什么问题？应该怎样进行修正？

【解析】狭义相对论是竞赛生学习过程中的一个堡垒，攻克了它，就会获得一片新天地；攻不下来，就基本上与物理竞赛无缘了。

狭义相对论的难度并不在于相关公式的记忆，而在于它的内容与我们的经验间的"冲突"实在是太大了。譬如，记住洛伦兹变换公式并不难，但我们借此分析具体问题时，不知不觉中又回到了伽利略相对性的观念中，结果是两种相对性的观点在头脑中搅拌，混沌难辩。

本题通过一个简单的事例，既阐述了同时的相对性、运动的尺缩效应、洛伦兹变换的应用等，也论述了不同的参考系中看到的现象虽然有所不同，但本质上还是一致的。对于相对论的学习，本题应该是一道较好的门槛题。

(1) 设 K′ 系相对于 K 系的速率为 v，已知飞船在 K′ 系中静止，其本征长度为 $l_0 = 10$ m，而在 K 系中它是运动的，其非本征长度为 $l = 5$ m，根据动杆缩短公式 $l = l_0\sqrt{1 - v^2/c^2}$ 可得 K′ 系相对于 K 系的速率为

$$v = c\sqrt{1 - l^2/l_0^2} = c\sqrt{1 - (5/10)^2} = \frac{\sqrt{3}}{2}c \approx 0.87c$$

(2) 同上，已知卡车在 K 系中静止，其本征长度为 $l_0 = 5$ m，K 与 K′ 的相对速率为 $v = 0.87c$，根据动杆缩短公式可得

$$l' = l_0'\sqrt{1 - v^2/c^2} = 2.5 \text{ m}$$

(3) 如图 1 所示，已知 K 系中，飞船前端通过 A（坐标为 x_2），后端通过 B（坐标为 x_1），这两件事发生于同一时刻 t，且 $x_2 - x_1 = 5$ m。根据洛伦兹变换公式，这两件事在飞船参考系 K′ 中并非同时发生，时间差为

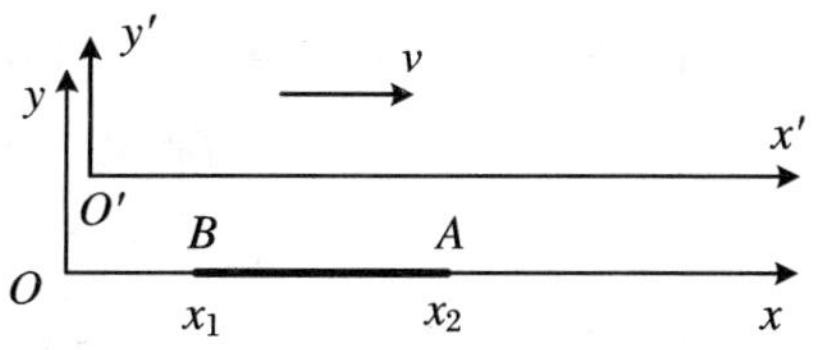

$$t_2' - t_1' = \frac{(t_2 - t_1) - \frac{v}{c^2}(x_2 - x_1)}{\sqrt{1 - \left(\frac{v}{c}\right)^2}}$$

图 1

考虑到 $t_2 - t_1 = 0$，有

$$t_2' - t_1' = -\frac{\frac{v}{c^2}(x_2 - x_1)}{\sqrt{1 - \left(\frac{v}{c}\right)^2}} = -\frac{5\sqrt{3}}{c} \text{ s}$$

所以 $t'_2 < t'_1$，即 K' 系中观察的结果是 A 通过飞船前端早于 B 通过飞船后端 $\dfrac{5\sqrt{3}}{c}$ s。换言之，A 通过飞船后，B 还需 $\dfrac{5\sqrt{3}}{c}$ s 才能经过飞船后端，它们不是同时的。

(4) 在 K 系中测得飞船的长度为 5 m。就 K 系而言，这肯定是正确的。但在 K' 系看来，K 系中的测量存在两个问题：

其一，大卡车的长度不是 5 m，而是 2.5 m；

其二，A 通过飞船前端早于 B 通过飞船后端 $\dfrac{5\sqrt{3}}{c}$ s，而不是同时通过。

所以，在 K' 系看来，在 $|t'_2 - t'_1| = \dfrac{5\sqrt{3}}{c}$ s 时间内，大卡车朝飞船后端移动了距离 $v|t'_2 - t'_1| = 7.5$ m 后，车尾 B 才通过飞船后端，K 系的观测漏掉了这段距离，应该补加上。这样，在飞船参考系 K' 看来，K 系中飞船长度的测量值 5 m 应修正为 2.5 m + 7.5 m = 10 m。这正是飞船的本征长度。

上面的分析显然告诉我们，同时对不同的参考系是不同的，物体的本征长度（静止）与非本征长度（运动）是不相等的。所以，以后在审题时，一定要注意到题目中所述的同时是在哪个参考系中描述的，物体的长度是本征长度还是非本征长度。牢记这些，可以有效地降低出错率。

两个相对运动的参考系中物体的长度、所经历的时间、运动的距离间的变换是狭义相对论的基本问题。初学者只有跨过了这一关口，后来的学习才会顺畅起来。

题 194　光信号的发射与接收

如图 1 所示，在 K 系中，三个均以速度 $v = \beta c$ 飞行的飞船同时经过 O 点（但不相撞）时，各自将时钟调至零点，飞船①飞到点 $P(0, l)$ 时发出光信号给飞船②和飞船③，使之都能接收到。问飞船①发出信号的时刻是多少（自认）？飞船②和飞船③收到信号的时刻分别为多少（自认）？

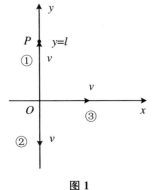

图 1

【解析】　在处理相对论效应中的运动问题时，洛伦兹变换、钟慢效应、尺缩效应是我们解答问题的切入点。虽然钟慢效应、尺缩效应的表述看上去较之洛伦兹变换要简洁，但这种简洁的表述是运用洛伦兹变换而导出的。所以，我们应明白洛伦兹变换是整个相对论运动学解题的基础。

钟慢效应与尺缩效应虽然简洁，但表达式中的系数 $\sqrt{1-\beta^2}$ 却被视为魔障，时乘时除，让人晕头转向。究其原因，多是对同时的相对性与事件的具体性认识不清。在上一题中，我们说明了同时的相对性在长度测量中可能产生的问题及其处理方式。而本题中,飞船发射与接收光信号是事件,我们讨论的是同一事件在不同的参考系中的变换,即同一事件在 K 系中的时空坐标 (t,x) 与在 K′ 系中的时间坐标 (t',x') 间的变换。

从狭义相对论的学习过程来看,为了降低理解的难度,我们往往都是以基本的模型作为讲解的背景。譬如,在相对运动中,我们几乎都是以 K 系与 K′ 系的坐标轴平行作为讲解的背景。根据历年的考试情况,命题人也是基于此模型设置问题的。

但本题是一个多系问题,它包含了 K 系及飞船①、飞船②、飞船③ 4 个系。在这 4 个系中,飞船①、飞船②、飞船③系间是通过 K 系连接起来的,所以飞船①、飞船②、飞船③ 3 个系间事件的变换需要通过 K 系来过渡。为了说明这种关联,我们基于洛伦兹变换、钟慢效应、尺缩效应三方面来进行相应的变换。

方法 1(洛伦兹变换) 在 K 系看来,飞船①发出光信号的时刻为 $t_{1K} = \dfrac{l}{v}$,至 O 点的距离为 $y_{1K} = l$,则由洛伦兹变换知飞船①上的时钟指示的时刻为

$$t_1 = \frac{t_{1K} - \dfrac{v}{c^2} y_{1K}}{\sqrt{1-\beta^2}} = \sqrt{1-\beta^2}\, \frac{l}{v}$$

此即飞船①自认为发出信号的时刻。

在 K 系看来,飞船②接收到信号的时刻 t_{2K} 满足

$$c\left(t_{2K} - \frac{l}{v}\right) = 2l + v\left(t_{2K} - \frac{l}{v}\right), \quad \text{即} \quad t_{2K} = \frac{1+\beta}{1-\beta}\frac{l}{v}$$

此时飞船②与 O 点的距离为

$$y_{2K} = -vt_{2K} = -\frac{1+\beta}{1-\beta} l$$

则由洛伦兹变换知飞船②上的时钟指示的时刻为

$$t_2 = \frac{t_{2K} + \dfrac{v}{c^2} y_{2K}}{\sqrt{1-\beta^2}} = \sqrt{1-\beta^2}\, \frac{1+\beta}{1-\beta}\frac{l}{v}$$

此即飞船②自认为接收到信号的时刻。分析时应注意到飞船飞行的方向与事件发生的空间坐标值。

在 K 系看来,飞船③接收到信号的时刻 t_{3K} 满足

$$\left[c\left(t_{3K} - \frac{l}{v}\right)\right]^2 = l^2 + (vt_{3K})^2$$

即

$$t_{3K} = \frac{1+\beta\sqrt{2-\beta^2}}{1-\beta^2}\frac{l}{v} > \frac{l}{v} \quad \left(t_{3K} = \frac{1-\beta\sqrt{2-\beta^2}}{1-\beta^2}\frac{l}{v} < \frac{l}{v},\text{故舍去}\right)$$

此时飞船③与 O 点的距离为

$$x_{3K} = vt_{3K} = \frac{1+\beta\sqrt{2-\beta^2}}{1-\beta^2} l$$

则由洛伦兹变换知飞船③上的时钟指示的时刻为

$$t_3 = \frac{t_{3K} - \frac{v}{c^2}x_{3K}}{\sqrt{1-\beta^2}} = \frac{1+\beta}{\sqrt{1-\beta^2}}\frac{\sqrt{2-\beta^2}}{}\frac{l}{v}$$

此即飞船③自认为接收到信号的时刻。

方法 2（钟慢效应） 由前面的解答，我们已经得到了在 K 系中飞船①发出信号的时刻 t_{1K} 和飞船②、飞船③接收到信号的时刻 t_{2K}、t_{3K}。而在飞船中看来，K 系是运动的，随 K 系一起运动的时钟走慢了。由钟慢效应可知

$$t_1 = \sqrt{1-\beta^2}\, t_{1K} = \sqrt{1-\beta^2}\,\frac{l}{v}$$

$$t_2 = \sqrt{1-\beta^2}\, t_{2K} = \sqrt{1-\beta^2}\,\frac{1+\beta}{1-\beta}\,\frac{l}{v}$$

$$t_3 = \sqrt{1-\beta^2}\, t_{3K} = \frac{1+\beta}{\sqrt{1-\beta^2}}\sqrt{2-\beta^2}\,\frac{l}{v}$$

方法 3（尺缩效应） 由方法 1 的解答知：

在 K 系中，飞船①发出光信号时与 O 点的距离为 $y_{1K} = l$，由于尺缩效应，飞船①认为这段距离的长度为 $\sqrt{1-\beta^2}\, l$，所以飞船①自认为发出信号的时刻为

$$t_1 = \sqrt{1-\beta^2}\,\frac{l}{v}$$

在 K 系中，飞船①发出信号与飞船②接收信号间的距离为 $l + \frac{1+\beta}{1-\beta}l = \frac{2}{1-\beta}l$，由于尺缩效应，在飞船②看来这一距离为 $\sqrt{1-\beta^2}\,\frac{2}{1-\beta}l$，考虑到飞船是在飞行了 $\sqrt{1-\beta^2}\,\frac{l}{v}$ 时间后才发射信号的，所以

$$t_2 = \sqrt{1-\beta^2}\,\frac{l}{v} + \sqrt{1-\beta^2}\,\frac{2}{1-\beta}\,\frac{l}{c} = \sqrt{1-\beta^2}\,\frac{1+\beta}{1-\beta}\,\frac{l}{v}$$

在 K 系中，飞船③接收信号时与 O 点的距离为 $x_{3K} = \frac{1+\beta}{1-\beta^2}\sqrt{2-\beta^2}\, l$，而在飞船③看来这一距离为 $\frac{1+\beta}{\sqrt{1-\beta^2}}\sqrt{2-\beta^2}\, l$，所以飞船③认为接收到的时间为

$$t_3 = \frac{1+\beta}{\sqrt{1-\beta^2}}\sqrt{2-\beta^2}\,\frac{l}{v}$$

显然，上述三种解法的结果是一致的。对于本题的三种解法，大家有必要认真地揣摩，掌握要领。

解答本题时，很多人希望直接找到飞船①与飞船②、飞船②与飞船③的关系，但往往不是出错，便是无从下手。这倒不是说我们不能建立起飞船①、飞船②、飞船③间的关联，只是那样更加复杂且不便于表述。事实上，解答多个运动体的问题时，一般都不在两个运动体间直接进行有关变换，应先过渡到某个静止参考系中，再在同一参考系中进行相关的变换与计

算,如本题都是先转换到 K 系中,再转换到相应的参考系中。

题 195 真空中光的多普勒效应

如图 1 所示,在接收者 B 的参考系中,某时刻光波波源 S 的速度方向可用方位角 φ 表示,速度大小可记为 v_S。已知此时波源发出的一小段光波的振动频率为 ν_0。之后这一小段光波被 B 接收,试确定 B 接收到的光波的频率 ν。

【解析】 不论是机械波的多普勒效应还是光波的多普勒效应,都曾多次出现在物理竞赛命题的背景材料中,是大家应该注意的热点问题。

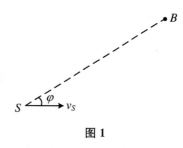

图 1

机械波在物质性的介质中传播时,设波在介质中的速度为 u。若观察者以大小为 v_D 的速度靠近或离开波源,单位时间内接收到的波列长度相对于静止接收发生变化,使得接收频率 ν 不同于波源振动频率 ν_0,即 $\nu = \dfrac{u \pm v_D}{u}\nu_0$,形成第一种类型的多普勒效应。若波源以大小为 v_S 的速度运动,则会改变介质中的波长,使得 ν 不同于 ν_0,即 $\nu = \dfrac{u}{u \pm v_S}\nu_0$,形成第二种类型的多普勒效应。

如果传播波的介质也在运动,或者波的传播方向与波源或接收者的运动方向不在同一直线上,则上述表达式还会进一步变化。在讨论声波时,大家应该很熟悉这一点。

根据相对论的观点,光波在真空中传播时,不存在绝对空间,即不存在仅由真空构成的参考系,因此无从谈论波源或接收者相对于抽象真空的运动。相对论中有意义的运动是波源与接收者之间的相对运动。不论接收者是否运动,光波相对于接收者运动的速度均为光速。

波源在本征时间 dt_S 内发出的小段光波中包含的振动次数为 $\nu_0 dt_S$,由于相对运动,接收者接收到这小段光波的时间间隔 dt_B 不同于 dt_S。这里的"不同"包含了两层含义:一是波源与接收者间的相对运动引起的差异;二是波源运动引起的钟慢效应导致的差异。因此,接收频率 $\nu = \nu_0 \dfrac{dt_S}{dt_B} \neq \nu_0$,这就是真空中光波的多普勒效应。

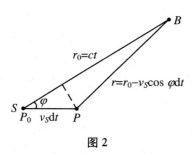

图 2

如图 2 所示,在接收者 B 所在的参考系中,设 $t = 0$ 时刻波源 S 位于 P_0 点,接着波源 S 在其本征时间 dt_S 内从 P_0 点运动到 P 点,其间发出的小段光波中包含的振动次数为 $\nu_0 dt_S$。由钟慢效应知,B 认为 S 从 P_0 到 P 经过的时间为

$$dt = \dfrac{dt_S}{\sqrt{1-\beta^2}}, \quad \beta = \dfrac{v_S}{c}$$

P_0 点和 P 点间的距离为

$$v_S \mathrm{d}t = \frac{v_S \mathrm{d}t_S}{\sqrt{1-\beta^2}}$$

设 S 在 P_0 处发出的光振动在 B 参考系中于 t 时刻到达 B，则有

$$t = \frac{r_0}{c}$$

S 在 P 处发出的光振动在 B 参考系中于 t^* 时刻到达 B，则有

$$t^* = \mathrm{d}t + \frac{r}{c} = \mathrm{d}t + \frac{r_0 - v_S \mathrm{d}t \cos\varphi}{c} = \mathrm{d}t + t - \frac{v_S}{c}\cos\varphi \mathrm{d}t$$

式中 $r = r_0 - v_S \mathrm{d}t \cos\varphi$ 是略去高阶小量的结果。

从 t 到 t^* 经过的时间为

$$\mathrm{d}t_B = t^* - t = \left(1 - \frac{v_S}{c}\cos\varphi\right)\mathrm{d}t = \frac{1-\beta\cos\varphi}{\sqrt{1-\beta^2}}\mathrm{d}t_S$$

B 在 $\mathrm{d}t_B$ 时间内接收到的光振动次数也为 $\nu_0 \mathrm{d}t_S$，因此接收频率为

$$\nu = \nu_0 \frac{\mathrm{d}t_S}{\mathrm{d}t_B} = \frac{\sqrt{1-\beta^2}}{1-\beta\cos\varphi}\nu_0, \quad \beta = \frac{v_S}{c}$$

上式即是真空中多普勒效应产生的结果。我们据此可给出下面的三种特例：

① $\varphi = 0$，S 朝 B 运动，纵向多普勒效应：

$$\nu = \sqrt{\frac{1+\beta}{1-\beta}}\nu_0 > \nu_0$$

② $\varphi = \pi$，S 背离 B 运动，纵向多普勒效应：

$$\nu = \sqrt{\frac{1-\beta}{1+\beta}}\nu_0 < \nu_0$$

③ $\varphi = \pm\frac{\pi}{2}$，$S$ 做横向运动，横向多普勒效应：

$$\nu = \sqrt{1-\beta^2}\nu_0 < \nu_0$$

物理竞赛对多普勒效应的考查方式很多，从直线模型到平面模型再到空间模型，从机械波到电磁波。同学们在训练时，有必要对此类问题作全面的整理，力求应对自如。

题 196　前灯效应

封闭的车厢中有一点光源 S，在距光源 l 处（车厢参考系）有一半径为 r 的圆孔，其圆心为 O_1，光源一直在发光，并通过圆孔射出。车厢以高速 $v = \beta c$ 沿固定在水平地面上的 x 轴正方向做匀速运动，如图 1 所示。某一时刻点光源 S 恰位于 x 轴的原点 O 的正上方，取此时刻作为车厢参考系与地面参考系的时间零点。在地面参考系中坐标为 x_A 处放一半径为 R （$R > r$）的不透光的圆形挡板，板面与圆孔所在的平面都与 x 轴垂直。板的圆心 O_2 与 S、O_1 都等高，起始时刻经圆孔射出的光束会有部分从挡板周围射到挡板后面的大屏幕（图 1

中未画出)上。由于车厢在运动,将会出现挡板完全遮住光束,即没有光射到屏上的情况。不考虑光的衍射。试求:

(1) 车厢参考系中(所测出的)刚出现这种情况的时刻;
(2) 地面参考系中(所测出的)刚出现这种情况的时刻;

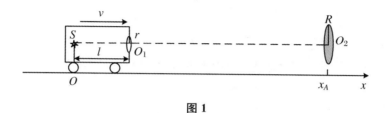

图 1

【解析】 在相对论效应下,有很多有趣的现象值得我们深入讨论。如同时的相对性、隧道效应、车库效应、因果律、孪生子效应……每一种效应都存在看似荒唐却又真实的现象。在平时的学习中,我们有必要一一弄清它们的本质成因。

由于在任何惯性系中光速都是定值,在光源所在的参考系中,光是向四周均匀辐射的。在相对于光源运动的参考系中看来,运动的光源发出的光的速度仍然是光速,但向四周发射的光并不是均匀的,且在光源运动的前端辐射的能量更集中一些。如果选择一个辐射"光锥",那么,在不同的参考系中测量,这个光锥的顶角并不是一样的。这便是前灯效应。对于本题,这一现象影响着你的解答。

(1) 在相对于车厢静止的参考系中,光是均匀辐射的,由 S 发出的光经小孔射出后成锥形光束,随着离开光源距离的增大,光束的横截面积逐渐扩大。但地面连同挡板以速度 v 趋向光源 S 运动,这一运动并不影响到挡板的半径变化。于是,若挡板与 S 的距离为 L 处光束的横截面正好是半径为 R 的圆面,如图 2 所示,则有

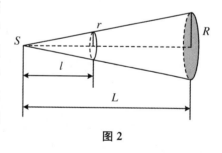

图 2

$$\frac{r}{l} = \frac{R}{L}$$

可得 $L = \dfrac{Rl}{r}$。

设想车厢足够长,并设想在车厢前端距离光源 L 处放置一个半径为 R 的环,相对于车厢静止,则光束恰好从环内射出。当挡板运动到与此环相遇时,挡板就会将光束完全遮住。此时,在车厢参考系中挡板与光源 S 的距离就是 L,即挡板应运动至与车厢的距离为 L 处便挡住了从小孔中辐射出的光。但 L 是车厢参考系中的距离,我们并不能用 $x_A - L$ 作为车厢运动的距离,而应该将两者变换到同一参考系中进行比较。我们不妨将初始距离从地面系中变换到车厢系中。

在车厢参考系中,根据相对论,初始时挡板与光源的距离为 $x_A\sqrt{1-\beta^2}$,故出现挡板完

全遮住光束的时刻为

$$t' = \frac{x_A\sqrt{1-\beta^2} - L}{v}$$

于是得

$$t' = \frac{x_A\sqrt{1-\beta^2}}{v} - \frac{Rl}{rv}$$

(2) 我们先给出两种解答：

方法 1 车厢参考系中完全遮光这一事件的时空坐标为 (t', L)。

由洛伦兹变换得

$$t = \gamma\left(t' + \frac{\beta}{c}x'\right)$$

代入 $t' = \frac{x_A\sqrt{1-\beta^2}}{v} - \frac{Rl}{rv}$, $x' = L$ 得

$$t = \frac{x_A}{v} - \frac{Rl}{rv}\sqrt{1-\beta^2}$$

方法 2 相对于地面参考系，光源与车厢以速度 v 向挡板运动。光源与孔之间的距离缩短为

$$l' = l\sqrt{1-\beta^2}$$

而孔的半径 r 不变，所以锥形光束的顶角变大，环到光源的距离即挡板完全遮光束时的距离应为

$$L' = \frac{Rl'}{r} = \frac{Rl}{r}\sqrt{1-\beta^2}$$

初始时挡板与 S 的距离为 x_A，出现挡板完全遮住光束的时刻为

$$t = \frac{x_A - L'}{v} = \frac{x_A}{v} - \frac{Rl}{rv}\sqrt{1-\beta^2}$$

上述两种方法得到的结果是一致的，且初看上去两种方法都不会有什么问题。但方法2的解答过程是错误的。

由于我们在方法2的解答过程中考虑到了车厢的尺缩效应 $l' = l\sqrt{1-\beta^2}$，便根据光源、孔径的位形确定了出射光的发散角。但我们忽视了光的传播是需要时间的。在地面系中，光经光源发出后传到孔处需要时间，此时光源与孔的距离已不是原来的距离 l'。因此，在地面系中观察光线的出发点并不是光源所在的位置。同时，在达到对应的相对位形后，光传播到挡板也需要一定的时间，正是这两个效应使错误的解答得到正确的答案。错误的解答计算出的结果，实际上是在地面系中表现出的光源、孔、挡板之间的位形关系，由于这一位形关系随小车的运动而变化，因此这一位形并不能说明光此时在传播中所到达的区域，则它并不是光的传播区域特征的显示。这一点是很容易出错的。

此外，对于问题(2)，还有人给出如下的解答：

方法 3 既然在方法1中已经得到从开始到挡板完全遮光所经历的时间为

$$\Delta t' = t' - 0 = \frac{x_A \sqrt{1-\beta^2}}{v} - \frac{Rl}{rv}$$

那么,在地面系看来,这一时间是由随车厢运动的时钟测得的。由钟慢效应便可得到地面系中经历的时间为

$$\Delta t = \frac{\Delta t'}{\sqrt{1-\beta^2}} = \frac{x_A}{v} - \frac{Rl}{rv \sqrt{1-\beta^2}}$$

又 $\Delta t = t - 0$,所以

$$t = \frac{\Delta t'}{\sqrt{1-\beta^2}} = \frac{x_A}{v} - \frac{Rl}{rv \sqrt{1-\beta^2}}$$

出现上述错误解答的原因是不清楚变换 $\Delta t = \dfrac{\Delta t'}{\sqrt{1-\beta^2}}$ 的适用条件,或者不理解同时的相对性。

钟慢效应中的时间间隔 $\Delta t'$ 应是同一地点两个事件的时间间隔。那么,在本题中,我们应该选择车厢系中距离光源 L 处的 B 点时钟来记录从开始到挡板运动至该点的时间间隔 $\Delta t'$。方法 3 对这一条件的运用是没有问题的。问题在于地面系与车厢系时钟的零点校准是在 O 与 S 重叠时对钟的,那么 B 处的时钟指示为零时,地面系 O 处的时钟并非指向零点,而是指在

$$t_0 = \gamma \left(t'_0 + \frac{\beta}{c} x' \right) = \frac{\beta^2}{\sqrt{1-\beta^2}} \frac{Rl}{rv}$$

时刻的位置上,所以

$$\Delta t = \frac{\Delta t'}{\sqrt{1-\beta^2}} = \frac{x_A}{v} - \frac{Rl}{rv \sqrt{1-\beta^2}} = t - t_0$$

代入 t_0,即有

$$t = \frac{x_A}{v} - \frac{Rl}{rv} \sqrt{1-\beta^2}$$

与前述结果是一致的。

当然,此题也有其他方面的不严谨之处,因为在地面系中挡板完全遮住光束与没有光射到屏上并不在同一时刻,而题中并没有给出屏的位置,解答也就只好回避这一问题。

题 197 双生子佯谬

宇航员乘宇宙飞船以 $0.8c$ 的速度飞向一个 $8\,\text{ly}$ 远的天体,然后立即以相同的速率返回地球。以地球为 K 系,去时的飞船为 K′ 系,返时的飞船为 K″ 系。在地球和天体上各有一个钟,彼此是对准了的。起飞时地球上的 K 钟和飞船上的 K′ 钟的指示 $t = t' = 0$。

(1) 求对应于宇航员所在参考系起飞、到达天体和返回地球这三个时刻所有钟的读数。
(2) 假定飞船是 2000 年元旦起飞的。此后每年元旦宇航员和地面上的孪生兄弟互拍

贺年电报。求以各自的钟为准他们收到每封电报的时刻。

【解析】 双生子佯谬问题是经典的相对论问题。几乎所有的普通物理教材或高中物理竞赛辅导书都引用了此例或者类似的例题。所以，我们完全有理由相信学习过相对论的同学都接触过本题。但从过往的教学经验看，并不是所有的同学都理解了本题所包含的丰富内容。我们不妨先看解答。

为了便于讨论问题，先设 $\beta = \dfrac{v}{c} = 0.8$，$\gamma = \dfrac{1}{\sqrt{1-\beta^2}}$。并设地球上的钟为 A 钟，天体上的钟为 B 钟，出征时飞船上的钟为 C 钟，返航时飞船上的钟为 D 钟。对各个时间的计算有洛伦兹变换、钟慢效应和尺缩效应三种不同的途径，下面我们选择洛伦兹变换来求解。竞赛生阅读本题后不妨从其他途径来求解。

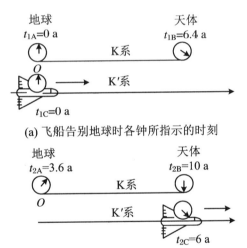

图 1

(1) ① 出征起飞：

起飞时必须对钟，A、C 钟在同一位置，彼此看对方均指示为零；A、B 钟在同一参考系中，彼此同时调整指示为零，即 $t_{1A} = t_{1B} = 0$；C、B 钟既不在同一位置又不在同一参考系中，彼此间不存在对钟问题，其示数需要进行变换。起飞时，对于随 K′ 系运动的宇航员而言，K′ 系中天体的时空坐标为 $(t_{1C} = 0, x_{1C} = \sqrt{1-\beta^2} \times 8\,\mathrm{ly} = 4.8\,\mathrm{ly})$，但 K 系中天体的时空坐标应为 $(t_{1B}, 8\,\mathrm{ly})$。利用洛伦兹变换，可得在宇航员看来天体上 B 钟的指示为

$$t_{1B} = \gamma\left(t_{1C} + \dfrac{\beta}{c}x_{1C}\right) = \gamma\dfrac{\beta}{c}x_{1C}$$
$$= 0.8 \times 8\,\mathrm{ly}/c = 6.4\,\mathrm{a}$$

这说明，在宇航员看来，B 钟并没有与 A 钟调到一致，而是在 K 系中提前走了 6.4 a（图 1(a)）。

② 到达：

由于洛伦兹收缩，宇航员观测到自己从地球到天体的旅程长度为 $x_{1C} = \sqrt{1-\beta^2} \times 8\,\mathrm{ly} = 8\,\mathrm{ly} \times 0.6 = 4.8\,\mathrm{ly}$，单程所需时间为 $\dfrac{4.8}{0.8}\,\mathrm{ly}/c = 6\,\mathrm{a}$，即当他到达天体时 C 钟指示 $t_{2C} = 6\,\mathrm{a}$。此时，在 K′ 系中的宇航员看来，在 K′ 系中地球与天体的时空坐标分别为 $(t_{2C} = 6\,\mathrm{a}, -4.8\,\mathrm{ly})$ 和 $(t_{2C} = 6\,\mathrm{a}, 0)$，而在 K 系中地球与天体的时空坐标分别为 $(t_{2A}, 0)$ 和 $(t_{2B}, 8\,\mathrm{ly})$。由洛伦兹变换，有

$$t_{2A} = \gamma\left(t_{2C} + \dfrac{\beta x_{2C}}{c}\right) = 3.6\,\mathrm{a}, \quad t_{2B} = \gamma\left(t_{2C} + \dfrac{\beta x_{2B}}{c}\right) = 10\,\mathrm{a}$$

即地球与天体上的钟的示数分别为 3.6 a 与 10 a（图 1(b)）。这说明在 K′ 系中的宇航员看来，运动的 K 系中的时钟走慢了，即钟慢效应。

③ 准备返航:

当宇航员到达天体后迅速调头,相当于换乘 K″系的飞船以相同的速率返航。值得注意的是,这一换乘相当于更换了一个在此处年龄与抵达宇航员相同的宇航员。这时,飞船 K″上的 D 钟指示仍然为 $t_{2D}=6$ a,天体上的时钟指示仍为 $t_{2B}=10$ a。在新的宇航员看来,地球在 K″系中的时空坐标为($t_{2D}=6$ a, $x_{2A}=4.8$ ly),而在 K 系中的时空坐标变为(t'_{2A}, 0)。利用洛伦兹变换,可得在宇航员看来天体上 B 钟的指示为

$$t'_{2A} = \gamma\left(t_{2D} + \frac{\beta}{c}x_{2A}\right) = 16.4 \text{ a}$$

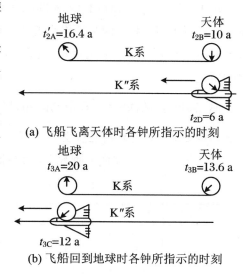

(a) 飞船飞离天体时各钟所指示的时刻

(b) 飞船回到地球时各钟所指示的时刻

图 2

这说明,在宇航员从 K′系换到 K″系时,地球上的 K 钟一下子从 3.6 a 跳到 16.4 a,增加了 12.8 a。这是一种非常奇妙的变化。

当然,这一结论实际上也可根据起飞时天体上的钟早于地球上的钟走了 6.4 a 得到返航时地球的钟早于天体上的钟 6.4 a,即在宇航员看来 B 钟并没有与 A 钟调到一致,而是在 K 系中提前走了 6.4 a,$t'_{2A} = (10+6.4)$a$= 16.4$ a(图 2(a))。

④ 返航抵达:

作与出征时同样的分析,可知在返程中 K″系中的 D 钟走过了 6 a,K″系观测到 K 系中的 A、B 两钟都只走过了 3.6 a。即当他返回地球时,$t_{3C}=(6+6)$ a $=12$ a,$t_{3B}=(10+3.6)$ a $=13.6$ a,$t_{3A}=(16.4+3.6)$ a $=20$ a(图 2(b))。

在返航抵达地球时,宇航员意外地发现同胞兄弟比自己老了 8 a。

需要说明的是,由于刻意地选择洛伦兹变换求解,因此上述解答并不是最简单的方法,甚至是较为烦琐的方法。如此处理只是想留出更多的空间,让读者进一步练习。

(2) 不论是在飞船上的宇航员还是在地球上的胞兄弟,都不能即时地看到对方时钟的读数,他们都只能通过接收来自对方的无线电信号间接地推算对方时间的流逝,进而确定对方发贺电的时刻。

当飞船离开地球时,双方收到贺年电报的周期都会拉得很长。这一方面是因为都会认为对方的时钟走得慢了,另一方面是由于信号源在退行。

对于 K 系相继发出两封电报的时间间隔 $\Delta t = 1$ a,对于 K′系 $\Delta t' = \gamma\Delta t$,同时在此期间飞船又走远了 $\beta\Delta t'$ ly。两个效果合起来,宇航员收报的间隔是 $(1+\beta)\Delta t' = (1+\beta)\gamma\Delta t = (1+0.8)$ a$/0.6 = 3$ a。按此计算,宇航员驶向天体的 6 a 中只收到 2001 年和 2002 年两封元旦贺电。

而在宇航员的回程中,收报的间隔是 $(1-\beta)\Delta t'' = (1-\beta)\gamma\Delta t = (1-0.8)$ a$/0.6 = \frac{1}{3}$ a,

6 a 里收到从 2003 年到 2020 年发出的 18 封元旦贺电。

对于 K′ 系相继发出两封电报的时间间隔 $\Delta t' = 1\,\text{a}$,对于 K 系 $\Delta t = \gamma \Delta t'$,同时在此期间地球又退行了 $\beta \Delta t$ ly。两个效果合起来,宇航员收报的间隔是 $(1+\beta)\Delta t = (1+\beta)\gamma \Delta t' = (1+0.8)\,\text{a}/0.6 = 3\,\text{a}$。按此计算,地球上的胞兄弟历时 18 a 收到宇航员驶向天体的 6 a 中发出的贺电。

而在宇航员的回程中,收报的间隔是 $(1-\beta)\Delta t = (1-\beta)\gamma \Delta t'' = (1-0.8)\,\text{a}/0.6 = \frac{1}{3}\,\text{a}$,在随后的 2 a 里收到 6 封元旦贺电,共计 12 封。

我们把宇航员和地面上胞兄弟收到对方新年贺电的时刻列在表 1 和表 2 中。

表 1

t/a	0	1	2	3	4	5	6	7	8	9	10	11	12	13	14	15	16	17	18	19	20
t'/a	0	3	6																		
t''/a			6	$6\frac{1}{3}$	$6\frac{2}{3}$	7	$7\frac{1}{3}$	$7\frac{2}{3}$	8	$8\frac{1}{3}$	$8\frac{2}{3}$	9	$9\frac{1}{3}$	$9\frac{2}{3}$	10	$10\frac{1}{3}$	$10\frac{2}{3}$	11	$11\frac{1}{3}$	$11\frac{2}{3}$	12

注:t 为地球上的发报时间,t' 或 t'' 为飞船上的收报时间。

表 2

t'/a	0	1	2	3	4	5	6						
t''/a							6	7	8	9	10	11	12
t/a	0	3	6	9	12	15	18	$18\frac{1}{3}$	$18\frac{2}{3}$	19	$19\frac{1}{3}$	$19\frac{2}{3}$	20

注:t' 或 t'' 为飞船上的发报时间,t 为地球上的收报时间。

上述的收、发报都是周期性的行为,周期性的发射与接收问题实质上是多普勒效应问题,所以上述兄弟间的收、发报时间间隔亦可通过多普勒效应直接得到。

在前面我们得到回到地球的宇航员发现同胞兄弟比自己老了一些,但我们也不难发现其推导过程存在硬伤。

首先,我们很容易想到,去时的宇航员与回来的宇航员并非同一人,所以重新见面时的孪生兄弟是半真半假的。

其次,宇航员离开地球与返回地球的过程中,一定存在加速运动与减速运动的过程,这使飞船并不是惯性系,这一过程对时钟有什么样的影响在解答中并没有给出明确的说明,而且狭义相对论也无法给出解释。

故上述解答并不能替代双生子佯谬的真实解答,如要给出全面的解答,还得应用广义相对论的内容,这显然又走出了目前竞赛的学习范围。但我们可以明确地说,上述背景下地球上的胞兄弟变老了也是广义相对论下的结论。

在前面我们说过,本题的内涵是十分丰富的。笔者在给学生讲解此题时,挑出四位同学,让他们分别代表 A、B、C、D 四个时钟,约定他们在不同的时刻给出其他代表的时空坐标。如在飞船抵达天体的时刻，让 A 报出 B、C 的时空坐标并给出推导。然后让他们变换身份不断表演，让学生能在各种情况下熟练地变换时空坐标。对于这一表演方法，同学们不妨一试。

题 198 相对论效应下的动量与能量

在高能物理中，实验证明，在实验室参考系中，一个运动的质子与一个静止的质子相碰时，可能再产生一个质子和一个反质子，即总共存在三个质子和一个反质子。试求发生这一情况时，碰前那个运动质子的能量（对实验室参考系）的最小值（阈值）。

已知质子和反质子的静止质量都是 $m_0 = 1.67 \times 10^{-27}$ kg。不考虑粒子间的静电作用。

【解析】 在近代高能物理中，粒子（包括光子）间的相互作用是一个非常重要的研究领域。中学物理竞赛的命题人将此类问题引入竞赛试题中，大体上有两种类型：一是在已有实验结论的基础上，通过对实验现象的描述，让答题者根据动量守恒定律与能量守恒定律来解释或计算某种结果；二是假设某种作用存在，让答题者依据动量守恒定律与能量守恒定律来预测可能产生的现象。前者是以实验为基础的研究，后者是以理论为先导的研究。显然，不论是哪种类型的试题，动量守恒定律与能量守恒定律都是解答此类问题的核心工具。

我们研究的对象是高能粒子，若无特别的说明，则相对论效应是必须考虑的。动量守恒与能量守恒在相对论下的表述虽然也很简洁，但考虑到相对论的质量、能量、动量、动能等与粒子运动的关联，其变式又显得较多，特别是在有光子参与相互作用的情况下，其表述显得更为复杂多变。

经验表明，很多答题者在处理相关问题时，虽然能够列出动量与能量的关系式，但无法选择合理而正确的路径从条件得到结果，导致无功而返。而且，在论述结果是否可能产生时，反证法是一条比较简捷的途径，但依然存在证明路径或解答上的障碍。对初次接触这类问题的答题者而言，这有很大的难度。所以，我们有必要多阅读相关的例题，熟悉处理这类问题的模式与途径。

在讨论本题之前，先看一下相对论能量和动量的普遍关系式，即

$$(mc^2)^2 = c^2 p^2 + m_0^2 c^4 \qquad ①$$

式中 c 为光在真空中的速度，m 为粒子的质量，p 为粒子的动量，m_0 为静止质量。

此关系式可由能量 $E = mc^2$ 和动量

$$p = mv = \frac{m_0 v}{\sqrt{1 - \left(\frac{v}{c}\right)^2}}$$

导出，v 为粒子的速度。推导过程如下：

$$E^2 - c^2 p^2 = \frac{m_0^2 c^4}{1 - \left(\frac{v}{c}\right)^2} - c^2 \frac{m_0^2 v^2}{1 - \left(\frac{v}{c}\right)^2} = m_0^2 c^4 \frac{1 - \left(\frac{v}{c}\right)^2}{1 - \left(\frac{v}{c}\right)^2} = m_0^2 c^4$$

得
$$E^2 = p^2c^2 + m_0^2c^4$$

由此关系式可知，对每一个粒子，能量的平方与 p^2 成线性关系。下面讨论本题。

从实验室参考系来看，碰前系统的总动量等于运动的那个质子的动量，设其方向沿 x 轴正方向，碰撞前后系统的总动量守恒、总能量守恒。若要碰后能存在三个质子和一个反质子且总能量为最小值，则可论证这四个粒子的动量必定相等。

(1) 先讨论碰后四个粒子的动量都沿 x 轴正方向的情况。

令 p_1、p_2、p_3、p_4 分别表示它们的动量大小。这四个动量中，若有任何两个不相等，如 $p_1 \neq p_2$，设 $p_1 < p_2$，则将 p_1 增加 Δp（$\Delta p < p_2 - p_1$）而将 p_2 减少 Δp（这时总动量不变）时有
$$(p_1 + \Delta p)^2 - p_1^2 = 2p_1\Delta p + (\Delta p)^2$$
$$p_2^2 - (p_2 - \Delta p)^2 = 2p_2\Delta p - (\Delta p)^2$$

这样一来，第一个粒子能量的平方增加了 $c^2[2p_1\Delta p + (\Delta p)^2]$，而第二个粒子能量的平方减少了 $c^2[2p_2\Delta p - (\Delta p)^2]$，两个粒子能量平方的净增量为
$$c^2[2p_1\Delta p + (\Delta p)^2] - c^2[2p_2\Delta p - (\Delta p)^2] = c^2[2\Delta p(p_1 - p_2 + \Delta p)]$$

因为已设 $p_1 < p_2$，且 $\Delta p < p_2 - p_1$，所以净增量是负的，总能量将减少。这就是说，设 $p_1 \neq p_2$ 时对应的总能量并不是最小值。由此可判断四个粒子的动量必相等。

(2) 若四个粒子中有一个粒子的动量 p_1 沿 x 轴负方向，由于总动量守恒，则必有沿 x 轴正方向运动的另一粒子的动量增加了 p_1。因为能量的平方与 p^2 成线性关系，所以这时的总能量必然大于 p_1 沿 x 轴正方向运动时的能量。也就是说，只要四个粒子中有沿 x 轴负方向运动的，总能量必不是最小值。

(3) 若四个粒子的动量的方向不在同一直线上，这时将它们沿 x 轴方向和垂直于 x 轴方向分解，则沿 x 轴方向的动量守恒，垂直于 x 轴方向的动量互相抵消，但它们使粒子的能量增大了。也就是说，这时的能量也不是最小值。

综上所述，要想碰后四个粒子的总能量最小，根据总动量守恒、能量守恒及相对论能量和动量关系式可知，碰后四个粒子的动量必相等。

设碰前运动质子的动量为 p，质量为 m，碰后四个粒子的动量分别为 p_1、p_2、p_3 和 p_4，四个粒子的质量分别为 m_1、m_2、m_3 和 m_4，根据动量守恒和能量守恒，有
$$p = p_1 + p_2 + p_3 + p_4 \qquad ②$$
$$mc^2 + m_0c^2 = m_1c^2 + m_2c^2 + m_3c^2 + m_4c^2 \qquad ③$$

由上面论述可知
$$p_1 = p_2 = p_3 = p_4 = \frac{p}{4} \qquad ④$$

再由①式可知，碰后四个粒子的能量相等，则质量必相等。以 m' 表示碰后四个粒子中每个粒子的质量，由③式得
$$mc^2 + m_0c^2 = 4m'c^2 \qquad ⑤$$

对碰前那个运动的质子，由相对论能量和动量的关系有

$$(mc^2)^2 = c^2 p^2 + m_0^2 c^4 \qquad \text{⑥}$$

对四个粒子中任一个粒子,由相对论能量和动量的关系有

$$(m'c^2)^2 = c^2 \left(\frac{p}{4}\right)^2 + m_0^2 c^4 \qquad \text{⑦}$$

由⑤⑥⑦式可得

$$mc^2 = 7 m_0 c^2 \qquad \text{⑧}$$

代入数据得 $mc^2 = 1.05 \times 10^{-9}$ J。

本题利用相对论能量与动量的关系式,结合作用过程中的动量守恒和能量守恒来论述结果产生的条件。大家很难思考得如此全面,也很难在前景不明确时向前推导、论述,感觉试题的难度超乎想象。但回过头来研究解答过程,又不难发现,不论是思维难度还是运算量,都在我们可以接受的范围内。所以,对待此类问题,大家一定要冷静,锲而不舍地向前走,最终迎得惊喜。

题 199 高速运动的发光原子

设 ν_0 与 ν 分别表示静止原子和运动原子在某个相同的激发态向基态跃迁时发射的光子的频率,试证明:它们满足关系式

$$\nu = \nu_0 \frac{\sqrt{1-v^2/c^2}}{1-\dfrac{v}{c}\cos\theta}$$

式中,v 为运动原子发光前的速度,θ 为原子运动方向与发光方向间的夹角。

【解析】 由爱因斯坦的光子理论可知,光是由光子组成的,一个光子的能量为 $h\nu$,动量为 $\dfrac{h\nu}{c}$。这里 h 是普朗克常量,ν 为光的频率,c 为真空中的光速。再由玻尔的原子理论可知,原子发光就是发射一个一个的光子,这体现了量子化的特征。由于原子的运动速度可能很快,计算时要用到相对论的关系式。例如,相对论粒子的能量和动量的关系式 $E^2 = p^2 c^2 + M_0^2 c^4$,动量表达式 $p = \dfrac{M_0 v}{\sqrt{1-v^2/c^2}}$,能量表达式 $E = \dfrac{M_0 c^2}{\sqrt{1-v^2/c^2}}$,其中 M_0 为原子静止质量,v 为运动原子发射光子前的速度,E 表示能量,p 表示动量。

原子发射光子时,原子系统损失的能量是相同的。也就是说,不论原子运动与否,原子发射光子前后的静止质量对应相同,而发射过程遵循能量守恒和动量守恒。我们可以据此分别计算静止原子与运动原子发出的光子的频率及它们之间的关系。

(1) 静止原子的光辐射:

设 p' 为原子的反冲动量,p_Φ 为发射的光子动量,如图 1 所示,则由动量守恒与能量守恒定律有

$$p' - p_\Phi = 0$$
$$M_0 c^2 = \sqrt{c^2 p'^2 + M_0'^2 c^4} + c p_\Phi$$

式中，M_0、M_0'分别为静止原子处于激发态和发光后处于基态的静止质量。

联立上述二式，消去p'，可得
$$p_\Phi = \frac{h\nu_0}{c} = \frac{(M_0^2 - M_0'^2)c}{2M_0}$$

或改写为
$$2M_0 p_\Phi = M_0^2 c - M_0'^2 c$$

(2) 运动原子的光辐射：

如图2所示，设$(\boldsymbol{p}, E)$、$(\boldsymbol{p}', E')$、$(\boldsymbol{p}_\Phi', cp_\Phi')$分别代表光子发射前后原子的动量与能量及光子的动量与能量，则根据能量守恒和动量守恒有
$$\boldsymbol{p} = \boldsymbol{p}' + \boldsymbol{p}_\Phi'$$
$$E = E' + c p_\Phi'$$

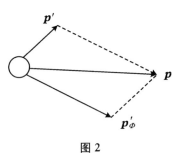

图2

为了便于计算，可改写为
$$\boldsymbol{p}' = \boldsymbol{p} - \boldsymbol{p}_\Phi'$$
$$\frac{E'}{c} = \frac{E}{c} - p_\Phi'$$

将两边平方并相减，得
$$\frac{E'^2}{c^2} - p'^2 = \frac{E^2}{c^2} - p^2 - 2 p_\Phi' \left(\frac{E}{c} - p \cos\theta \right)$$

利用相对论的能量和动量关系式 $E^2 = p^2 c^2 + M_0^2 c^4$，并考虑到原子发光前后的静止质量分别为 M_0、M_0'，得
$$M_0'^2 c^2 = M_0^2 c^2 - 2 p_\Phi' \left(\frac{E}{c} - p \cos\theta \right)$$

将其与 $2M_0 p_\Phi = M_0^2 c - M_0'^2 c$ 对照，可知
$$2 M_0 p_\Phi c = 2 p_\Phi' \left(\frac{E}{c} - p \cos\theta \right)$$

得
$$p_\Phi' = p_\Phi \frac{M_0 c}{\frac{E}{c} - p \cos\theta}$$

将 $p = \dfrac{M_0 v}{\sqrt{1 - v^2/c^2}}$, $E = \dfrac{M_0 c^2}{\sqrt{1 - v^2/c^2}}$ 代入，可得
$$p_\Phi' = p_\Phi \frac{\sqrt{1 - v^2/c^2}}{1 - \dfrac{v}{c}\cos\theta}$$

又 $p'_\Phi = \dfrac{h\nu}{c}$,$p_\Phi = \dfrac{h\nu_0}{c}$,所以

$$\nu = \nu_0 \frac{\sqrt{1-v^2/c^2}}{1-\dfrac{v}{c}\cos\theta}$$

当 $\theta = 0$ 时，$\nu = \nu_0 \dfrac{\sqrt{1+v/c}}{\sqrt{1-v/c}}$，即观察者与运动原子相向运动时，观察到的光频率较之相对静止时变大，称为"紫移"效应；当 $\theta = \pi$ 时，$\nu = \nu_0 \dfrac{\sqrt{1-v/c}}{\sqrt{1+v/c}}$，即观察者与光源背向运动时，观察到的光频率较之相对静止时变小，称为"红移"效应。

看到上述结论，你也许很快会想到多普勒效应，因为上述关系式与多普勒效应的关系式是一样的，原子的发光模型与产生多普勒效应的模型都是静止与运动之别，似乎也是匹配的，"紫移"与"红移"现象也是匹配的。事实上，诸多资料上将这一关系式也明确称为光子频率的多普勒效应关系式，认为上述解答是从另一角度将光的多普勒效应作了一次推导。

但仔细思考，本题的模型与多普勒效应对应的运动模型还是有很大的差异的。光的多普勒效应是在两个相对运动的不同惯性系中的观察者观察同一束光而显示出的频率差异，而本题中的原子发光现象是同一观察者在某个惯性系中观察两种不同状态的原子发光而产生的频率差异，它们的模型是完全不同的。在多普勒效应中，ν_0 是发光体所在的惯性系中观察到的光的频率，ν 是相对于发光体所在惯性系运动的惯性系中观察到的光的频率，这种差异仅由相对论效应产生。然而，在本题中，由于原子在发光时存在反冲，不存在与发光体相对静止的惯性系，这种频率差异并不是因在不同参考系中对同一光子观察而产生的。所以，本题所描述的现象并不能完全与多普勒效应画上等号。由此我们也应该明白，学习过程中不能随便望文生义，否则会产生误解。

当然，我们也可以将两者结合起来。我们选择一个与发射光子前原子相对静止的参考系，在此参考系中，不论原子向哪个方向发射光子，在该惯性系中光子的频率都应是 ν_0，则在其他的惯性系中观察到光子的频率也就是 ν。这样，本题的模型就可以理解为多普勒效应了。只是我们将其理解为多普勒效应时，不仅要交代观察到光子频率为 ν_0 的惯性系，还要论证在此惯性系中原子朝各个方向发出的光子频率均为 ν_0。

本题的解答中还存在另一个问题，也是一个老生常谈的问题，即光子与粒子发生作用时，我们认定的是系统的动量与能量守恒，但这两个守恒的表达式有很多种形式，在具体的问题中该用什么样的表达式，考验着答题者的经验和物理悟性。因为选择不同的表达式，带来的是运算繁杂程度上的差异。我们无法给出具体问题的最优路径，只能告诫大家，遇到此类问题时应小心应对。

题 200　相对论下牛顿定律的运用

如图 1 所示，直角坐标系中光滑轨道的方程为 $y = \dfrac{x^2}{2A}$，且 $x > 0$。

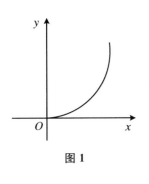

图 1

(1) 用物理方法求横坐标为 x 处的曲率半径 ρ_x；

(2) 求从 $x = 0$ 到 $x = A$ 段轨道曲线的长度 l；

(3) 若环从原点 O 处由静止开始，以恒定的切向加速度 $a_0 = \dfrac{c^2}{4A[\sqrt{2} + \ln(1+\sqrt{2})]}$ 加速运动到 $x = A$ 处，其中 c 为光速，求在 $x = A$ 处环所受到的切向力 $F_{切}$ 和向心力 $F_{向心力}$。

提示：

$$\int \sqrt{1+x^2}\, dx = \dfrac{x}{2}\sqrt{1+x^2} + \dfrac{1}{2}\ln(x+\sqrt{1+x^2}) + B$$

【解析】　对中学生而言，牛顿运动定律只适用于宏观、低速运动的物体，当物体的运动速度接近光速时，牛顿定律不再适用了。在中学阶段，我们常常以此为例，强调物理定律都有相应的适用范围。而且，这一结论似乎将牛顿定律与相对论割裂了，给人的感觉是在相对论条件下不可以再谈牛顿运动定律。

实际上，牛顿运动定律只适用于宏观、低速运动的物体，这一结论的前提是不考虑运动物体的质量会随速度的变化而变化。若将牛顿定律修改至相对论效应下，其表述仍然是成立的。

在牛顿力学中，牛顿第二定律的原始表述是 $\boldsymbol{F} = \dfrac{d\boldsymbol{p}}{dt}$，考虑到 $\boldsymbol{p} = m\boldsymbol{v}$ 且质量 m 恒定，于是有 $\boldsymbol{F} = m\boldsymbol{a}$。但在相对论的条件下考虑到质量随速度发生变化，即 $m = \dfrac{m_0}{\sqrt{1 - v^2/c^2}}$，于是有 $p = mv = \dfrac{m_0 v}{\sqrt{1 - v^2/c^2}}$。若考虑的是力的方向与速度的方向一致的情形，则牛顿第二定律的表述修正为 $\boldsymbol{F} = \dfrac{d\boldsymbol{p}}{dt} = m\dfrac{d\boldsymbol{v}}{dt} + \boldsymbol{v}\dfrac{dm}{dt}$。在此修正的前提下，牛顿第二定律在相对论的条件下仍然是成立的。我们据此来解答此题。

(1) 先建立抛物运动的模型。

设一质点在 O 处有沿 x 轴方向的初速度 v_0，同时具有沿 y 轴方向、大小恒定的加速度 a，此后质点的运动满足

$$v_x = v_0, \quad x = v_0 t; \quad v_y = at, \quad y = \dfrac{1}{2}at^2$$

由此得质点的运动轨迹为

$$y = \frac{a}{2v_0^2}x^2$$

与 $y = \frac{x^2}{2A}$ 比较得 $A = \frac{v_0^2}{a}$。

横坐标为 x 处,质点的速度大小为
$$v = \sqrt{v_x^2 + v_y^2} = \sqrt{v_0^2 + a^2 t^2}$$

方向与 x 轴的夹角 φ 满足
$$\tan\varphi = \frac{v_y}{v_x} = \frac{at}{v_0}$$

质点在法向的加速度为
$$a_n = a\cos\varphi = \frac{av_0}{\sqrt{v_0^2 + a^2 t^2}}$$

由 $a_n = \frac{v^2}{\rho}$ 得曲率半径为
$$\rho = \frac{v^2}{a_n} = \frac{(v_0^2 + a^2 t^2)^{3/2}}{av_0}$$

结合 $x = v_0 t$,并考虑 $A = \frac{v_0^2}{a}$,可得
$$\rho_x = A\left(1 + \frac{x^2}{A^2}\right)^{3/2}$$

(2) 当 $x = A$ 时 $t = \frac{A}{v_0}$,由弧长
$$\mathrm{d}s = v\mathrm{d}t = \sqrt{v_0^2 + a^2 t^2}\mathrm{d}t$$

得
$$s = \int_0^{A/v_0} \sqrt{v_0^2 + a^2 t^2}\mathrm{d}t$$

利用题中的提示和 $A = \frac{v_0^2}{a}$ 可得
$$s = \left[\frac{\sqrt{2}}{2} + \frac{1}{2}\ln\left(1 + \frac{\sqrt{2}}{2}\right)\right]A$$

(3) 设环的静止质量为 m_0,在自然坐标系中环做匀加速运动,有
$$v_A^2 = 2a_0 s$$

代入 a_0、s 可得
$$v_A^2 = \frac{c^2}{4}, \quad 即 \quad v_A = \frac{c}{2}$$

考虑到相对论效应,有
$$F_{切} = \frac{\mathrm{d}p}{\mathrm{d}t} = \frac{\mathrm{d}}{\mathrm{d}t}\left(\frac{m_0 v}{\sqrt{1 - v^2/c^2}}\right) = \frac{m_0 a_0}{\sqrt{1 - v^2/c^2}} + \frac{m_0 \frac{v^2}{c^2} a_0}{(1 - v^2/c^2)^{3/2}}$$

考虑到 $v_A = \dfrac{c}{2}$，有

$$F_{切} = \dfrac{8\sqrt{3}}{9} m_0 a_0$$

$$F_{向心力} = \omega p = \dfrac{v}{\rho_A} \cdot \dfrac{m_0 v}{\sqrt{1 - v^2/c^2}} = \dfrac{\sqrt{6} m_0 c^2}{24 A}$$

通过本题的(1)、(2)两问的解答，我们可以看到经典力学下的运动学规律在相对论的条件下不必修改。

在处理相对论下的动力学问题时，由于质量与速度存在相关性，不可以直接套用经典力学下的 $F = ma$。但我们可以证明，在 $v \ll c$，即低速状态下，相对论下的牛顿第二定律也就简化为经典力学下的 $F = ma$。

此外，在上述解答中，我们直接将环的受力在切向与法向作了分解，实际上我们也可以利用矢量属性进行推导：

$$\boldsymbol{F} = \dfrac{\mathrm{d}\boldsymbol{p}}{\mathrm{d}t} = m\dfrac{\mathrm{d}\boldsymbol{v}}{\mathrm{d}t} + \boldsymbol{v}\dfrac{\mathrm{d}m}{\mathrm{d}t} = m\dfrac{\mathrm{d}v}{\mathrm{d}t}\boldsymbol{\tau} + mv\dfrac{\mathrm{d}\boldsymbol{\tau}}{\mathrm{d}t} + v\dfrac{\mathrm{d}m}{\mathrm{d}t} = \left(m\dfrac{\mathrm{d}v}{\mathrm{d}t} + v\dfrac{\mathrm{d}m}{\mathrm{d}t} \right)\boldsymbol{\tau} + m\dfrac{v^2}{\rho}\boldsymbol{n}$$

式中 $\boldsymbol{\tau}$、$\boldsymbol{n}$ 分别是切向与法向的单位矢量，且 $\dfrac{\mathrm{d}\boldsymbol{\tau}}{\mathrm{d}t} = \dfrac{v}{\rho}\boldsymbol{n}$。

所以，在自然坐标系中有

$$F_\tau = m\dfrac{\mathrm{d}v}{\mathrm{d}t} + v\dfrac{\mathrm{d}m}{\mathrm{d}t}, \quad F_n = m\dfrac{v^2}{\rho} = \omega p$$

这一推导也间接地告诉我们，牛顿第二定律具有普适性，只是在低速情况下 $m \to m_0$，$\dfrac{\mathrm{d}m}{\mathrm{d}t} \to 0$，于是宏观情况下的牛顿定律与相对论下的牛顿定律便和谐了。我们在解题时可以将这一结论作为定律直接应用。

必须说明的是，复赛不考查不同惯性系中速度变换的问题，也同样不考查与加速度变换相关的问题。所以，以复赛为目标的同学应注意难度与内容的把控，在学习时间有限的现阶段不要在此处消耗过多的时间。

中国科学技术大学出版社中学物理用书

初中物理培优讲义.一阶/郭军

初中物理培优讲义.二阶/郭军

新编初中物理竞赛辅导/刘坤

高中物理学(1—4)/沈克琦

高中物理学习题详解/黄鹏志　李弘　蔡子星

加拿大物理奥林匹克/黄晶　矫健　孙佳琪

美国物理奥林匹克/黄晶　孙佳琪　矫健

俄罗斯物理奥林匹克/黄晶　俞超　申强

中学奥林匹克竞赛物理教程·力学篇(第2版)/程稼夫

中学奥林匹克竞赛物理教程·电磁学篇(第2版)/程稼夫

中学奥林匹克竞赛物理讲座(第2版)/程稼夫

中学奥林匹克竞赛物理进阶选讲/程稼夫

奥赛物理辅导教程·力学篇/舒幼生

高中物理奥林匹克竞赛标准教材(第2版)/郑永令

中学物理奥赛辅导:热学·光学·近代物理学(第2版)/崔宏滨

物理竞赛真题解析:热学·光学·近代物理学/崔宏滨

物理竞赛专题精编/江四喜

物理竞赛解题方法漫谈/江四喜

奥林匹克物理一题一议/江四喜

中学奥林匹克竞赛物理实验讲座/江兴方　郭小建

国际物理奥林匹克竞赛理论试题与解析(第31—47届)/陈怡　杨军伟

亚洲物理奥林匹克竞赛理论试题与解析(第1—19届)/陈怡　杨军伟

全国中学生物理竞赛预赛试题分类精编/张元元

全国中学生物理竞赛复赛试题分类精编/张元元

物理学难题集萃.上册/舒幼生　胡望雨　陈秉乾

物理学难题集萃.下册/舒幼生　胡望雨　陈秉乾

大学物理先修课教材:力学/鲁志祥　黄诗登

大学物理先修课教材:电磁学/黄诗登　鲁志祥

大学物理先修课教材:热学、光学和近代物理学/钟小平

强基计划校考物理模拟试题精选/方景贤　陈志坚

名牌大学学科营与自主招生考试绿卡·物理真题篇(第2版)/王文涛　黄晶

强基计划校考物理培训讲义/江四喜

高中物理母题与衍生·力学篇/董马云

高中物理母题与衍生·电磁学篇/董马云

物理高考题典:压轴题(第2版)/尹雄杰　张晓顺

物理高考题典:选择题/尹雄杰　张晓顺

物理高考题典:计算题/尹雄杰　张晓顺

高中物理解题方法与技巧(第2版)/尹雄杰　王文涛

高中物理必修1学习指导:概念·规律·方法/王溢然

高中物理必修2学习指导:概念·规律·方法/王溢然

物理高考题精编:选择题专辑/王溢然

物理高考题精编:计算题专辑/王溢然

物理高考题精编:实验题专辑/王溢然

中学物理数学方法讲座/王溢然

高中物理经典名题精解精析/江四喜

高中物理一点一题型/温应春

力学问题讨论/缪钟英　罗启蕙

电磁学问题讨论/缪钟英

中学生物理思维方法丛书

分析与综合/岳燕宁

守恒/王溢然　徐燕翔

猜想与假设/王溢然

图示与图像/王溢然　王亮

模型/王溢然

等效/王溢然

对称/王溢然　王明秋

分割与积累/王溢然　许洪生

归纳与演绎/岳燕宁

类比/王溢然　张耀久

求异/王溢然　徐达林　施坚

数学物理方法/王溢然

形象、抽象、直觉/王溢然